KB055719

프로야구 스카우팅 리포트 since 2010 2022

프리미엄 카툰 · 전문적 분석 · 객관적 기록
KBO 리그 40주년을 기념하는 스카우팅 리포트

프로야구 스카우팅 리포트 2022

since 2010

최훈 · 고유라 · 김여울 · 이성훈 · 이용균 · 최민규 지음

저자 소개

고유라 SPOTVNEWS 기자

누군가에게는 밥줄이지만 누군가에게는 '그깟 공놀이'인데. 프로야구에 울고 웃은 게 벌써 40년이라니. 나보다 더 오래된 '존재'를 감히 글로 평가하기는 실로 어렵고도 어려운 일이다. 이제 '불혹'이라는 40살이 됐으니 수많은 위기에도 흔들리지 않고 굳건히 뻗어나가는 프로야구가 되길 바라며 응원과 지적으로 힘을 보태본다.

김여울 광주일보 체육부 기자

"나는 야구를 사랑하는데 그라운드에 있는 이들은 야구를 사랑하지 않는 것 같다"라며 한탄 섞인 말을 한 적이 있다. 매년 일이야 있었지만 지난해 느낀 배신감과 절망감은 이루 말할 수 없었다. KBO 리그도 불혹에 접어들었다. "야구로 보답하겠다"라는 말은 그라운드에 있을 때나 하는 소리다. 짝사랑은 사절이다. 다음 40년은 뜨거운 사랑이길.

이성훈 SBS 스포츠국 기자

인터넷도, SNS도, 유튜브도, OTT도 없던 1982년, 이제 막 시작한 프로야구는 대한민국 최고의 엔터테인먼트 중 하나였다. 40년이 흐른 지금, 한정된 여가 시간을 놓고 수많은 콘텐츠들이 프로야구와 경쟁하고 있다. 콘텐츠의 경쟁력은 늘 상대적이다. 재미에 변함이 없어도, 더 재미있는 경쟁자가 나타나면 도태된다. 40년 전과 비교할 수 없이 치열해졌고, 앞으로는 더 치열해질 콘텐츠 시장의 무한 경쟁에서 야구는 살아남을 수 있을까. 혹은 콘텐츠 경쟁력 제고를 최우선으로 놓는 리그의 의사 결정이 가능할까. 그래서 다시 40년이 지난 뒤, 우리의 후손들도 재미있게 야구를 즐길 수 있을까.

이용균 경향신문 기자

공자는 마흔을 가리켜 '불혹'이라 했지만 야구의 '마흔'은 유혹이어야 할 것 같다. 많이 흔들리고, 많이 변해서, 더 나은, 더 멋진 야구가 되기를. 2시즌 동안 텅 비어있던 야구장이 야구에 유혹된 팬들로 가득 찰 수 있기를. 우렁찬 응원의 함성이 터져 나와 쩌렁쩌렁 울리기를. 그렇게 마흔을 맞이하기를. 그래서 다시 박수 받을 수 있기를.

최민규 한국야구학회 이사

100년 전 야구도 팬데믹과의 전쟁 중에 치러졌다. 제1차 세계대전이 막바지로 치닫던 1918년 스페인 독감이 전 세계를 덮쳤다. 메이저리그 선수들은 마스크를 쓰고 경기를 치러야 했다. 그 가운데는 이해 홈런 11개를 치며 첫 홈런왕에 오른 베이브 루스도 있었다. 루스는 이듬해 누구도 상상하지 못했던 홈런 29개를 때려내 상처받은 이들을 야구로 위로했다. 스포츠의 역할은 이런 것이다.

최훈 카투니스트

프로야구가 출범한다고 했을 때, 그게 뭔지도 모르면서 설레던 기억이 있다. 그렇게 프로야구는 내 삶의 일부가 되었다. 조간신문에서 기록을 확인하고, 7회(?) 이후 무료입장을 노려 야구장에 달려가고, 학원으로 가는 버스 안에서도 라디오 중계를 들었다. 대학 때야 야구장이 일상이었고, 유학시절에도 매일매일 경기결과를 확인했다. 만화가가 되어서는 뭐, 야구로 먹고 살았으니… 그리고 40주년. 정말 혜성같이 빠르구나.

그리고

KBO 허구연 총재고문님 **KBOP** 김지수 님, **프로야구선수협회** 전병철 과장님,
스탯티즈 김현 본부장님, 어진명 선임님, **디자인** 한효경 님,
어드바이저 겸 크로스체커 김제헌, 박진호, 유동조, 이연경 님, 올해가 끝이 아니길.

Contents

SSG 랜더스 SSG LANDERS

NC 다이노스 NC DINOS

롯데 자이언츠 LOTTE GIANTS

KIA 타이거즈 KIA TIGERS

한화 이글스 HANWHA EAGLES

기록으로 보는 2021시즌

KT 위즈가 2021시즌 챔피언이 됐다. 창단 7년 만의 쾌거였다. 정규시즌과 포스트시즌에서 모두 왕좌에 올랐다. 정규시즌에선 삼성과 승률 타이로 단판 타이브레이커까지 치렀다. 리그 역사상 2번째 타이브레이커이자 1위 팀을 가리는 최초의 번외경기였다. 2020년 NC에 이어 9, 10구단이 앞서거니 뒤서거니 하며 챔피언에 올랐다. 준우승팀 두산은 2015년 이후 7년 연속 한국시리즈 진출이라는 위업을 세웠다. 2021년의 한국시리즈는 신생 팀의 한계와 만성 재정난이라는 역경을 극복한 팀들을 위한 잔치였다. 코로나19로 고통을 받고 있는 이들에게 작으나마 용기를 줄 수 있었다. 팬데믹 속에서도 관중 120만 명이 야구장을 찾았다. 프로야구의 존재 이유를 보여준 귀중한 고객이자 동료였다. 시즌 중 일어난 방역수칙 위반 사건은 그래서 부끄러운 일이었다.

전체순위

순위	팀	승	패	무	승차	승률	홈	원정	연장	1점
1	KT	76	59	9	0.0	0.563	41-24-7 (0.631)	35-35-2 (0.500)	2-3-0 (0.400)	16-15-0 (0.516)
2	두산	71	65	8	5.5	0.522	35-31-6 (0.530)	36-34-2 (0.514)	2-3-0 (0.400)	8-19-0 (0.296)
3	삼성	76	59	9	0.0	0.563	42-26-4 (0.618)	34-33-5 (0.507)	1-2-0 (0.333)	19-13-0 (0.594)
4	LG	72	58	14	1.5	0.554	40-29-3 (0.580)	32-29-11 (0.525)	1-2-0 (0.333)	18-12-0 (0.600)
5	키움	70	67	7	7.0	0.511	42-26-4 (0.618)	28-41-3 (0.406)	3-3-0 (0.500)	16-17-0 (0.485)
6	SSG	66	64	14	7.5	0.508	37-27-8 (0.578)	29-37-6 (0.439)	4-4-1 (0.500)	13-18-0 (0.419)
7	NC	67	68	9	9.0	0.496	36-34-2 (0.514)	31-34-7 (0.477)	0-1-1 (0.000)	10-15-0 (0.400)
8	롯데	65	71	8	11.5	0.478	31-36-5 (0.463)	34-35-3 (0.493)	3-3-0 (0.500)	21-17-0 (0.553)
9	KIA	58	76	10	17.5	0.433	31-37-4 (0.456)	27-39-6 (0.409)	7-1-0 (0.875)	17-9-0 (0.654)
10	한화	49	83	12	25.5	0.371	25-40-7 (0.385)	24-43-5 (0.358)	2-3-0 (0.400)	13-16-0 (0.448)

●● **5** KT는 지난해 정규시즌과 한국시리즈를 독식했다. 하지만 2021년 시즌 승수는 2020년보다 5승 적은 76승이었다. 즉, KT는 앞 시즌에도 우승이 가능했던 팀이었다. 승수는 차이가 컸지만 승률(0.563)은 전년(0.566)과 거의 차이가 없었다. 무승부 9회가 있었기 때문이다.

●● **50** 2021년 시즌 전체 무승부 경기는 13번 나왔다. 2022년 무승부는 역대 최다인 50회였다. 전반기 385경기에선 딱 세 번이었다. 후반기엔 335경기에서 47회였다. KBO는 후반기 시작 닷새 전인 7월 28일 '9회까지 동점이면 연장전 없이 무승부로 처리한다'는 결정을 내렸다. 전반기에 정규 9이닝까지 동점인 경기 비율은 전체의 6.8%였다. 하지만 후반기엔 14.0%로 늘었다. 감독들이 '지지 않는 경기'를 했기 때문이다. 그 결과 경기는 더 재미없어졌다. 소비자를 배려하지 않는 '공급자 마인드'였다.

●● **14** LG와 SSG는 리그 최다인 14무승부를 기록했다. LG는 지난해 한 점차 승부에서 KIA 다음으로 높은 승률(0.600)을 올린 팀이었다. 연장전이 사라지지 않았다면 정규시즌 순위는 4위 이상일 수도 있었다.

●● **12** 무승부 규정 변경으로 10개 구단 중 7개 구단이 전년 대비 승수 하락을 겪었다. 예외는 SSG와 삼성, 한화. SSG는 2020년보다 무려 15승을 더 거두며 부활의 발판을 마련했다. 삼성은 12승을 더하며 2015년 이후 첫 포스트시즌 진출이라는 성과를 거뒀다. 꼴찌 한화도 3승을 더 거뒀다.

●● **−16** 2020년 챔피언 NC의 지난해 승수는 67승. 전년 대비 무려 16승이 감소하며 10개 구단 최대를 기록했다. 주력 야수 네 명이 코로나19 방역수칙 위반으로 중징계를 당한 탓이 컸다. KIA도 15승이 감소하며 한화와 시즌 내내 꼴찌 다툼을 벌였다. 키움도 −10승으로 2018년 이후 최저 승률(0.511)에 그쳤다. 팀의 상징이던 박병호는 시즌 뒤 KT로 떠났다.

●● **−0.030** 지난해 KBO 리그에서 홈 승률은 0.537, 원정 승률은 0.463이었다. 홈 승률은 5시즌 평균과 비슷했다. 야구는 축구나 농구보다는 덜하지만 홈어드밴티지가 어김없이 나타나는 경기다. 10개 구단 중 단 한 팀을 제외하고는 모두 원정보다 홈에서 높은 승률을 기록했다. 유일한 예외는 롯데였다. 홈 승률 0.478로 원정 승률(0.493) 대비 −0.030이었다. 롯데 투수들의 홈 평균자책은 5.72로 원정(5.02)보다 훨씬 높았다. 그래서 시즌 뒤 롯데는 사직구장을 '피처스 파크'로 바꾸는 공사를 했다. 원정 대비 홈 승률이 가장 높았던 팀은 키움(0.212)이었다.

득실점

팀	득점	경기당득점	실점	경기당실점
KT	719	4.99	584	4.06
두산	738	5.13	656	4.56
삼성	712	4.94	658	4.57
LG	654	4.54	561	3.90
키움	722	5.01	700	4.86
SSG	755	5.24	741	5.15
NC	702	4.88	697	4.84
롯데	727	5.05	808	5.61
KIA	568	3.94	752	5.22
한화	599	4.16	739	5.13

●● 야구 통계가들은 득실점에 기반한 피타고라스 기대승률을 계산한다. 이 값보다 실제승률과 승수가 높다면 어느 정도 운이 따랐다고 해석할 수 있다. 반대라면 불운했다. 행운과 불운은 영원하지 않으므로 이 수치는 다음 시즌 결과를 예상할 수 있는 지표가 된다. 10개 구단 중 KIA는 피타고라스승(PW)보다 9.4승 많은 승리를 거뒀다. 지난해 9위 성적마저도 행운의 결과였다는 슬픈 결론이 나온다. 다음은 롯데(4.1승), 삼성(3.2승)이었다. 가장 불운했던 구단은 KT(−5.3승), 다음으론 두산(−5.0승)이었다.

타격

팀	타율	출루율	장타율	OPS	볼넷%	삼진%	IsoP	IosD	AB/HR
KT	0.265	0.356	0.381	0.737	11.5	18.6	0.116	0.091	45.38
두산	0.268	0.350	0.390	0.740	9.9	16.7	0.122	0.082	44.55
삼성	0.267	0.344	0.399	0.743	9.8	16.2	0.132	0.077	36.36
LG	0.250	0.342	0.368	0.710	10.7	16.7	0.118	0.092	43.18
키움	0.259	0.347	0.376	0.723	10.5	18.6	0.117	0.088	53.56
SSG	0.261	0.353	0.421	0.774	11.1	18.4	0.160	0.092	26.48
NC	0.261	0.343	0.416	0.759	9.2	19.8	0.155	0.082	28.28
롯데	0.278	0.356	0.399	0.755	10.1	16.9	0.121	0.078	46.81
KIA	0.248	0.337	0.336	0.673	10.7	16.5	0.088	0.089	73.20
한화	0.237	0.334	0.341	0.675	11.5	23.4	0.104	0.097	58.56

●● 지난해 리그 전체 경기당 득점은 4.90점이었다. 2020년(5.23) 대비 6.3% 감소했다. KBO 리그 경기당 득점은 2014년 5.72로 역대 최고를 찍었다. 이후 8시즌 동안 6번 5점을 넘겼다. 지난해가 두 번째였다. 인플레이타구타율(BABIP)은 이 기간 가장 낮은 0.304였다. 우타자는 2.3% 감소였고 좌타자는 3.7% 감소로 폭이 더 컸다. 좌우타자 BABAIP 차이는 최근 5년 동안 가장 작았다. 좌타자 타석에 주로 걸리는 시프트의 영향으로 해석된다.

타순(타율/OPS)

타순	KT	두산	삼성	LG	키움	SSG	NC	롯데	KIA	한화
1	0.250 / 0.654	0.284 / 0.745	0.288 / 0.754	0.322 / 0.853	0.263 / 0.670	0.262 / 0.737	0.239 / 0.637	0.275 / 0.696	0.295 / 0.739	0.268 / 0.750
2	0.297 / 0.762	0.285 / 0.789	0.272 / 0.788	0.232 / 0.675	0.282 / 0.741	0.218 / 0.680	0.256 / 0.741	0.295 / 0.769	0.315 / 0.703	0.244 / 0.705
3	0.326 / 0.939	0.313 / 0.814	0.315 / 0.916	0.261 / 0.723	0.339 / 0.917	0.250 / 0.801	0.279 / 0.849	0.304 / 0.790	0.224 / 0.641	0.262 / 0.710
4	0.246 / 0.687	0.264 / 0.847	0.277 / 0.834	0.256 / 0.784	0.237 / 0.728	0.276 / 0.887	0.312 / 0.962	0.304 / 0.789	0.236 / 0.704	0.252 / 0.740
5	0.242 / 0.713	0.284 / 0.826	0.256 / 0.746	0.237 / 0.659	0.240 / 0.694	0.282 / 0.866	0.268 / 0.829	0.291 / 0.838	0.246 / 0.662	0.250 / 0.727
6	0.215 / 0.651	0.261 / 0.711	0.239 / 0.660	0.220 / 0.654	0.248 / 0.682	0.267 / 0.807	0.262 / 0.759	0.263 / 0.729	0.209 / 0.599	0.252 / 0.720
7	0.269 / 0.739	0.207 / 0.552	0.265 / 0.699	0.245 / 0.690	0.229 / 0.635	0.271 / 0.752	0.262 / 0.726	0.273 / 0.783	0.250 / 0.700	0.211 / 0.611
8	0.258 / 0.725	0.230 / 0.624	0.253 / 0.652	0.242 / 0.674	0.233 / 0.711	0.265 / 0.722	0.232 / 0.670	0.241 / 0.733	0.225 / 0.618	0.202 / 0.589
9	0.282 / 0.767	0.275 / 0.723	0.230 / 0.594	0.232 / 0.656	0.251 / 0.726	0.259 / 0.715	0.235 / 0.642	0.247 / 0.664	0.213 / 0.573	0.179 / 0.482

●● 지난해 LG에서 가장 가치가 높았던 선수는 '미스터 출루율' 홍창기였다. 홍창기가 버틴 LG 1번 타순이 10개 구단에서 가장 강했다. KIA는 팀 타순에서 김선빈이 지킨 2번이 가장 강했다. 그만큼 중심타선이 약했다. 3번 타순이 가장 강한 팀은 강백호가 자리를 지킨 KT, 4번은 양의지의 NC, 5번은 한유섬의 SSG였다. SSG는 6번 타순의 OPS도 가장 높았지만 뚜렷한 임자는 없었다. 한동희가 53경기 선발로 출장한 롯데 7번 타순이 10개 구단 OPS 1위였다. 8번도 롯데가 1위. 심우준이 119경기 선발로 나온 KT 9번 타순은 OPS 0.767로 KBO 리그 역사에서 손꼽힐 정도로 강력했다.

선발투수

팀	ERA	선발이닝	IP/G	선발승	선발승/승(%)	QS	QS%	QS+	Q-Hook	S-Hook
KT	3.69	812.0	5.64	53	0.707	76	0.528	29	34	6
두산	4.41	726.0	5.04	44	0.595	55	0.382	19	47	5
삼성	3.98	769.2	5.34	51	0.671	66	0.458	21	34	4
LG	3.85	696.0	4.83	42	0.560	50	0.347	16	58	6
키움	4.04	749.1	5.20	51	0.761	57	0.396	19	50	8
SSG	5.22	674.1	4.68	33	0.500	42	0.292	11	50	10
NC	4.56	746.2	5.19	49	0.766	53	0.368	17	44	13
롯데	5.15	714.2	4.96	38	0.576	46	0.319	10	46	7
KIA	5.04	712.2	4.95	31	0.534	39	0.271	11	51	10
한화	4.55	683.0	4.74	31	0.633	41	0.285	14	54	6

●● 타고투저는 다소 완화됐지만 선발투수 QS 비율은 4년 연속 감소세였다. 지난해 리그 평균은 36.5%였다. 7이닝 이상 3자책점 이하 QS+ 비율은 11.6%로 2014년 이후 최저였다. KT는 QS% 52.8%, QS+% 20.1%로 두 부문 모두 리그 1위였다. 다음이 삼성(45.8%, 14.6%)이었다. KIA는 시즌 QS 39회로 10개 구단 최소였다. QS+는 롯데가 10회로 가장 적었다. 선발투수 평균 이닝은 5.06으로 역시 2014년 이후 최소를 기록했다.

구원투수

팀	ERA	구원이닝	IP/G	세이브	홀드	블론세이브	세이브성공율	IRS
KT	3.68	452.0	3.14	33	74	16	0.673	0.308
두산	4.06	543.1	3.77	28	61	15	0.651	0.287
삼성	4.80	489.1	3.40	46	80	13	0.780	0.342
LG	3.28	576.1	4.00	32	81	14	0.696	0.300
키움	4.73	514.0	3.57	30	56	16	0.652	0.401
SSG	4.41	602.1	4.18	25	56	24	0.510	0.309
NC	4.52	510.0	3.54	33	80	18	0.647	0.400
롯데	5.68	556.1	3.86	37	76	15	0.712	0.355
KIA	4.76	556.1	3.86	36	94	16	0.692	0.430
한화	4.83	575.2	4.00	21	62	19	0.525	0.332

●● LG 불펜이 2021년에 가장 강했다. 리그에서 두 번째로 많은 이닝(576⅓)을 던지며 가장 좋은 평균자책점(3.28)을 기록했다. KT 불펜이 구원 평균자책점 2위(3.68)에 올랐다. 강력한 투수진 덕에 경기당 3.14이닝만 소화해 리그 최소를 기록했다. SSG는 붕괴 상태인 선발진을 불펜이 꾸역꾸역 끌고 나갔다. 10개 구단 중 유일하게 구원 600이닝을 넘겼다. 롯데는 구원 평균자책점이 유일하게 5점대였다. 반올림하면 6점이다.

수비

팀명	전체 DER
KT	0.677
두산	0.665
삼성	0.669
LG	0.690
키움	0.669
SSG	0.675
NC	0.668
롯데	0.664
KIA	0.676
한화	0.678
전체	0.673

●● DER은 4사구와 삼진, 홈런을 제외한 인플레이타구 아웃 비율이다. 리그 전체로는 2020년 0.666에서 지난해 0.673으로 증가했다. 지난해엔 LG가 0.690으로 전체 1위를 차지했다. 한화의 약진이 눈에 띈다. 전년 대비 0.023이 올라 증가폭 1위를 기록했다. NC는 0.015 감소로 최다였다. 롯데의 10위는 전혀 놀라운 순위가 아니다. 하지만 두산의 9위는 우려된다.

주루

팀명	도루	도루성공율	도루시도율	주루사율	추가진루율
KT	112	70.89	7.17	3.91	44.30
두산	81	68.64	5.29	3.51	40.38
삼성	116	72.50	7.70	3.70	40.76
LG	92	73.02	6.13	3.70	46.38
키움	97	78.86	5.62	3.11	43.31
SSG	100	69.93	6.60	3.77	39.23
NC	101	68.71	7.23	3.73	38.09
롯데	60	65.93	4.01	4.01	39.64
KIA	73	70.19	4.93	3.63	36.65
한화	109	66.06	8.30	5.28	43.15

●● 지난해 리그 전체 도루는 940개로 전년 대비 5.4% 증가했다. 스트라이크존이 확대되는 올시즌엔 도루 비중이 더 높아질 전망이다. 삼성이 도루 1위(116개), 키움이 성공률 1위(78.7%)를 기록했다. 롯데는 도루(60개)와 성공률(6.59%), 시도율(4.0%)에서 트리플 꼴찌였다. 한화는 도루시도율 8.3%로 가장 높았다. 여기에 추가진루율(43.2%) 4위, 주루사율 1위(5.28%)로 공격적인 주루가 돋보였다.

D
31·10
57

10대 키워드로 미리 보는 2022 KBO 리그

그해 우리는 '꼬맹이'였습니다. TV가 신기하고 귀했던 시절입니다. '노는 것'이라면 역시 '하는 것'이었습니다. 뭔가를 보며 논다는 개념이 자리 잡히지 않았던 때였습니다. 극장 역시 보러가는 곳이라기보다 커다란 화면에 움직이는 그림을 보는 놀이공원 같이 느낄 때였습니다.

그때 프로야구가 찾아왔습니다. 쿵짝쿵짝 울리는 고적대 뒤에 아저씨들이 한껏 폼을 잡고 있었습니다. 같은 유니폼을 갖춰 입은, 국가대표가 아닌 '팀'의 개념을 머릿 속에 채우는데 걸리는 시간은 잠시였습니다. 멋져 보였던 선수들은 흰 공을 던지고 치고 받아서 다시 던지며 '승부'라는 걸 펼쳤습니다. 그해 우리는 서로 편을 갈라 누군가를 응원하기 시작했습니다. 1982년, 야구가 시작됐습니다. 보는 것이 노는 것이 되는 중요한 변곡점이었습니다. 물론 프로야구 선수들을 따라서 '경기를 하는 것'도 매우 즐거운 경험이었습니다. 그해 우리는 박철순이 되었다가, 이만수가 되었다가, 수염 없는 김봉연이 되었습니다. 야구가 날아와 박혔습니다.

그렇게 야구팬으로 살아왔습니다. 삶이 바빠 잠시 소홀히 한 적도 있었습니다. 고개를 돌리고 애써 외면하다가, 어느 순간 소식이 들려오면 그때 그 두근거림이 살아났습니다. 야구는 떼려야 뗄 수 없는 끈끈이 처럼 달라붙었습니다. 환호의 흔적과 지독한 패배의 상처가 문신과 흉터처럼 가슴 어딘가에 남았습니다.

드라마 〈그해 우리는〉에서 최웅이 말합니다.

"내가 그렇게 버리기 쉬운 거냐, 네가 가진 것 중에."

국연수가 답했습니다.

"내가 버릴 수 있는 건 너밖에 없어."

국연수의 '너'가 야구인 줄 알았습니다.

최웅이 말합니다.

"지긋지긋하지만 또 너야."

여기서 최웅의 '너'도 야구인 줄 알았습니다.

그렇게 40년이 흘렀습니다. 지독한 2021시즌이었습니다. 방역수칙을 어긴 술자리와 이를 해결해 나가는 과정은 요코하마 스타디움에서 펼쳐진 경기 흐름과 매우 닮았습니다. 큰 잘못을 하지 않았는데 지나치게 비난 받는다는 표정이 여기저기서 슬며시 삐져나왔습니다.

드라마를 보며 깨달았습니다. 그게 다 사랑이었습니다. 더 크게 실망한 것은 그만큼 야구를 사랑했기 때문이었습니다. 자신의 사랑이 짝사랑이었다고, 상대는 아무것도 신경 쓰지 않고 있었다고 느껴지는 순간 배신감은 더 커지기 마련입니다.

다시 야구가 시작됩니다. 야구가 시작한 그해로부터 40년이 흘렀습니다. 그해 꼬맹이었던 우리는 그때의 우리보다 나이 많은 아이의 부모가 됐습니다.

드라마에서 최웅이 말합니다.

"나만 사랑하는 널 보고 싶었나 봐."

2022년, 최웅의 말처럼, 내가 죽도록 사랑하는 야구가 아니라, 나만을 사랑하는 야구를 볼 수 있다면.

한국프로야구 출범 40주년을 맞은 스카우팅 리포트 필진의 바람입니다.

1

스트라이크존

KBO는 지난해 10월25일 "심판위원들의 스트라이크존 판정 평가 기준을 개선하겠다"고 발표했다. "스트라이크존 판정을 좌우 홈플레이트와 각 타자의 신장에 따른 존의 정확성을 중심으로 평가하기로 했다"고 설명한 것을 보면 스트라이크존이 넓어질 것은 확실해 보인다. 게다가 개선의 이유로 "2016시즌부터 스트라이크존 판정 변화를 데이터로 분석한 결과 스트라이크 판정 존의 평균 분포가 전반적으로 좁은 형태로 변화되어 왔음을 확인했다"고 밝혔다.

KBO 리그의 스트라이크존이 지나치게 좁았다는 것을 인정하고, 이를 변화시키겠다는 뜻이다. 구체적으로 어떻게 넓히겠다고 밝히지는 않았지만 타자의 신장에 따른 존의 정확성을 언급한 것은 스트라이크존의 상하 폭이 넓어질 수 있음을 뜻한다. 실제 스프링캠프 등을 거치면서 스트라이크존은 다소 높게 적용됐다. 타자들은 체감상 "공 1개 정도 높은 공에 스트라이크 콜이 이뤄진다"고 말했다.

그런데, KBO는 스트라이크존을 왜 넓힐까.

명시적 첫번째 이유는 '볼넷 감소'를 위해서다. 2017시즌 8.0%였던 볼넷 비율(볼넷/타석)은 조금씩 높아지다가 2019시즌 8.5%에서 2020시즌 9.4%로 치솟았고 2021시즌에는 이 수치가 10.5%까지 높아졌다. 리그 전체 타자들이 10타석 중 한 번은 볼넷으로 걸어나간다는 뜻이다. 타자들은 2021시즌 기다리는 전략을 택했고, 볼넷이 급격하게 늘었다. 볼넷이 늘면 인플레이 타구가 줄고 야구의 재미가 떨어질 가능성이 있다.

문제는 이 결정이 투고타저를 더욱 강화시킨다는 데 있다. 스트라이크존의 확대는 일반적으로 투수에게 유리하다. 2019시즌부터 공인구의 반발력을 축소한 KBO 리그는 스트라이크존을 확대함으로써 다시 한 번 '투고타저'를 가속화하는 규정 변경을 택했다. 2018시즌 5.20까지 치솟았던 리그 평균자책은 공인구 변화 첫 해 타자들의 혼란을 야기하면서 4.18까지 떨어졌다가 2020년 4.77로 회복했고, 지난 시즌 다시 4.45로 떨어졌다. 일반적인 리그의 투타 균형점이 경기당 평균득점 4.50이라는 점을 고려하면 평균자책 4.45는 균형점을 넘어선 '투고 환경'에 가깝다. 스트라이크존 확대에 따라 리그 평균자책은 더 낮아질 가능성이 높다.

KBO는 "볼넷 감소, 더 공격적인 투구와 타격, 경기시간 단축 등의 긍정적인 변화를 통해 팬들에게 더 신뢰받고 박진감 넘치는 경기를 제공할 수 있기를 기대하고 있다"고 밝혔지만 스트라이크존 확대는 타자들의 아웃 가능성을 높이고, 이는 타격 기록의 하락으로 이어진다.

볼넷을 줄이는데 성공한다 하더라도 삼진이 지나치게 늘어난다면 인플레이 타구가 더 극명하게 줄어들 수 있다. 과거 야구 고관심층이 많았을 때는 '투수전'의 가치가 높았지만 출루 자체가 줄어든 야구는 새 팬을 흡수하는데 상당한 허들이 될 가능성이 높다. 40년전, 그해 우리는 모든게 신기했던 시절이었다. 볼 것도 할 것도 많은 지금, 처음 야구를 본 이들이 "뭐야, 별로 재미 없어"라고 말한다면 미래가 어두워질 수밖에 없다.

저득점 환경과 감독의 힘

스트라이크존의 변화와 이에 따른 리그 평균자책의 하락은 리그 전체적인 '저득점 환경'을 만들 것으로 보인다.

2018년 5.20까지 높아졌던 리그 평균자책은 갑작스런 공인구 반발력 변화에 따라 2019년 4.18로 급락했다. 타자들의 적응기를 거치면서 2020시즌 4.78로 올랐다가 2021시즌 4.45로 뚝 떨어졌다. 4.45는 '투고타저'라 부를 수 있는 수준의 기록이다.

저득점 환경에서는 경기 운영 방식도 바뀐다. 야구에서는 점수를 내기 위한 여러 가지 방식이 존재하는 만큼 이를 활용할 가능성이 높아진다. 대표적인 것이 '희생번트'다. 일반적으로 무사 1루 번트는 득점 가능성을 오히려 떨어뜨리지만 경기 흐름상 번트가 더 중요해지는 상황이 벌어진다. 2018시즌 447개에 그쳤던 리그 희생번트는 2020시즌 486개로 늘었고 지난시즌 496개로 다시 높아졌다. 2017시즌의 600개 수준으로 돌아올 가능성도 있다.

번트의 증가는 감독의 경기 개입을 상징한다. 감독은 저득점 환경에서 보다 많은 작전 구사 필요성을 느낀다. 선수에게 맡겨 놓기보다 감독의 작전을 통해 선택지를 줄임으로써 득점 기댓값을 높이겠다는 선택이다.

대표적인 변화는 2번 타순의 OPS에서 드러난다. 득점력을 높이는 타선의 구성은 3-4번보다 2-3번에 강타자를 배치하는 방식으로 바뀌었다. 강한 2번 타자는 주장이 아니라 사실에 가깝다. 그런데, 저득점 환경으로 바뀌고 감독의 개입 유혹이 커지면 2번 타순은 다시 '감독의 페르소나'가 될 가능성이 높다. 필요할 때 번트를 대고, 일명 '팀 배팅'을 해야 하는, 감독의 지시를 잘 따르는 타순이다.

2020시즌 0.798까지 높아진 2번 타순의 OPS는 투고타저로 방향을 튼 지난해 0.744로 뚝 떨어졌다. 2020시즌 2번 타자의 OPS는 5번 타자의 0.755보다 높았는데, 2021시즌에는 5번 타자(0.756)와의 차이가 상당해졌다.

게다가 타자들이 넓어진 스트라이크존과 싸워야 하는 상황이다. 감독으로서는 번트의 유혹이 더 커질 수밖에 없다. 타순 구성에 있어 감독의 경기 개입 가능성이 더욱 많이 고려되고, 경기 운영에 있어서도 감독의 결정이 더 많아진다. 타자들이 스트라이크존에 대해 항의할 때도 감독이 얼른 심판에게 뛰어가야 한다. 감독의 얼굴이 이래저래 더 많이 드러나는 시즌이 될 것으로 보인다. 감독의 권한 강화는 팀은 물론 리그 전체의 분위기를 좌우한다.

자칫, 감독의 권한 강화는 감독과 단장의 갈등 구조를 일으킬 가능성도 있다. 물론 10개 구단 중 대부분의 감독들이 3년차 이하 감독이라는 점은 그 갈등을 물밑에만 존재하게 만드는 조건이다.

3

땅볼 혁명?

메이저리그는 2015시즌 스탯캐스트 도입 이후 '뜬공 혁명(플라이볼 레볼루션)'을 경험했다. 사람의 눈이 아닌 레이더의 힘으로 타구의 세부 데이터를 분석했더니 타구 속도와 각도가 장타에 매우 중요한 역할을 미치는 것으로 나타났다. 타자들은 스윙 궤적을 바꿨고, 보다 좋은 각도로 강한 타구를 날리기 위해 노력했다. 리그 전체의 움직임은 홈런 숫자를 크게 늘렸다.

KBO 리그도 뜬공 혁명 영향을 받았다. 많은 타자들이 오프 시즌에 미국에 날아가 '과외'를 받았다. 극적인 반전 성공 케이스가 나오지는 않았지만 리그 전체적으로 스윙에 대한 많은 고민을 하게 하는 긍정적 변화를 이끌어냈다.

타석당 홈런율은 2018시즌 3.09까지 올랐다가 공인구 변화와 함께 2019시즌 1.82로 뚝 떨어졌다. 지난 시즌 2.06은 최근 5년 사이 2번째로 낮은 기록이다. 리그가 투고타저로 바뀌면서 홈런 숫자도 크게 줄었다. 타자들의 '기다리는 전략'이 유효했던 것도 홈런 감소의 이유다.

2022시즌 스트라이크존 변화와 함께 타자들의 타석 태도도 크게 변할 가능성이 있다. 2019시즌 공인구 변화 때는 준비와 대처가 제대로 되지 않는 바람에 시행착오를 겪었지만 이번 존 변화는 어느 정도 준비 시간이 존재했다.

스트라이크존 윗부분이 높아지면서 뜬공을 노리는 스윙 궤적은 어려움을 겪을 가능성이 높아졌기 때문이다. 메이저리그 투수들은 뜬공 혁명과 함께 타자들의 스윙 궤적이 변하자 스트라이크존 상단을 포심으로 적극 공략하며 대처했다. KBO 리그 역시 투수들의 상단 공략이 늘어날 것으로 보이고 타자들도 이에 대처해야 한다.

타자들은 타구의 각도를 다소 낮추려 노력할 것으로 보인다. 보다 넓어진 상하존을 커버하기 위해서는 존을 통과하는 동안 배트와 공이 만나는 접점을 늘이는 스윙 궤적이 필요하기 때문이다. 이를 위해 스윙의 출발 지점을 미세하게 조정하는 노력도 일부에서 이뤄지고 있다. 어퍼 스윙보다 레벨 스윙 쪽에 조금 더 방점이 찍히는 흐름이다.

높게 뜨는 타구보다는 라인 드라이브 타구를 늘리겠다는 방식이고, 이는 땅볼 타구의 증가를 가져올 수 있다.

그런데 KBO 리그는 이미 땅볼 타구가 늘어나고 있었다. 뜬공/땅볼 아웃 비율은 2020시즌 1.03에서 지난 시즌 0.99로 떨어졌다. 볼넷이 늘고 인플레이 타구가 줄어든 영향에 리그가 보다 적극적으로 사용하기 시작한 시프트의 영향이 더해졌다. 안타가 됐어야 할 타구가 아웃이 되면서 땅볼아웃 비율이 늘었다. 외야로 빠져나가지 못하는 타구가 늘어나면서 리그 외야 타구 비율도 52.7%로 줄었다. 2017시즌 이후 가장 낮은 숫자다.

스트라이크존의 변화와 타자들의 스윙 궤적 변화 시도가 맞물리면 투고타저 흐름을 더욱 가속화시킬 수 있다. 오히려 삼진을 많이 당하더라도 홈런을 칠 수 있는 타자의 가치가 높아진다. 모든 가치는 '희소성'에서 나오기 때문이다.

외야 수비의 가치

저득점 환경에서는 승리를 위한 1점의 가치가 더욱 높아질 수밖에 없다. 득점에 있어서 다양한 작전을 동원하는 것도 중요하지만 실점 억제력이 더욱 중요한 전략적 고려 요소가 된다. 중계 화면을 통해 잘 드러나지 않지만 현장에서 느끼는 실점 억제 수비는 경기 흐름을 완전히 바꾸는 경우가 많다.

야구에서 가장 중요한 수비 라인은 역시 센터 라인이다. 경기를 조율하는 포수와 함께 유격수, 2루수 등 커버해야 할 수비 범위가 넓은 내야수의 수비력은 승패를 좌우할 수 있다. 센터라인의 정점인 중견수의 수비 역시 팀 수비의 단단함 여부를 가를 수 있는 포지션이다.

스토브리그 동안 각 구단들은 센터라인, 특히 중견수 수비 강화에 큰 공을 들였다.

새 외인 타자 중 KIA의 소크라테스 브리토, 한화의 마이크 터크먼, 롯데의 DJ 피터스 등은 각 팀의 중견수를 맡는다. NC의 닉 마티니는 좌익수, 키움의 푸이그와 KT의 라모스는 우익수를 맡게 된다. 수비보다 장타 생산 능력에 집중한 외인 타자는 SSG의 케빈 크론이 사실상 유일하다.

지난겨울 FA 외야수들의 몸값이 폭등했다. 중간 이상 수비 능력에 수준급 타격 실력을 갖춘 외야수는 리그 전체의 희소 자원이다.

1점의 가치가 높아지는 2022시즌, 외야수비 능력은 더욱 중요한 요소가 된다. 내야의 실수는 한 베이스 진루에 그치지만 외야 수비력은 바로 실점으로 이어진다. 우익수의 경우 내야를 빠져 나온 땅볼 안타 타구 처리에 자칫 약점을 보인다면 추가 진루를 허용할 수 있다.

KT가 지난 시즌 중반 새 외인 타자로 제러드 호잉을 선택한 것은 수비 능력에 여전히 변함없을 것이라는 판단 때문이었다. 호잉은 타격에 있어서는 코스의 약점을 이미 간파당한 타자지만 우익수 수비력은 여전히 유효했다. KT 이강철 감독은 호잉의 수비에 대해 "추가 진루를 막음으로써 지켜낸 점수가 상당하다"고 평가했다.

스토브리그 동안 LG와 롯데의 무브가 눈에 띄었다. LG는 국가대표 중견수 박해민을 FA로 영입한 반면, 롯데는 FA 손아섭을 NC로 떠나보냈다. 외야수비 평가 지표 중 하나인 추가 진루 허용률에 있어서 LG는 36.2%로 8위, 롯데는 39.6%로 10위였다. 두 팀의 선택이 이번 시즌 외야 수비를 어떻게, 얼마나 바꿀 수 있을지 꽤 중요한 관전 포인트로 떠올랐다.

2022시즌은 홈런보다 어쩌면 수비가 더욱 중요한 시즌이 될 수 있기 때문이다.

9위는 KIA(37.2%)였다. KIA는 나성범을 데려왔고, 브리토를 중견수로 세움으로써 단숨에 외야진을 개편하는데 성공했다.

커브와 포심

스트라이크존의 상하폭 증가는 투수들의 부담을 상당히 줄일 수 있다. 투수들의 '바이블' 중 하나는 '장타를 맞지 않기 위해 낮게 던져라'였는데, 투수에게 몸쪽 또는 바깥쪽 꽉 찬 낮은 공을 던지는 건 갑자기 줄넘기 4단 뛰기를 하라는 것만큼이나 쉽지 않은 미션이다.

메이저리그 투수들은 타자들의 스윙 궤적 변화에 발맞춰, 스트라이크존 상단 공략과 함께 같은 높이에서 떨어지는 커브로 타이밍을 흔드는 전략으로 성공했다. 높은 포심과 커브의 조합은 메이저리그 투수들의 주요 전략 중 하나로 자리잡았다.

높은 포심이 효과적인 이유는 그 공이 타자의 눈에 보다 가깝기 때문이다. 사람의 눈은 가까운 쪽에서 움직이는 물체를 보다 빠르다고 느낀다. 실제보다 더 빠르게 느껴지도록 만든다. 물론 높은 코스는 스윙이 더 짧게 나와도 만날 수 있는 구간에 있기 때문에 과거에는 위험한 코스로 여겨졌지만 현재는 타자들의 스윙 메커니즘에 따라 다르게 작용할 수 있다.

물론 높은 존만 던질 수는 없다. 하이 존 포심과 가장 조합이 잘 맞는 구종이 커브다.

커브는 포심과 회전 방향이 반대로 움직인다. 포심은 검지와 중지로 긁어서 던지기 때문에 공의 진행 방향과는 반대 방향으로 회전이 걸리는 반면 커브는 타자 쪽을 향해 감아서 던지는 방식이기 때문에 공의 진행 방향과 같은 방향으로 회전이 걸린다. 문제는 서로 회전 방향은 반대지만 회전 축이 비슷하기 때문에 타자의 눈에는 비슷하게 보인다는 점이다. 포심은 떠오르는 움직임에 가까운(실제로 떠오르는 것은 아니지만 그렇게 보이는) 공인데, 커브는 거꾸로 아래로 뚝 떨어지는 공이다. 회전이 비슷하게 보이는, 게다가 높은 코스에서 움직이다가 변하는 두 공의 조합은 타자의 눈을 현혹시킬 뿐만 아니라 스피드 변화 차이에 따른 타이밍을 흔드는 데도 매우 효과적이다.

물론, 커브를 던질 때 손에서 빠져나가는 순간의 움직임이 들킨다면 효과는커녕, 위험한 공이 될 수 있다. 타자들은 "아무리 좋은 커브라도 커브라고 알게 되는 순간, 그냥 느린공일 뿐"이라고 말한다.

게다가 커브는 스트라이크 선언이 됐을 때 타자에게 조금 더 큰 심리적 충격을 안겨줄 수 있는 공이다. KBO리그는 스트라이크 통과 시점을 보다 엄격하게 적용하기로 했기 때문에 포수가 바닥에 닿을 위치에서 캐치한 커브라 하더라도 존을 통과했다면 스트라이크로 선언될 가능성이 높다. 지난시즌까지 도저히 스트라이크로 여겨지지 않았던 공이 스트라이크로 선언된다면 타자들은 평정심을 잃을 가능성이 높다. 2022시즌 좋은 커브는 리그를 지배할 수 있다.

2021시즌 커브 구종 가치 순위는 다음과 같다.
요키시 13.9, 쿠에바스 10.7, 켈리 10.6, 정찬헌 8.4, 킹험 7.3

SGC

LG 올레드TV
LG
TWINS
U+프로야구
LG
TWINS
C

에이프릴 매드니스 (4월의 광란)

여느 해와 분위기가 완전히 다르다. 지난 스토브리그에서 FA 외야수들의 몸값이 치솟은 것은 많은 팀들이 이번 시즌을 '해 볼 만한 시즌'이라고 판단했다는 뜻이다. 아낌없이 지갑을 열었고, 가을야구에 오르지 못한 팀들이 과감한 베팅에 들어갔다. (가을야구에 올랐던 LG는 더 높은 곳을 향해 전력 강화에 나섰다)

지난겨울 각 구단의 움직임은 리그 10개 구단의 전력 구성 편차를 더욱 줄어들게 만들었다.

게다가 스트라이크존이라는 중요 요소의 변화는 리그의 불확실성을 더욱 높였다. 각 팀 별 타격 실력에 대한 예상이 힘들어졌고, 투수력의 차이도 어떻게 될지 모른다. 구조적 변화에 따른 투고타저의 강화는 거꾸로 '투수력'이라는 장점의 차이를 줄이는 방향으로 작동할 수도 있다. 기존 투수가 강했던 팀의 메리트가 줄어든다는 뜻이다. 이럴 경우 반대로 타격의 장점이 더 귀중한 가치가 될 수 있다.

뚜껑을 열어봐야 알 수 있는 현재의 복잡한 상황은 '초반 러쉬'의 중요성을 키운다. 시즌 중후반 뒤집기를 노리기 어렵기 때문에 초반부터 치고 나가야 가을야구에 오를 가능성이 높아진다. 불펜 투수들을 초반에 조금 당겨쓰고, 득점 확률을 높이기 위한 작전의 구사 빈도도 늘어날 수밖에 없다.

2022시즌은 '초반 러쉬'의 시즌이다. 미국 대학 농구 토너먼트인 3월의 광란에 빗대, 2022시즌 KBO 리그는 '4월의 광란', 에이프릴 매드니스가 될 수 있다. 이런 점에서, 4월의 대진운이 매우 중요해진다. 실력의 편차는 줄어들었지만 가을야구에 오른 팀과 오르지 못한 팀 사이의 4월 대진은 그나마 비슷한 편이다. 한 바퀴를 도는 대진이기 때문에 비교적 골고루 만난다.

다만 LG의 초반 대진운이 나쁘지 않다. 개막전에서 KIA와 광주 2연전을 치른 뒤 키움, NC, SSG, 한화를 만나는 순서다. 개막 후 14경기 중 지난해 5강에 오르지 못한 팀과 11경기를 치른다. 지난해 선두 KT를 만나는 건 개막 후 15번째 경기다. 물론 겨울 사이 상대 전력이 어떻게 바뀌었는지 알 수 없는 데다 경기는 해 봐야 아는 것이지만 2022시즌 '초반 러쉬'는 그 어느 해보다 중요하다.

불펜이 강한 팀이라면 초반 이길 수 있는 경기에 보다 집중 투입하는 것이 효과적인 시즌 운영 전략일 가능성이 높다. 초반 승리를 벌어놔야 이후 벌어질 결과에 대응할 수 있기 때문이다.

엘엔기와 한롯키

지난 스토브리그의 움직임은 엘엔기와 한롯키로 극명하게 나뉘었다. 엘엔기는 FA 시장에 적극적으로 뛰어들었고, 한롯키는 지갑을 꾹 닫은 채 다른 팀의 무브를 지켜보는 쪽에 가까웠다.
이 과정에서 한때 '동맹'으로 여겨졌던 엘롯기가 해체됐다. LG와 KIA가 적극적으로 영입에 나서는 동안 롯데는 한걸음 빠진 채 도리어 프랜차이즈 스타 손아섭을 NC로 보내는 길을 택했다.
그래서 새로운 구도가 탄생했다. LG는 국가대표 중견수 박해민을 영입하며 외야와 톱타자를 강화했다. NC는 애런 알테어와 나성범이 떠났지만 두산 외야수 박건우와 롯데 외야수 손아섭을 모두 FA로 데려오면서 공백을 최소화했다. 지난 시즌 리그 9위로 추락한 KIA는 장정석 신임 단장, 김종국 신임 감독 체제로 새 출발하며 나성범을 거액에 영입하는 결정을 내렸다. 양현종이 미국에서 돌아오면서 KIA는 단숨에 가을야구를 노려볼만한 전력으로 평가된다.

반면 한롯키는 외부영입에 적극적으로 나서지 않은 채 내부 육성에 무게를 뒀다.
한화는 포수 최재훈만 FA 계약했을 뿐 이번 겨울 일찌감치 FA 시장에서 철수했다. 이 과정에서 팬들의 '트럭시위'가 벌어지기도 했다. 롯데 역시 손아섭을 떠나보내면서 신규 FA 영입에 나서지 않았고, 팬들의 반발이 컸다. 키움은 팀을 대표하는 거포 스타 박병호가 KT로 떠나자 팬들의 실망과 분노가 거세게 일었다.

엘엔기의 전력 강화도 주목받을 요소지만 한롯키 팬들의 실망을 어떻게 채울 수 있을지가 이번 시즌 더욱 중요한 요소다. 팀이 이기는 방식에 대한 다양성이 확보되어야 리그의 건강함이 유지될 수 있기 때문이다. '돈이 없어서' 선수를 채우지 못했다는 변명은 KBO 리그 속성상 받아들여지기 어려운 분위기다. 실제로 '돈이 없다'면 얼른 구단을 매각하는 것이 정답이다.
한화, 롯데, 키움 모두 기존 선수의 성장을 통한 공백 메우기를 택했다. 한화는 '기회'를 계속 주는 것이 팀의 미래를 위해 낫다는 판단을 했다. 롯데는 사직구장 크기 변화와 함께 팀 컬러 변화에 방점을 찍었다. 투타 구성 모두 파크팩터에 맞는 새 스타일로 가져가겠다는 계산이다. 키움 또한 고척 스카이돔에 어울리는 스타일의 타자들로 팀을 매년 재구성하는 중이다.
문제는 그 실험들이 반드시 성공해야 하는데, 야구는 생각대로 잘 되지 않는 종목이라는 점이다.
여기서 떠오르는 마이크 타이슨의 기막힌 명언.

"누구나 그럴싸한 계획이 있다. 링에 올라와서 한 대 처맞기 전까지는."

2022시즌, 엘엔기와 한롯키의 구도가 리그를 더욱 재밌고 흥미진진하게 하는 요소임에 틀림없다.

항저우에 뜨는 류중일 호

지난 2월 23일 대한야구소프트볼협회는 보도자료를 통해 2022 항저우 아시안게임 야구 대표팀 감독으로 류중일 전 LG 감독을 선임했다고 밝혔다.

우선 의문점 하나. 왜 KBO가 아니라 야구소프트볼협회(KBSA)였을까.

대표팀이 참가하는 야구대회는 몇 가지가 있는데 크게 세계야구소프트볼연맹(WBSC)가 운영하는 대회와 프로 단체가 운영하는 대회로 나뉜다. 사실 대부분의 대회가 WBSC 주최이고, 프로가 운영하는 대회는 월드베이스볼클래식(WBC)이 전부다. 대신 프로야구 선수 위주로 참가하는 대회라면 그동안 KBO가 운영 중심에 섰다. 지난 2018년 자카르타, 팔렘방 아시안게임 참가 이후 아시안게임 참가 규모 등에 대한 재설정이 이뤄졌고, 운영 주체도 KBSA쪽으로 무게가 조금 더 기울었다. 이종범, 김재박 등의 후보 이름이 거론됐고 결국 2014 인천 아시안게임 금메달 경험이 있는 류중일 감독이 아시안게임 야구 대표팀 감독으로 결정됐다.

류중일 호가 어떤 성적을 내는지도 중요하지만, 이번 아시안게임 기간 동안 리그가 중단되지 않는다는 점이 2022시즌 전체에서 더욱 중요한 변수가 된다. 아시안게임 금메달을 통해 병역 혜택을 노리는 젊은 선수들이 적지 않은 가운데, 이 중에는 팀 전력의 핵심 역할을 하는 선수의 숫자도 상당하다. 가을야구 진출을 노리는 팀들은 순위 싸움이 한창인 9월, 주축 선수를 대표팀에 내보내야 한다. 그렇다고 시즌 우승 가능성 때문에 선수의 대표팀 차출을 막아설 경우 선수의 동기 부여에 심각한 영향을 줄 수도 있다.

어느 정도의 전력 균형을 위해 당초 10개 구단에서 각 2명씩 차출하는 안도 고려됐지만 현재로서는 메달 획득 가능성을 고려하지 않을 수 없는 상황이다. 미필 선수 위주의 구성이면서도 어느 정도 실력을 갖춘 선수들이 뽑힐 가능성이 높다. 이 상황에서 대표팀 차출 선수들이 특정 구단에 몰리게 된다면 해당 구단은 순위 싸움에서 불리해 질 수밖에 없다. 구단의 미래가 되어 줄 선수의 병역 혜택을 우선할 것인가, 당장의 시즌 성적을 고려할 것인가 사이에서 선택은 햄릿의 선택만큼이나 쉽지 않다. 게다가, 아시안게임 야구 금메달이 무조건 주어지는 것도 아니다. 야구는 변수가 많은 종목이다.

류중일 호의 숙제는 어떻게 전력을 구성할 것인가 뿐만 아니라 팀 별 전력 안배를 어떻게 할 것인가의 문제가 더 심각하다. 구단 간의 갈등을 어떻게 해결할 것인가의 문제다. 이상적인 해결책은 염경엽 기술위원장이 이런 문제를 모두 해결하고 류중일 감독은 대표팀 운영에만 집중하는 것인데, 한국야구가 그런 일을 잘 처리할 수 있을지 알 수 없다. KBSA가 운영하는 대회이니만큼 대표팀에 아마야구 선수 차출도 고려 대상이다.

어쩌면 올해 9월, 리그에 대 폭풍이 일어날지도 모른다. 그냥 간단한 가정 하나. LG는 9월에 고우석과 정우영 없이 시즌을 치를 수 있을까. KT는 강백호, 소형준 없이 9월 순위 싸움을 할 수 있을까. 만약 심우준에 박영현까지 빠져야 한다면?

샐러리캡과 단축 FA 효과

경제에서 인플레이션보다 더 무서운 것은 인플레이션 기대감이다. 인플레이션이 일어날 것으로 예상된다면 더 비싸지기 전에 사 두려고 할 것이고, 인플레이션은 더욱 가팔라질 수밖에 없다. 경제정책의 1순위는 인플레이션 기대감을 억제하는 것이다. 금리 인상 가능성의 신호가 강하게 나오는 것 역시 실제 인플레이션에 대한 우려가 아니라 그에 따른 기대감을 꺾기 위한 것이다.

지난 겨울 스토브리그도 비슷했다. 일종의 '기대감'이 작동했다. 이번 겨울 몸값이 더욱 오를 것이니 미리 선점하자는 것과는 결이 조금 달랐다. 이번 겨울에는 FA 시장이 더욱 위축될 가능성이 높다.

샐러리캡과 FA 기간 단축 때문이다.

KBO 리그 이사회는 지난 2020년 1월 '2023년부터 샐러리캡 제도를 도입한다'고 결의했다. 샐러리캡의 기준은 2021년과 2022년, 신인, 외국인 제외 연봉 상위 40명의 평균이다. 이 평균의 120%가 상한액이 된다. 여기에는 연봉은 물론 옵션 실지급액, FA 연평균 계약금 등이 모두 포함된다. 2023년부터 돈을 쓰기 어려운 구조가 예상되기 때문에 2022시즌을 앞둔 FA 시장이 들썩일 수 있었다. 일단 돈을 많이 써서 샐러리캡 기준을 높여 둘 필요가 있었다.

샐러리캡을 위반할 경우에는 1회 초과시 초과분의 50%가 제재금이 되고, 2회 연속 초과하면 100%의 제재금에 다음해 1라운드 지명권을 9단계 하락시키기로 했다. 돈이야 그렇다 쳐도 1라운드 지명권의 사실상 박탈은 전면 드래프트 상황에서 상당한 벌칙이다.

여기에 이번 겨울에는 2년치 FA가 한꺼번에 쏟아진다. 당시 이사회에서 FA 기간 단축도 함께 결의했기 때문이다. 고졸 9년, 대졸 8년이던 FA 취득기간을 각각 1년씩 단축한다. 그러니까 이번 겨울에는 원래 FA가 될 수 있었던 선수들과 1년이 당겨진 선수 등 2년치 FA들이 한꺼번에 쏟아진다. 지난겨울 정도의 대어급 FA가 쏟아지는 것은 아니지만 양의지 등 재자격 FA가 시장에 나온다는 점에서 시장은 다시 한 번 뜨거워질 전망이다. 당장 양의지는 FA 계약을 하더라도 샐러리캡 상한을 고려하지 않을 수 없는 상황이다. 에이전트와 구단 사이의 힘겨운 줄다리기가 예상된다. 거꾸로 저가형 FA가 먼저 계약할 수도, 더 많은 인기를 얻을 수도 있다.

샐러리캡과 FA 선수의 공급 증가는 시장가격을 떨어뜨릴 수 있는 요인이다. 치열한 눈치작전이 벌어지겠지만, 지난겨울만큼의 '투자'는 이뤄지지 않을 가능성이 높다. 이런 점에서 SSG가 예비 FA 3명(박종훈, 문승원, 한유섬)과 모두 장기계약을 한 것은 현명한 선택이다. 삼성 구자욱도 이들의 뒤를 따랐다. 시즌 중 장기 계약 발표가 이뤄진다 해도 이제는 이상하지 않다.

9

No Brand
SSG.COM
emart24
최 정
14

야구의 자존심이 아니라 팬들의 자부심을 위해

2021년 여름 열린 2020 도쿄 올림픽 야구 종목은 아쉬움이 컸다. 대표팀 구성부터 운영까지, 뒤돌아보면 더 나은 선택을 할 수 있었던 기회가 많았다. 대회 직전 터진 방역 수칙 위반과 리그 중단 사태까지 얽히면서 한국 야구의 평판은 끝도 없이 추락했다. 팬들은 배신감을 느꼈고, 야구는 갈팡질팡했다.

야구는 인기 회복이 문제가 아니라 팬들의 무너진 자존심과 자부심을 회복할 기회를 찾아야 한다. 다른 나라에 져서, 일본에 져서 자존심을 다친 것이 아니라 내가 사랑하는 야구가 별 것 아닌 것처럼 돼 버렸기 때문에 자존심을 다쳤다. 야구가 다시 가치 있는 일이 되어야 상처가 치료될 수 있다. 그해 우리는, 야구를 사랑했었다고 자신 있게 말할 수 있어야 하기 때문이다.

한국 야구의 첫 번째 기회은 스트라이크존의 변화다. 앞서 KBO가 존 적용 변화를 설명하는데 있어 "국제경기에 참가하는 투수와 타자 모두 보다 빠르게 국제대회 스트라이크존에 적응할 수 있는 등의 효과도 목표로 한다"고 밝혔다.

도쿄 올림픽에서 한없이 넓은 스트라이크존에 대표팀 타자들이 어려움을 겪는 장면들이 나왔다. 과연 스트라이크존을 바꾼다고 국제대회 성적을 낼 수 있을까.

공부를 잘 하기 위해 문제의 형식에 익숙해지도록 노력하는 것은 하수의 길이다. 무조건 문제를 많이 풀게 하는 것은 분명 '방법' 중 하나지만 진짜 공부를 잘 하게 만드는 길은 아니다. 공부를 잘 하려면 공부를 열심히 해야 한다. 야구를 잘 하려면 국제대회 형식에 우리의 규칙을 맞추는데 골몰하는 대신 야구 자체의 발전을 위해 노력해야 한다.

이번 시즌을 마친 뒤 찾아오는 2023년 초, 코로나19 때문에 미뤄진 월드베이스볼클래식(WBC)이 열릴 가능성이 높다. 메이저리그 역시 2022시즌이 끝난 뒤 2023시즌을 앞두고 WBC 개최를 간절하게 원하는 중이다. 메이저리그 세계화에 중요한 계기가 되는 이벤트이기 때문이다.

한국 야구에게는 2023 WBC가 팬들의 자부심을 회복할 수 있는 중요한 기회다. 승패를 넘어 WBC에서 보여주는 승부의 태도가 중요하다. 대충 팀 대 팀으로 맞붙는 게 아니라 한국 야구의 장점을 살려서 세밀하게 파고드는 공부가 필요하다.

이를 위해서는 리그의 중심이 먼저 서야 한다. 팬들은 왜 야구를 사랑하고, 야구는 팬들을 위해 무엇을 해야 하는지를 먼저 세워야 한다. 새로 결정될 리그 커미셔너가 책임져야 할 아주 중요하고 귀중한 숙제다. WBC에서 이기는 것보다 훨씬 더.

프로야구 출범 40주년이 되는 2022시즌. 먼 훗날 야구팬들에게 '그해 우리 야구는 이랬지'라고 기억될 수 있도록.

KBO 리그 40주년의 산 증인 허구연 위원을 만나다

2022년 3월 11일 KBO 이사회는 정지택 전 총재의 뒤를 이을 수장으로 허구연 해설위원을 추천했다.

허 위원은 1982년 프로야구가 출범할 때부터 중계 해설을 시작했다. 대학 강의와 방송 중계 중 중계를 택한 31세의 선택이 40년간 이어졌다. 시대가 바뀌고 주변이 변하는 40년이라는 시간은, 허 위원이 단편적인 경기 내용만이 아니라 야구를 둘러싼 환경과 사람을 생각하게 만들었다. 그렇기에 첫 야구인 KBO 총재라는 중책을 맡을 적임자로 추천됐다.

스카우팅 리포트 역시 KBO 리그 40주년의 의미를 짚을 적임자가 허 위원이라 생각했고 인터뷰는 3월 2일 진행됐다. 당초 짧은 시간 예정되어 있던 허 위원과의 대화는 다양한 주제로 뻗어 나가면서 무려 4시간이나 이어졌다. 그렇게 역사의 산 증인에게서 40년을 관통하는 속내를 들을 수 있었다.

인터뷰 자리에는 고유라 기자와 에디터가 참석했다.

허구연 위원 = 허 고유라 기자 = 고 에디터 = 스

스 KBO 리그 40주년을 맞아 위원님의 말씀을 듣고 싶었습니다. 1982년부터 지금까지 여전히 팬들과 소통하시는 유일한 현역 아니십니까. 40주년을 맞이하신 감회, 그리고 특히 기억에 남는 에피소드를 여쭙고 싶습니다.

허 책(『그라운드는 패배를 모른다』, 2021년 출간)에서도 이야기했지만 1982년도에 프로야구 출범이 어떻게 보면 급작스럽게 이루어진 일이라 처음에는 야구인들도 감을 못 잡았어요. 1976년 재미동포 홍윤희 씨가 처음으로 한국에서 프로야구를 만들자고 제안했고 기본 안을 만들었습니다. 그때는 실업야구가 굉장히 흥할 때라 야구단이 10개가 넘었고, 고교야구도 굉장히 인기가 높았어요. 1982년 세계야구선수권대회가 예정되어 있었고, 컬러TV가 보급됩니다.

당시 군사정권은 국민들의 관심이 쏠릴 프로스포츠 리그를 만들겠다는 생각이 있었습니다. 당시 5공 실세들이 야구에 관심이 많았다고 해요. 처음 계획은 4개 팀이었어요. 여기에 해태와 삼미가 막판 야구단 창단에 적극적으로 나서면서 극적으로 원년 6개 팀이 창단됩니다.

김재박, 최동원 등 일부 스타플레이어들은 세계야구선수권대회가 끝난 1983년에야 프로가 됐는데, 아마추어와 프로 사이에 슬기롭게 조율이 잘 됐어요. 그때 야구계가 프로야구와 세계야구선수권대회까지 두 마리 토끼를 다 잡았습니다.

또 그때 참 잘 한 게 지역 연고제를 만든 겁니다. 고교야구의 인기가 굉장하던 시절인데 자연스레 고교야구와도 연결이 됐어요. 전 국민들이 야구를 볼 수 있게 만들었죠.

고 1982년 리그가 출범할 때 40년이나 유지될 수 있을 것이라 생각하셨나요.

허 처음 출범할 때야 다들 긴가민가했죠. 그런데 개막 전부터 대통령이 나서서 시구까지 하니 (잘 되겠다 싶었죠). 우민화의 일환이었을 수도 있지만 당시에는 국민들에게 즐길 거리를 줘야 했잖아요. 원년부터 프로야구는 모든 경기가 방송을 탔어요. 라디오로 경기 전부를 중계했는데 처음이었는데도 중계를 참 잘 했습니다. 인기가 폭발적이었어요. 그 당시에는 볼 게 별로 없었잖아요.

지금도 기억나는 게 어린이 회원이에요. 엄청나게 많은 어린이 팬들이 생겼죠. 어린이 회원으로 가입하면 윈드브레이커 같은 기념품을 원가보다 싸게 줬는데, 그게 큰 인기를 모았어요. 일부 학교에서는 프로야구 윈드브레이커를 입고 등교하지 못하게 하는 일도 있었습니다. 프로야구의 성공으로 이진희 사장은 문화관광부 장관에 오릅니다. 당시 방송국 임원들은 '스포츠는 컬러 방송이 좋다'고 봤고, 적극적이었어요. 한국에 컬러TV가 보급되는 데 프로야구도 큰 역할을 했습니다.

고 40년 프로야구사의 터닝포인트는 언제라고 생각하세요. 역시 베이징올림픽일까요.

허 저는 한국 야구의 기술적인 터닝 포인트는 1985년이라고 봐요. 다저스 타운에 삼성 라이온즈가 전지훈련을 간 게 첫 계기였습니다.

1984년에 롯데가 최동원의 4승, 유두열의 3점 홈런으로 우승하면서 삼성이 졌잖아요.

그때 삼성그룹 비서실에서 야구팀 감사까지 했대요. 난리가 났죠. 그때 삼성 측에서 저한테 연락을 했어요. 내가 그때 고작 33살이었는데 굉장히 당찼나 봐요. 전화기에 대고 그랬어요. "삼성은 절대 우승 못합니다". 그쪽에서 깜짝 놀라 되묻더군요. "어째서 그렇냐"고 하길래 "그건 말해줄 수 없다"고 했어요. 그랬더니 이종기 당시 중앙일보 사장이 직접 전화를 했습니다. 그래서 허심탄회하게 이야기를 다 했죠.
내가 야구 현장을 돌면서 엄청난 쇼크를 받은 게 2번 있었는데, 첫 번째는 1968년 일본 야구장을 봤을 때, 그리고 1984년 베로비치 다저스타운(스프링캠프지)을 찾아갔을 때였어요. 너무 큰 충격을 받았습니다. 우리나라 야구장 하면 동네 야구, 지금 우리 사회인 야구하는 분들이 쓰는 구장 수준이었는데 해외 캠프지 구장을 가보니 없는 게 없는 거예요. 그때 인프라의 중요성을 뼈저리게 깨달았습니다. 당시 다저스 단장과 이야기를 하는데 '수비 할 때 공을 백핸드로 잡으면 안 된다', '베이스러닝할 때 베이스는 무조건 왼발로 밟아야 턴이 된다' 같은 우리가 알고 있던 야구 상식은 메이저리그에서 이미 30년 전 이야기라는 겁니다. '멘붕'이 올 수밖에 없었죠.
아, 그리고 아이싱. 그때 우리 투수들은 등판하고 나면 뜨거운 사우나에 몸을 담그고 그러던 시절이거든요. 그런데 미국에서는 투구를 한 선수들이 아이싱을 하고 있는 거예요. 그때 LA 다저스의 주치의 프랭크 조브 박사한테서 아이싱을 해야 하는 이론 설명을 들었습니다. 그때 우리 야구는 실험야구 수준이었던 거예요.
이 이야기를 이종기 사장에게 했습니다. "우리 야구 잘 하는 것 같아도 미국 싱글A 수준도 안 된다. 백문이 불여일견이라고 가서 보고 느껴야 한다"고요. 그래서 1985년 삼성이 베로비치로 전지훈련을 갑니다. 그때 다저스 코치들이 인스트럭터로 많은 걸 가르쳐 줬고, 이후로 삼성 뿐 아니라 여러 구단에 확 전파됐어요.
그때부터 한국 야구의 압축 성장이 시작됩니다. 만약 계속 일본 야구를 따라갔다면 한국 야구는 이렇게 성장하지 못했을 겁니다. 이때 웨이트 트레이닝이 도입돼 선수들의 체격도 커지고 파워가 붙었어요. 그러다 시드니 올림픽에서 절대로 못 이긴다던 일본을 이긴 겁니다. WBC에서 또 이기고, 베이징 올림픽에서는 전승 우승을 해버렸죠. 물론 김인식, 김경문 감독의 역할이 컸어요. 2002 월드컵 이후 야구 인기가 가라앉아 있었는데, 베이징 올림픽을 계기로 분위기가 확 바뀌었죠.

고 그렇게 시작돼 40년을 이어올 수 있었던 한국 야구만의 매력은 뭘까요.

허 한국 야구만의 매력이라기보다 야구라는 스포츠가 갖는 독특한 매력이 있죠. 우선 많은 경기를 할 수 있다는 것. 일주일에 여섯 경기를 할 수 있는 다른 스포츠가 없잖아요. 축구는 일주일에 많이 해봐야 한두 경기고. 이 연속성이 야구 중독으로 이어지는 거죠. 우리 나라의 열정적인 국민성과도 잘 맞았죠. 그리고 다른 스포츠에 비해 지역 연고성이 강합니다. 다른 스포츠는 연고지가 바뀌는 경우도 많은데 우리 야구는 그렇지 않잖아요. 한국은 중앙집권적인 나라인데 야구는 다르죠. 부산 하면 롯데 아닙니까. 그러다 보니 서울에 와 있는 타 지방 사람들도 야구장에서 즐길 수 있는 장이 주어진 거죠.

Dinos
WYVERNS

스 가장 위기의 순간은 언제였다 생각하세요. 관중 수가 200만 대까지 떨어진 적도 있었잖습니까.

허 IMF 때를 제일 위기였다고 보지요. 그때 인기가 엄청나게 떨어졌잖아요. 야구장을 찾을 이유가 없었던 거죠. 야구는 게임 자체도 재밌어야 하지만 인프라가 좋아야 합니다. 내가 인프라를 계속 강조하는 이유가 그거예요. 가족, 커플 단위로 야구장을 찾아야 더 많은 관중들이 유입될 수 있습니다. 가족, 커플이 야구장을 찾아가면 3~4시간을 즐길 수 있는 환경이 구성되어 있어야 해요. 그런데 환경이 안 되어 있었습니다. 그때 야구장은 다 열악했습니다. 잠실야구장도 세계야구선수권 대회 때문에 대한야구협회에서 만든 거지만, 대전구장, 광주구장 모두 시설이 너무 안 좋았습니다. 야구장을 찾았으면 맥주도 마시고, 대화도 나누고 그럴 수 있어야 하는데 시설이 너무 안 좋으니 그럴 수가 없었어요.
그리고 인기를 얻기 위해서는 꼭 여성팬들이 야구장을 찾을 수 있어야 합니다. 그런데 야구가 남성들의 스포츠라는 인식이 있었기 때문에 야구장에 여자 화장실이 참 적었어요. 저는 지금도 야구장을 기획할 때 반드시 여성 화장실을 늘리라 요구합니다. 남성 화장실과 여성 화장실의 수가 같아선 안 돼요. 반드시 여성 화장실이 더 많아야 합니다.

고 그럼 지금 올바른 방향으로 가고 있다고 보시나요.

허 아직은 부족하죠. 지자체장이나 정부의 스포츠에 대한 인식도 아직 부족해요. 먼저 산업적인 측면에서 접근해야 합니다. 제9구단, 10구단은 다행히 광고권, 운영권을 확보했지만 다른 구장들도 반드시 개선되어야 해요. 지금 수입원이라곤 관중수입밖에 없는데 스몰마켓, 빅마켓의 규모 차이도 크거니와 관중수입은 산업적인 측면으로 보면 너무 적은 금액입니다. 여기에 매진이 되어도 1만 명이 들어갈 수 없는 구장도 있습니다. 1년에 100경기가 매진돼도 100만 명이 안 돼요. 한 구단에 100만 명은 관중이 들어야 제대로 된 산업화가 이루어질 수 있습니다. 100만 명의 관중이 들기 위해서는 좋은 경기장이 필요하고, 그러니 인프라 문제는 아무리 강조해도 부족한 거죠.

또 하나 어려움이 있는데 프로야구 구단을 모두 대기업이 운영하다 보니 구단이 정치권과 접촉하면 정경유착으로 보일 우려가 있습니다. 그래서 다들 조심스러워 해요. 그러니 정치인 출신도, 경제인 출신도 아닌 순수 야구인인 제가 그나마 운신이 자유롭고, 방송을 오래 해서 인지도가 있으니 나가서 뛰는 거죠.

고 약간 다른 이야기인데 40년 동안 중계를 해오셨잖아요. 중계하신 경기 중 가장 기억에 남는 경기는 무엇일까요.

허 베이징 올림픽 결승전, 그리고 이승엽, 이대호의 홈런이 나온 한일전들이 떠오르는데 역시 가장 큰 건 베이징 올림픽이네요. 국내 경기는 유두열의 3점 홈런이 나온 1984년 한국시리즈입니다. 그런 드라마틱한 장면이 나오는 게 야구의 매력이죠. 그때 삼성과 롯데는 패넌트레이스에서 전력 차이가 컸어요. 삼성은 워낙 강했고, 롯데는 최동원이 혼자 던지고 있었죠. 게다가 상대는 김일융이었잖아요. 경기가 길어지다 보니 양팀 투수 모두 힘이 빠졌는데 유두열의 홈런이 나오자 힘을 얻은 최동원의 공이 더 빨라졌어요. 정말 드라마틱한 경기였어요.

스 위원님의 유튜브 채널을 통해 장재영 선수가 던지는 타석에 직접 서시는 영상을 봤습니다. 장재영 선수는 구속으로 큰 관심을 받았잖습니까. 다른 리그는 점점 구속이 올라가고 있는데, 한국은 파이어볼러가 많이 나타나지 않는 이유는 뭐라 생각하세요.

허 여러 가지 원인이 있겠죠. 남미 선수들이 왜 야구를 잘 할까요. 그들은 인생역전을 위해 야구를 하는 경우가 많습니다. 유명한 선수가 되면 집안을 일으켜 세우니까요. 아프리카에 축구 선수들이 많은 것도 그런 이유죠. 그런데 한국은 이제 돈이 없으면 야구를 시키기 어려운 흐름으로 가고 있습니다. 흙수저가 금수저가 될 수 있는 분야가 스포츠인데 그런 일을 보기 힘들어졌어요.

스 이정후 선수나 장재영 선수 같은 2세 선수들이 두각을 드러내는 것은 환경 영향이 클까요?

허 그럼요. 야구인들은 아이들이 뭘 해야 하는지, 어떻게 관리해야 할지 알지 않습니까. 무리하게 훈련을 시키지도 않아요. 예전에 이정후 선수가 광주 구장에서 볼보이를 한 적 있어요. 당시 이종범 코치가 아들이라고 인사를 시켜줬습니다. 세월이 지나 그 초등학생이 리그를 대표하는 타자가 됐으니 참 흐뭇한 일이죠. 볼보이를 한 것도 도움이 됐을 겁니다. 프로 선수들이 플레이하는 모습을 지켜보며 배운 거잖아요. 학습효과가 큰 겁니다.

고 이정후 선수는 컨디션이 안 좋다 싶으면 아빠가 보러오지 못하게 했대요. 아빠한테 못 하는 모습 보이기 싫어서. 그만큼 욕심 있는 선수니 연구도 많이 했겠죠.

스 선수 이야기가 나왔으니 말씀입니다. 정수빈 선수 결혼식 주례를 보셨지요. 정수빈 선수 굉장히 예뻐하시는 걸로 소문이 나있지 않습니까. '허구연의 아들들'로 유명한 선수들이 있는데, 다음 아들 후보가 있으시다면.

허 그게, 유영구 총재 시절일 겁니다. 야구 인기가 막 올라갈 때였는데, 유 총재와 의견이 일치된 게 여성팬을 잡아야 한다는 거였어요. 그럼 어떻게 여성팬들이 야구장을 찾게 해야 할까. 인프라 측면에서는 아까 이야기한 것처럼 여성 화장실을 확 늘렸어요.
다음은 여성팬이 찾을 요인을 만들어줘야 하는데 어떤 방법이 좋을까 하다가 여성팬들이 좋아할 젊은 선수가 있어야 한다는 생각이 들었는데 그 후보 중 한 명이 정수빈이었어요. 그런데 '내가 띄워줬다가 젊은 선수가 붕 떠버리면 어떡하나' 싶어서 조심스럽게 김경문 감독한테 물어봤죠. 그랬더니 김경문 감독이 전혀 걱정하지 않아도 된다는 겁니다. 생긴 것과 다르게 엄청난 독종이라 아무 문제 없을 거라고 하더군요. 그 다음부터 나성범, 박민우, 정은원, 노시환, 구자욱 같은 선수들을 칭찬하게 된 겁니다.
경기하는 걸 지켜보면 딱 눈에 들어오는 선수들이 있습니다. 이번에 한화 신인인 문동주 선수를 봤는데 우락부락한 외모가 아니라 아주 귀여워요. 게다가 말하는 것도 아주 차분하고요. 실력도 기대됩니다.

고 저도 문동주 선수 주목하는데요, 인터뷰를 한 적 있는데 끝나고 나서 저를 다시 찾아온 거예요. "기자님 아까 제가 드린 말씀이 오해를 살 수 있을 것 같으니 그 부분은 빼주시면 안 될까요"라고요. 고등학생, 신인인데 이런 부분까지 신경을 쓰다니 똑부러졌구나 했죠.

허 야구가 국민 스포츠 자리를 유지하기 위해서는 히트 상품이 나와야 합니다. 40, 50 홈런 칠 때 이승엽 열풍이 얼마나 대단했습니까. 작년에 참 아쉬웠던 게 강백호를 부각시키지 못한 거예요. 4할이 얼마나 대단한 일입니까. 이건 연일 뉴스가 되어야 하는데 그렇지 못했잖아요. 우리도 오타니 쇼헤이 같은 대형 스타 선수가 나와야 합니다. 그게 언론의 역할이기도 해요.

스 40주년을 맞은 KBO 리그가 이제 어떤 방향으로 나아가야 할까요.

허 이야기하면 끝도 없겠지만 제일 큰 문제는 한국 야구에 '마스터 플랜'이 없다는 거예요. 과연 어느 조직이 마스터 플랜을 만들 것인가. 마스터 플랜을 짜려면 여러 분야를 고민해야겠죠. 인프라도 있고 경제력도 있고, 국제경기도 있고, 선수층이라든지, 경기력 향상을 위해 뭘 해야 하는지 큰 그림을 그려나가야 합니다. 풀뿌리 야구도 키워 야구 자원도 확보해야 하고요.

야구를 잘 아는 사람들이 KBO 이사진에 들어와야 해요. 야구를 모르는 사람은 파악만 하다가 임기가 다 지나가 버립니다. KBO 이사회가 전문성을 가져야 한다는 겁니다. 미국은 엄청난 수재들이 인턴 때부터 구단에서 일하며 점점 성장하잖아요. 야구를 꿰고 있는 사람이 전문 경영을 해야 한다고 생각하고 있습니다.

그리고 남녀노소가 다 즐길 수 있는 티볼 연습장을 만들자는 겁니다. 아이들이 공을 가지고 놀아야 해요. 투자를 아끼면 안 됩니다. 거기서 잘 하는 애들이 선수가 될 수 있도록, 그렇게 풀어가야 합니다. 요즘 축구가 잘 되는 이유가 무엇일까요. 축구는 어느 운동장에서나 할 수 있으니 스포츠 클럽을 만들기 쉽잖아요. 학교에서 반 대항 축구를 할 수도 있고요. 그럼 야구는 티볼을 많이 즐길 수 있게 해야 합니다. 그래야 야구를 좋아하는 아이들이 많이 나오고 그 아이들이 자라서 야구를 좋아하는 대통령이 되고, 장관이 된다는 거죠. 엘리트 중심의 스포츠로만 남아서는 안 됩니다. 지금 한국 야구가 상당히 어려워요. 확장성이 없는 거예요. 게다가 다들 손을 놓고 있습니다.

좋은 인프라가 만들어지기 위한 또 다른 방법은 제대로 된 독립리그를 만들어야 한다는 겁니다. 그래야 부상으로 은퇴한 선수들이 다시 기회를 잡을 수 있고, 그렇게 활동하다 다시 프로 리그로 복귀할 기회가 생기고 그러면 뉴스가 되겠죠. 지금은 선수들이 은퇴하고 나면 아카데미로 가는 경우가 많지만 결국은 포화시장이 될 겁니다. 선수들이 은퇴하고 할 수 있는 게 없으면 어린 아이들도 야구로 오려고 하지 않을 거예요.

스 KBO의 노력 외에 또 어떤 것들이 필요할까요.

허 최근에는 이른바 '남해안 벨트'를 만들기 위해 각 지자체를 만나고 있습니다. 코로나 시대 이후로 스프링캠프를 국내에서 할 수 있는 환경도 잘 만들고, 여기서 퓨처스 선수들, 아마추어 선수들이 경기도 할 인프라를 만들자는 거죠. 지역 경제도 살릴 수 있는 방안이라고 생각해 지자체를 직접 설득하고 있습니다. 그런데 아직은 야구장을 만드는 게 어떻게 지역 경제와 연결되는지 현실적으로 잘 와닿지 않는 한계가 있습니다.

지방 뿐 아니라 정부에서도 관심을 가져주면 좋겠어요. 매년 우승팀을 청와대에 초청하고 유니폼을 선물하는 이런 행사가 생기면 고위 관계자들도 야구에 관심을 가질 거고, 우리 스스로 해결하기 어려웠던 큰 문제가 좋은 분위기에서 쉽게 풀릴 수도 있어요. 야구만이 어렵다면 다른 스포츠 종목과 묶어서 가도 됩니다. 미국 백악관 초청 같은 문화가 생기면 좋겠습니다.

그리고 선수 개개인도 생각을 잘 해야 해요. 선수들이 꿈을 크게 품고 세계적인 선수가 되어야겠다고 마음을 먹으면 모든 유혹이 정리됩니다. 어릴 때부터 소양 교양 교육도 해야 합니다. 교육 과정이 부족한 것도 큰 문제죠. 선수들 개인의 잘못이 아니에요.

시대가 바뀐 겁니다. 미국은 마이너리그에도 심리치료 과정이 있는데 우리도 도입해야 합니다. 우리 야구는 R&D가 너무 부족합니다. 아직 먼 길이지만 하나씩 풀어나가야 할 문제들입니다.
나는 평생 야구를 하고 살았으니 야구에 보답을 해야 합니다. 보답하려면 어떻게 해야 할까 생각해 보니 우리 후배들이, 팬들이 더 좋은 환경과 복지 속에서 야구를 즐길 수 있었으면 좋겠다는 겁니다. 이제 40년이 됐지만 극단적으로 말하면 KBO 리그가 계속 이어지더라도 잘못하면 자칫 실업야구처럼 추락할 수도 있다고 봅니다. 그런 시그널이 벌써 보이지 않습니까. 일부 기업이 구단을 매각하거나 매각할 의사를 보이기도 했어요. 지금이야말로 구단과 선수들이 정신을 바짝 차려야 할 때라고 생각합니다. 우리 후배들도 야구로 사랑받은 만큼 야구로 보답할 수 있는 방법을 찾길 바랍니다.

스카우팅 리포트가 만들어지고 있는 이 시점(3월 15일), 허구연 총재 후보는 구단주 총회 통과만을 남겨두고 있다. 대화를 통해 만나본 그는 한국 야구를 위해 어떤 일을 해야 할지 뚜렷한 청사진을 갖고 있었고, 그에 맞는 걸음을 해온 것으로 보였다.
첫 야구인 총재 후보가 등장하자 한국프로야구선수협회, 일구회, 한국프로야구은퇴선수협회는 일제히 허구연 총재 후보를 지지했다. 그 어느 때보다 야구인들의 기대가 큰 만큼, 그에 맞는 결과가 따라오길 바라는 마음이다. 40년 역사가 두 배 세 배 이어질 수 있도록.

스토브리그 FA의 주인공 나성범에게 묻다

FA 최대어 NC 나성범의 KIA행에 관련한 정보를 처음 접했을 때 나의 머릿속에는 물음표가 떠다녔다.

'나성범이? 왜?'

나성범은 그냥 NC의 나성범 아니었나. 고개를 갸우뚱했다. 하지만 KIA 입장에서 생각해보면 고민할 필요가 없는 도전이었다.

9위로 KIA의 2021시즌이 끝나던 날까지는 생각하지 못한 전개, 생각해보지 않은 구상이긴 했다. 폭풍이 불었다. 과정, 결과 모두 실패로 끝나버린 시즌을 뒤로 하고 미래로 나아가기 위해서 KIA는 상상하지 못했던 변화를 만들었다. 사장을 필두로 타이거즈 첫 외국인 사령탑으로 이름을 남긴 맷 윌리엄스 감독은 물론, 논란 속에서도 재계약을 강행했던 조계현 단장까지 교체했다.

인적 쇄신으로만 끝난 게 아니었다. 변화의 바람을 키우기 위해 허를 찌르는 '깜짝 FA'의 큰 손이었던 KIA가 다시 지갑을 열었다.

장타력이 실종된 허약한 타선 탓에 힘없이 끝나버린 2021시즌, 야구는 타이밍이라고 했던가? 나성범이 FA 시장에 나왔다. KIA가 가장 필요로 하는 장타력과 광주라는 상징성을 겸비한 선수. 총알을 준비한 KIA 입장에서는 망설일 이유가 없었다.

지구에서 나성범이라는 선수가 가장 간절한 팀이었기에 KIA는 나성범 쟁탈전의 승자가 됐다.

나성범의 KIA행에 대한 가능성을 엿본 뒤 'KIA 타이거즈의 나성범입니다'라는 오피셜 기사를 쓰기까지 기다림의 시간은 길었다. 그렇지만 나성범은 정말 KIA 유니폼을 입었다. 빨간 유니폼을 입은 나성범을 직접 보면서도 '왜?'라는 의문은 남아있었다.
때를 기다리다가 마침내 그에게 질문을 던졌다. 나의 '물음표' 질문에 나성범은 '느낌표'를 말했다.

"사실 NC를 떠날 생각을 한 적은 없다. 그래서 지난해 창원에 집도 장만했다. 많은 것을 이루게 해준 팀이고, 익숙한 곳이었다. 오랜 시간 생활했기 때문에 지금도 광주보다 창원이 더 편하다. 그렇지만 FA 협상이 시작되자마자 장정석 단장님이 찾아오셔서 이야기를 나눴다. 정말 나를 필요로 한다는 느낌을 받았다. 그동안 'NC 나성범'을 당연하게 생각했다. NC 입장에서는 당연히 팀에 있어야 하는 선수였다고 생각한다. 나도 내 자리를 당연하게 생각을 했었다."

너무나도 당연했던 것들에 대한 의문이 생겼다. 익숙한 것들에 대한 고민을 하면서 생긴 물음표. 그는 많은 선배들에게 조언을 구하고, 이야기를 들었다. 큰 꿈이었던 빅리그 도전이 실패로 끝난 뒤, 실패를 인정한 그는 익숙했던 걸음을 멈췄다.
가장 자신을 필요로 하는 KIA를 통해 다시 한 번 존재감을 확인한 순간, 물음표가 느낌표로 바뀌었다고 했다.

"정말 많은 고민을 했다. 살면서 가장 힘든 결정을 했다. 머릿속에 물음표가 있었는데 KIA가 느낌표로 바꿔줬다. 그게 고민 끝에 KIA를 선택한 이유다."

익숙함 대신 자신이 가장 빛날 수 있는 곳에서 도전을 선택한 그는 초심으로 다시 스파이크 끈을 조여 맸다.
새로운 팀에서의 새 출발은 어떨까? 나성범의 입에서 "힘들다"는 말이 나왔다.
나성범은 "새로운 팀에 와서 운동하다 보니까 눈치도 보이고, 다른 후배들보다 처진 모습을 보이면 안 되니 더 열정적으로 하는 것 같다"라며 웃었다.
스스로 정한 기준도 있기 때문에 힘들어도 멈출 수 없다. 그의 사전에는 '만족'이 없다.

"다른 선수들 모두 나름의 기준치가 있겠지만 나는 항상 부족하다고 생각한다. 만족하면 안 된다. 선수들은 항상 부족하다는 생각으로 해야 한다. 그래서 더 하게 되고 더 하게 되고 그러면서 훈련양이 많아지기는 한다(웃음). 캠프 때는 '이 정도면 됐다'라는 생각을 하면 안 된다. 만족하면 안 된다. 훈련을 많이 할 수 있는 건 이 시기뿐이다. 온 몸에 알이 배기도록 혹독하게 해야 한다. 울 만큼 해야 한다. 웃으면서 연습하면 분위기야 좋겠지만 그래선 안 된다."

죽을 만큼 노력해 결과를 얻었던 2020시즌은 그래서 가장 특별한 시간으로 남아있다.

금호타이어
TIGERS
47

나성범은 "힘들게 하면서 얻었다. 2020년은 정말 기분이 좋았다. 우승했을 때의 그 기분을 좀더 느끼고 싶다. 이 팀에서도 우승을 하고 싶고 그러겠다는 마음으로 준비하고 있다"고 말했다.
그의 '만족 없는 캠프'에 새로운 동료들은 혀를 내둘렀다.
자기관리가 철저하기로 유명한 팀의 최고참 최형우가 차원이 다른 나성범을 '괴물'이라고 평가했고, KIA에서 성실함으로 둘째 가라면 서운할 김호령도 "나는 열심히 한 게 아니었다"고 반성(?)했다.
물론 '괴물'로 통하는 나성범도 사람이다. 타협하고 싶은 순간도 있다. 하지만 이내 유니폼을 보면서 마음을 고쳐먹는다.

"아플 때는 한 번씩 흔들리기도 한다. 지금 정상적이지만, 무릎에 조금 불편함이 있다. 큰 수술을 했고, 많이 출전해 뛰다 보니 피로도도 있다. 과부하가 올 수도 있어서 관리를 계속하고 있는데 한 번씩 아플 때면 '이 힘든 걸 왜 했을까' 하는 생각도 든다. 그럴 때마다 생각을 고쳐먹으려 하고 있다. 코치님들이 '선수 때가 행복한 것'이라고 말씀하시곤 했다. 30대 중반이 되다 보니 코치님들 말뜻을 알 것 같다. 힘들더라도 더 열심히 하게 된다."

이어 "신인들을 볼 때마다 부럽다. 40대 초반까지는 야구를 하고 싶지만, 은퇴 시기를 내가 정할 수 있는 것은 아니다. 아플 수도 있고, 혼자 결정할 수는 없다. 야구 할 시간이 많은 신인들을 보면 부럽다. 뛰고 있을 때가 행복하다. 어린 애들은 모른다. 나도 몰랐었으니까"라면서 웃음을 보였다.

연세대의 에이스이자 4번 타자로 명성을 날리면서 일찌감치 야구팬들에게 이름을 각인시켰던 나성범. 2012년 NC 2라운드 지명을 받으면서 시작된 그의 그라운드 이야기는 화려하다.
가슴에 캡틴을 상징하는 C를 달고 팀을 대표하는 선수로 그라운드를 누볐고, NC 다이노스의 첫 골든글러브 수상자가 되어 단상에 오르기도 했다. 누구나 바라지만 아무나 맞을 수 없는 짜릿한 우승의 순간도 경험했다.
그리고 모든 프로야구 선수 최고의 꿈인 'FA 대박'도 이뤘다.
물론 FA 계약은 끝이 아니라 시작이다. 자신의 가치를 입증해야 하는 시작점이지만 머릿속에 그려왔던 큰 목표들을 모두 이뤘으니 허전함이 있지는 않을까?
하지만 나성범은 아직도 목이 마르다.
나성범은 "우승을 한 번 해봤지만 한 번으로 만족할 수는 없다. 내 가치를 인정해준 분들과 우승을 이루고 싶다. 팀을 위해서도, 나를 위해서도 은퇴하기 전까지 여기서 많은 우승을 하고 싶다"라고 또 다른 우승 순간을 그렸다.
그리고 '타이틀 홀더'로 프로야구 기록에 자신의 이름을 남기는 게 나성범의 또 다른 꿈이다. 2년 연속 골든글러브를 수상하기도 했지만, 아직 '타이틀'이 없다.
"솔직히 타이틀이 없는 게 아쉽다. 매년 하나 타고 싶다는 마음으로 노력하고 준비하는데 항상 2위였다. 나름대로 열심히 한다고 했는데 늘 누군가 위에 있었다."

"생각을 안 하려고 해도 숫자가 보이니 의식할 수밖에 없다. 작년에도 욕심을 많이 부렸다. 건강하게 운동하며 어떤 부문이든 타이틀을 가져보고 싶다. 하나라도 타고 싶다. 그게 내가 이루고 싶은 것이다. 훗날 사람들이 나를 기억해줄 수 있는 부분이기도 해서 타이틀에 욕심이 난다."

화려한 이력을 가진 '나스타'는 또 다른 우승과 타이틀이라는 목표를 품고 있지만, 선수생활 마지막에 남기고 싶은 것은 '성실함'이다. 현재의 나성범을 있게 해준 '성실함'이 끝까지 지키고 싶은 자신과의 약속이자 목표다.

나성범은 "팬들에게 꾸준히 잘했던 선수로 기억되고 싶다. 열심히 했던 선수로 기억되면 좋겠다"고 말했다.

고향팀에서 새로 시작하게 된 2022시즌. 그의 새로운 안방이 된 챔피언스필드에는 좋은 기억이 많다.

2014년 4월 2일 챔피언스필드를 찾은 그는 6회초 무사 1루에서 임준섭을 상대로 오른쪽 폴을 때리는 타구를 날렸다. 나성범의 시즌 1호 홈런이었다. 이 홈런은 새로 문을 연 챔피언스필드에서 기록된 첫 홈런이기도 했다.

외야 홈런존에 이름도 남겼다. 지난해 9월 12일 열린 더블헤더 1차전에서 서덕원을 상대로 홈런존에 설치된 K5 차량을 때리는 투런포를 기록했다. 이 홈런으로 K5 차량도 부상으로 챙기고 홈런존에 이름도 새겼다. 악몽 같던 무릎 부상에서 돌아와 자신의 1,100번째 안타를 때려낸 곳도 챔피언스필드다. 좋은 기억이 많은 챔피언스필드에서 나성범은 올시즌 잊지 못할 특별한 기억들을 더하게 될 것이다.

KIA 팬들은 '우리형'이 된 나성범의 이름을 연호할 준비를 끝냈다. 나성범도 팬들이 자신의 이름을 외쳐줄 시간을 그리고 있다.

"KIA와 시합을 하면 경기장에 정말 많은 팬들이 오셨다. (NC) 홈경기 때도 KIA 원정팬들이 많이 오시더라. 다른 팀과 KIA의 경기 중계를 봐도 팬들이 정말 많았다. 그래서 경기장에서 팬들을 만날 순간이 정말 기대된다. 일단 시즌이 시작되기 전까지 코로나 상황이 좋아지길 바란다. 그래서 팬들이 경기장에 많이 오셔서 육성 응원을 해주시면 좋겠다."

나성범은 그라운드에 찾아올 진짜 봄날을 그렸다.

KBO 리그 40년 스트라이크존의 변화

한국야구위원회(KBO)는 올해부터 스트라이크존을 확대한다.

KBO 소속 심판들은 1월 휴가를 반납하고 실내구장인 고척돔에서 판정 훈련을 했다. 홈플레이트 부근에 선을 설치해 스트라이크존 정면 사각형을 가시화한 뒤 타석에 타자를 세우고 판정을 내렸다. 사각형 위쪽 라인은 그동안 선수와 팬에게 익숙한 높이보다 다소 높았다. 지난해까지 스트라이크존 높이가 야구규칙 정의에 비해 낮았기 때문이다.

야구규칙 정의에 따르면 스트라이크존은 '유니폼 어깨 윗부분과 바지 윗부분 중간의 수평선을 상한으로 하고, 무릎 아랫부분을 하한선으로 하는 홈 플레이트 상공'이다.

야구는 환경 변화에 따라 경기 양상이 크게 변한다. 스트라이크존은 매우 중요한 환경 조건이다. 야구는 투수와 타자의 전쟁으로 요약될 수 있다. 존이 좁아지면 타자에게 유리하고 투수는 그만큼 불리해진다. 지난해 KBO 리그에서는 역대 최고 수준으로 볼넷이 쏟아졌다. 9이닝당 4.19개로 역대 최고치를 찍었다. 종전 기록은 2001년의 4.15개, 최소 기록은 1983년의 2.95개다. 볼넷이 많아지면 경기 시간이 길어진다. 경기에서 공을 때리고 달리는 박진감있는 장면도 줄어든다. 지루한 야구를 좋아할 팬은 많지 않다. 류대환 KBO 사무총장은 "존 변화 관철을 매우 중요한 사안으로 생각하고 있다"고 말했다.

KBO의 존 변화 시도는 성공할 수 있을까. 과거 사례를 살펴보면 그럴 가능성이 높다. KBO가 스트라이크존을 바꾼 건 올해가 처음이 아니다. 이번이 무려 아홉 번째다. 지난 8번의 스트라이크존 변화에서는 뚜렷한 경향이 나타난다.

1990년=존 축소

최초의 스트라이크존 변화는 1990시즌을 앞두고 일어났다. KBO는 야구규칙을 변경해 존 상한선을 '겨드랑이'에서 지금의 '유니폼 어깨 윗부분과 바지 윗부분 중간의 수평선'으로 변경했다. '유니폼 어깨 윗부분…'을 줄이면 대략 젖꼭지 높이다. 1988년 메이저리그의 규칙 변경을 그대로 따랐다. 통상 메이저리그가 규칙을 개정하면 일본프로야구(NPB)와 KBO가 시차를 두고 개정을 수용해 왔다.

존이 좁아지면 볼 판정이 많아지고 점수가 날 확률이 높아진다. 그래서 평균자책점과 9이닝당 볼넷(BB/9)을 존 변화 영향을 판단하는 지표로 삼을 수 있다. 이론적으로 타자에게 유리한 존 축소는 두 수치를 상승시킨다. 존 확대는 투수에게 유리해지므로 평균자책점과 BB/9은 하락한다.

1990년 평균자책점은 전년 대비 3.5%, BB/9은 2.1% 증가했다. 이론적인 증감 방향과 일치한다. 변경 이전인 1982~1989시즌과 다음 변경까지 기간인 1990~1995시즌을 비교해도 마찬가지다. 두 기간 평균자책점은 8.2%로 크게 증가했다. BB/9은 2.1%로 상대적으로 변동폭이 작았다.

리그 평균자책점은 1989년 3.74에서 존이 축소된 1990년 3.87, 1991년 3.99로 상승했다. 1992년에는 4.32으로 사상 최초로 4점대였다. 이해 잠실구장을 홈으로 쓰는 LG 유격수 송구홍은 20홈런을 때려냈다. 프로야구 최초의 '타고투저' 시기다. 스트라이크존 축소 외에 1990년부터 마운드가 종전 15인치에서 10인치로 낮아졌다는 이유도 있다. 마운드가 낮아지면 특히 오버핸드 투수에게 불리해진다. 존과는 달리 마운드 규칙은 1969년 메이저리그의 규칙 개정을 21년 뒤에 받아들인 게 특기할 점이다.

메이저리그에선 반대 결과가 나왔다는 점은 흥미롭다. 존 축소 첫 시즌 내셔널리그 평균자책점은 4.08에서 3.45로 15.4%, 아메리칸리그는 4.46에서 3.97로 11.0% 감소했다. 여기에는 이유가 있다. 메이저리그의 1988년 규칙 변경은 타고투저 완화가 목표였다. 전해인 1987년 메이저리그에는 사상 가장 높은 빈도로 홈런이 터져 나왔다. 그런데도 존을 축소한 건 모순처럼 보인다. 하지만 명문상 '존 축소'였지만 실질적으로는 '존 확대'였다. 규칙상 상한선인 '어깨 높이'는 사문화된 지 오래였다. 어떤 심판도 어깨 높이 공에 스트라이크 콜을 하지 않았다. 한 심판은 "규칙대로 판정하면 리그 타율이 0.190이 될 것"이라고 했다. '젖꼭지 높이'는 1987년 메이저리그 심판들이 적용하던 실제 스트라이크존 상한선보다는 높았기 때문 규칙 변경은 이듬해 존 확대 효과를 냈다.

반면 1990년의 KBO 리그는 메이저리그와 달리 타고투저를 완화해야 할 이유가 없었다. 원년 이후 1989년까지 프로야구는 투고타저였다. 이 기간 리그 평균자책점은 3.52로 전 시즌(1982~2021년) 평균(4.25)에 크게 못 미쳤다. '투수들의 리그'에서 '야구의 꽃'인 홈런이 적다는 아쉬움이 나오기도 했다. 1988년 해태 김성한은 30홈런을 때려냈다. 이 시기 시즌 최다 홈런 기록이었다.

스트라이크존 변경 전 1시즌과 변경 당해 시즌 평균자책점(ERA), 9이닝당 볼넷(BB/9) 변화

연도	존 변화방향	ERA 증감	BB/9 증감	비고
1990	축소	+3.5%	+2.1%	야구규칙 개정
		순방향	순방향	

스트라이크존 변경 전 전체 시즌과 변경 후 전체 시즌 평균자책점(ERA), 9이닝당 볼넷(BB/9) 변화

시기	존 변화방향	ERA	BB/9
1982~1989	–	3.52	3.31
1990~1995	축소	3.81	3.5
증감		+8.2%	+2.1%
		순방향	순방향

1996년=존 축소

두 번째 존 변경은 1990년과는 달랐다. 야구규칙 개정 없이 심판 판정 지침이 달라진 첫 사례였다. 1996년 시즌을 앞두고 김기춘 당시 KBO 총재는 시즌 전 심판위원회에 '야구의 세계화'를 강조하며 "메이저리그처럼 공격야구가 득세할 수 있도록 존을 좁히라"고 지시했다. '세계화'는 김 총재가 대선 승리에 공을 세웠던 김영삼 정부의 캐치프레이즈기도 했다.

심판위원회는 3월 심판 합동훈련에서 좌우 폭을 넓힌 스트라이크존을 적용했다. 실제 시즌에서 효과는 분명하지 않았다. 1996년 BB/9은 2.1% 상승했지만 평균자책점은 오히려 0.8% 감소했다. 이론적인 '존 축소=득점 증가' 방향과 일치하지 않았다.

1990~1995년과 다음 존 변경까지 기간인 1996~1997년을 비교해도 비슷하다. 평균자책점은 1.0% 소폭 증가했지만 9이닝당 볼넷은 4.3% 감소했다. 총재의 존 확대 지시가 실제로 얼마나 관철됐는지에는 물음표가 붙어있다. 김 총재는 존 변경 지시 직후인 1996년 4월 총선에 출마하며 KBO 행정에 거의 관여하지 않았고 당선 뒤인 6월 사임했다.

1996년의 존 축소는 '야구규칙의 수호자'인 총재가 규칙 개정 없이 존을 임의로 변경할 수 있는가라는 의문을 남긴다.

스트라이크존 변경 전 1시즌과 변경 당해 시즌 평균자책점(ERA), 9이닝당 볼넷(BB/9) 변화

연도	존 변화방향	ERA 증감	BB/9 증감	비고
1996	축소	-0.8%	+5.4%	판정지침 변경
		역방향	순방향	

스트라이크존 변경 전과 변경 후 전체 시즌 평균자책점(ERA), 9이닝당 볼넷(BB/9) 변화

시기	존 변화방향	ERA	BB/9
1990~1995	축소	3.81	3.5
1996-1997	축소	3.85	3.35
증감		+1.0%	-4.3%
		순방향	역방향

 1998년=존 확대

1998년에 세 번째 스트라이크존 확대가 결정된다. 첫 번째 경우처럼 메이저리그의 규칙 변경을 따랐다.

메이저리그는 1996년부터 존 하한선을 종전 '무릎 윗부분'에서 '무릎 아랫부분'으로 낮췄다. 투수에게 유리한 개정이다. 존을 넓힐 이유는 충분했다. 메이저리그에서 타고투저가 워낙 심했다. 본격적인 홈런 인플레이션이 시작된 시기다. 1992년과 1994년 평균자책점을 비교하면 내셔널리그(NL)는 3.50에서 4.18, 지명타자제도가 있는 아메리칸리그(AL)는 3.94에서 4.80으로 급승했다.

KBO 리그에서도 1997년 리그 평균자책점이 1992년에 이어 두 번째로 높은 4.02로 올라갔다. 타고투저를 완화할 동기가 있었다. 확대 첫 해인 1998년 평균자책점은 3.99로 0.7% 감소했다. BB/9도 역시 6.5% 감소했다. 효과가 있었다.

하지만 존 확대 효과는 이내 사라졌다. 1999년 평균자책점은 4.98로 치솟았다. 전년 대비 24.8% 증가로 사상 최고 증가율 기록을 세웠다. 1998~2001년 시기 KBO 리그 평균자책점은 무려 4.58이었다. 리그 역사에서 두 번째 타고투저이자 가장 타자들이 득세했던 시기다. 1996~1997년 시즌과 비교하면 평균자책점은 무려 19.0%, BB/9은 9.9%나 상승했다.

'존이 넓어지면 투수에게 유리해진다'는 이론이 여지없이 깨졌다. 존이 확대된 1998년은 KBO 리그가 외국인 선수를 받아들인 첫 해다. 이 해 OB의 타이론 우즈는 42홈런으로 1992년 장종훈의 프로야구 통산 최다 41홈런 기록을 6년 만에 경신했다. 1999년에 40홈런 타자는 네 명으로 늘어났고 이승엽을 제외한 세 명은 외국인 선수였다. '2차 타고투저기'는 홈런의 시대였다. 1999년 9이닝당 홈런 1.22개는 지금도 역대 최다 기록으로 남아 있다. 종전 최고 기록이 1998년의 0.90개였다. 1999~2003년 5년 연속으로 이 수치는 1.00개를 넘었다.

외국인 선수와 함께 약물도 들어왔다. 아직 전모가 밝혀지지 않았지만 많은 야구 종사자는 이 시기에 KBO 리그에 스테로이드와 성장호르몬 등 기량향상용 약물이 만연했다고 믿고 있다. 갑자기 덩치가 커진 선수가 늘어났고 햄스트링 부상이 급격하게 늘었다. 대표적인 약물 부작용이다. 어떤 구단은 라커룸에 '그리니'로 불리는 암페타민 성분을 탄 커피 주전자를 들여놓기도 했다.

스트라이크존 조정 정도로 타고투저를 막기는 역부족이었다. 규칙은 개정됐지만 심판들이 제대로 적응하지 못했다는 이유도 있었다. 2000년에는 마운드 높이를 10인치에서 13인치로 높였지만 역시 큰 소용이 없었다. '스테로이드 시대'가 한창이던 메이저리그도 스트라이크존 확대가 투수들을 구원하지 못한 건 마찬가지였다. KBO의 약물 문제는 2006년 도핑테스트가 실시되면서부터 사그러들기 시작했다.

스트라이크존 변경 전 1시즌과 변경 당해 시즌 평균자책점(ERA), 9이닝당 볼넷(BB/9) 변화

연도	존 변화방향	ERA 증감	BB/9 증감	비고
1998	확대	−0.7%	−6.5%	야구규칙 개정
		순방향	순방향	

스트라이크존 변경 전과 변경 후 전체 시즌 평균자책점(ERA), 9이닝당 볼넷(BB/9) 변화

시기	존 변화방향	ERA	BB/9
1996−1997	축소	3.85	3.35
1998~2001	확대	4.58	3.68
증감		+19.0%	+9.9%
		역방향	역방향

 2002년=존 확대

타고투저를 견디다 못한 KBO는 다시 스트라이크존에 손을 댔다. 2002년 1월 스트라이크존 상한선을 15cm 가량 높이기로 했다. 규칙 개정 없이 판정 지침에 변화를 줬다. 1998년이 규칙 개정으로 존에 변화를 준 마지막 사례였다.

역시 타고투저 문제를 겪던 메이저리그를 따랐다. 메이저리그는 2001년 시즌부터 스트라이트존 상한선을 엄격하게 적용하기 시작했다. 1988년 규칙 개정으로 상한선이 젖꼭지 높이로 올라갔지만 갈수록 내려갔다. 타자 바지 벨트보다 높은 공은 스트라이크로 잡아주지 않는 심판도 많았다.

효과는 확실했다. 지독했던 타고투저가 삽혔나. 3월 시범경기에서 두 팀 합산 경기당 삼진 13.5개, 볼넷 5.4개가 나왔다. 2001년 페넌트레이스에선 각각 12.1개, 8.2개였다. 평균 득점도 10.4점에서 0.7점 감소했다. 존 변경 수혜를 입은 투수들의 분발은 정규시즌에도 이어졌다.

2002년 페넌트레이스 평균자책점 증가율은 전년 대비 −10.2%, 9이닝당 볼넷은 −22.4%였다. 시기별 비교에서도 존 확대의 효과는 두드러진다. 2002년부터 다음 존 변경이 있던 2006년까지 5시즌 평균자책점은 4.14로 앞 시기(1998~2001년) 대비 9.6% 감소했다. 9이닝당 볼넷도 6.3% 줄어들었다. 이 기간 평균자책점은 프로야구 모든 시즌 평균인 4.25와 거의 비슷하다. 투타 균형이 가장 이뤄진 시기였다. 이 시기 마지막 해인 2006년 초대 월드베이스볼클래식(WBC)에서 한국은 당초 기대를 훨씬 웃도는 4강 성적을 거뒀다. 이 위업은 이후 찾아온 프로야구 황금기의 밑거름이 됐다.

메이저리그도 존 확대 효과가 나타났다. 존을 '규정대로' 보기 시작한 첫 해인 2001년 NL 평균자책점은 4.36으로 떨어졌다. 2000년엔 4.63이었다. AL에서도 4.91에서 4.47로 낮아졌다.

스트라이크존 변경 전 1시즌과 변경 당해 시즌 평균자책점(ERA), 9이닝당 볼넷(BB/9) 변화

연도	존 변화방향	ERA 증감	BB/9 증감	비고
2002	확대	−10.2%	−22.4%	판정지침 변경
		순방향	순방향	

스트라이크존 변경 전과 변경 후 전체 시즌 평균자책점(ERA), 9이닝당 볼넷(BB/9) 변화

시기	존 변화방향	ERA	BB/9
1998~2001	확대	4.58	3.68
2002~2006	확대	4.14	3.45
증감		−9.6%	−6.3%
		순방향	순방향

2007년=존 축소

2007년의 변화는 앞 두 번과 반대 방향이었다. 존의 좌우폭을 좁혔다.

KBO의 국가대표 '드림팀'은 전해 겨울 카타르 도하 아시아드에서 망신을 당했다. 3월 WBC 4강의 명예가 무색하게 대만에 2-4로 패했다. 이어 사회인야구 선수들로 구성된 일본에게도 7-10로 역전패했다.

'도하 참사' 이후 KBO는 기술위원회를 신설하며 국제대회 경쟁력 제고에 나섰다. 공인구 규격도 국제기준에 맞춰 키웠고, 13인치로 올렸던 마운드 높이를 메이저리그와 국제 규격에 따라 10인치로 다시 낮췄다. '담뱃갑을 눕힌 모양'이라는 말을 듣던 스트라이크존 좌우 폭도 좁혔다. 특히 바깥쪽 스트라이크 판정을 엄격하게 하기로 했다.

존 축소와 마운드 하향 조정은 모두 타자에게 유리하다. 여기에는 2006년 프로야구가 갑자기 투고타저를 맞았다는 이유도 있었다. 리그 평균자책점이 3.59로 8년 만에 3점대로 떨어졌다. 1993년(3.27) 이후 최저 기록이기도 했다. 리그 행정가들은 대체로 화끈한 타격전이 투수전보다 더 많은 관중을 불러모은다고 믿는다.

결과는 역시 효과적이었다. 2007년 평균자책점은 3.91로 전년 대비 8.9% 상승했다. BB/9도 8.7% 늘어났다. 2007년의 존 변화는 2009년까지 이어진다. 3시즌 평균자책점은 4.28, BB/9은 3.77이었다. 앞 시기(2002~2006년)에 비해 3.4%, 9.3% 늘어났다.

스트라이크존 변경 전 1시즌과 변경 당해 시즌 평균자책점(ERA), 90이닝당 볼넷(BB/9) 변화

연도	존 변화방향	ERA 증감	BB/9 증감	비고
2007	축소	+8.9%	+8.7%	판정지침 변경
		순방향	순방향	

스트라이크존 변경 전과 변경 후 전체 시즌 평균자책점(ERA), 90이닝당 볼넷(BB/9) 변화

시기	존 변화방향	ERA	BB/9
2002~2006	확대	4.14	3.45
2007~2009	축소	4.28	3.77
증감		+3.4%	+9.3%
		순방향	순방향

 2010년=존 확대

2007년의 존 축소는 효과적이었다. 너무 효과적이었던 게 문제였다. 리그 평균자책점은 2007년 3.91에서 2008년 4.11로 3시즌 만에 4점대를 회복했다. 그리고 2009년에는 4.80까지 치솟았다. 1999년(4.98)에 이은 당시까지 역대 두 번째 기록이었다. "KBO 리그 스트라이크존이 세계에서 가장 좁다"는 말도 나왔다.

타고투저에 대한 우려가 높아지자 KBO는 2010년 시즌을 앞두고 방침을 수정했다. 시즌 전 조종규 당시 심판위원장의 설명에 따르면 좌우 존이 공 반 개 가량 넓어졌다. 경기시간 단축에 대한 요구가 높아진 것도 이유 중 하나다. 존이 좁아지면 경기 투구수와 타석수가 함께 늘어난다. 이러면 경기 시간을 줄이기 어렵다. 2007년 존 축소를 주도했던 하일성 사무총장은 이미 KBO를 떠난 뒤이기도 했다.

첫 해에 효과는 바로 나타났다. 리그 평균자책점은 4.58로 2009년 대비 4.6% 감소했고, BB/9도 6.4% 줄었다. 존이 확대되면 투수가 유리해진다는 이론이 다시 맞아 떨어졌다. 리그 평균자책점은 2011년 4.14, 2012년엔 3.82까지 내려왔다. 5시즌 만인 3점대 기록이었다. 2013년에 4.32로 올라갔지만 통상적인 변화처럼 보였다.

문제는 그 다음 시즌이었다. 2014년 리그 평균자책점은 5.26으로 사상 최고치를 찍었다. 아직 이 기록은 깨지지 않고 있다. 평균자책점 증가율 21.8%도 1999년에 이은 역대 2위다. 시기별 비교에서도 2010~2014년 평균자책점은 4.43으로 앞 시기(2007~2009년)에 비해 3.5% 증가하는 역방향 변화가 나타났다. BB/9은 -0.5%로 소폭 감소했다.

스트라이크존 변경 전 1시즌과 변경 당해 시즌 평균자책점(ERA), 9이닝당 볼넷(BB/9) 변화

연도	존 변화방향	ERA 증감	BB/9 증감	비고
2010	확대	-4.6% 순방향	-6.4% 순방향	판정지침 변경

스트라이크존 변경 전과 변경 후 전체 시즌 평균자책점(ERA), 9이닝당 볼넷(BB/9) 변화

시기	존 변화방향	ERA	BB/9
2007~2009	축소	4.28	3.77
2010~2014	확대	4.43	3.75
증감		+3.5% 역방향	-0.5% 순방향

2015년=존 확대

2014년 KBO 리그 평균자책점 기록은 얼마나 대단했을까. 메이저리그 NL의 역대 최고 기록은 1894년의 5.33이다. 이 해는 투포수간 거리가 15.24m에서 18.44m로 늘어난 두 번째 시즌이었다. 급격한 환경 변화로 투수들이 고전할 수밖에 없었다. 20세기 이후에는 1930년의 4.97이 최고 기록이다. AL에서는 1936년 5.04로 딱 한 번 5점대를 넘었다.

KBO는 2015년 시즌을 앞두고 다시 존 확대 방침을 세웠다. 2010년에 좌우를 넓혔으니 이번엔 위아래에 변화를 줬다. 높은 쪽 존을 송전 대비 공 반 개에 하나 정도로 높이기로 했다.

결과는 앞 시기 존 변화와 유사했다. 첫 시즌엔 순방향 효과가 나왔다. 평균자책점이 7.0%, BB/9이 3.6% 감소했다. 하지만 다음 존 변화가 일어나기 전까지인 2015~2016년 평균자책점은 5.04로 앞 시기(2010~2014년) 4.43에 비해 무려 13.8%나 증가했다. 2014년에 시작된 '3차 타고투저' 흐름은 꺾이지 않았다.

스트라이크존 변경 전 1시즌과 변경 당해 시즌 평균자책점(ERA), 9이닝당 볼넷(BB/9) 변화

연도	존 변화방향	ERA 증감	BB/9 증감	비고
2015	확대	−7.0% 순방향	−3.6% 순방향	판정지침 변경

스트라이크존 변경 전과 변경 후 전체 시즌 평균자책점(ERA), 9이닝당 볼넷(BB/9) 변화

시기	존 변화방향	ERA	BB/9
2010~2014	확대	4.43	3.75
2015~2016	확대	5.04	3.74
증감		+13.8% 역방향	−0.3% 순방향

2017년=존 확대

2017년 WBC 아시아 라운드는 서울 고척돔에서 열렸다. 2006년 초대 대회 3위, 2009년 2회 대회 준우승을 차지한 한국은 2013년 3회 대회에선 1라운드 통과에 실패했다. 최대 난적으로 꼽은 홈 팀 대만을 3-2, 야구 강국 호주를 6-0으로 이겼다. 하지만 복병 네덜란드에 0-5로 완패한 게 탈락으로 이어졌다. 1라운드 개최권을 따낸 4회 대회에선 4강 복귀가 목표였다. 하지만 결과는 1승 2패 탈락이었다. 참가 4개국 가운데 12득점은 최소였다.

전해 KBO 리그는 평균 타율 0.290, OPS 0.801로 타고투저 시즌이었다. 규정타석을 채운 3할 타자 40명에 20+홈런을 친 타자는 27명이었다. 하지만 WBC 108타수에서 홈런은 단 1개만 나왔다. 리그 타격 성적은 '좁은 스트라이크존 덕을 본 거품'이라는 비난이 이어졌다.

새 시즌을 앞두고 KBO는 다시 스트라이트존을 넓히겠다고 발표했다. 2010년엔 좌우를 넓혔고 2015년엔 상하를 높였다. 더 늘릴 방향이 없어서였는지 김풍기 심판위원장은 "야구규칙상 스트라이크존을 적극적으로 판정하겠다"고 했다.

평균자책점과 BB/9 기준으로 효과적이었다. 2017년 리그 평균자책점은 전년 대비 4.0% 떨어졌다. BB/9은 15.3%나 대폭 감소했다. 2017~2021년 4시즌 평균자책점은 4.72로 앞 시기(2015~2016년)에 비해 −6.2%, BB/9은 3.74에서 3.54로 −5.3% 변화를 나타냈다. 2019년 공인구 반발력을 낮춘 결정도 타고투저 흐름을 꺾은 데 영향을 미쳤다. 하지만 2021년 9이닝당 볼넷이 4.19개로 역대 최고치를 찍어버렸다. 그래서 KBO는 2022년 다시 스트라이크존을 확대한다는 결정을 내려야 했다.

스트라이크존 변경 전 1시즌과 변경 당해 시즌 평균자책점(ERA), 9이닝당 볼넷(BB/9) 변화

연도	존 변화방향	ERA 증감	BB/9 증감	비고
2017	확대	−4.0%	−15.9%	판정지침 변경
		순방향	순방향	

스트라이크존 변경 전과 변경 후 전체 시즌 평균자책점(ERA), 9이닝당 볼넷(BB/9) 변화

시기	존 변화방향	ERA	BB/9
2015~2016	확대	5.04	3.74
2017~2021	확대	4.72	3.54
증감		−6.2%	−0.3%
		순방향	−5.3%

Hanwha
Eagles

2022년 존 확대는 성공할까.

KBO는 2010, 2015, 2017년 세 번 연속으로 스트라이크존을 확대한다는 방침을 세웠다. 이번이 네 번째다.

'첫 시즌'으로 한정하면 지금까지 8차례의 존 변화는 매우 효과적이었다. 변화 첫 시즌 평균자책점과 BB/9값 16개 중 15개가 순방향으로 변화했다. 존이 축소된 시즌엔 늘어나고, 확대된 시즌에는 줄어들었다. 성공 확률을 따지자면 무려 93.8%다. 유일한 예외는 존이 확대된 1996년의 평균자책점 0.8% 감소다. 하지만 큰 변화는 아니었고, 위에서 살펴봤듯 총재 사퇴로 존 변화 방침이 흐지부지됐을 가능성이 높다.

시기별로는 2차 타고투저기인 1998~2001년 존 확대는 효과가 없었다. 2010년 이후 세 번의 존 확대도 실패로 볼 수 있다. 하지만 스트라이크존의 변화가 타고투저나 투고타저의 유일한 이유는 아니다. 2차 타고투저기엔 외국인선수와 약물, 3차 타고투저기엔 좌타자의 증가와 인플레이타구 타율(BABIP) 상승이라는 요인이 있었다. 전체적으로 존의 축소와 확대는 타고투저, 투고타저 경향을 조절하는 유용한 정책수단이었다.

하지만 존 축소든 확대든 KBO의 결정이 경기장 현장에서 얼마나 지켜졌는지는 별 문제다. 평균자책점을 비롯한 여러 지표는 존 변화 방침 뒤 달라진 경기 양상을 보여줄 뿐이다. 2000년대까지는 실제로 존이 어떠했는지는 현장 선수나 심판의 주관적인 증언에 의존할 수밖에 없었다.

지금은 레이더와 카메라를 이용한 트래킹시스템이 프로야구 전 구장에 설치돼 있다. 투수가 던진 공의 포구 위치와 이 공의 판정 결과를 수치화, 시각화할 수 있다. 메이저리그는 2006년 포스트시즌부터 트래킹시스템을 도입했다. KBO는 2012년부터 트래킹데이터를 구매했다.

이 분야 전문가인 신동윤 KBO 기술위원은 "2017년 존 확대는 분명히 효과가 있었다. 스트라이크존이 앞 시즌에 비해 커졌고, 규칙상 존과 비슷해졌다"고 말했다. 문제는 그 다음이다. 신 위원은 "다음 시즌부터 존이 좁아졌고 이후 지속적으로 축소됐다"고 말했다.

야구콘텐츠그룹 〈야구공작소〉는 2018~2021년 KBO 리그 트래킹데이터를 바탕으로 실제 스트라이크존 분포 변화를 시각화했다. 2021년의 스트라이크존은 2018년에 비해 상하, 좌우가 모두 좁아졌다.

좌우존의 축소는 오히려 긍정적이다. 2018년 존이 야구규칙에 비해 훨씬 넓었다. 2021년엔 규칙에 가까운 모양이 됐다. 2018년은 투수들이 '부당이득'을 누린 셈이다. 정밀하지 않은 제구력으로도 스트라이크 판정을 얻어낼 수 있다면 투수는 기량 향상 동기를 갖기 어렵다. 이러면 리그 전체 투수 기량이 떨어진다. 투수 기량이 떨어지면 타자 기량도 발전하기 어렵다.

문제는 상하 변화였다. 2018년 KBO 리그 심판들은 높은쪽 스트라이트존을 매우 정확하게 판정했다. 하지만 2021년엔 이 코스 공이 볼 판정을 받는 비율이 크게 늘어났다. 특히 높은쪽 양끝 코스는 규칙에 비해 야구공 한 개 반 이상 낮았다.

메이저리그는 트래킹시스템 도입 뒤 이를 심판 평가에 활용했다. 그 결과 스트라이트존에 변화가 생겼다. 2009년 메이저리그 스트라이트존은 좌우가 넓었다. 특히 우타자 바깥쪽은 공 한 개 이상 옆으로 빠져나가도 스트라이크 콜을 받았다. 대신 낮은쪽 존은 규칙보다 공 한 개 이상 높았다. 전체적으로 옆으로 눌린 듯한 모양새였다. 하지만 2017년에 이르면 규칙상 존과 실제존 차이가 상당히 줄어들었다.

KBO는 2016년부터 트래킹데이터를 심판 평가에 활용하기 시작했다. 2017년 존 확대 이후 일어난 일은 메이저리그와 비교했을 때 성과가 떨어졌다. KBO가 한동안 '정확도'가 아닌 '일관성'을 심판 평가 지표로 삼은 건 이유 중 하나로 꼽힌다. 트래킹데이터로 구현한 규칙상 존에 맞게 판정했는지는 정확도에서 평가된다. 일관성은 규칙상 존과의 일치 여부과 관계없이 심판이 같은 코스에 같은 판정을 내렸는지를 따진다. 일관성을 우선하면 '존을 규칙에 맞게 판정하겠다'는 당초 취지는 실현되기 어렵다.

KBO 리그 심판은 메이저리그에 비해 권위가 상대적으로 떨어진다는 특징이 있다. 여기에 유료 중계가 많은 미국과는 달리 프로야구 전 경기가 TV와 온라인에서 무료로 중계된다. 그만큼 오심에 대한 압박에 시달리기 쉽다. 심판이 방어적인 심리를 가지게 되면 선수와 팬에게 익숙한 기존 스트라이크존을 적용할 가능성이 높아진다. 그래서 허운 심판위원장은 2월 고척돔에서 "넓어진 스트라이크존이 정착하려면 선수들이 도와줘야 한다"고 말했다. 같은 관점에서 오심처럼 보이는 판정에 대한 지나친 비판은 더 많은 오심을 부를 가능성이 높다.

2018년 KBO리그 투타 유형별 실제 스트라이크존 **2021년 KBO리그 투타 유형별 실제 스트라이크존**

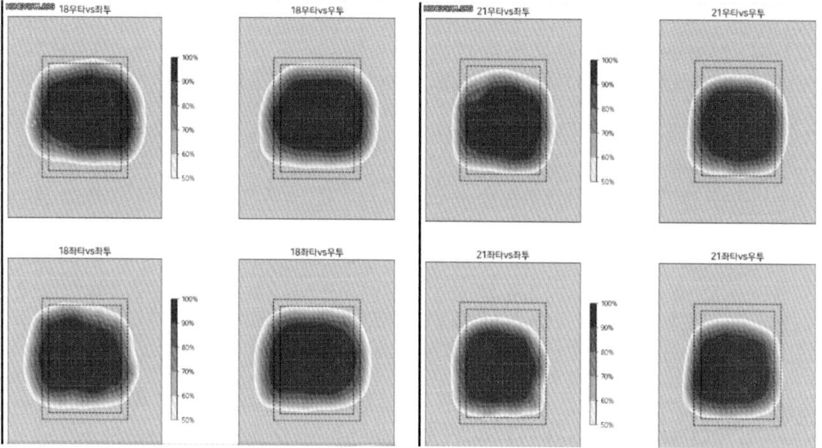

제작=야구공작소

KT 창단 첫 우승의 의미 '팀 빌딩'의 좋은 예

2021년 11월 18일 고척 스카이돔에서 열린 한국시리즈 4차전. 9회말이 시작됐을 때 점수는 8-4였다. 2사 뒤 박세혁의 타구가 1루수 강백호 앞을 향했을 때 1루쪽 덕아웃 KT 선수들은 이미 그라운드로 뛰어들 준비를 마쳤다. 공을 잡아 1루를 찍은 강백호는 펄쩍펄쩍 뛰며 마운드를 향했다. KT WIZ의 창단 첫 우승이 확정되는 순간이었다.

선수들이 마운드에서 한 데 엉켜 기쁨을 나눈 것도 잠시, 이내 마운드 위에 둥그렇게 모여 1루 덕아웃을 향해 선수들이 줄을 섰다. 전날 3차전에서 종아리를 다친 박경수는 동료들이 한 차례 기쁨을 나눈 뒤에야 덕아웃에서 천천히 몸을 일으켰다. 남들이 뛰어나갈 때 함께 뛰어나가지 못하고 옆에 있던 유한준을 끌어안고 눈물을 흘렸다. 나머지 선수들이 기다리고 있는 곳을 향해 유한준이 박경수와 함께 덕아웃을 향했다. 박경수의 손에 목발이 들려 있었고 절뚝거리며 천천히 걸음을 뗐다. 몇 걸음 걷던 박경수는 이내 목발을 집어던졌고, 선수들의 품에 안겼다. 박경수의 목발은 KT 우승 과정을 상징적으로 보여주는 장면이었다.

KT는 2015년 프로야구 10번째 구단으로 1군에 합류했다. 3년 연속 꼴찌를 했고 4년째(2019년) 9위로 한 칸 올라섰다. 2020시즌 이강철 감독 부임 첫 해 승률 5할(6위)을 기록한 KT는 2020시즌 2위(정규시즌 2위, 종합 3위)로 올라섰고, 2021시즌 정규시즌 우승과 한국시리즈 우승 등 통합 우승에 성공했다. 4년의 꼴찌와 이후 3년의 성공 사이에 무슨 일이 있었던 걸까.

리빌딩은 모든 구단의 중요한 숙제다. 아무리 좋은 팀도 10년씩 성적을 유지할 수는 없다. 팀 전력을 유지하고 성장시키는 길을 두고 KBO 리그 역시 여러 시행착오를 거쳤다. 팀 체질 개선을 위해 아예 바닥부터 갈아엎는 방법을 택할 수도 있고, 과감한 투자로 거물급 FA를 영입함으로써 팀 전력을 강하게 만들 수도 있다. 9번째 구단이었던 NC 다이노스는 창단 뒤 매년 대형 FA를 영입하며 빠르게 팀 전력을 안정시켰다. NC는 창단 2년째부터 가을야구에 올랐다.

KT의 길은 조금 달랐다. 2016년 유한준(4년 60억 원), 2018년 황재균(4년 80억 원) 등의 대형 계약이 없었던 것은 아니지만 당시 스토브리그 최대어를 잡은 것도 아니었다. '욕 먹지 않을 수준'의 전력 강화라는 주변의 평가가 나왔다. 결과적으로 2015시즌부터 2018시즌까지 비자발적 '탱킹'의 결과를 낳았다.

KT 주요 지명 선수

2015년	주권(특별지명), 엄상백(1차), 이창재(2차 1라운드), 김민수, 김재윤(이상 2차 1라운드 뒤 특별지명)
2016년	남태혁(2차 1라운드)
2017년	조병욱(1차)
2018년	김민(1차), 강백호(2차 1라운드),
2019년	이대은(2차 1라운드),
2020년	소형준(1차), 강현우(2차 1라운드)

창단 초기 특별지명으로 영입한 선수들의 성장과 이후 2차 1라운드로 지명한 강백호, 이대은(은퇴) 등은 2019시즌 이후 팀 성적 향상에 결정적 역할을 했다. 탱킹은 단지 기다리는 게 아니다. 이 선수들이 제 자리를 잡기까지는 팀이 성장하는 동안 시간을 벌어주는 역할을 했던 선수들이 있었다. KT 팀 빌딩의 핵심 키워드 중 하나는 '베테랑'이었다.

2019시즌부터 이강철 감독과 함께 팀을 이끈 이숭용 전 단장(현 육성총괄)은 우승 뒤 가진 인터뷰에서 "살다 살다 그렇게 많이 운 것은 처음"이라고 말했다. 현역시절 카리스마 넘치는 주장으로서 별명이 '숭캡'이었던 이 전 단장이 눈물을 쏟은 장면은 한국시리즈 우승이 아니라 10월 31일 열린 삼성과의 1위 결정전(타이브레이커) 승리 때였다. 정규시즌 우승이 확정되는 순간 선수들 앞에서 눈물샘이 터졌다. 이 전 단장은 "2층에서 보다가 그라운드로 내려가 선수들을 보는데 왈칵 눈물이 쏟아졌다"며 "2013년 겨울에 창단하자마자 남해에 모여서 조범현 감독님과 함께 처음 훈련 시작하던 때부터 지금까지의 일들이 주마등처럼 스쳐가더라"라고 말했다. 이 전 단장은 KT 창단 때부터 지금까지 함께 한 몇 안 되는 인물 중 하나다. 막내 구단은 맨 바닥에서 시작했고, 차곡차곡 전력을 쌓아 최고의 자리에 올랐다.

이 전 단장은 "KT의 길이 유일한 정답은 아니겠지만 KT 빌딩의 열쇠는 '베테랑'이었다"고 말했다. 최근 수년 동안 KT는 전유수, 이보근, 유원상, 안영명 등 베테랑 불펜을 모았고, 팀 타선은 유한준, 박경수 등 30대 중반을 넘긴 이들이 중심을 잡았다. 이 전 단장은 베테랑에 대해 "에이징 커브로 야구를 덜 잘 하게 된 선수들이 아니라 자기의 역할을 할 줄 아는 선수"라고 규정했다. 자기 역할에는 자기 관리, 위기 관리에다 책임감이 포함된다. 이 단장은 "베테랑은 결과에 대해 변명하지 않는다. 야구가 얼마나 어려운지 잘 안다. 그걸 보면서 어린 선수들이 옳은 방향으로 성장할 수 있다고 본다"고 말했다. 베테랑은 풀타임 활약이 어려울 수 있지만, 유망주가 성장할 때까지 시간을 벌어주는 역할을 한다. KT 선발진의 성장은 '형님'들이 뒤에서 버텨주고 응원한 덕분이다.

베테랑에 대한 인정과 지원이 팀 KT의 '위닝 컬처'를 만들었다. 이강철 감독 역시 '베테랑'을 중용하고 활용하는데 탁월했다. 장점을 짚어냈고, 이를 극대화할 수 있는 기용 방식을 택했다. 감독은 처음이지만 코치로 산전수전을 겪은 '베테랑 코치'의 노하우가 팀의 방향과 제대로 어우러졌다. 이강철 감독의 리드 하에 베테랑 투수들은 자기의 역할을 하기 시작했다. 단지 경기 후반 점수 차이를 지키는 것을 넘어 베테랑이 야구를 대하는 문화가 팀의 문화로 자리잡았다. 이강철 감독은 정규시즌과 한국시리즈 우승 비결에 대해 "모두가 한 곳만 바라본 팀 KT의 역할이 결정적"이라고 말했다. 베테랑들이 만든 라커룸의 분위기 역시 팀을 하나로 묶는데 중요한 열쇠가 됐다. 삐딱하게 쳐다보고 나쁘게 말하면 '군기가 세다'고 할 수 있지만 긍정적 시선으로 바라보면 자신의 이익을 위해 튀지 않는다는 뜻이다. 팀 스포츠의 위닝 컬처로서는 반드시 필요한 덕목이다.

팀 KT의 하나된 분위기는 한국시리즈 경기 흐름으로 이어졌다. 필요한 순간 "내가 주인공이 되겠다"는 욕심이 보이지 않았다. 국내 선발 중 가장 성적이 좋았던 고영표는 한국시리즈를 앞두고 불펜행 결정을 받아들였다. 이 감독의 첫 권유에 고개를 갸웃했던 고영표는 데이터와 주변의 설명을 통해 흔쾌히 새 보직을 인정했다. 팀 내 1선발이 불펜행을 받아들이는 것은 쉽지 않은 결정이었다. 고영표는 경기 중후반 꼭 필요한 이닝을 지워나갔다. KT 우승에 드러나지 않는 결정적 역할이었다. 외국인 타자 제러드 호잉 역시 필요한 순간 주저없이 희생번트를 성공시켰다. 0-0으로 맞선 4회말 상대 실책으로 무사 1, 2루가 되자 호잉에게 번트 작전이 나왔다. 호잉은 다소 높은 공이었음에도 정확하게 번트를 대 주자를 진루시켰다. 선취점은 결정적이었다. 주장 황재균은 2차전에서 1회 첫 타석 홈런을 때린 뒤 5회 무사 1, 2루에서 보내기 번트를 성공시켰다. 홈런을 때린 중심타자의 번트 성공은 한국시리즈에서 KT 타자들이 어떤 태도를 가졌는지 잘 보여주는 장면이었다.

베테랑 중용과 이를 바탕으로 한 위닝 컬처는 강백호를 변화시켰다. 올림픽에서 껌을 씹는 장면이 카메라에 잡히면서 마음 고생을 치렀지만 강백호는 2021시즌 이전과는 완전히 다른 타자였다. 입단 첫해 무조건 휘두르는 타자였다면, 4년째인 2021시즌에는 상황에 따라 다른 스윙을 하는 타자가 됐다. 장타율이 다소 줄었지만 출루율 0.450을 만들며 데뷔 후 최고인 OPS 0.971을 기록했다.

결정적 순간마다 '달라진 강백호'가 있었다. 10월 31일 삼성과 벌인 우승 결정전, 강백호는 4회 2번째 타석에서 헛스윙 삼진을 당했다. 삼성 원태인은 공 4개를 모두 147㎞ 속구로 던졌다. 속구를 알고도 헛스윙을 당한 강백호는 분하다는 듯 방망이를 땅에

내리쳤다. 그때 원태인은 웃고 있었다. 2021시즌 최고의 투타 대결 장면이었다.

6회 2사 1, 3루에서 재대결이 이뤄졌다. 원태인은 이번에도 자신있게 전구 속구 승부를 했다. 하지만 강백호는 전 타석처럼 덤벼들지 않았다. 바깥쪽 속구를 가볍게 따라갔고, 3유간을 빠지는 적시타로 만들었다. 그 점수가 KT 정규시즌 우승을 확정짓는 결승점이 됐다.

강백호의 진화는 한국시리즈 1차전으로 이어졌다. 0-0이던 4회말 선두타자 강백호는 풀카운트에서 6구째 온몸을 던지는 특유의 강한 스윙을 했다. 파울이 됐고 7구째를 기다렸다. 풀카운트 선두타자라면 속구 가능성이 8할 이상이다. 곽빈-박세혁 배터리가 허를 찌르는 커브를 던졌는데, 강백호가 허를 찔리지 않았다. 타격 타이밍을 조절해 밀어친 좌전 안타를 만들었다. 강백호는 "곽빈의 커브가 손에서 빠져나오는 게 보였다"고 말했다. 7회에는 바뀐 투수 이현승의 초구 슬라이더를 밀어 때려 쐐기 타점을 올렸다. 바뀐 투수의 초구 역시 속구 가능성이 8할이었는데, 바깥쪽 제구된 슬라이더를 정확하게 밀어 때렸다. 강백호는 "현승 선배는 포크볼이 좋기 때문에 카운트가 몰리면 안 된다고 계산했다. 유격수가 2루 쪽으로 빠져 있는 게 보였다. 밀어치고 싶었다"고 말했다. KT의 우승에는 '달라진 강백호'가 결정적 역할을 했다. 천재의 진화에는 베테랑 중용과 이를 통해 다져진 팀 KT의 분위기가 존재한다.

팀 빌딩의 길에는 정답이 없다. KT의 길이 유일한 정답은 결코 아니다. 고인물을 빼고, 젊은 피를 수혈함으로써 새로운 팀 분위기를 만드는 것이 반드시 필요한 팀도 분명 존재한다. 하지만 야구는 수천 개의 공을 지켜보는 동안 미묘한 변화를 알아채고 이를 통해 스스로를 성장시켜야 하는 '델리키트'한 종목이다. 그 '델리키트'한 복잡미묘함을 올바로 끌고 나가는 것은 오랜 경험을 쌓은 베테랑이 잘 할 수 있는 영역이다.

2년 연속 한국시리즈 우승을 노리는 KT는 새 주장으로 다시 박경수를 정했다. 은퇴한 유한준도 팀을 떠나는 대신 옆에서 '매니저' 역할을 하기로 했다. 분위기와 '컬처'를 유지하고 이어간다는 계산이다. 팀 빌딩, 혹은 리빌딩을 위해 기술과 데이터, 훈련도 중요하지만 더 중요한 것은 그걸 효과적으로 끌고갈 수 있는 '분위기'다. 그게 바로 위닝 컬처이고, 한 번 만들어지면 오래 가는 '비결'이다.

신협

2021시즌 순위기록

WAR 순위

종합 WAR

순위	이름	팀	WAR
1	미란다	두산	7.09
2	이정후	키움	6.82
3	최정	SSG	6.50
4	홍창기	LG	6.32
5	구자욱	삼성	5.90
6	강백호	KT	5.75
7	양의지	NC	5.72
8	백정현	삼성	5.28
9	고영표	KT	5.24
10	정은원	한화	5.20

종합 WPA

순위	이름	팀	WPA
1	강백호	KT	5.78
2	양의지	NC	5.64
3	최정	SSG	5.40
4	추신수	SSG	4.59
5	홍창기	LG	4.47
6	오승환	삼성	4.31
7	전준우	롯데	4.09
8	구자욱	삼성	3.48
9	오재일	삼성	3.43
10	피렐라	삼성	3.27

타격 WAR

순위	이름	팀	WAR
1	이정후	키움	6.82
2	최정	SSG	6.50
3	홍창기	LG	6.32
4	구자욱	삼성	5.90
5	강백호	KT	5.75

타격 WPA

순위	이름	팀	WPA
1	강백호	KT	5.78
2	양의지	NC	5.64
3	최정	SSG	5.40
4	추신수	SSG	4.59
5	홍창기	LG	4.47

선발투수 WAR

순위	이름	팀	WAR
1	미란다	두산	7.09
2	백정현	삼성	5.28
3	고영표	KT	5.23
4	켈리	LG	4.96
5	원태인	삼성	4.76

선발투수 WPA

순위	이름	팀	WPA
1	미란다	두산	3.27
2	수아레즈	LG	2.48
3	원태인	삼성	2.41
4	고영표	KT	2.24
5	루친스키	NC	1.88

구원투수 WAR

순위	이름	팀	WAR
1	정해영	KIA	3.79
2	정우영	LG	3.21
3	고우석	LG	3.13
4	강재민	한화	3.12
5	김재윤	KT	3.08

구원투수 WPA

순위	이름	팀	WPA
1	오승환	삼성	4.31
2	정해영	KIA	2.88
3	최준용	롯데	2.27
4	김택형	SSG	2.25
5	김원중	롯데	2.19

NC WAR

순위	이름	WAR
1	양의지	5.72
2	알테어	4.90
3	루친스키	4.48
4	나성범	4.06
5	파슨스	3.71
6	노진혁	3.17
7	신민혁	2.65
8	이용찬	1.71
9	박석민	1.51
10	권희동	1.39

LG WAR

순위	이름	WAR
1	홍창기	6.32
2	켈리	4.96
3	수아레즈	4.43
4	오지환	3.65
5	정우영	3.21
6	고우석	3.13
7	김현수	3.13
8	채은성	2.77
9	유강남	2.13
10	김대유	2.09

두산 WAR

순위	이름	WAR
1	미란다	7.09
2	박건우	4.51
3	최원준	4.13
4	로켓	4.10
5	김재환	3.82
6	양석환	3.05
7	홍건희	2.92
8	페르난데스	2.88
9	김인태	2.63
10	김강률	2.49

키움 WAR

순위	이름	WAR
1	이정후	6.82
2	요키시	4.66
3	김혜성	4.55
4	박동원	3.14
5	이용규	2.51
6	안우진	2.45
7	송우현	1.74
8	박병호	1.67
9	김태훈	1.66
10	송성문	1.65

KT WAR

순위	이름	WAR
1	강백호	5.75
2	고영표	5.24
3	데스파이네	4.01
4	배정대	3.57
5	김재윤	3.08
6	배제성	2.55
7	황재균	2.41
8	심우준	1.99
9	쿠에바스	1.94
10	유한준	1.79

KIA WAR

순위	이름	WAR
1	정해영	3.79
2	멩덴	3.09
3	김선빈	2.96
4	장현식	2.93
5	최원준	2.67
6	이의리	2.35
7	브룩스	2.06
8	임기영	1.98
9	윤중현	1.25
10	류지혁	1.14

롯데 WAR

순위	이름	WAR
1	전준우	4.29
2	박세웅	4.01
3	마차도	3.25
4	한동희	3.05
5	스트레일리	3.02
6	안치홍	2.79
7	손아섭	2.69
8	정훈	2.51
9	김원중	2.26
10	최준용	1.94

SSG WAR

순위	이름	WAR
1	최정	6.14
2	한유섬	3.90
3	추신수	3.89
4	박성한	3.34
5	최주환	2.36
6	최지훈	2.12
7	김성현	1.65
8	이재원	1.50
9	로맥	1.13
10	김강민	0.88

삼성 WAR

순위	이름	WAR
1	구자욱	5.90
2	백정현	5.28
3	원태인	4.76
4	뷰캐넌	4.55
5	박해민	3.94
6	강민호	3.88
7	오승환	3.03
8	오재일	3.03
9	피렐라	2.96
10	최채흥	1.55

한화 WAR

순위	이름	WAR
1	정은원	5.20
2	최재훈	3.90
3	킹엄	3.72
4	하주석	3.54
5	노시환	3.40
6	강재민	3.12
7	김민우	2.93
8	김태연	2.05
9	카펜터	2.01
10	윤대경	1.50

투수 순위

평균자책점

순위	이름	팀	기록
1	미란다	두산	2.33
2	백정현	삼성	2.63
3	고영표	KT	2.92
4	요키시	키움	2.93
5	원태인	삼성	3.06

다승

순위	이름	팀	기록
1	요키시	키움	16
1	뷰캐넌	삼성	16
3	루친스키	NC	15
4	미란다	두산	14
4	백정현	삼성	14

삼진

순위	이름	팀	기록
1	미란다	두산	225
2	카펜터	한화	179
3	루친스키	NC	177
4	데스파이네	KT	165
5	스트레일리	롯데	164

9이닝당 삼진

순위	이름	팀	기록
1	미란다	두산	11.66
2	폰트	SSG	9.70
3	카펜터	한화	9.48
4	루친스키	NC	8.92
5	스트레일리	롯데	8.91

세이브

순위	이름	팀	기록
1	오승환	삼성	44
2	김원중	롯데	35
3	정해영	KIA	34
4	김재윤	KT	32
5	고우석	LG	30

이닝

순위	이름	팀	기록
1	데스파이네	KT	188.2
2	요키시	키움	181.1
3	루친스키	NC	178.2
4	뷰캐넌	삼성	177.0
4	켈리	LG	177.0

홀드

순위	이름	팀	기록
1	장현식	KIA	34
2	정우영	LG	27
2	주권	KT	27
4	김대유	LG	24
4	우규민	삼성	24
6	최준용	롯데	20

출장경기

순위	이름	팀	기록
1	정우영	LG	70
2	장현식	KIA	69
3	구승민	롯데	68
4	이정용	LG	66
4	김태훈	키움	66
6	김재윤	KT	65

선발출장

순위	이름	팀	기록
1	데스파이네	KT	33
2	스트레일리	롯데	31
2	요키시	키움	31
4	뷰캐넌	삼성	30
4	켈리	LG	30

완봉

순위	이름	팀	기록
1	미란다	두산	1
1	고영표	KT	1
1	뷰캐넌	삼성	1
1	박세웅	롯데	1

완투

순위	이름	팀	기록
1	이재학	NC	2
2	미란다	두산	1
2	고영표	KT	1
2	로켓	두산	1
2	뷰캐넌	삼성	1
2	파슨스	NC	1
2	박세웅	롯데	1
2	정찬헌	LG	1
2	쿠에바스	KT	1
2	최채흥	삼성	1
2	장시환	한화	1
2	이민우	KIA	1

타격 순위

타율

순위	이름	팀	기록
1	이정후	키움	0.360
2	전준우	롯데	0.348
3	강백호	KT	0.347
4	홍창기	LG	0.328
5	박건우	두산	0.325
6	최준용	롯데	20

출루율

순위	이름	팀	기록
1	홍창기	LG	0.456
2	강백호	KT	0.450
3	이정후	키움	0.438
4	양의지	NC	0.414
5	최정	SSG	0.410

장타율

순위	이름	팀	기록
	양의지	NC	0.581
2	최정	SSG	0.562
3	한유섬	SSG	0.534
4	이정후	키움	0.522
5	강백호	KT	0.521

타점

순위	이름	팀	기록
1	양의지	NC	111
2	강백호	KT	102
2	김재환	두산	102
4	나성범	NC	101
5	최정	SSG	100

안타

순위	이름	팀	기록
1	전준우	롯데	192
2	강백호	KT	179
3	최원준	KIA	174
4	손아섭	롯데	173
5	홍창기	LG	172

도루

순위	이름	팀	기록
1	김혜성	키움	46
2	최원준	KIA	40
3	박해민	삼성	36
4	구자욱	삼성	27
5	최지훈	SSG	26

홈런

순위	이름	팀	기록
1	최정	SSG	35
2	나성범	NC	33
3	알테어	NC	32
4	한유섬	SSG	31
5	양의지	NC	30

득점

순위	이름	팀	기록
1	구자욱	삼성	107
2	홍창기	LG	103
3	피렐라	삼성	102
4	김혜성	키움	99
5	나성범	NC	96

루타

순위	이름	팀	기록
1	나성범	NC	290
2	구자욱	삼성	282
3	양의지	NC	279
4	피렐라	삼성	274
5	강백호	KT	269

1루타

순위	이름	팀	기록
1	김혜성	키움	144
2	최원준	KIA	143
3	홍창기	LG	140
4	손아섭	롯데	139
4	전준우	롯데	139

2루타

순위	이름	팀	기록
1	전준우	롯데	46
2	이정후	키움	42
3	강백호	KT	40
4	김선빈	KIA	32
5	박건우	두산	31
6	구자욱	삼성	30

3루타

순위	이름	팀	기록
1	구자욱	삼성	10
2	이용규	키움	8
3	이정후	키움	6
3	최원준	KIA	6
3	최지훈	SSG	6
6	정은원	한화	5

OPS

순위	이름	팀	기록
1	양의지	NC	0.995
2	최정	SSG	0.972
3	강백호	KT	0.971
4	이정후	키움	0.960
5	한유섬	SSG	0.907

수비 순위

투수

순위	이름	팀	수비율
1	뷰캐넌	삼성	1.000
1	미란다	두산	1.000
1	고영표	KT	1.000
1	스트레일리	롯데	1.000
1	프랑코	롯데	1.000

포수

순위	이름	팀	수비율
1	최재훈	한화	0.999
2	유강남	LG	0.997
3	강민호	삼성	0.992
4	장성우	KT	0.991
5	김태군	NC	0.990

1루수

순위	이름	팀	수비율
1	정훈	롯데	0.999
2	오재일	삼성	0.998
3	로맥	SSG	0.997
4	박병호	키움	0.993
5	양석환	두산	0.991

2루수

순위	이름	팀	수비율
1	서건창	LG	0.986
1	김선빈	KIA	0.986
2	김상수	삼성	0.980
3	안치홍	롯데	0.979
4	정은원	한화	0.975

3루수

순위	이름	팀	수비율
1	이원석	삼성	0.977
2	김민성	LG	0.970
3	허경민	두산	0.969
4	최정	SSG	0.961
5	한동희	롯데	0.953

유격수

순위	이름	팀	수비율
1	마차도	롯데	0.981
2	오지환	LG	0.976
3	심우준	KT	0.966
4	하주석	한화	0.963
5	박성한	SSG	0.957

좌익수

순위	이름	팀	수비율
1	전준우	롯데	1.000
1	조용호	KT	1.000
1	김현수	LG	1.000
2	터커	KIA	0.993
2	김헌곤	삼성	0.993

중견수

순위	이름	팀	수비율
1	박해민	삼성	0.996
1	정수빈	두산	0.996
2	알테어	NC	0.994
3	배정대	KT	0.991
4	홍창기	LG	0.990

우익수

순위	이름	팀	수비율
1	박건우	두산	1.000
1	김인태	두산	1.000
2	한유섬	SSG	0.994
3	채은성	LG	0.993
4	송우현	키움	0.992

Giants

kt wiz
suwon

DOOSAN
BEARS
SEOUL

SAMSUNG
Lions

LG
TWINS
SEOUL

KIWOOM HEROES
KIWOOM
SEOUL HEROES BASEBALL CLUB

프로야구 스카우팅 리포트 2022

since 2010

스카우팅 리포트 보는 법

①연봉기록

일부 선수의 경우, 2022년 계약을 하며 연봉과 별도의 계약금을 받았다. 하지만 타선수와의 형평성을 고려하여 계약금은 표기하지 않았다.

②투수 순위 기록

순위기록은 해당 선수가 2021시즌 KBO 리그에서 어느 정도 위치의 성적을 올린 선수인지 직관적으로 볼 수 있도록 구성한 데이터다. 투수는 WAR, WPA, 땅볼/뜬공 비율, 삼진 퍼센티지, 볼넷 퍼센티지, 그리고 헛스윙율을 그래프로 표시했다. 각 항목의 우측상단에는 해당 선수의 기록과 순위를 표기했다. 그래프 위의 구체가 우측으로 갈수록 표본 중 상위권, 좌측으로 갈수록 표본 중 하위권 투수라는 의미라 볼 수 있을 것이다.

그런데 WAR, WPA와 다른 네 항목의 기준은 다르다. WAR, WPA는 단 한 경기라도 1군 출전기록이 있는 선수 308명을 표본으로, 다른 네 항목은 1군에서 30이닝 이상 던진 투수 148명을 표본으로 순위를 뽑았다. 기준이 없다면 왜곡이 생길 수밖에 없는 기록이라 판단했다.

순위 기록 그래프의 중앙에 적힌 수치는 각 기록 표본 선수의 평균치이다. 모든 페이지에 동일한 수치를 적어놓았으며, 구체의 위치가 중앙에 놓이는 경우, 평균치를 가릴 수 있다.

각 항목의 평균치는 다음과 같다.
WAR : 0.55 / WPA : 0.00
땅볼/뜬공 : 0.96 / 삼진율(%) : 18.6
볼넷비율(%) : 9.6 / 헛스윙율(%) : 21.4

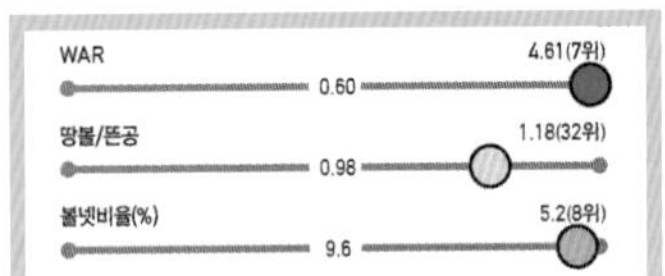

2021시즌을 토대로 만들어진 자료인 만큼, 해당 시즌에 기준 이닝을 채우지 못한 선수는 순위기록을 표기하지 않았다.

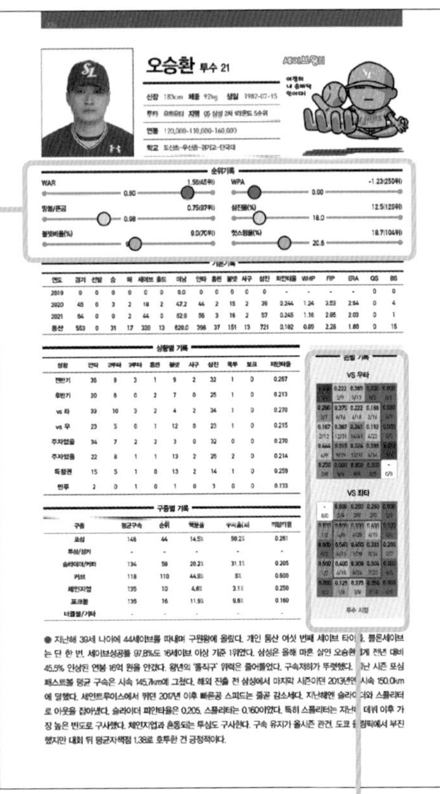

오승환 투수 21

신장 183cm 체중 92kg 생일 1982-07-15
투타 우투우타 지명 05 삼성 2차 1라운드 5순위
연봉 120,000-110,000-160,000
학교 도신초-우신중-경기고-단국대

순위기록

WAR 1.56(45위) 0.60
WPA -1.23(250위) 0.00
땅볼/뜬공 0.75(97위) 0.98
삼진율(%) 12.5(120위) 18.0
볼넷비율(%) 9.0(70위)
헛스윙율(%) 18.7(104위) 20.8

기본기록

연도	경기	선발	승	패	세이브	홀드	이닝	안타	홈런	볼넷	사구	삼진	피안타율	WHIP	FIP	ERA	QS	BS
2019	0	0	0	0	0	0	0.0	0	0	0	0	0	-	-	-	-	0	0
2020	45	0	3	2	18	2	47.2	44	2	15	2	39	0.244	1.24	3.53	2.64	0	4
2021	64	0	9	2	44	0	62.0	56	3	16	2	57	0.245	1.16	2.85	2.03	0	1
통산	553	0	31	17	339	13	620.0	398	37	151	13	721	0.182	0.89	2.26	1.80	0	15

상황별 기록

상황	안타	2루타	3루타	홈런	볼넷	사구	삼진	폭투	보크	피안타율
전반기	36	9	3	1	9	2	32	1	0	0.267
후반기	20	8	0	2	7	0	25	1	0	0.213
vs 좌	33	10	3	2	4	2	34	1	0	0.270
vs 우	23	5	0	1	12	0	23	1	0	0.215
주자없음	34	7	2	2	3	0	32	0	0	0.270
주자있음	22	8	1	1	13	2	25	2	0	0.214
득점권	15	5	1	0	13	2	14	1	0	0.259
만루	2	0	1	0	1	0	3	0	0	0.133

구종별 기록

구종	평균구속	순위	백분율	구사율(%)	피안타율
포심	146	44	14.5%	50.2%	0.281
투심/싱커	-	-	-	-	-
슬라이더/커터	134	58	20.2%	31.1%	0.205
커브	118	110	44.8%	5%	0.500
체인지업	135	10	4.8%	3.1%	0.250
포크볼	135	16	11.9%	9.6%	0.160
너클볼/기타	-	-	-	-	-

존별 기록

VS 우타

VS 좌타

투수 시점

● 지난해 39세 나이에 44세이브를 따내며 구원왕에 올랐다. 개인 통산 여섯 번째 세이브 타이틀. 블론세이브는 단 한 번. 세이브성공률 97.8%도 16세이브 이상 기준 1위였다. 삼성은 올해 마흔 살인 오승환에게 전년 대비 45.5% 인상된 연봉 16억 원을 안겼다. 왕년의 '돌직구' 위력은 줄어들었다. 구속저하가 뚜렷했다. 지난 시즌 포심 패스트볼 평균 구속은 시속 145.7km에 그쳤다. 해외 진출 전 삼성에서 마지막 시즌이던 2013년엔 시속 150.0km에 달했다. 세인트루이스에서 뛰던 2017년 이후 빠른공 스피드는 줄곧 감소세다. 지난해엔 슬라이더와 스플리터로 아웃을 잡아냈다. 슬라이더 피안타율은 0.205, 스플리터는 0.160이었다. 특히 스플리터는 지난해 데뷔 이후 가장 높은 빈도로 구사했다. 체인지업과 혼동되는 투심도 구사한다. 구속 유지가 올시즌 관건. 도쿄 올림픽에서 부진했지만 대회 뒤 평균자책점 1.38로 호투한 건 긍정적이다.

③투수 존별 기록

모든 존 기록은 중계방송에서 보게 되는 화면과 동일하게 투수의 시점에서 본 존을 표기하고 있다. 각 존의 위에 있는 수치는 존별 피안타율, 아래 있는 수치는 피안타를 맞은 공의 개수/구사한 공의 개수이다.
존의 컬러는 다음과 같은 기준으로 구분했다.
0.000~0.099 진한 파랑
0.100~0.149 중간 파랑
0.150~ 0.249 옅은 파랑
0.250~0.349 회색
0.350~ 0.449 옅은 빨강
0.450~ 0.549 중간 빨강
0.550~ 진한 빨강

투수의 경우에는 푸른색으로 표시된 존은 피안타율이 낮아 잘 공략한 곳이라 볼 수 있고, 붉은색으로 표시된 존은 피안타율이 높은, 공략에 실패한 곳이라 볼 것이다. 하얗게 표시된 존은 투구가 없었던 곳이다.

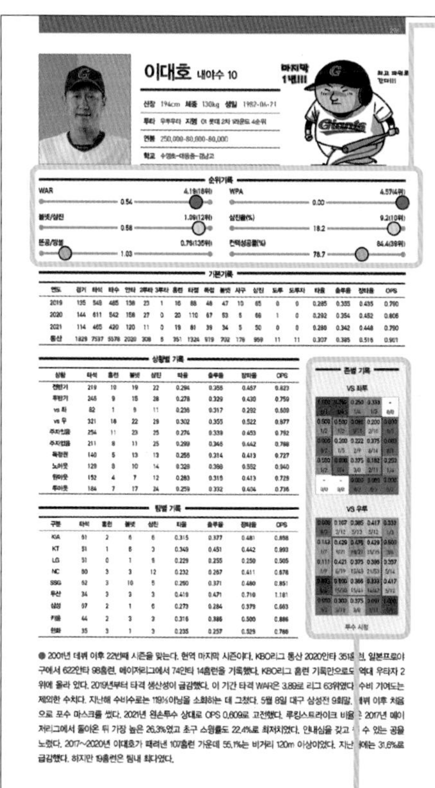

이대호 내야수 10

신장 194cm 체중 130kg 생일 1982-06-21

투타 우투우타 지명 01 롯데 2차 1라운드 4순위

연봉 250,000-80,000-80,000

학교 수영초-대동중-경남고

순위기록

항목	평균	기록(순위)
WAR	0.54	4.19(18위)
WPA	0.00	4.57(4위)
볼넷/삼진	0.58	1.09(12위)
삼진율(%)	18.2	9.2(10위)
뜬공/땅볼	1.03	0.79(135위)
컨택성공률(%)	78.7	84.4(39위)

기본기록

연도	경기	타석	타수	안타	2루타	3루타	홈런	타점	득점	볼넷	사구	삼진	도루	도루자	타율	출루율	장타율	OPS
2019	135	549	485	138	23	1	16	88	48	47	10	65	0	0	0.285	0.355	0.435	0.790
2020	144	611	542	158	27	0	20	110	67	53	5	66	1	0	0.292	0.354	0.452	0.806
2021	114	465	420	120	11	0	19	81	39	34	5	50	0	0	0.286	0.342	0.448	0.790
통산	1829	7537	5578	2020	308	5	351	1324	919	702	176	959	11	11	0.307	0.385	0.516	0.901

상황별 기록

상황	타석	홈런	볼넷	삼진	타율	출루율	장타율	OPS
전반기	219	10	19	22	0.294	0.356	0.467	0.823
후반기	246	9	15	28	0.278	0.329	0.430	0.759
vs 좌	82	1	9	11	0.236	0.317	0.292	0.609
vs 우	321	18	22	29	0.302	0.355	0.522	0.877
주자있음	254	11	23	25	0.274	0.339	0.453	0.792
주자없음	211	8	11	25	0.299	0.346	0.442	0.788
득점권	140	5	13	13	0.256	0.314	0.413	0.727
노아웃	129	8	10	14	0.329	0.388	0.552	0.940
원아웃	152	4	7	12	0.283	0.316	0.413	0.729
투아웃	184	7	17	24	0.259	0.332	0.404	0.736

팀별 기록

구분	타석	홈런	볼넷	삼진	타율	출루율	장타율	OPS
KIA	61	2	6	6	0.315	0.377	0.481	0.858
KT	51	1	8	3	0.349	0.451	0.442	0.893
LG	51	0	1	5	0.229	0.255	0.250	0.505
NC	60	3	3	12	0.232	0.267	0.411	0.678
SSG	62	3	10	5	0.260	0.371	0.480	0.851
두산	34	3	3	3	0.419	0.471	0.710	1.181
삼성	67	2	1	6	0.273	0.284	0.379	0.663
키움	44	2	3	3	0.316	0.386	0.500	0.886
한화	35	3	1	3	0.235	0.257	0.529	0.786

존별 기록

VS 좌투

VS 우투

투수 시점

● 2001년 데뷔 이후 22번째 시즌을 맞는다. 현역 마지막 시즌이다. KBO리그 통산 2020안타 351홈런, 일본프로야구에서 622안타 98홈런, 메이저리그에서 74안타 14홈런을 기록했다. KBO리그 홈런 기록만으로도 역대 우타자 2위에 올라 있다. 2019년부터 타격 생산성이 급감했다. 이 기간 타격 WAR은 3.89로 리그 63위였다. 수비 기여도는 제외한 수치다. 지난해 수비수로는 119⅓이닝을 소화하는 데 그쳤다. 5월 8일 대구 삼성전 9회말, 데뷔 이후 처음으로 포수 마스크를 썼다. 2021년 왼손투수 상대로 OPS 0.609로 고전했다. 루킹스트라이크 비율은 2017년 메이저리그에서 돌아온 뒤 가장 높은 26.3%였고 초구 스윙률도 22.4%로 최저치였다. 인내심을 갖고 칠 수 있는 공을 노렸다. 2017~2020년 이대호가 때려낸 107홈런 가운데 55.1%는 비거리 120m 이상이었다. 지난해에는 31.6%로 급감했다. 하지만 19홈런은 팀내 최다였다.

④야수 순위 기록

야수 순위기록은 WAR, WPA, 볼넷/삼진, 삼진율, 뜬공/땅볼 비율, 컨택성공율을 기준으로 했다. 표기법은 투수와 동일하다.

야수 역시 항목 WAR, WPA와 다른 네 항목의 기준이 다르다. WAR, WPA는 단 한 경기라도 1군 출전 기록이 있는 선수 394명을 표본으로, 다른 네 항목은 1군에서 100타석 이상 들어선 선수 154명을 표본으로 순위를 뽑았다.

순위 기록 그래프의 중앙에 적힌 수치는 각 기록 표본 선수의 평균치이다. 모든 페이지에 동일한 수치를 적어놓았으며, 구체의 위치가 중앙에 놓이는 경우, 평균치를 가릴 수 있다.

각 항목의 평균치는 다음과 같다.

WAR : 0.54 / WPA : 0.00

볼넷/삼진 : 0.58 / 삼진율(%) : 18.2

뜬공/땅볼 : 1.03 / 컨택성공율(%) : 78.7

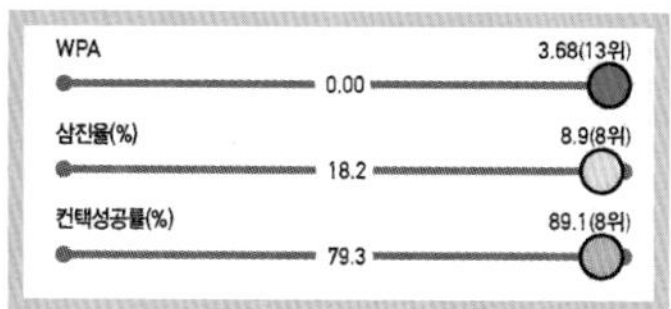

⑤야수 존별 기록

역시 존 기록은 중계방송에서 보게 되는 화면과 동일하게 투수의 시점에서 본 존을 표기하고 있다. 각 존의 위에 있는 수치는 존별 피안타율, 아래 있는 수치는 안타를 친 공의 개수/구사한 공의 개수이다.

존의 컬러는 다음과 같은 기준으로 구분했다.

0.000~0.099 진한 파랑

0.100~0.149 중간 파랑

0.150~ 0.249 옅은 파랑

0.250~0.349 회색

0.350~ 0.449 옅은 빨강

0.450~ 0.549 중간 빨강

0.550~ 진한 빨강

투수와 반대로 푸른색으로 표시된 존은 타율이 낮아 공략에 실패한 곳, 붉은색으로 표시된 존은 타율이 높은, 공략에 성공한 곳이라 볼 것이다. 하얗게 표시된 존은 투구가 없었던 곳이다.

KT WIZ
kt 위즈

목표는 당연히 한국시리즈 2연패다. 리그에서 가장 강한 선발진이 이번 시즌에도 그대로 남았다. 양과 질에서 리그 어느 팀에도 밀리지 않는다. 지난해 한국시리즈 우승을 통해 얻은 자신감 역시 팀 전체의 유산으로 이어진다. 스토브리그에서 우타 거포 박병호를 영입했다. 수원 구장의 우타 친화 성향과 어우러지면 팀 공격력은 더욱 강해질 수 있다. 팀 빌딩 과정에서 힘을 보탠 우완 베테랑 불펜 투수들이 팀을 떠났지만 그 자리를 채울 수 있는 새 투수들이 성장했다. KBO 리그의 긍정적 빌딩 과정의 선례로 남는다면 우승 경험 외에도 또다른 레거시를 리그에 남길 수 있다. 은퇴한 유한준은 팀을 옆에서 돕는다. 이숭용 단장은 육성에 집중하기로 했다. 박경수가 다시 주장을 맡았다. 창단 첫 우승을 만든 힘 '팀 KT'가 유효한 방식으로 돌아가고 있다.

2021 좋았던 일

한국시리즈 우승보다 더 좋은 일이 있을 수 있을까. 2015시즌 1군 진입 이후 7번째 시즌만에 한국시리즈 우승을 차지했다. 우승으로 가기 위한 여러가지 퍼즐들이 맞아 떨어진 덕분이다. 군에서 제대해 선발진에 합류한 고영표는 단숨에 리그 최고 투수가 됐다. 배제성은 풀타임 3년째 더 강한 선발 투수가 됐다. 좌완 조현우는 김대유가 부럽지 않은 좌타 킬러다. 마무리 김재윤은 30세이브 투수가 됐다. 쿠에바스의 괴물투구까지. 강백호는 MVP급 타자가 됐고 심우준도 안정적 유격수로 성장했다. 부상 등으로 구멍이 생길 때마다 이를 채운 김병희, 오윤석, 허도환 등의 활약이 있었다. 신인 내야수 권동진도 쏠쏠한 활약을 펼쳤다. 무엇보다 팀의 목표를 향해 모두의 마음이 하나로 모이는 경험을 했다. 이를 통해 얻은 우승 경험이야말로 최고의 소득이다.

2021 나빴던 일

한국시리즈에서 우승한 시즌 나빴던 일이 있을 수 있을까. 2020시즌 좋은 활약을 펼쳤던 선수들이 다소 2년생 징크스를 겪었다. 신인왕 소형준은 고졸 첫 해 투구이닝 부담 등 때문에 약간 어려움을 겪었지만 시즌 막판 빅게임 피처 다운 활약을 했다. 배정대, 조용호도 스탯이 감소했지만 그래도 자기 몫을 했다. 부친상을 겪으며 흔들렸던 쿠에바스는 마지막 2경기에서 괴물 같은 투구를 했다. 개인 타이틀 홀더가 한 명도 없었다는 점 역시 쓸쓸했지만 트로피보다 우승 반지가 더 소중하다. 그나마 나빴던 일을 꼽자면 시즌 뒤 어쩔 수 없이 치러진 베테랑 우완 불펜 투수들의 방출과 우승 멤버인 허도환이 떠난 점. 유한준의 은퇴는 정해진 것이었지만 2차 1라운드 지명 이대은의 은퇴는 예상 밖이었다. 우승 뒤 사장과 단장이 모두 바뀌었다.

이강철 감독 71

신장 180cm	체중 78kg	생일 1966-05-24	투타 우투우타
연봉 30,000-30,000-30,000		학교 서림초-무등중-광주제일고-동국대	

해태 타이거즈 왕조를 이끌던 시절 만년 2인자(혹은 3인자)였던 이강철 감독이 드디어 1인자에 올랐다. 4연승으로 우승을 확정지은 뒤 이 감독은 "선수로서 우승도 기쁘지만 감독으로서 우승이 더 기쁘다"고 솔직히 말했다. 1인자 이강철의 신인이었다. 시즌 운영은 물론 시리즈를 치르는 동안 '강철의 선택' 대부분이 맞아떨어졌다. 과감한 투수 운영은 물론 경기 흐름을 읽고 빠르게 결정하는 번트 작전들이 상대를 흔들고 경기 분위기를 가져왔다. 리그 최고 투수 고영표를 불펜으로 전환시켜 성공한 것은 투수 이강철이 아니라 감독 이강철을 빛나게 만든 장면이었다. 이강철 감독은 2연패 도전에 나선다. 저득점 환경에서 투수 출신 감독의 마운드 운영은 강점을 지닌다. 선발진 운영의 새로운 실험이 기대된다. 한국시리즈 2연패는 이강철을 진짜 1인자로 만드는 기회다.

구단 정보

창단	연고지	홈구장	우승	홈페이지
2013	수원	수원KT위즈파크	1회(21)	www.ktwiz.co.kr/

2021시즌 성적

순위	경기	승	패	무	승률
1	144	76	59	9	0.563
타율	**출루율**	**장타율**	**홈런**	**도루**	**실책**
0.265(4)	0.356(1)	0.381(6)	106(7)	112(2)	112(3)
ERA	**선발ERA**	**구원ERA**	**탈삼진**	**볼넷허용**	**피홈런**
3.68(2)	3.69(1)	3.66(3)	1,060(2)	487(1)	85(2)

최근 6시즌 성적

연도	순위	승	패	무	승률
2015	10	52	91	1	0.364
2016	10	53	89	2	0.373
2017	10	50	94	0	0.347
2018	9	59	82	3	0.418
2019	6	71	71	2	0.500
2020	3	81	62	1	0.566

2021시즌 월별 성적

월	순위	승	패	무	승률
4	2	13	10	0	0.565
5	5	12	10	0	0.545
6	1	16	7	0	0.696
7-8	3	14	10	1	0.583
9	3	13	9	4	0.591
10	9	8	13	4	0.381
포스트		4	0	0	

COACHING STAFF

코칭스태프

성명	보직	등번호	생일	신장	체중	투타	출신교
김태균	수석	70	1971-08-19	176	82	우투우타	부산고-중앙대
김태한	투수	77	1969-10-22	181	87	좌투좌타	상원고-계명대
제춘모	불펜	82	1982-04-05	190	91	우투우타	광주동성고
장재중	배터리	75	1971-05-19	172	72	우투우타	선린인터넷고-건국대
김강	타격	72	1988-10-16	188	92	좌투좌타	광주일고
조중근	타격	90	1982-12-20	183	93	좌투좌타	동산고
최만호	작전	84	1974-03-04	170	73	우투우타	대전고-단국대
김연훈	주루	86	1984-12-23	180	80	우투우타	군산상고-성균관대
박기혁	수비	76	1981-06-04	179	77	우투우타	상원고
서용빈	퓨처스 감독	81	1971-01-02	183	82	좌투좌타	선린인터넷고-단국대
박승민	퓨처스 투수 총괄	87	1977-03-18	186	90	우투우타	서울고-경희대
이승호	퓨처스 투수	73	1976-08-23	189	90	좌투좌타	선린인터넷고-단국대
박정환	퓨처스 작전	80	1977-10-23	180	88	우투우타	청원고-동국대
이성열	퓨처스 타격	85	1984-07-13	185	102	우투좌타	효천고
스즈키	퓨처스 배터리	88	1975-05-23	181	75	우투우타	도호쿠복지대
한윤섭	퓨처스 수비	83	1985-09-12	183	82	우투우타	경동고-동아대
박철영	육성군 책임	78	1960-05-22	178	84	우투우타	배명고-연세대
백진우	육성군 타격/수비	89	1988-05-09	179	79	우투우타	경기고-영남사이버대
홍성용	육성군 투수	74	1986-11-18	180	85	좌투좌타	북일고
최영필	재활군	79	1974-05-13	184	92	우투우타	유신고-경희대

2022 팀 이슈

한국시리즈 우승 팀의 다음 시즌 목표가 '5강' 또는 '가을야구'일 수는 없다. 2022시즌의 목표는 한국시리즈 2연패다. 첫번째 행복한 숙제는 선발진의 구성. 엄상백이 더해지면서 수준급 선발 투수만 6명이다. 선발 가능 대기 투수들을 더하면 선발진이 8~10명까지 늘어날 수 있다. 이강철 감독의 지혜가 필요한 순간이다. 데스파이네의 입국이 늦어진 점은 오히려 시즌 초반 선택지를 줄여줬다. 강백호-박병호로 이어지는 좌우 호호 타선은 팬들의 기대감을 높인다. 박병호를 뒤에 둔 강백호의 타격 성적이 얼마나 높아질지도 관심사다. 코로나19가 사그라들고 야구장이 열리면 우승을 함께 하지 못한 수원팬들의 발길이 많아진다. 수원팬들에게 신나는 야구를 보여주고, 얼마나 많이 들어찰 수 있게 하느냐도 KT 위즈를 넘어 리그 전체의 중요한 이슈다.

2022 최상 시나리오

MP풀
쿠쿠쿠쿠
마력이 넘쳐!!

쿠에바스, 데스파이네 원투펀치에 KBS(고배소) 선발진만으로도 충분한데 엄상백도 선발감이다. 4일만 쉬고 던지는 데스파이네까지 고려하면 선발 로테이션 짜는 이강철 감독의 머리가 복잡하다. 여유 있는 로테이션은 선발 소화 이닝을 평균 6+로 만든다. 이번엔 불펜이 너무 쉰다. 쉬어도 되는 것이, 호호 타선의 파괴력이 합작 100홈런을 노리기 때문이다. 강백호가 항저우 AG 때문에 9월 경기를 빠지지 않았다면 진짜 100홈런이 나올 뻔했다. 백호를 비롯 여러 선수가 AG에 나가지만 일찌감치 벌어 둔 승수 덕분에 1위 수성에 여유가 있다. 다시 올라간 한국시리즈. 고영표가 이번에도 불펜에 자원한다. 지난해 우승 때 함께 못했던 수원 팬들이 수원 KT 위즈 파크를 가득 메우고 우승의 노래를 함께 부른다. 우승 순간의 야외 불꽃 놀이는 3년만이다.

2022 최악 시나리오

데스파이네의 4일 쉬고 등판 일정 맞추려다보니 국내 투수들의 투구 일정이 들쭉날쭉하다. 가끔 내리는 비도 하필 일정을 더 꼬이게 만든다. 루틴이 제대로 지켜지지 않으면서 선발 마운드의 기복이 커진다. 선발진이 꼬이면서 불펜 등판이 잦아진다. 구종을 단순화한 선택이 효과를 잃는다. 호호 타선의 장타력은 스트라이크존 확대에 감쇄된다. 커버해야 할 상하폭이 커지면서 힘없는 뜬공 생산이 늘어난다. 백호도 병호도 얼굴을 찡그리는 장면이 많이 나온다. 순위 싸움이 치열해지면서 조급함이 커진다. 데이터와 현실 야구의 괴리감이 '팀 KT'의 단단함을 흔든다. 9월이 되자 AG 대표팀 차출을 두고 팀 내 고민이 커진다. 백호 빠진 타선은 헐겁고, 심우준 빠진 내야는 구멍이 뚫린다. 2006년이 마지막이었던 수원의 가을야구는 또 뒤로 밀린다.

고영표 투수 1

신장 187cm **체중** 88kg **생일** 1991-09-16

투타 우투우타 **지명** 14 kt 2차 1라운드 10순위

연봉 0-12,000-30,000

학교 대성초-광주동성중-화순고-동국대

순위기록

항목	평균	기록(순위)
WAR	0.55	5.23(3위)
WPA	0.00	2.27(7위)
땅볼/뜬공	0.99	1.87(9위)
삼진율(%)	18.6	19.6(54위)
볼넷비율(%)	9.9	4.1(1위)
헛스윙율(%)	21.4	24.5(34위)

기본기록

연도	경기	선발	승	패	세이브	홀드	이닝	안타	홈런	볼넷	사구	삼진	피안타율	WHIP	FIP	ERA	QS	BS
2019	0	0	0	0	0	0	0.0	0	0	0	0	0	-	-	-	-	0	0
2020	0	0	0	0	0	0	0.0	0	0	0	0	0	-	-	-	-	0	0
2021	26	25	11	6	0	1	166.2	147	9	27	14	130	0.238	1.04	3.19	2.92	21	0
통산	175	72	30	35	0	7	563.2	625	47	106	72	508	0.283	1.30	3.85	4.57	39	4

상황별 기록

상황	안타	2루타	3루타	홈런	볼넷	사구	삼진	폭투	보크	피안타율
전반기	76	10	1	6	15	11	66	1	0	0.242
후반기	71	10	1	3	12	3	64	0	0	0.234
vs 좌	73	13	1	4	18	11	60	0	0	0.219
vs 우	74	7	1	5	9	3	70	1	0	0.261
주자없음	80	10	0	6	15	9	81	0	0	0.209
주자있음	67	10	2	3	12	5	49	1	0	0.286
득점권	37	7	2	1	7	3	28	1	0	0.306
만루	4	2	0	0	1	0	0	0	0	0.444

구종별 기록

구종	평균구속	순위	백분율	구사율(%)	피안타율
포심	137	262	86.5%	28%	0.254
투심/싱커	138	90	66.7%	11.6%	0.390
슬라이더/커터	129	181	63.1%	6.5%	0.276
커브	115	176	71.8%	13.3%	0.186
체인지업	119	201	96.2%	40.5%	0.188
포크볼	-	-	-	-	-
너클볼/기타	-	-	-	-	-

존별 기록

VS 우타

1.000 1/1	0.500 1/2	0.000 0/1	- 0/0	- 0/0
0.200 1/5	0.556 5/9	0.077 1/13	0.231 3/13	0.667 2/3
0.250 5/20	0.300 6/20	0.381 8/21	0.250 4/16	0.000 0/8
0.417 5/12	0.318 7/22	0.314 11/35	0.316 6/19	0.000 0/4
0.200 1/5	0.133 2/15	0.045 1/22	0.333 4/12	0.000 0/4

VS 좌타

- 0/0	- 0/0	- 0/0	0.000 0/1	- 0/0
0.000 0/3	0.133 2/15	0.100 1/10	0.429 6/14	0.000 0/6
0.429 3/7	0.238 5/21	0.226 7/31	0.455 15/33	0.000 0/5
0.333 1/3	0.200 3/15	0.333 14/42	0.122 5/41	0.115 3/26
0.000 0/5	0.250 2/8	0.000 0/14	0.130 3/23	0.273 3/11

투수 시점

● 고영표는 9월 이후 팀 내 최고 투수가 아니라 리그 최고 투수였다. 사이드암스로 투수로 무시무시한 투심을 지녔다. 공의 각도가 상당했지만 비교적 위력이 떨어졌던 이유는 우타자 몸쪽 구사가 제대로 이뤄지지 않았기 때문이다. 고영표는 올림픽 대표팀에 뽑혀 국제대회에서 과감하게 몸쪽에 공을 던졌다. (우리 타자가 아니기 때문에 사구에 대한 부담이 덜했다) 몸쪽 구사 필요성과 효과를 알게 된 고영표는 돌아온 뒤 진짜 무서운 투수로 변했다. 9월 4경기에서 평균자책 0.27을 기록했다. 한국시리즈에서는 불펜 투수로 나와 마무리로 잇는 링커 역할을 완벽하게 했다. KT가 4연승 우승을 거둘 수 있던 매우 중요한 카드였다. 제구의 안정감과 땅볼 유도 능력을 가진 2이닝 소화 가능 불펜은 상대 더그아웃의 경기 운영을 복잡하게 만든다. 제대 뒤 이닝이 늘었기 때문에 조심스럽게 시즌 준비를 했다. 투구 때 밸런스가 워낙 좋기 때문에 이닝 후유증에 대한 부담이 비교적 덜하다.

김재윤 투수 62

신장 185cm **체중** 91kg **생일** 1990-09-16

투타 우투우타 **지명** 15 kt 2차 특별 13순위

연봉 12,000-17,000-28,000

학교 도곡초-휘문중-휘문고

순위기록

- WAR: 0.55 — 3.08(21위)
- WPA: 0.00 — 1.38(20위)
- 땅볼/뜬공: 0.99 — 0.52(139위)
- 삼진율(%): 18.6 — 23.3(22위)
- 볼넷비율(%): 9.9 — 8.7(48위)
- 헛스윙율(%): 21.4 — 25.9(16위)

기본기록

연도	경기	선발	승	패	세이브	홀드	이닝	안타	홈런	볼넷	사구	삼진	피안타율	WHIP	FIP	ERA	QS	BS
2019	43	0	2	2	7	9	47.2	27	4	12	1	42	0.169	0.82	3.42	2.27	0	2
2020	56	0	5	3	21	1	60.2	62	7	15	0	58	0.265	1.27	3.74	3.26	0	7
2021	65	0	4	3	32	0	67.0	57	5	24	0	64	0.232	1.21	3.29	2.42	0	5
통산	361	0	30	21	104	17	372.2	370	37	104	5	404	0.260	1.27	3.46	3.82	0	31

상황별 기록

상황	안타	2루타	3루타	홈런	볼넷	사구	삼진	폭투	보크	피안타율
전반기	31	4	0	3	16	0	36	2	0	0.217
후반기	26	4	0	2	8	0	28	0	0	0.252
vs 좌	26	4	0	3	15	0	33	2	0	0.230
vs 우	31	4	0	2	9	0	31	0	0	0.233
주자없음	29	5	0	3	9	0	32	0	0	0.225
주자있음	28	3	0	2	15	0	32	2	0	0.239
득점권	14	1	0	1	10	0	21	2	0	0.184
만루	2	1	0	0	1	0	4	1	0	0.182

구종별 기록

구종	평균구속	순위	백분율	구사율(%)	피안타율
포심	144	92	30.4%	58.7%	0.234
투심/싱커	-	-	-	-	-
슬라이더/커터	131	110	38.3%	24.1%	0.242
커브	-	-	-	-	-
체인지업	-	-	-	-	-
포크볼	131	56	41.5%	17.1%	0.213
너클볼/기타	-	-	-	-	-

존별 기록

VS 우타

<table>
<tr><td>-
0/0</td><td>0.000
0/3</td><td>0.000
0/1</td><td>0.000
0/4</td><td>-
0/0</td></tr>
<tr><td>0.286
2/7</td><td>0.308
4/13</td><td>0.600
6/10</td><td>0.286
2/7</td><td>0.000
0/2</td></tr>
<tr><td>0.200
1/5</td><td>0.176
3/17</td><td>0.273
3/11</td><td>0.500
3/6</td><td>-
0/0</td></tr>
<tr><td>0.000
0/4</td><td>0.167
2/12</td><td>0.182
2/11</td><td>0.333
1/3</td><td>0.000
0/2</td></tr>
<tr><td>0.000
0/7</td><td>0.200
1/5</td><td>0.500
1/2</td><td>0.000
0/1</td><td>-
0/0</td></tr>
</table>

VS 좌타

<table>
<tr><td>-
0/0</td><td>0.000
0/1</td><td>0.500
1/2</td><td>0.400
2/5</td><td>-
0/0</td></tr>
<tr><td>0.000
0/1</td><td>0.000
0/3</td><td>0.385
5/13</td><td>0.200
1/5</td><td>0.250
1/4</td></tr>
<tr><td>0.000
0/1</td><td>0.000
0/6</td><td>0.200
1/5</td><td>0.154
2/13</td><td>0.167
1/6</td></tr>
<tr><td>1.000
2/2</td><td>0.000
0/3</td><td>0.278
5/18</td><td>0.333
4/12</td><td>0.167
1/6</td></tr>
<tr><td>-
0/0</td><td>0.000
0/3</td><td>0.000
0/1</td><td>0.000
0/2</td><td>0.000
0/1</td></tr>
</table>

투수 시점

● 막강 선발진 때문에 가려진 측면이 있지만 KT 마무리 김재윤의 안정감은 KT가 시즌 막판까지 선두 경쟁을 할 수 있었던 결정적 요소였다. 김재윤은 4승 3패 32세이브를 거뒀다. 평균자책 2.42도 마무리 투수로서 나쁘지 않았다. 시즌 내내 큰 기복없이 뒷문을 지켰다. KT 창단 이후 첫 30세이브 투수가 탄생했다. 속구 슬라이더 의존도가 높던 투수에서 포크볼 구사의 안정감이 더해지며 단단한 마무리 투수가 될 수 있었다. 좌타자 상대 기록이 다소 안 좋지만 우려할 수준은 아니다. 우타자를 봉쇄하면서 1이닝을 틀어막는 것이 다소 편안해졌다. 삼진율의 증가와 뜬공 아웃 증가 등이 KT 외야진과 어우러지면서 위기를 벗어나는데 도움이 됐다. 한국시리즈 우승 확정 마무리 투수가 됐고, 이 영상을 한 달 동안 돌려봤다. 인터뷰에서 두번째 우승은 삼진으로 잡아내겠다고 다짐했다. 지난해 말 새신랑이 됐다. 책임감이 더 커졌다. 새 시즌 목표는 팀 2연패와 함께 구원왕이다. 오승환을 넘겠다는 뜻이다.

배제성 투수 19

신장 189cm **체중** 85kg **생일** 1996-09-29

투타 우투좌타 **지명** 15 롯데 2차 9라운드 88순위

연봉 11,000-17,000-27,000

학교 백마초-성남중-성남고

순위기록

항목	기록(순위)	평균
WAR	2.55(30위)	0.55
WPA	0.35(54위)	0.00
땅볼/뜬공	1.03(65위)	0.99
삼진율(%)	21.9(32위)	18.6
볼넷비율(%)	13.2(116위)	9.9
헛스윙율(%)	27.3(11위)	21.4

기본기록

연도	경기	선발	승	패	세이브	홀드	이닝	안타	홈런	볼넷	사구	삼진	피안타율	WHIP	FIP	ERA	QS	BS
2019	28	21	10	10	0	0	131.2	132	6	56	3	91	0.268	1.43	3.96	3.76	7	0
2020	26	26	10	7	0	0	141.1	130	12	76	4	83	0.244	1.46	5.18	3.95	10	0
2021	26	26	9	10	0	0	141.2	126	6	82	1	136	0.239	1.47	3.70	3.68	12	0
통산	104	74	29	27	0	0	450.2	437	28	238	10	333	0.256	1.50	4.43	4.11	29	0

상황별 기록

상황	안타	2루타	3루타	홈런	볼넷	사구	삼진	폭투	보크	피안타율
전반기	66	20	1	4	43	1	76	5	0	0.232
후반기	60	7	0	2	39	0	60	4	0	0.247
vs 좌	57	9	1	2	46	1	57	3	0	0.218
vs 우	69	18	0	4	36	0	79	6	0	0.259
주자없음	62	13	1	3	45	0	75	0	0	0.225
주자있음	64	14	0	3	37	1	61	9	0	0.254
득점권	35	7	0	2	22	1	42	2	0	0.255
만루	3	1	0	1	2	0	5	0	0	0.200

구종별 기록

구종	평균구속	순위	백분율	구사율(%)	피안타율
포심	144	72	23.8%	53.3%	0.272
투심/싱커	-	-	-	-	-
슬라이더/커터	132	99	34.5%	39.1%	0.206
커브	121	60	24.5%	0.2%	0.000
체인지업	128	116	55.5%	7.3%	0.267
포크볼	-	-	-	-	-
너클볼/기타	-	-	-	-	-

존별 기록

VS 우타

0.250 1/4	0.571 [illegible]	0.333 1/3	0.400 2/5	- 0/0
0.222 2/9	0.400 6/15	0.318 7/22	0.000 0/8	- 0/0
0.267 4/15	0.286 10/35	0.250 5/20	1.000 4/4	0.500 1/2
0.217 5/23	0.154 4/26	0.450 9/20	0.286 2/7	0.000 0/1
0.063 1/16	0.000 0/14	0.100 1/10	- 0/0	- 0/0

VS 좌타

0.000 0/1	0.000 0/5	0.222 2/9	0.333 1/3	1.000 1/1
0.000 0/4	0.214 3/14	0.294 5/17	0.231 3/13	0.000 0/5
0.286 2/7	0.214 3/14	0.208 5/24	0.182 4/22	0.333 3/9
0.250 1/4	0.375 6/16	0.371 13/35	0.130 3/23	0.333 1/3
0.000 0/4	0.111 1/9	0.000 0/17	0.000 0/2	- 0/0

투수 시점

● 배제성은 속구 슬라이더 투 피치 투수에 가깝지만 그 두 가지 공만으로도 선발투수 역할을 충분히 해낸다. 2019시즌 첫 풀타임 시즌을 치른 뒤 2020시즌 일종의 2년생 징크스를 겪었고 2021시즌 원래 모습으로 돌아왔다. FIP 3.70은 만족스러운 기록이다. 속구 53.3%, 슬라이더 39.2%를 던졌다. 체인지업은 7.3%. 속구 슬라이더로 타자를 공략한다. 레퍼토리가 바뀌지 않았음에도 좌타자 상대 성적이 급격하게 좋아졌다. 2020시즌 좌타 상대 OPS는 0.923이었는데, 2021시즌 0.604로 밸런스를 맞췄다. 체인지업을 효과적으로 보여준 덕분이기도 하지만 구속 증가가 열쇠다. 2020시즌 139.7km로 떨어졌던 속구 구속이 144.4km로 더 올려왔다. 소형준의 3년째 반등을 기대하는 것은 배제성의 케이스 때문이다. 배제성은 한국시리즈 4차전 선발이었다. 중요한 경기에서 더 빠른 공을 던지며 이강철 감독의 선택이 맞았음을 증명했다.

소형준 투수 30

신장	189cm	체중	92kg	생일	2001-09-16
투타	우투우타	지명	20 KT 1차		
연봉	2,700-14,000-20,000				
학교	의정부리틀-구리인창중-유신고				

순위기록

WAR 0.55 — 1.02(66위)

WPA 0.00 — -0.52(238위)

땅볼/뜬공 0.99 — 2.12(3위)

삼진율(%) 18.6 — 16.3(94위)

볼넷비율(%) 9 — 9.8(71위)

헛스윙율(%) 21.4 — 18.5(97위)

기본기록

연도	경기	선발	승	패	세이브	홀드	이닝	안타	홈런	볼넷	사구	삼진	피안타율	WHIP	FIP	ERA	QS	BS
2019	0	0	0	0	0	0	0.0	0	0	0	0	0	-	-	-	-	0	0
2020	26	24	13	6	0	0	133.0	141	6	45	6	92	0.274	1.40	3.91	3.86	10	0
2021	24	24	7	7	0	0	119.0	123	6	51	4	85	0.268	1.46	3.92	4.16	8	0
통산	50	48	20	13	0	0	252.0	264	12	96	10	177	0.271	1.43	3.91	4.00	18	0

상황별 기록

상황	안타	2루타	3루타	홈런	볼넷	사구	삼진	폭투	보크	피안타율
전반기	71	11	0	4	33	2	48	3	0	0.283
후반기	52	6	0	2	18	2	37	2	0	0.250
vs 좌	60	8	0	1	32	1	34	1	0	0.258
vs 우	63	9	0	5	19	3	51	4	0	0.279
주자없음	60	7	0	3	33	1	51	0	0	0.237
주자있음	63	10	0	3	18	3	34	5	0	0.306
득점권	36	6	0	2	11	1	18	2	0	0.316
만루	9	3	0	1	1	0	3	0	0	0.563

구종별 기록

구종	평균구속	순위	백분율	구사율(%)	피안타율
포심	143	108	35.6%	7.4%	0.419
투심/싱커	140	66	48.9%	40.3%	0.254
슬라이더/커터	137	16	5.6%	23%	0.239
커브	121	66	26.9%	6.9%	0.259
체인지업	129	87	41.6%	22.2%	0.289
포크볼	-	-	-	-	-
너클볼/기타	-	-	-	-	-

존별 기록

VS 우타

- 0/0	- 0/0	0.400 2/5	0.000 0/3	0.000 0/2
0.800 4/5	0.333 3/9	0.333 5/15	0.222 2/9	0.500 1/2
0.500 4/8	0.333 8/24	0.348 8/23	0.370 10/27	0.000 0/2
0.000 0/10	0.167 4/24	0.333 7/21	0.167 1/6	0.000 0/1
0.273 3/11	0.143 1/7	0.000 0/11	0.000 0/1	- 0/0

VS 좌타

- 0/0	0.333 1/3	0.125 1/8	0.500 1/2	0.000 0/1
0.250 1/4	0.231 3/13	0.357 5/14	0.214 3/14	0.400 2/5
0.000 0/8	0.412 7/17	0.400 8/20	0.231 6/26	0.200 2/10
0.000 0/4	0.333 2/6	0.348 8/23	0.278 5/18	0.100 1/10
- 0/0	0.000 0/5	0.188 3/16	0.250 1/4	0.000 0/2

투수 시점

● 모든 지표가 후퇴했다. 신인왕이 겪는 전형적 2년차 징스크를 겪는 것으로 보였다. 고졸 첫 해 133이닝을 소화하며 쌓인 피로가 2년째인 2021시즌 영향을 미쳤다. 속구 평균 구속이 143.4km에서 142.8km로 줄어들었다. 구속의 작은 차이도 위력을 크게 감소시킬 수 있다. 구속 감소를 느낀 뒤 속구 비율을 낮췄고 투심 비율을 높였다. 투심의 제구에 따라 기복있는 투구가 반복됐다. 심판의 스트라이크존이 좁아질 경우 투심은 영향을 많이 받았다. 계속 성장하는 중이고 3년째인 2022시즌에는 구속이 다시 돌아올 가능성이 높다. 팀 선배 배제성 역시 비슷한 과정을 밟았다. 시즌 막판 중요한 경기에서 보여준 경기 운영 능력은 역시 소형준이라는 찬사를 이끌었다. 가장 중요했던 정규시즌 마지막 경기에 이어 한국시리즈 2차전에 선발 등판했고 두 경기 모두 승리 투수가 됐다. 캠프에서 시즌 준비가 순조롭게 진행됐다. 새 시즌에 대한 기대감이 부쩍 높아졌다.

쿠에바스 투수 32

신장 188cm 체중 98kg 생일 1990-10-14

투타 우투양타 지명 19 KT 자유선발

연봉 $600,000-$500,000-$800,000

학교 Universidad De Carabobo(대)

순위기록

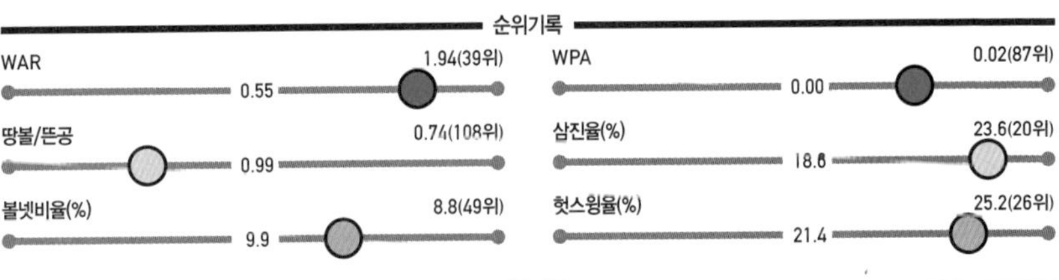

기본기록

연도	경기	선발	승	패	세이브	홀드	이닝	안타	홈런	볼넷	사구	삼진	피안타율	WHIP	FIP	ERA	QS	BS
2019	30	30	13	10	0	0	184.0	153	18	63	12	135	0.227	1.17	4.43	3.62	18	0
2020	27	27	10	8	0	0	158.0	152	16	46	9	110	0.253	1.25	4.52	4.10	14	0
2021	23	23	9	5	0	0	133.1	131	11	51	3	137	0.254	1.37	3.56	4.12	11	0
통산	80	80	32	23	0	0	475.1	436	45	160	24	382	0.244	1.25	4.22	3.92	43	0

상황별 기록

상황	안타	2루타	3루타	홈런	볼넷	사구	삼진	폭투	보크	피안타율
전반기	72	10	3	6	36	1	65	2	0	0.255
후반기	59	11	0	5	15	2	72	4	0	0.252
vs 좌	87	14	3	7	37	1	67	3	0	0.306
vs 우	44	7	0	4	14	2	70	3	0	0.190
주자없음	66	13	2	5	26	2	77	0	0	0.225
주자있음	65	8	1	6	25	1	60	6	0	0.291
득점권	41	7	1	5	14	0	34	2	0	0.311
만루	4	1	0	0	1	0	8	0	0	0.200

구종별 기록

구종	평균구속	순위	백분율	구사율(%)	피안타율
포심	145	64	21.1%	25.5%	0.273
투심/싱커	143	35	25.9%	17.9%	0.263
슬라이더/커터	138	10	3.5%	26.2%	0.263
커브	128	9	3.7%	15.6%	0.124
체인지업	131	50	23.9%	14.7%	0.391
포크볼	-	-	-	-	-
너클볼/기타	-	-	-	-	-

존별 기록

VS 우타

0.000 0/4	0.250 1/4	0.000 0/3	0.000 0/6	- 0/0
0.143 1/7	0.136 3/22	0.267 4/15	0.000 0/12	0.250 1/4
0.200 3/15	0.174 4/23	0.300 6/20	0.222 2/9	1.000 2/2
0.263 5/19	0.160 4/25	0.300 3/10	0.333 2/6	- 0/0
0.071 1/14	0.000 0/5	0.200 1/5	0.500 1/2	- 0/0

VS 좌타

- 0/0	0.000 0/5	0.167 1/6	0.333 2/6	0.000 0/1
0.000 0/3	0.429 6/14	0.333 6/18	0.278 5/18	0.444 4/9
0.200 1/5	0.083 1/12	0.286 6/21	0.237 9/38	0.455 5/11
0.000 0/7	0.615 8/13	0.441 15/34	0.259 7/27	0.300 3/10
0.200 1/5	0.444 4/9	0.000 0/4	0.667 2/3	0.250 1/4

투수 시점

● 에이스란 무엇인가를 여실히 보여준 시즌이었다. 시즌 초반 경기 운영 방식을 두고 갈등을 겪었고, 한국을 방문한 부친이 세상을 떠나는 슬픔도 겪었다. 쿠에바스는 10월 5경기에서 평균자책 2.16을 기록하며 다른 투수가 되었고, 10월 31일 삼성과의 1위 결정전에서는 이틀만 쉬고도 압도적인 투구로 팀을 우승으로 이끌었다. 한국시리즈 1차전 역시 에이스 모드. 마운드에서 보여준 집중력은 에이스의 역할을 다시 정의하게 만들었다. 투수에게 필요한 것은 구위가 아니라 심장이었다. 힘있는 속구의 힘과 함께 슬라이더처럼 꺾이는 커브의 위력이 쿠에바스를 에이스로 변신시킨 힘이었다. 막판 대활약으로 KT와 재계약에 성공했다. 우타자에게 완벽하지만 (OPS 0.512) 좌타자에는 0.838로 약했다. 시즌 막판 커브의 위력을 이어간다면 좌타자 약점도 의미가 사라진다. 스트라이크존의 확대 역시 커브볼러 쿠에바스의 활약 가능성을 높인다. 커브 구사율이 더 높아질 수 있다.

강백호 내야수 50

신장 184cm **체중** 98kg **생일** 1999-07-29

투타 우투좌타 **지명** 18 kt 2차 1라운드 1순위

연봉 21,000-31,000-55,000

학교 부천북초-서울이수중-서울고

순위기록

WAR 0.54 — 6.35(3위)

WPA 0.00 — 5.78(1위)

볼넷/삼진 0.58 — 1.21(8위)

삼진율(%) 18.2 — 13.6(31위)

뜬공/땅볼 .03 — 0.98(88위)

컨택성공률(%) 78.7 — 81.4(50위)

기본기록

연도	경기	타석	타수	안타	2루타	3루타	홈런	타점	득점	볼넷	사구	삼진	도루	도루자	타율	출루율	장타율	OPS
2019	116	505	438	147	29	1	13	65	72	61	2	87	9	5	0.336	0.416	0.495	0.911
2020	129	574	500	165	36	1	23	89	95	66	5	93	7	2	0.330	0.411	0.544	0.955
2021	142	627	516	179	40	1	16	102	76	103	0	85	10	5	0.347	0.450	0.521	0.971
통산	525	2291	1981	644	137	5	81	340	351	282	10	389	29	17	0.325	0.409	0.522	0.931

상황별 기록

상황	타석	홈런	볼넷	삼진	타율	출루율	장타율	OPS
전반기	329	10	55	45	0.395	0.492	0.579	1.071
후반기	298	6	48	40	0.294	0.403	0.457	0.860
vs 좌	191	5	29	35	0.331	0.429	0.469	0.898
vs 우	363	7	68	41	0.349	0.466	0.522	0.988
주자있음	337	12	55	41	0.350	0.448	0.558	1.006
주자없음	290	4	48	44	0.343	0.452	0.479	0.931
득점권	197	4	42	25	0.340	0.467	0.517	0.984
노아웃	180	2	31	27	0.367	0.472	0.497	0.969
원아웃	219	10	32	30	0.365	0.447	0.608	1.055
투아웃	228	4	40	28	0.314	0.434	0.457	0.891

팀별 기록

구분	타석	홈런	볼넷	삼진	타율	출루율	장타율	OPS
KIA	70	1	15	5	0.407	0.529	0.537	1.066
LG	72	2	9	10	0.387	0.458	0.597	1.055
NC	73	4	9	5	0.286	0.370	0.524	0.894
SSG	76	3	15	10	0.393	0.513	0.623	1.136
두산	67	0	11	8	0.268	0.388	0.304	0.692
롯데	73	2	13	11	0.373	0.479	0.525	1.004
삼성	71	2	7	13	0.317	0.380	0.524	0.904
키움	64	0	11	10	0.380	0.469	0.540	1.009
한화	61	2	13	13	0.313	0.459	0.500	0.959

존별 기록

VS 좌투

0.000 (0/3)	0.500 (1/2)	0.000 (0/3)	1.000 (2/2)	- (0/0)
0.286 (2/7)	0.222 (2/9)	0.462 (6/13)	0.500 (5/10)	0.000 (0/2)
0.333 (1/3)	0.333 (2/6)	0.400 (2/5)	0.533 (8/15)	0.000 (0/2)
0.333 (2/6)	0.200 (1/5)	0.500 (9/18)	0.190 (4/21)	0.375 (3/8)
- (0/0)	0.000 (0/1)	0.167 (1/6)	0.111 (1/9)	0.250 (1/4)

VS 우투

0.000 (0/1)	0.500 (1/2)	0.375 (3/8)	0.200 (1/5)	0.000 (0/2)
0.200 (1/5)	0.357 (5/14)	0.500 (10/20)	0.250 (4/16)	0.429 (3/7)
0.429 (3/7)	0.267 (4/15)	0.412 (7/17)	0.385 (10/26)	0.429 (3/7)
0.500 (3/6)	0.250 (4/16)	0.481 (13/27)	0.368 (14/38)	0.222 (2/9)
0.250 (1/4)	0.300 (3/10)	0.278 (5/18)	0.200 (1/5)	0.000 (0/4)

투수 시점

● 강백호는 스탯티즈 공격 WAR에서 6.35로 전체 3위에 올랐다. MVP 투표에서도 미란다, 이정후에 이어 3위를 기록했다. 개인상에서 3위였지만 KT를 한국시리즈 우승으로 이끌었다는 점에서 개인 순위보다 더 뜻깊은 한 해를 보냈다. 전반기 타율 4할을 기록하면서 새 기록 탄생을 기대하게 했지만 후반기들어 다소 떨어졌다. 올림픽 '껌' 논란이 없었다면 기록을 만들 수 있었을까? 타석에서 예년과는 다른 모습을 자주 보였다. 결정적 순간 밀어치는 안타를 만들어내면서 시프트를 뚫었다. 덕분에 BABIP는 0.385를 기록해 지난해 보다 높아졌다. 강백호의 변화는 '성숙'으로 표현된다. 타고난 재능과 욕심에 경기의 흐름을 읽는 눈이 더해졌다. 10월 31일 열린 삼성과의 1위 결정전, 원태인과의 3번째 타석 승부는 두고두고 남을 명장면이다. FA 박병호의 가세로 공수 모두 부담을 다소 덜었다. 또 다른 진화가 기대되는 가운데 이번 시즌이야말로 진짜 괴물 타자의 모습을 보여줄지 모른다.

박경수 내야수 6

신장 178cm **체중** 80kg **생일** 1984-03-31

투타 우투우타 **지명** 03 LG 1차

연봉 40,000-40,000-29,000

학교 미성초-성남중-성남고-방송통신대

순위기록

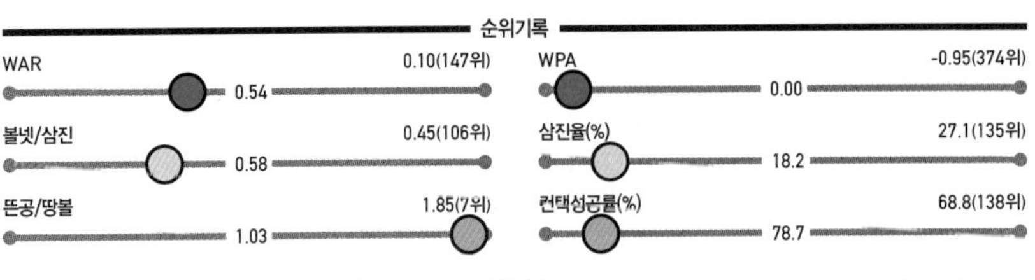

기본기록

연도	경기	타석	타수	안타	2루타	3루타	홈런	타점	득점	볼넷	사구	삼진	도루	도루자	타율	출루율	장타율	OPS
2019	137	490	421	104	24	0	10	65	43	55	4	102	0	1	0.247	0.335	0.375	0.710
2020	119	391	324	91	17	0	13	59	33	48	9	96	0	1	0.281	0.381	0.454	0.835
2021	118	280	239	46	10	0	9	33	24	34	3	76	0	1	0.192	0.301	0.347	0.648
통산	1831	6270	5254	1337	253	13	157	696	700	729	120	1243	78	44	0.254	0.355	0.397	0.752

상황별 기록

상황	타석	홈런	볼넷	삼진	타율	출루율	장타율	OPS
전반기	155	6	13	46	0.173	0.253	0.345	0.598
후반기	125	3	21	30	0.220	0.361	0.350	0.711
vs 좌	69	2	10	18	0.203	0.310	0.339	0.658
vs 우	182	6	22	50	0.182	0.296	0.351	0.647
주자있음	141	3	15	33	0.200	0.299	0.333	0.632
주자없음	139	6	19	43	0.185	0.302	0.361	0.663
득점권	74	2	14	18	0.190	0.365	0.345	0.710
노아웃	96	1	13	29	0.115	0.250	0.167	0.417
원아웃	104	4	9	30	0.213	0.288	0.404	0.692
투아웃	80	4	12	17	0.254	0.375	0.478	0.853

팀별 기록

구분	타석	홈런	볼넷	삼진	타율	출루율	장타율	OPS
KIA	24	0	1	7	0.048	0.091	0.048	0.139
LG	37	0	4	14	0.152	0.243	0.182	0.425
NC	28	1	1	10	0.231	0.259	0.500	0.759
SSG	39	2	6	6	0.303	0.410	0.545	0.955
두산	25	3	3	10	0.136	0.240	0.545	0.785
롯데	30	0	5	6	0.125	0.300	0.167	0.467
삼성	41	3	5	12	0.250	0.341	0.528	0.869
키움	31	0	4	4	0.333	0.467	0.375	0.842
한화	25	0	5	7	0.050	0.240	0.050	0.290

존별 기록

VS 좌투

0.000 0/1	0.000 0/1	0.000 0/1	- 0/0	- 0/0
- 0/0	0.250 1/4	0.250 1/4	0.000 0/3	- 0/0
0.250 2/8	0.000 0/3	0.500 5/10	0.333 1/3	- 0/0
0.000 0/2	0.400 2/5	0.000 0/3	- 0/0	- 0/0
0.000 0/1	0.000 0/1	0.000 0/4	0.000 0/3	0.000 0/2

VS 우투

- 0/0	0.000 0/5	0.000 0/4	0.000 0/6	0.000 0/1
0.000 0/6	0.400 2/5	0.294 5/17	0.083 1/12	0.000 0/2
0.375 3/8	0.133 2/15	0.182 2/11	0.385 5/13	1.000 3/3
0.000 0/3	0.300 3/10	0.077 1/13	0.250 1/4	0.000 0/1
0.000 0/6	0.000 0/5	0.000 0/2	0.000 0/2	- 0/0

투수 시점

● KT의 첫 한국시리즈였고, 박경수에게도 데뷔 첫 한국시리즈였다. 2루수로 깊숙이 수비 위치를 잡았고, 결정적 타구를 처리했다. 한국시리즈 직행을 만든 10월 31일 삼성과의 1위 결정전 역시 9회 구자욱의 깊숙한 타구를 처리한 박경수의 수비가 결정적이었다. 박경수의 시즌 타율은 0.192밖에 되지 않았지만 한국시리즈에서는 홈런 1개 포함 2득점 1타점으로 활약한 끝에 MVP에 올랐다. 3차전에서 부상을 당해 4차전에 나오지 못하고도 MVP가 됐다. 우승 확정 순간 목발을 짚고 걸어가며 만든 목발 세리머니는 명장면으로 남았다. 리그 후원사인 신한은행이 NFT도 만들었다. 시즌이 끝났고, 팀을 함께 이끌던 유한준이 은퇴했다. 황재균에게 넘어갔던 주장 자리를 박경수가 다시 이어받았다. 38세 주장으로서 팀을 다시 이끈다. 성남고 후배 박병호가 다시 한 팀이 되면서 힘을 얻었다. "후배가 아니라 친구가 온 것 같다. 내 방에 살다시피 한다"고 말했다.

박병호 내야수 52

신장 185cm **체중** 107kg **생일** 1986-07-10	
투타 우투우타 **지명** 05 LG 1차	
연봉 200,000-150,000-60,000	
학교 영일초-광명-영남중-성남고	

순위기록

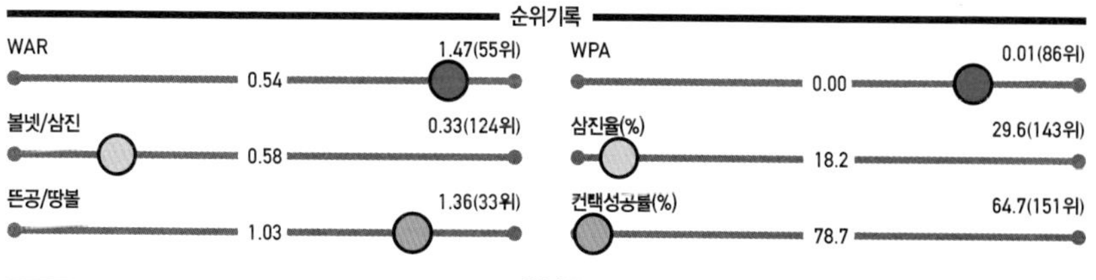

기본기록

연도	경기	타석	타수	안타	2루타	3루타	홈런	타점	득점	볼넷	사구	삼진	도루	도루자	타율	출루율	장타율	OPS
2019	122	532	432	121	22	0	33	98	92	78	13	117	0	1	0.280	0.398	0.560	0.958
2020	93	383	309	69	7	0	21	66	56	57	9	114	0	0	0.223	0.352	0.450	0.802
2021	118	477	409	93	23	0	20	76	48	47	14	141	0	1	0.227	0.323	0.430	0.753
통산	1314	5151	4298	1194	209	5	327	956	819	682	112	1287	59	25	0.278	0.386	0.557	0.943

상황별 기록

상황	타석	홈런	볼넷	삼진	타율	출루율	장타율	OPS
전반기	264	10	31	69	0.228	0.341	0.425	0.766
후반기	213	10	16	72	0.226	0.300	0.437	0.737
vs 좌	114	8	12	35	0.313	0.386	0.616	1.002
vs 우	312	10	31	88	0.208	0.314	0.377	0.691
주자있음	271	11	33	70	0.240	0.354	0.452	0.806
주자없음	206	9	14	71	0.213	0.282	0.404	0.686
득점권	165	3	26	42	0.233	0.358	0.364	0.722
노아웃	155	8	11	52	0.217	0.284	0.457	0.741
원아웃	158	7	12	51	0.234	0.310	0.431	0.741
투아웃	164	5	24	38	0.231	0.372	0.403	0.775

팀별 기록

구분	타석	홈런	볼넷	삼진	타율	출루율	장타율	OPS
KIA	61	2	9	16	0.269	0.377	0.442	0.819
KT	38	4	6	11	0.194	0.342	0.613	0.955
LG	56	0	9	16	0.116	0.268	0.140	0.408
NC	51	1	1	12	0.347	0.373	0.551	0.924
SSG	39	3	5	11	0.147	0.256	0.412	0.668
두산	49	1	3	14	0.238	0.327	0.333	0.660
롯데	58	1	6	24	0.146	0.276	0.229	0.505
삼성	64	5	7	18	0.304	0.375	0.661	1.036
한화	61	3	1	19	0.222	0.295	0.463	0.758

존별 기록

VS 좌투

0.000 0/1	0.333 1/3	0.000 0/6	0.000 0/5	- 0/0
0.375 3/8	0.500 2/4	0.375 3/8	0.000 0/4	0.500 1/2
0.500 2/4	0.333 1/3	0.625 5/8	0.333 2/6	0.000 0/1
0.667 [illegible]	0.111 1/9	0.833 5/6	0.000 0/1	- 0/0
0.000 0/3	0.000 0/3	0.000 0/3	0.200 1/5	- 0/0

VS 우투

0.000 0/2	0.000 0/6	0.083 1/12	0.000 0/4	0.000 0/1
0.429 3/7	0.333 4/12	0.111 3/27	0.222 2/9	0.333 1/3
0.133 2/15	0.333 7/21	0.381 8/21	0.200 4/20	0.000 0/2
0.182 2/11	0.227 5/22	0.174 4/23	0.429 6/14	0.500 1/2
0.000 0/10	0.000 0/3	0.133 2/15	0.000 0/3	- 0/0

투수 시점

● 스프링캠프 첫날 박병호의 팬들이 기장 캠프에 커피차를 보냈다. 박병호의 사진이 붙어 있었다. 이정후는 오전에 전화를 걸어 "1층에 밥 먹으로 오라"며 짐짓 농담을 했다. 박병호는 이제 KT 유니폼을 입는다. 메이저리그 진출 때문에 FA 자격 취득이 늦었다. 보상선수가 없는 C급 FA였고, 키움과의 협상이 지지부진한 끝에 진작 관심을 보인 KT와 계약에 합의했다. 박병호의 타율 0.227은 지난해 규정 타석을 채운 타자 중 리그 최하위였다. 그래도 홈런 20개를 때렸다. 고척 스카이돔과 달리 수원 구장은 비교적 타자 친화적 구장이다. 우타자 홈런이 더 많아서 박병호의 장타력을 회복하는데 도움이 된다. 성남고 선배 박경수와 다시 한 팀이 된 것도 팀 적응을 돕는 요소다. 이정후 대신 강백호와 나란히 라인업에 선다. 강백호-박병호로 이어지는 좌우 호호 타선에 대한 리그 전체의 기대감이 크다. 강백호와 1루, 지명타자를 나눠가며 뛴다. 2월 26일 연습경기에서 소형준으로부터 첫 홈런을 때렸다.

배정대 외야수 27

신장 185cm **체중** 80kg **생일** 1995-06-12

투타 우투우타 **지명** 14 LG 2차 1라운드 3순위

연봉 4,800-14,000-26,000

학교 도신초-성남중-성남고-디지털문예대

순위기록

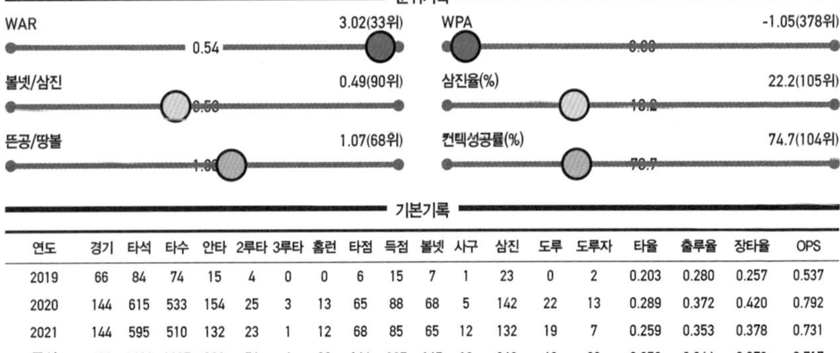

기본기록

연도	경기	타석	타수	안타	2루타	3루타	홈런	타점	득점	볼넷	사구	삼진	도루	도루자	타율	출루율	장타율	OPS
2019	66	84	74	15	4	0	0	6	15	7	1	23	0	2	0.203	0.280	0.257	0.537
2020	144	615	533	154	25	3	13	65	88	68	5	142	22	13	0.289	0.372	0.420	0.792
2021	144	595	510	132	23	1	12	68	85	65	12	132	19	7	0.259	0.353	0.378	0.731
통산	499	1422	1237	321	54	4	26	144	207	145	19	340	46	23	0.259	0.344	0.373	0.717

상황별 기록

상황	타석	홈런	볼넷	삼진	타율	출루율	장타율	OPS
전반기	316	5	37	62	0.278	0.369	0.396	0.765
후반기	279	7	28	70	0.238	0.335	0.358	0.693
vs 좌	149	4	16	31	0.205	0.297	0.316	0.612
vs 우	373	6	39	92	0.264	0.358	0.379	0.737
주자있음	283	7	24	65	0.249	0.325	0.388	0.713
주자없음	312	5	41	67	0.268	0.378	0.370	0.748
득점권	184	4	15	48	0.220	0.291	0.340	0.631
노아웃	214	3	26	46	0.251	0.360	0.352	0.712
원아웃	188	4	21	42	0.272	0.367	0.399	0.766
투아웃	193	5	18	44	0.254	0.332	0.387	0.719

팀별 기록

구분	타석	홈런	볼넷	삼진	타율	출루율	장타율	OPS
KIA	64	1	8	12	0.151	0.281	0.245	0.526
LG	64	2	8	7	0.222	0.328	0.370	0.698
NC	64	2	12	14	0.235	0.381	0.392	0.773
SSG	75	1	7	22	0.318	0.387	0.409	0.796
두산	66	0	7	19	0.351	0.415	0.439	0.854
롯데	64	2	4	19	0.271	0.328	0.390	0.718
삼성	69	3	6	12	0.323	0.391	0.516	0.907
키움	69	1	6	13	0.207	0.309	0.345	0.654
한화	60	0	7	14	0.220	0.350	0.260	0.610

존별 기록

VS 좌투

- 0/0	0.000 0/3	0.000 0/2	0.000 0/2	- 0/0
0.000 0/3	0.667 2/3	0.167 2/12	0.000 0/4	- 0/0
0.400 2/5	0.333 5/15	0.333 4/12	0.200 2/10	0.500 1/2
0.400 2/5	0.167 1/6	0.158 3/19	0.250 1/4	0.000 0/1
- 0/0	0.125 1/8	0.000 0/4	0.000 0/4	0.000 0/3

VS 우투

- 0/0	0.000 0/2	0.000 0/3	0.273 3/11	0.000 0/1
0.444 4/9	0.364 8/22	0.292 7/24	0.174 4/23	0.250 1/4
0.286 2/7	0.200 5/25	0.441 15/34	0.174 4/23	0.400 2/5
0.071 1/14	0.381 8/21	0.471 16/34	0.235 4/17	0.000 0/4
0.000 0/9	0.000 0/14	0.083 1/12	0.000 0/3	- 0/0

투수 시점

● 일종의 2년생 징크스를 겪었다. 2020시즌 OPS 0.792를 기록했는데 지난 시즌 0.731로 뚝 떨어졌다. 상대 투수진의 견제가 있었고, 성적에 대한 욕심도 많았다. 그럼에도 144경기를 한 번도 안 빠지고 소화한 것은 배정대의 내구성을 증명한다. 2시즌 연속 전경기 출전이다. 타격 성적이 다소 낮아졌지만 중견수 수비로 팀에 대한 공헌도가 높았다. 그나마 10월 들어 타격에서 다소 나아진 모습을 보였다는 점은 긍정적이다. 타격 동작에서 박병호와 비슷한 부분이 많다. 박병호와 같은 팀이 되면서 여러가지 조언을 들었고 이를 타격에 반영했다. 배정대의 장타가 늘면 2연패 가능성이 높아진다. 5툴 플레이어로 평가받았던 만큼 새 시즌의 목표도 3할-20홈런-20도루로 잡았다. 우타자임에도 좌투수 상대 타율이 0.205밖에 되지 않았다. 좌투수 공략 타이밍에 문제가 있었다. 목표 달성을 위해 넘어야 할 문제다. 은퇴한 유한준이 'KT의 기둥'으로 배정대를 점찍었다.

황재균 내야수 10

신장 183cm **체중** 96kg	**생일** 1987-07-28
투타 우투우타 **지명** 06 현대 2차 3라운드 24순위	
연봉 120,000-80,000-40,000	
학교 사당초-서울이수중-경기고-영남사이버대	

순위기록

WAR 0.54 2.93(34위)

WPA 0.00 -0.32(298위)

볼넷/삼진 58 0.50(85위)

삼진율(%) 18.1(75위)

뜬공/땅볼 1.03 1.65(11위)

컨택성공률(%) 78. 79.3(68위)

기본기록

연도	경기	타석	타수	안타	2루타	3루타	홈런	타점	득점	볼넷	사구	삼진	도루	도루자	타율	출루율	장타율	OPS
2019	124	507	448	127	16	3	20	67	78	52	2	71	10	7	0.283	0.357	0.467	0.824
2020	134	600	541	169	35	5	21	97	108	47	5	98	11	6	0.312	0.370	0.512	0.882
2021	117	507	453	132	16	2	10	56	74	46	3	92	11	4	0.291	0.358	0.402	0.760
통산	1701	6893	6133	1776	331	40	191	902	941	579	59	1154	219	110	0.290	0.353	0.450	0.803

상황별 기록

상황	타석	홈런	볼넷	삼진	타율	출루율	장타율	OPS
전반기	207	7	22	35	0.315	0.391	0.473	0.864
후반기	300	3	24	57	0.275	0.334	0.353	0.687
vs 좌	136	2	18	22	0.296	0.400	0.383	0.783
vs 우	318	7	23	63	0.288	0.340	0.408	0.748
주자있음	266	3	29	53	0.280	0.355	0.353	0.708
주자없음	241	7	17	39	0.303	0.361	0.452	0.813
득점권	151	3	19	30	0.289	0.371	0.398	0.769
노아웃	175	4	12	35	0.281	0.333	0.413	0.746
원아웃	203	4	20	39	0.281	0.355	0.388	0.743
투아웃	129	2	14	18	0.322	0.395	0.409	0.804

팀별 기록

구분	타석	홈런	볼넷	삼진	타율	출루율	장타율	OPS
KIA	44	1	5	7	0.270	0.341	0.405	0.746
LG	71	1	8	12	0.279	0.380	0.344	0.724
NC	57	1	4	11	0.264	0.316	0.396	0.712
SSG	52	0	4	5	0.375	0.423	0.438	0.861
두산	59	1	6	13	0.192	0.271	0.288	0.559
롯데	53	0	2	11	0.265	0.302	0.327	0.629
삼성	54	1	8	12	0.261	0.370	0.391	0.761
키움	61	1	5	10	0.345	0.400	0.400	0.800
한화	56	4	4	11	0.365	0.411	0.635	1.046

존별 기록

VS 좌투

0.000 0/1	1.000 1/1	0.333 1/3	0.333 1/3	- 0/0
0.500 4/8	0.500 5/10	0.111 1/9	0.333 1/3	0.000 0/1
0.000 0/4	0.000 0/8	0.556 5/9	0.333 2/6	- 0/0
0.200 1/5	0.182 2/11	0.231 3/13	0.444 4/9	0.000 0/3
0.000 0/1	1.000 2/2	1.000 1/1	0.000 0/2	0.000 0/2

VS 우투

- 0/0	0.286 2/7	0.231 3/13	0.182 2/11	0.250 1/4
0.000 0/3	0.273 3/11	0.391 9/23	0.250 4/16	0.200 1/5
0.333 4/12	0.389 7/18	0.304 7/23	0.400 8/20	0.167 2/12
0.333 2/6	0.419 13/31	0.259 7/27	0.318 7/22	0.000 0/4
0.143 1/7	0.000 0/9	0.143 1/7	0.000 0/1	- 0/0

투수 시점

● FA를 앞둔 시즌 지독한 슬럼프를 겪었다. 시즌 개막 얼마 뒤 수비 중 타구에 맞아 코뼈를 다친 황재균은 복귀 뒤 전반기 동안 펄펄 날았지만 9월 이후 급격한 슬럼프에 빠졌다. 올림픽 동안 스트라이크존 적응 후유증 가능성이 제기됐다. 9월 이후 타율은 0.241밖에 되지 않았다. 2번째 FA를 앞둔 시즌이었다. 이강철 감독과의 면담을 통해 분위기를 추스를 수 있었다. 황재균은 "번트라도 대겠다"고 했다. 팀 주장으로 책임감을 잃지 않았다. 한국시리즈에서는 MVP 못지 않은 활약을 펼쳤다. 홈런을 치고도 희생번트를 대는 장면이 나왔다. 황재균은 KT 주장으로 데뷔 첫 한국시리즈 우승 반지를 꼈다. 시즌을 앞두고 티아라 지연과의 결혼 발표를 했다. "올림픽 때 힘들었는데 (지연이) 많은 도움이 됐다"고 했다. KT와 2번째 FA 계약에 합의했다. 4년 60억원. 새 시즌 준비를 위해 체중을 7kg 줄였다. 보다 가벼운 움직임을 만들기 위한 선택이다.

김민수 투수 26

신장 188cm **체중** 80kg **생일** 1992-07-24 **투타** 우투우타 **지명** 15 kt 2차 특별 11순위

연봉 6,500-7,000-11,500 **학교** 청원초-청원중-청원고-성균관대

● KT 선발 뎁스가 워낙 깊어지는 바람에 선발진에서는 물러섰다. 58이닝을 소화하며 11홀드와 함께 평균자책 2.95를 기록했다. 김민수의 강점은 높은 릴리스 포인트에서 움직이는 슬라이더다. 불펜으로 이동하며 삼진률이 높아졌다. 득점권 상황에서 다소 흔들리는 것은 약점이다. 쿠에바스로부터 캠프때 명품 가방 선물을 받았다.

기본기록

연도	경기	선발	승	패	세이브	홀드	이닝	안타	홈런	볼넷	사구	삼진	피안타율	WHIP	FIP	ERA	QS	BS
2019	28	11	8	5	2	1	81.2	87	10	30	2	56	0.275	1.43	4.73	4.96	2	0
2020	33	18	3	8	0	0	103.1	151	14	30	4	63	0.340	1.75	5.08	6.10	3	2
2021	56	1	4	2	0	11	58.0	56	2	24	3	55	0.256	1.38	3.13	2.95	0	2
통산	141	31	15	16	3	13	275.1	339	28	101	10	199	0.303	1.60	4.51	5.10	5	4

상황별 기록

상황	안타	2루타	3루타	홈런	볼넷	사구	삼진	폭투	보크	피안타율
전반기	42	7	1	1	17	1	38	3	1	0.296
후반기	14	1	0	1	7	2	17	0	0	0.182
vs 좌	24	3	0	0	12	1	21	1	1	0.273
vs 우	32	5	1	2	12	2	34	2	0	0.244
주자없음	31	3	0	2	9	3	29	0	0	0.290
주자있음	25	5	1	0	15	0	26	3	1	0.223
득점권	15	1	1	0	9	0	13	2	0	0.268
만루	1	0	0	0	0	0	0	0	0	0.333

구종별 기록

구종	평균구속	순위	백분율	구사율(%)	피안타율
포심	142	155	51.2%	51%	0.260
투심/싱커	-	-	-	-	-
슬라이더/커터	128	208	72.5%	37.9%	0.222
커브	124	29	11.8%	5.2%	0.273
체인지업	130	77	36.8%	6%	0.462
포크볼	-	-	-	-	-
너클볼/기타	-	-	-	-	-

데스파이네 투수 40

신장 182cm **체중** 92kg **생일** 1987-04-04 **투타** 우투우타 **지명** 20 KT 자유선발

연봉 $500,000-$700,000 **학교** Hermanos Martinez Tamayo(고)

● 2020시즌 207.2이닝에 이어 2021시즌에도 188.2이닝을 던졌다. 4일만 쉬고 던져야 더 힘이 나는 스타일이다. 한국에서 셋째를 낳았다. 동료들의 열렬한 축하를 받았다. 가을야구에서 에이스 자리를 넘겨준 모양새지만 데스파이네의 변칙 투구와 강속구는 여전히 매우 강력한 무기다. 코로나19 확진 때문에 캠프 입국이 늦었다.

기본기록

연도	경기	선발	승	패	세이브	홀드	이닝	안타	홈런	볼넷	사구	삼진	피안타율	WHIP	FIP	ERA	QS	BS
2019	0	0	0	0	0	0	0.0	0	0	0	0	0	-	-	-	-	0	0
2020	35	34	15	8	0	0	207.2	233	18	68	8	152	0.286	1.45	4.30	4.33	18	0
2021	33	33	13	10	0	0	188.2	175	10	78	7	165	0.243	1.34	3.62	3.39	21	0
통산	68	67	28	18	0	0	396.1	408	28	146	15	317	0.266	1.40	3.98	3.88	39	0

상황별 기록

상황	안타	2루타	3루타	홈런	볼넷	사구	삼진	폭투	보크	피안타율
전반기	81	13	1	7	48	3	110	10	0	0.212
후반기	94	17	2	3	30	4	55	5	0	0.278
vs 좌	90	19	1	5	36	4	79	5	0	0.240
vs 우	85	11	2	5	42	3	86	10	0	0.246
주자없음	95	13	2	5	40	3	74	0	0	0.238
주자있음	80	17	1	5	38	4	91	15	0	0.250
득점권	39	9	1	4	27	2	59	7	0	0.217
만루	5	1	0	0	1	1	5	1	0	0.385

구종별 기록

구종	평균구속	순위	백분율	구사율(%)	피안타율
포심	149	11	3.6%	24.4%	0.236
투심/싱커	147	11	8.1%	26%	0.305
슬라이더/커터	139	7	2.4%	13%	0.253
커브	124	24	9.8%	21.2%	0.202
체인지업	128	117	56%	15.2%	0.205
포크볼	-	-	-	-	-
너클볼/기타	-	-	-	-	-

박시영 투수 46

신장 180cm **체중** 88kg **생일** 1989-03-10 **투타** 우투우타 **지명** 08 롯데 2차 4라운드 31

연봉 7,900-6,800-12,000 **학교** 축현초-신흥중-제물포고-영남사이버대

● 이번 시즌을 앞두고 롯데에서 트레이드 됐다. 이강철 감독이 슬라이더를 재발견했다. 7월 4일 키움전에서 21구 연속 슬라이더로 삼진 4개를 잡았다. 슬라이더 비율이 무려 54.3%. 구속 증가와 슬라이더의 효과적 구사로 필승조 불펜이 됐다. 캠프에서 선동열 감독의 특별 지도를 받았다. 커브가 더해지면 더 무서운 투수가 된다.

기본기록

연도	경기	선발	승	패	세이브	홀드	이닝	안타	홈런	볼넷	사구	삼진	피안타율	WHIP	FIP	ERA	QS	BS
2019	43	6	1	1	0	4	61.2	51	5	27	4	60	0.225	1.26	4.02	4.23	0	1
2020	36	0	1	1	0	1	30.1	32	5	23	1	21	0.281	1.81	6.69	8.01	0	0
2021	48	0	3	3	0	12	45.0	30	4	15	1	51	0.189	1.00	3.15	2.40	0	2
통산	239	12	9	11	0	23	284.0	277	42	143	11	263	0.254	1.48	5.22	5.58	0	5

상황별 기록

상황	안타	2루타	3루타	홈런	볼넷	사구	삼진	폭투	보크	피안타율
전반기	7	0	0	0	4	1	21	3	0	0.123
후반기	23	2	0	4	11	0	30	2	0	0.225
vs 좌	18	1	0	1	8	1	20	1	0	0.250
vs 우	12	1	0	3	7	0	31	4	0	0.138
주자없음	19	1	0	3	7	1	33	1	0	0.194
주자있음	11	1	0	1	8	0	18	4	0	0.180
득점권	4	1	0	0	7	0	9	3	0	0.154
만루	0	0	0	0	0	0	0	0	0	0.000

구종별 기록

구종	평균구속	순위	백분율	구사율(%)	피안타율
포심	144	83	27.4%	28%	0.233
투심/싱커	-	-	-	-	-
슬라이더/커터	133	81	28.2%	54.3%	0.125
커브	124	25	10.2%	1.3%	1.000
체인지업	-	-	-	-	-
포크볼	137	11	8.1%	16.4%	0.296
너클볼/기타	-	-	-	-	-

박영현 투수 60

신장 183cm **체중** 91kg **생일** 2003-10-11 **투타** 우투우타 **지명** 22 KT 1차

연봉 3,000 **학교** 부천북초-부천중-유신고

● 소형준의 유신고 2년 후배로 고교시절부터 큰 주목을 받았다. 일찌감치 마무리 투수감이라는 평가가 많았다. 위기 상황에서도 흔들리지 않는 변화구 제구 능력은 이미 프로 수준이었다. 1차 지명을 받았고 스프링캠프에 합류했다. 힘있는 공을 뿌린다. 선동열 감독으로부터 슬라이더를 전수받았다. 내심 소형준에 이어 신인왕을 기대한다.

기본기록

연도	경기	선발	승	패	세이브	홀드	이닝	안타	홈런	볼넷	사구	삼진	피안타율	WHIP	FIP	ERA	QS	BS
2019																		
2020																		
2021																		
통산																		

상황별 기록

상황	안타	2루타	3루타	홈런	볼넷	사구	삼진	폭투	보크	피안타율
전반기										
후반기										
vs 좌										
vs 우										
주자없음										
주자있음										
득점권										
만루										

구종별 기록

구종	평균구속	순위	백분율	구사율(%)	피안타율
포심					
투심/싱커					
슬라이더/커터					
커브					
체인지업					
포크볼					
너클볼/기타					

심재민 투수 34

신장 182cm **체중** 92kg **생일** 1994-02-18 **투타** 좌투우타 **지명** 14 kt 우선지명

연봉 0-6,300-8,200 **학교** 김해엔젤스-개성중-개성고-전남과학대

● 고영표, 엄상백과 함께 군 복귀 3인방. 입단 당시 큰 기대를 받던 좌완이었다. 46.2이닝 동안 FIP 3.59는 나쁘지 않은 성적이다. 좌투수로 체인지업을 효과적으로 구사한다. 우타자 상대 OPS 0.512로 매우 강했다. 선발 후보이지만 KT 선발진의 뎁스가 너무 탄탄하다. 정병곤, 김태오 등 좌완 불펜 경쟁도 치열하다.

기본기록

연도	경기	선발	승	패	세이브	홀드	이닝	안타	홈런	볼넷	사구	삼진	피안타율	WHIP	FIP	ERA	QS	BS
2019	0	0	0	0	0	0	0.0	0	0	0	0	0	-	-	-	-	0	0
2020	0	0	0	0	0	0	0.0	0	0	0	0	0	-	-	-	-	0	0
2021	20	2	0	1	0	1	46.2	41	4	11	0	35	0.234	1.11	3.59	2.89	0	0
통산	245	5	9	19	2	25	273.0	317	27	124	18	199	0.299	1.62	4.96	5.11	0	8

상황별 기록

상황	안타	2루타	3루타	홈런	볼넷	사구	삼진	폭투	보크	피안타율
전반기	21	2	0	3	3	0	12	0	0	0.304
후반기	20	2	0	1	8	0	23	0	0	0.189
vs 좌	25	2	0	2	3	0	15	0	0	0.294
vs 우	16	2	0	2	8	0	20	0	0	0.178
주자없음	25	2	0	2	5	0	19	0	0	0.225
주자있음	16	2	0	2	6	0	16	0	0	0.250
득점권	8	2	0	1	5	0	9	0	0	0.242
만루	2	0	0	0	1	0	1	0	0	0.400

구종별 기록

구종	평균구속	순위	백분율	구사율(%)	피안타율
포심	140	196	64.7%	45.3%	0.273
투심/싱커	-	-	-	-	-
슬라이더/커터	130	141	49.1%	19.9%	0.270
커브	118	123	50.2%	5.4%	0.273
체인지업	129	100	47.8%	29.2%	0.167
포크볼	-	-	-	-	-
너클볼/기타	-	-	-	-	-

안영명 투수 48

신장 183cm **체중** 90kg **생일** 1984-11-19 **투타** 우투우타 **지명** 03 한화 1차

연봉 35,000-7,000-8,500 **학교** 남산초-천안북중-북일고-대전대

● KT의 지난 두 시즌을 버티게 한 것은 전유수, 이보근, 유원상 등 베테랑 불펜의 힘이었다. 팀이 필요할 때 책임감을 갖고 마운드를 지켰다. 안영명에 대한 기대감 역시 같은 맥락이다. 볼넷을 주지 않는 안정적 제구와 땅볼 유도 능력이 강점이다. KT 불펜의 우완 뎁스는 비교적 약한 편이다. 안영명의 역할이 중요하다.

기본기록

연도	경기	선발	승	패	세이브	홀드	이닝	안타	홈런	볼넷	사구	삼진	피안타율	WHIP	FIP	ERA	QS	BS
2019	67	0	4	7	0	13	62.0	82	5	13	3	48	0.325	1.53	3.68	3.92	0	3
2020	39	0	1	1	0	1	45.2	51	9	18	2	34	0.293	1.51	5.88	5.91	0	1
2021	35	0	0	1	0	4	35.1	24	2	11	1	32	0.192	0.99	3.28	4.08	0	0
통산	571	95	62	57	16	62	1045.0	1149	152	413	69	749	0.283	1.49	5.13	4.91	9	19

상황별 기록

상황	안타	2루타	3루타	홈런	볼넷	사구	삼진	폭투	보크	피안타율
전반기	22	2	0	2	9	0	21	0	0	0.229
후반기	2	1	0	0	2	1	11	0	0	0.069
vs 좌	9	0	0	0	7	1	12	0	0	0.184
vs 우	15	3	0	2	4	0	20	0	0	0.197
주자없음	12	0	0	0	4	0	20	0	0	0.176
주자있음	12	3	0	2	7	1	12	0	0	0.211
득점권	4	1	0	1	5	1	8	0	0	0.114
만루	0	0	0	0	0	0	0	0	0	0.000

구종별 기록

구종	평균구속	순위	백분율	구사율(%)	피안타율
포심	137	266	87.8%	5%	0.250
투심/싱커	135	108	80%	31.1%	0.205
슬라이더/커터	128	199	69.3%	49.7%	0.192
커브	114	196	80%	1.4%	0.000
체인지업	124	171	81.8%	12%	0.188
포크볼	-	-	-	-	-
너클볼/기타	-	-	-	-	-

엄상백 투수 18

신장 187cm **체중** 72kg **생일** 1996-10-04 **투타** 우투우타 **지명** 15 kt 1차

연봉 0-5,000-8,000 **학교** 역삼초-언북중-덕수고

● 이강철 감독이 6선발 시스템을 고려했던 건 엄상백의 존재 덕분이다. 데스파이네가 코로나19로 캠프 합류가 한 달이나 늦어졌지만 엄상백 덕에 큰 걱정은 없다. 지난 시즌 제대 전까지 상무에서 선발 수업을 받으며 크게 성장했다. 평균 구속이 146.6km로 올랐다. 슬라이더, 체인지업의 제구도 좋아졌다. 선발과 불펜 모두 가능하다.

기본기록

연도	경기	선발	승	패	세이브	홀드	이닝	안타	홈런	볼넷	사구	삼진	피안타율	WHIP	FIP	ERA	QS	BS
2019	26	0	2	3	0	0	31.1	40	6	24	0	20	0.313	2.04	6.91	8.04	0	1
2020	0	0	0	0	0	0	0.0	0	0	0	0	0	-	-	-	-	0	0
2021	10	9	4	1	0	0	52.2	41	7	28	3	45	0.210	1.31	5.12	4.10	3	0
통산	223	37	14	26	3	28	355.2	400	43	181	29	283	0.287	1.63	5.33	5.90	6	9

상황별 기록

상황	안타	2루타	3루타	홈런	볼넷	사구	삼진	폭투	보크	피안타율
전반기	0	0	0	0	0	0	0	0	0	-
후반기	41	10	0	7	28	3	45	0	0	0.210
vs 좌	22	5	0	3	12	0	26	0	0	0.206
vs 우	19	5	0	4	16	3	19	0	0	0.216
주자없음	23	3	0	4	14	2	29	0	0	0.211
주자있음	18	7	0	3	14	1	16	0	0	0.209
득점권	7	3	0	1	9	0	11	0	0	0.132
만루	1	0	0	0	1	0	1	0	0	0.200

구종별 기록

구종	평균구속	순위	백분율	구사율(%)	피안타율
포심	147	33	10.9%	52.6%	0.213
투심/싱커	-	-	-	-	-
슬라이더/커터	136	33	11.5%	20.2%	0.279
커브	125	17	6.9%	3%	0.083
체인지업	134	17	8.1%	23.8%	0.183
포크볼	-	-	-	-	-
너클볼/기타	-	-	-	-	-

이창재 투수 21

신장 178cm **체중** 71kg **생일** 1992-12-29 **투타** 좌투좌타 **지명** 15 kt 2차 1라운드 10순위

연봉 4,200-4,700-6,700 **학교** 축현초-신흥중-제물포고-단국대

● 한때 우투수인 주권이 좌타자를 모두 막던 시절이 있었다. 지금은 좌투수가 넘친다. KT 좌투 라인의 핵심 중 한 명이다. 제대 뒤 심재민과 함께 성장세가 뚜렷하다. 지난 시즌 26.2이닝을 소화했다. 원포인트 릴리프에 가까웠지만 평균자책 2.70은 좋은 성적이다. 피홈런이 1개도 없었다. 경쟁이 치열하지만 실전 가능 투수는 많을수록 좋다.

기본기록

연도	경기	선발	승	패	세이브	홀드	이닝	안타	홈런	볼넷	사구	삼진	피안타율	WHIP	FIP	ERA	QS	BS
2019	0	0	0	0	0	0	0.0	0	0	0	0	0	-	-	-	-	0	0
2020	10	0	0	0	0	1	8.0	10	0	4	0	7	0.294	1.75	3.31	5.63	0	0
2021	32	0	2	0	0	0	26.2	22	0	10	0	19	0.227	1.20	2.81	2.70	0	0
통산	127	0	5	2	1	6	108.0	118	14	41	4	96	0.278	1.47	4.68	5.08	0	0

상황별 기록

상황	안타	2루타	3루타	홈런	볼넷	사구	삼진	폭투	보크	피안타율
전반기	8	2	0	0	2	0	10	0	0	0.205
후반기	14	3	0	0	8	0	9	0	0	0.241
vs 좌	9	2	0	0	5	0	13	0	0	0.176
vs 우	13	3	0	0	5	0	6	0	0	0.283
주자없음	9	0	0	0	4	0	12	0	0	0.173
주자있음	13	5	0	0	6	0	7	0	0	0.289
득점권	7	2	0	0	5	0	4	0	0	0.259
만루	2	1	0	0	0	0	0	0	0	0.667

구종별 기록

구종	평균구속	순위	백분율	구사율(%)	피안타율
포심	140	216	71.3%	71.9%	0.246
투심/싱커	-	-	-	-	-
슬라이더/커터	125	246	85.7%	13.8%	0.167
커브	120	84	34.3%	1.8%	0.000
체인지업	128	119	56.9%	11.8%	0.200
포크볼	133	33	24.4%	0.7%	0.000
너클볼/기타	-	-	-	-	-

조현우 투수 59

신장 182cm **체중** 79kg **생일** 1994-03-30 **투타** 좌투좌타 **지명** 14 kt 2차 2라운드 16순위

연봉 3,000-7,500-9,500 **학교** 중앙초-군산중-군산상고-전남과학대

● LG에 김대유가 있다면 KT에는 조현우가 있었다. 리그 거포 좌타자들을 꽁꽁 틀어막는 좌투수의 존재는 팀 불펜 운영을 원활하게 만든다. 시즌 초 부상으로 빠졌다가 후반에 복귀해 결정적 역할을 했다. 한국시리즈에서 4경기에 모두 나와 김재환 킬러였는데, 4차전 마지막 타석에서 홈런을 맞았다. 지난 시즌 좌타 상대 유일한 피홈런이었다.

기본기록

연도	경기	선발	승	패	세이브	홀드	이닝	안타	홈런	볼넷	사구	삼진	피안타율	WHIP	FIP	ERA	QS	BS
2019	7	0	0	0	0	0	7.2	6	0	5	1	9	0.207	1.43	3.40	3.52	0	0
2020	54	0	5	1	1	9	46.2	38	1	22	1	33	0.226	1.29	3.83	3.09	0	1
2021	49	0	0	0	0	6	31.0	26	0	7	1	13	0.224	1.06	3.17	2.61	0	0
통산	113	0	5	1	1	15	89.1	73	3	35	3	59	0.223	1.21	3.79	3.02	0	1

상황별 기록

상황	안타	2루타	3루타	홈런	볼넷	사구	삼진	폭투	보크	피안타율
전반기	21	4	1	0	7	1	5	1	0	0.304
후반기	5	1	0	0	0	0	8	1	0	0.106
vs 좌	21	5	1	0	5	1	11	2	0	0.212
vs 우	5	0	0	0	2	0	2	0	0	0.294
주자없음	14	3	0	0	3	1	6	0	0	0.226
주자있음	12	2	1	0	4	0	7	2	0	0.222
득점권	6	0	1	0	4	0	5	1	0	0.207
만루	1	0	0	0	1	0	0	0	0	1.000

구종별 기록

구종	평균구속	순위	백분율	구사율(%)	피안타율
포심	140	221	72.9%	59.6%	0.262
투심/싱커	-	-	-	-	-
슬라이더/커터	127	224	78%	39.7%	0.176
커브	-	-	-	-	-
체인지업	-	-	-	-	-
포크볼	134	24	17.8%	0.4%	0.000
너클볼/기타	-	-	-	-	-

주권 투수 38

신장 181cm **체중** 82kg **생일** 1995-05-31 **투타** 우투우타 **지명** 15 kt 우선지명

연봉 15,000-25,000-29,500 **학교** 우암초-청주중-청주고

● 시즌을 앞두고 연봉조정신청에 들어가며 다소 시끄러웠고, 승소했다. 연봉조정이 시즌에 영향을 주지 않았다. 평균자책이 다소 높아졌지만 27홀드를 기록하며 불펜을 단단히 지켰다. 체인지업 위주 투구 패턴이 다소 읽히면서 삼진율이 감소했다. 좌타자 상대 완벽했던 데이터도 뒤로 다소 물러섰다. 구종과 패턴의 변화 필요성이 감지된다.

기본기록

연도	경기	선발	승	패	세이브	홀드	이닝	안타	홈런	볼넷	사구	삼진	피안타율	WHIP	FIP	ERA	QS	BS
2019	71	0	6	2	2	25	75.1	64	7	14	2	47	0.233	1.04	4.00	2.99	0	1
2020	77	0	6	2	0	31	70.0	54	6	32	1	37	0.213	1.23	4.98	2.70	0	6
2021	62	0	3	4	0	27	49.0	48	3	19	1	19	0.264	1.37	4.45	3.31	0	4
통산	338	51	29	33	3	90	522.1	590	67	176	24	280	0.288	1.47	5.37	5.26	8	14

상황별 기록

상황	안타	2루타	3루타	홈런	볼넷	사구	삼진	폭투	보크	피안타율
전반기	21	4	1	2	16	1	8	1	0	0.206
후반기	27	3	0	1	3	0	11	0	0	0.338
vs 좌	33	5	1	2	14	0	10	1	0	0.268
vs 우	15	2	0	1	5	1	9	0	0	0.254
주자없음	27	5	1	2	8	1	9	0	0	0.278
주자있음	21	2	0	1	11	0	10	1	0	0.247
득점권	13	1	0	0	8	0	5	0	0	0.271
만루	1	0	0	0	0	0	0	0	0	0.200

구종별 기록

구종	평균구속	순위	백분율	구사율(%)	피안타율
포심	142	135	44.6%	28%	0.235
투심/싱커	-	-	-	-	-
슬라이더/커터	129	163	56.8%	5.3%	0.111
커브	-	-	-	-	-
체인지업	128	110	52.6%	66.7%	0.281
포크볼	-	-	-	-	-
너클볼/기타	-	-	-	-	-

권동진 내야수 3

신장 182cm **체중** 86kg **생일** 1998-09-12 **투타** 우투좌타 **지명** 21 KT 2차 1라운드 5순위

연봉 3,000-4,200 **학교** 제주신광초-세광중-세광고-원광대

● KT 내야 뎁스의 핵심 자원이다. 2차 1라운드에서 지명한 재원. 개막 때부터 1군 엔트리에 합류해 내야 백업 자원으로 활약하며 경험을 쌓았다. 내야 수비의 안정감이 뛰어나고 경기 흐름을 읽는 센스가 있다. 장차 KT 내야진의 주축으로 성장이 기대된다. 캠프 동안 수비에 보다 집중했다. 1년 동안 1군에 남아있던 경험은 큰 자산이 된다.

기본기록

연도	경기	타석	타수	안타	2루타	3루타	홈런	타점	득점	볼넷	사구	삼진	도루	도루자	타율	출루율	장타율	OPS
2019	0	0	0	0	0	0	0	0	0	0	0	0	0	0	-	-	-	-
2020	0	0	0	0	0	0	0	0	0	0	0	0	0	0	-	-	-	-
2021	86	86	67	17	5	0	1	6	21	18	0	30	3	3	0.254	0.412	0.373	0.785
통산	86	86	67	17	5	0	1	6	21	18	0	30	3	3	0.254	0.412	0.373	0.785

상황별 기록

상황	타석	홈런	볼넷	삼진	타율	출루율	장타율	OPS
전반기	66	1	15	22	0.240	0.415	0.380	0.795
후반기	20	0	3	8	0.294	0.400	0.353	0.753
vs 좌	12	0	1	5	0.273	0.333	0.364	0.697
vs 우	61	1	16	19	0.273	0.467	0.432	0.899
주자있음	47	0	8	13	0.263	0.391	0.342	0.733
주자없음	39	1	10	17	0.241	0.436	0.414	0.850
득점권	20	0	3	5	0.125	0.263	0.125	0.388
노아웃	28	0	3	12	0.167	0.259	0.250	0.509
원아웃	31	1	8	9	0.478	0.613	0.696	1.309
투아웃	27	0	7	9	0.100	0.333	0.150	0.483

팀별 기록

구분	타석	홈런	볼넷	삼진	타율	출루율	장타율	OPS
KIA	10	0	2	4	0.250	0.400	0.250	0.650
LG	5	0	1	2	0.250	0.400	0.250	0.650
NC	19	1	3	7	0.375	0.474	0.750	1.224
SSG	8	0	2	3	0.167	0.375	0.167	0.542
두산	6	0	2	1	0.250	0.500	0.250	0.750
롯데	10	0	1	4	0.222	0.300	0.333	0.633
삼성	2	0	0	2	0.000	0.000	0.000	0.000
키움	13	0	5	1	0.286	0.583	0.286	0.869
한화	13	0	2	6	0.182	0.308	0.273	0.581

김병희 내야수 14

신장 180cm **체중** 82kg **생일** 1990-12-06 **투타** 우투우타 **지명** 14 kt 2차 특별 13순위

연봉 3,000-3,500-4,700 **학교** 창영초-신흥중-동산고-동국대

● 시즌 초반이던 4월말 3루수 황재균과 2루수 박경수가 나란히 부상을 당하며 전력 공백이 생겼다. 그 빈 자리를 김병희가 메웠다. 5월까지 타율 0.308을 기록하며 빈틈을 채운 덕분에 순위 싸움을 벌일 수 있었다. 2014년 지명된 김병희는 이제 1군 경험 3년차. 여전히 내야진에 빈틈이 많지 않지만 지난해 활약은 백업 기대감을 높인다.

기본기록

연도	경기	타석	타수	안타	2루타	3루타	홈런	타점	득점	볼넷	사구	삼진	도루	도루자	타율	출루율	장타율	OPS
2019	4	7	7	1	0	0	0	0	0	0	0	2	0	0	0.143	0.143	0.143	0.286
2020	29	22	21	3	0	0	1	2	4	0	0	7	0	0	0.143	0.136	0.286	0.422
2021	34	70	52	15	3	0	5	13	16	13	3	15	3	0	0.288	0.456	0.635	1.091
통산	67	99	80	19	3	0	6	15	20	13	3	24	3	0	0.238	0.361	0.500	0.861

상황별 기록

상황	타석	홈런	볼넷	삼진	타율	출루율	장타율	OPS
전반기	69	5	13	15	0.294	0.463	0.647	1.110
후반기	1	0	0	0	0.000	0.000	0.000	0.000
vs 좌	19	2	4	5	0.273	0.529	0.818	1.347
vs 우	42	3	8	6	0.324	0.452	0.647	1.099
주자있음	30	2	3	8	0.273	0.429	0.636	1.065
주자없음	40	3	10	7	0.300	0.475	0.633	1.108
득점권	13	1	1	3	0.455	0.538	0.909	1.447
노아웃	24	1	6	4	0.200	0.455	0.467	0.922
원아웃	19	1	3	2	0.313	0.421	0.563	0.984
투아웃	27	3	4	9	0.333	0.481	0.810	1.291

팀별 기록

구분	타석	홈런	볼넷	삼진	타율	출루율	장타율	OPS
KIA	12	0	1	6	0.100	0.250	0.200	0.450
NC	11	2	2	1	0.375	0.545	1.250	1.795
SSG	19	1	5	4	0.357	0.526	0.643	1.169
두산	2	1	0	0	1.000	1.000	4.000	5.000
롯데	4	0	2	1	0.500	0.750	0.500	1.250
삼성	4	0	0	1	0.250	0.250	0.250	0.500
키움	2	0	1	1	0.000	0.500	0.000	0.500
한화	16	1	2	1	0.250	0.400	0.500	0.900

김준태 포수 44

신장 175cm **체중** 91kg **생일** 1994-07-31 **투타** 우투좌타 **지명** 12 롯데 육성선수

연봉 3,800-6,500-6,500 **학교** 양정초-개성중-경남고-영남사이버대

● 오윤석과 함께 롯데에서 트레이드로 영입됐다. 부상 때문에 KT 데뷔는 10월이 돼서야 이뤄졌다. 10월 성적은 겨우 0.118. KT 포수진의 뎁스가 얇아졌다. 허도환이 떠난 가운데 이홍구도 방출됐다. 장성우 백업 포수 역할을 김준태가 맡아야 한다. 현대 야구에서 2번 포수 역할의 중요성은 두말할 필요가 없다.

기본기록

연도	경기	타석	타수	안타	2루타	3루타	홈런	타점	득점	볼넷	사구	삼진	도루	도루자	타율	출루율	장타율	OPS
2019	43	104	88	14	3	0	0	8	10	12	2	23	0	0	0.159	0.275	0.193	0.468
2020	128	369	306	69	12	2	5	43	38	56	1	64	2	2	0.225	0.344	0.327	0.671
2021	58	149	128	25	5	0	4	15	17	18	1	40	0	0	0.195	0.295	0.328	0.623
통산	328	803	674	147	23	3	11	83	77	112	4	183	2	2	0.218	0.330	0.310	0.640

상황별 기록

상황	타석	홈런	볼넷	삼진	타율	출루율	장타율	OPS
전반기	131	4	17	35	0.207	0.313	0.360	0.673
후반기	18	0	1	5	0.118	0.167	0.118	0.285
vs 좌	17	0	2	6	0.071	0.176	0.071	0.247
vs 우	113	4	15	30	0.208	0.319	0.375	0.694
주자있음	88	1	14	22	0.181	0.307	0.250	0.557
주자없음	61	3	4	18	0.214	0.279	0.429	0.708
득점권	51	1	10	13	0.154	0.314	0.231	0.545
노아웃	42	1	4	16	0.132	0.214	0.211	0.425
원아웃	50	3	6	13	0.214	0.300	0.476	0.776
투아웃	57	0	8	11	0.229	0.351	0.292	0.643

팀별 기록

구분	타석	홈런	볼넷	삼진	타율	출루율	장타율	OPS
KIA	20	0	6	5	0.231	0.450	0.231	0.681
KT	23	1	1	5	0.227	0.261	0.409	0.670
LG	15	0	1	5	0.286	0.333	0.429	0.762
NC	15	0	1	6	0.071	0.133	0.071	0.204
SSG	12	1	1	4	0.273	0.333	0.545	0.878
두산	23	1	4	4	0.167	0.304	0.389	0.693
삼성	16	1	2	5	0.286	0.375	0.571	0.946
키움	9	0	1	3	0.125	0.222	0.125	0.347
한화	16	0	1	3	0.071	0.188	0.071	0.259

라모스 외야수 25

신장 183cm **체중** 97kg **생일** 1992-04-15 **투타** 우투양타 **지명** 22 KT 자유선발

연봉 $650,000 **학교** Alfonso Casta Martinez(고)

● 지난해 알몬테는 기대에 미치지 못했다. 호잉의 영입은 수비를 우선시한 선택이었다. 제2의 로하스를 다시 찾기는 쉽지 않다. 거포 보다는 수비 능력과 스피드를 갖춘 선수를 찾았다. 외야 전 포지션 소화가 가능하다. 라모스의 초반 팀 분위기 적응은 만족스럽다. 훈련량이 너무 많아 말릴 정도인데다 주장 박경수의 말을 잘 듣는다.

기본기록

연도	경기	타석	타수	안타	2루타	3루타	홈런	타점	득점	볼넷	사구	삼진	도루	도루자	타율	출루율	장타율	OPS
2019																		
2020																		
2021																		
통산																		

상황별 기록

상황	타석	홈런	볼넷	삼진	타율	출루율	장타율	OPS
전반기								
후반기								
vs 좌								
vs 우								
주자있음								
주자없음								
득점권								
노아웃								
원아웃								
투아웃								

팀별 기록

구분	타석	홈런	볼넷	삼진	타율	출루율	장타율	OPS
KIA								
LG								
NC								
SK								
키움								
두산								
롯데								
삼성								
한화								

송민섭 외야수 12

신장 177cm **체중** 80kg **생일** 1991-08-02 **투타** 우투우타 **지명** 14 kt 육성선수

연봉 4,700-5,700-8,100 **학교** 청파초-선린중-선린고-단국대

● KT의 경기 후반을 책임지는 9시의 남자다. 대주자와 대수비로 나서며 경기 후반 리드를 주루와 수비에서 지킨다. KT 창단 때 테스트를 통해 입단해 지금까지 생존한 유일한 멤버. 더그아웃에서 분위기를 끌어올리는 능력도 탁월하다. '송민섭 효과'를 고민할 정도로 팀에 꼭 필요한 선수다. 한국시리즈에서 1득점을 올렸다.

기본기록

연도	경기	타석	타수	안타	2루타	3루타	홈런	타점	득점	볼넷	사구	삼진	도루	도루자	타율	출루율	장타율	OPS
2019	105	64	53	16	0	1	0	4	24	6	3	13	1	3	0.302	0.397	0.340	0.737
2020	114	51	41	8	1	1	1	5	21	5	1	13	4	3	0.195	0.292	0.341	0.633
2021	122	65	48	11	0	0	0	7	39	12	0	22	15	1	0.229	0.383	0.229	0.612
통산	416	260	213	50	4	3	1	17	94	26	4	69	23	8	0.235	0.327	0.296	0.623

상황별 기록

상황	타석	홈런	볼넷	삼진	타율	출루율	장타율	OPS
전반기	45	0	10	16	0.171	0.356	0.171	0.527
후반기	20	0	2	6	0.385	0.467	0.385	0.852
vs 좌	15	0	1	6	0.071	0.133	0.071	0.204
vs 우	40	0	9	14	0.259	0.444	0.259	0.703
주자있음	44	0	8	17	0.258	0.410	0.258	0.668
주자없음	21	0	4	5	0.176	0.333	0.176	0.509
득점권	21	0	6	6	0.462	0.632	0.462	1.094
노아웃	20	0	5	4	0.100	0.400	0.100	0.500
원아웃	25	0	2	10	0.304	0.360	0.304	0.664
투아웃	20	0	5	8	0.200	0.400	0.200	0.600

팀별 기록

구분	타석	홈런	볼넷	삼진	타율	출루율	장타율	OPS
KIA	4	0	0	1	0.500	0.500	0.500	1.000
LG	7	0	2	4	0.000	0.286	0.000	0.286
NC	6	0	2	2	0.333	0.600	0.333	0.933
SSG	10	0	3	2	0.167	0.444	0.167	0.611
두산	7	0	2	2	0.200	0.429	0.200	0.629
롯데	7	0	1	3	0.000	0.167	0.000	0.167
삼성	5	0	1	0	0.500	0.667	0.500	1.167
키움	13	0	1	6	0.333	0.385	0.333	0.718
한화	6	0	0	2	0.167	0.167	0.167	0.334

신본기 내야수 7

신장 179cm **체중** 88kg **생일** 1989-03-21 **투타** 우투우타 **지명** 12 롯데 2라운드 14순위

연봉 12,500-9,200-11,500 **학교** 감천초-경남중-경남고-동아대

● 롯데 시절부터 수원 구장 성적이 좋았다. 시즌을 앞두고 KT로 이적했고 홈경기 타율 0.263과 원정 경기 타율 0.213의 차이가 컸다. 신본기는 수원이 딱. 안정적 수비를 바탕으로 내야 백업 역할을 맡았다. 한국시리즈 3차전에서 부상당한 박경수 대신 4차전 선발 출전해 깜짝 놀랄만한 결정적 홈런을 때렸고 우승 반지를 꼈다.

기본기록

연도	경기	타석	타수	안타	2루타	3루타	홈런	타점	득점	볼넷	사구	삼진	도루	도루자	타율	출루율	장타율	OPS
2019	121	413	375	96	9	0	1	26	43	24	8	62	3	3	0.256	0.314	0.288	0.602
2020	81	123	106	23	1	0	2	12	18	14	1	22	1	0	0.217	0.311	0.283	0.594
2021	96	206	174	41	8	0	1	19	25	22	4	45	1	2	0.236	0.333	0.299	0.632
통산	802	2184	1896	474	78	2	26	226	259	169	55	409	19	18	0.250	0.327	0.334	0.661

상황별 기록

상황	타석	홈런	볼넷	삼진	타율	출루율	장타율	OPS
전반기	108	0	13	25	0.200	0.314	0.244	0.558
후반기	98	1	9	20	0.274	0.354	0.357	0.711
vs 좌	33	0	3	10	0.167	0.242	0.167	0.409
vs 우	143	0	18	31	0.241	0.355	0.293	0.648
주자있음	102	0	9	18	0.262	0.351	0.345	0.696
주자없음	104	1	13	27	0.211	0.317	0.256	0.573
득점권	62	0	7	11	0.306	0.407	0.429	0.836
노아웃	66	1	5	14	0.250	0.311	0.357	0.668
원아웃	68	0	9	15	0.281	0.382	0.351	0.733
투아웃	72	0	8	16	0.180	0.306	0.197	0.503

팀별 기록

구분	타석	홈런	볼넷	삼진	타율	출루율	장타율	OPS
KIA	22	0	2	4	0.316	0.381	0.368	0.749
LG	13	0	2	2	0.182	0.308	0.182	0.490
NC	34	1	5	6	0.154	0.333	0.269	0.602
SSG	28	0	3	8	0.304	0.385	0.435	0.820
두산	21	0	3	7	0.188	0.350	0.188	0.538
롯데	34	0	4	5	0.310	0.412	0.345	0.757
삼성	15	0	2	4	0.154	0.267	0.231	0.498
키움	21	0	1	5	0.263	0.286	0.368	0.654
한화	18	0	0	4	0.167	0.167	0.167	0.334

심우준 내야수 2

신장 183cm **체중** 75kg **생일** 1995-04-28 **투타** 우투우타 **지명** 14 kt 2차 특별 14순위

연봉 13,000-15,500-26,000 **학교** 송정동초-언북중-경기고

● 풀타임 유격수로 뛰면서 지난해 대비 타격 성적을 크게 끌어올렸다. 꾸준히 성장하다 2020시즌 주춤했던 흐름 반등에 성공했다. 타석당 삼진 비율(14.1%)을 커리어 로우로 끌어내린 것이 결정적이다. 한국시리즈 타율 0.400으로 펄펄 날았다. 입대 시점을 1년 뒤로 미뤘다. 팀 2연패와 함께 항저우 대표팀 승선이 목표다.

기본기록

연도	경기	타석	타수	안타	2루타	3루타	홈런	타점	득점	볼넷	사구	삼진	도루	도루자	타율	출루율	장타율	OPS
2019	138	433	391	109	13	1	3	28	54	23	6	68	24	3	0.279	0.328	0.340	0.668
2020	144	535	476	112	16	3	3	51	58	37	2	98	35	11	0.235	0.291	0.300	0.591
2021	139	460	407	109	20	2	6	48	61	32	4	65	16	6	0.268	0.323	0.371	0.694
통산	887	2531	2305	588	103	12	24	213	312	130	20	422	120	30	0.255	0.299	0.341	0.640

상황별 기록

상황	타석	홈런	볼넷	삼진	타율	출루율	장타율	OPS
전반기	243	4	16	38	0.271	0.325	0.404	0.729
후반기	217	2	16	27	0.265	0.321	0.333	0.654
vs 좌	97	2	11	13	0.349	0.432	0.530	0.962
vs 우	305	2	20	45	0.229	0.282	0.299	0.581
주자있음	219	3	17	24	0.261	0.321	0.364	0.685
주자없음	241	3	15	41	0.274	0.325	0.377	0.702
득점권	128	2	10	16	0.271	0.323	0.402	0.725
노아웃	165	2	11	25	0.329	0.372	0.421	0.793
원아웃	142	1	11	23	0.280	0.348	0.360	0.708
투아웃	153	3	10	17	0.197	0.250	0.331	0.581

팀별 기록

구분	타석	홈런	볼넷	삼진	타율	출루율	장타율	OPS
KIA	61	0	7	9	0.196	0.295	0.275	0.570
LG	50	1	5	4	0.244	0.320	0.356	0.676
NC	45	1	1	7	0.293	0.310	0.415	0.725
SSG	57	3	4	3	0.388	0.436	0.592	1.028
두산	47	0	4	8	0.357	0.413	0.405	0.818
롯데	46	0	4	11	0.195	0.267	0.244	0.511
삼성	58	0	2	7	0.340	0.368	0.415	0.783
키움	51	0	2	7	0.152	0.188	0.196	0.384
한화	45	1	3	9	0.231	0.289	0.436	0.725

오윤석 내야수 4

신장 180cm **체중** 87kg **생일** 1992-02-24 **투타** 우투우타 **지명** 14 롯데 육성선수

연봉 4,000-6,000-9,000 **학교** 화중초-자양중-경기고-연세대

● 지난해 트레이드 마감 시한을 앞두고 포수 김준태와 함께 영입됐다. 전력상 약점을 메우기 보다는 포스트시즌 엔트리 뎁스 강화를 위한 선택이었다. 주 포지션은 2루지만 1루와 3루를 지키는 경우도 많았다. 트레이드 뒤 9월초까지 쏠쏠한 활약을 펼쳤다. KT 내야 뎁스는 비교적 두터운 편. 타격에서의 장점을 확실히 어필해야 한다.

기본기록

연도	경기	타석	타수	안타	2루타	3루타	홈런	타점	득점	볼넷	사구	삼진	도루	도루자	타율	출루율	장타율	OPS
2019	76	228	198	44	2	0	1	21	21	20	2	43	0	0	0.222	0.295	0.247	0.542
2020	63	197	168	50	7	1	4	32	31	24	2	47	2	1	0.298	0.388	0.423	0.811
2021	97	198	164	40	11	0	4	16	23	27	2	47	4	0	0.244	0.358	0.384	0.742
통산	278	672	575	145	21	1	10	72	85	74	6	150	6	1	0.252	0.340	0.344	0.684

상황별 기록

상황	타석	홈런	볼넷	삼진	타율	출루율	장타율	OPS
전반기	76	2	7	21	0.232	0.303	0.420	0.723
후반기	122	2	20	26	0.253	0.393	0.358	0.751
vs 좌	63	1	11	15	0.220	0.361	0.360	0.721
vs 우	115	3	14	30	0.260	0.366	0.406	0.772
주자있음	101	2	17	26	0.179	0.333	0.321	0.654
주자없음	97	2	10	21	0.302	0.381	0.442	0.823
득점권	64	1	11	15	0.160	0.323	0.280	0.603
노아웃	64	1	6	18	0.340	0.407	0.491	0.898
원아웃	58	1	8	12	0.184	0.310	0.306	0.616
투아웃	76	2	13	17	0.210	0.355	0.355	0.710

팀별 기록

구분	타석	홈런	볼넷	삼진	타율	출루율	장타율	OPS
KIA	23	1	3	3	0.158	0.304	0.368	0.672
LG	25	0	2	7	0.143	0.217	0.143	0.360
NC	15	0	3	2	0.250	0.400	0.417	0.817
SSG	23	0	2	4	0.316	0.381	0.316	0.697
두산	25	1	4	9	0.333	0.440	0.619	1.059
롯데	10	0	3	1	0.143	0.400	0.143	0.543
삼성	27	0	2	6	0.250	0.308	0.292	0.600
키움	16	0	4	4	0.273	0.500	0.364	0.864
한화	29	2	4	9	0.240	0.345	0.560	0.905

장성우 포수 22

신장 187cm **체중** 100kg **생일** 1990-01-17 **투타** 우투우타 **지명** 08 롯데 1차

연봉 13,500-21,000-50,000 **학교** 감천초-경남중-경남고-영남사이버대

● 이강철 감독은 KT 우승에 가장 큰 공헌을 한 선수로 포수 장성우를 꼽았다. KT의 장점인 투수진을 잘 이끌었다는 평가를 받는다. 통하는 구종을 과감하게 밀어부치는 스타일의 포수 리드를 한다. 경험이 쌓이면서 리드의 안정감도 커졌다. 허리 통증을 안고 뛰는 점이 약점이지만, 노림수를 바탕으로 한 14홈런은 커리어 하이였다.

기본기록

연도	경기	타석	타수	안타	2루타	3루타	홈런	타점	득점	볼넷	사구	삼진	도루	도루자	타율	출루율	장타율	OPS
2019	127	413	366	96	7	0	7	41	25	35	2	86	0	1	0.262	0.325	0.339	0.664
2020	130	455	400	111	15	0	13	79	39	38	1	64	0	0	0.278	0.337	0.413	0.750
2021	127	460	385	89	13	0	14	63	46	60	3	69	1	2	0.231	0.337	0.374	0.711
통산	974	2952	2578	662	93	2	71	388	269	290	12	534	6	11	0.257	0.330	0.377	0.707

상황별 기록

상황	타석	홈런	볼넷	삼진	타율	출루율	장타율	OPS
전반기	231	9	28	31	0.236	0.336	0.410	0.746
후반기	229	5	32	38	0.226	0.338	0.337	0.675
vs 좌	113	3	12	15	0.293	0.369	0.414	0.783
vs 우	282	7	37	44	0.200	0.312	0.319	0.631
주자있음	232	4	24	30	0.218	0.309	0.332	0.641
주자없음	228	10	36	39	0.245	0.364	0.417	0.781
득점권	141	2	20	19	0.239	0.358	0.339	0.697
노아웃	152	10	18	17	0.325	0.420	0.577	0.997
원아웃	158	2	20	29	0.237	0.329	0.356	0.685
투아웃	150	2	22	23	0.134	0.267	0.197	0.464

팀별 기록

구분	타석	홈런	볼넷	삼진	타율	출루율	장타율	OPS
KIA	48	2	9	5	0.256	0.396	0.462	0.858
LG	56	1	6	14	0.188	0.291	0.271	0.562
NC	53	1	9	8	0.295	0.415	0.409	0.824
SSG	67	1	12	13	0.240	0.385	0.380	0.765
두산	31	0	2	5	0.111	0.172	0.111	0.283
롯데	51	0	6	9	0.182	0.280	0.205	0.485
삼성	52	7	2	6	0.286	0.314	0.735	1.049
키움	55	1	8	6	0.256	0.377	0.349	0.726
한화	47	1	6	3	0.220	0.319	0.317	0.636

조용호 외야수 23

신장 170cm **체중** 75kg **생일** 1989-09-09 **투타** 우투좌타 **지명** 14 SK 육성선수

연봉 7,000-13,000-24,000 **학교** 성동초-잠신중-야탑고-단국대

● 2020시즌 보다 성적이 떨어졌다. 선구안에 매우 능하지만 시행착오를 겪었다. 시즌 막판 포수 쪽으로 누운 타격폼에서 허리를 세우는 타격폼으로 바꾸면서 반등의 가능성을 찾았다. 한국시리즈에서 1번 타자로 역할을 다시 부여받았고 시리즈 출루율 0.429를 기록했다. 야구선수로 수술을 6번이나 받은 오뚝이다.

기본기록

연도	경기	타석	타수	안타	2루타	3루타	홈런	타점	득점	볼넷	사구	삼진	도루	도루자	타율	출루율	장타율	OPS
2019	87	211	188	55	6	3	0	19	15	21	0	28	3	4	0.293	0.364	0.356	0.720
2020	132	482	409	121	15	0	0	32	73	64	2	83	12	3	0.296	0.392	0.333	0.725
2021	138	515	428	101	14	1	0	48	71	74	3	85	12	9	0.236	0.349	0.273	0.622
통산	442	1447	1229	330	42	5	0	109	197	184	8	240	38	19	0.269	0.366	0.311	0.677

상황별 기록

상황	타석	홈런	볼넷	삼진	타율	출루율	장타율	OPS
전반기	302	0	52	40	0.255	0.387	0.292	0.679
후반기	213	0	22	45	0.211	0.295	0.249	0.544
vs 좌	121	0	15	23	0.221	0.317	0.269	0.586
vs 우	333	0	54	50	0.237	0.364	0.274	0.638
주자있음	204	0	18	26	0.297	0.357	0.366	0.723
주자없음	311	0	56	59	0.194	0.344	0.209	0.553
득점권	137	0	15	19	0.330	0.397	0.417	0.814
노아웃	240	0	42	41	0.219	0.357	0.234	0.591
원아웃	130	0	15	17	0.284	0.369	0.339	0.708
투아웃	145	0	17	27	0.220	0.317	0.276	0.593

팀별 기록

구분	타석	홈런	볼넷	삼진	타율	출루율	장타율	OPS
KIA	70	0	6	12	0.283	0.353	0.333	0.686
LG	63	0	5	9	0.304	0.355	0.393	0.748
NC	58	0	14	9	0.205	0.397	0.227	0.624
SSG	52	0	7	9	0.289	0.385	0.356	0.741
두산	53	0	5	15	0.217	0.288	0.217	0.505
롯데	56	0	10	6	0.244	0.375	0.267	0.642
삼성	53	0	5	9	0.133	0.231	0.156	0.387
키움	53	0	7	7	0.200	0.321	0.200	0.521
한화	57	0	15	9	0.214	0.421	0.262	0.683

김태오 투수 20

신장 183cm **체중** 84kg **생일** 1997-07-29 **투타** 좌투좌타 **지명** 16 kt 2차 5라운드 41순위

연봉 0-3,300-3,400 **학교** 연현초-양천중-서울고

연도	경기	선발	승	패	세이브	홀드	이닝	안타	홈런	볼넷	사구	삼진	피안타율	WHIP	FIP	ERA	QS	BS
2019	4	0	0	0	0	0	3.0	7	0	3	1	0	0.438	3.33	7.40	6.00	0	0
2020	0	0	0	0	0	0	0.0	0	0	0	0	0	-	-	-	-	0	0
2021	0	0	0	0	0	0	0.0	0	0	0	0	0	-	-	-	-	0	0
통산	12	4	1	2	0	0	24.0	39	4	12	3	14	0.368	2.13	6.65	6.00	0	0

류희운 투수 29

신장 191cm **체중** 103kg **생일** 1995-06-19 **투타** 우투우타 **지명** 14 kt 우선지명

연봉 3,500-3,800-3,300 **학교** 남신초-천안북중-북일고

연도	경기	선발	승	패	세이브	홀드	이닝	안타	홈런	볼넷	사구	삼진	피안타율	WHIP	FIP	ERA	QS	BS
2019	1	1	0	1	0	0	2.1	8	0	2	0	1	0.571	4.29	5.12	23.14	0	0
2020	7	0	0	1	0	0	8.1	14	1	4	0	7	0.389	2.16	4.88	10.80	0	0
2021	0	0	0	0	0	0	0.0	0	0	0	0	0	-	-	-	-	0	0
통산	66	17	5	7	0	1	144.0	187	31	76	10	91	0.316	1.83	7.08	7.44	2	0

신범준 투수 109

신장 189cm **체중** 78kg **생일** 2002-06-01 **투타** 우투우타 **지명** 21 KT 1차

연봉 3,000-3,000 **학교** 수원영통-매향중-장안고

연도	경기	선발	승	패	세이브	홀드	이닝	안타	홈런	볼넷	사구	삼진	피안타율	WHIP	FIP	ERA	QS	BS
2019																		
2020																		
2021	0	0	0	0	0	0	0.0	0	0	0	0	0	-	-	-	-	0	0
통산	0	0	0	0	0	0	0.0	0	0	0	0	0	-	-	-	-	0	0

신병률 투수 15

신장 175cm **체중** 83kg **생일** 1996-01-30 **투타** 우투우타 **지명** 18 kt 2차 6라운드 51순위

연봉 0-3,100-3,100 **학교** 둔촌초-잠신중-휘문고-단국대

연도	경기	선발	승	패	세이브	홀드	이닝	안타	홈런	볼넷	사구	삼진	피안타율	WHIP	FIP	ERA	QS	BS
2019	0	0	0	0	0	0	0.0	0	0	0	0	0	-	-	-	-	0	0
2020	0	0	0	0	0	0	0.0	0	0	0	0	0	-	-	-	-	0	0
2021	0	0	0	0	0	0	0.0	0	0	0	0	0	-	-	-	-	0	0
통산	21	1	0	0	1	2	25.2	35	6	7	3	14	0.327	1.64	6.95	7.01	0	0

안현준 투수 49

신장 187cm **체중** 85kg **생일** 1995-03-23 **투타** 우투우타 **지명** 14 kt 2차 4라운드 36순위

연봉 3,200-3,200-3,200 **학교** 내덕초-청주중-세광고

연도	경기	선발	승	패	세이브	홀드	이닝	안타	홈런	볼넷	사구	삼진	피안타율	WHIP	FIP	ERA	QS	BS
2019	0	0	0	0	0	0	0.0	0	0	0	0	0	-	-	-	-	0	0
2020	1	0	0	0	0	0	0.1	2	0	2	0	0	0.667	9.99	21.56	99.99	0	0
2021	0	0	0	0	0	0	0.0	0	0	0	0	0	-	-	-	-	0	0
통산	25	0	0	0	0	0	28.1	36	3	23	3	37	0.300	2.08	21.56	6.67	0	0

이상우 투수 63

신장 190cm **체중** 95kg **생일** 2003-10-14 **투타** 우투우타 **지명** 22 KT 2차 1라운드 8순위

연봉 3,000 **학교** 연현초–수원북중–유신고

연도	경기	선발	승	패	세이브	홀드	이닝	안타	홈런	볼넷	사구	삼진	피안타율	WHIP	FIP	ERA	QS	BS
2019																		
2020																		
2021																		
통산																		

이정현 투수 51

신장 188cm **체중** 93kg **생일** 1997-12-05 **투타** 우투우타 **지명** 17 kt 2차 1라운드 1순위

연봉 3,300-3,300-3,500 **학교** 무학초–마산동중–용마고

연도	경기	선발	승	패	세이브	홀드	이닝	안타	홈런	볼넷	사구	삼진	피안타율	WHIP	FIP	ERA	QS	BS
2019	9	2	0	2	0	0	12.0	12	3	8	0	9	0.261	1.67	7.15	9.75	0	0
2020	0	0	0	0	0	0	0.0	0	0	0	0	0	-	-	-	-	0	0
2021	2	1	0	1	0	0	8.2	12	3	5	0	1	0.364	1.96	9.33	9.35	0	0
통산	11	3	0	3	0	0	20.2	24	6	13	0	10	0.304	1.79	8.07	9.58	0	0

전유수 투수 31

신장 185cm **체중** 95kg **생일** 1986-11-29 **투타** 우투좌타 **지명** 05 현대 2차 8라운드 58

연봉 10,000-10,500-8,000 **학교** 여고초–사직중–부경고

연도	경기	선발	승	패	세이브	홀드	이닝	안타	홈런	볼넷	사구	삼진	피안타율	WHIP	FIP	ERA	QS	BS
2019	62	1	3	1	1	7	66.1	66	2	18	4	46	0.260	1.27	3.22	3.39	0	0
2020	47	0	5	4	2	3	45.2	46	3	21	3	27	0.272	1.47	4.48	5.12	0	1
2021	11	0	1	0	0	0	10.2	9	1	6	0	9	0.225	1.41	4.55	3.38	0	1
통산	430	1	24	20	6	27	488.0	523	46	221	29	383	0.278	1.52	4.62	4.83	0	6

정성곤 투수 17

신장 176cm **체중** 74kg **생일** 1996-07-10 **투타** 좌투좌타 **지명** 15 kt 2차 2라운드 14순위

연봉 7,500-0-7,500 **학교** 역삼초–휘문중–구리인창고

연도	경기	선발	승	패	세이브	홀드	이닝	안타	홈런	볼넷	사구	삼진	피안타율	WHIP	FIP	ERA	QS	BS
2019	52	0	3	3	8	11	53.2	64	7	22	2	40	0.288	1.60	4.78	5.53	0	4
2020	0	0	0	0	0	0	0.0	0	0	0	0	0	-	-	-	-	0	0
2021	0	0	0	0	0	0	0.0	0	0	0	0	0	-	-	-	-	0	0
통산	150	44	9	28	8	16	310.0	391	46	158	15	222	0.309	1.77	5.81	6.85	7	5

조병욱 투수 39

신장 185cm **체중** 95kg **생일** 1998-06-08 **투타** 우투우타 **지명** 17 kt 1차

연봉 2,700-4,000-3,400 **학교** 화성동양초–매향중–장안고

연도	경기	선발	승	패	세이브	홀드	이닝	안타	홈런	볼넷	사구	삼진	피안타율	WHIP	FIP	ERA	QS	BS
2019	0	0	0	0	0	0	0.0	0	0	0	0	0	-	-	-	-	0	0
2020	9	4	0	1	0	0	28.1	39	4	13	1	11	0.333	1.84	6.10	7.62	0	0
2021	0	0	0	0	0	0	0.0	0	0	0	0	0	-	-	-	-	0	0
통산	9	4	0	1	0	0	28.1	39	4	13	1	11	0.333	1.84	6.10	7.62	0	0

지명성 투수 61

신장 173cm **체중** 65kg **생일** 2002-02-15 **투타** 우투우타 **지명** 21 KT 2차 4라운드 35순위

연봉 3,000-3,200 **학교** 의정부청룡초-배명중-신일고

연도	경기	선발	승	패	세이브	홀드	이닝	안타	홈런	볼넷	사구	삼진	피안타율	WHIP	FIP	ERA	QS	BS
2019	0	0	0	0	0	0	0.0	0	0	0	0	0	-	-	-	-	0	0
2020	0	0	0	0	0	0	0.0	0	0	0	0	0	-	-	-	-	0	0
2021	3	0	1	0	0	0	4.0	1	0	1	1	4	0.077	0.50	2.83	0.00	0	0
통산	3	0	1	0	0	0	4.0	1	0	1	1	4	0.077	0.50	2.83	0.00	0	0

하준호 투수 28

신장 174cm **체중** 78kg **생일** 1989-04-29 **투타** 좌투좌타 **지명** 08 롯데 2차 1라운드 2순위

연봉 4,500-6,000-5,000 **학교** 하단초-대동중-경남고

연도	경기	선발	승	패	세이브	홀드	이닝	안타	홈런	볼넷	사구	삼진	피안타율	WHIP	FIP	ERA	QS	BS
2019	8	0	0	0	0	0	8.0	4	1	4	0	11	0.138	1.00	3.78	1.13	0	0
2020	42	1	0	3	0	5	41.2	38	1	27	2	26	0.239	1.56	4.64	6.05	0	1
2021	10	0	0	0	0	0	12.0	16	2	6	0	10	0.327	1.83	5.33	6.75	0	0
통산	85	2	0	5	0	9	77.0	74	7	53	4	56	0.250	1.65	5.34	6.55	0	1

한지웅 투수 65

신장 189cm **체중** 82kg **생일** 2002-02-15 **투타** 좌투좌타 **지명** 22 KT 2차 2라운드 18순위

연봉 3,000 **학교** 인천시-상인천중-인천고

연도	경기	선발	승	패	세이브	홀드	이닝	안타	홈런	볼넷	사구	삼진	피안타율	WHIP	FIP	ERA	QS	BS
2019																		
2020																		
2021																		
통산																		

한차현 투수 110

신장 180cm **체중** 80kg **생일** 1998-11-30 **투타** 우투우타 **지명** 21 KT 2차 2라운드 15순위

연봉 3,000-3,100 **학교** 남양주-청원중-포철공고-성균관대

연도	경기	선발	승	패	세이브	홀드	이닝	안타	홈런	볼넷	사구	삼진	피안타율	WHIP	FIP	ERA	QS	BS
2019	0	0	0	0	0	0	0.0	0	0	0	0	0	-	-	-	-	0	0
2020	0	0	0	0	0	0	0.0	0	0	0	0	0	-	-	-	-	0	0
2021	3	0	0	0	0	0	3.2	10	3	2	0	3	0.476	3.27	13.97	19.64	0	0
통산	3	0	0	0	0	0	3.2	10	3	2	0	3	0.476	3.27	13.97	19.64	0	0

고명성 내야수 9

신장 178cm **체중** 68kg **생일** 1999-04-16 **투타** 우투우타 **지명** 18 kt 2차 4라운드 31순위

연봉 0-3,000-3,100 **학교** 군산남초-군산남중-군산상고

연도	경기	타석	타수	안타	2루타	3루타	홈런	타점	득점	볼넷	사구	삼진	도루	도루자	타율	출루율	장타율	OPS
2019	30	18	16	2	0	0	0	0	4	2	0	7	0	0	0.125	0.222	0.125	0.347
2020	0	0	0	0	0	0	0	0	0	0	0	0	0	0	-	-	-	-
2021	7	1	1	0	0	0	0	0	1	0	0	0	0	0	0.000	0.000	0.000	0.000
통산	42	21	19	2	0	0	0	0	5	2	0	7	0	0	0.105	0.190	0.105	0.295

고성민 포수 37

신장 180cm **체중** 88kg **생일** 1996-07-10 **투타** 우투우타 **지명** 19 KT 2차 8라운드 71순위

연봉 2,700-0-3,000 **학교** 부산사상구리틀-사직중-부산고-경성대

연도	경기	타석	타수	안타	2루타	3루타	홈런	타점	득점	볼넷	사구	삼진	도루	도루자	타율	출루율	장타율	OPS
2019	0	0	0	0	0	0	0	0	0	0	0	0	0	0	-	-	-	-
2020	0	0	0	0	0	0	0	0	0	0	0	0	0	0	-	-	-	-
2021	0	0	0	0	0	0	0	0	0	0	0	0	0	0	-	-	-	-
통산	0	0	0	0	0	0	0	0	0	0	0	0	0	0	-	-	-	-

김민혁 외야수 53

신장 181cm **체중** 71kg **생일** 1995-11-21 **투타** 우투좌타 **지명** 14 kt 2차 6라운드 56순위

연봉 9,000-6,500-9,000 **학교** 서석초-배재중-배재고

연도	경기	타석	타수	안타	2루타	3루타	홈런	타점	득점	볼넷	사구	삼진	도루	도루자	타율	출루율	장타율	OPS
2019	127	521	466	131	10	1	0	32	68	32	13	61	22	10	0.281	0.341	0.307	0.648
2020	108	249	222	53	5	2	5	25	35	22	2	42	8	4	0.239	0.312	0.347	0.659
2021	75	199	172	55	6	2	1	13	22	20	2	26	6	3	0.320	0.397	0.395	0.792
통산	418	1179	1045	285	24	8	6	80	149	90	19	167	50	25	0.273	0.340	0.328	0.668

김태훈 내야수 45

신장 182cm **체중** 86kg **생일** 1996-03-31 **투타** 우투좌타 **지명** 15 kt 2차 5라운드 53순위

연봉 2,900-3,700-4,100 **학교** 진흥초-평촌중-유신고

연도	경기	타석	타수	안타	2루타	3루타	홈런	타점	득점	볼넷	사구	삼진	도루	도루자	타율	출루율	장타율	OPS
2019	0	0	0	0	0	0	0	0	0	0	0	0	0	0	-	-	-	-
2020	2	3	3	0	0	0	0	0	0	0	0	1	0	0	0.000	0.000	0.000	0.000
2021	44	91	87	20	4	1	1	6	6	2	1	19	1	0	0.230	0.256	0.333	0.589
통산	68	138	133	29	5	1	2	8	9	2	1	36	1	0	0.218	0.234	0.316	0.550

문상인 포수 33

신장 185cm **체중** 79kg **생일** 1998-01-31 **투타** 우투우타 **지명** 17 kt 2차 5라운드 41순위

연봉 2800-3200-3200 **학교** 삼성초-개성중-경남고

연도	경기	타석	타수	안타	2루타	3루타	홈런	타점	득점	볼넷	사구	삼진	도루	도루자	타율	출루율	장타율	OPS
2019	0	0	0	0	0	0	0	0	0	0	0	0	0	0	-	-	-	-
2020	3	2	2	0	0	0	0	0	0	0	0	1	0	0	0.000	0.000	0.000	0.000
2021	0	0	0	0	0	0	0	0	0	0	0	0	0	0	-	-	-	-
통산	3	2	2	0	0	0	0	0	0	0	0	1	0	0	0.000	0.000	0.000	0.000

문상철 내야수 24

신장 184cm **체중** 85kg **생일** 1991-04-06 **투타** 우투우타 **지명** 14 kt 2차 특별 11순위

연봉 4,000-6,000-6,600 **학교** 중대초-잠신중-배명고-고려대

연도	경기	타석	타수	안타	2루타	3루타	홈런	타점	득점	볼넷	사구	삼진	도루	도루자	타율	출루율	장타율	OPS
2019	33	68	60	12	1	0	2	7	8	4	2	26	2	0	0.200	0.265	0.317	0.582
2020	74	172	154	40	3	2	8	25	24	11	2	43	0	1	0.260	0.314	0.461	0.775
2021	53	106	96	21	6	0	2	16	14	8	2	33	2	0	0.219	0.292	0.344	0.636
통산	259	521	470	102	20	2	15	61	65	34	8	160	5	1	0.217	0.279	0.364	0.643

안치영 내야수 57

신장 176cm **체중** 72kg **생일** 1998-05-29 **투타** 우투좌타 **지명** 17 kt 2차 6라운드 51순위

연봉 0-0-3,000 **학교** 부천원미-천안북중-북일고

연도	경기	타석	타수	안타	2루타	3루타	홈런	타점	득점	볼넷	사구	삼진	도루	도루자	타율	출루율	장타율	OPS
2019	5	7	6	1	0	0	0	0	1	0	1	2	0	0	0.167	0.286	0.167	0.453
2020	0	0	0	0	0	0	0	0	0	0	0	0	0	0	-	-	-	-
2021	0	0	0	0	0	0	0	0	0	0	0	0	0	0	-	-	-	-
통산	26	29	24	4	1	0	0	0	5	1	2	8	1	2	0.167	0.259	0.208	0.467

안현민 포수 102

신장 183cm **체중** 90kg **생일** 2003-08-22 **투타** 우투우타 **지명** 22 KT 2차 4라운드 38순위

연봉 3,000 **학교** 김해리틀-개성중-마산고

연도	경기	타석	타수	안타	2루타	3루타	홈런	타점	득점	볼넷	사구	삼진	도루	도루자	타율	출루율	장타율	OPS
2019																		
2020																		
2021																		
통산																		

유준규 내야수 13

신장 184cm **체중** 85kg **생일** 2002-08-16 **투타** 우투좌타 **지명** 21 KT 2차 3라운드 25순위

연봉 3,000-3,000 **학교** 군산신풍초-군산중-군산상고

연도	경기	타석	타수	안타	2루타	3루타	홈런	타점	득점	볼넷	사구	삼진	도루	도루자	타율	출루율	장타율	OPS
2019																		
2020																		
2021	0	0	0	0	0	0	0	0	0	0	0	0	0	0	-	-	-	-
통산	0	0	0	0	0	0	0	0	0	0	0	0	0	0	-	-	-	-

윤준혁 내야수 68

신장 186cm **체중** 86kg **생일** 2001-07-26 **투타** 우투우타 **지명** 20 KT 2차 4라운드 32순위

연봉 2,700-3,000-3,000 **학교** 은평리틀-충암중-충암고

연도	경기	타석	타수	안타	2루타	3루타	홈런	타점	득점	볼넷	사구	삼진	도루	도루자	타율	출루율	장타율	OPS
2019																		
2020	0	0	0	0	0	0	0	0	0	0	0	0	0	0	-	-	-	-
2021	0	0	0	0	0	0	0	0	0	0	0	0	0	0	-	-	-	-
통산	0	0	0	0	0	0	0	0	0	0	0	0	0	0	-	-	-	-

정주후 내야수 16

신장 176cm **체중** 69kg **생일** 1995-06-26 **투타** 우투좌타 **지명** 15 kt 2차 3라운드 33순위

연봉 3,000-3,300-3,200 **학교** 서석초-충장중-광주제일고

연도	경기	타석	타수	안타	2루타	3루타	홈런	타점	득점	볼넷	사구	삼진	도루	도루자	타율	출루율	장타율	OPS
2019	0	0	0	0	0	0	0	0	0	0	0	0	0	0	-	-	-	-
2020	10	2	1	0	0	0	0	0	3	1	0	0	0	1	0.000	0.500	0.000	0.500
2021	0	0	0	0	0	0	0	0	0	0	0	0	0	0	-	-	-	-
통산	29	7	6	0	0	0	0	0	8	1	0	1	1	1	0.000	0.143	0.000	0.143

조대현 포수 42

신장 183cm **체중** 81kg **생일** 1999-08-06 **투타** 우투우타 **지명** 18 kt 2차 10라운드 91순위

연봉 0-3,000-3,000 **학교** 길동초-매송중-유신고

연도	경기	타석	타수	안타	2루타	3루타	홈런	타점	득점	볼넷	사구	삼진	도루	도루자	타율	출루율	장타율	OPS
2019	0	0	0	0	0	0	0	0	0	0	0	0	0	0	-	-	-	-
2020	0	0	0	0	0	0	0	0	0	0	0	0	0	0	-	-	-	-
2021	0	0	0	0	0	0	0	0	0	0	0	0	0	0	-	-	-	-
통산	0	0	0	0	0	0	0	0	0	0	0	0	0	0	-	-	-	-

천성호 내야수 54

신장 183cm **체중** 85kg **생일** 1997-10-30 **투타** 우투좌타 **지명** 20 KT 2차 2라운드 12순위

연봉 2,700-4,000-4,400 **학교** 광주화정초-충장중-진흥고-단국대

연도	경기	타석	타수	안타	2루타	3루타	홈런	타점	득점	볼넷	사구	삼진	도루	도루자	타율	출루율	장타율	OPS
2019	0	0	0	0	0	0	0	0	0	0	0	0	0	0	-	-	-	-
2020	66	77	69	14	3	0	0	1	9	7	1	15	1	1	0.203	0.286	0.246	0.532
2021	41	47	42	12	1	0	0	4	13	3	2	9	1	0	0.286	0.362	0.310	0.672
통산	107	124	111	26	4	0	0	5	22	10	3	24	2	1	0.234	0.315	0.270	0.585

홍현빈 외야수 8

신장 174cm **체중** 70kg **생일** 1997-08-29 **투타** 우투좌타 **지명** 17 kt 2차 3라운드 21순위

연봉 2,900-3,400-4,000 **학교** 신곡초-매송중-유신고

연도	경기	타석	타수	안타	2루타	3루타	홈런	타점	득점	볼넷	사구	삼진	도루	도루자	타율	출루율	장타율	OPS
2019	0	0	0	0	0	0	0	0	0	0	0	0	0	0	-	-	-	-
2020	40	24	18	0	0	0	0	1	5	5	0	5	0	1	0.000	0.217	0.000	0.217
2021	43	12	11	2	0	0	0	0	8	0	0	8	0	1	0.182	0.182	0.182	0.364
통산	105	57	48	5	0	0	0	2	16	7	0	22	2	2	0.104	0.218	0.104	0.322

PLAYER LIST

육성선수

성명	포지션	등번호	생일	신장	체중	투타	최초입단연도	최초입단구단	연봉
김병준	외야수	106	2003-07-03	175	80	우좌	2022	KT 위즈	3,000
권성준	투수	105	2003-03-09	185	88	좌좌	2022	KT 위즈	3,000
송현제	투수	107	1999-04-29	179	90	우우	2022	KT 위즈	3,000
안광준	투수	108	1999-11-26	183	79	우우	2022	KT 위즈	3,000
우종휘	투수	101	2003-12-15	187	90	좌좌	2022	KT 위즈	3,000
정정우	투수	104	2004-01-13	186	83	우양	2022	KT 위즈	3,000
최동희	외야수	103	2003-07-26	184	80	우우	2022	KT 위즈	3,000
김영현	투수	97	2002-08-18	178	81	우우	2021	KT 위즈	3,000
김한별	투수	94	1997-09-03	185	84	우좌	2016	NC 다이노스	3,000
박시윤	투수	67	1999-03-08	185	90	좌좌	2018	KT 위즈	2,700
박주현	투수	99	1999-08-03	184	83	좌좌	2018	KT 위즈	2,700
윤강찬	투수	91	1998-04-24	185	72	우우	2018	KT 위즈	2,700
이종혁	투수	66	1997-05-29	190	86	우우	2017	KT 위즈	3,100
임도혁	투수	56	1997-10-09	184	74	우우	2016	KT 위즈	2,700
전용주	투수	64	2000-02-12	188	87	좌좌	2019	KT 위즈	2,800
김만수	포수	5	1996-04-18	180	80	우우	2015	KT 위즈	3,100
김대현	내야수	98	1998-01-13	183	86	우우	2021	KT 위즈	2,700
김성균	내야수	93	2001-07-06	185	93	좌좌	2020	KT 위즈	3,000
문상준	내야수	0	2001-03-14	183	80	우우	2020	KT 위즈	3,000
양승혁	내야수	92	1999-09-29	173	68	우좌	2018	KT 위즈	2,700
한기원	내야수	55	1998-03-10	182	130	우우	2017	KT 위즈	2,700
전진영	외야수	96	1998-04-30	177	77	우좌	2021	KT 위즈	2,700
최성민	외야수	69	2002-07-05	179	84	좌좌	2021	KT 위즈	3,000
백선기	외야수	35	1998-08-27	186	70	좌좌	2018	KT 위즈	2,700

군보류

성명	포지션	생일	신장	체중	투타	최초입단연도	최초입단구단	입대일	전역일
박세진	투수	1997-06-27	178	93	좌좌	2016	KT 위즈	2021-01-28	2022-10-27
이정훈	투수	2000-09-08	183	80	좌좌	2019	KT 위즈	2020-11-10	2022-05-09
김 민	투수	1999-04-14	185	88	우우	2018	KT 위즈	2021-03-22	2022-09-20
손동현	투수	2001-01-23	183	88	우좌	2019	KT 위즈	2021-03-22	2022-09-21
김성훈	투수	1996-02-25	181	82	우우	2019	KT 위즈	2021-08-12	2023-05-11
한지용	포수	2001-07-20	184	90	우좌	2020	KT 위즈	2020-10-06	2022-04-05
강현우	포수	2001-04-13	180	90	우우	2020	KT 위즈	2021-05-10	2022-11-09
이상동	내야수	1995-11-24	181	88	우우	2019	KT 위즈	2021-07-08	2023-01-07
김성훈	내야수	1993-10-27	172	68	우좌	2016	삼성 라이온즈	2020-08-18	2022-02-17
박준혁	외야수	1999-08-30	184	76	우우	2018	KT 위즈	2020-10-06	2022-06.04
김건형	외야수	1996-07-12	182	83	우좌	2021	KT 위즈	2021-08-31	2023-03-01

육성군보류

성명	포지션	생일	신장	체중	투타	최초입단연도	최초입단구단	입대일	전역일
서경찬	투수	2001-03-08	188	96	우우	2020	KT 위즈	2020-11-03	2022-05-02
여도건	투수	2000-03-15	182	95	좌좌	2020	KT 위즈	2020-10-06	2022-04-05
이선우	투수	2000-09-19	186	90	우우	2019	KT 위즈	2020-02-22	2022-08-21
박민석	내야수	2000-04-13	180	77	우우	2019	KT 위즈	2020-02-04	2022-12-31
지강혁	내야수	2000-08-14	181	80	우좌	2019	KT 위즈	2020-11-03	2022-05-29
강민성	내야수	1999-12-08	180	85	우우	2019	KT 위즈	2021-04-27	2022-10-26

11:10
飛 上 2020 승리의 kt wiz!!!
한세대학교
쫀득초코칩
대방건설
skylife
kt estate
발머스
홈런볼
개교 50주년 수원여자대학교
동수원병원 동수원 한방병원
02-114
226

kt 5G
국민보안 kt 텔레캅
kt wiz

DOOSAN BEARS
두산 베어스

2015년 시작된 두산 왕조는 지난해 붕괴 위기에 몰린 듯 했다. 해마다 주축 선수를 FA로 잃은데다 베테랑 야수들의 노쇠화가 심해졌고 토종 선발진이 무너졌으며 '화수분'도 바닥을 보이는 듯 했다. 포스트시즌 행조차 쉽지 않아 보였던 위기에서, 두산은 또 길을 찾았다. 미란다가 역사적인 삼진쇼를 펼치며 리그 최고의 에이스로 등극했고, LG에서 트레이드 해 온 양석환이 기대를 뛰어넘는 대활약으로 오재일이 떠난 자리를 메웠다. 포스트시즌에서는 미란다까지 부상으로 이탈했지만, 다른 선수들이 타의 추종을 불허하는 가을야구 경험으로 이겨냈다. 사상 최초로 와일드카드 결정전부터 시작해 7년 연속 한국시리즈에 오르는 신화를 썼다. 아쉽게 우승을 놓쳤지만 모두가 두산에게 박수를 보냈다.

2021 좋았던 일

양석환과 박계범이 없었다면 2021년의 두산은 어떻게 됐을까. 2020년의 홍건희, 이승진에 이어 또 한 번 FA가 아닌 방법으로 다른 팀의 선수를 데려와 잭팟을 터뜨렸다. 특히 2021년의 움직임은 눈에 띄는 부분이 있다. 양석환과 박계범, 강승호 모두 오른손 타자다. KBO 리그에는 좌타자가 급증하고 있는데, 2020년까지 가장 '좌편향'이 심했던 팀이 두산이다. 2020년 두산 타선은 전체 타석의 65.6%인 3,825번 좌타석에 들어섰다. 프로야구 역사상 최고 기록이다. 좌타자를 잘 잡는 투수진에는 치명적인 약점을 갖고 있었던 거다. 세 타자의 영입으로 지난해 두산의 좌타자는 2,680타석으로 전년도보다 1,200타석 가까이 급감해 리그 5위로 내려갔다. 좋은 우타자가 갈수록 드물어지는 시대라 더욱 지혜로운 선택이었다.

2021 나빴던 일

7월 3일 '방역 파문'으로 리그가 중단됐을 때, 두산의 순위는 7위였다. 후반기에는 전체 승률 1위(0.574)를 기록하며 포스트시즌 행에 성공했다. 그래서 많은 사람들이 의문을 품는다. '두산 그룹 출신인 총재가 리그를 조기 중단시키지 않았다면, 두산의 반전은 가능했을까?' 평행 세계를 알 방법은 없다. 정지택 전 총재가 정말 '두산 봐주기'를 위해 그런 결정을 한 것인지, 아니면 당시 한국 사회 전체가 심각하게 느꼈던 코로나 19 상황에 대한 '순수한 선제 대응'이었던 건지는 정 전 총재 본인만 안다. 확실한 건 정 전 총재의 리그 내 위상과 당시 이사회 발언을 보면 충분히 의혹이 제기될 만 하다는 것. 더 신중하고 공정할 수 있었다는 것이다. 총재의 행동 때문에 선수들의 땀의 가치가 공격받는 일은 이제 그만.

김태형 감독 88

신장	175cm	체중	82kg	생일	1967-09-12	투타	우투우타
연봉	70,000-70,000-70,000			학교	화계초-신일중-신일고-단국대		

2015년 감독 부임 이후 가장 낮은 승률과 순위. 하지만 김태형 감독의 2021년을 실패라 규정할 사람은 아무도 없다. 전반기 7위에 처져 있던 팀을 끝내 포스트시즌에 진출시켰고, 가을잔치에서는 상대 감독들에게 '단기전 운영 개론'을 강의하듯 압도했다. '더 중요한 순간, 경기일수록 더 빨리 움직인다'라는, 어찌 보면 단순한 원칙을 평소처럼 실천했을 뿐인데, 다른 감독들은 승부의 중압감과 '김태형의 존재'에 스스로 미리를 복잡하게 만들다 무너지는 듯한 모습도 보였다. 통산 승률 0.592로 김영덕 감독(0.597)에 이어 2위. 하지만 김영덕 감독이 활동한 1980년대와 달리, 지금은 FA제도가 있나. 두산처럼 부유하지 않은 강팀은 주축 선수를 줄줄이 잃게 돼 있다. 김태형 감독은 올해도 박건우의 대안을 찾아야 한다.

구단 정보

창단	연고지	홈구장	우승	홈페이지
1982	서울	잠실야구장	6회(82,95,01,15,16,19)	www.doosanbears.com

2021시즌 성적

순위	경기	승	패	무	승률
2	144	71	65	8	0.522
타율	**출루율**	**장타율**	**홈런**	**도루**	**실책**
0.268(2)	0.350(4)	0.390(5)	110(4)	81(8)	89(3)
ERA	**선발ERA**	**구원ERA**	**탈삼진**	**볼넷허용**	**피홈런**
4.26(3)	4.41(5)	4.06(2)	1,045(5)	587(5)	104(4)

최근 10시즌 성적

연도	순위	승	패	무	승률
2011	5	61	70	2	0.466
2012	3	68	62	3	0.523
2013	2	71	54	3	0.568
2014	6	59	68	1	0.465
2015	1	79	65	0	0.549
2016	1	93	50	1	0.65
2017	2	84	57	3	0.596
2018	1	93	51	0	0.646
2019	1	88	55	1	0.615
2020	2	79	61	4	0.564

2021시즌 월별 성적

월	순위	승	패	무	승률
4	4	12	11	0	0.522
5	4	12	10	0	0.545
6	8	10	15	0	0.400
7-8	8	8	11	2	0.421
9	1	16	8	3	0.667
10	3	13	10	3	0.565
포스트		5	6	0	

COACHING STAFF

코칭스태프

성명	보직	등번호	생일	신장	체중	투타	출신교
강석천	수석	86	1967-12-07	185	87	우투우타	대전고-인하대
정재훈	투수	73	1980-01-01	178	83	우투우타	휘문고-성균관대
배영수	투수	91	1981-05-04	184	97	우투우타	경북고
이도형	타격	71	1975-05-24	182	102	우투우타	휘문고
강동우	타격	81	1974-04-20	177	78	좌투좌타	경북고-단국대
고영민	수비	90	1984-02-08	182	73	우투우타	성남고
김주찬	작전	85	1981-03-25	183	94	우투우타	충암고
유재신	주루	70	1987-11-21	179	74	우투우타	북일고
김진수	배터리	80	1979-04-19	180	90	우투우타	경남고-대불대
이복근	퓨처스 감독	75	1962-04-21	179	76	우투우타	충암고-경희대
권명철	퓨처스 투수	82	1969-10-28	183	90	우투우타	인천고-인하대
이정훈	퓨처스 타격	76	1963-08-28	169	80	좌투좌타	상원고-동아대
정병곤	퓨처스 수비	79	1988-03-23	172	74	우투우타	경북고-단국대
정진호	퓨처스 작전	83	1988-10-02	185	78	우투좌타	유신고-중앙대
조경택	퓨처스 배터리	72	1970-11-25	183	94	우투우타	원주고
이광우	트레이닝	77	1965-03-14	182	83	우투우타	군산상고-원광대
박철우	재활군	87	1964-04-12	181	91	좌투좌타	광주일고-동국대
김상진	재활군	84	1970-03-15	182	91	우투우타	마산제일고
김지훈	재활군	74	1973-09-02	182	93	우투우타	신일고-고려대

2022 팀 이슈

2015년 시작된 '두산 왕조'의 원동력 중 하나는 강력한 수비였다. 좌익수를 제외한 전 포지션에 리그 최고의 수비수들이 포진해 상대를 질식시켰다. 2016-2018시즌에는 인플레이 타구를 아웃으로 연결하는 비율인 DER이 전체 1위였다. 왕조의 주역들이 해마다 팀을 이탈하며 두산의 수비력은 조금씩 약화되고 있다. 김재호, 오재원이 모두 후보로 밀려난 지난해에는 DER 66.5%로 전체 9위로 밀렸다. 양석환, 박계범, 강승호, 안재석 등 내야의 새 얼굴들이 정상급의 수비력을 갖추기까지는 시간이 더 필요해 보인다. 게다가 올해는 또 한 명의 국가대표급 수비수인 우익수 박건우가 팀을 떠났다. 수비진이 커버해야 할 면적이 넓은 잠실구장에서 수비력의 중요성은 절대적이다. 두산이 '왕조 2기'를 열기 위해 풀어야 할 중요한 숙제다.

2022 최상 시나리오

미란다가 지난해와 다름없는 위력으로 리그를 평정하고, 스탁이 KBO 리그에서 본 적이 없는 광속구쇼를 펼치며 최강의 2선발로 자리 잡는다. 곽빈이 훨씬 나아진 제구로, 이영하가 훨씬 성숙해진 피칭으로, 최원준과 함께 강력한 '1차 지명 토종 선발 트리오'를 형성한다. 지난해 처음 주전으로 도약한 내야수들이 공수에서 훨씬 나은 기량을 선보이고, 김인태가 박건우의 공백을 완벽하게 지운다. 페르난데스는 타격왕, 김재환은 홈런과 타점왕 경쟁을 펼치며 '개인 타이틀 풍년'을 이룬다. 4년 만에 부상을 떨친 장원준이 마지막 불꽃을 태우며 팀 투수진에 힘을 보태고, 이승진은 2020년의 구위를 되찾아 철벽 셋업맨으로 입지를 굳힌다. 사상 초유의 8년 연속 한국시리즈 진출과 통산 7번째 우승을 달성한 김태형 감독은 '왕조 2기'의 시작을 선언한다.

2022 최악 시나리오

박건우가 빠진 우익수 자리가 약화되면서 팀 수비가 더 흔들린다. 미란다는 지난해 무리한 기색이 역력하고, 스탁은 풀타임 선발 경험이 부족한 티를 내며 시간이 갈수록 구속과 구위가 모두 떨어진다. 지난해 갑자기 너무 많이 던진 곽빈의 성장은 지체된다. 페르난데스는 갈수록 '똑딱이 타자'로 변해가고, 유일한 거포인 김재환은 고립된다. 지난해 주전으로 자리 잡은 젊은 선수들이 한계를 드러내면서, 옛 주역들의 기량이 쇠퇴한 왕조는 붕괴 위기에 놓인다. 결국 8년 연속 한국시리즈 진출이 좌절된다. 다음 시즌을 앞두고 전력 보강을 하고 싶어도 이미 기존 멤버에게 지급해야 하는 액수가 100억 원이 넘는 것으로 계산돼 '샐러리캡 위반' 1호 사례의 불명예를 안는다.

곽빈 투수 47

신장 187cm **체중** 95kg **생일** 1999-05-28

투타 우투우타 **지명** 18 두산 1차

연봉 3,500-3,000-6,500

학교 서울학동초-자양중-배명고

순위기록

항목	기록(순위)	평균
WAR	1.34(54위)	0.55
WPA	-0.30(201위)	0.00
땅볼/뜬공	0.46(146위)	0.99
삼진율(%)	21.1(38위)	18.6
볼넷비율(%)	17.4(146위)	9.9
헛스윙율(%)	25.2(25위)	21.4

기본기록

연도	경기	선발	승	패	세이브	홀드	이닝	안타	홈런	볼넷	사구	삼진	피안타율	WHIP	FIP	ERA	QS	BS
2019	0	0	0	0	0	0	0.0	0	0	0	0	0	-	-	-	-	0	0
2020	0	0	0	0	0	0	0.0	0	0	0	0	0	-	-	-	-	0	0
2021	21	21	4	7	0	0	98.2	78	7	79	12	96	0.221	1.59	5.08	4.10	1	0
통산	53	21	7	8	1	4	129.2	122	13	96	15	122	0.253	1.68	5.08	4.93	1	2

상황별 기록

상황	안타	2루타	3루타	홈런	볼넷	사구	삼진	폭투	보크	피안타율
전반기	30	8	1	1	24	8	23	3	1	0.261
후반기	48	9	2	6	55	4	73	3	0	0.202
vs 좌	42	6	3	3	39	4	50	3	1	0.220
vs 우	36	11	0	4	40	8	46	3	0	0.222
주자없음	40	10	0	5	39	5	52	0	0	0.223
주자있음	38	7	3	2	40	7	44	6	1	0.218
득점권	21	6	1	1	22	6	27	3	0	0.216
만루	3	1	0	0	1	1	6	0	0	0.158

구종별 기록

구종	평균구속	순위	백분율	구사율(%)	피안타율
포심	146	38	12.5%	58.9%	0.240
투심/싱커	-	-	-	-	-
슬라이더/커터	137	22	7.7%	19.3%	0.268
커브	116	162	66.1%	7.5%	0.103
체인지업	129	97	46.4%	6.3%	0.233
포크볼	131	65	48.1%	7.9%	0.125
너클볼/기타	-	-	-	-	-

존별 기록

VS 우타

0.000 0/3	0.000 0/7	0.107 1/6	0.154 2/13	0.000 0/2
0.143 1/7	0.267 4/15	0.222 4/18	0.375 3/8	0.000 0/2
0.000 0/4	0.429 3/7	0.308 4/13	0.000 0/4	0.000 0/3
0.000 0/4	0.385 5/13	0.357 5/14	1.000 2/2	0.000 0/1
0.000 0/4	0.143 1/7	0.200 1/5	- 0/0	- 0/0

VS 좌타

0.000 0/1	0.250 1/4	0.000 0/13	0.400 2/5	0.000 0/2
0.000 0/4	0.200 2/10	0.208 5/24	0.250 3/12	0.200 1/5
0.000 0/4	0.300 3/10	0.125 1/8	0.313 5/16	0.143 1/7
0.000 0/3	0.100 1/10	0.450 9/20	0.625 5/8	0.000 0/1
- 0/0	0.000 0/5	0.111 1/9	0.286 2/7	0.000 0/3

투수 시점

● 곽빈의 야구인생은 모든 지도자들이 명심해야 할 '반면교사'의 표본이다. 초등학생 시절 너무 많이 던졌다가 중학교 때 피로골절을 당해 2년간 피칭을 쉬었다. 간신히 부활하자 국제대회에서 144구를 던졌고 프로 입단 뒤 결국 토미존수술을 받았다. 재활 과정에서 통증이 재발해 첫 단계로 돌아가기를 6번. 끝내 굴하지 않고 3년 만에 1군 마운드로 돌아왔다. 고교 시절 모두를 설레게 했던 엄청난 잠재력이 살아있음을 입증했다. 최고 시속 150km를 넘는 빠른공과 날카로운 슬라이더, 그리고 후반기에 미란다로부터 그립을 배운 포크볼을 주무기로 삼진쇼를 펼쳤다. 후반기 삼진 비율 24.2%는 50이닝 이상 던진 토종투수 중 1위다. 숙제도 명확했다. 거의 삼진 만큼 많은 볼넷을 기록했다. 볼넷 비율 17.4%는 50이닝 이상 던진 투수들 중 가장 높았다. 포스트시즌 4경기에서 훨씬 향상된 제구를 선보여 희망을 키웠다. 올해는 팔꿈치에 위험할 수 있는 포크볼을 줄이고 커브를 늘릴 준비를 하고 있다.

김강률 투수 27

신장 187cm **체중** 95kg **생일** 1988-08-28

투타 우투우타 **지명** 07 두산 2차 4라운드 26순위

연봉 15,000-11,000-22,500

학교 문촌초-일산-장성중-경기고

순위기록

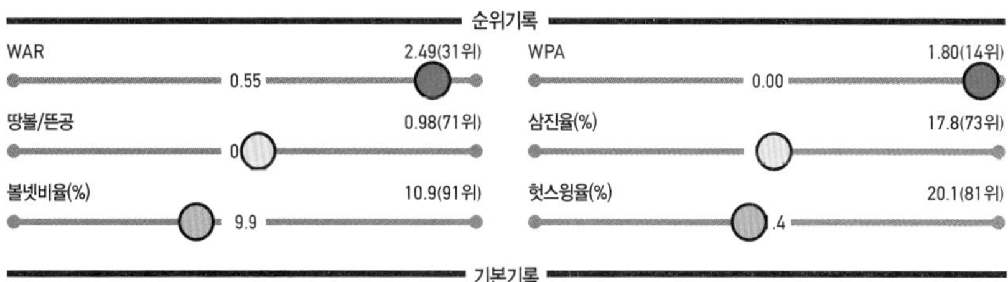

기본기록

연도	경기	선발	승	패	세이브	홀드	이닝	안타	홈런	볼넷	사구	삼진	피안타율	WHIP	FIP	ERA	QS	BS
2019	0	0	0	0	0	0	0.0	0	0	0	0	0	-	-	-	-	0	0
2020	30	0	2	2	0	0	28.0	36	1	20	4	28	0.310	2.00	4.59	3.54	0	0
2021	50	0	3	0	21	3	51.2	54	2	25	1	41	0.271	1.53	3.53	2.09	0	7
통산	337	1	20	8	35	36	384.1	400	28	183	16	329	0.272	1.52	4.31	3.84	0	12

상황별 기록

상황	안타	2루타	3루타	홈런	볼넷	사구	삼진	폭투	보크	피안타율
전반기	26	4	1	2	13	0	22	2	0	0.277
후반기	28	3	1	0	12	1	19	2	0	0.267
vs 좌	25	3	0	1	13	0	23	2	0	0.240
vs 우	29	4	2	1	12	1	18	2	0	0.305
주자없음	33	3	1	2	11	1	12	0	0	0.375
주자있음	21	4	1	0	14	0	29	4	0	0.189
득점권	9	1	1	0	11	0	21	2	0	0.155
만루	1	0	0	0	1	0	3	0	0	0.200

구종별 기록

구종	평균구속	순위	백분율	구사율(%)	피안타율
포심	148	20	6.6%	76.1%	0.287
투심/싱커	-	-	-	-	-
슬라이더/커터	138	13	4.5%	12.2%	0.222
커브	123	31	12.7%	10.3%	0.250
체인지업	-	-	-	-	-
포크볼	138	4	3%	1.4%	0.000
너클볼/기타	-	-	-	-	-

존별 기록

VS 우타

- 0/0	- 0/0	0.000 0/3	0.000 0/4	0.000 0/2
0.000 0/3	0.400 2/5	0.286 2/7	0.750 3/4	0.500 1/2
- 0/0	0.500 3/6	0.364 4/11	0.600 3/5	0.500 1/2
0.000 0/3	0.000 0/7	0.273 3/11	0.600 3/5	0.000 0/1
0.000 0/2	0.333 3/9	0.500 1/2	0.000 0/1	- 0/0

VS 좌타

0.000 0/1	0.000 0/2	0.000 0/4	0.250 1/4	- 0/0
0.000 0/1	0.167 1/6	0.176 3/17	0.143 1/7	0.000 0/1
1.000 1/1	0.125 1/8	0.333 3/9	0.364 4/11	0.500 1/2
0.000 0/1	0.400 2/5	0.500 5/10	0.200 1/5	- 0/0
- 0/0	- 0/0	0.000 0/5	0.250 1/4	- 0/0

투수 시점

● 2년 만에 아킬레스건 부상의 후유증을 떨치고 마무리 투수로 돌아왔다. 최전성기였던 2017년과 비슷한 속도의 직구, 훨씬 빨라진 슬라이더를 앞세워 쏠쏠한 활약을 펼쳤다. 생애 첫 20세이브와 가장 낮은 평균자책점을 기록하며 연봉 인상률 100%를 넘겼다. 하지만 '특급 마무리'로 부르기는 좀 애매하다. 마무리투수 중 가장 높은 WHIP 1.53을 기록했고, 7개의 블론세이브로 공동 1위였다. 높은 쪽이 확대될 스트라이크존의 변화를 누구보다 반길 투수다. 높은 쪽 승부를 즐기고, 흔들릴 때도 높은 쪽 실투가 많기 때문이다. 우투수지만 우타자보다 좌타자를 더 잘 잡는 특이한 성향의 소유자다. 어느덧 두산 유니폼만 16년째. 입단 때 동료였던 선수들은 이제 모두 두산을 떠났다. 대신 다른 팀에서 뛰던 베테랑 임창민과 김지용이 가세해 불펜의 가용자원이 늘어난 점은 김강률에게도 호재다. 올해도 마무리 후보 1순위로 시즌을 시작한다. 어느 겨울보다 건강했다며 자신감에 차 있다.

미란다 투수 57

신장 188cm	체중 86kg	생일 1989-01-10
투타 좌투좌타	지명 21 두산 자유선발	
연봉 550,000-1,600,000		
학교		

순위기록

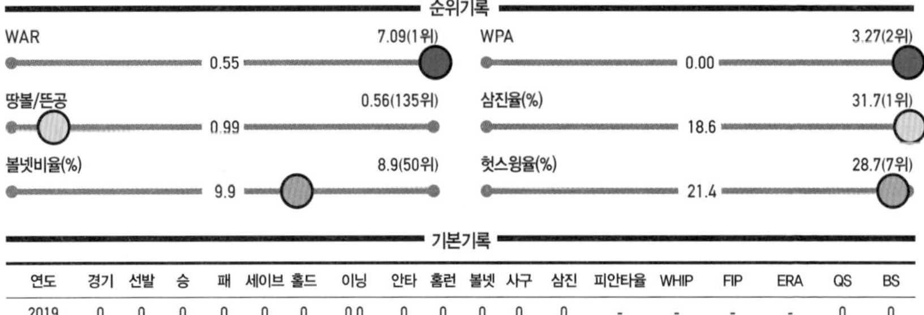

기본기록

연도	경기	선발	승	패	세이브	홀드	이닝	안타	홈런	볼넷	사구	삼진	피안타율	WHIP	FIP	ERA	QS	BS
2019	0	0	0	0	0	0	0.0	0	0	0	0	0	-	-	-	-	0	0
2020	0	0	0	0	0	0	0.0	0	0	0	0	0	-	-	-	-	0	0
2021	28	28	14	5	0	0	173.2	135	11	63	1	225	0.212	1.14	2.67	2.33	21	0
통산	28	28	14	5	0	0	173.2	135	11	63	1	225	0.212	1.14	2.67	2.33	21	0

상황별 기록

상황	안타	2루타	3루타	홈런	볼넷	사구	삼진	폭투	보크	피안타율
전반기	79	12	0	10	37	1	123	7	0	0.223
후반기	56	9	1	1	26	0	102	0	1	0.198
vs 좌	51	5	0	3	26	0	83	2	1	0.209
vs 우	84	16	1	8	37	1	142	5	0	0.213
주자없음	82	14	0	8	41	0	126	0	0	0.214
주자있음	53	7	1	3	22	1	99	7	1	0.208
득점권	25	3	0	1	15	1	46	4	0	0.219
만루	1	1	0	0	2	0	6	0	0	0.125

구종별 기록

구종	평균구속	순위	백분율	구사율(%)	피안타율
포심	146	34	11.2%	60.7%	0.257
투심/싱커	-	-	-	-	-
슬라이더/커터	131	123	42.9%	8.5%	0.194
커브	122	43	17.6%	0%	0.000
체인지업	131	65	31.1%	3.5%	0.176
포크볼	130	85	63%	27.2%	0.137
너클볼/기타	-	-	-	-	-

존별 기록

VS 우타

0.140 1/7	0.000 0/12	0.102 4/22	0.000 0/4	0.000 0/1
0.071 1/14	0.244 10/41	0.176 6/34	0.308 4/13	0.000 0/4
0.308 4/13	0.276 8/29	0.261 6/23	0.167 3/18	0.333 1/3
0.600 3/5	0.229 8/35	0.263 10/38	0.357 5/14	- 0/0
0.000 0/1	0.200 3/15	0.152 5/33	0.133 2/15	- 0/0

VS 좌타

0.500 1/2	0.000 0/4	0.273 3/11	0.000 0/5	- 0/0
0.000 0/3	0.083 1/12	0.250 6/24	0.143 3/21	0.000 0/2
0.286 2/7	0.167 1/6	0.263 5/19	0.258 8/31	0.000 0/3
- 0/0	0.333 1/3	0.364 8/22	0.258 8/31	0.250 1/4
- 0/0	0.333 1/3	0.250 2/8	0.000 0/19	0.000 0/3

투수 시점

● 예상대로 불안해 보였다. 제구가 한국의 좁은 스트라이크존을 만나며 더 흔들렸다. 5월 말, 의외의 조언을 받았다. 주무기 포크볼을 낮게 떨어뜨리는 대신, 높은 곳에서 스트라이크존으로 떨어뜨리면 어떻겠냐는 파격적인 제안이었다. '덜 떨어지는' 포크볼은 실투의 대표 격이지만, 전력분석팀은 스트라이크를 더 잡을 수 있다면 장타 위험을 어느 정도 감수할 수 있다고 봤다. 뜬공의 무덤인 잠실구장의 도움을 받을 수 있기에, 해볼 만한 도박이라고 본 것이다. 이후 미란다는 '전설'이 됐다. 볼넷이 사라지고 많은 이닝을 소화하게 되며 리그 최고의 에이스로 변신했다. 150이닝 이상 던진 투수로는 1989년 선동열에 이어 두 번째로 삼진 비율 30%를 넘기며 1984년 최동원의 역대 최다 탈삼진 기록을 넘어섰다. 생애 가장 많은 이닝을 던져 피로가 누적돼 포스트시즌에 제대로 던지지 못한 게 유일한 흠. 정통 포심 패스트볼과 포크볼의 조합은 길어질 스트라이크존의 공략에도 안성맞춤인 조합이다.

최원준 투수 61

신장 182cm **체중** 91kg	**생일** 1994-12-21
투타 우투우타	**지명** 17 두산 1차
연봉 5,900-16,000-34,000	
학교 수유초-신일중-신일고-동국대	

좌파도
우파도
아님!!!

치우치지
않은
좌우균형!

순위기록

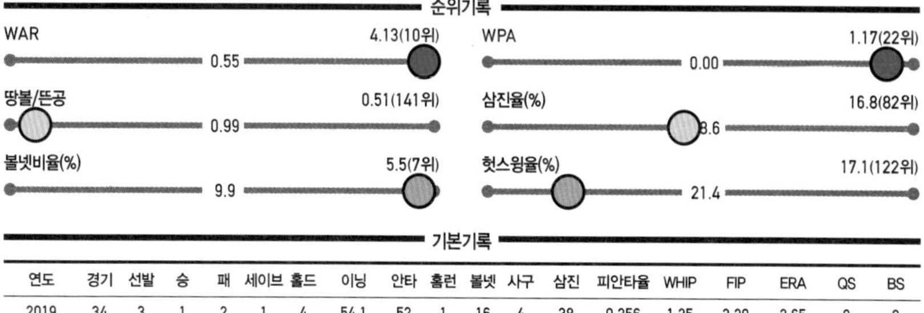

기본기록

연도	경기	선발	승	패	세이브	홀드	이닝	안타	홈런	볼넷	사구	삼진	피안타율	WHIP	FIP	ERA	QS	BS
2019	34	3	1	2	1	4	54.1	52	1	16	4	38	0.256	1.25	3.29	2.65	0	0
2020	42	18	10	2	0	0	123.0	134	15	35	7	94	0.277	1.37	4.64	3.80	4	0
2021	29	29	12	4	0	0	158.1	160	15	37	10	113	0.260	1.24	4.01	3.30	15	0
통산	111	50	23	8	1	4	345.0	368	33	88	26	250	0.272	1.32	4.20	3.57	19	0

상황별 기록

상황	안타	2루타	3루타	홈런	볼넷	사구	삼진	폭투	보크	피안타율
전반기	81	14	2	9	21	7	58	0	0	0.247
후반기	79	17	2	6	16	3	55	0	0	0.274
vs 좌	82	13	3	11	17	4	68	0	0	0.247
vs 우	78	18	1	4	20	6	45	0	0	0.275
주자없음	98	18	3	10	16	7	70	0	0	0.271
주자있음	62	13	1	5	21	3	43	0	0	0.244
득점권	28	7	0	3	12	2	31	0	0	0.207
만루	1	0	0	0	0	0	3	0	0	0.200

구종별 기록

구종	평균구속	순위	백분율	구사율(%)	피안타율
포심	139	240	79.2%	58.1%	0.244
투심/싱커	-	-	-	-	-
슬라이더/커터	126	232	80.8%	27.2%	0.299
커브	111	228	93.1%	2.4%	0.294
체인지업	123	183	87.6%	12.4%	0.247
포크볼	-	-	-	-	-
너클볼/기타	-	-	-	-	-

존별 기록

VS 우타

0.000 0/1	0.000 0/3	0.250 1/4	0.500 1/2	0.000 0/2
0.333 3/9	0.167 3/18	0.129 4/31	0.250 5/20	0.000 0/6
0.259 7/27	0.227 5/22	0.500 16/32	0.333 6/18	0.250 1/4
0.167 3/18	0.318 7/22	0.407 11/27	0.364 4/11	0.000 0/1
0.333 1/3	0.000 0/2	0.000 0/1	- 0/0	- 0/0

VS 좌타

0.000 0/1	- 0/0	0.000 0/3	0.182 2/11	0.000 0/3
0.333 1/3	0.100 1/10	0.343 12/35	0.273 6/22	0.222 2/9
0.333 3/9	0.118 4/34	0.290 9/31	0.333 14/42	0.143 1/7
0.000 0/1	0.188 3/16	0.222 8/36	0.406 13/32	0.182 2/11
0.000 0/1	0.000 0/3	0.000 0/5	0.200 1/5	0.000 0/2

투수 시점

● 2020년의 기세를 이어 더 발전했다. 좁아진 스트라이크존에 아랑곳하지 않고 더욱 적극적으로 공략해 볼넷을 줄인 드문 투수가 됐다. 볼넷 비율 5.5%는 고영표에 이어 리그에서 두 번째로 낮다. 좌타자를 우타자보다 어려워하는 옆구리 투수의 전형적인 약점도 없앴다. '좌타자 잡는 무기'인 체인지업에 대비하는 좌타자에게, 거꾸로 슬라이더 비중을 늘린 게 효과를 본 듯하다. 잠실구장의 특성을 적극적으로 활용하는 투구 전략에도 통달했다. 옆구리 투수는 낮은 쪽을 공략해 땅볼을 유도해야 한다는 통념을 뒤집고, 높은 쪽을 집중 공략해 뜬공을 유도한다. 땅볼아웃/뜬공아웃 비율이 0.52로 선발투수 중 가장 낮을 정도로 대표하는 뜬공 투수다. 올시즌 높은 쪽이 확장될 스트라이크존 변화의 최대 수혜자가 될 가능성이 있다. 4시즌 연속 이닝 수가 급증했고, 3년 연속 포스트시즌까지 치렀으며, 지난해엔 처음으로 태극마크를 달고 올림픽까지 치른 만큼, 올해는 몸 관리에 더욱 신경을 써야 한다.

홍건희 투수 17

신장 187cm **체중** 97kg **생일** 1992-09-29

투타 우투우타 **지명** 11 KIA 2라운드 9순위

연봉 5,300-11,000-25,000

학교 화순초-화순중-화순고

순위기록

WAR 0.55 — 2.92(27위)

WPA 0.00 — 0.60(36위)

땅볼/뜬공 0.99 — 1.19(47위)

삼진율(%) 18.6 — 27.1(6위)

볼넷비율(%) 9.9 — 8.9(51위)

헛스윙율(%) 21.4 — 23.1(47위)

기본기록

연도	경기	선발	승	패	세이브	홀드	이닝	안타	홈런	볼넷	사구	삼진	피안타율	WHIP	FIP	ERA	QS	BS
2019	21	14	2	9	0	0	81.2	112	12	33	3	52	0.333	1.78	5.36	7.16	5	0
2020	60	0	3	4	1	8	68.2	74	8	22	5	60	0.276	1.40	4.50	4.98	0	3
2021	65	0	6	6	3	17	74.1	65	3	27	0	82	0.239	1.24	2.74	2.78	0	5
통산	281	33	18	30	9	30	478.0	560	60	210	17	420	0.296	1.61	4.83	5.57	7	11

상황별 기록

상황	안타	2루타	3루타	홈런	볼넷	사구	삼진	폭투	보크	피안타율
전반기	38	7	0	0	20	0	47	6	1	0.259
후반기	27	4	0	3	7	0	35	1	0	0.216
vs 좌	33	3	0	0	13	0	42	3	0	0.243
vs 우	32	8	0	3	14	0	40	4	1	0.235
주자없음	33	7	0	2	15	0	46	0	0	0.219
주자있음	32	4	0	1	12	0	36	7	1	0.264
득점권	19	3	0	0	9	0	23	4	0	0.271
만루	2	1	0	0	3	0	3	0	0	0.250

구종별 기록

구종	평균구속	순위	백분율	구사율(%)	피안타율
포심	148	17	5.6%	71.7%	0.259
투심/싱커	151	2	1.5%	0.1%	0.000
슬라이더/커터	137	21	7.3%	24.5%	0.182
커브	120	80	32.7%	2.8%	0.222
체인지업	-	-	-	-	-
포크볼	135	14	10.4%	0.9%	1.000
너클볼/기타	-	-	-	-	-

존별 기록

VS 우타

0.000 0/1	0.000 0/3	0.000 0/2	0.250 1/4	- 0/0
0.250 2/8	0.400 2/5	0.143 1/7	0.125 1/8	- 0/0
0.167 1/6	0.100 1/10	0.333 4/12	0.375 3/8	0.500 1/2
0.000 0/3	0.188 3/16	0.438 7/16	0.250 2/8	0.000 0/1
0.000 0/2	0.222 2/9	0.200 1/5	- 0/0	- 0/0

VS 좌타

0.500 1/2	0.000 0/4	0.000 0/4	0.000 0/4	0.000 0/1
0.500 2/4	0.167 1/6	0.100 1/10	0.429 3/7	0.000 0/1
0.000 0/2	0.167 1/6	0.333 2/6	0.400 4/10	0.667 2/3
0.000 0/1	0.286 2/7	0.467 7/15	0.188 3/16	- 0/0
0.000 0/5	0.000 0/3	0.188 3/16	0.333 1/3	- 0/0

투수 시점

● 최고의 구원투수는 누구인가? 답은 기준에 따라 다른데, FIP를 잣대로 삼으면 홍건희도 답이 될 수 있다. FIP 2.74로 고우석, 오승환에 앞서 구원 1위, 전체 중에서는 미란다(2.67)에 이어 2위다. 트레이드된 뒤 잠재력을 꽃피운 2020년의 상승세를 그대로 이어갔다. 특히 구속 향상이 눈부셨다. 시즌 막판으로 갈수록 공이 빨라지는 기현상을 연출했다. 그만큼 자기 관리가 철저했다는 뜻. 패스트볼은 2020년보다 시속 2.3km가 빨라진 평균 148.1km, 커터성 슬라이더는 3.2km가 빨라져 136.7km를 찍었다. 모두 리그 최고 수준이다. 구종으로 보면 좌타자에게 약점을 노출할 수 있을 것 같지만 속도와 제구로 좌타자까지 완벽하게 제압했다. 좌타자에게는 땅볼 유도 능력까지 선보이며 홈런을 하나도 맞지 않았다. 2년 동안 구원투수로는 가장 많은 143이닝을 던진 만큼, 지혜롭게 몸 관리를 잘해야 한다. 올해도 투수조장을 맡았다. 이적생과 어린 선수들이 늘어난 투수진의 중심 역할이 더 중요해졌다.

김재환 외야수 32

신장 183cm **체중** 90kg **생일** 1988-09-22

투타 우투좌타 **지명** 08 두산 2차 1라운드 4순위

연봉 65,000-76,000-150,000

학교 영랑초-상인천중-인천고

순위기록

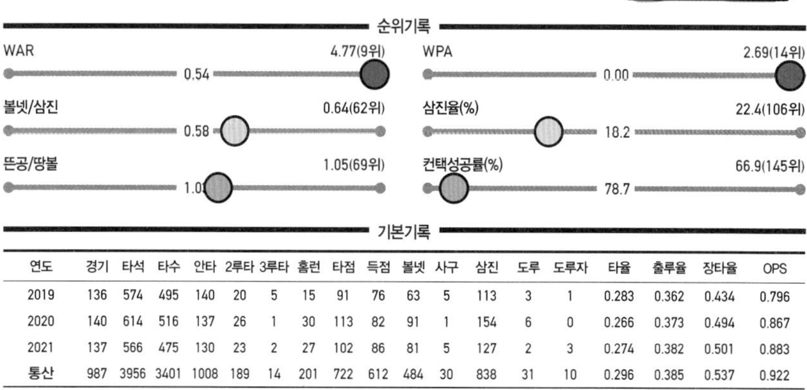

기본기록

연도	경기	타석	타수	안타	2루타	3루타	홈런	타점	득점	볼넷	사구	삼진	도루	도루자	타율	출루율	장타율	OPS
2019	136	574	495	140	20	5	15	91	76	63	5	113	3	1	0.283	0.362	0.434	0.796
2020	140	614	516	137	26	1	30	113	82	91	1	154	6	0	0.266	0.373	0.494	0.867
2021	137	566	475	130	23	2	27	102	86	81	5	127	2	3	0.274	0.382	0.501	0.883
통산	987	3956	3401	1008	189	14	201	722	612	484	30	838	31	10	0.296	0.385	0.537	0.922

상황별 기록

상황	타석	홈런	볼넷	삼진	타율	출루율	장타율	OPS
전반기	291	16	48	62	0.269	0.395	0.504	0.899
후반기	275	11	33	65	0.278	0.367	0.498	0.865
vs 좌	155	5	18	41	0.265	0.361	0.447	0.808
vs 우	374	20	56	81	0.258	0.369	0.487	0.856
주자있음	321	17	51	62	0.321	0.430	0.592	1.022
주자없음	245	10	30	65	0.216	0.318	0.390	0.708
득점권	182	9	33	38	0.338	0.456	0.613	1.069
노아웃	196	9	21	37	0.304	0.378	0.515	0.893
원아웃	159	8	28	36	0.320	0.440	0.602	1.042
투아웃	211	10	32	54	0.210	0.341	0.415	0.756

팀별 기록

구분	타석	홈런	볼넷	삼진	타율	출루율	장타율	OPS
KIA	63	3	8	16	0.333	0.413	0.537	0.950
KT	65	3	9	15	0.357	0.446	0.607	1.053
LG	64	1	12	13	0.163	0.344	0.286	0.630
NC	66	5	6	17	0.333	0.394	0.667	1.061
SSG	63	2	8	14	0.167	0.286	0.296	0.582
롯데	56	5	8	10	0.229	0.339	0.542	0.881
삼성	59	4	11	14	0.383	0.508	0.745	1.253
키움	74	2	12	16	0.288	0.405	0.458	0.863
한화	56	2	7	12	0.188	0.286	0.354	0.640

존별 기록

VS 좌투

- 0/0	0.000 0/1	0.333 1/3	- 0/0	- 0/0
0.000 0/1	0.750 3/4	0.214 3/14	0.000 0/3	- 0/0
0.250 1/4	0.273 3/11	0.222 2/9	0.000 0/8	0.500 2/4
0.333 1/3	0.500 2/4	0.421 8/19	0.214 3/14	0.000 0/3
- 0/0	- 0/0	0.571 4/7	0.077 1/13	0.000 0/6

VS 우투

0.000 0/1	0.000 0/4	0.125 1/8	0.200 1/5	- 0/0
0.000 0/4	0.353 6/17	0.136 3/22	0.235 4/17	0.200 1/5
0.143 1/7	0.471 8/17	0.481 13/27	0.257 9/35	0.500 2/4
0.400 2/5	0.500 8/16	0.256 10/39	0.156 5/32	0.000 0/2
0.000 0/3	0.000 0/7	0.107 3/28	0.429 3/7	0.500 1/2

투수 시점

● 지난 4년간 김재환의 잠실구장 성적은 (타/출/장) 0.249/0.348/0.394. 다른 구장에서는 0.303/0.400/0.561이었다. 뜬공을 많이 치는 타구 성향 때문에 김재환은 라인드라이브형 타자(예를 들어 박건우)보다 잠실에서 입는 손해가 훨씬 많은 유형의 타자다. 그래서 김재환은 뜬공타자의 무덤인 잠실구장에서 살아남은 몇 안 되는 타자다. 잠실을 홈으로 쓴 토종타자 중 통산 장타율(0.538)이 단연 1위다. 이런 장타자를 언제 얻을지 알 수 없는 두산이 김재환의 잔류를 위해 총력전을 펼친 건 당연한 일이다. 김재환의 지난해 기록을 얼핏 보면 2020년과 큰 차이가 없어 보이지만, 리그 전체 공격력이 저하됐기에 김재환의 상대적 순위는 더 높아졌다. 불안 요소도 있다. 콘택트 비율이 66.9%로 생애 최저치로 떨어졌다. 2015년에 비하면 10% 넘는 감소 폭이다. 스트라이크존의 변화도 큰 변수다. 모두가 아는 김재환의 약점, 하이패스트볼을 투수들이 더 편하게 던질 것이기 때문이다.

박세혁 포수 10

신장 181cm 체중 86kg 생일 1990-01-09

투타 우투좌타 지명 12 두산 5라운드 47순위

연봉 23,200-26,000-30,000

학교 수유초-신일중-신일고-고려대

순위기록

항목	기록	기준
WAR	0.24(127위)	0.54
WPA	-1.05(378위)	0.00
볼넷/삼진	0.51(84위)	0.58
삼진율(%)	15.9(54위)	18.2
뜬공/땅볼	0.88(103위)	1.03
컨택성공률(%)	79.1(70위)	78

기본기록

연도	경기	타석	타수	안타	2루타	3루타	홈런	타점	득점	볼넷	사구	삼진	도루	도루자	타율	출루율	장타율	OPS
2019	137	505	441	123	19	9	4	63	58	41	7	68	8	2	0.279	0.345	0.390	0.735
2020	124	423	360	97	18	2	4	51	47	35	12	45	5	3	0.269	0.348	0.364	0.712
2021	96	270	237	52	12	0	0	30	25	22	5	43	4	2	0.219	0.296	0.270	0.566
통산	654	1876	1613	421	78	12	21	218	239	158	36	306	26	10	0.261	0.336	0.363	0.699

상황별 기록

상황	타석	홈런	볼넷	삼진	타율	출루율	장타율	OPS
전반기	107	0	12	14	0.247	0.358	0.303	0.661
후반기	163	0	10	29	0.203	0.255	0.250	0.505
vs 좌	58	0	3	5	0.204	0.273	0.245	0.518
vs 우	186	0	16	32	0.236	0.312	0.291	0.603
주자있음	108	0	7	12	0.258	0.314	0.312	0.626
주자없음	162	0	15	31	0.194	0.284	0.243	0.527
득점권	70	0	4	10	0.258	0.300	0.306	0.606
노아웃	104	0	11	15	0.218	0.317	0.276	0.593
원아웃	94	0	10	14	0.222	0.309	0.272	0.581
투아웃	72	0	1	14	0.217	0.250	0.261	0.511

팀별 기록

구분	타석	홈런	볼넷	삼진	타율	출루율	장타율	OPS
KIA	31	0	1	8	0.100	0.129	0.133	0.262
KT	40	0	2	7	0.237	0.275	0.289	0.564
LG	26	0	4	1	0.333	0.500	0.389	0.889
NC	33	0	2	6	0.207	0.281	0.241	0.522
SSG	16	0	1	5	0.200	0.250	0.267	0.517
롯데	17	0	3	3	0.385	0.471	0.538	1.009
삼성	33	0	0	5	0.212	0.212	0.273	0.485
키움	36	0	4	4	0.267	0.343	0.300	0.643
한화	38	0	5	4	0.161	0.297	0.194	0.491

존별 기록

VS 좌투

- 0/0	- 0/0	0.000 0/1	0.000 0/1	- 0/0
0.000 0/2	0.000 0/3	0.333 2/6	- 0/0	- 0/0
- 0/0	0.500 1/2	0.000 0/4	0.143 1/7	- 0/0
- 0/0	0.200 1/5	0.200 1/5	0.500 4/8	0.000 0/1
- 0/0	- 0/0	- 0/0	0.000 0/1	0.000 0/3

VS 우투

- 0/0	- 0/0	0.000 0/2	- 0/0	0.000 0/2
0.000 0/1	0.286 2/7	0.125 1/8	0.250 1/4	- 0/0
0.500 1/2	0.333 4/12	0.273 3/11	0.211 4/19	0.000 0/5
0.000 0/2	0.429 6/14	0.381 8/21	0.261 6/23	0.091 1/11
- 0/0	0.167 1/6	0.000 0/7	0.143 1/7	0.000 0/1

투수 시점

● 악몽 같은 한 해를 보냈다. 4월 16일, 투구에 눈 근처를 맞고 쓰러져 안와골절 판정을 받았다. 예상보다 빨리 그라운드에 복귀해 모든 야구팬들이 안도의 한숨을 내쉬었지만 7월부터 극심한 슬럼프에 빠졌다. 삼진이 급증하고 타구질이 나빠져 성적이 급속히 추락했다. 후반기 OPS 0.505는 150타석 이상 타자 중 최저치. 시즌 전체 wOBA 0.275는 200타석 이상 타자 중 최저치다. 포스트시즌에 부활의 희망을 봤다. 플레이오프 1차전 9회, 2021년의 유일한 홈런을, 그것도 오승환을 상대로 쏘아 올려 극적인 역전승을 만들어냈고, 포스트시즌 타율 4할을 넘겼다. 특히 결정적인 도루 저지로 상대 팀의 발을 묶으며 팀의 7년 연속 한국시리즈 진출을 이끌었다. 올시즌 부활해야 할 이유가 차고 넘친다. 지난겨울 결혼을 했고, 올시즌이 끝나면 FA가 된다. 예전의 기량을 회복한다면, '두산 왕조'를 이끈 안방마님을 찾는 팀들이 줄을 설 것이다.

양석환 내야수 53

신장 185cm **체중** 90kg **생일** 1991-07-15

투타 우투우타 **지명** 14 LG 2차 3라운드 28순위

연봉 21,000-21,000-39,000

학교 백운초-신일중-신일고-동국대

순위기록

항목	리그 평균	기록(순위)
WAR	0.54	3.10(28위)
WPA	0.00	1.93(20위)
볼넷/삼진	0.58	0.31(127위)
삼진율(%)	18.2	24.9(120위)
뜬공/땅볼	1.03	1.86(5위)
컨택성공률(%)	78.7	71.8(128위)

기본기록

연도	경기	타석	타수	안타	2루타	3루타	홈런	타점	득점	볼넷	사구	삼진	도루	도루자	타율	출루율	장타율	OPS
2019	0	0	0	0	0	0	0	0	0	0	0	0	0	0	-	-	-	-
2020	40	132	118	29	5	0	3	13	8	10	2	25	0	0	0.246	0.315	0.364	0.679
2021	133	546	488	133	22	0	28	96	66	42	9	136	2	3	0.273	0.337	0.490	0.827
통산	650	2292	2095	555	113	5	81	359	249	138	24	458	16	18	0.265	0.315	0.440	0.755

상황별 기록

상황	타석	홈런	볼넷	삼진	타율	출루율	장타율	OPS
전반기	316	16	28	75	0.279	0.345	0.498	0.843
후반기	230	12	14	61	0.263	0.326	0.478	0.804
vs 좌	127	8	14	34	0.295	0.370	0.545	0.915
vs 우	370	20	27	93	0.267	0.330	0.488	0.818
주자있음	268	14	23	64	0.280	0.340	0.496	0.836
주자없음	278	14	19	72	0.266	0.335	0.484	0.819
득점권	170	11	16	37	0.290	0.353	0.552	0.905
노아웃	200	9	14	47	0.298	0.355	0.503	0.858
원아웃	195	11	23	45	0.270	0.364	0.515	0.879
투아웃	151	8	5	44	0.243	0.278	0.444	0.722

팀별 기록

구분	타석	홈런	볼넷	삼진	타율	출루율	장타율	OPS
KIA	57	1	6	12	0.213	0.316	0.340	0.656
KT	50	1	1	17	0.292	0.320	0.396	0.716
LG	59	1	4	21	0.259	0.305	0.352	0.657
NC	63	1	3	12	0.193	0.254	0.281	0.535
SSG	58	3	9	11	0.265	0.379	0.469	0.848
롯데	70	4	5	15	0.295	0.357	0.541	0.898
삼성	61	6	7	18	0.302	0.377	0.679	1.056
키움	61	7	2	9	0.316	0.361	0.754	1.115
한화	67	4	5	21	0.306	0.358	0.548	0.906

존별 기록

VS 좌투

0.000 0/3	1.000 1/1	0.000 0/4	0.000 0/2	0.000 0/1
0.400 2/5	0.417 5/12	0.833 [illegible]	0.286 2/7	0.500 1/2
0.667 2/3	0.000 0/11	0.500 2/4	0.200 1/5	0.000 0/1
0.250 1/4	0.400 4/10	0.467 7/15	0.000 0/2	0.000 0/2
0.000 0/1	0.000 0/4	0.000 0/2	0.000 0/3	0.000 0/2

VS 우투

0.000 0/6	0.200 1/5	0.294 5/17	0.125 1/8	0.000 0/1
0.182 2/11	0.435 10/23	0.323 10/31	0.333 6/18	0.286 2/7
0.217 5/23	0.364 8/22	0.273 6/22	0.500 6/12	0.400 2/5
0.190 4/21	0.136 3/22	0.342 13/38	0.000 0/5	0.000 0/1
0.000 0/8	0.111 1/9	0.167 2/12	0.333 1/3	- 0/0

투수 시점

● 양석환은 언제나 장점과 단점이 확실한 타자였다. 괜찮은 파워와 별로인 변화구 콘택트 능력. 2020년까지 양석환은 단점을 줄이려 애썼다. 공을 오래 보고 변화구도 맞추려 노력했다. 당연히 히팅 포인트가 뒤로 밀렸고, 장점까지 사라져 고전했다. 함덕주와 트레이드돼 두산으로 오고 나서는 정반대의 길을 갔다. 김태형 감독의 적극적인 권유로, 단점에 신경 쓰지 않고 장점을 살리기로 했다. 삼진을 두려워하지 않고, 더 적극적으로 직구를 노리고 스윙했다. 당연히 헛스윙과 삼진이 늘었다. 하지만 아무도 2021년의 양석환을 삼진으로 기억하지 않는다. 두산 우타자로는 2000년 심정수 이후 21년 만에 가장 많은 28개의 홈런을 치며 역대급 '트레이드 대박'의 주인공이 됐다. 우타 거포가 멸종 위기인 리그에서, 양석환의 폭발은 두산의 미래까지 밝힌다. 스트라이크존이 커지면서 타자들이 더 적극적으로 스윙해야 할 올시즌은, 이미 적극성을 장착한 양석환에게 상대적으로 유리한 환경일 수 있다.

페르난데스 내야수 9

신장 178cm **체중** 83kg **생일** 1988-04-27

투타 우투좌타 **지명** 19 두산 자유선발

연봉 $400,000-$600,000-$600,000

학교

순위기록

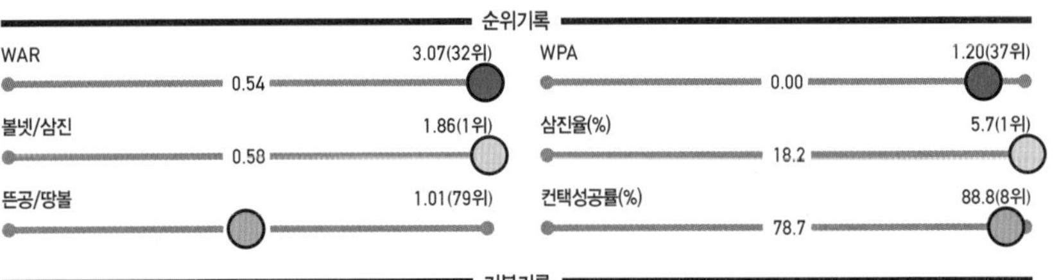

기본기록

연도	경기	타석	타수	안타	2루타	3루타	홈런	타점	득점	볼넷	사구	삼진	도루	도루자	타율	출루율	장타율	OPS
2019	144	645	572	197	34	0	15	88	87	61	6	54	1	2	0.344	0.409	0.483	0.892
2020	144	668	586	199	29	0	21	105	104	58	13	42	0	1	0.340	0.404	0.497	0.901
2021	141	617	540	170	24	0	15	81	73	65	6	35	0	2	0.315	0.391	0.443	0.834
통산	429	1930	1698	566	87	0	51	274	264	184	25	131	1	5	0.333	0.402	0.475	0.877

상황별 기록

상황	타석	홈런	볼넷	삼진	타율	출루율	장타율	OPS
전반기	321	10	39	19	0.328	0.411	0.474	0.885
후반기	296	5	26	16	0.301	0.368	0.410	0.778
vs 좌	180	2	23	8	0.327	0.422	0.399	0.821
vs 우	392	11	36	27	0.306	0.370	0.451	0.821
주자있음	318	7	33	21	0.315	0.387	0.435	0.822
주자없음	299	8	32	14	0.314	0.395	0.451	0.846
득점권	161	3	19	13	0.279	0.354	0.397	0.751
노아웃	201	5	20	9	0.318	0.388	0.434	0.822
원아웃	247	4	24	20	0.276	0.348	0.367	0.715
투아웃	169	6	21	6	0.370	0.456	0.568	1.024

팀별 기록

구분	타석	홈런	볼넷	삼진	타율	출루율	장타율	OPS
KIA	71	1	5	2	0.348	0.394	0.485	0.879
KT	66	0	8	1	0.351	0.439	0.351	0.790
LG	68	1	7	6	0.333	0.412	0.433	0.845
NC	69	3	9	3	0.288	0.391	0.458	0.849
SSG	66	3	8	2	0.304	0.394	0.500	0.894
롯데	59	4	6	8	0.269	0.339	0.538	0.877
삼성	68	1	6	4	0.310	0.382	0.362	0.744
키움	75	2	12	4	0.323	0.427	0.484	0.911
한화	75	0	4	5	0.300	0.333	0.386	0.719

존별 기록

VS 좌투

0.000 0/1	0.500 1/2	0.375 3/8	0.000 0/1	- 0/0
0.167 1/6	0.800 4/5	0.350 7/20	0.500 5/10	- 0/0
0.333 1/3	0.100 1/10	0.250 3/12	0.300 6/20	1.000 2/2
0.000 0/1	0.000 0/2	0.545 6/11	0.278 5/18	0.333 1/3
- 0/0	0.000 0/2	0.286 2/7	0.200 1/5	0.250 1/4

VS 우투

0.000 0/2	0.143 1/7	0.500 4/8	0.200 1/5	- 0/0
0.000 0/2	0.313 5/16	0.333 12/36	0.345 10/29	0.333 3/9
0.286 2/7	0.333 6/18	0.294 5/17	0.250 8/32	0.364 4/11
0.429 3/7	0.353 6/17	0.389 14/36	0.457 16/35	0.091 1/11
0.000 0/3	0.111 1/9	0.111 1/9	0.211 4/19	0.000 0/5

투수 시점

● 원래 콘택트 능력이 장점이었던 타자지만, 한국에 온 뒤로는 점점 더 콘택트에 집중하는 경향을 보인다. 지난해 삼진 비율은 고작 5.7%. 리그 최저치이자 역대 외국인 타자 최저치이면서, 21세기 프로야구에서 2016년 이용규(5.5%)에 이어 두 번째로 낮은 수치다. 즉 페르난데스는 지금 KBO 리그에서 가장 삼진으로 잡기 어려운 타자다. 타구의 방향을 보면 이유가 보인다. 밀어쳐 좌익수 쪽으로 보낸 타구의 비율이 2019년 31.9%에서 지난해에는 39%로 늘었다. 장타를 노리고 당겨치기보다, 끝까지 보고 갖다 맞추는 타석이 늘었다는 뜻. 당연히 장타력 손해는 감수해야 한다. 페르난데스는 또한 리그에서 가장 적극적인 타자다. 타석당 투구수가 3.48개로 리그 최저다. 어지간한 공은 참지 않고 쳐 온 타자라, 스트라이크존의 확대에는 아무런 영향도 안 받을 가능성이 높다. 여권과 비자 발급이 늦어져 3월 초에야 팀에 합류하는 점이 가장 큰 변수다.

허경민 내야수 13

신장	176cm	**체중**	69kg	**생일**	1990-08-26
투타	우투우타	**지명**	09 두산 2차 1라운드 7순위		
연봉	48,000-100,000-120,000				
학교	송정동초-충장중-광주제일고				

순위기록

WAR 0.54 — 2.07(45위)

WPA 0.00 — -0.83(366위)

볼넷/삼진 0.58 — 1.03(16위)

삼진율(%) 18.2 — 6.8(3위)

뜬공/땅볼 1.03 — 0.75(125위)

컨택성공률(%) 78.7 — 88.3(10위)

기본기록

연도	경기	타석	타수	안타	2루타	3루타	홈런	타점	득점	볼넷	사구	삼진	도루	도루자	타율	출루율	장타율	OPS
2019	133	540	475	137	25	1	4	60	71	34	17	36	11	5	0.288	0.350	0.371	0.721
2020	117	487	437	145	25	1	7	58	70	35	5	28	14	6	0.332	0.382	0.442	0.824
2021	136	518	468	130	24	1	5	59	61	36	8	35	5	7	0.278	0.338	0.365	0.703
통산	1182	4288	3787	1114	195	17	38	467	593	301	97	351	101	51	0.294	0.358	0.385	0.743

상황별 기록

상황	타석	홈런	볼넷	삼진	타율	출루율	장타율	OPS
전반기	305	4	18	19	0.318	0.364	0.431	0.795
후반기	213	1	18	16	0.216	0.300	0.265	0.565
vs 좌	129	1	12	8	0.339	0.403	0.452	0.855
vs 우	349	4	22	23	0.274	0.331	0.363	0.694
주자있음	239	1	16	16	0.292	0.352	0.377	0.729
주자없음	279	4	20	19	0.266	0.326	0.355	0.681
득점권	140	1	12	8	0.285	0.345	0.358	0.703
노아웃	217	2	17	18	0.270	0.332	0.352	0.684
원아웃	146	2	8	9	0.263	0.308	0.361	0.669
투아웃	155	1	11	8	0.302	0.374	0.388	0.762

존별 기록

VS 좌투

- 0/0	0.500 1/2	0.500 2/4	0.400 2/5	- 0/0
0.000 0/1	0.571 4/7	0.200 2/10	0.333 2/6	- 0/0
1.000 4/4	0.429 3/7	0.400 4/10	0.444 4/9	0.000 0/1
0.333 1/3	0.333 4/12	0.214 3/14	0.000 0/5	- 0/0
0.500 1/2	0.167 1/6	0.250 1/4	0.000 0/1	0.000 0/2

VS 우투

0.000 0/1	1.000 2/2	0.583 7/12	0.125 1/8	- 0/0
0.125 1/8	0.214 3/14	0.265 9/34	0.154 2/13	0.300 3/10
0.222 2/9	0.211 4/19	0.333 10/30	0.280 7/25	0.500 4/8
0.154 2/13	0.371 13/35	0.222 6/27	0.222 4/18	1.000 1/1
0.000 0/4	0.222 2/9	0.250 3/12	0.200 1/5	- 0/0

투수 시점

팀별 기록

구분	타석	홈런	볼넷	삼진	타율	출루율	장타율	OPS
KIA	66	1	2	2	0.390	0.438	0.492	0.930
KT	46	1	2	4	0.295	0.326	0.432	0.758
LG	60	0	8	2	0.294	0.400	0.294	0.694
NC	56	1	0	3	0.222	0.232	0.352	0.584
SSG	48	0	7	3	0.231	0.354	0.231	0.585
롯데	64	2	5	4	0.281	0.349	0.421	0.770
삼성	65	0	2	8	0.242	0.262	0.339	0.601
키움	57	0	6	4	0.260	0.351	0.320	0.671
한화	56	0	4	5	0.269	0.321	0.365	0.686

● 지난해 도쿄올림픽을 다녀온 많은 선수들이 후반기에 슬럼프에 빠졌다. 만신창이가 된 몸과 마음으로 곧장 정규리그에 복귀했다가 부진과 부상에 빠졌다. 허경민도 그중 한 명이다. 전반기에는 예년과 비슷한 성적을 기록했지만, 후반기에는 허리 통증에 시달리며 리그 최악의 타자 중 한 명이 됐다. 후반기 OPS는 0.565로 조용호에 이어 두 번째로 낮았다. 부상은 수비에도 악영향을 줬다. 허경민답지 않은 수비 실수를 여러 차례 저질러 마음고생이 심했다. 포스트시즌에 살아나며 팀의 7년 연속 한국시리즈 진출을 이끌었지만, '최대 7년, 85억 원'이라는 액수에 따른 기대치에는 조금 못 미쳤다는 평가. 다행히 겨울 동안 건강을 회복했다. 올시즌에는 야수 조장을 맡아 '차기 주장 수업'에 들어간다. 팀 내 최고 우타자였던 박건우가 떠난 올시즌, '최고 콘택트 우타자' 허경민의 중요도는 더욱 높아진다.

권휘 투수 38

신장 181cm **체중** 87kg **생일** 2000-12-07 **투타** 우투우타 **지명** 20 두산 육성선수

연봉 2,700-3,200-3,700 **학교** 대림초-강남중-덕수고

● 후반기 두산 불펜에서 쏠쏠한 역할을 했다. 후반기에만 22경기나 등판해 딱 4점만 내줬다. 세부 지표를 보면 조금 애매하다. 삼진과 볼넷 개수가 별 차이가 없을 정도로 제구가 불안했다. 그래도 호주 질롱 코리아와 고기집 아르바이트, 육성 선수를 거쳐 1군까지 자리를 잡은 걸 보면 불굴의 의지는 확실하다.

기본기록

연도	경기	선발	승	패	세이브	홀드	이닝	안타	홈런	볼넷	사구	삼진	피안타율	WHIP	FIP	ERA	QS	BS
2019	0	0	0	0	0	0	0.0	0	0	0	0	0	-	-	-	-	0	0
2020	14	0	0	1	0	1	13.2	16	1	6	2	10	0.291	1.61	4.80	5.27	0	0
2021	24	0	0	0	0	1	20.1	16	0	14	2	15	0.219	1.48	4.22	2.66	0	0
통산	38	0	0	1	0	2	34.0	32	1	20	4	25	0.250	1.53	4.45	3.71	0	0

상황별 기록

상황	안타	2루타	3루타	홈런	볼넷	사구	삼진	폭투	보크	피안타율
전반기	3	1	0	0	1	0	2	0	0	0.375
후반기	13	2	0	0	13	2	13	3	0	0.200
vs 좌	7	1	0	0	4	0	6	1	0	0.212
vs 우	9	2	0	0	10	2	9	2	0	0.225
주자없음	5	0	0	0	6	0	8	0	0	0.147
주자있음	11	3	0	0	8	2	7	3	0	0.282
득점권	6	1	0	0	5	0	6	2	0	0.240
만루	0	0	0	0	0	0	1	0	0	0.000

구종별 기록

구종	평균구속	순위	백분율	구사율(%)	피안타율
포심	143	112	37%	53.3%	0.175
투심/싱커	142	48	35.6%	12.3%	0.286
슬라이더/커터	127	216	75.3%	1.2%	0.000
커브	122	39	15.9%	10.8%	0.429
체인지업	-	-	-	-	-
포크볼	130	72	53.3%	22.4%	0.211
너클볼/기타	-	-	-	-	-

김명신 투수 46

신장 178cm **체중** 90kg **생일** 1993-11-29 **투타** 우투우타 **지명** 17 두산 2차 2라운드 20순위

연봉 5,200-4,500-10,000 **학교** 남도초-대구중-경북고-경성대

● 28살에야 마침내 1군에서 자신의 가치를 증명했다. 시즌 후반에는 필승조로 승격할 정도로 쏠쏠한 활약을 펼쳤다. 연봉도 1억 원으로 수직 상승. 구속은 빠르지 않지만, 최고 수준의 제구를 자랑한다. 50이닝 이상 던진 토종투수 중 김명신(4.8%)보다 볼넷 비율이 낮은 투수는 고영표 뿐이다. 올해도 경기 중반 불펜의 핵심 역할을 맡는다.

기본기록

연도	경기	선발	승	패	세이브	홀드	이닝	안타	홈런	볼넷	사구	삼진	피안타율	WHIP	FIP	ERA	QS	BS
2019	0	0	0	0	0	0	0.0	0	0	0	0	0	-	-	-	-	0	0
2020	16	0	0	1	0	0	15.1	20	3	4	3	11	0.317	1.57	6.03	3.52	0	0
2021	58	1	3	2	0	2	67.0	72	6	14	6	43	0.279	1.28	4.06	4.30	0	1
통산	113	3	6	4	0	7	127.2	146	11	30	16	92	0.293	1.38	4.24	4.23	0	4

상황별 기록

상황	안타	2루타	3루타	홈런	볼넷	사구	삼진	폭투	보크	피안타율
전반기	41	7	3	3	9	2	20	0	0	0.308
후반기	31	7	0	3	5	4	23	1	0	0.248
vs 좌	28	5	1	2	9	1	15	0	0	0.272
vs 우	44	9	2	4	5	5	28	1	0	0.284
주자없음	35	8	2	3	4	2	20	0	0	0.276
주자있음	37	6	1	3	10	4	23	1	0	0.282
득점권	23	4	1	2	8	3	18	1	0	0.258
만루	1	1	0	0	0	0	2	0	0	0.125

구종별 기록

구종	평균구속	순위	백분율	구사율(%)	피안타율
포심	140	206	68%	48.9%	0.297
투심/싱커	-	-	-	-	-
슬라이더/커터	128	202	70.4%	25.9%	0.239
커브	113	207	84.5%	4.9%	0.333
체인지업	124	175	83.7%	1.5%	0.400
포크볼	125	129	95.6%	18.8%	0.269
너클볼/기타	-	-	-	-	-

박신지 투수 66

신장 185cm **체중** 75kg **생일** 1999-07-16 **투타** 우투우타 **지명** 18 두산 2차 1라운드 10순위

연봉 3,100-0-3,100 **학교** 의정부-영동중-경기고

● 2018년 드래프트에서 두산에 지명된 두 영건, 곽빈과 김민규는 지난해 팀 투수진의 버팀목 역할을 했다. 올해 동기생 한 명이 추가된다. 최고시속 150km가 넘는 파이어볼러 박신지가 상무에서 선발 수업을 받고 돌아왔다. 벌크업에 성공해 예전의 깡마른 체형 대신 탄탄한 몸을 갖게 됐다. 선발과 불펜을 오가며 중요한 역할을 맡을 전망.

기본기록

연도	경기	선발	승	패	세이브	홀드	이닝	안타	홈런	볼넷	사구	삼진	피안타율	WHIP	FIP	ERA	QS	BS
2019	2	0	0	0	0	0	0.0	1	0	2	0	0	1.000	-	-	99.99	0	0
2020	2	0	0	0	0	0	3.0	9	0	1	0	3	0.529	3.33	2.56	18.00	0	0
2021	0	0	0	0	0	0	0.0	0	0	0	0	0	-	-	-	-	0	0
통산	21	0	1	2	0	0	24.0	24	4	12	1	19	0.253	1.50	6.01	5.63	0	1

상황별 기록

상황	안타	2루타	3루타	홈런	볼넷	사구	삼진	폭투	보크	피안타율
전반기	0	0	0	0	0	0	0	0	0	-
후반기	0	0	0	0	0	0	0	0	0	-
vs 좌	0	0	0	0	0	0	0	0	0	-
vs 우	0	0	0	0	0	0	0	0	0	-
주자없음	0	0	0	0	0	0	0	0	0	-
주자있음	0	0	0	0	0	0	0	0	0	-
득점권	0	0	0	0	0	0	0	0	0	-
만루	0	0	0	0	0	0	0	0	0	-

구종별 기록

구종	평균구속	순위	백분율	구사율(%)	피안타율
포심	-	-	-	-	-
투심/싱커	-	-	-	-	-
슬라이더/커터	-	-	-	-	-
커브	-	-	-	-	-
체인지업	-	-	-	-	-
포크볼	-	-	-	-	-
너클볼/기타	-	-	-	-	-

박정수 투수 60

신장 178cm **체중** 74kg **생일** 1996-01-29 **투타** 우투좌타 **지명** 15 KIA 2차 7라운드 65순위

연봉 3,000-4,500-5,000 **학교** 서울청구초-서울이수중-야탑고

● NC로 옮긴 FA 이용찬의 보상 선수로 두산 유니폼을 입었다. 곧장 선발진에서 기회를 얻었지만 두 경기 연속 난타당한 뒤 불펜 혹은 2군에 머물렀다. 고질적인 좌타자 상대 약점이 가장 큰 문제. 갈수록 좌타자가 늘어나는 리그 환경에서 하루빨리 해법을 찾아야 한다. 두산 이적 후 BABIP이 무려 0.396. 엄청나게 불운했다는 뜻이다.

기본기록

연도	경기	선발	승	패	세이브	홀드	이닝	안타	홈런	볼넷	사구	삼진	피안타율	WHIP	FIP	ERA	QS	BS
2019	3	0	0	0	0	0	5.0	10	0	4	1	2	0.455	2.80	5.60	12.60	0	0
2020	22	3	1	1	0	2	33.0	25	4	24	6	29	0.223	1.48	6.10	4.64	0	0
2021	12	5	3	3	0	0	30.1	38	5	14	3	26	0.304	1.71	5.44	7.42	0	0
통산	67	12	4	7	0	2	124.0	137	15	66	19	98	0.284	1.64	5.59	6.68	0	0

상황별 기록

상황	안타	2루타	3루타	홈런	볼넷	사구	삼진	폭투	보크	피안타율
전반기	36	8	0	4	14	1	23	2	0	0.319
후반기	2	1	0	1	0	2	3	0	0	0.167
vs 좌	19	5	0	3	8	0	11	0	0	0.306
vs 우	19	4	0	2	6	3	15	2	0	0.302
주자없음	17	6	0	0	7	1	11	0	0	0.283
주자있음	21	3	0	5	7	2	15	2	0	0.323
득점권	13	3	0	4	6	1	9	2	0	0.351
만루	2	1	0	1	0	0	2	0	0	0.400

구종별 기록

구종	평균구속	순위	백분율	구사율(%)	피안타율
포심	141	191	63%	38.2%	0.348
투심/싱커	141	60	44.4%	0.3%	0.000
슬라이더/커터	129	169	58.9%	28.8%	0.333
커브	117	128	52.2%	12.1%	0.231
체인지업	127	130	62.2%	20.5%	0.261
포크볼	-	-	-	-	-
너클볼/기타	-	-	-	-	-

스탁 투수 34

신장 185cm	체중 97kg	생일 1989-11-21	투타 우투우타	지명 22 두산 자유선발
연봉 $400,000		학교 Southern California(대)		

● 리그 역대 최고의 파이어볼러는 고우석이다. 지난해 패스트볼 평균 시속 153.2km로 역대 최고치를 찍었다. 미국 시절 스탁은 고우석보다 빨랐다. 작년 빅리그 선발 3경기에서 평균 154.8km를 기록했다. 즉 KBO 리그 사상 가장 빠른 투수로 등극할 가능성이 높다. 슬라이더와 체인지업도 갖췄다. 불안했던 제구를 잡을 수 있을지가 관건이다.

기본기록

연도	경기	선발	승	패	세이브	홀드	이닝	안타	홈런	볼넷	사구	삼진	피안타율	WHIP	FIP	ERA	QS	BS
2019																		
2020																		
2021																		
통산																		

상황별 기록

상황	안타	2루타	3루타	홈런	볼넷	사구	삼진	폭투	보크	피안타율
전반기										
후반기										
vs 좌										
vs 우										
주자없음										
주자있음										
득점권										
만루										

구종별 기록

구종	평균구속	순위	백분율	구사율(%)	피안타율
포심					
투심/싱커					
슬라이더/커터					
커브					
체인지업					
포크볼					
너클볼/기타					

이승진 투수 55

신장 186cm	체중 86kg	생일 1995-01-07	투타 우투우타	지명 14 SK 2차 7라운드 73순위
연봉 4,700-10,000-11,000		학교 수원신곡초-매송중-야탑고		

● 2020년의 도약이 놀라웠던 만큼, 지난해의 부진도 의외였다. 더 잘 하려는 욕심에 투구 동작에 미세한 변화를 줬다가 밸런스가 통째로 흔들렸다. 제구가 엉망이 되며 필승조에서 입지를 잃었다. 그나마 후반기에 조금 구위를 회복한 게 위안거리. 작년보다 훨씬 두터워진 불펜진에서 다시 생존 경쟁을 펼쳐야 한다.

기본기록

연도	경기	선발	승	패	세이브	홀드	이닝	안타	홈런	볼넷	사구	삼진	피안타율	WHIP	FIP	ERA	QS	BS
2019	17	2	0	0	0	1	19.0	21	3	12	1	14	0.280	1.74	6.03	8.05	0	0
2020	33	5	2	4	0	5	51.1	55	3	22	2	54	0.275	1.50	3.56	5.61	1	1
2021	47	0	1	4	2	13	48.1	41	3	31	2	28	0.238	1.49	4.90	3.91	0	0
통산	131	9	3	9	2	19	160.0	158	15	85	9	133	0.259	1.52	4.79	5.12	1	1

상황별 기록

상황	안타	2루타	3루타	홈런	볼넷	사구	삼진	폭투	보크	피안타율
전반기	31	1	0	3	18	2	18	2	1	0.263
후반기	10	2	0	0	13	0	10	0	1	0.185
vs 좌	14	1	0	1	19	0	11	0	0	0.184
vs 우	27	2	0	2	12	2	17	2	2	0.281
주자없음	27	3	0	2	11	1	13	0	0	0.281
주자있음	14	0	0	1	20	1	15	2	2	0.184
득점권	8	0	0	1	15	0	11	1	0	0.182
만루	1	0	0	0	1	0	0	0	0	0.500

구종별 기록

구종	평균구속	순위	백분율	구사율(%)	피안타율
포심	147	32	10.6%	73%	0.252
투심/싱커	-	-	-	-	-
슬라이더/커터	141	1	0.3%	4.4%	0.333
커브	124	22	9%	20.9%	0.205
체인지업	-	-	-	-	-
포크볼	131	57	42.2%	1.7%	0.000
너클볼/기타	-	-	-	-	-

이영하 투수 50

신장 192cm **체중** 91kg **생일** 1997-11-01 **투타** 우투우타 **지명** 16 두산 1차

연봉 2,700-19,000-16,000 **학교** 영일초-강남중-선린고

● 시즌 전 '학폭 논란'에 휘말려 고초를 겪었고, 그 여파에서 좀처럼 빠져나오지 못했다. 8월 말 11번째 선발 등판을 마쳤을 때 평균자책점은 무려 9.80. 결국 9월에 불펜으로 보직을 바꿨는데, 이게 반등의 계기가 됐다. 공격적인 전력 투구로 24경기에서 평균자책점 1.60의 호투를 펼쳤다. 올해도 필승조의 일원으로 시작한다.

기본기록

연도	경기	선발	승	패	세이브	홀드	이닝	안타	홈런	볼넷	사구	삼진	피안타율	WHIP	FIP	ERA	QS	BS
2019	29	27	17	4	0	0	163.1	148	5	61	10	90	0.242	1.28	3.98	3.64	17	0
2020	42	19	5	11	6	0	132.0	148	9	66	5	85	0.284	1.62	4.70	4.64	7	2
2021	35	11	5	6	1	2	78.2	81	9	57	1	53	0.273	1.75	5.68	6.29	1	0
통산	166	77	40	27	7	4	532.1	560	46	254	28	344	0.273	1.53	4.94	4.78	32	2

상황별 기록

상황	안타	2루타	3루타	홈런	볼넷	사구	삼진	폭투	보크	피안타율
전반기	46	9	0	6	26	1	17	3	0	0.319
후반기	35	9	0	3	31	0	36	4	0	0.229
vs 좌	40	8	0	4	25	0	22	3	0	0.315
vs 우	41	10	0	5	32	1	31	4	0	0.241
주자없음	37	8	0	4	27	0	24	0	0	0.255
주자있음	44	10	0	5	30	1	29	7	0	0.289
득점권	25	5	0	4	23	1	15	4	0	0.278
만루	8	2	0	3	5	0	2	0	0	0.571

구종별 기록

구종	평균구속	순위	백분율	구사율(%)	피안타율
포심	146	43	14.2%	62.6%	0.313
투심/싱커	-	-	-	-	-
슬라이더/커터	134	62	21.6%	29.8%	0.234
커브	119	98	40%	1.1%	0.500
체인지업	130	71	34%	0.6%	0.000
포크볼	131	63	46.7%	5.9%	0.045
너클볼/기타	-	-	-	-	-

이현승 투수 48

신장 179cm **체중** 87kg **생일** 1983-10-11 **투타** 좌투좌타 **지명** 02 현대 2차 3라운드 26순위

연봉 40,000-7,000-10,000 **학교** 서화초-대헌중-동산고-인하대

● 2019년의 부상, 2020년과 지난해 전반기까지 부진으로 은퇴 위기에 몰린듯 했지만 멋지게 반등했다. 슬라이더 구사율을 확 늘리는 해법으로 '좌타자 킬러' 위용을 되찾았다. 피안타율 0.152, 피OPS 0.425로 좌타자를 틀어막았다. 둘 모두 60타자 이상 상대한 좌투수 중 최저치다. 확실한 기술을 갖고 있기에 39살을 맞고도 입지가 튼튼하다.

기본기록

연도	경기	선발	승	패	세이브	홀드	이닝	안타	홈런	볼넷	사구	삼진	피안타율	WHIP	FIP	ERA	QS	BS
2019	9	0	0	1	0	2	6.0	4	0	0	0	4	0.190	0.67	2.07	3.00	0	0
2020	62	0	2	1	2	10	42.1	48	2	21	2	42	0.286	1.63	3.82	5.31	0	2
2021	38	0	5	1	0	7	23.1	16	1	6	0	20	0.195	0.94	2.82	1.93	0	1
통산	648	67	46	44	56	87	819.0	882	79	300	39	601	0.279	1.44	4.33	4.45	0	27

상황별 기록

상황	안타	2루타	3루타	홈런	볼넷	사구	삼진	폭투	보크	피안타율
전반기	5	1	0	0	1	0	5	0	0	0.238
후반기	11	1	0	1	5	0	15	0	0	0.180
vs 좌	10	2	0	1	4	0	17	0	0	0.154
vs 우	6	0	0	0	2	0	3	0	0	0.353
주자없음	8	1	0	1	2	0	8	0	0	0.186
주자있음	8	1	0	0	4	0	12	0	0	0.205
득점권	5	0	0	0	4	0	5	0	0	0.217
만루	0	0	0	0	1	0	2	0	0	0.000

구종별 기록

구종	평균구속	순위	백분율	구사율(%)	피안타율
포심	140	211	69.6%	35.4%	0.200
투심/싱커	-	-	-	-	-
슬라이더/커터	130	151	52.6%	46.3%	0.200
커브	107	240	98%	1.8%	0.000
체인지업	131	56	26.8%	0.3%	0.000
포크볼	126	119	88.1%	16.2%	0.176
너클볼/기타	-	-	-	-	-

임창민 투수 45

신장 183cm **체중** 98kg **생일** 1985-08-25 **투타** 우투우타 **지명** 08 현대 2차 2라운드 11순위
연봉 16,000-14,000-12,000 **학교** 대성초-광주동성중-광주동성고-연세대

● 2018년 토미존수술 이후의 임창민은 리그 평균 정도의 구원투수였다. 평균에 대한 평가는 사람마다, 팀마다 다르다. NC는 내리막길을 보았고, 노장 투수들에게 마지막 기회를 줘 톡톡히 재미를 봐온 두산은 가능성을 봤다. 리그의 대표적인 뜬공투수 중 한 명인 만큼, 구위가 유지된다면 잠실에서 성적이 대폭 향상될 가능성이 있다.

기본기록

연도	경기	선발	승	패	세이브	홀드	이닝	안타	홈런	볼넷	사구	삼진	피안타율	WHIP	FIP	ERA	QS	BS
2019	20	0	0	1	0	2	15.0	14	1	8	1	10	0.264	1.47	4.54	2.40	0	0
2020	44	0	7	2	0	11	37.2	39	4	23	2	44	0.262	1.65	4.51	5.26	0	1
2021	46	0	0	3	0	17	40.1	35	2	20	4	29	0.235	1.36	4.25	3.79	0	3
통산	404	0	25	27	94	50	423.0	370	46	194	18	435	0.237	1.33	4.41	3.85	0	20

상황별 기록

상황	안타	2루타	3루타	홈런	볼넷	사구	삼진	폭투	보크	피안타율
전반기	30	8	0	2	17	4	24	6	0	0.250
후반기	5	0	0	0	3	0	5	1	0	0.172
vs 좌	14	4	0	0	8	1	13	1	0	0.241
vs 우	21	4	0	2	12	3	16	6	0	0.231
주자없음	17	4	0	2	6	1	15	0	0	0.221
주자있음	18	4	0	0	14	3	14	7	0	0.250
득점권	12	2	0	0	11	3	7	5	0	0.273
만루	1	1	0	0	1	0	2	0	0	0.143

구종별 기록

구종	평균구속	순위	백분율	구사율(%)	피안타율
포심	142	127	41.9%	47.8%	0.172
투심/싱커	146	18	13.3%	0.3%	0.000
슬라이더/커터	131	120	41.8%	29.1%	0.273
커브	126	15	6.1%	0.1%	0.000
체인지업	-	-	-	-	-
포크볼	133	31	23%	22.7%	0.293
너클볼/기타	-	-	-	-	-

최승용 투수 64

신장 177cm **체중** 68kg **생일** 2001-05-11 **투타** 좌투좌타 **지명** 21 두산 2차 2라운드 20순위
연봉 3,000-3,500 **학교** 양오초-모가중-소래고

● 두산의 안목이 정확했음을 입증했다. 190cm의 큰 키에서 뿜어져 나오는 140km대 중반대의 강력한 직구로 보는 이들을 설레게 만들었고 포스트시즌 무대까지 밟았다. 사람들은 팀 선배 장원준의 폼을 떠올리는데 본인은 어릴 적부터 김광현의 하이킥을 따라 배웠다고. 감독의 총애 속에 불펜에서 더욱 중요한 역할을 맡을 전망이다.

기본기록

연도	경기	선발	승	패	세이브	홀드	이닝	안타	홈런	볼넷	사구	삼진	피안타율	WHIP	FIP	ERA	QS	BS
2019	0	0	0	0	0	0	0.0	0	0	0	0	0	-	-	-	-	0	0
2020	0	0	0	0	0	0	0.0	0	0	0	0	0	-	-	-	-	0	0
2021	15	2	0	0	0	2	18.1	20	3	10	1	16	0.286	1.64	5.51	3.93	0	0
통산	15	2	0	0	0	2	18.1	20	3	10	1	16	0.286	1.64	5.51	3.93	0	0

상황별 기록

상황	안타	2루타	3루타	홈런	볼넷	사구	삼진	폭투	보크	피안타율
전반기	0	0	0	0	0	0	0	0	0	-
후반기	20	3	1	3	10	1	16	0	0	0.286
vs 좌	11	3	0	1	5	1	9	0	0	0.275
vs 우	9	0	1	2	5	0	7	0	0	0.300
주자없음	11	1	1	2	5	0	7	0	0	0.333
주자있음	9	2	0	1	5	1	9	0	0	0.243
득점권	6	1	0	1	3	0	5	0	0	0.231
만루	3	0	0	0	1	0	0	0	0	0.600

구종별 기록

구종	평균구속	순위	백분율	구사율(%)	피안타율
포심	142	126	41.6%	60.6%	0.327
투심/싱커	-	-	-	-	-
슬라이더/커터	130	153	53.3%	26.2%	0.167
커브	112	223	91%	6.5%	1.000
체인지업	128	120	57.4%	0.9%	0.000
포크볼	127	108	80%	5.9%	0.000
너클볼/기타	-	-	-	-	-

강승호 내야수 23

신장 178cm **체중** 88kg **생일** 1994-02-09 **투타** 우투우타 **지명** 13 LG 1라운드 3순위
연봉 0-5,000-11,500 **학교** 순천북초-천안북중-북일고

● 치명적인 잘못을 저지른 지 3년 만에, 두산으로 옮겨 기회를 얻었다. 2018년 SK 시절의 맹타를 재연할 거라는 기대에는 못 미쳤다. 전체 투구의 52.1%에 방망이를 휘둘러 300타석 이상 타자들 중 '적극성' 4위에 올랐는데, 콘택트와 파워 모두 시원치 않았다. 우투수 상대 약점도 해결해야 희망이 보인다.

기본기록

연도	경기	타석	타수	안타	2루타	3루타	홈런	타점	득점	볼넷	사구	삼진	도루	도루자	타율	출루율	장타율	OPS
2019	15	42	39	6	0	0	2	5	5	2	0	18	0	0	0.154	0.195	0.308	0.503
2020	0	0	0	0	0	0	0	0	0	0	0	0	0	0	-	-	-	-
2021	113	340	301	72	16	2	7	37	47	22	6	78	8	2	0.239	0.301	0.375	0.676
통산	300	903	810	194	43	4	17	107	112	51	12	232	11	5	0.240	0.290	0.365	0.655

상황별 기록

상황	타석	홈런	볼넷	삼진	타율	출루율	장타율	OPS
전반기	167	2	11	36	0.227	0.288	0.313	0.601
후반기	173	5	11	42	0.252	0.314	0.437	0.751
vs 좌	92	2	12	18	0.231	0.337	0.423	0.760
vs 우	216	4	8	52	0.235	0.278	0.342	0.620
주자있음	156	4	7	28	0.294	0.331	0.449	0.780
주자없음	184	3	15	50	0.194	0.277	0.315	0.592
득점권	100	2	6	12	0.287	0.330	0.437	0.767
노아웃	124	3	6	24	0.190	0.259	0.333	0.592
원아웃	117	3	9	27	0.305	0.359	0.476	0.835
투아웃	99	1	7	27	0.220	0.283	0.308	0.591

팀별 기록

구분	타석	홈런	볼넷	삼진	타율	출루율	장타율	OPS
KIA	33	1	4	6	0.115	0.281	0.269	0.550
KT	41	0	0	9	0.275	0.275	0.375	0.650
LG	35	1	3	5	0.344	0.400	0.563	0.963
NC	27	0	2	7	0.217	0.308	0.261	0.569
SSG	42	1	2	11	0.250	0.282	0.417	0.699
롯데	26	0	0	5	0.154	0.154	0.154	0.308
삼성	47	2	2	14	0.227	0.277	0.409	0.686
키움	49	2	4	10	0.286	0.354	0.500	0.854
한화	40	0	5	11	0.219	0.333	0.281	0.614

강진성 외야수 49

신장 176cm **체중** 89kg **생일** 1993-10-19 **투타** 우투우타 **지명** 12 NC 4라운드 33순위
연봉 3,800-12,000-13,000 **학교** 가동초-잠신중-경기고

● 우승팀의 주전 1루수에서 1년 만에 FA 보상 선수로 추락해 팀을 옮기는 아픔을 겪었다. 지난해 강진성의 퇴보는 그만큼 치명적이었다. 콘택트와 파워가 모두 나빠졌고, 수비까지 흔들렸다. 더 나아지기 위해 타격폼을 자주 바꾼 게 독이 됐다는 평이 많다. 겨울 동안에는 박건우가 떠난 우익수 자리를 놓고 김인태와 경쟁하는 분위기였다.

기본기록

연도	경기	타석	타수	안타	2루타	3루타	홈런	타점	득점	볼넷	사구	삼진	도루	도루자	타율	출루율	장타율	OPS
2019	41	104	97	24	4	1	2	14	11	3	4	20	2	1	0.247	0.298	0.371	0.669
2020	121	432	395	122	25	0	12	70	53	20	9	46	9	1	0.309	0.351	0.463	0.814
2021	124	462	406	101	20	0	7	38	49	36	14	68	9	3	0.249	0.330	0.350	0.680
통산	362	1108	995	272	56	1	22	128	124	68	28	155	20	5	0.273	0.335	0.398	0.733

상황별 기록

상황	타석	홈런	볼넷	삼진	타율	출루율	장타율	OPS
전반기	209	4	18	33	0.262	0.346	0.393	0.739
후반기	253	3	18	35	0.238	0.316	0.314	0.630
vs 좌	100	1	11	19	0.241	0.340	0.299	0.639
vs 우	307	6	23	42	0.244	0.317	0.365	0.682
주자있음	213	5	20	31	0.229	0.330	0.346	0.676
주자없음	249	2	16	37	0.264	0.329	0.352	0.681
득점권	118	4	12	16	0.227	0.336	0.381	0.717
노아웃	156	2	14	23	0.250	0.342	0.326	0.668
원아웃	150	1	9	20	0.304	0.367	0.385	0.752
투아웃	156	4	13	25	0.194	0.282	0.338	0.620

팀별 기록

구분	타석	홈런	볼넷	삼진	타율	출루율	장타율	OPS
KIA	62	2	4	7	0.222	0.295	0.389	0.684
KT	33	0	3	9	0.172	0.250	0.207	0.457
LG	58	1	2	6	0.296	0.345	0.407	0.752
SSG	50	2	5	7	0.295	0.380	0.568	0.948
두산	41	0	1	9	0.243	0.293	0.297	0.590
롯데	62	1	4	8	0.291	0.361	0.382	0.743
삼성	46	1	4	6	0.286	0.348	0.429	0.777
키움	51	0	4	5	0.250	0.340	0.250	0.590
한화	59	0	9	11	0.149	0.322	0.149	0.471

김대한 외야수 37

신장 185cm **체중** 83kg **생일** 2000-12-06 **투타** 우투우타 **지명** 19 두산 1차

연봉 2,800-0-3,000 **학교** 숭인초-강북-덕수중-휘문고

● '역대급 재능'의 소유자가 군복무를 마치고 돌아왔다. 올시즌 시작부터는 아니겠지만, 미래에 두산 외야의 핵심일 거라는 예상에는 모두 동의한다. 증명해야 할 게 많다. 신인 때는 퓨처스리그에서 빠른 발과 괜찮은 수비력만 검증됐다. 올해부터 타격에서 잠재력을 현실로 만들어야 한다. 박건우의 옛 등번호를 달고, 후계자 등극을 노린다.

기본기록

연도	경기	타석	타수	안타	2루타	3루타	홈런	타점	득점	볼넷	사구	삼진	도루	도루자	타율	출루율	장타율	OPS
2019	19	18	15	0	0	0	0	0	4	3	0	9	0	0	0.000	0.167	0.000	0.167
2020	0	0	0	0	0	0	0	0	0	0	0	0	0	0	-	-	-	-
2021	0	0	0	0	0	0	0	0	0	0	0	0	0	0	-	-	-	-
통산	19	18	15	0	0	0	0	0	4	3	0	9	0	0	0.000	0.167	0.000	0.167

상황별 기록

상황	타석	홈런	볼넷	삼진	타율	출루율	장타율	OPS
전반기								
후반기								
vs 좌								
vs 우								
주자있음								
주자없음								
득점권								
노아웃								
원아웃								
투아웃								

팀별 기록

구분	타석	홈런	볼넷	삼진	타율	출루율	장타율	OPS
KIA								
KT								
LG								
NC								
SK								
키움								
롯데								
삼성								
한화								

김인태 외야수 39

신장 178cm **체중** 78kg **생일** 1994-07-03 **투타** 좌투좌타 **지명** 13 두산 1라운드 4순위

연봉 5,000-6,500-14,000 **학교** 포철서초-천안북중-북일고

● 입단 8년 만에 주전급 선수로 도약했다. 엄청난 선구안으로 많은 볼넷을 얻어내 준수한 공격력을 보여줬다. 300타석 이상 외야수 중 김인태(14.2%)보다 볼넷 비율이 높은 선수는 홍창기뿐이다. 조정 wOBA가 0.361로 이용규, 박해민, 배정대보다 높았다. 기회가 늘며 수비도 개선됐다. 박건우가 떠난 우익수 자리의 다음 주인이 유력하다.

기본기록

연도	경기	타석	타수	안타	2루타	3루타	홈런	타점	득점	볼넷	사구	삼진	도루	도루자	타율	출루율	장타율	OPS
2019	26	70	60	14	2	1	2	7	6	8	0	12	1	1	0.233	0.319	0.400	0.719
2020	77	110	84	17	5	0	1	13	15	21	2	13	0	0	0.202	0.370	0.298	0.668
2021	133	418	344	89	15	1	8	46	51	62	3	67	0	2	0.259	0.373	0.378	0.751
통산	327	770	644	156	31	2	14	83	93	105	5	133	1	3	0.242	0.350	0.362	0.712

상황별 기록

상황	타석	홈런	볼넷	삼진	타율	출루율	장타율	OPS
전반기	255	5	44	37	0.284	0.410	0.417	0.827
후반기	163	3	18	30	0.221	0.315	0.321	0.636
vs 좌	121	3	18	19	0.214	0.339	0.347	0.686
vs 우	253	5	38	41	0.273	0.386	0.402	0.788
주자있음	207	5	27	33	0.287	0.376	0.433	0.809
주자없음	211	3	35	34	0.231	0.370	0.324	0.694
득점권	108	3	16	20	0.337	0.425	0.500	0.925
노아웃	151	2	23	16	0.286	0.411	0.378	0.789
원아웃	151	4	19	26	0.279	0.364	0.419	0.783
투아웃	116	2	20	25	0.198	0.336	0.323	0.659

팀별 기록

구분	타석	홈런	볼넷	삼진	타율	출루율	장타율	OPS
KIA	46	0	2	10	0.195	0.239	0.268	0.507
KT	45	0	11	4	0.273	0.455	0.333	0.788
LG	39	1	8	5	0.300	0.462	0.467	0.929
NC	48	2	9	8	0.256	0.396	0.487	0.883
SSG	53	1	6	9	0.217	0.308	0.348	0.656
롯데	52	1	10	9	0.250	0.392	0.325	0.717
삼성	43	1	3	11	0.231	0.286	0.333	0.619
키움	57	0	10	5	0.244	0.393	0.267	0.660
한화	35	2	3	6	0.419	0.457	0.677	1.134

김재호 내야수 52

신장 181cm **체중** 75kg **생일** 1985-03-21 **투타** 우투우타 **지명** 04 두산 1차

연봉 65,000-60,000-50,000 **학교** 남정초-중앙중-중앙고

● 왕조를 이끈 명유격수도 세월은 이기지 못했다. 부상과 부진으로 8년 동안 지켜온 주전 자리를 내줬다. 배트 스피드가 확연히 느려졌다. 그래도 수비력은 아직 많이 녹슬지 않았다. 수비 범위와 처리 능력 모두 아직 리그 평균 이상이다. 올해는 시작부터 백업이다. 7년 연속 한국시리즈행을 이끈 경험과 지혜는 팀에 반드시 필요한 자원이다.

기본기록

연도	경기	타석	타수	안타	2루타	3루타	홈런	타점	득점	볼넷	사구	삼진	도루	도루자	타율	출루율	장타율	OPS
2019	130	470	377	101	22	0	4	48	51	67	7	58	3	3	0.268	0.379	0.358	0.737
2020	120	458	402	116	15	1	2	39	48	45	4	45	6	2	0.289	0.362	0.346	0.708
2021	89	251	211	44	8	0	1	24	23	29	2	34	1	1	0.209	0.306	0.261	0.567
통산	1543	4629	3938	1079	186	26	49	539	583	504	39	572	75	38	0.274	0.356	0.372	0.728

상황별 기록

상황	타석	홈런	볼넷	삼진	타율	출루율	장타율	OPS
전반기	140	1	15	19	0.242	0.331	0.308	0.639
후반기	111	0	14	15	0.165	0.275	0.198	0.473
vs 좌	60	0	7	10	0.196	0.300	0.235	0.535
vs 우	164	1	19	21	0.212	0.308	0.277	0.585
주자있음	137	1	19	15	0.174	0.290	0.229	0.519
주자없음	114	0	10	19	0.245	0.325	0.294	0.619
득점권	88	1	14	10	0.186	0.310	0.243	0.553
노아웃	72	0	4	10	0.230	0.273	0.279	0.552
원아웃	92	0	17	15	0.181	0.337	0.222	0.559
투아웃	87	1	8	9	0.218	0.299	0.282	0.581

팀별 기록

구분	타석	홈런	볼넷	삼진	타율	출루율	장타율	OPS
KIA	28	0	6	3	0.333	0.520	0.389	0.909
KT	24	0	0	3	0.130	0.130	0.130	0.260
LG	34	0	3	8	0.065	0.147	0.065	0.212
NC	34	1	4	4	0.259	0.333	0.407	0.740
SSG	24	0	4	4	0.250	0.375	0.350	0.725
롯데	34	0	2	5	0.313	0.353	0.375	0.728
삼성	32	0	4	3	0.222	0.313	0.259	0.572
키움	21	0	3	1	0.188	0.350	0.188	0.538
한화	20	0	3	3	0.118	0.250	0.176	0.426

박계범 내야수 14

신장 177cm **체중** 84kg **생일** 1996-01-11 **투타** 우투우타 **지명** 14 삼성 2차 2라운드 17순위

연봉 5,500-7,000-14,500 **학교** 순천북초-서울이수중-효천고-대구사이버대

● 오재일의 보상 선수로 두산에 합류해 기대 이상의 활약을 펼쳤다. 내야 전 포지션을 소화해냈고, 수비력은 평균-공격력은 평균 이상의 기량을 보였다. 특히 선구안의 발전이 돋보였다. 참을성을 키워 삼진을 줄이고 볼넷을 늘려 공격 기여를 높였다. 우투수를 상대로는 아직 약점이 보인다. 이변이 없는 한 개막전 주전 유격수가 유력하다.

기본기록

연도	경기	타석	타수	안타	2루타	3루타	홈런	타점	득점	볼넷	사구	삼진	도루	도루자	타율	출루율	장타율	OPS
2019	58	204	168	43	8	1	4	25	26	22	5	45	5	1	0.256	0.354	0.387	0.741
2020	80	175	164	32	7	0	3	16	21	7	0	42	3	2	0.195	0.227	0.293	0.520
2021	118	385	322	86	12	1	5	46	44	44	9	68	4	3	0.267	0.368	0.357	0.725
통산	264	764	654	161	27	2	12	87	92	73	14	155	12	6	0.246	0.332	0.349	0.681

상황별 기록

상황	타석	홈런	볼넷	삼진	타율	출루율	장타율	OPS
전반기	128	2	10	27	0.265	0.341	0.372	0.713
후반기	257	3	34	41	0.268	0.381	0.349	0.730
vs 좌	88	3	13	18	0.254	0.372	0.423	0.795
vs 우	266	2	27	46	0.282	0.372	0.352	0.724
주자있음	188	5	22	35	0.281	0.376	0.418	0.794
주자없음	197	0	22	33	0.254	0.360	0.302	0.662
득점권	116	4	15	22	0.267	0.373	0.433	0.806
노아웃	122	1	12	15	0.220	0.304	0.310	0.614
원아웃	134	2	16	22	0.301	0.403	0.389	0.792
투아웃	129	2	16	31	0.275	0.388	0.367	0.755

팀별 기록

구분	타석	홈런	볼넷	삼진	타율	출루율	장타율	OPS
KIA	45	0	7	7	0.306	0.444	0.361	0.805
KT	46	0	2	16	0.103	0.159	0.103	0.262
LG	50	0	8	10	0.237	0.396	0.237	0.633
NC	46	0	8	4	0.351	0.478	0.459	0.937
SSG	43	2	3	6	0.231	0.286	0.436	0.722
롯데	35	1	2	7	0.219	0.265	0.313	0.578
삼성	32	1	3	3	0.385	0.452	0.577	1.029
키움	40	0	7	5	0.344	0.475	0.406	0.881
한화	48	1	4	10	0.279	0.354	0.395	0.749

안재석 내야수 3

신장 185cm **체중** 75kg **생일** 2002-02-15 **투타** 우투좌타 **지명** 21 두산 1차

연봉 3,000-5,800 **학교** 성내초-배재중-서울고

● 고졸 신인 야수 중 가장 많은 기회를 얻었고, 잠재력과 숙제를 모두 확인했다. 전반기에는 겁 없는 스윙으로 좋은 타구를 만들었고, 여러 포지션을 무리 없이 소화하는 수비 센스도 보여줬다. 체력이 떨어진 후반기엔 공수 모두 낙제점. 좌투수를 공략할 방법도 익혀야 한다. 김태형 감독은 위로보다 솔직한 독설로 성장을 주문하고 있다.

기본기록

연도	경기	타석	타수	안타	2루타	3루타	홈런	타점	득점	볼넷	사구	삼진	도루	도루자	타율	출루율	장타율	OPS
2019	0	0	0	0	0	0	0	0	0	0	0	0	0	0	-	-	-	-
2020	0	0	0	0	0	0	0	0	0	0	0	0	0	0	-	-	-	-
2021	96	224	200	51	8	2	2	14	28	16	4	53	1	0	0.255	0.317	0.345	0.662
통산	96	224	200	51	8	2	2	14	28	16	4	53	1	0	0.255	0.317	0.345	0.662

상황별 기록

상황	타석	홈런	볼넷	삼진	타율	출루율	장타율	OPS
전반기	146	2	7	36	0.271	0.315	0.391	0.706
후반기	78	0	9	17	0.224	0.321	0.254	0.575
vs 좌	32	1	2	12	0.207	0.250	0.345	0.595
vs 우	165	1	13	32	0.270	0.327	0.358	0.685
주자있음	107	1	7	27	0.253	0.299	0.305	0.604
주자없음	117	1	9	26	0.257	0.333	0.381	0.714
득점권	56	0	4	15	0.213	0.268	0.255	0.523
노아웃	69	0	6	16	0.290	0.362	0.371	0.733
원아웃	84	2	6	17	0.243	0.286	0.405	0.691
투아웃	71	0	4	20	0.234	0.310	0.250	0.560

팀별 기록

구분	타석	홈런	볼넷	삼진	타율	출루율	장타율	OPS
KIA	19	0	3	0	0.231	0.368	0.308	0.676
KT	34	1	3	3	0.414	0.441	0.621	1.062
LG	22	0	2	8	0.250	0.318	0.250	0.568
NC	32	0	2	8	0.167	0.219	0.233	0.452
SSG	25	0	3	8	0.227	0.320	0.318	0.638
롯데	30	0	1	8	0.286	0.333	0.429	0.762
삼성	10	0	0	4	0.250	0.400	0.250	0.650
키움	28	0	1	8	0.222	0.250	0.222	0.472
한화	24	1	1	6	0.217	0.250	0.348	0.598

장승현 포수 22

신장 184cm **체중** 86kg **생일** 1994-03-07 **투타** 우투우타 **지명** 13 두산 4라운드 36순위

연봉 3,500-3,800-7,800 **학교** 서림초-동산중-제물포고

● 1군 데뷔 후 3년 동안 '세 번째 포수'였다가 지난해 '두 번째 포수'로 진급했다. 박세혁의 부상 공백 속에 꾸준한 출전 기회를 잡고 안정된 실력을 뽐냈다. 수비는 다른 팀이라면 당장 주전이다. 블로킹과 포구 모두 준수하고 도루 저지율 41.2%는 500이닝 이상 포수 중 1위다. 올해도 '2번 포수'로 시작해 자격이 차고 넘치는 주전 도약을 꿈꾼다.

기본기록

연도	경기	타석	타수	안타	2루타	3루타	홈런	타점	득점	볼넷	사구	삼진	도루	도루자	타율	출루율	장타율	OPS
2019	35	46	41	7	2	0	0	3	3	3	1	13	0	0	0.171	0.239	0.220	0.459
2020	23	22	20	5	3	0	0	3	5	1	1	6	0	0	0.250	0.318	0.400	0.718
2021	92	211	177	41	10	0	2	27	18	19	8	50	0	0	0.232	0.332	0.322	0.654
통산	170	295	251	58	15	0	2	34	28	24	10	71	0	0	0.231	0.321	0.315	0.636

상황별 기록

상황	타석	홈런	볼넷	삼진	타율	출루율	장타율	OPS
전반기	149	2	13	36	0.234	0.324	0.320	0.644
후반기	62	0	6	14	0.224	0.350	0.327	0.677
vs 좌	50	0	6	10	0.250	0.380	0.300	0.680
vs 우	137	2	12	33	0.226	0.326	0.339	0.665
주자있음	104	2	12	23	0.268	0.378	0.415	0.793
주자없음	107	0	7	27	0.200	0.290	0.242	0.532
득점권	70	2	11	12	0.365	0.493	0.577	1.070
노아웃	67	0	3	8	0.204	0.295	0.278	0.573
원아웃	70	2	3	21	0.281	0.329	0.438	0.767
투아웃	74	0	13	21	0.203	0.365	0.237	0.602

팀별 기록

구분	타석	홈런	볼넷	삼진	타율	출루율	장타율	OPS
KIA	17	1	2	3	0.462	0.563	0.769	1.332
KT	16	0	1	8	0.067	0.125	0.067	0.192
LG	23	0	3	8	0.111	0.261	0.111	0.372
NC	23	0	1	4	0.227	0.261	0.318	0.579
SSG	34	1	3	6	0.250	0.344	0.393	0.737
롯데	30	0	0	9	0.259	0.286	0.370	0.656
삼성	25	0	6	6	0.278	0.480	0.444	0.924
키움	25	0	2	5	0.286	0.375	0.286	0.661
한화	18	0	1	1	0.133	0.278	0.133	0.411

정수빈 외야수 31

신장 175cm **체중** 70kg **생일** 1990-10-07 **투타** 좌투좌타 **지명** 09 두산 2차 5라운드 39순위

연봉 34,000-60,000-60,000 **학교** 신곡초-수원북중-유신고

● 지난해 81안타를 쳤다. 그중 57안타를 9월 이후에 쳤다. 포스트시즌 9경기에도 13안타를 추가했다. 8월까지 매달 10안타 이상을 못 치는 슬럼프 때문에 후보로 밀린 선수라고는 믿기지 않는 '가을 반등'이다. 두산 팬들은 두 손 모아 찬바람이 불기 전에도 잘하기를 기도하고 있다. 박건우가 떠난 올해는 정수빈의 꾸준한 활약이 더욱 필요하다.

기본기록

연도	경기	타석	타수	안타	2루타	3루타	홈런	타점	득점	볼넷	사구	삼진	도루	도루자	타율	출루율	장타율	OPS
2019	123	513	441	117	19	5	0	41	75	57	6	60	26	8	0.265	0.354	0.331	0.685
2020	141	559	490	146	17	8	5	59	84	55	2	56	15	6	0.298	0.368	0.396	0.764
2021	104	351	313	81	19	4	3	37	50	29	3	50	12	7	0.259	0.326	0.374	0.700
통산	1279	4425	3864	1084	155	69	27	423	687	369	63	587	221	73	0.281	0.350	0.377	0.727

상황별 기록

상황	타석	홈런	볼넷	삼진	타율	출루율	장타율	OPS
전반기	133	1	17	23	0.202	0.303	0.289	0.592
후반기	218	2	12	27	0.291	0.340	0.422	0.762
vs 좌	79	0	7	7	0.254	0.329	0.310	0.639
vs 우	242	3	18	37	0.259	0.319	0.403	0.722
주자있음	140	2	12	14	0.264	0.331	0.421	0.752
주자없음	211	1	17	36	0.255	0.322	0.344	0.666
득점권	85	2	9	8	0.301	0.369	0.479	0.848
노아웃	146	2	7	16	0.263	0.303	0.376	0.679
원아웃	111	1	16	18	0.293	0.405	0.435	0.840
투아웃	94	0	6	16	0.216	0.266	0.307	0.573

팀별 기록

구분	타석	홈런	볼넷	삼진	타율	출루율	장타율	OPS
KIA	44	0	1	7	0.275	0.286	0.425	0.711
KT	45	1	3	9	0.171	0.244	0.293	0.537
LG	34	0	5	4	0.214	0.333	0.321	0.654
NC	34	0	3	7	0.226	0.294	0.323	0.617
SSG	31	0	1	1	0.276	0.323	0.310	0.633
롯데	34	0	3	6	0.323	0.382	0.452	0.834
삼성	54	0	3	5	0.314	0.352	0.373	0.725
키움	33	1	3	5	0.276	0.364	0.414	0.778
한화	42	1	7	6	0.242	0.366	0.455	0.821

조수행 외야수 51

신장 178cm **체중** 73kg **생일** 1993-08-30 **투타** 우투좌타 **지명** 16 두산 2차 1라운드 5순위

연봉 4,500-7,500-8,500 **학교** 노암초-경포중-강릉고-건국대

● 지난해 21개의 도루를 기록했다. 성공률도 84%로 엘리트급. 타격 기회는 고작 104타석뿐이었다. 2006년 단 24타석에 21도루를 기록한 강명구에 이어 16년 만에 '최소 타석 20도루' 기록이다. 지난해에는 타석에서도 기여를 할 수 있는 가능성도 엿보였다. 타율 0.286에 볼넷을 16개나 골라 출루율이 0.417. 우익수 주전 경쟁의 다크호스다.

기본기록

연도	경기	타석	타수	안타	2루타	3루타	홈런	타점	득점	볼넷	사구	삼진	도루	도루자	타율	출루율	장타율	OPS
2019	0	0	0	0	0	0	0	0	0	0	0	0	0	0	-	-	-	-
2020	44	40	38	10	0	0	0	4	12	2	0	6	3	2	0.263	0.300	0.263	0.563
2021	115	104	84	24	2	1	1	8	34	16	3	26	21	4	0.286	0.417	0.369	0.786
통산	424	423	381	106	10	5	2	34	114	31	4	83	38	11	0.278	0.338	0.346	0.684

상황별 기록

상황	타석	홈런	볼넷	삼진	타율	출루율	장타율	OPS
전반기	69	0	12	17	0.286	0.420	0.339	0.759
후반기	35	1	4	9	0.286	0.412	0.429	0.841
vs 좌	29	0	4	11	0.304	0.448	0.391	0.839
vs 우	68	1	11	15	0.268	0.388	0.357	0.745
주자있음	55	0	9	13	0.227	0.370	0.295	0.665
주자없음	49	1	7	13	0.350	0.469	0.450	0.919
득점권	30	0	3	10	0.231	0.333	0.269	0.602
노아웃	30	0	3	7	0.360	0.448	0.480	0.928
원아웃	30	1	6	7	0.333	0.467	0.458	0.925
투아웃	44	0	7	12	0.200	0.364	0.229	0.593

팀별 기록

구분	타석	홈런	볼넷	삼진	타율	출루율	장타율	OPS
KIA	6	0	1	0	0.500	0.600	0.500	1.100
KT	3	0	0	1	0.333	0.333	0.333	0.666
LG	21	0	4	6	0.294	0.429	0.412	0.841
NC	9	0	2	0	0.000	0.333	0.000	0.333
SSG	16	0	0	5	0.333	0.375	0.400	0.775
롯데	20	1	4	4	0.267	0.450	0.533	0.983
삼성	10	0	2	5	0.250	0.400	0.250	0.650
키움	8	0	2	2	0.333	0.500	0.333	0.833
한화	11	0	1	3	0.300	0.364	0.300	0.664

김도윤 투수 93

신장 181cm **체중** 83kg **생일** 2002-06-28 **투타** 우투좌타 **지명** 21 두산 2차 4라운드 40순위

연봉 3,000-3,100 **학교** 신도초-현도중-청주고

연도	경기	선발	승	패	세이브	홀드	이닝	안타	홈런	볼넷	사구	삼진	피안타율	WHIP	FIP	ERA	QS	BS
2019	0	0	0	0	0	0	0.0	0	0	0	0	0	-	-	-	-	0	0
2020	0	0	0	0	0	0	0.0	0	0	0	0	0	-	-	-	-	0	0
2021	1	0	0	0	0	0	1.0	0	0	0	0	2	0.000	0.00	-0.67	0.00	0	0
통산	1	0	0	0	0	0	1.0	0	0	0	0	2	0.000	0.00	-0.67	0.00	0	0

김지용 투수 19

신장 174cm **체중** 86kg **생일** 1988-02-20 **투타** 우투우타 **지명** 10 LG 9라운드 65순위

연봉 11,000-7,000-6,000 **학교** 노원초-청량중-중앙고-영동대

연도	경기	선발	승	패	세이브	홀드	이닝	안타	홈런	볼넷	사구	삼진	피안타율	WHIP	FIP	ERA	QS	BS
2019	0	0	0	0	0	0	0.0	0	0	0	0	0	-	-	-	-	0	0
2020	4	0	0	0	0	0	3.2	5	1	2	0	4	0.313	1.91	6.56	14.73	0	0
2021	3	0	0	0	0	0	4.0	2	0	1	1	5	0.143	0.75	2.33	0.00	0	0
통산	188	0	13	14	4	38	211.1	210	39	59	11	179	0.260	1.27	5.33	4.73	0	10

남호 투수 11

신장 185cm **체중** 86kg **생일** 2000-07-20 **투타** 우투우타 **지명** 19 LG 2차 5라운드 45순위

연봉 2,700-3,300-3,500 **학교** 연현초-수원북중-유신고

연도	경기	선발	승	패	세이브	홀드	이닝	안타	홈런	볼넷	사구	삼진	피안타율	WHIP	FIP	ERA	QS	BS
2019	0	0	0	0	0	0	0.0	0	0	0	0	0	-	-	-	-	0	0
2020	6	3	0	0	0	0	18.1	13	1	12	1	14	0.194	1.36	4.86	3.93	0	0
2021	5	0	0	1	0	0	2.2	3	0	3	0	2	0.300	2.25	5.21	10.13	0	0
통산	11	3	0	1	0	0	21.0	16	1	15	1	16	0.208	1.48	4.91	4.71	0	0

문대원 투수 59

신장 187cm **체중** 91kg **생일** 1998-08-22 **투타** 우투우타 **지명** 17 두산 2차 4라운드 40순위

연봉 2,700-3,100-3,200 **학교** 사당초-휘문중-강릉고

연도	경기	선발	승	패	세이브	홀드	이닝	안타	홈런	볼넷	사구	삼진	피안타율	WHIP	FIP	ERA	QS	BS
2019	0	0	0	0	0	0	0.0	0	0	0	0	0	-	-	-	-	0	0
2020	4	0	0	0	0	0	5.2	12	2	2	0	0	0.444	2.47	9.20	9.53	0	0
2021	2	0	0	0	0	0	1.1	2	1	2	0	1	0.286	3.00	16.08	6.75	0	0
통산	6	0	0	0	0	0	7.0	14	3	4	0	1	0.412	2.57	10.51	9.00	0	0

박소준 투수 43

신장 177cm **체중** 68kg **생일** 1995-01-21 **투타** 우투우타 **지명** 13 두산 육성선수

연봉 2,900-3,500-4,500 **학교** 우암초-청주중-청주고

연도	경기	선발	승	패	세이브	홀드	이닝	안타	홈런	볼넷	사구	삼진	피안타율	WHIP	FIP	ERA	QS	BS
2019	0	0	0	0	0	0	0.0	0	0	0	0	0	-	-	-	-	0	0
2020	8	5	1	2	0	0	26.0	30	3	14	0	20	0.294	1.69	-	5.54	1	0
2021	22	5	0	4	0	0	59.2	69	3	29	3	33	0.292	1.64	-	5.73	0	0
통산	33	10	1	6	0	0	88.0	103	7	46	3	55	0.297	1.69	-	5.83	1	0

박치국 투수 1

신장 177cm **체중** 78kg **생일** 1998-03-10 **투타** 우투우타 **지명** 17 두산 2차 1라운드 10순위

연봉 8,000-16,000-14,500 **학교** 숭의초-신흥중-제물포고

연도	경기	선발	승	패	세이브	홀드	이닝	안타	홈런	볼넷	사구	삼진	피안타율	WHIP	FIP	ERA	QS	BS
2019	61	0	2	2	3	14	52.0	64	5	14	5	35	0.312	1.50	4.29	4.50	0	5
2020	63	0	4	4	0	7	71.2	65	5	34	5	66	0.238	1.38	4.09	2.89	0	1
2021	23	0	2	1	0	8	22.0	21	2	11	1	20	0.273	1.45	3.92	4.09	0	1
통산	235	3	10	13	6	46	244.2	267	20	88	26	204	0.282	1.45	4.24	4.05	0	10

유재유 투수 42

신장 181cm **체중** 86kg **생일** 1997-03-03 **투타** 우투우타 **지명** 16 LG 2차 1라운드 7순위

연봉 0-3,200-3,200 **학교** 갈산초-양천중-충암고

연도	경기	선발	승	패	세이브	홀드	이닝	안타	홈런	볼넷	사구	삼진	피안타율	WHIP	FIP	ERA	QS	BS
2019	0	0	0	0	0	0	0.0	0	0	0	0	0	-	-	-	-	0	0
2020	0	0	0	0	0	0	0.0	0	0	0	0	0	-	-	-	-	0	0
2021	4	0	0	0	0	0	3.1	4	2	5	0	1	0.308	2.70	15.03	10.80	0	0
통산	19	2	0	2	0	0	21.1	31	5	19	3	10	0.348	2.34	8.92	8.86	0	0

윤명준 투수 36

신장 178cm **체중** 78kg **생일** 1989-06-18 **투타** 우투우타 **지명** 12 두산 1라운드 6순위

연봉 21,000-15,600-14,000 **학교** 광주서석초-광주동성중-광주동성고-고려대

연도	경기	선발	승	패	세이브	홀드	이닝	안타	홈런	볼넷	사구	삼진	피안타율	WHIP	FIP	ERA	QS	BS
2019	69	0	6	2	1	14	68.1	63	3	20	3	40	0.252	1.21	3.72	2.63	0	2
2020	42	0	1	0	2	7	41.0	51	4	13	1	20	0.315	1.56	4.76	4.83	0	0
2021	45	0	1	0	0	1	45.2	53	3	20	4	26	0.303	1.60	4.49	4.73	0	0
통산	369	0	27	12	15	63	398.0	423	34	141	21	263	0.278	1.42	4.51	4.21	0	9

윤태호 투수 106

신장 190cm **체중** 88kg **생일** 2003-10-10 **투타** 우투우타 **지명** 22 두산 2차 5라운드 49순위

연봉 3,000 **학교** 상인천초-동인천중-인천고

연도	경기	선발	승	패	세이브	홀드	이닝	안타	홈런	볼넷	사구	삼진	피안타율	WHIP	FIP	ERA	QS	BS
2019																		
2020																		
2021																		
통산																		

이원재 투수 95

신장 187cm **체중** 98kg **생일** 2003-05-07 **투타** 좌투좌타 **지명** 22 두산 2차 2라운드 19순위

연봉 3,000 **학교** 수영초-경남중-경남고

연도	경기	선발	승	패	세이브	홀드	이닝	안타	홈런	볼넷	사구	삼진	피안타율	WHIP	FIP	ERA	QS	BS
2019																		
2020																		
2021																		
통산																		

이형범 투수 68

신장 181cm **체중** 80kg **생일** 1994-02-27 **투타** 우투우타 **지명** 12 NC 특별 23순위

연봉 14,200-9,000-8,100 **학교** 화순초-화순중-화순고

연도	경기	선발	승	패	세이브	홀드	이닝	안타	홈런	볼넷	사구	삼진	피안타율	WHIP	FIP	ERA	QS	BS
2019	67	0	6	3	19	10	61.0	57	4	19	9	31	0.253	1.25	4.52	2.66	0	2
2020	27	0	1	2	1	1	25.2	30	5	16	2	13	0.291	1.79	6.95	7.71	0	2
2021	4	0	0	0	0	0	2.2	2	0	5	1	2	0.200	2.63	8.58	0.00	0	0
통산	137	8	9	8	20	11	177.1	185	17	80	18	84	0.275	1.49	5.46	4.31	1	4

장원준 투수 28

신장 184cm **체중** 85kg **생일** 1985-07-31 **투타** 좌투좌타 **지명** 04 롯데 1차

연봉 30,000-8,000-5,000 **학교** 수영초-대동중-부산고-영남사이버대

연도	경기	선발	승	패	세이브	홀드	이닝	안타	홈런	볼넷	사구	삼진	피안타율	WHIP	FIP	ERA	QS	BS
2019	6	0	0	0	0	0	2.0	5	0	3	1	1	0.500	4.00	8.40	9.00	0	0
2020	2	2	0	1	0	0	5.2	9	1	6	0	2	0.375	2.65	8.32	12.71	0	0
2021	32	0	0	1	1	4	18.2	20	1	18	2	8	0.290	2.04	6.39	6.75	0	0
통산	408	331	129	113	1	8	1942.0	2012	172	822	109	1354	0.272	1.46	4.47	4.27	69	0

정유석 투수 107

신장 185cm **체중** 90kg **생일** 2002-07-17 **투타** 좌투좌타 **지명** 22 두산 2차 6라운드 59순위

연봉 3,000 **학교** 합포초-마산중-용마고

연도	경기	선발	승	패	세이브	홀드	이닝	안타	홈런	볼넷	사구	삼진	피안타율	WHIP	FIP	ERA	QS	BS
2019																		
2020																		
2021																		
통산																		

현도훈 투수 40

신장 188cm **체중** 95kg **생일** 1993-01-13 **투타** 우투좌타 **지명** 18 두산 육성선수

연봉 0-3,000-3,200 **학교** 신일중-일본 교토고쿠사이고

연도	경기	선발	승	패	세이브	홀드	이닝	안타	홈런	볼넷	사구	삼진	피안타율	WHIP	FIP	ERA	QS	BS
2019	0	0	0	0	0	0	0.0	0	0	0	0	0	-	-	-	-	0	0
2020	0	0	0	0	0	0	0.0	0	0	0	0	0	-	-	-	-	0	0
2021	5	2	0	0	0	0	8.2	9	1	13	0	9	0.290	2.54	7.26	12.46	0	0
통산	8	3	0	1	0	0	17.1	20	3	19	1	14	0.308	2.25	7.26	9.87	0	0

강현구 외야수 30

신장 186cm **체중** 98kg **생일** 2002-06-16 **투타** 우투우타 **지명** 21 두산 2차 3라운드 30순위

연봉 3,000-3,000 **학교** 도림초-동산중-인천고

연도	경기	타석	타수	안타	2루타	3루타	홈런	타점	득점	볼넷	사구	삼진	도루	도루자	타율	출루율	장타율	OPS
2019																		
2020																		
2021	0	0	0	0	0	0	0	0	0	0	0	0	0	0	-	-	-	-
통산	0	0	0	0	0	0	0	0	0	0	0	0	0	0	-	-	-	-

권민석 내야수 7

신장 184cm 체중 74kg 생일 1999-02-20 투타 우투우타 지명 18 두산 2차 10라운드 100

연봉 2,700-3,500-3,300 학교 영랑초-수원영통-설악중-강릉고

연도	경기	타석	타수	안타	2루타	3루타	홈런	타점	득점	볼넷	사구	삼진	도루	도루자	타율	출루율	장타율	OPS
2019	0	0	0	0	0	0	0	0	0	0	0	0	0	0	-	-	-	-
2020	55	57	50	13	2	0	0	7	6	3	0	15	1	0	0.260	0.291	0.300	0.591
2021	33	15	14	3	2	0	0	1	8	1	0	7	0	0	0.214	0.267	0.357	0.624
통산	88	72	64	16	4	0	0	8	14	4	0	22	1	0	0.250	0.286	0.313	0.599

김동준 외야수 67

신장 193cm 체중 100kg 생일 2002-09-04 투타 좌투좌타 지명 22 두산 2차 1라운드 9순위

연봉 3,000 학교 군산신풍초-군산중-군산상고

연도	경기	타석	타수	안타	2루타	3루타	홈런	타점	득점	볼넷	사구	삼진	도루	도루자	타율	출루율	장타율	OPS
2019																		
2020																		
2021																		
통산																		

김민혁 내야수 18

신장 188cm 체중 100kg 생일 1996-05-03 투타 우투우타 지명 15 두산 2차 2라운드 16순위

연봉 0-3,400-3,200 학교 광주대성초-광주동성중-광주동성고

연도	경기	타석	타수	안타	2루타	3루타	홈런	타점	득점	볼넷	사구	삼진	도루	도루자	타율	출루율	장타율	OPS
2019	0	0	0	0	0	0	0	0	0	0	0	0	0	0	-	-	-	-
2020	0	0	0	0	0	0	0	0	0	0	0	0	0	0	-	-	-	-
2021	6	8	6	0	0	0	0	0	0	2	0	2	0	0	0.000	0.250	0.000	0.250
통산	46	87	80	16	4	0	2	12	8	7	0	27	0	0	0.200	0.264	0.325	0.589

김태근 외야수 92

신장 175cm 체중 74kg 생일 1996-08-10 투타 우투우타 지명 19 두산 2차 5라운드 49순위

연봉 2,800-0-3,000 학교 광진-건대부중-배명고-건국대

연도	경기	타석	타수	안타	2루타	3루타	홈런	타점	득점	볼넷	사구	삼진	도루	도루자	타율	출루율	장타율	OPS
2019	9	0	0	0	0	0	0	0	2	0	0	0	1	2	-	-	-	-
2020	0	0	0	0	0	0	0	0	0	0	0	0	0	0	-	-	-	-
2021	0	0	0	0	0	0	0	0	0	0	0	0	0	0	-	-	-	-
통산	9	0	0	0	0	0	0	0	2	0	0	0	1	2	0.000	0.000	0.000	0.000

박성재 포수 104

신장 186cm 체중 98kg 생일 2002-11-18 투타 우투우타 지명 21 두산 2차 8라운드 80순위

연봉 3,000-3,100 학교 개성중-부산고

연도	경기	타석	타수	안타	2루타	3루타	홈런	타점	득점	볼넷	사구	삼진	도루	도루자	타율	출루율	장타율	OPS
2019																		
2020																		
2021	1	1	1	0	0	0	0	0	0	0	0	1	0	0	0.000	0.000	0.000	0.000
통산	1	1	1	0	0	0	0	0	0	0	0	1	0	0	0.000	0.000	0.000	0.000

신민철 내야수 94

신장 185cm **체중** 90kg **생일** 2003-01-13 **투타** 우투우타 **지명** 22 두산 2차 3라운드 29순위

연봉 3,000 **학교** 가동초-휘문중-휘문고

연도	경기	타석	타수	안타	2루타	3루타	홈런	타점	득점	볼넷	사구	삼진	도루	도루자	타율	출루율	장타율	OPS
2019																		
2020																		
2021																		
통산																		

신성현 내야수 5

신장 183cm **체중** 92kg **생일** 1990-10-19 **투타** 우투우타 **지명** 15 한화 육성선수

연봉 4,800-4,300-4,000 **학교** 가동초-덕수중-일본 교토고쿠사이고

연도	경기	타석	타수	안타	2루타	3루타	홈런	타점	득점	볼넷	사구	삼진	도루	도루자	타율	출루율	장타율	OPS
2019	35	54	41	8	0	0	1	6	9	10	1	14	0	0	0.195	0.352	0.268	0.620
2020	9	7	4	1	1	0	0	0	2	3	0	3	0	0	0.250	0.571	0.500	1.071
2021	11	15	11	2	0	0	0	0	3	3	1	6	0	0	0.182	0.400	0.182	0.582
통산	258	476	407	93	14	1	15	56	71	48	8	151	1	4	0.229	0.319	0.378	0.697

안권수 외야수 8

신장 175cm **체중** 80kg **생일** 1993-04-19 **투타** 우투좌타 **지명** 20 두산 2차 10라운드 99

연봉 2,700-3,500-4,800 **학교** 타카사초-키시중-와세다실업고-와세다대

연도	경기	타석	타수	안타	2루타	3루타	홈런	타점	득점	볼넷	사구	삼진	도루	도루자	타율	출루율	장타율	OPS
2019																		
2020	68	41	37	10	0	0	0	3	10	2	0	5	2	1	0.270	0.300	0.270	0.570
2021	87	47	42	10	0	1	0	4	17	3	0	3	3	0	0.238	0.289	0.286	0.575
통산	155	88	79	20	0	1	0	7	27	5	0	8	5	1	0.253	0.294	0.278	0.572

안승한 포수 20

신장 176cm **체중** 98kg **생일** 1992-01-25 **투타** 우투우타 **지명** 14 KT 2차 특별 12순위

연봉 3,700-3,700-3,700 **학교** 남정초-선린중-충암고-동아대

연도	경기	타석	타수	안타	2루타	3루타	홈런	타점	득점	볼넷	사구	삼진	도루	도루자	타율	출루율	장타율	OPS
2019	36	47	44	6	1	0	0	5	4	1	1	13	0	0	0.136	0.174	0.159	0.333
2020	0	0	0	0	0	0	0	0	0	0	0	0	0	0	-	-	-	-
2021	0	0	0	0	0	0	0	0	0	0	0	0	0	0	-	-	-	-
통산	36	47	44	6	1	0	0	5	4	1	1	13	0	0	0.136	0.174	0.159	0.333

오재원 내야수 24

신장 185cm **체중** 75kg **생일** 1985-02-09 **투타** 우투좌타 **지명** 04 두산 2차 9라운드 72순위

연봉 30,000-30,000-30,000 **학교** 서울학동초-경원중-야탑고-경희대

연도	경기	타석	타수	안타	2루타	3루타	홈런	타점	득점	볼넷	사구	삼진	도루	도루자	타율	출루율	장타율	OPS
2019	98	204	177	29	8	1	3	18	30	25	0	50	6	2	0.164	0.267	0.271	0.538
2020	85	174	155	36	7	1	5	27	25	16	0	49	10	5	0.232	0.301	0.387	0.688
2021	45	79	72	12	3	0	0	5	6	6	0	18	2	0	0.167	0.228	0.208	0.436
통산	1553	4898	4292	1147	190	33	64	517	676	461	48	924	288	87	0.267	0.342	0.372	0.714

전민재 내야수 35

신장 181cm **체중** 73kg **생일** 1999-06-30 **투타** 우투우타 **지명** 18 두산 2차 4라운드 40

연봉 0-3,000-3,200 **학교** 남산초-천안북중-대전고

연도	경기	타석	타수	안타	2루타	3루타	홈런	타점	득점	볼넷	사구	삼진	도루	도루자	타율	출루율	장타율	OPS
2019	2	0	0	0	0	0	0	0	0	0	0	0	0	0	-	-	-	-
2020	0	0	0	0	0	0	0	0	0	0	0	0	0	0	-	-	-	-
2021	9	5	4	1	0	0	0	1	1	0	0	2	0	0	0.250	0.200	0.250	0.450
통산	23	13	12	4	1	0	0	4	3	0	0	4	0	0	0.333	0.308	0.417	0.725

전희범 외야수 99

신장 184cm **체중** 90kg **생일** 2003-03-08 **투타** 우투우타 **지명** 22 두산 2차 4라운드 39

연봉 3,000 **학교** 나주북초-전라중-인상고

연도	경기	타석	타수	안타	2루타	3루타	홈런	타점	득점	볼넷	사구	삼진	도루	도루자	타율	출루율	장타율	OPS
2019																		
2020																		
2021																		
통산																		

최용제 포수 12

신장 182cm **체중** 90kg **생일** 1991-07-12 **투타** 우투우타 **지명** 14 두산 육성선수

연봉 2,800-3,800-6,500 **학교** 도곡초-서울이수중-진흥고-홍익대

연도	경기	타석	타수	안타	2루타	3루타	홈런	타점	득점	볼넷	사구	삼진	도루	도루자	타율	출루율	장타율	OPS
2019	0	0	0	0	0	0	0	0	0	0	0	0	0	0	-	-	-	-
2020	28	49	44	13	0	1	0	9	9	4	0	8	0	0	0.295	0.354	0.341	0.695
2021	79	119	104	29	3	0	0	15	7	11	2	21	0	0	0.279	0.356	0.308	0.664
통산	111	179	157	44	3	1	0	25	16	16	2	31	0	0	0.280	0.352	0.312	0.664

홍성호 내야수 44

신장 187cm **체중** 98kg **생일** 1997-07-15 **투타** 우투좌타 **지명** 16 두산 2차 4라운드 36순위

연봉 0-0-3,000 **학교** 인헌초-선린중-선린고

연도	경기	타석	타수	안타	2루타	3루타	홈런	타점	득점	볼넷	사구	삼진	도루	도루자	타율	출루율	장타율	OPS
2019	0	0	0	0	0	0	0	0	0	0	0	0	0	0	-	-	-	-
2020	0	0	0	0	0	0	0	0	0	0	0	0	0	0	-	-	-	-
2021	0	0	0	0	0	0	0	0	0	0	0	0	0	0	-	-	-	-
통산	0	0	0	0	0	0	0	0	0	0	0	0	0	0	-	-	-	-

PLAYER LIST

육성선수

성명	포지션	등번호	생일	신장	체중	투타	최초입단연도	최초입단구단	연봉
강원진	투수	97	2002-03-13	190	104	좌우	2021	두산 베어스	3,000
김동주	투수	102	2002-02-14	190	90	우우	2021	두산 베어스	3,000
김성민	투수	56	2000-08-27	182	95	좌좌	2020	두산 베어스	3,000
박웅	투수	63	1997-11-12	192	103	우우	2020	두산 베어스	3,300
윤수호	투수	103	1992-07-09	182	90	우우	2015	KT 위즈	4,000
이교훈	투수	100	2000-05-29	181	83	좌좌	2019	두산 베어스	3,300
이병헌	투수	105	2003-06-04	183	95	좌좌	2022	두산 베어스	3,000
임준형	투수	109	2003-07-28	178	81	우우	2022	두산 베어스	3,000
장빈	투수	58	1999.07.10	183	90	우우	2021	두산 베어스	3,000
전창민	투수	69	2000-06-09	185	80	우우	2019	두산 베어스	3,000
정철원	투수	65	1999-03-27	192	95	우우	2018	두산 베어스	3,000
최세창	투수	98	2001-06-01	187	95	우우	2020	두산 베어스	3,100
최지강	투수	112	2001-07-23	180	88	우좌	2022	두산 베어스	3,000
강산	포수	111	2003-08-08	176	78	우좌	2022	두산 베어스	3,000
박유연	포수	26	1998-12-20	177	77	우우	2017	두산 베어스	3,000
신창희	포수	2	1996-04-10	187	96	우우	2016	두산 베어스	3,000
천현재	포수	113	1999-07-05	183	85	우좌	2022	두산 베어스	3,000
김문수	내야수	33	1997-08-10	185	95	우우	2019	두산 베어스	3,000
서예일	내야수	16	1993-06-19	178	83	우우	2016	두산 베어스	3,300
오명진	내야수	6	2001-09-04	179	79	우좌	2020	두산 베어스	3,100
이민석	내야수	114	2001-11-01	182	88	0	2022	두산 베어스	3,000
임태윤	내야수	101	2002-08-12	180	80	우우	2021	두산 베어스	3,000
황경태	내야수	25	1996-08-17	181	77	우우	2016	두산 베어스	3,000
양현진	외야수	4	2002-01-03	191	86	우우	2021	두산 베어스	3,000
강동형	외야수	108	1999-12-07	186	86	우좌	2022	두산 베어스	3,000
김시완	외야수	110	2004-01-28	180	84	우우	2022	두산 베어스	3,000

군보류

성명	포지션	생일	신장	체중	투타	최초입단연도	최초입단구단	입대일	전역일
김호준	투수	1998-05-17	180	82	좌좌	2018	두산 베어스	2020-07-20	2022-04-19
김민규	투수	1999-05-07	183	90	우좌	2018	두산 베어스	2021-12-13	2023-06-12
배창현	투수	1998-12-09	183	78	좌좌	2018	두산 베어스	2021-01-21	2022-10-20
이주엽	투수	2001-03-26	188	90	우우	2020	두산 베어스	2021-02-15	2022-08-14
제환유	투수	2000-09-30	183	76	우좌	2020	두산 베어스	2020-12-07	2022-06-06
장규빈	포수	2001-04-21	186	98	우우	2020		2021-11-29	2023-05-28
박지훈	내야수	2000-09-07	183	80	우우	2020	두산 베어스	2021-12-14	2023-06-13
송승환	내야수	2000-10-28	183	93	우우	2019	두산 베어스	2020-08-10	2022-02-09
이유찬	내야수	1998-08-05	175	68	우우	2017	두산 베어스	2021-03-22	2022-09-21
김대한	외야수	2000-12-06	185	83	우우	2019	두산 베어스	2020-08-10	2022-02-09
양찬열	외야수	1997-05-25	179	84	우좌	2020	두산 베어스	2020-11-23	2022-05-22

육성군보류

성명	포지션	생일	신장	체중	투타	최초입단연도	최초입단구단	입대일	전역일
이상연	투수	2001-08-10	195	103	우우	2021	두산 베어스	2021-11-16	2023-05-15
전형근	투수	2000-05-17	183	80	우우	2019	두산 베어스	2020-11-17	2022-05-16
최종인	투수	2001-05-01	185	84	우우	2020	두산 베어스	2021-08-23	2023-02-22

SAMSUNG LIONS

SAMSUNG
Lions

삼성 라이온즈

지난해 10월 31일 라이온즈파크. 삼성은 KT를 맞아 KBO 리그 사상 두 번째로 정규시즌 1위를 가리는 타이브레이커를 치렀다. 두 팀 시즌 성적은 76승 9무 56패로 똑같았다. 상대 전적에서 9승 1무 6패로 앞서는 삼성이 홈 어드밴티지를 가졌다. 쿠에바스와 원태인의 명투수전 끝에 삼성이 1-0으로 패했다. 삼성은 2위가 확정됐지만 대단했던 2021시즌 피날레로는 유감이 없었다. 2015년 한국시리즈에서 두산에 1승 4패로 패한 뒤 삼성은 5년 연속 포스트시즌에 실패했다. 이 기간 단 한 번도 승률 5할을 넘은 적이 없었다. 네 번은 8위 이하였다. 지난해 시즌을 앞두고 FA 오재일을 영입한 건 반등에 대한 자신감이 어느 정도 있었기 때문이다. 기대를 훨씬 넘어서는 성과를 거뒀다. 이번 시즌엔 장기간 컨텐더로 군림할 수 있는 토대를 마련해야 한다.

2021 좋았던 일

원태인은 프로 3년차에 리그를 대표하는 우완 에이스로 발돋움했다. 베테랑 백정현은 더 놀라웠다. 토종 투수 가운데 가장 높은 WAR을 기록했다. 전체로는 아리엘 미란다 다음으로 높았다. 최채흥도 5선발로는 경쟁력이 높았다. 토종 선발투수 세 명이 모두 WAR 1.5승 이상을 기록한 팀은 삼성이 유일했다. 데이비드 뷰캐넌은 두 시즌 연속 15+승을 따냈다. 지난해는 첫해보다 한결 안정감이 있었다. 마무리 오승환은 39세 나이에 44세이브를 따내며 개인 통산 여섯 번째 이 부문 타이틀을 따냈다. 외국인야수 호세 피렐라의 WAR 2.96은 대단하진 않았다. 하지만 전년도 타일러 살라디노와 다니엘 팔카의 합산치(-0.06)보다는 훨씬 나았다. 오재일은 이원석, 강민호에 이어 세 번째 외부 FA로 성공적인 시즌을 보냈다.

2021 나빴던 일

삼성의 구원 평균자책점(4.80)은 전년 대비 0.35점 향상됐다. 리그에서의 순위는 8위에 그쳤다. 39세 오승환과 36세 우규민 외에 믿을 만한 구원투수가 없었다. 두 베테랑을 제외한 구원 WAR 1위는 6경기 10⅔이닝만 던진 선발이 본업인 최채흥(0.40)이었다. 메이저리그 A급 유망주 출신 이학주는 내규 위반으로 징계까지 받으며 주전 유격수 자리를 김지찬에게 넘겨줬다. 유격수 포지션 OPS는 2020년 0.645에서 지난해 0.613으로 떨어졌다. 10개 구단 중 최하위였다. 2루수와 3루수 포지션 OPS도 각각 -0.104, -0.031씩 떨어졌다. 순위는 모두 9위였다. 젊은 야수 성장이 더뎠다. 삼성의 24세 이하 야수 WAR 합계는 0.32로 2년 연속 리그 꼴찌였다. 무엇보다 6년 만에 진출한 포스트시즌에서 두산에 플레이오프 2전 전패를 당했다.

허삼영 감독 70

신장	183cm	체중	79kg	생일	1972-06-08	투타	우투우타
연봉	20,000-20,000			학교	옥산초-대구중-대구상고		

허삼영 감독의 첫 시즌인 2020년 삼성은 2년 연속 8위에 머물렀다. 하지만 승률은 0.420에서 0.460으로 40포인트 상승했다. 지난해 승률은 0.103 증가했다. 역대 삼성에서 데뷔 첫 두 시즌 연속으로 팀 승률을 끌어올린 감독은 2대 김영덕 이후 처음이다. 올해는 3년 계약의 마지막 시즌이다. 역대 삼성에서 4년 이상 재임한 감독은 류중일, 선동열(이상 6년), 김응용(4년) 등 세 명뿐이다. 재계약에 성공하면 네 번째가 된다. 허 감독 체제에서 삼성 타선은 볼을 고르는 빈도가 다소 높아졌다. 희생번트는 다소 줄었지만 도루시도율과 추가진루율은 소폭 상승했다. 타순 변화를 자주 준다. 지난해 74경기 이상 같은 선수가 기용된 타순은 박해민의 1번 뿐이었다. 포지션 기준으로 첫 해 144경기에서 128개 라인업을 짰지만 지난해엔 93개로 안정도가 높아졌다.

구단 정보

창단	연고지	홈구장	우승	홈페이지
1982	대구	대구삼성라이온즈파크	8회 (85,02,05,06,11,12,13,14)	www.samsunglions.com

2021시즌 성적

순위	경기	승	패	무	승률
3	144	76	59	9	0.563
타율	**출루율**	**장타율**	**홈런**	**도루**	**실책**
0.267(3)	0.344(6)	0.399(3)	133(3)	116(1)	88(2)
ERA	**선발ERA**	**구원ERA**	**탈삼진**	**볼넷허용**	**피홈런**
4.30(4)	3.98(3)	4.80(8)	1,038(6)	530(2)	131(7)

최근 10시즌 성적

연도	순위	승	패	무	승률
2011	1	79	50	4	0.612
2012	1	80	51	2	0.611
2013	1	75	51	2	0.595
2014	1	78	47	3	0.624
2015	2	88	56	0	0.611
2016	9	65	78	1	0.455
2017	9	55	84	5	0.396
2018	6	68	72	4	0.486
2019	8	60	83	1	0.420
2020	8	64	75	5	0.460

2021시즌 월별 성적

월	순위	승	패	무	승률
4	1	14	10	0	0.583
5	7	12	11	0	0.522
6	4	14	11	1	0.560
7-8	4	12	10	2	0.545
9	2	13	8	5	0.619
10	4	11	9	1	0.550
포스트		0	2	0	

COACHING STAFF

코칭스태프

성명	보직	등번호	생일	신장	체중	투타	출신교
최태원	수석	85	1970-08-19	179	83	우투우타	성남고-경희대
황두성	투수	99	1976-11-16	187	96	우투우타	배명고
권오원	불펜	90	1979-08-16	184	84	우투우타	개성고-동아대
김종훈	타격	77	1972-01-29	183	80	우투우타	북일고-경희대
이영수	타격	76	1981-05-09	184	90	우투우타	상원고-한양대
이정식	배터리	89	1981-11-02	183	93	우투우타	장충고-경성대
김재걸	작전	73	1972-09-07	177	70	우투우타	덕수고-단국대
조동찬	수비	71	1983-07-27	180	80	우투우타	공주고-대불대
강명구	주루	97	1980-10-25	181	70	우투좌타	진흥고-탐라대
박진만	퓨처스 감독	79	1976-11-30	178	82	우투우타	인천고-경기대
정현욱	퓨처스 투수	91	1978-12-02	187	102	우투우타	청원고
박한이	퓨처스 타격	74	1979-01-28	182	91	좌투좌타	부산고-동국대
손주인	퓨처스 작전 내야	75	1983-12-01	179	82	우투우타	진흥고
채상병	퓨처스 배터리	98	1979-12-18	184	95	우투우타	휘문고-연세대
강봉규	퓨처스 주루 외야	78	1978-01-12	183	88	우투우타	경남고-고려대
권오준	육성군 투수	94	1980-03-09	182	80	우투우타	선린인터넷고
이윤효	육석군 야수	72	1970-05-09	172	74	우투우타	상원고-미래대

2022 팀 이슈

오프시즌 동안 전력 유출이 컸다. 최채흥이 상무에 입대해 5선발 자리가 비었다. 전역 선수 중에 투수는 없다. 강민호, 백정현과 FA 계약을 했지만 1번 타자 중견수 박해민이 LG로 FA 이적했다. 박해민은 지난해 데뷔 이후 가장 높은 타격 WAR 3.8승을 기록했다. 중견수 수비 범위과 타구 처리 능력은 국가대표급이다. 오랫동안 핵심 구원투수로 활약했던 심창민과 문제의 사나이 이학주는 각각 NC, 롯데로 트레이드됐다. 강민호의 나이를 고려해 NC에서 백업 포수 김태군을 영입한 건 나쁘지 않은 선택이다. 하지만 불펜과 중견수, 1루수를 제외한 내야진 전체 전력을 끌어올려야 한다. 지난 시즌 삼성 내야진 OPS(0.686)는 리그 8위, WAR(4.25)은 9위였다.

2022 최상 시나리오

원기옥

자, 모두
나에게
힘을!!

새 외국인투수 알베르트 수아레스는 라이온즈파크에서도 시속 160㎞ 패스트볼을 펑펑 던진다. 야쿠르트 스왈로즈 시절과는 달리 시즌 내내 건강을 유지한다. 백정현의 2022년은 전년보다는 못하다. 하지만 2년 연속 10승에는 성공한다. 김윤수는 9이닝당 볼넷을 절반으로 줄이며 건강을 되찾은 양창섭은 신인 시절 기대에 걸맞는 활약을 한다. 장필준과 최충연도 재기에 성공한다. 피렐라는 지명타자로 포지션이 고정되며 OPS를 2021년보다 0.100 끌어올린다. 구자욱은 비 FA 다년계약이 헐값으로 보이는 활약을 한다. 2021년 동반 부진했던 이원석과 김상수는 아직 벤치로 물러날 때가 아님을 실력으로 보여준다. 삼성은 2년 연속으로 포스트시즌 무대를 밟는다. 올해 가을잔치기간은 훨씬 길어졌다. 허삼영 감독의 표정에는 여유가 있다.

2022 최악 시나리오

오승환의 포심 평균 구속이 시속 143㎞대로 떨어진다. 스플리터 구사율을 더 높여보지만 큰 효과가 없다. 우규민의 2022년은 2021년보다 2020년에 가까워진다. 왕년의 막강 불펜을 잊지 않은 대구 팬들은 창원에서 맹활약하는 심창민을 아쉬워한다. 백정현의 2021년은 결국 플루크 시즌이었다. 중견수에는 여러 선수가 기용되지만 누구도 확실한 주전으로 보이지 않는다. 1루수 오재일은 올해 36세다. FA 두 번째 시즌에 기량이 하향 곡선을 긋기 시작한다. 동갑내기 이원석은 이미 지난해부터 떨어진 기울기를 끌어올리지 못한다. 두 선수보다 한 살이 많은 강민호는 포수 마스크를 쓰는 횟수가 크게 줄어든다. 젊은 야수들은 올시즌에도 두드러지지 않는다. 24세 이하 야수진 WAR은 3년 연속 최하위다. 9월에 포스트시즌 진출 가능성이 간당간당해진다.

백정현 투수 29

신장	184cm 체중 80kg 생일 1987-07-13
투타	좌투좌타 지명 07 삼성 2차 1라운드 8순위
연봉	28,000-25,500-80,000
학교	옥산초-대구중-상원고

순위기록

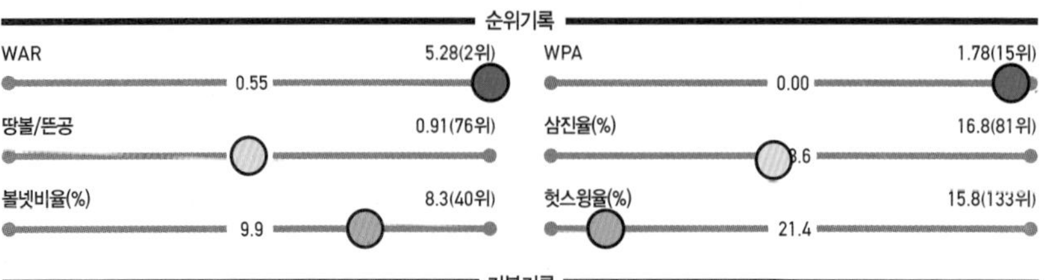

기본기록

연도	경기	선발	승	패	세이브	홀드	이닝	안타	홈런	볼넷	사구	삼진	피안타율	WHIP	FIP	ERA	QS	BS
2019	28	27	8	10	0	0	157.0	158	17	56	6	82	0.260	1.36	4.95	4.24	12	0
2020	11	11	4	4	0	0	59.0	67	13	17	1	46	0.285	1.42	5.78	5.19	3	0
2021	27	27	14	5	0	0	157.2	142	15	54	2	109	0.244	1.24	4.21	2.63	15	0
통산	365	112	50	39	2	24	834.1	882	101	326	30	675	0.273	1.45	4.77	4.49	46	1

상황별 기록

상황	안타	2루타	3루타	홈런	볼넷	사구	삼진	폭투	보크	피안타율
전반기	78	11	1	11	41	1	52	4	0	0.234
후반기	64	14	0	4	13	1	57	1	0	0.256
vs 좌	57	10	0	4	21	1	40	1	0	0.256
vs 우	85	15	1	11	33	1	69	4	0	0.236
주자없음	89	16	1	9	31	2	61	0	0	0.261
주자있음	53	9	0	6	23	0	48	5	0	0.219
득점권	24	4	0	1	12	0	25	1	0	0.211
만루	0	0	0	0	0	0	4	0	0	0.000

구종별 기록

구종	평균구속	순위	백분율	구사율(%)	피안타율
포심	137	272	89.8%	43.8%	0.236
투심/싱커	134	119	88.1%	7.9%	0.333
슬라이더/커터	127	215	74.9%	24.1%	0.209
커브	115	187	76.3%	5.8%	0.448
체인지업	129	88	42.1%	18.4%	0.223
포크볼	-	-	-	-	-
너클볼/기타	-	-	-	-	-

존별 기록

VS 우타

0.000 0/5	0.286 2/7	0.286 2/7	0.000 0/4	0.000 0/2
0.211 4/19	0.250 6/24	0.381 8/21	0.571 4/7	0.000 0/4
0.286 8/28	0.184 7/38	0.292 7/24	0.182 4/22	0.000 0/4
0.211 8/38	0.212 7/33	0.357 10/28	0.188 3/16	0.000 0/2
0.111 1/9	0.222 2/9	0.000 0/4	0.250 1/4	- 0/0

VS 좌타

0.000 0/2	0.143 1/7	0.286 2/7	0.000 0/4	- 0/0
0.250 2/8	0.333 3/9	0.267 4/15	0.154 2/13	0.000 0/1
0.250 2/8	0.500 4/8	0.474 9/19	0.438 7/16	0.200 1/5
0.000 0/4	0.286 4/14	0.308 8/26	0.194 6/31	0.333 1/3
0.000 0/1	0.000 0/2	0.100 1/10	0.000 0/5	0.000 0/5

투수 시점

● 지난해 프로야구 최고 투수는 두산의 아리엘 미란다였다. 내국인 가운데 최고 투수의 이름은 놀랍게도 백정현이었다. 평균자책점(2.63)과 WAR(5.28) 모두 미란다에 이어 2위였다. 종전 가장 좋았던 기록은 평균자책점 4.24(2019년), WAR 2.34(2018년)이었다. 특히 7~8월엔 리그 최다인 38⅔이닝을 던지며 5승에 평균자책점 1.16으로 데뷔 14년 만에 월간 MVP로 뽑혔다. 백정현은 20대 초반엔 강속구가 트레이드마크였다. 30대 초반부터 빠른 공 비율을 절반 이하로 떨어뜨리는 대신 볼넷을 줄였다. 지난해 포심 구속은 개인 통산 가장 낮은 시속 136.6km에 불과했다. 하지만 직구 구종가치(15.8)는 리그 6위에 개인 통산 가장 높았다. 2014년 이후 가장 높은 투구비율(24.2%)과 최고 구종가치(11.3)을 기록한 슬라이더와 콤비네이션이 좋았다. 시즌 뒤 삼성과 4년 38억원에 FA 계약을 했다. 지난해가 플루크 시즌이 아니었음을 입증해야 한다.

뷰캐넌 투수 4

신장 190cm **체중** 90kg **생일** 1989-05-11

투타 우투우타 **지명** 20 삼성 자유선발

연봉 $600,000-$900,000-$1,100,000

학교 Georgia State(대)

순위기록

항목	평균	기록(순위)
WAR	0.55	4.55(7위)
WPA	0.00	1.66(16위)
땅볼/뜬공	0.99	1.64(13위)
삼진율(%)	18.6	21.4(35위)
볼넷비율(%)	9.9	7.8(31위)
헛스윙율(%)	21.4	22.4(51위)

기본기록

연도	경기	선발	승	패	세이브	홀드	이닝	안타	홈런	볼넷	사구	삼진	피안타율	WHIP	FIP	ERA	QS	BS
2019	0	0	0	0	0	0	0.0	0	0	0	0	0	-	-	-	-	0	0
2020	27	27	15	7	0	0	174.2	172	16	50	7	121	0.261	1.27	4.34	3.45	18	0
2021	30	30	16	5	0	0	177.0	173	13	59	2	162	0.250	1.31	3.46	3.10	20	0
통산	57	57	31	12	0	0	351.2	345	29	109	9	283	0.256	1.29	3.90	3.28	38	0

상황별 기록

상황	안타	2루타	3루타	홈런	볼넷	사구	삼진	폭투	보크	피안타율
전반기	84	13	1	6	30	0	94	3	0	0.231
후반기	89	12	3	7	29	2	68	4	0	0.272
vs 좌	92	9	3	6	34	1	98	3	0	0.234
vs 우	81	16	1	7	25	1	64	4	0	0.273
주자없음	94	12	3	9	28	1	93	0	0	0.242
주자있음	79	13	1	4	31	1	69	7	0	0.262
득점권	40	4	0	3	23	1	48	2	0	0.252
만루	6	0	0	0	2	0	7	1	0	0.261

구종별 기록

구종	평균구속	순위	백분율	구사율(%)	피안타율
포심	145	54	17.8%	28.6%	0.318
투심/싱커	144	32	23.7%	2.4%	0.200
슬라이더/커터	140	3	1%	29.1%	0.230
커브	121	68	27.8%	14.8%	0.221
체인지업	130	69	33%	24.9%	0.228
포크볼	-	-	-	-	-
너클볼/기타	-	-	-	-	-

존별 기록

VS 우타

0.000 0/1	0.000 0/1	0.000 0/3	0.083 1/12	0.200 1/5
0.200 1/5	0.294 5/17	0.435 10/23	0.316 6/19	0.250 1/4
0.273 3/11	0.273 6/22	0.240 6/25	0.400 10/25	0.444 4/9
0.000 0/10	0.174 4/23	0.424 14/33	0.100 1/10	0.333 1/3
0.222 2/9	0.000 0/6	0.308 4/13	0.000 0/6	0.000 0/1

VS 좌타

- 0/0	0.000 0/3	0.000 0/6	0.222 2/9	0.400 2/5
0.200 1/5	0.217 5/23	0.176 3/17	0.265 9/34	0.273 3/11
0.077 1/13	0.261 6/23	0.345 10/29	0.300 9/30	0.250 3/12
0.100 1/10	0.417 10/24	0.349 15/43	0.194 7/36	0.067 1/15
0.000 0/5	0.286 2/7	0.067 1/15	0.067 1/15	0.000 0/4

투수 시점

● 2020년 KBO 리그 데뷔 이후 삼성의 오른손 에이스로 활약했다. 지난해 16승은 첫 시즌보다 1승이 많았다. 평균자책점은 3.45에서 3.10으로 소폭 감소했다. 수비 요인을 제거한 FIP는 4.34에서 3.46으로 크게 향상됐다. 첫 시즌 어이없이 대량 실점하는 경우가 흠으로 꼽혔다. 8실점 이상 경기가 세 번이었다. 지난해엔 9실점한 9월 24일 잠실 LG전을 제외하곤 모두 5실점 이하였다. 에이스로서 더 책임있는 피칭을 했다. FIP의 향상과도 이어지는 대목이다. 빠른공 구속은 첫 시즌보다 다소 줄어들었다. 그럼에도 오히려 구사율을 높였다. 특히 싱커를 더 자주 던졌다. 매우 효과적이었다. 땅볼/뜬공 비율이 2020년 1.38에서 지난해 1.70으로 올라갔다. 홈런이 자주 나오는 라이온즈파크에서 땅볼 아웃은 가치가 크다. 그럼에도 9이닝당 삼진이 6.24개에서 8.24개로 올라간 점은 대단하다. 삼성이 170만 달러를 투자하는 재계약을 결정한 이유다.

수아레스 투수 57

신장 190cm **체중** 106kg **생일** 1989-10-08	
투타 우투우타 **지명** 22 삼성 자유선발	
연봉 $700,000	
학교 Galileo Galilei(고)	

야쿠르트표는
믿을만 하다규!

순위기록

항목	값	항목	값
WAR	0.55	WPA	0.00
땅볼/뜬공	0.99	삼진율(%)	18.6
볼넷비율(%)	9.9	헛스윙율(%)	21.4

기본기록

연도	경기	선발	승	패	세이브	홀드	이닝	안타	홈런	볼넷	사구	삼진	피안타율	WHIP	FIP	ERA	QS	BS
2019																		
2020																		
2021																		
통산																		

상황별 기록

상황	안타	2루타	3루타	홈런	볼넷	사구	삼진	폭투	보크	피안타율
전반기										
후반기										
vs 좌										
vs 우										
주자없음										
주자있음										
득점권										
만루										

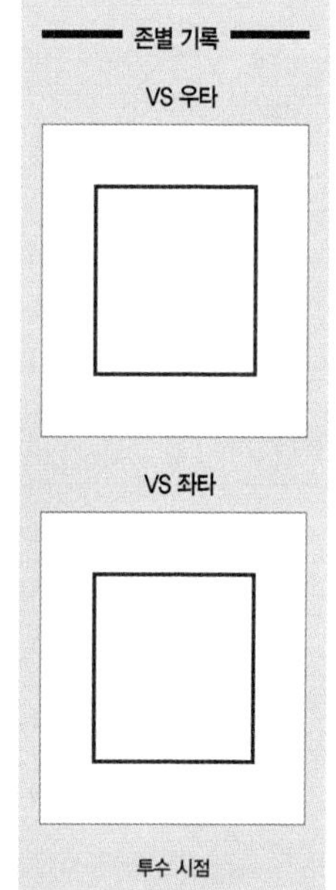

구종별 기록

구종	평균구속	순위	백분율	구사율(%)	피안타율
포심					
투심/싱커					
슬라이더/커터					
커브					
체인지업					
포크볼					
너클볼/기타					

● 뷰캐넌의 성공이 영향을 미친 것일까. 삼성이 뷰캐넌의 파트너로 영입한 투수는 베네수엘라 출신 오른손 알베르트 수아레스다. 2019~2021년 일본프로야구 야쿠르트에서 활약했다. 뷰캐넌과는 2019년 한솥밥을 먹었고 지난해 야쿠르트의 일본시리즈 우승에 공헌했다. 2020~2021년 센트럴리그 세이브 타이틀을 따낸 로베르토 수아레스의 친형이다. 형은 KBO 리그로, 동생은 메이저리그로 이적했다. 수아레스 형제의 트레이드마크는 강속구다. 수아레스는 지난해 9월 3일 요미우리전에서 시속 160km를 찍었다. 구원이 아닌 선발로 등판한 경기였다. 강속구와 투심, 커터, 슬라이더, 커브, 체인지업을 고루 구사한다. 제구력은 다소 떨어졌지만 구위는 센트럴리그 정상급으로 평가됐다. 지난해 9이닝당 삼진은 8.2개로 준수했다. 뷰캐넌이 일본 시절 삼진이 매우 적은 투수였다는 점에서 탈삼진왕 후보로 꼽을 수 있다. 잔부상이 많았다는 게 불안요소다.

오승환 투수 21

신장 183cm **체중** 92kg **생일** 1982-07-15

투타 우투우타 **지명** 05 삼성 2차 1라운드 5순위

연봉 120,000-110,000-160,000

학교 도신초-우신중-경기고-단국대

순위기록

항목	값	평균
WAR	3.03(22위)	0.55
WPA	4.31(1위)	0.00
땅볼/뜬공	0.58(132위)	0.99
삼진율(%)	22.6(27위)	18.6
볼넷비율(%)	6.3(13위)	9.9
헛스윙율(%)	25.9(19위)	21.4

기본기록

연도	경기	선발	승	패	세이브	홀드	이닝	안타	홈런	볼넷	사구	삼진	피안타율	WHIP	FIP	ERA	QS	BS
2019	0	0	0	0	0	0	0.0	0	0	0	0	0	-	-	-	-	0	0
2020	45	0	3	2	18	2	47.2	44	2	15	2	39	0.244	1.24	3.53	2.64	0	4
2021	64	0	0	2	44	0	62.0	56	3	16	2	57	0.245	1.16	2.85	2.03	0	1
통산	553	0	31	17	339	13	620.0	398	37	151	13	721	0.182	0.89	2.28	1.80	0	15

상황별 기록

상황	안타	2루타	3루타	홈런	볼넷	사구	삼진	폭투	보크	피안타율
전반기	36	9	3	1	9	2	32	1	0	0.267
후반기	20	6	0	2	7	0	25	1	0	0.213
vs 좌	33	10	3	2	4	2	34	1	0	0.270
vs 우	23	5	0	1	12	0	23	1	0	0.215
주자없음	34	7	2	2	3	0	32	0	0	0.270
주자있음	22	8	1	1	13	2	25	2	0	0.214
득점권	15	5	1	0	13	2	14	1	0	0.259
만루	2	0	1	0	1	0	3	0	0	0.133

구종별 기록

구종	평균구속	순위	백분율	구사율(%)	피안타율
포심	146	44	14.5%	50.2%	0.261
투심/싱커	-	-	-	-	-
슬라이더/커터	134	58	20.2%	31.1%	0.205
커브	118	110	44.9%	6%	0.500
체인지업	135	10	4.8%	3.1%	0.250
포크볼	135	16	11.9%	9.6%	0.160
너클볼/기타	-	-	-	-	-

존별 기록

VS 우타

- 0/0	0.000 0/1	0.400 2/5	0.000 0/1	0.000 0/1
0.600 3/5	0.250 2/8	0.143 1/7	0.000 0/5	0.000 0/1
0.000 0/6	0.100 1/10	0.250 1/4	0.385 5/13	1.000 1/1
0.111 1/9	0.000 0/6	0.333 3/9	0.500 2/4	0.000 0/1
0.000 0/5	0.333 1/3	0.000 0/1	0.000 0/1	- 0/0

VS 좌타

- 0/0	- 0/0	0.000 0/2	0.500 1/2	0.000 0/1
- 0/0	0.333 1/3	0.500 4/8	0.364 4/11	0.000 0/5
0.333 1/3	0.250 1/4	0.286 2/7	0.417 5/12	0.000 0/1
0.500 1/2	0.222 2/9	0.500 7/14	0.333 2/6	0.167 1/6
0.200 1/5	0.000 0/3	0.000 0/7	0.000 0/8	0.000 0/3

투수 시점

● 지난해 39세 나이에 44세이브를 따내며 구원왕에 올랐다. 개인 통산 여섯 번째 세이브 타이틀. 블론세이브는 단 한 번. 세이브성공률 97.8%도 16세이브 이상 기준 1위였다. 삼성은 올해 마흔 살인 오승환에게 전년 대비 45.5% 인상된 연봉 16억 원을 안겼다. 왕년의 '돌직구' 위력은 줄어들었다. 구속저하가 뚜렷했다. 지난 시즌 포심 패스트볼 평균 구속은 시속 145.7km에 그쳤다. 해외 진출 전 삼성에서 마지막 시즌이던 2013년엔 시속 150.0km에 달했다. 세인트루이스에서 뛰던 2017년 이후 빠른공 스피드는 줄곧 감소세다. 지난해엔 슬라이더와 스플리터로 아웃을 잡아냈다. 슬라이더 피안타율은 0.205, 스플리터는 0.160이었다. 특히 스플리터는 지난해 데뷔 이후 가장 높은 빈도로 구사했다. 체인지업과 혼동되는 투심도 구사한다. 구속 유지가 올시즌 관건. 도쿄 올림픽에서 부진했지만 대회 뒤 평균자책점 1.38로 호투한 건 긍정적이다.

원태인 투수 18

신장 183cm **체중** 92kg **생일** 2000-04-06

투타 우투우타 **지명** 19 삼성 1차

연봉 8,000-13,000-30,000

학교 율하초-중구-경복중-경북고

순위기록

항목	리그 평균	기록(순위)
WAR	0.55	4.76(5위)
WPA	0.00	2.41(5위)
땅볼/뜬공	0.99	1.26(34위)
삼진율(%)	18.6	19.7(50위)
볼넷비율(%)	9.9	7.8(33위)
헛스윙율(%)	21.4	23.5(42위)

기본기록

연도	경기	선발	승	패	세이브	홀드	이닝	안타	홈런	볼넷	사구	삼진	피안타율	WHIP	FIP	ERA	QS	BS
2019	26	20	4	8	0	2	112.0	119	12	39	5	68	0.267	1.41	4.76	4.82	8	1
2020	27	26	6	10	0	0	140.0	162	19	56	5	78	0.289	1.56	5.47	4.89	11	0
2021	26	26	14	7	0	0	158.2	147	11	51	5	129	0.249	1.25	3.65	3.06	16	0
통산	79	72	24	25	0	2	410.2	428	42	146	15	275	0.268	1.40	4.57	4.16	35	1

상황별 기록

상황	안타	2루타	3루타	홈런	볼넷	사구	삼진	폭투	보크	피안타율
전반기	78	20	0	8	32	1	76	3	1	0.231
후반기	69	12	1	3	19	4	50	2	0	0.272
vs 좌	80	15	0	2	27	2	64	5	0	0.258
vs 우	67	17	1	9	24	3	65	0	1	0.238
주자없음	89	21	1	5	21	2	79	0	0	0.254
주자있음	58	11	0	6	30	3	50	5	1	0.242
득점권	34	6	0	4	19	2	34	3	0	0.234
만루	2	0	0	1	1	0	3	0	0	0.105

구종별 기록

구종	평균구속	순위	백분율	구사율(%)	피안타율
포심	144	75	24.8%	46.2%	0.308
투심/싱커	138	84	62.2%	0.1%	0.000
슬라이더/커터	128	193	67.2%	17.2%	0.198
커브	117	144	58.8%	6.9%	0.306
체인지업	125	159	76.1%	29.5%	0.185
포크볼	-	-	-	-	-
너클볼/기타	-	-	-	-	-

존별 기록

VS 우타

- 0/0	0.333 2/6	0.286 2/7	0.308 4/13	0.000 0/1
0.500 5/10	0.286 4/14	0.154 4/26	0.263 5/19	0.500 1/2
0.200 2/10	0.286 4/14	0.364 8/22	0.167 2/12	0.000 0/1
0.273 3/11	0.194 7/36	0.278 10/36	0.750 3/4	0.000 0/2
0.000 0/8	0.000 0/13	0.083 1/12	0.000 0/1	0.000 0/1

VS 좌타

0.000 0/1	0.100 1/10	0.200 1/5	0.500 1/2	0.000 0/1
0.333 1/3	0.278 5/18	0.345 10/29	0.235 4/17	0.333 1/3
0.333 1/3	0.350 7/20	0.278 5/18	0.320 8/25	0.100 1/10
0.250 1/4	0.400 10/25	0.281 9/32	0.250 8/32	0.000 0/9
0.000 0/2	0.000 0/5	0.091 1/11	0.176 3/17	0.250 2/8

투수 시점

● 한국 프로야구에 새로운 우완 에이스가 탄생했다. 원태인은 2019년 데뷔 이후 두 시즌 동안 10승 18패에 평균자책점 4.86을 기록했다. 좋은 활약이었지만 현재보다는 미래에 더 눈길이 쏠렸다. 미래는 많은 이의 예상보다 더 일찍 찾아왔다. 지난해 원태인은 14승에 평균자책점 3.06, 삼진 129개를 잡아내며 에이스급으로 성장했다. 시즌 WAR(4.76)은 리그 5위였다. 특히 전반기엔 평균자책점 2.54에 리그 유일한 10승 투수였다. 원태인은 피칭 IQ가 높은 투수다. 하지만 지난해 성공의 가장 큰 이유는 구위 상승이었다. 포심 평균 구속이 첫해 시속 139.9km에서 2020년 시속 142.6km, 지난해 144.4km로 크게 향상됐다. 3월 시범경기부터 시속 148km를 찍었다. 도쿄올림픽에선 4경기 5⅓이닝 9피안타 5실점으로 부진했다. 어깨 상태가 좋지 않았다. 하지만 도쿄에서도 원태인의 체인지업은 트래킹 데이터를 찾아 본 전문가들의 감탄을 자아냈다.

강민호 포수 47

신장 185cm **체중** 100kg **생일** 1985-08-18

투타 우투우타 **지명** 04 롯데 2차 3라운드 17순위

연봉 125,000-50,000-60,000

학교 제주신광초-포철중-포철공고-국제디지털대

순위기록

항목	기준	기록
WAR	0.54	3.86(16위)
WPA	0.00	1.49(27위)
볼넷/삼진	0.58	0.85(33위)
삼진율(%)	18.2	11.5(19위)
뜬공/땅볼	1.03	0.88(103위)
컨택성공률(%)	78.7	82.1(44위)

기본기록

연도	경기	타석	타수	안타	2루타	3루타	홈런	타점	득점	볼넷	사구	삼진	도루	도루자	타율	출루율	장타율	OPS
2019	112	393	346	81	20	0	13	45	36	33	9	76	0	0	0.234	0.315	0.405	0.720
2020	119	393	355	102	14	0	19	61	46	31	4	54	0	0	0.287	0.349	0.487	0.836
2021	123	462	406	118	22	0	18	67	55	45	4	53	0	0	0.291	0.361	0.478	0.839
통산	1978	7318	6387	1761	317	10	290	1022	823	678	145	1354	23	32	0.276	0.355	0.465	0.820

상황별 기록

상황	타석	홈런	볼넷	삼진	타율	출루율	장타율	OPS
전반기	270	11	23	31	0.324	0.381	0.506	0.887
후반기	192	7	22	22	0.242	0.333	0.436	0.769
vs 좌	99	4	15	13	0.309	0.404	0.531	0.935
vs 우	310	14	29	34	0.287	0.358	0.498	0.856
주자있음	241	4	27	27	0.268	0.349	0.385	0.734
주자없음	221	14	18	26	0.313	0.376	0.572	0.948
득점권	161	2	20	20	0.250	0.342	0.341	0.683
노아웃	156	9	8	21	0.326	0.359	0.563	0.922
원아웃	161	6	19	12	0.299	0.379	0.482	0.861
투아웃	145	3	18	20	0.240	0.345	0.376	0.721

팀별 기록

구분	타석	홈런	볼넷	삼진	타율	출루율	장타율	OPS
KIA	41	0	4	8	0.270	0.341	0.297	0.638
KT	43	1	2	4	0.275	0.302	0.375	0.677
LG	58	5	5	9	0.314	0.379	0.627	1.006
NC	51	0	3	9	0.271	0.314	0.313	0.627
SSG	56	8	7	4	0.438	0.500	1.042	1.542
두산	48	2	5	6	0.195	0.271	0.415	0.686
롯데	48	1	3	5	0.209	0.271	0.326	0.597
키움	58	0	9	7	0.340	0.466	0.426	0.892
한화	59	1	7	1	0.275	0.356	0.392	0.748

존별 기록

VS 좌투

0.333 1/3	0.000 0/3	0.000 0/2	- 0/0	- 0/0
- 0/0	0.400 2/5	0.375 3/8	0.000 0/3	0.000 0/1
0.500 1/2	0.750 3/4	0.500 3/6	0.222 2/9	- 0/0
0.000 0/4	0.375 3/8	0.231 3/13	0.667 2/3	- 0/0
- 0/0	0.000 0/1	0.000 0/2	1.000 2/2	0.000 0/2

VS 우투

- 0/0	0.667 2/3	0.167 1/6	0.000 0/5	0.000 0/6
0.286 2/7	0.176 3/17	0.348 8/23	0.125 2/16	0.333 2/6
0.500 5/10	0.417 10/24	0.500 11/22	0.500 8/16	0.167 1/6
0.222 2/9	0.259 7/27	0.286 8/28	0.385 5/13	0.000 0/1
0.143 1/7	0.071 1/14	0.000 0/7	0.000 0/2	- 0/0

투수 시점

● 롯데에서 삼성으로 이적한 첫 시즌 강민호의 OPS는 0.788로 떨어졌다. 다음 시즌엔 0.719로 2007년 이후 최저치였다. 하지만 2020년 0.836으로 반등에 성공했고 지난 시즌엔 0.839를 찍었다. 홈런 18개를 때려내며 12년 연속 두 자릿수 홈런 기록도 세웠다. 36세 이상 포수 역대 시즌 최다 홈런 기록이었다. 올시즌에 25개를 더하면 박경완의 역대 포수 최다 홈런(314) 기록을 넘어선다. 삼성은 올해 37세가 되는 강민호에게 4년 FA 계약을 제시하며 신뢰를 보였다. 올시즌엔 김태군과 마스크를 번갈아 쓸 전망이다. WAR로 계산한 수비 능력은 지난해가 삼성 이적 뒤 최저치였다. 특히 도루저지율이 2020년 44.3%에서 지난해 27.1%로 떨어졌다. 하지만 투수를 편하게 해주는 포수다. 강민호가 마스크를 썼을 때 삼성 투수진의 평균자책점(CERA)은 3.81이었다. 김민수, 김도환, 김응민, 권정웅이 맡은 325이닝의 CERA는 5.70에 달했다.

구자욱 외야수 5

신장 189cm 체중 75kg 생일 1993-02-12

투타 우투좌타 지명 12 삼성 2라운드 12순위

연봉 28,000-36,000-250,000

학교 본리초-경복중-대구고

순위기록

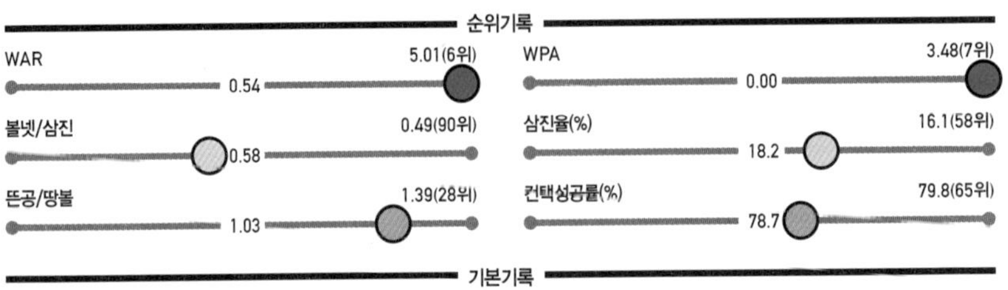

기본기록

연도	경기	타석	타수	안타	2루타	3루타	홈런	타점	득점	볼넷	사구	삼진	도루	도루자	타율	출루율	장타율	OPS
2019	122	526	475	127	27	6	15	71	66	38	7	88	11	3	0.267	0.327	0.444	0.771
2020	118	510	446	137	27	2	15	78	70	51	8	91	19	5	0.307	0.385	0.478	0.863
2021	139	610	543	166	30	10	22	88	107	48	6	98	27	4	0.306	0.361	0.519	0.880
통산	863	3782	3344	1054	201	51	118	562	653	343	47	672	104	28	0.315	0.382	0.512	0.894

상황별 기록

상황	타석	홈런	볼넷	삼진	타율	출루율	장타율	OPS
전반기	336	11	30	55	0.280	0.343	0.470	0.813
후반기	274	11	18	43	0.336	0.383	0.579	0.962
vs 좌	162	5	15	26	0.266	0.333	0.441	0.774
vs 우	395	15	32	67	0.320	0.376	0.544	0.920
주자있음	300	7	27	42	0.285	0.348	0.449	0.797
주자없음	310	15	21	56	0.324	0.374	0.582	0.956
득점권	177	4	17	23	0.283	0.341	0.455	0.796
노아웃	211	11	19	34	0.332	0.395	0.582	0.977
원아웃	218	5	15	28	0.306	0.349	0.492	0.841
투아웃	181	6	14	36	0.277	0.337	0.482	0.819

팀별 기록

구분	타석	홈런	볼넷	삼진	타율	출루율	장타율	OPS
KIA	68	3	1	12	0.343	0.353	0.537	0.890
KT	72	6	3	15	0.262	0.292	0.631	0.923
LG	70	3	6	7	0.317	0.371	0.508	0.879
NC	67	1	5	15	0.267	0.333	0.383	0.716
SSG	65	1	6	13	0.241	0.323	0.370	0.693
두산	57	1	6	7	0.353	0.421	0.490	0.911
롯데	72	6	11	9	0.393	0.486	0.852	1.338
키움	67	0	4	9	0.233	0.269	0.333	0.602
한화	72	1	6	11	0.339	0.403	0.532	0.935

존별 기록

VS 좌투

0.000 0/1	0.333 1/3	0.143 1/7	0.000 0/2	- 0/0
0.000 0/7	0.250 1/4	0.500 5/10	0.286 2/7	0.000 0/4
0.000 0/3	0.500 4/8	0.571 [illegible]	0.357 5/14	0.667 2/3
0.400 2/5	0.143 2/14	0.211 4/19	0.300 3/10	- 0/0
- 0/0	0.333 1/3	0.000 0/1	0.125 1/8	0.000 0/3

VS 우투

0.000 0/2	0.286 2/7	0.357 5/14	0.200 2/10	0.143 1/7
0.750 3/4	0.091 1/11	0.296 8/27	0.412 7/17	0.000 0/5
0.385 5/13	0.381 8/21	0.318 7/22	0.378 14/37	0.333 5/15
0.286 2/7	0.400 6/15	0.400 14/35	0.379 11/29	0.143 1/7
0.000 0/6	0.400 4/10	0.294 5/17	0.100 1/10	0.200 1/5

투수 시점

● 한국 프로야구를 대표하는 5툴 플레이어다. 2015년 데뷔 이후 한 해를 제외하곤 모두 3할대 타율을 기록했다. 지난해 22홈런과 27도루는 커리어하이였다. 20-20 클럽 가입은 지난해가 처음이었다. 2019년 벌크업 뒤에도 스피드가 떨어지지 않은 점은 대단하다. 외야수로도 뛰어났다. 10개 구단 우익수 가운데 가장 많은 1085이닝을 소화하며 최다 보살(9개)와 수비 WAR(0.896) 1위를 차지했다. 타격 WAR은 5.01로 리그 6위. 공격과 수비를 더한 전체 WAR은 아리엘 미란다(7.09), 이정후(6.82), 최정(6.50), 홍창기(6.32)에 이어 다섯 번째로 높았다. 삼성은 구자욱의 FA 자격 취득을 1년 남겨놓고 5년 120억원 장기계약을 했다. 지금까지 구자욱의 성취와 나이, FA 몸값 결정 메커니즘을 고려할 때 현명한 판단으로 보인다. 통산 좌투 상대 타율이 0.306이지만 지난해 0.266으로 떨어졌다. 왼손 변화구에 강했지만 패스트볼 타율이 0.238이었다.

오재일 내야수 44

신장 187cm **체중** 95kg **생일** 1986-10-29

투타 좌투좌타 **지명** 05 현대 2차 3라운드 24순위

연봉 47,000-60,000-60,000

학교 인창초-구리-구리인창중-야탑고

순위기록

항목	평균	기록(순위)
WAR	0.54	2.80(38위)
WPA	0.00	3.43(8위)
볼넷/삼진		0.55(77위)
삼진율(%)	18.2	21.9(103위)
뜬공/땅볼	1	1.03(75위)
컨택성공률(%)	78.7	73.7(113위)

기본기록

연도	경기	타석	타수	안타	2루타	3루타	홈런	타점	득점	볼넷	사구	삼진	도루	도루자	타율	출루율	장타율	OPS
2019	130	529	467	137	29	1	21	102	76	55	3	99	2	1	0.293	0.369	0.495	0.864
2020	127	534	471	147	32	0	16	89	62	61	0	92	2	1	0.312	0.390	0.482	0.872
2021	120	484	418	119	20	0	25	97	64	58	0	106	1	0	0.285	0.366	0.512	0.878
통산	1145	3945	3417	967	199	6	172	680	495	446	24	801	11	6	0.283	0.365	0.496	0.861

상황별 기록

상황	타석	홈런	볼넷	삼진	타율	출루율	장타율	OPS
전반기	239	12	26	58	0.276	0.351	0.505	0.856
후반기	245	13	32	48	0.293	0.380	0.519	0.899
vs 좌	107	3	10	31	0.263	0.327	0.379	0.706
vs 우	325	20	42	65	0.281	0.369	0.543	0.912
주자있음	240	11	38	45	0.314	0.413	0.536	0.949
주자없음	244	14	20	61	0.259	0.320	0.491	0.811
득점권	159	4	28	31	0.276	0.390	0.423	0.813
노아웃	168	6	19	29	0.285	0.357	0.438	0.795
원아웃	144	3	13	36	0.281	0.340	0.414	0.754
투아웃	172	16	26	41	0.288	0.395	0.671	1.066

팀별 기록

구분	타석	홈런	볼넷	삼진	타율	출루율	장타율	OPS
KIA	46	0	7	14	0.167	0.283	0.222	0.505
KT	55	3	7	12	0.277	0.364	0.468	0.832
LG	59	1	5	21	0.222	0.288	0.315	0.603
NC	61	5	6	14	0.370	0.426	0.722	1.148
SSG	56	7	5	13	0.320	0.375	0.780	1.155
두산	47	2	7	9	0.275	0.383	0.475	0.858
롯데	57	2	8	9	0.250	0.351	0.438	0.789
키움	57	2	6	7	0.314	0.386	0.510	0.896
한화	46	3	7	7	0.342	0.435	0.605	1.040

존별 기록

VS 좌투

0.000 0/1	0.000 0/2	0.000 0/2	- 0/0	- 0/0
0.500 1/2	0.429 3/7	0.500 2/4	0.000 0/5	- 0/0
0.000 0/2	1.000 3/3	0.000 0/6	0.500 7/14	0.333 1/3
0.000 0/1	0.200 1/5	0.250 2/8	0.385 5/13	0.000 0/3
0.000 0/1	- 0/0	0.000 0/2	0.000 0/5	0.000 0/6

VS 우투

0.000 0/1	0.000 0/3	0.500 2/4	0.000 0/3	- 0/0
1.000 1/1	0.071 1/14	0.368 7/19	0.286 4/14	0.444 4/9
0.250 2/8	0.385 5/13	0.316 6/19	0.423 11/26	0.300 3/10
0.333 4/12	0.400 6/15	0.182 6/33	0.313 10/32	0.444 4/9
0.000 0/3	0.200 1/5	0.083 1/12	0.000 0/12	0.000 0/1

투수 시점

● '야구선수 전성기는 27세 전후'라는 말은 KBO 리그에서 잘 맞지 않는다. 역대 타자 기록을 볼 때 29세부터 타석 비율이 줄어드는 건 분명한 사실이다. 하지만 30대 나이에도 OPS는 27, 28세와 큰 차이가 없다. 1군에 살아남은 타자라면 생각보다 훨씬 기량을 잘 유지하고 있다. 이 점에서 삼성이 2020년 12월 오재일과 4년 FA 계약을 맺은 건 엄청난 도박은 아니다. 오재일은 이름도 그리운 현대 유니콘스에서 2005년 19세 나이로 데뷔했다. 1군 주전 타자로 발돋움한 해는 서른 살인 2016년이었고 지난해 35세에 삼성 유니폼을 입었다. 지난해는 기대에 미치지 못했다. 홈런 25개와 97타점, OPS 0.878은 준수한 성적이지만 잠실구장에서 라이온즈파크로 홈구장을 옮겼다는 점을 고려해야 한다. 오재일은 2020년 홈에서 OPS 0.717, 원정에서 1.006을 기록했다. 지난해엔 홈 0.863, 원정 0.891이었다. 부상으로 4월을 거의 날렸다.

이원석 내야수 16

신장 182cm **체중** 82kg **생일** 1986-10-21

투타 우투좌타 **지명** 05 롯데 2차 2라운드 9순위

연봉 30,000-30,000-30,000

학교 광주학강초-광주동성중-광주동성고

순위기록

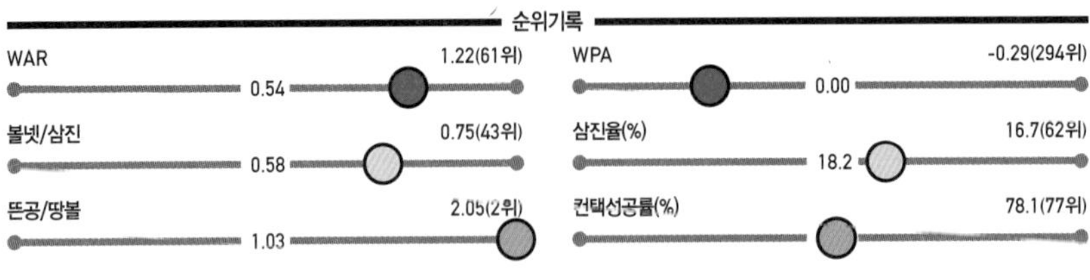

기본기록

연도	경기	타석	타수	안타	2루타	3루타	홈런	타점	득점	볼넷	사구	삼진	도루	도루자	타율	출루율	장타율	OPS
2019	111	455	395	97	20	0	19	76	44	43	8	73	2	1	0.246	0.327	0.441	0.768
2020	121	467	403	108	17	0	13	74	46	49	2	82	0	1	0.268	0.341	0.407	0.748
2021	131	480	399	92	19	0	9	59	40	60	11	80	1	0	0.231	0.341	0.346	0.687
통산	1598	5470	4790	1257	222	16	132	693	592	465	64	896	25	25	0.262	0.332	0.398	0.730

상황별 기록

상황	타석	홈런	볼넷	삼진	타율	출루율	장타율	OPS
전반기	259	7	31	41	0.263	0.363	0.424	0.787
후반기	221	2	29	39	0.192	0.315	0.253	0.568
vs 좌	94	2	15	15	0.267	0.304	0.387	0.781
vs 우	328	6	43	53	0.214	0.334	0.336	0.670
주자있음	216	5	24	35	0.256	0.350	0.398	0.748
주자없음	264	4	36	45	0.211	0.333	0.305	0.638
득점권	125	3	18	19	0.309	0.407	0.457	0.864
노아웃	164	0	21	29	0.196	0.309	0.239	0.548
원아웃	165	5	20	23	0.248	0.352	0.398	0.750
투아웃	151	4	19	28	0.250	0.364	0.406	0.770

팀별 기록

구분	타석	홈런	볼넷	삼진	타율	출루율	장타율	OPS
KIA	60	0	11	17	0.196	0.383	0.239	0.622
KT	34	0	4	8	0.069	0.206	0.069	0.275
LG	46	2	5	6	0.289	0.378	0.474	0.852
NC	61	2	6	5	0.236	0.311	0.400	0.711
SSG	60	1	12	7	0.213	0.367	0.319	0.686
두산	56	1	4	6	0.280	0.339	0.440	0.779
롯데	56	1	7	9	0.178	0.304	0.289	0.593
키움	56	0	2	15	0.224	0.273	0.245	0.518
한화	51	2	9	7	0.350	0.471	0.575	1.046

존별 기록

VS 좌투

0.000 0/1	0.000 0/2	0.000 0/1	- 0/0	- 0/0
0.200 1/5	0.288 2/7	0.250 1/4	1.000 1/1	- 0/0
0.375 3/8	0.200 2/10	0.222 2/9	1.000 1/1	- 0/0
0.667 2/3	0.000 0/3	0.500 3/6	0.200 1/5	0.000 0/2
0.000 0/1	0.000 0/2	0.333 1/3	- 0/0	0.000 0/1

VS 우투

- 0/0	0.167 1/6	0.300 3/10	0.000 0/6	0.000 0/1
0.167 1/6	0.118 2/17	0.273 6/22	0.267 4/15	0.000 0/4
0.100 1/10	0.333 10/30	0.259 7/27	0.143 2/14	0.000 0/2
0.222 2/9	0.267 8/30	0.130 3/23	0.308 4/13	- 0/0
0.000 0/3	0.273 3/11	0.000 0/8	0.250 1/4	- 0/0

투수 시점

● 2017년 이원석을 시작으로 삼성은 '외부 FA'를 잇따라 영입했다. 이원석의 활약이 만족할 수준이었다는 점이 영향을 미쳤을 것이다. 첫 FA 계약 4년 동안 이원석은 최정 다음으로 많은 홈런(70개)과 타점(305)을 기록한 3루수였다. OPS와 WAR는 5위로 평범했지만 계약 총액(4년 27억원) 자체가 크지 않았다. 지난해는 두 번째 계약 FA 첫 시즌이었다. 타율이 0.268에서 0.231로 떨어지며 부진했다. 파워 감소는 뚜렷한 추세로 굳어진 듯 보인다. 2019년 절대장타율(장타율-타율)이 0.195였지만 2020년 0.139, 2021년 0.115로 하향 곡선을 그렸다. 2년 연속으로 우타 상대 OPS가 0.670을 넘지 못했다. 좌투수 전문 대타 요원으로 보직이 바뀔 가능성도 있다. 3루 수비도 불안했다. 타구처리율이 86.0%로 떨어지며 수비 범위에 문제를 노출했다. 올시즌 이원석에겐 분발해야 할 이유가 있다. 두 번째 FA 계약은 2년 보장에 3년째인 2023년은 옵션이다.

피렐라 외야수 63

신장 183cm 체중 99kg 생일 1989-11-21

투타 우투우타 지명 21 삼성 자유선발

연봉 $500,000-$600,000

학교 Manuel Segundo Sanchez(고)

순위기록

항목	평균	기록
WAR	0.54	3.26(26위)
WPA	0.00	3.27(9위)
볼넷/삼진	0.58	0.64(62위)
삼진율(%)	18.2	14.3(37위)
뜬공/땅볼	1.03	1.16(51위)
컨택성공률(%)	7	77.6(82위)

기본기록

연도	경기	타석	타수	안타	2루타	3루타	홈런	타점	득점	볼넷	사구	삼진	도루	도루자	타율	출루율	장타율	OPS
2019																		
2020																		
2021	140	621	553	158	25	2	29	97	102	57	8	89	9	6	0.286	0.359	0.495	0.854
통산	140	621	553	158	25	2	29	97	102	57	8	89	9	6	0.286	0.359	0.495	0.854

상황별 기록

상황	타석	홈런	볼넷	삼진	타율	출루율	장타율	OPS
전반기	361	20	30	45	0.312	0.377	0.546	0.923
후반기	260	9	27	44	0.249	0.335	0.424	0.759
vs 좌	120	2	15	14	0.260	0.350	0.394	0.744
vs 우	438	26	34	64	0.307	0.372	0.558	0.930
주자있음	304	10	31	39	0.325	0.401	0.517	0.918
주자없음	317	19	26	50	0.250	0.319	0.476	0.795
득점권	195	5	25	31	0.288	0.390	0.460	0.850
노아웃	186	12	18	30	0.319	0.387	0.584	0.971
원아웃	232	11	19	36	0.305	0.362	0.529	0.891
투아웃	203	6	20	23	0.232	0.330	0.373	0.703

팀별 기록

구분	타석	홈런	볼넷	삼진	타율	출루율	장타율	OPS
KIA	70	5	4	9	0.328	0.371	0.641	1.012
KT	70	4	9	11	0.339	0.429	0.610	1.039
LG	70	3	3	4	0.273	0.314	0.439	0.753
NC	69	4	9	11	0.271	0.377	0.475	0.852
SSG	73	5	6	10	0.313	0.370	0.597	0.967
두산	64	3	4	13	0.276	0.344	0.448	0.792
롯데	75	2	8	6	0.308	0.387	0.492	0.879
키움	63	2	5	11	0.246	0.317	0.404	0.721
한화	67	1	9	14	0.207	0.313	0.328	0.641

존별 기록

VS 좌투

0.400 2/5	0.250 1/4	0.000 0/5	- 0/0	1.000 1/1
0.333 2/6	0.000 0/7	0.444 4/9	0.200 1/5	0.000 0/2
0.000 0/2	0.222 2/9	0.556 5/9	0.500 3/6	0.000 0/1
0.000 0/4	0.333 2/6	0.200 2/10	0.286 2/7	0.000 0/1
- 0/0	0.000 0/1	0.000 0/3	0.000 0/1	- 0/0

VS 우투

0.000 0/1	0.273 3/11	0.375 3/8	0.231 3/13	0.200 1/5
0.200 3/15	0.286 8/28	0.308 8/26	0.500 9/18	0.455 5/11
0.429 9/21	0.444 16/36	0.407 11/27	0.357 10/28	0.100 1/10
0.235 4/17	0.295 13/44	0.310 9/29	0.231 3/13	0.000 0/2
0.000 0/14	0.222 2/9	0.000 0/7	0.000 0/1	- 0/0

투수 시점

● 데뷔 첫 시즌에 팀내 최다인 29홈런을 터뜨리며 팀내 홈런 1위에 올랐다. 삼진 비율은 2020년 히로시마 시절과 비슷했지만 볼넷이 5.6%에서 9.2%, 절대장타율(장타율-타율) 0.146에서 0.209로 상승했다. 피렐라는 히로시마에서 변화구에는 강했지만 패스트볼 타율이 0.242에 불과했다. 삼성에선 이 구종 타율이 0.325에 OPS 1.001을 찍었다. 하지만 슬라이더와 스플리터 상대 타율은 일본 시절보다 더 떨어졌다. 두 리그 간 직구 구속 차이가 커지고 있는 경향과 무관치 않아 보인다. 한결 만만해진 직구를 집중적으로 공략했지만 기본적으로 공을 잘 맞추는 타자라는 점을 잊어선 안 된다. 지난해 29홈런 중 21개를 홈에서 때려냈다. 최대 약점은 일본 시절과 마찬가지로 '부상'이다. 평발 문제로 발에 피로와 통증이 쉽게 찾아온다. 그래서 전체 타석의 74%를 지명타자로 소화했다. 히로시마에선 외야수로 기용됐을 때 타격 성적이 가장 나빴다.

김대우 투수 17

신장 183cm **체중** 85kg **생일** 1988-11-21 **투타** 우투우타 **지명** 11 넥센 9라운드 67순위

연봉 11,500-15,500-12,000 **학교** 역삼초-대치중-서울고-홍익대

● 낮은 릴리스포인트에서 공을 뿌리는 잠수함 투수. 지난해 좌타자에게 피안타율 0.374에 피OPS 1.069로 매우 약했다. 하지만 우타자 상대로는 0.272/0.707로 준수했다. 제구가 안정돼 있어 볼넷을 주자를 내보낼 위험은 적은 투수다. 7회 이후 3점차 상황에서 2014년 이후 피안타율 0.239에 피OPS 0.730으로 강했다.

기본기록

연도	경기	선발	승	패	세이브	홀드	이닝	안타	홈런	볼넷	사구	삼진	피안타율	WHIP	FIP	ERA	QS	BS
2019	44	0	5	1	0	1	59.2	61	11	16	5	40	0.270	1.29	5.51	5.13	0	0
2020	28	9	3	7	0	1	77.2	95	9	26	6	37	0.304	1.56	5.35	5.10	1	0
2021	31	4	0	2	0	1	51.0	68	7	15	2	27	0.315	1.63	5.00	6.35	0	0
통산	304	37	26	24	2	19	512.1	625	66	215	48	341	0.305	1.64	5.48	5.94	4	2

상황별 기록

상황	안타	2루타	3루타	홈런	볼넷	사구	삼진	폭투	보크	피안타율
전반기	46	10	0	6	14	1	20	1	0	0.289
후반기	22	8	0	1	1	1	7	0	0	0.386
vs 좌	34	11	0	5	5	1	9	0	0	0.374
vs 우	34	7	0	2	10	1	18	1	0	0.272
주자없음	35	13	0	1	10	2	17	0	0	0.333
주자있음	33	5	0	6	5	0	10	1	0	0.297
득점권	22	4	0	2	3	0	5	1	0	0.319
만루	1	0	0	0	0	0	1	0	0	0.200

구종별 기록

구종	평균구속	순위	백분율	구사율(%)	피안타율
포심	133	288	95%	35.5%	0.307
투심/싱커	129	130	96.3%	10.7%	0.480
슬라이더/커터	121	279	97.2%	53.6%	0.284
커브	115	177	72.2%	0.1%	0.000
체인지업	-	-	-	-	-
포크볼	-	-	-	-	-
너클볼/기타	-	-	-	-	-

김윤수 투수 25

신장 183cm **체중** 94kg **생일** 1999-12-08 **투타** 우투우타 **지명** 18 삼성 2차 6라운드 52순위

연봉 3,700-8,000-6,500 **학교** 온양온천초-온양중-북일고

● 삼성에서 가장 빠른공을 던지는 투수다. 지난해 포심 평균구속은 시속 148.1km. 10월 6일 키움전에선 시속 153.2km까지 나왔다. 슬라이더도 좋은 날은 시속 140km를 쉽게 넘긴다. 구종이 단순하고 제구가 약해 빠른공을 노리고 들어오는 타자에 당할 때가 많다. 지난해 9이닝당 볼넷은 8.05개로 커리어 최악이었다.

기본기록

연도	경기	선발	승	패	세이브	홀드	이닝	안타	홈런	볼넷	사구	삼진	피안타율	WHIP	FIP	ERA	QS	BS
2019	5	2	1	1	0	0	11.2	10	2	10	0	9	0.238	1.71	6.66	4.63	0	0
2020	61	0	3	5	0	12	58.0	66	6	31	1	41	0.288	1.67	4.99	4.66	0	3
2021	20	1	0	0	0	1	19.0	25	2	17	1	25	0.305	2.21	4.91	6.63	0	0
통산	86	3	4	6	0	13	88.2	101	10	58	2	75	0.286	1.79	5.19	5.08	0	3

상황별 기록

상황	안타	2루타	3루타	홈런	볼넷	사구	삼진	폭투	보크	피안타율
전반기	24	5	0	2	14	1	17	4	0	0.358
후반기	1	0	0	0	3	0	8	0	0	0.067
vs 좌	15	2	0	2	8	0	8	2	0	0.417
vs 우	10	3	0	0	9	1	17	2	0	0.217
주자없음	8	1	0	1	8	0	10	0	0	0.235
주자있음	17	4	0	1	9	1	15	4	0	0.354
득점권	8	3	0	1	7	1	8	2	0	0.308
만루	1	1	0	0	0	0	1	0	0	0.333

구종별 기록

구종	평균구속	순위	백분율	구사율(%)	피안타율
포심	148	15	5%	71.2%	0.367
투심/싱커	-	-	-	-	-
슬라이더/커터	135	53	18.5%	27.3%	0.143
커브	128	8	3.3%	1.5%	0.000
체인지업	-	-	-	-	-
포크볼	-	-	-	-	-
너클볼/기타	-	-	-	-	-

양창섭 투수 1

신장 182cm **체중** 85kg **생일** 1999-09-22 **투타** 우투우타 **지명** 18 삼성 2차 1라운드 2순위
연봉 5,000-5,000-4,700 **학교** 노원초-청량중-덕수고

● 2018년 신인으로 7승을 따내며 삼성의 차세대 에이스로 주목받았다. 하지만 이듬해 3월 팔꿈치 수술을 받았다. 지난 두 시즌은 16경기 등판에 그쳤다. 올시즌은 불펜에서 시작한다. 지난해 빠른공 평균구속이 시속 143.5km까지 나온 건 긍정적이다. 하지만 제구에 문제가 있었고, 5월 어깨와 허리에 부상이 왔다.

기본기록

연도	경기	선발	승	패	세이브	홀드	이닝	안타	홈런	볼넷	사구	삼진	피안타율	WHIP	FIP	ERA	QS	BS
2019	0	0	0	0	0	0	0.0	0	0	0	0	0	-	-	-	-	0	0
2020	7	0	0	0	0	0	6.2	6	1	3	0	4	0.250	1.35	5.21	2.70	0	0
2021	9	0	1	1	0	1	15.0	21	3	8	0	13	0.333	1.93	5.80	6.60	0	0
통산	35	17	8	7	0	1	109.0	127	16	45	10	66	0.292	1.58	5.93	5.12	6	0

상황별 기록

상황	안타	2루타	3루타	홈런	볼넷	사구	삼진	폭투	보크	피안타율
전반기	21	5	0	3	8	0	13	1	0	0.333
후반기	0	0	0	0	0	0	0	0	0	-
vs 좌	9	2	0	1	3	0	4	0	0	0.281
vs 우	12	3	0	2	5	0	9	1	0	0.387
주자없음	15	3	0	3	3	0	4	0	0	0.556
주자있음	6	2	0	0	5	0	9	1	0	0.167
득점권	5	2	0	0	4	0	4	0	0	0.294
만루	0	0	0	0	0	0	2	0	0	0.000

구종별 기록

구종	평균구속	순위	백분율	구사율(%)	피안타율
포심	143	95	31.4%	50.9%	0.425
투심/싱커	-	-	-	-	-
슬라이더/커터	128	197	68.6%	29.7%	0.167
커브	113	217	88.6%	6%	0.500
체인지업	-	-	-	-	-
포크볼	133	35	25.9%	13.4%	0.111
너클볼/기타	-	-	-	-	-

우규민 투수 2

신장 184cm **체중** 75kg **생일** 1985-01-21 **투타** 우투우타 **지명** 03 LG 2차 3라운드 19순위
연봉 70,000-20,000-20,000 **학교** 성동초-휘문중-휘문고

● 지난 시즌 삼성 불펜은 30대 후반 노장 오승환과 우규민이 책임지다시피했다. 우규민은 구원 WAR 1.02로 오승환(3.03) 외에 유일하게 0.5승 이상 투수였다. KBO의 '대볼넷 시대'에서 우규민의 정교한 컨트롤은 더욱 빛났다. 9이닝당 볼넷 1.65개로 리그 평균의 39.3%였다. 30이닝 이상 던진 구원투수 중 1위였다.

기본기록

연도	경기	선발	승	패	세이브	홀드	이닝	안타	홈런	볼넷	사구	삼진	피안타율	WHIP	FIP	ERA	QS	BS
2019	54	0	2	7	15	7	59.0	58	7	10	6	40	0.257	1.15	4.35	2.75	0	3
2020	52	0	3	3	7	11	48.0	61	3	9	1	30	0.310	1.46	3.68	6.19	0	2
2021	60	0	3	3	2	24	49.0	58	5	9	2	35	0.294	1.37	3.84	3.31	0	4
통산	643	130	75	82	89	77	1293.1	1411	104	295	120	807	0.282	1.32	4.14	3.95	47	29

상황별 기록

상황	안타	2루타	3루타	홈런	볼넷	사구	삼진	폭투	보크	피안타율
전반기	31	2	1	2	7	2	22	1	0	0.242
후반기	27	2	0	3	2	0	13	0	0	0.391
vs 좌	27	1	1	3	5	1	11	0	0	0.303
vs 우	31	3	0	2	4	1	24	1	0	0.287
주자없음	28	2	0	2	6	0	15	0	0	0.286
주자있음	30	2	1	3	3	2	20	1	0	0.303
득점권	18	1	0	1	2	1	11	1	0	0.316
만루	0	0	0	0	0	0	0	0	0	0.000

구종별 기록

구종	평균구속	순위	백분율	구사율(%)	피안타율
포심	138	253	83.5%	43.8%	0.341
투심/싱커	132	125	92.6%	1.3%	0.000
슬라이더/커터	127	223	77.7%	19.7%	0.317
커브	119	92	37.6%	29.8%	0.217
체인지업	125	156	74.6%	5.5%	0.364
포크볼	-	-	-	-	-
너클볼/기타	-	-	-	-	-

이승민 투수 64

신장 174cm **체중** 79kg **생일** 2000-08-26 **투타** 좌투좌타 **지명** 20 삼성 2차 4라운드 35순위

연봉 2,700-3,700-4,100 **학교** 본리초-경상중-대구고

● 2년차던 지난해 11경기 선발 등판에서 8점대 평균자책점으로 고전했다. 2군에서 평균자책점 2.43으로 빼어난 투구를 했지만 1군 무대는 달랐다. 왼손 선발투수 중 유희관 다음으로 직구 평균 구속(시속 133.7km)이 낮았다. 유희관과는 달리 통산 9이닝당 볼넷이 5.37개로 높다. 자기 스트라이크존을 완성해야 한다.

기본기록

연도	경기	선발	승	패	세이브	홀드	이닝	안타	홈런	볼넷	사구	삼진	피안타율	WHIP	FIP	ERA	QS	BS
2019	0	0	0	0	0	0	0.0	0	0	0	0	0	-	-	-	-	0	0
2020	7	5	1	3	0	0	26.1	34	5	19	0	16	0.315	2.01	6.86	6.84	1	0
2021	11	11	1	4	0	0	35.2	50	6	18	3	22	0.336	1.91	6.05	8.58	1	0
통산	18	16	2	7	0	0	62.0	84	11	37	3	38	0.327	1.95	6.39	7.84	2	0

상황별 기록

상황	안타	2루타	3루타	홈런	볼넷	사구	삼진	폭투	보크	피안타율
전반기	46	4	1	6	17	3	22	0	0	0.324
후반기	4	2	0	0	1	0	0	0	0	0.571
vs 좌	22	3	1	1	6	1	9	0	0	0.324
vs 우	28	3	0	5	12	2	13	0	0	0.346
주자없음	23	3	0	3	13	2	8	0	0	0.291
주자있음	27	3	1	3	5	1	14	0	0	0.386
득점권	11	2	0	1	3	0	3	0	0	0.344
만루	1	1	0	0	0	0	0	0	0	0.500

구종별 기록

구종	평균구속	순위	백분율	구사율(%)	피안타율
포심	134	286	94.4%	53.1%	0.247
투심/싱커	-	-	-	-	-
슬라이더/커터	119	282	98.3%	24.7%	0.469
커브	111	225	91.8%	7.7%	0.500
체인지업	120	198	94.7%	14.3%	0.400
포크볼	-	-	-	-	-
너클볼/기타	-	-	-	-	-

이승현 투수 54

신장 183cm **체중** 102kg **생일** 2002-05-19 **투타** 좌투좌타 **지명** 21 삼성 1차

연봉 3,000-5,500 **학교** 남도초-경복중-상원고

● 2년차 강속구 왼손 투수. 데뷔 시즌 포심 평균구속이 시속 145.5km로 측정됐다. 10개 구단 왼손 투수 중 5번째로 빨랐다. 포심 구사율도 63.7%로 매우 높다. 슬라이더와 커브의 회전수가 좋은 게 장점이다. 체인지업은 거의 던지지 않았다. 대구상원고 시절 제구력이 좋다는 평가였지만 9이닝당 볼넷이 5.26개였다.

기본기록

연도	경기	선발	승	패	세이브	홀드	이닝	안타	홈런	볼넷	사구	삼진	피안타율	WHIP	FIP	ERA	QS	BS
2019	0	0	0	0	0	0	0.0	0	0	0	0	0	-	-	-	-	0	0
2020	0	0	0	0	0	0	0.0	0	0	0	0	0	-	-	-	-	0	0
2021	41	0	1	4	0	7	39.1	35	3	23	3	46	0.246	1.47	3.97	5.26	0	1
통산	41	0	1	4	0	7	39.1	35	3	23	3	46	0.246	1.47	3.97	5.26	0	1

상황별 기록

상황	안타	2루타	3루타	홈런	볼넷	사구	삼진	폭투	보크	피안타율
전반기	19	4	0	1	17	3	28	3	0	0.232
후반기	16	4	0	2	6	0	18	2	0	0.267
vs 좌	19	5	0	1	15	1	27	2	0	0.238
vs 우	16	3	0	2	8	2	19	3	0	0.258
주자없음	14	5	0	0	11	3	23	0	0	0.215
주자있음	21	3	0	3	12	0	23	5	0	0.273
득점권	9	1	0	1	10	0	19	4	0	0.188
만루	1	0	0	0	1	0	4	0	0	0.143

구종별 기록

구종	평균구속	순위	백분율	구사율(%)	피안타율
포심	145	47	15.5%	63.7%	0.309
투심/싱커	-	-	-	-	-
슬라이더/커터	133	75	26.1%	20.8%	0.158
커브	121	58	23.7%	14.9%	0.182
체인지업	132	48	23%	0.5%	0.000
포크볼	-	-	-	-	-
너클볼/기타	-	-	-	-	-

이재희 투수 46

신장 187cm **체중** 88kg **생일** 2001-10-11 **투타** 우투좌타 **지명** 21 삼성 2차 1라운드 3순위
연봉 3,000-4,000 **학교** 대전신흥초-한밭중-대전고

● 드래프트 1라운더 출신 2년차 오른손. 지난해 8월 14일 원태인의 대체 선발로 1군 데뷔전을 치렀다. 2군 평균자책점 4.62로 고전했지만 "자기 공을 던진다"는 점이 허삼영 감독에게 어필했다. 마지막 두 경기에서 5이닝 2실점 이하로 호투했다. 빠른공 구속은 느리지만 회전수가 높다. 오프스피드 피치도 효과적이었다.

기본기록

연도	경기	선발	승	패	세이브	홀드	이닝	안타	홈런	볼넷	사구	삼진	피안타율	WHIP	FIP	ERA	QS	BS
2019	0	0	0	0	0	0	0.0	0	0	0	0	0	-	-	-	-	0	0
2020	0	0	0	0	0	0	0.0	0	0	0	0	0	-	-	-	-	0	0
2021	5	5	0	1	0	0	21.2	24	2	10	0	17	0.286	1.57	4.35	5.40	0	0
통산	5	5	0	1	0	0	21.2	24	2	10	0	17	0.286	1.57	4.35	5.40	0	0

상황별 기록

상황	안타	2루타	3루타	홈런	볼넷	사구	삼진	폭투	보크	피안타율
전반기	0	0	0	0	0	0	0	0	0	-
후반기	24	3	1	2	10	0	17	2	0	0.286
vs 좌	11	1	1	0	6	0	9	2	0	0.262
vs 우	13	2	0	2	4	0	8	0	0	0.310
주자없음	14	2	1	1	4	0	12	0	0	0.264
주자있음	10	1	0	1	6	0	5	2	0	0.323
득점권	6	1	0	0	4	0	1	1	0	0.353
만루	2	1	0	0	0	0	0	0	0	1.000

구종별 기록

구종	평균구속	순위	백분율	구사율(%)	피안타율
포심	139	232	76.6%	46.7%	0.333
투심/싱커	-	-	-	-	-
슬라이더/커터	132	102	35.5%	31%	0.313
커브	115	169	69%	10.5%	0.143
체인지업	124	172	82.3%	11.5%	0.111
포크볼	133	28	20.7%	0.3%	0.000
너클볼/기타	-	-	-	-	-

장필준 투수 26

신장 190cm **체중** 90kg **생일** 1988-04-08 **투타** 우투우타 **지명** 15 삼성 2차 1라운드 9순위
연봉 21,500-16,500-12,000 **학교** 온양온천초-온양중-북일고

● 2015년 삼성 입단 뒤 가장 부진한 시즌을 보냈다. 평균자책점 7점대에 WHIP도 2.11까지 올라갔다. 2020년 뚝 떨어졌던 빠른공 구속은 어느정도 회복됐다. 하지만 제구가 데뷔 이후 가장 나빴다. 9이닝당 볼넷이 무려 7.27개였다. 정규시즌 막판 구속이 올라간 점은 다소 위안이다. 스프링캠프에서 선발 전환을 꾀했다.

기본기록

연도	경기	선발	승	패	세이브	홀드	이닝	안타	홈런	볼넷	사구	삼진	피안타율	WHIP	FIP	ERA	QS	BS
2019	61	0	3	3	11	15	69.2	64	7	33	3	53	0.244	1.39	4.61	3.62	0	5
2020	31	2	0	3	0	4	36.0	46	6	16	0	26	0.303	1.72	5.61	5.75	0	0
2021	41	0	0	0	0	2	34.2	46	4	27	1	24	0.317	2.11	5.78	7.27	0	1
통산	307	4	16	25	42	46	350.0	395	40	153	19	320	0.284	1.57	4.69	4.99	0	20

상황별 기록

상황	안타	2루타	3루타	홈런	볼넷	사구	삼진	폭투	보크	피안타율
전반기	30	6	1	2	19	0	14	4	0	0.333
후반기	16	2	0	2	8	1	10	0	0	0.291
vs 좌	23	5	1	1	11	0	10	2	0	0.383
vs 우	23	3	0	3	16	1	14	2	0	0.271
주자없음	17	1	0	1	15	0	16	0	0	0.270
주자있음	29	7	1	3	12	1	8	4	0	0.354
득점권	19	4	0	3	5	1	2	2	0	0.404
만루	6	2	0	1	1	0	0	1	0	1.000

구종별 기록

구종	평균구속	순위	백분율	구사율(%)	피안타율
포심	144	81	26.7%	61.7%	0.336
투심/싱커	-	-	-	-	-
슬라이더/커터	123	272	94.8%	18.4%	0.316
커브	114	194	79.2%	8%	0.000
체인지업	117	204	97.6%	1.8%	0.000
포크볼	127	110	81.5%	10.1%	0.231
너클볼/기타	-	-	-	-	-

최충연 투수 51

신장 190cm **체중** 85kg **생일** 1997-03-05 **투타** 우투우타 **지명** 16 삼성 1차

연봉 9,000-4,500-4,500 **학교** 대구수창초-대구중-경북고

● 음주운전 징계와 팔꿈치 수술로 지난 두 시즌 1군 마운드에 서지 못했다. 허삼영 감독이 양창섭과 함께 삼성 불펜 재건의 핵심으로 꼽는 선수다. 1군 마지막 시즌인 2019년 직구 구속이 크게 떨어졌고 90이닝당 볼넷은 9.33개였다. 재활 기간 중 투구 밸런스를 잡는 데 주력했다. '묵직한 공'을 던지기 위해 체중도 늘렸다.

기본기록

연도	경기	선발	승	패	세이브	홀드	이닝	안타	홈런	볼넷	사구	삼진	피안타율	WHIP	FIP	ERA	QS	BS
2019	34	2	0	2	1	4	36.2	44	2	38	3	41	0.295	2.24	5.15	7.36	0	1
2020	0	0	0	0	0	0	0.0	0	0	0	0	0	-	-	-	-	0	0
2021	0	0	0	0	0	0	0.0	0	0	0	0	0	-	-	-	-	0	0
통산	149	11	5	18	9	23	213.1	238	22	123	14	222	0.280	1.69	4.86	6.16	0	5

상황별 기록

상황	안타	2루타	3루타	홈런	볼넷	사구	삼진	폭투	보크	피안타율
전반기	0	0	0	0	0	0	0	0	0	-
후반기	0	0	0	0	0	0	0	0	0	-
vs 좌	0	0	0	0	0	0	0	0	0	-
vs 우	0	0	0	0	0	0	0	0	0	-
주자없음	0	0	0	0	0	0	0	0	0	-
주자있음	0	0	0	0	0	0	0	0	0	-
득점권	0	0	0	0	0	0	0	0	0	-
만루	0	0	0	0	0	0	0	0	0	-

구종별 기록

구종	평균구속	순위	백분율	구사율(%)	피안타율
포심	-	-	-	-	-
투심/싱커	-	-	-	-	-
슬라이더/커터	-	-	-	-	-
커브	-	-	-	-	-
체인지업	-	-	-	-	-
포크볼	-	-	-	-	-
너클볼/기타	-	-	-	-	-

최하늘 투수 53

신장 190cm **체중** 99kg **생일** 1999-03-26 **투타** 우투우타 **지명** 18 롯데 2차 7라운드 63순위

연봉 2,700-0-3,000 **학교** 서울학동초-자양중-경기고

● 1월 이학주 트레이드로 롯데에서 이적했다. 190cm 장신 사이드암으로 성장 잠재력이 크다. 공 회전수가 높고 변화구 구사에 장점이 있다. 롯데 1군 경력은 데뷔 시즌인 2019년 2경기가 전부다. 이듬해 상무에 입단해 2시즌 통산 23경기에서 평균자책점 5.17을 기록했다. 올시즌 스프링캠프는 2군에서 시작했다.

기본기록

연도	경기	선발	승	패	세이브	홀드	이닝	안타	홈런	볼넷	사구	삼진	피안타율	WHIP	FIP	ERA	QS	BS
2019	2	1	0	1	0	0	2.0	4	2	2	1	1	0.400	3.00	19.90	27.00	0	0
2020	0	0	0	0	0	0	0.0	0	0	0	0	0	-	-	-	-	0	0
2021	0	0	0	0	0	0	0.0	0	0	0	0	0	-	-	-	-	0	0
통산	2	1	0	1	0	0	2.0	4	2	2	1	1	0.400	3.00	19.90	27.00	0	0

상황별 기록

상황	안타	2루타	3루타	홈런	볼넷	사구	삼진	폭투	보크	피안타율
전반기	0	0	0	0	0	0	0	0	0	-
후반기	0	0	0	0	0	0	0	0	0	-
vs 좌	0	0	0	0	0	0	0	0	0	-
vs 우	0	0	0	0	0	0	0	0	0	-
주자없음	0	0	0	0	0	0	0	0	0	-
주자있음	0	0	0	0	0	0	0	0	0	-
득점권	0	0	0	0	0	0	0	0	0	-
만루	0	0	0	0	0	0	0	0	0	-

구종별 기록

구종	평균구속	순위	백분율	구사율(%)	피안타율
포심	-	-	-	-	-
투심/싱커	-	-	-	-	-
슬라이더/커터	-	-	-	-	-
커브	-	-	-	-	-
체인지업	-	-	-	-	-
포크볼	-	-	-	-	-
너클볼/기타	-	-	-	-	-

강한울 내야수 6

신장 181cm **체중** 66kg **생일** 1991-09-12 **투타** 우투좌타 **지명** 14 KIA 2차 1라운드 5순위
연봉 12,000-12,000-10,000 **학교** 사당초-중앙중-안산공고-원광대

● 유틸리티 내야수. 지난해 2루수로 73⅔이닝, 3루수로 365이닝, 유격수로 112이닝을 소화했다. 2017년 삼성 이적 뒤 두 번 3할대 타율을 기록했다. 지난 시즌 BABIP 0.345로 200타석 기준 리그 16위, 팀내 2위였다. 프로 통산 7시즌 홈런은 1개뿐으로 장타력은 없다. 지난 두 시즌 좌투 상대 타율이 0.479였다.

기본기록

연도	경기	타석	타수	안타	2루타	3루타	홈런	타점	득점	볼넷	사구	삼진	도루	도루자	타율	출루율	장타율	OPS
2019	0	0	0	0	0	0	0	0	0	0	0	0	0	0	-	-	-	-
2020	34	122	105	32	3	0	1	10	13	11	0	24	1	0	0.305	0.368	0.362	0.730
2021	124	258	223	58	5	0	0	27	25	29	0	58	2	2	0.260	0.341	0.283	0.624
통산	663	1875	1703	455	48	15	1	122	214	114	5	314	38	22	0.267	0.314	0.315	0.629

상황별 기록

상황	타석	홈런	볼넷	삼진	타율	출루율	장타율	OPS
전반기	183	0	20	42	0.253	0.333	0.272	0.605
후반기	75	0	9	16	0.277	0.360	0.308	0.668
vs 좌	34	0	5	4	0.483	0.559	0.517	1.076
vs 우	192	0	22	49	0.247	0.330	0.265	0.595
주자있음	126	0	12	27	0.278	0.341	0.306	0.647
주자없음	132	0	17	31	0.243	0.341	0.261	0.602
득점권	75	0	8	18	0.339	0.397	0.387	0.784
노아웃	81	0	13	18	0.302	0.410	0.302	0.712
원아웃	93	0	11	25	0.272	0.355	0.309	0.664
투아웃	84	0	5	15	0.215	0.262	0.241	0.503

팀별 기록

구분	타석	홈런	볼넷	삼진	타율	출루율	장타율	OPS
KIA	23	0	3	4	0.105	0.217	0.105	0.322
KT	44	0	4	17	0.184	0.256	0.184	0.440
LG	21	0	3	5	0.176	0.286	0.176	0.462
NC	23	0	2	6	0.238	0.304	0.238	0.542
SSG	31	0	3	7	0.357	0.419	0.393	0.812
두산	42	0	5	5	0.222	0.317	0.222	0.539
롯데	36	0	3	8	0.375	0.429	0.438	0.867
키움	19	0	3	3	0.375	0.474	0.438	0.912
한화	19	0	3	3	0.313	0.421	0.375	0.796

김동엽 외야수 27

신장 186cm **체중** 101kg **생일** 1990-07-24 **투타** 우투우타 **지명** 16 SK 2차 9라운드 86순위
연봉 13,500-21,000-15,000 **학교** 남산초-천안북중-북일고

● 2020년 타율 0.312 20홈런 OPS 0.869로 최고의 시즌을 맞았다. 하지만 지난해 홈런 수는 1/5로 줄었다. 시즌 첫 홈런은 7월 11일에서야 나왔고 자신있던 직구 상대 타율은 0.187이었다. 포스트시즌 엔트리에서도 탈락했다. 통산 삼진 비율이 20%가 넘는다. 하지만 파워는 타고났다. 외야수로는 송구 능력이 떨어진다.

기본기록

연도	경기	타석	타수	안타	2루타	3루타	홈런	타점	득점	볼넷	사구	삼진	도루	도루자	타율	출루율	장타율	OPS
2019	60	211	195	42	4	1	6	25	15	12	2	47	2	1	0.215	0.265	0.338	0.603
2020	115	451	413	129	21	0	20	74	60	29	4	79	4	4	0.312	0.360	0.508	0.868
2021	69	203	185	44	9	0	4	24	20	10	4	42	2	1	0.238	0.286	0.351	0.637
통산	550	1889	1750	478	75	2	85	292	230	96	24	379	23	13	0.273	0.317	0.464	0.781

상황별 기록

상황	타석	홈런	볼넷	삼진	타율	출루율	장타율	OPS
전반기	99	1	7	23	0.209	0.273	0.291	0.564
후반기	104	3	3	19	0.263	0.298	0.404	0.702
vs 좌	41	0	5	6	0.194	0.293	0.250	0.543
vs 우	139	2	4	33	0.244	0.281	0.315	0.596
주자있음	110	1	7	20	0.260	0.318	0.344	0.662
주자없음	93	3	3	22	0.213	0.247	0.360	0.607
득점권	77	0	6	12	0.258	0.312	0.318	0.630
노아웃	65	2	1	14	0.169	0.215	0.322	0.537
원아웃	71	1	6	12	0.290	0.352	0.403	0.755
투아웃	67	1	3	16	0.250	0.284	0.328	0.612

팀별 기록

구분	타석	홈런	볼넷	삼진	타율	출루율	장타율	OPS
KIA	12	2	0	2	0.500	0.500	1.000	1.500
KT	15	0	0	5	0.143	0.133	0.143	0.276
LG	25	0	2	8	0.143	0.280	0.143	0.423
NC	24	0	2	3	0.143	0.250	0.143	0.393
SSG	37	0	2	6	0.294	0.324	0.353	0.677
두산	24	0	1	4	0.261	0.292	0.348	0.640
롯데	27	2	1	4	0.400	0.407	0.760	1.167
키움	17	0	0	4	0.235	0.235	0.353	0.588
한화	22	0	2	6	0.000	0.136	0.000	0.136

김상수 내야수 7

신장 175cm **체중** 68kg **생일** 1990-03-23 **투타** 우투우타 **지명** 09 삼성 1차

연봉 25,000-25,000-25,000 **학교** 옥산초-경복중-경북고-대구사이버대

● 지난해 주전 2루수로 세 번째 시즌을 보냈다. 10개 구단 2루수 중 가장 많은 1,039이닝에 출장했지만 수비 WAR은 0.37로 4위. 마지막 유격수 시즌인 2018년엔 1.110이었다. 2019~2020년엔 타격에서 활약을 하며 벌충했다. 지난해는 타율 0.235에 OPS 0.621로 최악이었다. 하지만 왼손투수에겐 강점이 있다.

기본기록

연도	경기	타석	타수	안타	2루타	3루타	홈런	타점	득점	볼넷	사구	삼진	도루	도루자	타율	출루율	장타율	OPS
2019	129	543	468	127	20	2	5	38	76	50	15	67	21	3	0.271	0.358	0.355	0.713
2020	120	471	404	123	18	3	5	47	71	55	8	55	10	3	0.304	0.397	0.401	0.798
2021	132	496	429	101	17	1	3	42	46	52	3	51	4	2	0.235	0.320	0.301	0.621
통산	1480	5567	4853	1320	215	33	53	520	724	466	89	719	249	68	0.272	0.344	0.363	0.707

상황별 기록

상황	타석	홈런	볼넷	삼진	타율	출루율	장타율	OPS
전반기	278	1	30	26	0.211	0.307	0.257	0.564
후반기	218	2	22	25	0.266	0.335	0.354	0.689
vs 좌	92	0	6	11	0.333	0.374	0.405	0.779
vs 우	347	3	39	37	0.205	0.299	0.276	0.575
주자있음	219	1	22	22	0.251	0.332	0.328	0.660
주자없음	277	2	30	29	0.224	0.310	0.280	0.590
득점권	135	0	17	13	0.223	0.321	0.295	0.616
노아웃	177	1	15	16	0.222	0.296	0.268	0.564
원아웃	184	1	15	18	0.270	0.332	0.331	0.663
투아웃	135	1	22	17	0.204	0.333	0.301	0.634

팀별 기록

구분	타석	홈런	볼넷	삼진	타율	출루율	장타율	OPS
KIA	62	0	6	5	0.204	0.283	0.222	0.505
KT	53	0	10	10	0.244	0.404	0.293	0.697
LG	48	0	7	4	0.200	0.333	0.200	0.533
NC	51	0	4	7	0.152	0.220	0.174	0.394
SSG	60	1	4	4	0.321	0.373	0.396	0.769
두산	55	0	3	6	0.240	0.278	0.320	0.598
롯데	46	1	2	1	0.227	0.261	0.386	0.647
키움	59	0	7	4	0.255	0.345	0.314	0.659
한화	62	1	9	10	0.260	0.361	0.380	0.741

김지찬 내야수 58

신장 163cm **체중** 64kg **생일** 2001-03-08 **투타** 우투좌타 **지명** 20 삼성 2차 2라운드 15순위

연봉 2,700-7,000-11,000 **학교** 이천-모가중-라온고

● 163cm 단신 내야수. 프로 두 번째 시즌에 이학주를 대신해 주전 유격수로 기용됐다. 10개 구단 주전 유격수 중 수비율과 타구처리율 9위로 고전했다. 타율은 첫 시즌 0.232에서 0.274로 올랐다. 컨택트율 88.3%는 300타수 이상 기준 리그 5위. 인코스 공략에 강점이 있다. 지난해 내야안타 19개로 리그 6위였다.

기본기록

연도	경기	타석	타수	안타	2루타	3루타	홈런	타점	득점	볼넷	사구	삼진	도루	도루자	타율	출루율	장타율	OPS
2019	0	0	0	0	0	0	0	0	0	0	0	0	0	0	-	-	-	-
2020	135	287	254	59	5	1	1	13	47	24	2	44	21	4	0.232	0.301	0.272	0.573
2021	120	336	296	81	6	0	1	26	50	27	0	31	23	4	0.274	0.331	0.304	0.635
통산	255	623	550	140	11	1	2	39	97	51	2	75	44	8	0.255	0.317	0.289	0.606

상황별 기록

상황	타석	홈런	볼넷	삼진	타율	출루율	장타율	OPS
전반기	196	1	13	21	0.267	0.314	0.314	0.628
후반기	140	0	14	10	0.282	0.355	0.290	0.645
vs 좌	43	0	2	2	0.308	0.341	0.308	0.649
vs 우	241	1	23	24	0.245	0.318	0.278	0.596
주자있음	158	1	13	11	0.318	0.372	0.364	0.736
주자없음	178	0	14	20	0.238	0.298	0.256	0.554
득점권	91	1	9	5	0.278	0.345	0.347	0.692
노아웃	116	0	6	11	0.265	0.306	0.294	0.600
원아웃	110	0	11	10	0.319	0.380	0.340	0.720
투아웃	110	1	10	10	0.240	0.309	0.280	0.589

팀별 기록

구분	타석	홈런	볼넷	삼진	타율	출루율	장타율	OPS
KIA	55	0	4	7	0.292	0.340	0.313	0.653
KT	35	0	5	3	0.321	0.400	0.357	0.757
LG	26	0	0	3	0.192	0.192	0.192	0.384
NC	31	0	4	5	0.185	0.290	0.222	0.512
SSG	45	1	3	4	0.275	0.326	0.375	0.701
두산	34	0	2	1	0.414	0.452	0.414	0.866
롯데	50	0	3	4	0.326	0.367	0.348	0.715
키움	35	0	3	3	0.194	0.265	0.226	0.491
한화	25	0	3	1	0.190	0.292	0.190	0.482

김태군 포수 42

신장 182cm **체중** 92kg **생일** 1989-12-30 **투타** 우투우타 **지명** 08 LG 2차 3라운드 17순위

연봉 20,000-20,000-20,000 **학교** 양정초-대동중-부산고-방송통신대

● 지난해 12월 31일 NC에서 삼성으로 트레이드됐다. 삼성은 통산 80홀드 51세이브를 따낸 강속구 사이드암 심창민과 병역을 마친 포수 김응민을 보내는 출혈을 했다. 13시즌 통산 OPS 0.613으로 타격이 강한 선수는 아니다. 어깨가 좋고 프레이밍이 강점이다. 2018~2021시즌 프레이밍 득점은 리그 네 번째였다.

기본기록

연도	경기	타석	타수	안타	2루타	3루타	홈런	타점	득점	볼넷	사구	삼진	도루	도루자	타율	출루율	장타율	OPS
2019	18	28	22	4	0	0	0	1	0	4	2	8	0	0	0.182	0.357	0.182	0.539
2020	80	131	113	33	6	0	1	18	16	6	4	14	0	0	0.292	0.347	0.372	0.719
2021	102	276	232	51	7	0	7	24	23	21	11	30	0	1	0.220	0.311	0.341	0.652
통산	1079	2767	2419	588	94	1	22	236	223	141	76	376	1	6	0.243	0.303	0.310	0.613

상황별 기록

상황	타석	홈런	볼넷	삼진	타율	출루율	장타율	OPS
전반기	148	4	13	16	0.232	0.329	0.368	0.697
후반기	128	3	8	14	0.206	0.290	0.308	0.598
vs 좌	72	1	8	9	0.175	0.314	0.281	0.595
vs 우	172	6	13	17	0.222	0.313	0.375	0.688
주자있음	128	2	11	12	0.186	0.277	0.275	0.552
주자없음	148	5	10	18	0.246	0.338	0.392	0.730
득점권	73	1	6	5	0.158	0.250	0.246	0.496
노아웃	99	3	8	12	0.256	0.356	0.423	0.779
원아웃	84	1	5	9	0.186	0.286	0.257	0.543
투아웃	93	3	8	9	0.214	0.290	0.333	0.623

팀별 기록

구분	타석	홈런	볼넷	삼진	타율	출루율	장타율	OPS
KIA	31	2	2	3	0.200	0.276	0.480	0.756
KT	21	0	1	5	0.400	0.429	0.400	0.829
LG	33	0	3	3	0.321	0.424	0.357	0.781
SSG	39	1	3	5	0.194	0.256	0.333	0.589
두산	27	0	0	3	0.348	0.333	0.391	0.724
롯데	36	2	5	3	0.259	0.429	0.519	0.948
삼성	25	1	2	4	0.100	0.250	0.250	0.500
키움	28	1	1	2	0.040	0.143	0.160	0.303
한화	36	0	4	2	0.143	0.265	0.179	0.444

김헌곤 외야수 34

신장 174cm **체중** 81kg **생일** 1988-11-09 **투타** 우투우타 **지명** 11 삼성 5라운드 36순위

연봉 19,000-16,000-18,000 **학교** 회원초-경복중-제주고-영남대

● 지난해 타율을 0.281로 끌어올리며 부활에 성공했다. 좌익수가 주 포지션이지만 외야 세 자리를 모두 맡을 수 있다. 허슬플레이가 장점. 코너 외야수로는 땅볼 타구가 너무 많다. 플라이볼/땅볼 비율 0.64로 300타석 이상 기준 전체 다섯 번째로 낮았다. 왼손투수에게 강하다. 통산 좌투 상대 타율이 0.302에 이른다.

기본기록

연도	경기	타석	타수	안타	2루타	3루타	홈런	타점	득점	볼넷	사구	삼진	도루	도루자	타율	출루율	장타율	OPS
2019	114	467	411	122	20	1	5	46	57	37	8	41	10	8	0.297	0.361	0.387	0.748
2020	97	283	254	63	8	0	3	34	26	22	3	31	7	5	0.248	0.312	0.315	0.627
2021	118	364	317	89	8	2	4	27	38	34	5	46	5	4	0.281	0.355	0.356	0.711
통산	697	2280	2007	557	81	10	35	248	267	189	40	264	57	30	0.278	0.348	0.380	0.728

상황별 기록

상황	타석	홈런	볼넷	삼진	타율	출루율	장타율	OPS
전반기	190	3	17	19	0.305	0.381	0.407	0.788
후반기	174	1	17	27	0.253	0.326	0.300	0.626
vs 좌	68	1	7	7	0.298	0.382	0.404	0.786
vs 우	248	3	24	28	0.286	0.362	0.364	0.726
주자있음	188	1	13	25	0.290	0.351	0.340	0.691
주자없음	176	3	21	21	0.271	0.358	0.374	0.732
득점권	99	0	4	14	0.217	0.278	0.265	0.543
노아웃	105	1	11	14	0.231	0.314	0.297	0.611
원아웃	137	3	13	18	0.284	0.358	0.388	0.746
투아웃	122	0	10	14	0.318	0.385	0.373	0.758

팀별 기록

구분	타석	홈런	볼넷	삼진	타율	출루율	장타율	OPS
KIA	42	1	5	2	0.371	0.452	0.543	0.995
KT	33	0	0	9	0.273	0.273	0.333	0.606
LG	33	0	3	6	0.207	0.303	0.276	0.579
NC	35	1	4	5	0.241	0.324	0.345	0.669
SSG	43	0	5	5	0.278	0.381	0.306	0.687
두산	60	0	8	3	0.300	0.400	0.320	0.720
롯데	42	2	1	6	0.268	0.286	0.439	0.725
키움	34	0	4	4	0.333	0.412	0.367	0.779
한화	42	0	4	6	0.235	0.317	0.265	0.582

김호재 내야수 8

신장 178cm **체중** 72kg **생일** 1995-05-31 **투타** 우투우타 **지명** 14 삼성 육성선수

연봉 4,000-6,000-7,000 **학교** 도곡초-서울이수중-장충고

● 유틸리티 내야수. 지난 두 시즌 연속으로 내야 네 포지션을 모두 맡았다. 이원석의 부진이 이어지면 주전 3루수 기용 가능성도 있다. 2020년 138타석에서 타율 0.322로 가능성을 보였다. 하지만 지난해 타율은 0.227로 떨어졌다. 통산 268타석에서 홈런 1개로 장타력이 떨어지는 게 흠. 볼넷을 고르는 능력은 있다.

기본기록

연도	경기	타석	타수	안타	2루타	3루타	홈런	타점	득점	볼넷	사구	삼진	도루	도루자	타율	출루율	장타율	OPS
2019	28	33	32	7	1	0	0	0	1	1	0	7	0	1	0.219	0.242	0.250	0.492
2020	65	138	118	38	5	0	1	10	19	16	3	19	2	0	0.322	0.416	0.390	0.806
2021	87	90	75	17	2	0	0	7	9	9	2	14	0	0	0.227	0.322	0.253	0.575
통산	190	268	231	63	8	0	1	17	30	26	5	42	2	1	0.273	0.357	0.320	0.677

상황별 기록

상황	타석	홈런	볼넷	삼진	타율	출루율	장타율	OPS
전반기	57	0	6	8	0.213	0.327	0.234	0.561
후반기	33	0	3	6	0.250	0.313	0.286	0.599
vs 좌	19	0	2	5	0.133	0.235	0.133	0.368
vs 우	61	0	7	8	0.260	0.367	0.280	0.647
주자있음	43	0	6	7	0.344	0.450	0.375	0.825
주자없음	47	0	3	7	0.140	0.213	0.163	0.376
득점권	26	0	2	3	0.333	0.400	0.381	0.781
노아웃	31	0	5	3	0.318	0.448	0.318	0.766
원아웃	26	0	1	6	0.292	0.320	0.333	0.653
투아웃	33	0	3	5	0.103	0.212	0.138	0.350

팀별 기록

구분	타석	홈런	볼넷	삼진	타율	출루율	장타율	OPS
KIA	7	0	2	1	0.250	0.571	0.500	1.071
KT	4	0	1	0	0.000	0.250	0.000	0.250
LG	15	0	0	1	0.250	0.250	0.250	0.500
NC	11	0	1	2	0.200	0.273	0.200	0.473
SSG	4	0	1	1	0.333	0.500	0.333	0.833
두산	8	0	0	3	0.250	0.250	0.375	0.625
롯데	6	0	1	1	0.500	0.667	0.500	1.167
키움	17	0	1	2	0.250	0.294	0.250	0.544
한화	18	0	2	3	0.133	0.222	0.133	0.355

박승규 내야수 65

신장 178cm **체중** 78kg **생일** 2000-09-02 **투타** 우투우타 **지명** 19 삼성 2차 9라운드 82순위

연봉 3,200-5,700-5,700 **학교** 일산초-덕수중-경기고

● 프로 4년차를 맞는 외야수. 수비 범위가 넓고 투수 출신이라 어깨가 강하다. 박해민이 이적한 중견수 자리를 맡을 후보 중에 꼽힌다. 1군 통산 타율 0.234 OPS 0.618로 타격은 아직 미완성이다. 50타석 이상 기준 볼넷 비율(11.5%)이 지난해 팀내 4위였다. 지난해 2군에서 타율 0.365에 장타율 0.565를 기록했다.

기본기록

연도	경기	타석	타수	안타	2루타	3루타	홈런	타점	득점	볼넷	사구	삼진	도루	도루자	타율	출루율	장타율	OPS
2019	14	23	21	4	0	0	0	2	2	2	0	7	1	1	0.190	0.261	0.190	0.451
2020	91	196	182	47	11	0	1	14	24	7	3	32	4	5	0.258	0.297	0.335	0.632
2021	59	78	66	12	1	0	3	5	13	9	2	9	1	1	0.182	0.299	0.333	0.632
통산	164	297	269	63	12	0	4	21	39	18	5	48	6	7	0.234	0.295	0.323	0.618

상황별 기록

상황	타석	홈런	볼넷	삼진	타율	출루율	장타율	OPS
전반기	24	1	2	2	0.143	0.250	0.286	0.536
후반기	54	2	7	7	0.200	0.321	0.356	0.677
vs 좌	22	2	2	2	0.250	0.318	0.550	0.868
vs 우	51	1	6	7	0.163	0.280	0.256	0.536
주자있음	45	0	6	6	0.243	0.364	0.270	0.634
주자없음	33	3	3	3	0.103	0.212	0.414	0.626
득점권	25	0	2	2	0.143	0.250	0.143	0.393
노아웃	20	1	4	1	0.214	0.421	0.429	0.850
원아웃	28	1	3	4	0.208	0.321	0.333	0.654
투아웃	30	1	2	4	0.143	0.200	0.286	0.486

팀별 기록

구분	타석	홈런	볼넷	삼진	타율	출루율	장타율	OPS
KIA	14	1	1	1	0.167	0.286	0.417	0.703
KT	5	1	0	1	0.200	0.200	0.800	1.000
LG	20	0	2	4	0.118	0.250	0.118	0.368
NC	1	0	0	0	0.000	0.000	0.000	0.000
SSG	7	0	1	0	0.167	0.286	0.167	0.453
두산	5	0	1	0	0.000	0.200	0.000	0.200
롯데	7	1	1	1	0.167	0.286	0.667	0.953
키움	10	0	2	0	0.143	0.333	0.143	0.476
한화	9	0	1	2	0.500	0.556	0.625	1.181

오선진 내야수 3

신장 178cm **체중** 80kg **생일** 1989-07-07 **투타** 우투우타 **지명** 08 한화 2차 4라운드 26순위
연봉 10,500-10,000-7,000 **학교** 화곡초-성남중-성남고

● 지난해 6월 25일 이성곤의 파트너로 한화에서 트레이드됐다. 이학주가 2군에 머물러 있을 때였다. 한화에선 부상이 겹쳐 1군 출전이 없었다. 삼성에서 유격수로 21경기, 2루수로 2경기 출장했다. 공수 모두에서 두드러지지 못했다. 유리한 볼카운트에서 적극성이 떨어진다. 이학주의 롯데행으로 생긴 기회를 잡아야 한다.

기본기록

연도	경기	타석	타수	안타	2루타	3루타	홈런	타점	득점	볼넷	사구	삼진	도루	도루자	타율	출루율	장타율	OPS
2019	122	453	392	88	16	0	3	36	37	38	10	72	7	2	0.224	0.307	0.288	0.595
2020	93	222	197	46	4	0	2	17	17	16	3	39	0	1	0.234	0.301	0.284	0.585
2021	23	46	42	9	0	0	0	2	5	3	1	8	0	0	0.214	0.283	0.214	0.497
통산	919	2455	2179	517	79	6	15	191	228	158	49	424	45	26	0.237	0.302	0.300	0.602

상황별 기록

상황	타석	홈런	볼넷	삼진	타율	출루율	장타율	OPS
전반기	0	0	0	0	-	-	-	-
후반기	46	0	3	8	0.214	0.283	0.214	0.497
vs 좌	8	0	0	0	0.250	0.250	0.250	0.500
vs 우	34	0	3	8	0.200	0.294	0.200	0.494
주자있음	20	0	1	2	0.263	0.300	0.263	0.563
주자없음	26	0	2	6	0.174	0.269	0.174	0.443
득점권	13	0	0	1	0.154	0.154	0.154	0.308
노아웃	15	0	0	4	0.133	0.133	0.133	0.266
원아웃	13	0	0	2	0.333	0.385	0.333	0.718
투아웃	18	0	3	2	0.200	0.333	0.200	0.533

팀별 기록

구분	타석	홈런	볼넷	삼진	타율	출루율	장타율	OPS
KIA	1	0	0	0	0.000	0.000	0.000	0.000
LG	5	0	0	1	0.200	0.200	0.200	0.400
NC	11	0	2	2	0.125	0.364	0.125	0.489
SSG	9	0	0	2	0.222	0.222	0.222	0.444
두산	0	0	0	0	-	-	-	-
롯데	6	0	0	1	0.333	0.333	0.333	0.666
키움	8	0	0	0	0.250	0.250	0.250	0.500
한화	6	0	1	2	0.200	0.333	0.200	0.533

이성규 내야수 13

신장 178cm **체중** 82kg **생일** 1993-08-03 **투타** 우투우타 **지명** 16 삼성 2차 4라운드 31순위
연봉 4,300-7,000-5,000 **학교** 광주대성초-광주동성중-광주동성고-인하대

● 인하대 출신으로 프로 5번째 시즌인 2020년 두각을 나타냈다. 98경기에서 홈런 10개를 때려내며 가능성을 보였다. 178cm 단신이지만 손목 힘이 대단하다. 지난해 기대가 컸지만 1군 출전은 제로. 3월 발목 부상에 이어 6월 팔꿈치 부상을 당했다. 오재일의 백업 1루수로 시즌을 시작한다. 외야 수비도 가능하다.

기본기록

연도	경기	타석	타수	안타	2루타	3루타	홈런	타점	득점	볼넷	사구	삼진	도루	도루자	타율	출루율	장타율	OPS
2019	16	46	43	11	2	0	2	7	3	2	1	16	1	1	0.256	0.304	0.442	0.746
2020	98	245	216	39	7	1	10	30	25	18	5	64	3	1	0.181	0.257	0.361	0.618
2021	0	0	0	0	0	0	0	0	0	0	0	0	0	0	-	-	-	-
통산	135	317	280	53	9	1	12	37	34	21	7	92	4	2	0.189	0.261	0.357	0.618

상황별 기록

상황	타석	홈런	볼넷	삼진	타율	출루율	장타율	OPS
전반기								
후반기								
vs 좌								
vs 우								
주자있음								
주자없음								
득점권								
노아웃								
원아웃								
투아웃								

팀별 기록

구분	타석	홈런	볼넷	삼진	타율	출루율	장타율	OPS
KIA								
KT								
LG								
NC								
SSG								
두산								
롯데								
키움								
한화								

구준범 투수 19

신장 175cm **체중** 68kg **생일** 1995-03-18 **투타** 좌투좌타 **지명** 14 삼성 2차 6라운드 57순위

연봉 2,800-3,100-3,200 **학교** 서울학동초-대치중-배명고

연도	경기	선발	승	패	세이브	홀드	이닝	안타	홈런	볼넷	사구	삼진	피안타율	WHIP	FIP	ERA	QS	BS
2019	0	0	0	0	0	0	0.0	0	0	0	0	0	-	-	-	-	0	0
2020	0	0	0	0	0	0	0.0	0	0	0	0	0	-	-	-	-	0	0
2021	1	1	0	0	0	0	2.0	2	2	3	1	1	0.250	2.50	21.33	22.50	0	0
통산	1	1	0	0	0	0	2.0	2	2	3	1	1	0.250	2.50	21.33	22.50	0	0

김서준 투수 60

신장 183cm **체중** 78kg **생일** 2003-09-01 **투타** 우투우타 **지명** 22 삼성 2차 5라운드 43순위

연봉 3,000 **학교** 희망대초-대원중-경기항공고

연도	경기	선발	승	패	세이브	홀드	이닝	안타	홈런	볼넷	사구	삼진	피안타율	WHIP	FIP	ERA	QS	BS
2019																		
2020																		
2021																		
통산																		

김승현 투수 38

신장 180cm **체중** 105kg **생일** 1992-07-09 **투타** 우투우타 **지명** 16 삼성 2차 1라운드 10순위

연봉 0-0-5,500 **학교** 노암초-경포중-강릉고

연도	경기	선발	승	패	세이브	홀드	이닝	안타	홈런	볼넷	사구	삼진	피안타율	WHIP	FIP	ERA	QS	BS
2019	14	0	1	1	0	0	12.2	11	0	9	1	4	0.216	1.58	5.14	6.39	0	0
2020	0	0	0	0	0	0	0.0	0	0	0	0	0	-	-	-	-	0	0
2021	0	0	0	0	0	0	0.0	0	0	0	0	0	-	-	-	-	0	0
통산	85	0	2	7	0	2	90.2	111	10	58	12	71	0.305	1.86	5.84	5.26	0	0

노성호 투수 37

신장 182cm **체중** 100kg **생일** 1989-10-22 **투타** 좌투좌타 **지명** 12 NC 우선지명

연봉 4,000-7,000-5,800 **학교** 서흥초-상인천중-화순고-동국대

연도	경기	선발	승	패	세이브	홀드	이닝	안타	홈런	볼넷	사구	삼진	피안타율	WHIP	FIP	ERA	QS	BS
2019	5	0	0	0	0	0	3.2	8	1	1	0	1	0.421	2.45	7.22	12.27	0	0
2020	45	0	2	3	0	10	36.1	28	3	29	2	34	0.211	1.57	5.23	4.46	0	0
2021	16	0	0	2	0	1	19.0	10	2	14	1	19	0.152	1.26	5.07	4.74	0	0
통산	156	23	7	19	0	14	221.2	222	35	162	8	214	0.265	1.73	5.99	6.42	1	0

문용익 투수 43

신장 178cm **체중** 93kg **생일** 1995-02-04 **투타** 우투우타 **지명** 17 삼성 2차 6라운드 59순위

연봉 0-3,000-4,500 **학교** 양천중-청원고-세계사이버대

연도	경기	선발	승	패	세이브	홀드	이닝	안타	홈런	볼넷	사구	삼진	피안타율	WHIP	FIP	ERA	QS	BS
2019	0	0	0	0	0	0	0.0	0	0	0	0	0	-	-	-	-	0	0
2020	0	0	0	0	0	0	0.0	0	0	0	0	0	-	-	-	-	0	0
2021	22	0	2	0	0	2	22.0	21	3	10	1	19	0.247	1.41	4.88	4.50	0	1
통산	22	0	2	0	0	2	22.0	21	3	10	1	19	0.247	1.41	4.88	4.50	0	1

박세웅 투수 50

신장 180cm **체중** 87kg **생일** 1996-05-10 **투타** 좌투좌타 **지명** 15 SK 2차 4라운드 40순위
연봉 0-3,000-3,300 **학교** 대해초-포항중-청주고

연도	경기	선발	승	패	세이브	홀드	이닝	안타	홈런	볼넷	사구	삼진	피안타율	WHIP	FIP	ERA	QS	BS
2019	0	0	0	0	0	0	0.0	0	0	0	0	0	-	-	-	-	0	0
2020	0	0	0	0	0	0	0.0	0	0	0	0	0	-	-	-	-	0	0
2021	4	0	0	0	0	0	3.0	5	1	3	1	2	0.385	2.67	10.33	9.00	0	0
통산	4	0	0	0	0	0	3.0	5	1	3	1	2	0.385	2.67	10.33	9.00	0	0

신정환 투수 40

신장 188cm **체중** 85kg **생일** 2003-04-28 **투타** 우투우타 **지명** 22 삼성 2차 4라운드 33순위
연봉 3,000 **학교** 남양주-모가중-상우고

연도	경기	선발	승	패	세이브	홀드	이닝	안타	홈런	볼넷	사구	삼진	피안타율	WHIP	FIP	ERA	QS	BS
2019																		
2020																		
2021																		
통산																		

이상민 투수 59

신장 180cm **체중** 85kg **생일** 1990-11-04 **투타** 좌투좌타 **지명** 13 NC 7라운드 66순위
연봉 3,200-4,000-5,500 **학교** 남도초-수성-대구중-경북고-동의대

연도	경기	선발	승	패	세이브	홀드	이닝	안타	홈런	볼넷	사구	삼진	피안타율	WHIP	FIP	ERA	QS	BS
2019	0	0	0	0	0	0	0.0	0	0	0	0	0	-	-	-	-	0	0
2020	17	1	0	1	0	1	14.0	17	4	11	1	13	0.309	2.00	7.77	6.43	0	0
2021	30	0	1	1	0	3	24.2	28	2	14	0	14	0.295	1.70	4.95	4.74	0	0
통산	88	1	1	3	0	6	68.0	86	10	41	5	50	0.314	1.87	5.95	6.75	0	0

이재익 투수 45

신장 180cm **체중** 76kg **생일** 1994-03-18 **투타** 좌투좌타 **지명** 13 삼성 8라운드 68순위
연봉 2,800-3,200-3,700 **학교** 삼일초-중앙중-유신고

연도	경기	선발	승	패	세이브	홀드	이닝	안타	홈런	볼넷	사구	삼진	피안타율	WHIP	FIP	ERA	QS	BS
2019	0	0	0	0	0	0	0.0	0	0	0	0	0	-	-	-	-	0	0
2020	4	0	0	0	0	0	0.2	8	2	2	0	1	0.727	9.99	48.56	99.99	0	0
2021	11	0	2	0	0	0	10.0	11	1	12	0	5	0.297	2.30	6.93	4.50	0	0
통산	15	0	2	0	0	0	10.2	19	3	14	0	6	0.396	3.09	9.53	12.66	0	0

임대한 투수 28

신장 178cm **체중** 85kg **생일** 1993-08-13 **투타** 우투좌타 **지명** 16 삼성 2차 3라운드 30순위
연봉 4,000-4,000-4,000 **학교** 고명초-건대부중-청원고-송원대

연도	경기	선발	승	패	세이브	홀드	이닝	안타	홈런	볼넷	사구	삼진	피안타율	WHIP	FIP	ERA	QS	BS
2019	0	0	0	0	0	0	0.0	0	0	0	0	0	-	-	-	-	0	0
2020	0	0	0	0	0	0	0.0	0	0	0	0	0	-	-	-	-	0	0
2021	0	0	0	0	0	0	0.0	0	0	0	0	0	-	-	-	-	0	0
통산	38	0	0	1	0	0	42.0	59	5	29	2	26	0.341	2.10	6.30	6.43	0	0

허윤동 투수 49

신장 181cm **체중** 90kg **생일** 2001-06-19 **투타** 좌투좌타 **지명** 20 삼성 2차 1라운드 5순위

연봉 2,700-4,500-4,700 **학교** 고양덕양-금릉중-유신고

연도	경기	선발	승	패	세이브	홀드	이닝	안타	홈런	볼넷	사구	삼진	피안타율	WHIP	FIP	ERA	QS	BS
2019																		
2020	11	11	2	1	0	0	45.0	43	4	31	2	18	0.254	1.64	6.11	4.80	0	0
2021	1	1	0	1	0	0	3.2	8	1	1	1	3	0.400	2.45	6.88	12.27	0	0
통산	12	12	2	2	0	0	48.2	51	5	32	3	21	0.270	1.71	6.17	5.36	0	0

홍무원 투수 62

신장 188cm **체중** 92kg **생일** 2002-01-11 **투타** 우투우타 **지명** 21 삼성 2차 2라운드 13순위

연봉 3,000-3,000 **학교** 인천남-신월중-경기고

연도	경기	선발	승	패	세이브	홀드	이닝	안타	홈런	볼넷	사구	삼진	피안타율	WHIP	FIP	ERA	QS	BS
2019																		
2020																		
2021	0	0	0	0	0	0	0.0	0	0	0	0	0	-	-	-	-	0	0
통산	0	0	0	0	0	0	0.0	0	0	0	0	0	-	-	-	-	0	0

홍정우 투수 11

신장 182cm **체중** 85kg **생일** 1996-03-16 **투타** 우투우타 **지명** 15 삼성 2차 4라운드 35순위

연봉 3,000-4,500-5,300 **학교** 도신초-강남중-충암고

연도	경기	선발	승	패	세이브	홀드	이닝	안타	홈런	볼넷	사구	삼진	피안타율	WHIP	FIP	ERA	QS	BS
2019	7	0	0	0	0	0	5.1	10	2	4	1	2	0.345	2.63	10.34	10.13	0	0
2020	30	0	0	0	0	1	30.0	37	5	12	1	29	0.303	1.63	5.09	6.60	0	0
2021	15	0	2	0	0	0	15.2	14	3	4	0	12	0.233	1.15	5.06	3.45	0	1
통산	52	0	2	0	0	1	51.0	61	10	20	2	43	0.289	1.59	5.63	6.00	0	1

황동재 투수 61

신장 188cm **체중** 92kg **생일** 2001-11-03 **투타** 우투우타 **지명** 20 삼성 1차

연봉 2,700-3,100-3,100 **학교** 율하초-경운중-경북고

연도	경기	선발	승	패	세이브	홀드	이닝	안타	홈런	볼넷	사구	삼진	피안타율	WHIP	FIP	ERA	QS	BS
2019																		
2020	1	0	0	0	0	0	1.1	8	1	4	0	3	0.727	9.00	17.81	54.00	0	0
2021	0	0	0	0	0	0	0.0	0	0	0	0	0	-	-	-	-	0	0
통산	1	0	0	0	0	0	1.1	8	1	4	0	3	0.727	9.00	17.81	54.00	0	0

공민규 내야수 56

신장 183cm **체중** 85kg **생일** 1999-09-27 **투타** 우투좌타 **지명** 18 삼성 2차 8라운드 72순위

연봉 4,000-0-4,000 **학교** 서화초-동산중-인천고

연도	경기	타석	타수	안타	2루타	3루타	홈런	타점	득점	볼넷	사구	삼진	도루	도루자	타율	출루율	장타율	OPS
2019	28	60	53	13	1	0	3	6	4	6	1	18	0	0	0.245	0.333	0.434	0.767
2020	0	0	0	0	0	0	0	0	0	0	0	0	0	0	-	-	-	-
2021	0	0	0	0	0	0	0	0	0	0	0	0	0	0	-	-	-	-
통산	28	60	53	13	1	0	3	6	4	6	1	18	0	0	0.245	0.333	0.434	0.767

권정웅 포수 48

신장 180cm **체중** 88kg **생일** 1992-11-15 **투타** 우투우타 **지명** 15 삼성 2차 6라운드 55순위
연봉 4,000-4,000-4,000 **학교** 이수초-영동중-덕수고-한양대

연도	경기	타석	타수	안타	2루타	3루타	홈런	타점	득점	볼넷	사구	삼진	도루	도루자	타율	출루율	장타율	OPS
2019	0	0	0	0	0	0	0	0	0	0	0	0	0	0	-	-	-	-
2020	3	2	1	0	0	0	0	0	0	1	0	0	0	0	0.000	0.500	0.000	0.500
2021	2	1	1	0	0	0	0	0	0	0	0	0	0	0	0.000	0.000	0.000	0.000
통산	75	124	110	22	3	0	6	11	12	9	1	31	0	0	0.200	0.267	0.391	0.658

김민수 포수 12

신장 177cm **체중** 80kg **생일** 1991-03-02 **투타** 우투우타 **지명** 14 한화 2차 2라운드 24순위
연봉 4,300-4,700-6,200 **학교** 옥산초-경복중-상원고

연도	경기	타석	타수	안타	2루타	3루타	홈런	타점	득점	볼넷	사구	삼진	도루	도루자	타율	출루율	장타율	OPS
2019	29	41	39	8	1	0	0	2	5	1	0	16	0	0	0.205	0.220	0.231	0.451
2020	17	26	23	4	0	0	0	1	3	2	0	6	0	0	0.174	0.240	0.174	0.414
2021	47	87	76	20	5	0	3	13	9	6	1	13	0	0	0.263	0.318	0.447	0.765
통산	149	260	239	47	8	0	3	24	24	13	1	66	0	0	0.197	0.238	0.268	0.506

김성윤 외야수 39

신장 163cm **체중** 62kg **생일** 1999-02-02 **투타** 좌투좌타 **지명** 17 삼성 2차 4라운드 39순위
연봉 2,900-3,300-3,800 **학교** 창신초-양산원동중-포철고

연도	경기	타석	타수	안타	2루타	3루타	홈런	타점	득점	볼넷	사구	삼진	도루	도루자	타율	출루율	장타율	OPS
2019	0	0	0	0	0	0	0	0	0	0	0	0	0	0	-	-	-	-
2020	9	9	7	2	1	0	0	0	1	1	1	1	0	0	0.286	0.444	0.429	0.873
2021	30	19	18	3	0	0	0	2	7	0	0	5	0	1	0.167	0.158	0.167	0.325
통산	62	44	39	6	1	0	1	4	11	3	1	14	0	1	0.154	0.227	0.256	0.483

김성표 내야수 9

신장 179cm **체중** 65kg **생일** 1994-03-17 **투타** 우투우타 **지명** 13 삼성 6라운드 50순위
연봉 0-3,300-3,800 **학교** 포이초-대치중-휘문고-열린사이버대학

연도	경기	타석	타수	안타	2루타	3루타	홈런	타점	득점	볼넷	사구	삼진	도루	도루자	타율	출루율	장타율	OPS
2019	0	0	0	0	0	0	0	0	0	0	0	0	0	0	-	-	-	-
2020	15	8	8	1	0	0	0	0	1	0	0	2	1	0	0.125	0.125	0.125	0.250
2021	39	24	18	6	0	0	0	1	10	5	0	7	2	1	0.333	0.478	0.333	0.811
통산	54	32	26	7	0	0	0	1	11	5	0	9	3	1	0.269	0.387	0.269	0.656

김영웅 내야수 30

신장 183cm **체중** 81kg **생일** 2003-08-24 **투타** 우투좌타 **지명** 22 삼성 2차 1라운드 3순위
연봉 3,000 **학교** 공주중동초-야로중-물금고

연도	경기	타석	타수	안타	2루타	3루타	홈런	타점	득점	볼넷	사구	삼진	도루	도루자	타율	출루율	장타율	OPS
2019																		
2020																		
2021																		
통산																		

김재성 포수 48

신장 185cm **체중** 85kg **생일** 1996-10-30 **투타** 우투좌타 **지명** 15 LG 1차

연봉 3,100-3,100-4,500 **학교** 신광초-성남중-덕수고

연도	경기	타석	타수	안타	2루타	3루타	홈런	타점	득점	볼넷	사구	삼진	도루	도루자	타율	출루율	장타율	OPS
2019	3	7	5	1	0	0	0	1	0	2	0	2	0	0	0.200	0.429	0.200	0.629
2020	0	0	0	0	0	0	0	0	0	0	0	0	0	0	-	-	-	-
2021	58	73	65	9	2	1	1	3	6	5	1	13	1	0	0.138	0.208	0.246	0.454
통산	70	87	76	10	2	1	1	4	6	8	1	17	1	0	0.132	0.221	0.224	0.445

김재혁 외야수 24

신장 182cm **체중** 85kg **생일** 1999-12-26 **투타** 우투우타 **지명** 22 삼성 2차 2라운드 13순위

연봉 3,000 **학교** 제주남초-제주제일중-제주고-동아대

연도	경기	타석	타수	안타	2루타	3루타	홈런	타점	득점	볼넷	사구	삼진	도루	도루자	타율	출루율	장타율	OPS
2019																		
2020																		
2021																		
통산																		

김현준 외야수 41

신장 178cm **체중** 78kg **생일** 2002-10-11 **투타** 좌투좌타 **지명** 21 삼성 2차 9라운드 83순위

연봉 3,000-3,300 **학교** 부산진구-센텀중-개성고

연도	경기	타석	타수	안타	2루타	3루타	홈런	타점	득점	볼넷	사구	삼진	도루	도루자	타율	출루율	장타율	OPS
2019	0	0	0	0	0	0	0	0	0	0	0	0	0	0	-	-	-	-
2020	0	0	0	0	0	0	0	0	0	0	0	0	0	0	-	-	-	-
2021	13	4	4	1	0	0	0	0	2	0	0	0	0	0	0.250	0.250	0.250	0.500
통산	13	4	4	1	0	0	0	0	2	0	0	0	0	0	0.250	0.250	0.250	0.500

송준석 외야수 52

신장 176cm **체중** 78kg **생일** 1994-05-04 **투타** 우투우타 **지명** 13 삼성 2차 4라운드 32순위

연봉 4,000-5,000-4,700 **학교** 서울청구초-배명중-장충고-대구사이버대

연도	경기	타석	타수	안타	2루타	3루타	홈런	타점	득점	볼넷	사구	삼진	도루	도루자	타율	출루율	장타율	OPS
2019	26	56	51	12	3	0	1	4	6	2	1	14	0	0	0.235	0.273	0.353	0.626
2020	32	50	47	13	5	0	1	7	5	2	1	6	0	0	0.277	0.320	0.447	0.767
2021	19	55	51	12	2	0	2	4	5	3	1	13	0	0	0.235	0.291	0.392	0.683
통산	81	164	152	38	10	0	4	15	17	7	3	34	0	0	0.250	0.294	0.395	0.689

안주형 외야수 14

신장 176cm **체중** 68kg **생일** 1993-08-14 **투타** 우투좌타 **지명** 16 삼성 육성선수

연봉 0-3,300-3,300 **학교** 부산중앙초-부산중-부경고

연도	경기	타석	타수	안타	2루타	3루타	홈런	타점	득점	볼넷	사구	삼진	도루	도루자	타율	출루율	장타율	OPS
2019	0	0	0	0	0	0	0	0	0	0	0	0	0	0	-	-	-	-
2020	0	0	0	0	0	0	0	0	0	0	0	0	0	0	-	-	-	-
2021	1	0	0	0	0	0	0	0	0	0	0	0	0	0	-	-	-	-
통산	26	18	18	5	1	0	0	3	2	0	0	4	1	1	0.278	0.278	0.333	0.611

윤정빈 내야수 31

신장 182cm **체중** 93kg **생일** 1999-06-24 **투타** 우투우타 **지명** 18 삼성 2차 5라운드 42순위
연봉 2,900-0-3,000 **학교** 신도초-부천중-부천고

연도	경기	타석	타수	안타	2루타	3루타	홈런	타점	득점	볼넷	사구	삼진	도루	도루자	타율	출루율	장타율	OPS
2019	0	0	0	0	0	0	0	0	0	0	0	0	0	0	-	-	-	-
2020	0	0	0	0	0	0	0	0	0	0	0	0	0	0	-	-	-	-
2021	0	0	0	0	0	0	0	0	0	0	0	0	0	0	-	-	-	-
통산	0	0	0	0	0	0	0	0	0	0	0	0	0	0	-	-	-	-

이병헌 포수 23

신장 180cm **체중** 87kg **생일** 1999-10-26 **투타** 우투우타 **지명** 19 삼성 2차 4라운드 32순위
연봉 0-0-3,000 **학교** 숭의초-신흥중-제물포고

연도	경기	타석	타수	안타	2루타	3루타	홈런	타점	득점	볼넷	사구	삼진	도루	도루자	타율	출루율	장타율	OPS
2019	0	0	0	0	0	0	0	0	0	0	0	0	0	0	-	-	-	-
2020	0	0	0	0	0	0	0	0	0	0	0	0	0	0	-	-	-	-
2021	0	0	0	0	0	0	0	0	0	0	0	0	0	0	-	-	-	-
통산	0	0	0	0	0	0	0	0	0	0	0	0	0	0	-	-	-	-

이재현 내야수 15

신장 180cm **체중** 82kg **생일** 2003-02-04 **투타** 우투좌타 **지명** 22 삼성 1차
연봉 3,000 **학교** 서울이수초-선린중-서울고

연도	경기	타석	타수	안타	2루타	3루타	홈런	타점	득점	볼넷	사구	삼진	도루	도루자	타율	출루율	장타율	OPS
2019																		
2020																		
2021																		
통산																		

이태훈 내야수 35

신장 183cm **체중** 95kg **생일** 1995-04-03 **투타** 우투우타 **지명** 18 삼성 2차 4라운드 32순위
연봉 2,700-3,000-3,500 **학교** 대구수창초-동성중-광주동성고-홍익대

연도	경기	타석	타수	안타	2루타	3루타	홈런	타점	득점	볼넷	사구	삼진	도루	도루자	타율	출루율	장타율	OPS
2019	0	0	0	0	0	0	0	0	0	0	0	0	0	0	-	-	-	-
2020	0	0	0	0	0	0	0	0	0	0	0	0	0	0	-	-	-	-
2021	3	2	2	0	0	0	0	0	0	0	0	1	0	0	0.000	0.000	0.000	0.000
통산	3	2	2	0	0	0	0	0	0	0	0	1	0	0	0.000	0.000	0.000	0.000

주한울 외야수 68

신장 183cm **체중** 83kg **생일** 2002-06-08 **투타** 우투우타 **지명** 21 삼성 2차 4라운드 33순위
연봉 3,000-3,000 **학교** 성동초-건대부중-배명고

연도	경기	타석	타수	안타	2루타	3루타	홈런	타점	득점	볼넷	사구	삼진	도루	도루자	타율	출루율	장타율	OPS
2019																		
2020																		
2021	0	0	0	0	0	0	0	0	0	0	0	0	0	0	-	-	-	-
통산	0	0	0	0	0	0	0	0	0	0	0	0	0	0	-	-	-	-

차동영 포수 0

신장 181cm **체중** 82kg **생일** 2002-11-01 **투타** 우투우타 **지명** 22 삼성 2차 3라운드 23순위

연봉 3,000 **학교** 용인기흥구-모가중-강릉고

연도	경기	타석	타수	안타	2루타	3루타	홈런	타점	득점	볼넷	사구	삼진	도루	도루자	타율	출루율	장타율	OPS
2019																		
2020																		
2021																		
통산																		

최영진 내야수 32

신장 185cm **체중** 87kg **생일** 1988-05-10 **투타** 우투우타 **지명** 11 LG 육성선수

연봉 8,000-7,500-6,500 **학교** 영랑초-설악중-설악고-한일장신대

연도	경기	타석	타수	안타	2루타	3루타	홈런	타점	득점	볼넷	사구	삼진	도루	도루자	타율	출루율	장타율	OPS
2019	96	275	251	63	15	1	5	20	29	14	2	47	4	1	0.251	0.290	0.378	0.674
2020	58	118	101	30	3	0	1	11	15	13	2	16	2	3	0.297	0.385	0.356	0.741
2021	44	63	57	16	1	2	1	6	9	5	1	12	1	0	0.281	0.349	0.421	0.770
통산	327	721	650	171	30	5	12	67	80	46	7	126	10	8	0.263	0.317	0.380	0.697

SL
TERRA

PLAYER LIST

육성선수

성명	포지션	등번호	생일	신장	체중	투타	최초입단연도	최초입단구단	연봉
김태우	투수	113	1999-09-15	193	92	우우	2018	삼성 라이온즈	3,000
박정준	투수	122	1992-03-22	184	100	우우	2011	넥센 히어로즈	3,000
박주혁	투수	101	2001-05-18	182	82	우우	2020	삼성 라이온즈	3,300
오상민	투수	110	2000-03-29	183	89	좌좌	2019	삼성 라이온즈	3,000
이기용	투수	111	2001-01-03	178	88	좌좌	2021	삼성 라이온즈	3,000
이수민	투수	100	1995-09-11	180	94	좌좌	2014	삼성 라이온즈	3,300
장재혁	투수	117	2002-08-16	177	79	우우	2022	삼성 라이온즈	3,000
홍승원	투수	108	2001-12-06	185	93	우우	2021	삼성 라이온즈	3,000
김세민	포수	109	2002-03-24	180	94	우우	2021	삼성 라이온즈	3,000
서주원	포수	120	1999-01-31	173	85	우우	2018	삼성 라이온즈	3,000
김동진	내야수	103	1996-12-18	184	84	우좌	2021	삼성 라이온즈	3,100
김선우	내야수	114	1995-05-11	174	80	우우	2018	삼성 라이온즈	3,000
윤정훈	내야수	107	2003-07-06	182	80	우좌	2022	삼성 라이온즈	3,000
이해승	내야수	116	2000-08-01	180	86	우우	2019	삼성 라이온즈	3,200
조민성	내야수	105	2003-10-02	181	88	우우	2022	삼성 라이온즈	3,000
강도훈	외야수	115	2003-03-07	180	77	우우	2022	삼성 라이온즈	3,000
김상민	외야수	102	2003-12-06	183	83	우좌	2022	삼성 라이온즈	3,000
김상민	외야수	102	2003-12-06	183	83	우좌	2022	삼성 라이온즈	3,000

군보류

성명	포지션	생일	신장	체중	투타	최초입단연도	최초입단구단	입대일	전역일
김시현	투수	1998-09-26	181	89	우우	2017	삼성 라이온즈	2020-08-19	2022-07-18
김용하	투수	1999-07-27	185	85	우우	2018	삼성 라이온즈	2020-11-23	2022-08-22
장지훈	투수	1997-03-31	190	92	우우	2017	삼성 라이온즈	2021-04-16	2023-03-15
최지광	투수	1998-03-13	173	85	우우	2017	삼성 라이온즈	2021-12-13	2023-06-12
최채흥	투수	1995-01-22	186	97	좌좌	2018	삼성 라이온즈	2021-12-13	2023-06-12
홍원표	투수	2001-03-27	183	86	우우	2020	삼성 라이온즈	2021-11-01	2023-04-30
김도환	포수	2000-04-14	178	90	우우	2019	삼성 라이온즈	2021-12-13	2023-06-12
양우현	내야수	2000-04-13	175	82	우좌	2019	삼성 라이온즈	2021-06-08	2022-12-07
오현석	내야수	2001-03-05	183	99	우좌	2021	삼성 라이온즈	2021-06-15	2022-12-14

육성군보류

성명	포지션	생일	신장	체중	투타	최초입단연도	최초입단구단	입대일	전역일
김준우	투수	1999-05-31	185	92	우우	2019	삼성 라이온즈	2021-08-30	2023-03-01
맹성주	투수	1999-09-07	183	80	우우	2018	삼성 라이온즈	2020-10-12	2022-07-11
박용민	투수	1999-03-20	193	100	우우	2018	삼성 라이온즈	2020-10-05	2022-09-04
한연욱	투수	2001-02-11	188	84	우우	2020	삼성 라이온즈	2021-08-09	2023-02-08
정진수	포수	1997-09-25	177	93	우좌	2020	삼성 라이온즈	2020-12-08	2022-06-07
이창용	내야수	1999-06-03	184	89	우우	2021	삼성 라이온즈	2021-11-08	2023-10-28

LG TWINS
LG 트윈스

올시즌이야말로 1994년 이후 첫 우승에 도전할 수 있을까. 지난 시즌 선발진의 출발이 좋지 않았고, 이유를 콕 짚기 힘들었던 타선의 집단 슬럼프는 오랜 준비와 가능성에 대한 기대를 흔들었다. 전력 유출이 없었고, 외부 FA를 영입한 가운데 조심스럽게 다시 한 번 대권에 도전하는 시즌이다. 선발진의 준비는 순조롭고, 타선은 나빠질래야 나빠질 수 없는 조건이다. 잠실구장을 홈으로 쓰는 팀답게 팀 컬러의 변화 시도는 LG의 방향 설정 변화를 보여준다. '제대로 된 거포 한 명만'이라는 바람은 이제 잠시 접었다. 갭 히터 루이즈를 새 외국인타자로 선택했고, 전체적인 타선 흐름도 스몰볼에 가깝게 변화를 준다. 저득점 환경에서 잘 어울리는 선택일 수 있다. 긴 준비가 조급함이 되지 않는다면 야구는 오랜 기다림에 보답을 해 주는 종목이다.

2021 좋았던 일

마운드의 단단함을 다시 한번 확인했다. 시즌 초반 선발진 구성이 늦었던 점은 아쉬운 요소. 불펜에 새 얼굴이 대거 등장했다. 좌완 김대유의 대기만성은 리그 전체의 모범사례다. 수술 마치고 돌아온 이정용은 핵심 불펜 자원이 됐고 내야수에서 전향한 백승현도 150km 넘는 공을 뿌렸다. 양과 질에서 모두 앞서는 불펜진은 2022시즌에도 LG의 가장 큰 무기다. 야수에서도 눈에 띄는 성장이 이뤄졌다. 문보경, 이재원, 이영빈 모두 흐름을 끝까지 이어가지 못했지만 한 시즌 경험은 큰 재산이 된다. 홍창기의 리그 최고 수준 성장은 다른 후배들의 목표가 됐다. 아쉬움을 남겼지만 가을야구를 경험한 것 역시 더 나은 목표를 위한 발판이 된다. 스토브리그에서 김현수가 남았고, 국가대표 중견수 박해민이 추가됐다. 잠실의 외야가 좁아보인다.

2021 나빴던 일

캠프 동안 구상했던 선발진 가동이 이뤄지지 않았다. 모든 선발들의 출발이 늦으면서 LG의 출발도 늦었다. 기대했던 방망이는 최악에 가까웠다. 타선의 공격 WAR은 21.04로 리그 8위. 아래에는 한화와 KIA만 있었다. 팀 OPS 0.710 역시 리그 8위였다. 마치 전염병처럼 슬럼프가 이어졌다. 과감했던 서건창 트레이드도 큰 효과를 가져오지 못했다. 팀 BABIP가 0.287로 10개 구단 중 꼴찌였다. 타구 속도가 갑자기 뚝 떨어졌다기 보다는 지독하게 운이 없었다고 보는 게 맞지 않을까. 쓰레기를 열심히 주웠어도 바빕신은 이를 외면했다. 결국 시즌 뒤 타격 관련 스태프의 교체가 있었다. '인생은 이호준처럼'의 주인공이 메인 타격코치를 맡는다. 어쩌면 지금 LG 타선에 더 필요한 건 타격 기술이 아니라 운일지도 모른다.

류지현 감독 6

신장 176cm	체중 70kg	생일 1971-05-25	투타 우투우타
연봉 30,000-30,000		학교 충암초-충암중-충암고-한양대	

원클럽맨과 준비된 감독으로 데뷔 첫 시즌을 치렀다. 경기 전 기자회견에 항상 두툼한 수첩과 함께였다. 마운드 운용 관련 질문에 투수 스케줄을 꼼꼼히 챙겨 정확히 답했다. 야수 출신의 약점으로 지적되는 마운드 운영에 있어 인내심을 끝까지 유지했다. 선발진의 이닝 소화가 줄어들었음에도 부담이 불펜으로 전가되지 않았다. 한 시즌 운영 경험은 류지현 감독의 영역을 다소 넓힌 것으로 보인다. 가을야구의 경험 역시 류지현 감독에게 큰 공부가 됐다. 지난 시즌과 비교하면 보다 여러 파트에서 류 감독의 색깔이 묻어나기 시작했다. 스트라이크존이 커지는 저득점 환경에서 1990년대 초반 '꾀돌이'라는 별명을 되살려야 하는 숙제가 생겼다. 상대 빈틈을 흔드는 장면들이 자주 나올수록 승리의 가능성도 높아진다. 팀 컬러 역시 '꾀돌이'에 어울리는 형태로 만들어졌다.

구단 정보

창단	연고지	홈구장	우승	홈페이지
1990	서울	잠실야구장	2회(90,94)	www.lgtwins.com

2021시즌 성적

순위	경기	승	패	무	승률
4	144	72	58	14	0.554
타율	**출루율**	**장타율**	**홈런**	**도루**	**실책**
0.250(8)	0.342(8)	0.368(8)	110(4)	92(7)	91(4)
ERA	**선발ERA**	**구원ERA**	**탈삼진**	**볼넷허용**	**피홈런**
3.59(1)	3.85(2)	3.26(1)	1,068(1)	545(3)	80(1)

최근 10시즌 성적

연도	순위	승	패	무	승률
2011	6	59	72	2	0.450
2012	7	57	72	4	0.442
2013	3	74	54	0	0.578
2014	4	62	64	2	0.492
2015	9	64	78	2	0.451
2016	4	71	71	2	0.500
2017	6	69	72	3	0.489
2018	8	68	75	1	0.476
2019	4	79	64	1	0.552
2020	4	79	61	4	0.564

2021시즌 월별 성적

월	순위	승	패	무	승률
4	3	13	10	0	0.565
5	6	13	11	0	0.542
6	2	15	9	0	0.625
7-8	2	11	7	2	0.611
9	6	10	11	3	0.476
10	6	10	10	9	0.500
포스트		1	2	0	

COACHING STAFF

코칭스태프

성명	보직	등번호	생일	신장	체중	투타	출신교
황병일	수석	79	1960-03-22	180	86	우투우타	경북고-건국대
이호준	타격	70	1976-02-08	187	95	우투우타	광주일고
모창민	타격	97	1985-05-08	188	89	우투우타	광주일고-성균관대
경헌호	투수	74	1977-07-25	181	98	우투우타	선린인터넷고-한양대
김광삼	투수	99	1980-08-15	184	90	우투우타	신일고
김우석	수비	96	1975-09-02	180	81	우투우타	인천고-홍익대
김민호	작전	72	1969-03-19	181	81	우투우타	경주고-계명대
김호	주루	81	1967-05-03	175	80	우투우타	마산고-경성대
조인성	배터리	75	1975-05-25	182	107	우투우타	신일고-연세대
이종범	퓨처스 감독	77	1970-08-15	178	73	우투우타	광주일고-건국대
이병규	퓨처스 타격	9	1974-10-25	185	85	좌투좌타	장충고-단국대
김경태	퓨처스 투수	71	1975-11-06	178	75	좌투좌타	성남고-경희대
장진용	퓨처스 투수	93	1986-01-28	187	92	우투우타	배명고
윤진호	퓨처스 수비	77	1986-06-23	178	78	우투우타	광주일고-인하대
박용근	퓨처스 작전	84	1984-01-21	172	83	우투우타	설악고-영남대
양영동	퓨처스 주루	78	1983-07-16	173	70	좌투좌타	청원고-홍익대
이성우	퓨처스 배터리	80	1981-09-01	180	91	우투우타	성남서고
김정민	잔류군 총괄	73	1970-03-15	184	83	우투우타	북일고-영남대
임훈	잔류군 타격	70	1985-07-17	186	86	좌투좌타	신일고
신재웅	잔류군 투수	86	1982-03-28	181	85	좌투좌타	마산고-동의대
양원혁	잔류군 수비	89	1991-07-21	174	71	우투좌타	인천고-인하대
윤요섭	재활	82	1982-03-30	180	96	우투우타	충암고-단국대

2022 팀 이슈

우승 가능성이 점쳐지는 시즌이다. 전력 마이너스가 없고, 타선이 지난해보다 못 치는 것은 불가능하다. 마운드 전력이 나쁘지 않은 가운데 타선이 도와준다면 전력이 보다 평준화된 시즌에서 해볼 만한 승부가 된다. 마운드에서 구속 증가 사례가 여럿 보이는 것은 LG 투수 육성 시스템의 중요한 포인트가 될 수 있다. FA 박해민의 영입과 외인 타자 루이즈 영입 결정은 팀 타격 방향에 대한 재설정으로 보인다. 리그에서 가장 넓은 홈구장, 잠실구장에 잘 어울리는 방식으로 선택이 이뤄졌다. 저득점 환경에서 전체적인 타선 구성이 콘택트와 스피드 중심으로 이뤄질 것으로 보인다. 우승에 대한 절박함이 조급함으로 연결되지만 않는다면, 기대를 걸어볼만 하다. 문제는 9월 항저우 아시안게임에 차출될 후보가 너무 많다는 점. 지혜가 필요하다.

2022 최상 시나리오

최강전력!

지난해와 달리 시즌 초반 선발진이 안정적으로 돌아간다. 임찬규의 구속은 겨울을 지나 더 늘었다. 플럿코의 '하이 커터'가 달라진 스트라이크존과 딱 맞아 떨어진다. 필승조를 1조, 2조로 나눠 돌릴 정도로 여유가 넘친다. 타선도 깨어났다. 상위타선에 홍박현루 좌타자를 늘어놔도 문제없이 돌아간다. 잠실 외야 수비 라인에도 빈틈이 없다. 서건창이 '피노키오 타법'으로 돌아오며 안타 생산을 가파르게 늘린다. 1루수 채은성은 골든글러브가 보인다. 9월 항저우 아시안게임에 4명이 차출되지만, 일찌감치 벌어놓은 승수 덕분에 큰 문제가 벌어지지 않는다. 김현수는 "형들이 지키고 있을게"라고 다짐한다. 가을야구 가장 높은 곳이 기다리고 있다. 금메달을 딴 선수들이 기세를 이어간다. 드디어, 술과 시계가 잠실구장 팬들 앞에서 공개된다.

2022 최악 시나리오

선발진의 좌우 밸런스가 삐걱댄다. 우투 일색의 선발진에 좌완 5선발 실험을 이어가지만 똑 떨어지지 않는다. 기다리는 야구에 익숙해진 팀 타선은 바뀐 스트라이크존에 혼란을 겪는다. 높은 존은 버리고 들어가지만 자꾸만 카운트가 불리해지면서 타구 속도에 힘이 붙지 않는다. BABIP 반등에 실패한다. 마운드의 힘으로 버티면서 승리를 견뎌내는 일이 많아진다. 풍성했던 불펜도 거듭되는 연장 승부에 조금씩 지쳐가기 시작한다. 9월 항저우 아시안게임 대표팀 차출을 두고 내부에서 갈등이 커진다. 치열한 순위 싸움 속 가능한 적은 수가 차출되면 좋겠지만 가고 싶어 하고, 뽑힐 만한 선수가 많다. 아시안게임 기간 동안 승률이 떨어지며 구단 안팎의 여러 목소리가 커진다. 가을야구 진출을 가리는 마지막 경기, 유광점퍼를 입은 팬들이 고개를 숙인다.

고우석 투수 19

신장 182cm **체중** 90kg **생일** 1998-08-06

투타 우투우타 **지명** 17 LG 1차

연봉 22,000-18,000-27,000

학교 갈산초-양천중-충암고

순위기록

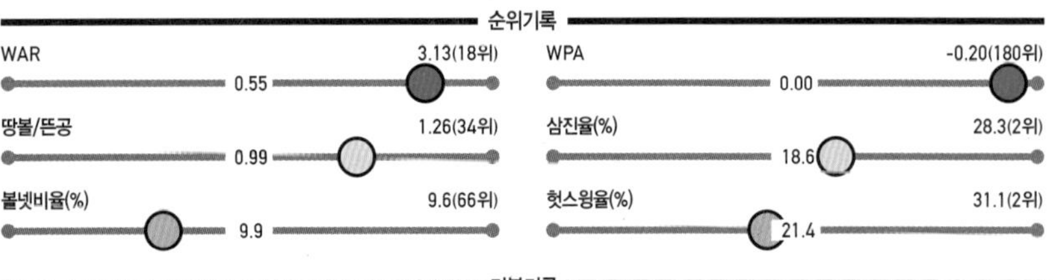

기본기록

연도	경기	선발	승	패	세이브	홀드	이닝	안타	홈런	볼넷	사구	삼진	피안타율	WHIP	FIP	ERA	QS	BS
2019	65	0	8	2	35	1	71.0	47	4	30	4	76	0.187	1.08	3.22	1.52	0	4
2020	40	0	0	4	17	1	41.2	37	2	19	2	51	0.234	1.34	3.17	4.10	0	4
2021	63	0	1	5	30	0	58.0	47	3	23	3	68	0.224	1.21	2.75	2.17	0	7
통산	249	0	12	16	82	6	263.2	230	21	120	16	262	0.234	1.33	4.03	3.48	0	18

상황별 기록

상황	안타	2루타	3루타	홈런	볼넷	사구	삼진	폭투	보크	피안타율
전반기	23	5	0	0	8	3	29	1	0	0.219
후반기	24	5	1	3	15	0	39	0	0	0.229
vs 좌	24	6	1	1	11	2	28	0	0	0.250
vs 우	23	4	0	2	12	1	40	1	0	0.202
주자없음	31	5	1	3	11	1	34	0	0	0.267
주자있음	16	5	0	0	12	2	34	1	0	0.170
득점권	9	4	0	0	10	1	17	0	0	0.184
만루	0	0	0	0	1	0	2	0	0	0.000

구종별 기록

구종	평균구속	순위	백분율	구사율(%)	피안타율
포심	153		0%	56.5%	0.237
투심/싱커	154	1	0.7%	1.5%	0.000
슬라이더/커터	142		0%	28.6%	0.197
커브	134		0%	13.3%	0.250
체인지업	-	-	-	-	-
포크볼	-	-	-	-	-
너클볼/기타	-	-	-	-	-

존별 기록

VS 우타

- 0/0	- 0/0	0.250 1/4	0.200 1/5	- 0/0
0.000 0/1	0.111 1/9	0.286 2/7	0.000 0/4	- 0/0
0.200 1/5	0.400 6/15	0.077 1/13	0.143 1/7	0.000 0/2
0.000 0/7	0.667 4/6	0.556 5/9	0.000 0/4	0.000 0/1
0.000 0/10	0.000 0/4	- 0/0	0.000 0/1	- 0/0

VS 좌타

- 0/0	- 0/0	0.000 0/1	0.000 0/1	- 0/0
0.000 0/3	0.250 2/8	0.750 3/4	0.333 1/3	0.000 0/1
1.000 1/1	0.500 3/6	0.400 4/10	0.250 1/4	0.000 0/2
0.000 0/4	0.333 5/15	0.000 0/6	1.000 4/4	0.000 0/1
0.000 0/4	0.000 0/9	0.000 0/5	0.000 0/4	- 0/0

투수 시점

● 30세이브, 평균자책 2.17. 마무리 투수로서 분명히 자랑스러울 만한 기록이다. 구원 WAR 3.13을 기록해 리그 3위에 올랐다. (1위 KIA 정해영 3.79) 그럼에도 마냥 웃을 수 없다. 여름 도쿄에서 열린 올림픽 야구 일본전에서 뒤로 뻗은 발동작 하나가 두고두고 한이 된다. 베이스 터치가 제대로 이뤄졌다면 대표팀은 일본을 꺾고 결승에 올랐을 가능성이 높다. 뛰어난 구위를 가졌지만 팬들의 머릿속에 아쉬운 장면들이 깊이 남았다. 고우석의 속구 평균구속은 150km 언저리에서 2021시즌 153.2km로 높아졌다. 올시즌 고우석의 구속은 더 빨라질 수 있다. 스트라이크존 확대와 함께 고우석의 속구는 더 큰 힘을 지닌다. 높낮이를 폭넓게 쓰는 공의 구속이 빠를수록 더욱 큰 효과를 얻는다. 고우석은 이번 시즌 역시 LG의 마무리 투수를 맡는다. 아쉬운 장면을 최대한 없애는 것이 목표다. 고우석 역시 항저우 대표팀 승선이 주요 목표 중 하나다.

김대유 투수 69

신장 187cm **체중** 92kg **생일** 1991-05-08

투타 좌투좌타 **지명** 10 넥센 3라운드 18순위

연봉 4,500-4,000-12,500

학교 중앙초-부산중-부산고

순위기록

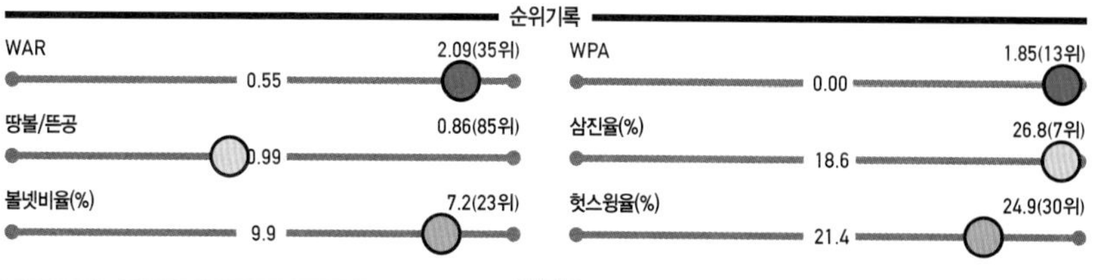

기본기록

연도	경기	선발	승	패	세이브	홀드	이닝	안타	홈런	볼넷	사구	삼진	피안타율	WHIP	FIP	ERA	QS	BS
2019	21	0	0	0	0	0	27.0	21	1	12	4	23	0.223	1.22	3.85	2.33	0	0
2020	3	0	0	0	0	0	2.1	5	0	1	1	1	0.417	2.57	5.27	23.14	0	0
2021	64	0	4	1	0	24	50.2	32	2	15	9	56	0.177	0.93	3.06	2.13	0	2
통산	103	3	4	2	0	24	96.1	78	5	49	15	97	0.222	1.32	4.03	4.02	0	2

상황별 기록

상황	안타	2루타	3루타	홈런	볼넷	사구	삼진	폭투	보크	피안타율
전반기	17	0	0	1	8	5	33	1	0	0.172
후반기	15	1	0	1	7	4	23	1	0	0.183
vs 좌	21	1	0	0	5	8	37	2	0	0.188
vs 우	11	0	0	2	10	1	19	0	0	0.159
주자없음	18	0	0	0	4	6	32	1	0	0.182
주자있음	14	1	0	2	11	3	24	1	0	0.171
득점권	10	0	0	0	7	1	16	0	0	0.222
만루	1	0	0	0	0	0	3	0	0	0.143

구종별 기록

구종	평균구속	순위	백분율	구사율(%)	피안타율
포심	138	255	84.2%	55.8%	0.150
투심/싱커	135	110	81.5%	0.2%	0.000
슬라이더/커터	129	164	57.1%	17%	0.300
커브	119	94	38.4%	25.1%	0.156
체인지업	128	112	53.6%	1.8%	0.167
포크볼	-	-	-	-	-
너클볼/기타	-	-	-	-	-

존별 기록

VS 우타

- 0/0	0.000 0/3	0.000 0/3	0.000 0/1	- 0/0
0.250 1/4	0.250 1/4	0.143 1/7	0.250 1/4	0.000 0/1
0.500 1/2	0.000 0/4	0.286 2/7	0.500 1/2	0.000 0/3
0.000 0/2	0.000 0/5	0.125 1/8	0.000 0/3	0.000 0/1
- 0/0	1.000 1/1	0.250 1/4	- 0/0	- 0/0

VS 좌타

0.000 0/4	0.000 0/1	0.000 0/6	0.000 0/1	- 0/0
0.333 1/3	0.333 1/3	0.375 3/8	0.222 2/9	0.000 0/1
0.000 0/3	0.083 1/12	0.167 1/6	0.294 5/17	0.000 0/5
0.000 0/2	0.500 1/2	0.500 3/6	0.100 1/10	0.000 0/4
- 0/0	- 0/0	0.000 0/2	0.667 2/3	0.000 0/4

투수 시점

● KBO 리그에 좌타자가 많은 것은 좌타자를 확실히 잡아낼 수 있는 좌투수의 부재도 영향을 미친다. 뛰어난 좌투수는 모두 선발을 향하고, 경기 중간 상대 좌타를 확실히 요리할 수 있는 좌투수의 숫자는 많지 않다. 많은 팀들이 체인지업을 구사하는 우투수를 좌타자용으로 배치한다. LG 김대유는 리그에서 가장 특별한 좌투수다. 좌타자 상대 피장타율이 겨우 0.196밖에 되지 않는다. 지난 시즌 홈런 2개를 허용했는데, 좌타자에게 맞은 홈런은 없다. 좌타자의 장점을 살리기 위해 팔 스윙 각도를 낮추면서 큰 성공을 거뒀다. 리그 타석의 절반에 가까워진 좌타자를 확실히 잡을 수 있는 좌투수의 존재는 불펜 운영을 원활하게 만든다. 1루 베이스 쪽 먼 곳에서 던져 좌타자 입장에서는 등을 향해 날아오는 듯한 속구의 구종가치는 14.1로 매겨졌다. 리그 전체 8위에 해당한다. 연봉은 4,000만 원에서 1억 2,500만 원으로 크게 올랐다. 포스트시즌에서 더 좋은 활약을 보이는 것을 목표로 삼았다.

이민호 투수 26

신장 189cm **체중** 93kg **생일** 2001-08-30

투타 우투우타 **지명** 20 LG 1차

연봉 2,700-7,000-9,800

학교 서울학동초-대치중-휘문고

순위기록

항목	리그 평균	기록(순위)
WAR	0.55	1.35(53위)
WPA	0.00	0.13(70위)
땅볼/뜬공	9	0.88(80위)
삼진율(%)	18.6	21.0(39위)
볼넷비율(%)	9.9	9.4(61위)
헛스윙율(%)	2	21.0(72위)

기본기록

연도	경기	선발	승	패	세이브	홀드	이닝	안타	홈런	볼넷	사구	삼진	피안타율	WHIP	FIP	ERA	QS	BS
2019																		
2020	20	16	4	4	0	0	97.2	94	5	44	10	67	0.249	1.41	4.48	3.69	7	0
2021	25	22	8	9	0	0	115.0	89	13	45	14	100	0.220	1.17	4.58	4.30	7	0
통산	45	38	12	13	0	0	212.2	183	18	89	24	167	0.234	1.28	4.53	4.02	14	0

상황별 기록

상황	안타	2루타	3루타	홈런	볼넷	사구	삼진	폭투	보크	피안타율
전반기	42	8	0	6	24	9	46	2	0	0.218
후반기	47	9	0	7	21	5	54	4	0	0.223
vs 좌	47	9	0	5	25	2	55	1	0	0.229
vs 우	42	8	0	8	20	12	45	5	0	0.211
주자없음	51	12	0	4	29	5	66	0	0	0.202
주자있음	38	5	0	9	16	9	34	6	0	0.252
득점권	23	4	0	3	9	4	19	3	0	0.284
만루	1	0	0	0	1	0	3	1	0	0.111

구종별 기록

구종	평균구속	순위	백분율	구사율(%)	피안타율
포심	145	51	16.8%	52.3%	0.224
투심/싱커	146	14	10.4%	0.3%	0.000
슬라이더/커터	140	5	1.7%	34.5%	0.193
커브	118	108	44.1%	9.3%	0.333
체인지업	131	53	25.4%	3.6%	0.250
포크볼	-	-	-	-	-
너클볼/기타	-	-	-	-	-

존별 기록

VS 우타

- 0/0	0.000 0/3	0.000 0/9	0.000 0/6	0.000 0/2
0.000 0/4	0.250 2/8	0.476 10/21	0.333 3/9	0.250 1/4
0.091 1/11	0.143 3/21	0.417 10/24	0.375 3/8	0.000 0/2
0.000 0/9	0.188 3/16	0.133 2/15	0.250 2/8	0.000 0/1
0.000 0/7	0.000 0/7	0.500 2/4	- 0/0	- 0/0

VS 좌타

0.000 0/1	0.333 1/3	0.000 0/7	0.500 2/4	0.000 0/1
- 0/0	0.143 1/7	0.273 6/22	0.111 1/9	0.250 2/8
0.667 4/6	0.300 3/10	0.273 6/22	0.179 5/28	0.000 0/5
0.250 1/4	0.083 1/12	0.316 6/19	0.278 5/18	0.000 0/3
0.000 0/1	0.167 1/6	0.286 2/7	0.000 0/1	0.000 0/1

투수 시점

● LG가 지난 시즌 초반 흔들렸던 이유는 국내 선발진의 컨디션이 늦게 올라왔기 때문이었다. 임찬규의 회복이 늦었고 이민호도 조심스럽게 접근했다. 국내 선발의 키 플레이어인 이민호의 3년차 시즌에 대한 기대감은 캠프에서 상당히 높아졌다. 캠프 첫 날 가장 먼 거리에서 캐치볼을 할 정도로 준비가 잘 됐다는 평가를 받는다. 지난 시즌에는 투구 이닝 관리에 어려움이 있었다. 3회를 넘어가면서 갑자기 한 이닝 투구수가 크게 늘어나는 일이 잦았다. 22번의 선발 등판 중 5이닝을 넘긴 것은 12번밖에 되지 않았다. 일단 144이닝 규정 이닝을 채우는 것이 목표다. 빠른공 슬라이더 투 피치에서 지난해 커브, 체인지업을 더했다. 더 이상 구종 추가에 집착하지 않는다. 수준급인 빠른공과 슬라이더만으로도 타자와의 상대가 가능하다. 슬라이더의 구종가치는 수준급(10.1)이다. 주자 없을 때 OPS(0.593)와 주자 있을 때(0.816)의 차이를 줄여야 더 나은 성적을 낼 수 있다.

정우영 투수 18

신장 193cm 체중 85kg 생일 1999-08-19

투타 우투우타 지명 19 LG 2차 2라운드 15순위

연봉 8,000-18,000-28,000

학교 가평초-강남중-서울고

순위기록

항목	기록	평균
WAR	3.21(17위)	0.55
WPA	1.94(11위)	0.00
땅볼/뜬공	5.22(1위)	0.99
삼진율(%)	15.6(100위)	18.6
볼넷비율(%)	9.9(75위)	
헛스윙율(%)	15.1(140위)	21.4

기본기록

연도	경기	선발	승	패	세이브	홀드	이닝	안타	홈런	볼넷	사구	삼진	피안타율	WHIP	FIP	ERA	QS	BS
2019	56	0	4	6	1	16	65.1	57	2	20	8	38	0.235	1.18	3.69	3.72	0	3
2020	65	0	4	4	5	20	75.0	48	3	29	11	59	0.185	1.03	3.98	3.12	0	4
2021	70	0	7	3	2	27	65.0	43	0	26	8	41	0.191	1.06	3.59	2.22	0	3
통산	191	0	15	13	8	63	205.1	148	5	75	27	138	0.203	1.09	3.77	3.02	0	10

상황별 기록

상황	안타	2루타	3루타	홈런	볼넷	사구	삼진	폭투	보크	피안타율
전반기	28	4	0	0	15	3	21	1	0	0.246
후반기	15	5	0	0	11	5	20	1	0	0.135
vs 좌	28	8	0	0	12	1	13	0	0	0.308
vs 우	15	1	0	0	14	7	28	2	0	0.112
주자없음	21	6	0	0	15	4	22	0	0	0.186
주자있음	22	3	0	0	11	4	19	2	0	0.196
득점권	16	3	0	0	8	3	12	2	0	0.216
만루	4	0	0	0	1	0	3	0	0	0.333

구종별 기록

구종	평균구속	순위	백분율	구사율(%)	피안타율
포심	146	41	13.5%	0.4%	0.000
투심/싱커	147	10	7.4%	87.6%	0.184
슬라이더/커터	131	116	40.4%	12%	0.294
커브	-	-	-	-	-
체인지업	-	-	-	-	-
포크볼	-	-	-	-	-
너클볼/기타	-	-	-	-	-

존별 기록

VS 우타

- 0/0	0.000 0/1	1.000 1/1	- 0/0	0.000 0/2
0.000 0/3	0.167 2/12	0.222 2/9	0.000 0/7	0.000 0/1
0.333 2/6	0.000 0/10	0.125 2/16	0.000 0/9	0.000 0/9
0.000 0/7	0.125 1/8	0.286 4/14	0.111 1/9	0.000 0/4
0.000 0/1	0.000 0/3	- 0/0	0.000 0/1	0.000 0/1

VS 좌타

- 0/0	- 0/0	0.500 1/2	- 0/0	- 0/0
0.000 0/1	0.333 1/3	0.250 1/4	0.333 3/9	0.000 0/1
0.000 0/3	0.400 2/5	0.222 2/9	0.389 7/18	0.500 2/4
0.000 0/2	0.333 2/6	0.556 5/9	0.091 1/11	0.333 1/3
- 0/0	- 0/0	- 0/0	- 0/0	0.000 0/1

투수 시점

● 리그에서 가장 안정적인 불펜 투수로 활약했다. 마무리가 아니었음에도 구원 WAR 3.21을 기록해 전체 2위에 올랐다. 불펜 풀타임 3년차, 흔들릴 수 있는 시점에 오히려 커리어 하이 시즌을 보냈다. 평균자책 2.22는 구원 투수로서 더할 나위 없는 성적이고, 70경기에 나섰다는 것도 의미 있는 숫자다. 성적과 함께 자신감을 쌓았다. 사이드암스로 투수로서 좌타자 약점은 어쩔 수 없는 측면도 있지만 보완해야 할 점인 것도 분명하다. (좌타 상대 OPS 0.773) 약점 보완을 위한 선택은 벌크업을 통한 구속 강화. 캠프를 앞두고 트레이닝을 통해 몸무게를 9kg이나 늘렸다. 이 중 근육량 증가가 5kg이나 된다. 덕분에 캠프 초반 구속이 4km 빨라졌다. 시즌에 들어가면 평균구속이 150km 가까이 오를 것으로 예상된다. 2021시즌 빠른공은 평균 약 146km였다. 구속 증가는 정우영의 활용도를 높인다. 항저우 대표팀 승선이 올시즌 가장 중요한 목표 중 하나다.

켈리 투수 3

신장 191cm **체중** 98kg **생일** 1989-10-04

투타 우투우타 **지명** 19 LG 자유선발

연봉 $900,000-$700,000-$900,000

학교 Sarasota(고)

순위기록

항목	리그 평균	기록(순위)
WAR	0.55	4.96(4위)
WPA	0.00	1.61(18위)
땅볼/뜬공	0.99	1.16(49위)
삼진율(%)	18.6	19.1(58위)
볼넷비율(%)	9.9	8.1(34위)
헛스윙율(%)	21.4	22.3(54위)

기본기록

연도	경기	선발	승	패	세이브	홀드	이닝	안타	홈런	볼넷	사구	삼진	피안타율	WHIP	FIP	ERA	QS	BS
2019	29	29	14	12	0	0	180.1	164	7	41	16	126	0.243	1.14	3.46	2.55	24	0
2020	28	28	15	7	0	0	173.1	160	16	40	11	134	0.247	1.15	4.09	3.32	20	0
2021	30	30	13	8	0	0	177.0	160	12	60	11	142	0.241	1.24	3.76	3.15	17	0
통산	87	87	42	27	0	0	530.2	484	35	141	38	402	0.244	1.18	3.77	3.00	61	0

상황별 기록

상황	안타	2루타	3루타	홈런	볼넷	사구	삼진	폭투	보크	피안타율
전반기	83	14	0	10	31	5	58	2	0	0.255
후반기	77	11	0	2	29	6	84	5	1	0.227
vs 좌	88	13	0	4	28	7	61	4	1	0.272
vs 우	72	12	0	8	32	4	81	3	0	0.211
주자없음	94	15	0	7	30	5	79	0	0	0.255
주자있음	66	10	0	5	30	6	63	7	1	0.224
득점권	37	8	0	3	22	5	30	3	0	0.245
만루	1	0	0	0	0	1	4	0	0	0.059

구종별 기록

구종	평균구속	순위	백분율	구사율(%)	피안타율
포심	146	35	11.6%	26.1%	0.265
투심/싱커	144	28	20.7%	23.1%	0.289
슬라이더/커터	137	24	8.4%	19.3%	0.192
커브	129	6	2.4%	22.9%	0.205
체인지업	133	20	9.6%	8.6%	0.237
포크볼	-	-	-	-	-
너클볼/기타	-	-	-	-	-

존별 기록

VS 우타

0.000 0/1	0.167 1/6	0.267 4/15	0.100 1/10	0.000 0/1
1.000 1/1	0.308 4/13	0.080 2/25	0.179 5/28	0.250 2/8
0.143 1/7	0.350 7/20	0.387 12/31	0.167 2/12	0.167 1/6
0.150 3/20	0.160 4/25	0.361 13/36	0.300 3/10	0.250 1/4
0.067 1/15	0.080 2/25	0.105 2/19	0.000 0/3	- 0/0

VS 좌타

- 0/0	0.286 2/7	0.600 3/5	0.333 1/3	- 0/0
0.200 1/5	0.250 5/20	0.179 5/28	0.235 4/17	0.500 2/4
0.286 2/7	0.318 7/22	0.389 14/36	0.227 5/22	0.000 0/3
0.200 1/5	0.400 10/25	0.324 12/37	0.286 10/35	0.000 0/3
0.000 0/2	0.000 0/11	0.111 2/18	0.143 1/7	1.000 1/1

투수 시점

● 켈리와 수아레즈 둘 중 한 명을 고르라면 당연히 켈리를 고르는 것이 맞다. 슬로 스타터라는 약점이 있지만 시즌을 끝까지 끌고 나가는 운영 능력과 꾸준함은 탁월하다. 지난해 WAR기준 리그에서 4번째로 뛰어난 선발 투수(4.96)였다. 9이닝당 탈삼진은 KBO 리그를 치르는 동안 점점 더 나아지고 있다. 좌타자 몸쪽으로 깊숙이 꺾이는 슬라이더는 켈리의 주무기다. 2020시즌보다 좌타자 상대 성적이 조금 나빠졌지만 경고등을 켤 정도는 아니다. 다만, 2020시즌 대비 구속은 다소 떨어졌다. 이번 시즌 플럿코와 함께 구성되는 LG 선발진의 에이스 역할을 해줄 거란 기대다. 스트라이크존의 높낮이 활용을 잘 한다는 점에서 스트라이크존 확대는 켈리의 영향력을 더 높일 수 있는 조건이다. 커브 활용도가 높아질 수도 있다. 이천 캠프 막판 발목 통증이 있었지만 심각한 수준은 아니었다. 어차피 초반보다는 후반에 더 강하다. 지난해 8~9월 평균자책이 2점대였다.

김현수 외야수 22

신장 188cm **체중** 100kg **생일** 1988-01-12

투타 우투좌타 **지명** 06 두산 육성선수

연봉 130,000-130,000-100,000

학교 쌍문초-신일중-신일고

순위기록

항목	평균	기록
WAR	0.54	3.31(24위)
WPA	0.00	3.02(13위)
볼넷/삼진	0.58	1.83(2위)
삼진율(%)	18.2	7.1(6위)
뜬공/땅볼	1.03	1.11(61위)
컨택성공률(%)	78.7	87.7(14위)

기본기록

연도	경기	타석	타수	안타	2루타	3루타	홈런	타점	득점	볼넷	사구	삼진	도루	도루자	타율	출루율	장타율	OPS
2019	140	595	526	160	37	0	11	82	75	54	6	52	3	1	0.304	0.370	0.437	0.807
2020	142	619	547	181	35	2	22	119	98	63	2	53	0	2	0.331	0.397	0.523	0.920
2021	140	595	506	144	23	1	17	96	70	77	3	42	3	0	0.285	0.376	0.435	0.811
통산	1670	7089	6098	1943	364	23	212	1169	998	838	58	709	61	45	0.319	0.401	0.490	0.891

상황별 기록

상황	타석	홈런	볼넷	삼진	타율	출루율	장타율	OPS
전반기	315	12	41	26	0.288	0.381	0.468	0.849
후반기	280	5	36	16	0.280	0.371	0.397	0.768
vs 좌	166	4	20	11	0.221	0.325	0.336	0.661
vs 우	370	11	51	25	0.312	0.403	0.478	0.881
주자있음	310	7	54	24	0.295	0.416	0.439	0.855
주자없음	285	10	23	18	0.275	0.333	0.431	0.764
득점권	193	3	36	16	0.279	0.404	0.408	0.812
노아웃	180	8	17	11	0.285	0.350	0.468	0.818
원아웃	203	4	25	12	0.329	0.404	0.480	0.884
투아웃	212	5	35	19	0.240	0.373	0.360	0.733

팀별 기록

구분	타석	홈런	볼넷	삼진	타율	출루율	장타율	OPS
KIA	58	1	11	4	0.213	0.362	0.340	0.702
KT	63	2	5	4	0.293	0.349	0.414	0.763
NC	66	0	11	5	0.204	0.333	0.241	0.574
SSG	64	5	6	5	0.309	0.375	0.618	0.993
두산	70	3	12	6	0.345	0.443	0.527	0.970
롯데	66	0	9	9	0.250	0.348	0.321	0.669
삼성	67	1	3	2	0.349	0.373	0.476	0.849
키움	71	2	10	4	0.246	0.352	0.393	0.745
한화	70	3	10	3	0.333	0.443	0.561	1.004

존별 기록

VS 좌투

0.000 0/2	0.500 3/6	0.375 3/8	0.200 1/5	- 0/0
0.000 0/2	0.444 4/9	0.250 2/8	0.083 1/12	0.000 0/1
0.167 1/6	0.200 2/10	0.118 2/17	0.333 3/9	0.000 0/1
0.500 1/2	0.000 0/6	0.333 6/18	0.000 0/4	0.500 1/2
0.000 0/1	- 0/0	0.000 0/5	0.250 1/4	0.000 0/2

VS 우투

0.333 1/3	0.333 2/6	0.357 5/14	0.462 6/13	0.000 0/3
0.000 0/6	0.182 2/11	0.310 9/29	0.480 12/25	0.214 3/14
0.400 2/5	0.278 5/18	0.355 11/31	0.348 8/23	0.111 1/9
0.000 0/4	0.500 10/20	0.321 9/28	0.313 5/16	0.300 3/10
0.000 0/2	0.143 1/7	0.083 1/12	0.400 2/5	- 0/0

투수 시점

● 타격 기계답지 않은 시즌을 보냈다. 국내에서 치른 스프링캠프 실전 투구 적응이 늦은 탓도 있었지만 팀 전체 타격 부진은 주장에게도 상당한 스트레스로 작용했다. 6년 동안 이어오던 3할 타율 행진도 멈췄다. 시즌 타율 0.285는 커리어 로우다. 순위 싸움이 치열했던 9월 한 달 OPS가 0.663밖에 되지 않았다. 올림픽 야구 대표팀 주장이었고, 팀 성적에 대한 부담감도 혼자 짊어져야 했다. 팀 타선 부진이 스스로의 부진으로 연결되는 악순환. 상대의 강력한 시프트도 부담이 됐다. 김현수의 BABIP는 2020년 0.332에서 지난해 0.279로 뚝 떨어졌다. 내야 타구의 타율은 0.062밖에 되지 않았고, 1-2간으로 빠져야 했던 타구가 다 잡혔다. 새 시즌은 여러 부담을 덜어 놓고 시작한다. 오지환이 새 주장이다. 다시 한 번 FA 계약을 하며 4+2년 최대 115억 원에 계약했다. 계약 이유로 "LG에서 좋은 성적 내고 좋은 곳(한국시리즈)에 가보고 싶다"고 말했다.

박해민 외야수 17

신장 180cm **체중** 75kg	**생일** 1990-02-24
투타 우투좌타	**지명** 12 삼성 육성선수
연봉 30,000-38,000-60,000	
학교 영중초-양천중-신일고-한양대	

순위기록

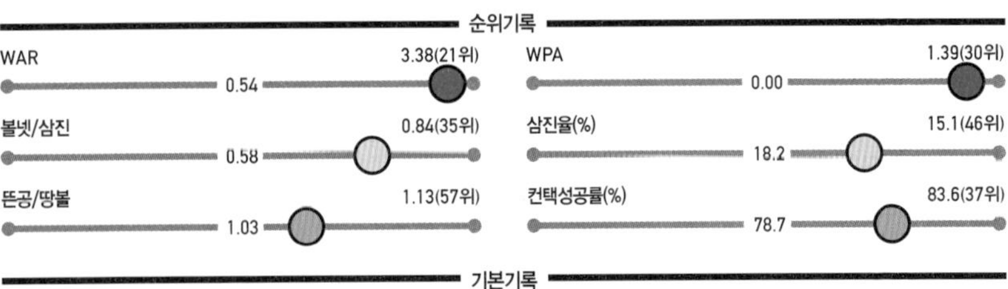

기본기록

연도	경기	타석	타수	안타	2루타	3루타	홈런	타점	득점	볼넷	사구	삼진	도루	도루자	타율	출루율	장타율	OPS
2019	144	581	506	121	16	7	5	44	64	58	2	82	24	7	0.239	0.318	0.328	0.646
2020	132	541	489	142	18	5	11	55	84	39	3	77	34	12	0.290	0.345	0.415	0.760
2021	127	542	454	132	22	1	5	54	78	69	3	82	36	15	0.291	0.383	0.377	0.760
통산	1096	4573	3994	1144	170	54	42	414	706	414	23	676	318	87	0.286	0.354	0.388	0.742

상황별 기록

상황	타석	홈런	볼넷	삼진	타율	출루율	장타율	OPS
전반기	327	4	38	46	0.302	0.386	0.404	0.790
후반기	215	1	31	36	0.274	0.379	0.335	0.714
vs 좌	118	2	17	12	0.286	0.393	0.357	0.750
vs 우	360	3	44	59	0.291	0.381	0.387	0.768
주자있음	216	2	26	30	0.314	0.396	0.413	0.809
주자없음	326	3	43	52	0.277	0.374	0.355	0.729
득점권	148	2	21	22	0.327	0.415	0.451	0.866
노아웃	237	3	28	34	0.323	0.402	0.414	0.816
원아웃	154	1	16	27	0.242	0.320	0.326	0.646
투아웃	151	1	25	21	0.290	0.417	0.371	0.788

팀별 기록

구분	타석	홈런	볼넷	삼진	타율	출루율	장타율	OPS
KIA	53	1	12	7	0.205	0.385	0.308	0.693
KT	73	0	10	9	0.344	0.444	0.377	0.821
LG	43	0	2	8	0.375	0.405	0.450	0.855
NC	62	0	5	12	0.296	0.361	0.333	0.694
SSG	51	0	6	7	0.143	0.260	0.167	0.427
두산	63	3	7	12	0.400	0.460	0.691	1.151
롯데	64	1	12	7	0.362	0.483	0.489	0.972
키움	73	0	7	8	0.292	0.356	0.354	0.710
한화	60	0	8	12	0.157	0.267	0.176	0.443

존별 기록

VS 좌투

1.000 1/1	0.500 1/2	0.000 0/1	- 0/0	0.000 0/1
0.200 1/5	0.500 3/6	0.400 2/5	0.375 3/8	0.000 0/1
0.000 0/1	0.500 2/4	0.000 0/9	0.250 1/4	0.000 0/3
1.000 1/1	0.273 3/11	0.417 5/12	0.222 2/9	0.333 1/3
- 0/0	1.000 1/1	0.000 0/3	0.200 1/5	0.000 0/2

VS 우투

0.000 0/1	0.667 2/3	0.250 2/8	0.000 0/3	0.333 1/3
0.500 2/4	0.167 2/12	0.320 8/25	0.500 8/16	0.167 1/6
0.143 1/7	0.118 2/17	0.407 11/27	0.333 11/33	0.133 2/15
0.000 0/3	0.286 4/14	0.297 11/37	0.481 13/27	0.000 0/6
0.000 0/1	0.300 3/10	0.167 2/12	0.182 2/11	0.000 0/1

투수 시점

● 국가대표 중견수의 유니폼이 바뀌었다. 지난겨울 FA 자격을 얻었고 4년 60억 원에 LG 유니폼을 입었다. 이제 잠실 중견수로 나선다. 수비 범위와 빠른 발은 잠실을 홈구장으로 쓰는 LG에 꼭 필요한 전력 요소다. 스트라이크존 확대 등으로 투고타저가 강화되는 가운데 박해민의 수비력과 도루 능력은 승리 가능성을 높인다. 지난시즌 LG 최다 도루는 홍창기의 23개였다. 박해민은 최근 2시즌 동안 평균 35도루를 성공시켰다. 우투수와 좌투수 모두 가리지 않지만 데뷔 초기에는 언더스로 투수에 무척 약했던 적이 있었다. 현재는 언더스로가 두렵지 않다. 좌타자지만 빠른 발 덕분에 시프트의 영향을 거의 받지 않는다. 좌타 몰락 시즌에도 박해민은 BABIP 0.340으로 커리어 하이에 가까웠다. 타석당 투구수 4.22개로 홍창기(4.18개)보다 더 많은 공을 지켜봤다. LG 상대 투수는 1~2번 타자에게 최소 9개는 던져야 한다는 뜻이다. 진짜 귀찮은 테이블 세터진이 만들어졌다.

오지환 내야수 10

신장 186cm **체중** 80kg **생일** 1990-03-12

투타 우투좌타 **지명** 09 LG 1차

연봉 60,000-60,000-60,000

학교 군산초-자양중-경기고

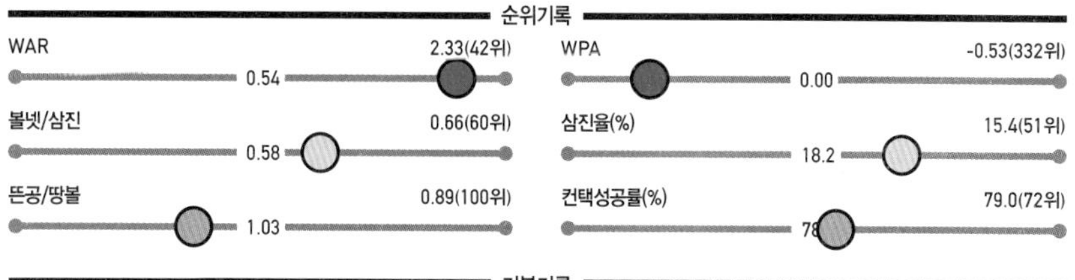

기본기록

연도	경기	타석	타수	안타	2루타	3루타	홈런	타점	득점	볼넷	사구	삼진	도루	도루자	타율	출루율	장타율	OPS
2019	134	547	473	119	23	5	9	53	63	57	7	113	27	5	0.252	0.339	0.378	0.717
2020	141	591	527	158	41	7	10	71	95	45	9	116	20	8	0.300	0.362	0.461	0.823
2021	134	532	464	118	19	2	8	57	62	54	5	82	12	6	0.254	0.335	0.356	0.691
통산	1482	5840	5038	1333	259	53	121	658	805	608	74	1316	220	85	0.265	0.349	0.409	0.758

상황별 기록

상황	타석	홈런	볼넷	삼진	타율	출루율	장타율	OPS
전반기	276	5	31	42	0.237	0.332	0.352	0.684
후반기	256	3	23	40	0.272	0.339	0.360	0.699
vs 좌	128	0	18	29	0.196	0.328	0.215	0.543
vs 우	349	6	34	46	0.268	0.340	0.386	0.726
주자있음	252	4	30	34	0.264	0.351	0.392	0.743
주자없음	280	4	24	48	0.246	0.321	0.325	0.646
득점권	140	2	17	22	0.248	0.331	0.376	0.707
노아웃	185	2	13	23	0.274	0.331	0.354	0.685
원아웃	199	5	20	35	0.257	0.332	0.400	0.732
투아웃	148	1	21	24	0.224	0.345	0.296	0.641

팀별 기록

구분	타석	홈런	볼넷	삼진	타율	출루율	장타율	OPS
KIA	59	0	5	14	0.373	0.414	0.451	0.865
KT	56	2	5	8	0.216	0.286	0.392	0.678
NC	57	2	8	13	0.250	0.368	0.458	0.826
SSG	52	2	8	6	0.293	0.412	0.463	0.875
두산	61	0	3	8	0.236	0.283	0.273	0.556
롯데	52	1	3	5	0.224	0.269	0.306	0.575
삼성	70	0	8	12	0.230	0.319	0.246	0.565
키움	59	0	2	11	0.250	0.271	0.339	0.610
한화	66	1	12	5	0.231	0.394	0.327	0.721

존별 기록

VS 좌투

0.000 0/1	0.250 1/4	0.500 3/6	0.000 0/5	- 0/0
0.000 0/2	0.167 1/6	0.222 2/9	0.250 1/4	0.000 0/2
0.667 2/3	0.333 1/3	0.375 3/8	0.222 2/9	0.000 0/4
- 0/0	0.500 1/2	0.333 3/9	0.083 1/12	0.000 0/3
- 0/0	- 0/0	0.000 0/4	0.000 0/7	0.000 0/4

VS 우투

- 0/0	0.000 0/5	0.176 3/17	0.556 5/9	0.000 0/1
0.250 2/8	0.545 6/11	0.211 4/19	0.235 4/17	0.000 0/7
0.200 1/5	0.389 7/18	0.143 4/28	0.241 7/29	0.429 3/7
0.000 0/7	0.529 9/17	0.429 15/35	0.240 6/25	0.000 0/7
0.000 0/2	0.250 2/8	0.091 1/11	0.250 3/12	0.000 0/1

투수 시점

● 칭찬도 비난도 많았지만 어느새 리그를 대표하는 유격수가 됐다. 지난해 캠프에서 만났을 때 오지환은 "옛날에는 공을 따라다녔고, 부딪히러 다녔는데, 이제 공을 만나러 간다"라고 말했다. 수비 범위와 송구, 타구 처리 등에 있어서 안정감이 커졌다. 4월 한 달 극심한 슬럼프(타율 0.188)에 빠졌지만 차츰 타격 성적을 끌어올렸다. 팀 사정상 2번 타순에 서는 경우(188타석)도 많았고 5번 타순(185타석)에도 섰지만 주전 유격수에게는 하위 타선이 여러모로 낫다. 7번과 9번일 때 오지환의 타율은 3할을 넘는다. 지난 3년간 주장을 맡았던 김현수로부터 중책을 물려받았다. 유격수 주장은 경기 중에도 좋은 영향을 미칠 수 있다. 박해민의 가세로 타순에 대한 부담은 상당히 줄어들었다. 데뷔 시절부터 손목 힘에 대한 칭찬은 끊이지 않았다. 오지환 시즌 홈런 커리어 하이는 2016년 20개였다. 2020년 장타율 0.461을 회복한다면 LG 타순 전체의 힘이 확 달라진다.

채은성 외야수 55

신장 186cm **체중** 92kg **생일** 1990-02-06

투타 우투우타 **지명** 09 LG 육성선수

연봉 32,000-30,000-28,000

학교 순천북초-순천이수중-효천고

순위기록

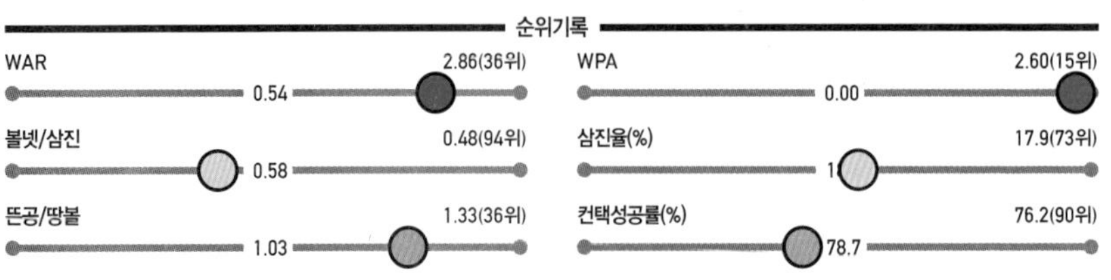

기본기록

연도	경기	타석	타수	안타	2루타	3루타	홈런	타점	득점	볼넷	사구	삼진	도루	도루자	타율	출루율	장타율	OPS
2019	128	514	470	148	18	1	12	72	59	24	12	67	2	2	0.315	0.358	0.434	0.792
2020	109	464	416	122	17	2	15	88	59	32	9	69	0	3	0.293	0.351	0.452	0.803
2021	110	448	387	107	20	0	16	82	59	38	16	80	4	2	0.276	0.359	0.452	0.811
통산	880	3222	2870	854	145	14	84	512	390	212	79	529	29	23	0.298	0.357	0.446	0.803

상황별 기록

상황	타석	홈런	볼넷	삼진	타율	출루율	장타율	OPS
전반기	257	12	22	42	0.316	0.385	0.533	0.918
후반기	191	4	16	38	0.222	0.325	0.340	0.665
vs 좌	107	5	15	23	0.284	0.402	0.511	0.913
vs 우	290	10	22	44	0.279	0.355	0.450	0.805
주자있음	234	12	22	39	0.299	0.380	0.528	0.908
주자없음	214	4	16	41	0.253	0.336	0.374	0.710
득점권	147	8	15	27	0.317	0.395	0.575	0.970
노아웃	161	2	14	31	0.281	0.385	0.385	0.770
원아웃	127	7	14	24	0.305	0.386	0.562	0.948
투아웃	160	7	10	25	0.252	0.313	0.435	0.748

팀별 기록

구분	타석	홈런	볼넷	삼진	타율	출루율	장타율	OPS
KIA	52	2	3	10	0.283	0.346	0.478	0.824
KT	44	0	4	8	0.100	0.182	0.125	0.307
NC	48	0	3	14	0.214	0.313	0.310	0.623
SSG	50	3	2	8	0.348	0.400	0.587	0.987
두산	69	3	8	13	0.273	0.377	0.436	0.813
롯데	23	1	3	4	0.250	0.348	0.500	0.848
삼성	49	3	8	5	0.225	0.347	0.500	0.847
키움	58	2	2	10	0.415	0.466	0.604	1.070
한화	55	2	5	8	0.311	0.400	0.489	0.889

존별 기록

VS 좌투

0.000 0/2	0.000 0/3	0.000 0/4	0.000 0/4	- 0/0
0.000 0/5	0.000 0/4	0.125 1/8	0.333 1/3	- 0/0
0.200 1/5	0.800 4/5	0.429 3/7	0.333 1/3	- 0/0
0.250 1/4	0.400 2/5	0.500 5/10	0.333 1/3	1.000 2/2
- 0/0	0.167 1/6	0.000 0/1	0.500 1/2	0.000 0/1

VS 우투

0.000 0/2	0.000 0/4	0.000 0/10	0.125 1/8	0.000 0/1
0.000 0/5	0.333 3/9	0.450 9/20	0.357 5/14	0.200 1/5
0.100 1/10	0.375 9/24	0.370 10/27	0.273 3/11	1.000 5/5
0.167 2/12	0.417 5/12	0.350 7/20	0.273 3/11	- 0/0
0.000 0/7	0.133 2/15	0.250 4/16	0.000 0/3	- 0/0

투수 시점

● 지난해 7월, 도쿄 올림픽 대표팀과의 평가전에서 슬라이딩을 하다 오른 엄지 미세 골절 부상을 당했다. 전반기 타율 0.316, 12홈런을 기록 중이었다. 가뜩이나 약했던 LG 타선에 또 하나 구멍이 생겼다. 채은성이 다치지 않았다면 순위는 어떻게 바뀌었을까. 채은성은 OPS 0.812를 기록하며 홍창기(0.865)에 이어 팀 내 2위에 올랐다. 16홈런 역시 김현수(17개)에 이어 팀 내 2위였다. 김현수에 비해 150타석 모자랐던 점을 고려하면 채은성의 부상은 두고두고 아쉬운 점이다. 이번 시즌은 채은성에게 특별하다. 박해민이 오면서 1루수로 나설 가능성이 높아졌다. 채은성 1루 카드 덕분에 내야수 루이즈와 계약할 수 있었다. LG 입단 때는 3루수였다. 1루수가 아주 낯설지는 않다. 겨우내 1루수를 위한 스텝 만들기에 힘을 쏟았다. 이번 시즌이 끝나면 FA 자격을 얻는다. 장타를 때릴 수 있는 우타자는 어느새 리그 희귀종이 됐다. 성적을 위한 동기 부여가 충분하다.

홍창기 외야수 51

신장 189cm **체중** 94kg **생일** 1993-11-21

투타 우투좌타 **지명** 16 LG 2차 3라운드 27순위

연봉 3,800-10,000-32,000

학교 대일초-매송중-안산공고-건국대

순위기록

항목	기록	리그 평균
WAR	6.98(1위)	0.54
WPA	4.47(5위)	0.00
볼넷/삼진	1.15(10위)	0.58
삼진율(%)	14.6(38위)	18.2
뜬공/땅볼	0.88(103위)	1.03
컨택성공률(%)	84.8(29위)	78.7

기본기록

연도	경기	타석	타수	안타	2루타	3루타	홈런	타점	득점	볼넷	사구	삼진	도루	도루자	타율	출루율	장타율	OPS
2019	23	26	24	6	2	0	0	0	3	1	1	12	3	0	0.250	0.308	0.333	0.641
2020	135	507	408	114	29	6	5	39	87	83	10	87	11	5	0.279	0.411	0.417	0.828
2021	144	651	524	172	26	2	4	52	103	109	16	95	23	8	0.328	0.456	0.408	0.864
통산	317	1214	978	295	59	8	9	91	194	200	28	202	37	14	0.302	0.432	0.406	0.838

상황별 기록

상황	타석	홈런	볼넷	삼진	타율	출루율	장타율	OPS
전반기	341	3	61	44	0.338	0.475	0.439	0.914
후반기	310	1	48	51	0.318	0.435	0.376	0.811
vs 좌	161	1	24	35	0.319	0.429	0.415	0.844
vs 우	435	2	81	53	0.328	0.469	0.393	0.862
주자있음	230	2	45	33	0.337	0.478	0.416	0.894
주자없음	421	2	64	62	0.324	0.444	0.405	0.849
득점권	142	1	30	20	0.343	0.486	0.407	0.893
노아웃	309	3	48	44	0.329	0.440	0.427	0.867
원아웃	167	1	28	24	0.353	0.485	0.451	0.936
투아웃	175	0	33	27	0.301	0.457	0.331	0.788

팀별 기록

구분	타석	홈런	볼넷	삼진	타율	출루율	장타율	OPS
KIA	68	1	10	7	0.283	0.426	0.396	0.822
KT	66	0	7	9	0.250	0.364	0.250	0.614
NC	73	1	11	14	0.350	0.466	0.450	0.916
SSG	74	0	11	10	0.339	0.473	0.424	0.897
두산	73	0	19	9	0.283	0.479	0.321	0.800
롯데	72	1	12	12	0.448	0.556	0.586	1.142
삼성	78	0	12	11	0.364	0.462	0.439	0.901
키움	73	0	15	10	0.293	0.438	0.379	0.817
한화	74	1	12	13	0.328	0.432	0.410	0.842

존별 기록

VS 좌투

- 0/0	- 0/0	0.600 3/5	0.000 0/2	- 0/0
0.000 0/1	0.273 3/11	0.222 2/9	0.400 2/5	- 0/0
0.250 1/4	0.286 2/7	0.412 7/17	0.333 3/9	- 0/0
- 0/0	0.375 3/8	0.588 10/17	0.200 4/20	0.500 1/2
- 0/0	0.500 1/2	0.100 1/10	0.000 0/3	0.000 0/3

VS 우투

- 0/0	- 0/0	0.200 1/5	0.000 0/2	- 0/0
0.250 1/4	0.346 9/26	0.318 7/22	0.500 7/14	0.000 0/3
0.200 1/5	0.382 13/34	0.419 18/43	0.226 7/31	0.667 6/9
0.500 1/2	0.320 8/25	0.444 24/54	0.095 2/21	0.333 2/6
0.000 0/1	0.222 2/9	0.125 2/16	0.167 1/6	0.000 0/3

투수 시점

● 홍창기는 풀타임 첫 시즌에 가능성을 넘어 확신을 안겨줬다. 스탯티즈 기준 공격 WAR 순위에서 6.98로 키움 이정후(6.73)를 넘어서는 리그 전체 1위다. 잠실의 파크팩터가 다소 과장됐다는 평가도 있지만 홍창기가 리그 최고 타자 중 한 명이라는 사실은 바뀌지 않는다. 144경기 모두 나서며 꾸준함까지 증명했다. 출루율 0.456으로 리그 1위에 올랐는데, 1번 타자의 출루율 1위는 1994년 해태 이종범 이후 처음이었다. 100득점-100볼넷 역시 KBO 리그 역대 7번째로 달성한 진기록이었다. 출루 잘하는 1번타자의 존재는 팀 득점력의 핵심이다. 2번 이후 LG 타선이 리그 중간만 했더라도 득점왕에 올랐을 가능성이 높다. 박해민이 이적하면서 중견수 수비 부담도, 1번 타순 부담도 함께 줄었다. 스트라이크존이 커진다는 점이 변수지만, 홍창기의 적응력을 고려하면 조금 더 많은 장타가 기대된다. 지난해 딴 타이틀과 골든 글러브 수성이 일단 가시적인 목표다.

김윤식 투수 57

신장 181cm **체중** 83kg **생일** 2000-04-03 **투타** 좌투좌타 **지명** 20 LG 2차 1라운드 3순위

연봉 2,700-5,000-7,000 **학교** 광주서석초-무등중-진흥고

● LG의 풍부한 좌완 투수진 중 한 명이다. 불펜만 가능한 것이 아니라 선발 등판이 가능하다는 점, 마운드에서 경기 운영 능력이 좋다는 점은 김윤식의 활용도를 높인다. 전천후 활약 속 지난 시즌 7승(4패)을 거뒀다. 스스로에게는 30점이라는 박한 평가를 내렸다. LG 5선발 후보 중 한 명으로 시즌을 준비했다.

기본기록

연도	경기	선발	승	패	세이브	홀드	이닝	안타	홈런	볼넷	사구	삼진	피안타율	WHIP	FIP	ERA	QS	BS
2019	0	0	0	0	0	0	0.0	0	0	0	0	0	-	-	-	-	0	0
2020	23	11	2	4	0	2	67.2	87	7	24	6	38	0.323	1.64	5.11	6.25	1	0
2021	35	3	7	4	0	1	66.2	65	3	36	6	56	0.258	1.52	4.04	4.46	0	1
통산	58	14	9	8	0	3	134.1	152	10	60	12	94	0.292	1.58	4.58	5.36	1	1

상황별 기록

상황	안타	2루타	3루타	홈런	볼넷	사구	삼진	폭투	보크	피안타율
전반기	30	2	0	1	16	3	18	0	1	0.261
후반기	35	7	2	2	20	3	38	0	1	0.255
vs 좌	30	4	2	1	9	5	14	0	0	0.309
vs 우	35	5	0	2	27	1	42	0	2	0.226
주자없음	35	5	2	3	14	4	22	0	0	0.289
주자있음	30	4	0	0	22	2	34	0	2	0.229
득점권	18	4	0	0	17	1	21	0	0	0.217
만루	2	1	0	0	6	1	0	0	0	0.286

구종별 기록

구종	평균구속	순위	백분율	구사율(%)	피안타율
포심	143	113	37.3%	45%	0.299
투심/싱커	137	96	71.1%	8%	0.188
슬라이더/커터	126	231	80.5%	15.3%	0.231
커브	116	153	62.4%	14.4%	0.320
체인지업	122	190	90.9%	17.4%	0.156
포크볼	-	-	-	-	-
너클볼/기타	-	-	-	-	-

김진성 투수 42

신장 186cm **체중** 92kg **생일** 1985-03-07 **투타** 우투우타 **지명** 04 SK 2차 6라운드 42순위

연봉 16,000-20,000-10,000 **학교** 인헌초-성남중-성남서고

● NC가 창단했을 때 마무리 투수였고, 이후 필승조와 추격조를 오갔지만 중요한 승부처에서의 경험이 많다. 2020시즌 우승 때 고비 때마다 중요한 역할을 했다. NC에서 방출된 뒤 LG 유니폼을 입었다. 속구와 포크볼의 피칭 터널이 좋다. 잠실구장을 홈으로 쓰면서 장타 부담을 덜었다. 젊은 우투수들에게 노하우 전수도 기대된다.

기본기록

연도	경기	선발	승	패	세이브	홀드	이닝	안타	홈런	볼넷	사구	삼진	피안타율	WHIP	FIP	ERA	QS	BS
2019	42	0	1	2	0	5	42.0	39	6	15	2	35	0.250	1.29	4.74	4.29	0	2
2020	48	0	3	0	0	6	47.1	41	4	10	0	56	0.232	1.08	2.86	2.66	0	1
2021	42	0	2	4	1	9	37.2	43	7	18	1	37	0.283	1.62	5.06	7.17	0	2
통산	470	0	32	31	34	67	494.2	461	81	166	14	514	0.247	1.27	4.73	4.57	0	18

상황별 기록

상황	안타	2루타	3루타	홈런	볼넷	사구	삼진	폭투	보크	피안타율
전반기	27	6	0	6	12	1	27	1	0	0.267
후반기	16	4	0	1	6	0	10	1	0	0.314
vs 좌	17	4	0	1	9	0	15	1	0	0.243
vs 우	26	6	0	6	9	1	22	1	0	0.317
주자없음	21	4	0	4	9	0	19	0	0	0.300
주자있음	22	6	0	3	9	1	18	2	0	0.268
득점권	15	2	0	3	7	0	12	1	0	0.283
만루	3	1	0	1	1	0	0	0	0	0.500

구종별 기록

구종	평균구속	순위	백분율	구사율(%)	피안타율
포심	141	161	53.1%	49%	0.341
투심/싱커	-	-	-	-	-
슬라이더/커터	130	139	48.4%	11.8%	0.278
커브	-	-	-	-	-
체인지업	-	-	-	-	-
포크볼	127	113	83.7%	38.9%	0.192
너클볼/기타	-	-	-	-	-

백승현 투수 61

신장 183cm **체중** 78kg **생일** 1995-05-26 **투타** 우투우타 **지명** 15 LG 2차 3라운드 30순위

연봉 3,400-4,000-5,000 **학교** 소래초-상인천중-인천고

● 지난 시즌 LG의 놀라운 수확 중 하나다. 2015년 유격수로 입단했지만 자리가 없었고 2020년 1월 호주 질롱 코리아에서 마운드에 잠시 올라 154km를 던졌다. 이내 투수로 전향한 뒤 지난 시즌 마운드에서 좋은 활약을 펼쳤다. 150km 넘는 속구가 장점. 팔꿈치 뼛조각 수술을 받았다. 개막 때 합류는 문제없다.

기본기록

연도	경기	선발	승	패	세이브	홀드	이닝	안타	홈런	볼넷	사구	삼진	피안타율	WHIP	FIP	ERA	QS	BS
2019	0	0	0	0	0	0	0.0	0	0	0	0	0	-	-	-	-	0	0
2020	0	0	0	0	0	0	0.0	0	0	0	0	0	-	-	-	-	0	0
2021	16	0	0	0	0	1	16.2	13	0	4	2	10	0.220	1.02	3.21	2.16	0	0
통산	16	0	0	0	0	1	16.2	13	0	4	2	10	0.220	1.02	3.21	2.16	0	0

상황별 기록

상황	안타	2루타	3루타	홈런	볼넷	사구	삼진	폭투	보크	피안타율
전반기	0	0	0	0	0	0	0	0	0	0.000
후반기	13	2	0	0	4	2	10	0	0	0.232
vs 좌	4	2	0	0	2	1	4	0	0	0.235
vs 우	9	0	0	0	2	1	6	0	0	0.214
주자없음	9	1	0	0	2	1	5	0	0	0.265
주자있음	4	1	0	0	2	1	5	0	0	0.160
득점권	3	1	0	0	2	0	4	0	0	0.188
만루	0	0	0	0	0	0	1	0	0	0.000

구종별 기록

구종	평균구속	순위	백분율	구사율(%)	피안타율
포심	149	5	1.7%	61.1%	0.205
투심/싱커	-	-	-	-	-
슬라이더/커터	138	12	4.2%	37.8%	0.250
커브	-	-	-	-	-
체인지업	-	-	-	-	-
포크볼	140	1	0.7%	1.1%	0.000
너클볼/기타	-	-	-	-	-

이정용 투수 31

신장 186cm **체중** 85kg **생일** 1997-03-26 **투타** 우투우타 **지명** 19 LG 1차

연봉 2,700-5,000-5,000 **학교** 영일초-성남중-성남고-동아대

● 팔꿈치 수술 때문에 데뷔가 늦었지만 2019년 1차 지명다운 기대감을 채웠다. 힘 있는 속구로 불펜에서 힘을 보태며 15홀드를 따냈다. 속구 평균구속이 143에서 지난해 147까지 올라왔다. 수술 회복 3년째인 올시즌 구속이 더 오를 가능성이 있다. 존 확대는 강속구 투수에게 유리한 조건이다.

기본기록

연도	경기	선발	승	패	세이브	홀드	이닝	안타	홈런	볼넷	사구	삼진	피안타율	WHIP	FIP	ERA	QS	BS
2019	0	0	0	0	0	0	0.0	0	0	0	0	0	-	-	-	-	0	0
2020	34	0	3	0	0	4	34.0	32	6	14	2	33	0.248	1.35	5.32	3.71	0	1
2021	66	0	3	3	0	15	69.2	55	4	23	1	74	0.214	1.12	2.94	2.97	0	0
통산	100	0	6	3	0	19	103.2	87	10	37	3	107	0.225	1.20	3.72	3.21	0	1

상황별 기록

상황	안타	2루타	3루타	홈런	볼넷	사구	삼진	폭투	보크	피안타율
전반기	31	8	2	2	15	1	32	0	0	0.230
후반기	24	5	0	2	8	0	42	0	0	0.197
vs 좌	22	6	2	2	7	1	25	0	0	0.234
vs 우	33	7	0	2	16	0	49	0	0	0.202
주자없음	24	7	0	3	12	0	40	0	0	0.164
주자있음	31	6	2	1	11	1	34	0	0	0.279
득점권	18	3	1	1	8	1	22	0	0	0.257
만루	2	0	0	0	0	0	7	0	0	0.154

구종별 기록

구종	평균구속	순위	백분율	구사율(%)	피안타율
포심	147	29	9.6%	58.7%	0.180
투심/싱커	147	7	5.2%	1%	0.500
슬라이더/커터	134	64	22.3%	23.9%	0.298
커브	122	42	17.1%	15.5%	0.211
체인지업	133	27	12.9%	0.7%	1.000
포크볼	136	12	8.9%	0.3%	0.000
너클볼/기타	-	-	-	-	-

임준형 투수 59

신장 180cm **체중** 82kg **생일** 2000-11-16 **투타** 좌투좌타 **지명** 19 LG 2차 8라운드 75순위
연봉 2,700-3,000-4,000 **학교** 광주서석초-진흥중-진흥고

● 2019년 8라운드 지명에서 5선발 후보로 떠올랐다. 마운드에서 경기 운영이 돋보이는 좌완 투수다. 구속이 빠르지는 않지만 속구와 슬라이더, 커브, 체인지업의 구종 안정도가 뛰어나다. 10월 선발 등판 4경기에서 평균자책 2.70을 기록하며 눈도장을 찍었다. 5선발의 안정감을 고려하면 임준형이 중용될 가능성이 높다.

기본기록

연도	경기	선발	승	패	세이브	홀드	이닝	안타	홈런	볼넷	사구	삼진	피안타율	WHIP	FIP	ERA	QS	BS
2019	0	0	0	0	0	0	0.0	0	0	0	0	0	-	-	-	-	0	0
2020	0	0	0	0	0	0	0.0	0	0	0	0	0	-	-	-	-	0	0
2021	6	4	1	0	0	0	23.0	24	0	4	3	21	0.276	1.22	2.42	3.13	1	0
통산	6	4	1	0	0	0	23.0	24	0	4	3	21	0.276	1.22	2.42	3.13	1	0

상황별 기록

상황	안타	2루타	3루타	홈런	볼넷	사구	삼진	폭투	보크	피안타율
전반기	0	0	0	0	0	0	0	0	0	-
후반기	24	5	0	0	4	3	21	1	0	0.276
vs 좌	17	4	0	0	3	1	6	1	0	0.378
vs 우	7	1	0	0	1	2	15	0	0	0.167
주자없음	14	4	0	0	1	3	14	0	0	0.264
주자있음	10	1	0	0	3	0	7	1	0	0.294
득점권	7	1	0	0	1	0	3	0	0	0.368
만루	0	0	0	0	0	0	0	0	0	0.000

구종별 기록

구종	평균구속	순위	백분율	구사율(%)	피안타율
포심	141	189	62.4%	47.7%	0.293
투심/싱커	138	91	67.4%	0.5%	0.000
슬라이더/커터	133	82	28.6%	19.9%	0.438
커브	117	146	59.6%	21%	0.158
체인지업	129	91	43.5%	10.9%	0.200
포크볼	-	-	-	-	-
너클볼/기타	-	-	-	-	-

임찬규 투수 1

신장 185cm **체중** 80kg **생일** 1992-11-20 **투타** 우투우타 **지명** 11 LG 1라운드 2순위
연봉 13,500-22,000-20,000 **학교** 가동초-청원중-휘문고

● LG가 지난 시즌 초반 흔들렸던 것은 선발진의 컨디션 회복이 늦었기 때문이었다. 임찬규는 예년보다 한 달 반 정도 일찍 몸을 끌어올렸다. 캠프 시작과 함께 정상 훈련을 소화했다. 빠른공 평균 구속이 143km까지 올라오며 자신감이 함께 커졌다. 선발투수로 꾸준한 활약과 함께 160이닝을 목표로 삼았다. 시즌 뒤 FA가 된다.

기본기록

연도	경기	선발	승	패	세이브	홀드	이닝	안타	홈런	볼넷	사구	삼진	피안타율	WHIP	FIP	ERA	QS	BS
2019	30	13	3	5	0	2	88.2	84	10	46	7	72	0.251	1.47	5.04	4.97	3	1
2020	27	26	10	9	0	0	147.2	143	14	65	5	138	0.253	1.41	4.34	4.08	10	0
2021	17	17	1	8	0	0	90.2	76	7	41	3	67	0.226	1.29	4.28	3.87	7	0
통산	245	132	45	58	8	4	827.1	872	92	381	60	691	0.273	1.51	4.88	4.78	34	5

상황별 기록

상황	안타	2루타	3루타	홈런	볼넷	사구	삼진	폭투	보크	피안타율
전반기	19	3	0	2	15	1	10	2	0	0.288
후반기	57	6	3	5	26	2	57	3	0	0.211
vs 좌	41	5	3	5	27	1	21	3	0	0.263
vs 우	35	4	0	2	14	2	46	2	0	0.194
주자없음	35	3	1	4	28	2	39	0	0	0.179
주자있음	41	6	2	3	13	1	28	5	0	0.291
득점권	20	4	0	3	9	1	12	3	0	0.286
만루	2	0	0	0	2	0	4	0	0	0.250

구종별 기록

구종	평균구속	순위	백분율	구사율(%)	피안타율
포심	143	105	34.7%	46.1%	0.233
투심/싱커	-	-	-	-	-
슬라이더/커터	132	93	32.4%	15.7%	0.288
커브	113	210	85.7%	17.6%	0.197
체인지업	127	138	66%	20.6%	0.186
포크볼	-	-	-	-	-
너클볼/기타	-	-	-	-	-

진해수 투수 21

신장 187cm **체중** 85kg **생일** 1986-06-26 **투타** 좌투좌타 **지명** 05 KIA 2차 7라운드 50순위

연봉 25,000-25,000-30,000 **학교** 동삼초-경남중-부경고

● 35세 시즌을 맞아 커리어 하이에 가까운 성적을 냈다. 5홀드와 함께 평균자책 2.44를 기록했다. LG 불펜 물량에 중요한 역할을 맡는다. 팀 고참으로서 불펜 투수의 노하우를 전해주는 역할도 진해수의 몫이다. 지난시즌 막판 통산 700경기 출전 기록(역대 7번째)을 세웠다. 함덕주가 더해지면 좌완 불펜 자리 경쟁이 더 치열해진다.

기본기록

연도	경기	선발	승	패	세이브	홀드	이닝	안타	홈런	볼넷	사구	삼진	피안타율	WHIP	FIP	ERA	QS	BS
2019	72	0	3	1	0	20	42.0	44	2	16	2	38	0.268	1.43	3.50	3.43	0	2
2020	76	0	4	2	0	22	50.0	54	3	23	4	59	0.271	1.54	3.48	4.32	0	5
2021	50	0	1	0	0	5	44.1	41	2	18	3	39	0.250	1.33	3.51	2.44	0	1
통산	705	7	19	30	2	138	513.2	589	45	243	38	422	0.292	1.62	4.55	5.22	0	21

상황별 기록

상황	안타	2루타	3루타	홈런	볼넷	사구	삼진	폭투	보크	피안타율
전반기	20	1	0	2	9	1	22	0	0	0.220
후반기	21	3	0	0	9	2	17	1	0	0.288
vs 좌	22	1	0	2	11	0	29	1	0	0.259
vs 우	19	3	0	0	7	3	10	0	0	0.241
주자없음	21	2	0	1	10	2	20	0	0	0.239
주자있음	20	2	0	1	8	1	19	1	0	0.263
득점권	11	1	0	1	4	0	9	0	0	0.282
만루	1	0	0	0	0	0	0	0	0	1.000

구종별 기록

구종	평균구속	순위	백분율	구사율(%)	피안타율
포심	141	168	55.4%	42.7%	0.266
투심/싱커	134	116	85.9%	0.1%	0.000
슬라이더/커터	129	177	61.7%	41.3%	0.246
커브	118	118	48.2%	14.8%	0.231
체인지업	129	91	43.5%	0.1%	0.000
포크볼	134	19	14.1%	0.8%	0.000
너클볼/기타	-	-	-	-	-

최성훈 투수 56

신장 178cm **체중** 75kg **생일** 1989-10-11 **투타** 좌투좌타 **지명** 12 LG 2라운드 16순위

연봉 4,700-7,200-10,500 **학교** 가동초-잠신중-경기고-경희대

● LG 불펜의 힘은 빠른 공을 던지는 우완 트리오 외에도 김대유 진해수 최성훈으로 이어지는 좌완 3인방의 존재 덕분이다. 풍부한 물량을 바탕으로 시즌 내내 효율적인 불펜 운영이 가능하다. 3홀드에 그쳤지만 40.2이닝을 2.43으로 막아냈다. 좌타 상대 OPS 0.582는 최성훈의 장점. 좌타 피홈런 역시 1개도 없었다.

기본기록

연도	경기	선발	승	패	세이브	홀드	이닝	안타	홈런	볼넷	사구	삼진	피안타율	WHIP	FIP	ERA	QS	BS
2019	0	0	0	0	0	0	0.0	0	0	0	0	0	-	-	-	-	0	0
2020	48	0	0	0	0	2	33.1	36	1	16	1	24	0.286	1.56	3.86	3.51	0	0
2021	46	0	1	1	0	3	40.2	40	2	19	1	33	0.255	1.45	3.75	2.43	0	0
통산	219	6	8	8	1	17	210.2	242	16	96	12	120	0.292	1.60	4.71	4.10	0	0

상황별 기록

상황	안타	2루타	3루타	홈런	볼넷	사구	삼진	폭투	보크	피안타율
전반기	20	1	1	2	11	0	15	0	0	0.263
후반기	20	6	0	0	8	1	18	0	0	0.247
vs 좌	19	4	1	0	11	1	23	0	0	0.211
vs 우	21	3	0	2	8	0	10	0	0	0.313
주자없음	15	2	0	2	9	1	11	0	0	0.221
주자있음	25	5	1	0	10	0	22	0	0	0.281
득점권	15	4	1	0	7	0	15	0	0	0.250
만루	3	0	0	0	1	0	3	0	0	0.333

구종별 기록

구종	평균구속	순위	백분율	구사율(%)	피안타율
포심	139	241	79.5%	50.6%	0.259
투심/싱커	138	89	65.9%	1.1%	0.000
슬라이더/커터	127	226	78.7%	44.9%	0.261
커브	117	129	52.7%	3.3%	0.167
체인지업	132	37	17.7%	0.2%	0.000
포크볼	-	-	-	-	-
너클볼/기타	-	-	-	-	-

풀럿코 투수 45

신장 190cm **체중** 95kg **생일** 1991-10-03 **투타** 우투우타 **지명** 22 LG 자유선발

연봉 $500,000 **학교** UCLA(대)

● LG가 수준급 좌완 수아레즈 대신 선택한 외인 투수다. 클리블랜드에 입단해 볼티모어에서 던지는 등 메이저리그에서 5시즌을 소화했다. 최근에는 불펜 투수 경험이 많지만 LG에서 선발진에 합류한다. 컷패스트볼이 주무기다. 삼진보다는 맞혀 잡는 스타일의 투구를 한다. 일찌감치 몸을 잘 만들어서 캠프에 합류했다.

기본기록

연도	경기	선발	승	패	세이브	홀드	이닝	안타	홈런	볼넷	사구	삼진	피안타율	WHIP	FIP	ERA	QS	BS
2019																		
2020																		
2021																		
통산																		

상황별 기록

상황	안타	2루타	3루타	홈런	볼넷	사구	삼진	폭투	보크	피안타율
전반기										
후반기										
vs 좌										
vs 우										
주자없음										
주자있음										
득점권										
만루										

구종별 기록

구종	평균구속	순위	백분율	구사율(%)	피안타율
포심					
투심/싱커					
슬라이더/커터					
커브					
체인지업					
포크볼					
너클볼/기타					

함덕주 투수 11

신장 181cm **체중** 78kg **생일** 1995-01-13 **투타** 좌투좌타 **지명** 13 두산 5라운드 43순위

연봉 21,000-16,500-12,000 **학교** 일산초-원주중-원주고

● 시즌 개막 직전 양석환을 내주고 트레이드 해 왔다. 마무리와 선발 경험을 모두 가진 좌완 투수라는 점에서 가치가 높다. 양석환의 맹활약과 함덕주의 부상이 겹치며 마음고생이 있었지만 팔꿈치 뼈조각 수술을 받고 새롭게 몸을 만들었다. 함덕주의 활약은 트레이드의 평가를 다시 하게 만들 수 있다. 경험은 이미 충분하다.

기본기록

연도	경기	선발	승	패	세이브	홀드	이닝	안타	홈런	볼넷	사구	삼진	피안타율	WHIP	FIP	ERA	QS	BS
2019	61	0	2	5	16	7	54.2	39	6	34	1	48	0.202	1.34	4.77	3.46	0	3
2020	36	6	5	1	10	2	55.1	55	2	21	0	55	0.255	1.37	3.07	3.90	1	3
2021	16	3	1	2	0	1	21.0	20	2	13	3	18	0.250	1.57	5.00	4.29	0	0
통산	327	33	31	21	55	33	433.1	392	28	240	15	443	0.242	1.46	4.12	3.78	10	11

상황별 기록

상황	안타	2루타	3루타	홈런	볼넷	사구	삼진	폭투	보크	피안타율
전반기	11	2	1	0	11	3	13	1	0	0.224
후반기	9	0	0	2	2	0	5	1	0	0.290
vs 좌	10	1	1	0	5	3	5	0	0	0.270
vs 우	10	1	0	2	8	0	13	2	0	0.233
주자없음	14	1	1	2	5	2	8	0	0	0.341
주자있음	6	1	0	0	8	1	10	2	0	0.154
득점권	3	1	0	0	3	1	6	1	0	0.111
만루	0	0	0	0	0	0	0	0	0	0.000

구종별 기록

구종	평균구속	순위	백분율	구사율(%)	피안타율
포심	138	247	81.5%	59.8%	0.271
투심/싱커	-	-	-	-	-
슬라이더/커터	124	262	91.3%	9.5%	0.286
커브	106	241	98.4%	3.1%	0.000
체인지업	125	146	69.9%	27.6%	0.208
포크볼	-	-	-	-	-
너클볼/기타	-	-	-	-	-

김민성 내야수 16

신장 181cm **체중** 94kg **생일** 1988-12-17 **투타** 우투우타 **지명** 07 롯데 2차 2라운드 13순위

연봉 40,000-40,000-40,000 **학교** 고명초-잠신중-덕수정보고-영남사이버대

● OPS는 0.663까지 떨어졌고 WAR도 0.83에 그쳤다. LG는 새 외인 야수로 3루수를 볼 수 있는 루이즈를 선택했다. 김민성의 입지가 크게 줄어들었다. 시즌 내내 이어진 부진은 포스트시즌에서 반등 가능성을 보였다. 타격 실력 회복을 위해 애썼고 LG 류지현 감독은 "김민성이 준비가 잘 됐다"라고 말했다. 2번째 FA를 앞두고 있다.

기본기록

연도	경기	타석	타수	안타	2루타	3루타	홈런	타점	득점	볼넷	사구	삼진	도루	도루자	타율	출루율	장타율	OPS
2019	107	401	361	94	16	0	8	50	44	30	4	75	2	1	0.260	0.323	0.371	0.694
2020	87	333	297	79	20	0	5	47	29	24	4	66	2	1	0.266	0.325	0.384	0.709
2021	121	426	360	80	22	0	8	39	35	42	8	73	3	3	0.222	0.313	0.350	0.663
통산	1492	5500	4820	1309	265	11	120	664	613	444	98	930	50	28	0.272	0.342	0.406	0.748

상황별 기록

상황	타석	홈런	볼넷	삼진	타율	출루율	장타율	OPS
전반기	264	5	29	41	0.199	0.302	0.317	0.619
후반기	162	3	13	32	0.259	0.331	0.403	0.734
vs 좌	96	3	16	13	0.240	0.379	0.427	0.806
vs 우	284	4	22	54	0.206	0.278	0.315	0.593
주자있음	196	2	26	29	0.255	0.357	0.366	0.723
주자없음	230	6	16	44	0.198	0.278	0.338	0.616
득점권	113	2	17	20	0.207	0.321	0.322	0.643
노아웃	154	1	8	25	0.178	0.238	0.248	0.486
원아웃	141	3	16	24	0.225	0.326	0.358	0.684
투아웃	131	4	18	24	0.270	0.382	0.459	0.841

팀별 기록

구분	타석	홈런	볼넷	삼진	타율	출루율	장타율	OPS
KIA	52	2	0	7	0.180	0.176	0.300	0.476
KT	40	1	4	7	0.125	0.256	0.219	0.475
NC	40	0	4	10	0.257	0.350	0.286	0.636
SSG	41	0	4	9	0.114	0.225	0.171	0.396
두산	59	1	10	5	0.196	0.351	0.370	0.721
롯데	40	1	4	7	0.265	0.342	0.353	0.695
삼성	52	2	6	11	0.349	0.431	0.628	1.059
키움	50	1	2	9	0.289	0.333	0.422	0.755
한화	52	0	8	8	0.200	0.333	0.325	0.658

루이즈 내야수 12

신장 188cm **체중** 95kg **생일** 1994-05-22 **투타** 우투좌타 **지명** 22 LG 자유선발

연봉 $600,000 **학교** Bishop Amat Memorial(고)

● LG가 거포 집착을 버리고 택한 중장거리형 타자다. 2019시즌 볼티모어에서 3루수로 127경기를 뛰었다. LG에서도 3루수를 맡지만 때로 2루수로 나설 수도 있다. 좌타석에서 좌투수의 공에 더 강점을 지녔다. 시프트도 익숙하다. 메이저리그 데뷔 홈런을 맥스 셔저로부터 때렸고, 양현종과의 승부에서도 홈런을 친 적이 있다.

기본기록

연도	경기	타석	타수	안타	2루타	3루타	홈런	타점	득점	볼넷	사구	삼진	도루	도루자	타율	출루율	장타율	OPS
2019																		
2020																		
2021																		
통산																		

상황별 기록

상황	타석	홈런	볼넷	삼진	타율	출루율	장타율	OPS
전반기								
후반기								
vs 좌								
vs 우								
주자있음								
주자없음								
득점권								
노아웃								
원아웃								
투아웃								

팀별 기록

구분	타석	홈런	볼넷	삼진	타율	출루율	장타율	OPS
KIA								
KT								
NC								
SSG								
두산								
롯데								
삼성								
키움								
한화								

문보경 내야수 35

신장 182cm **체중** 89kg **생일** 2000-07-19 **투타** 우투좌타 **지명** 19 LG 2차 3라운드 25순위
연봉 2,700-3,000-6,800 **학교** 동대문-덕수중-신일고

● 문보경은 6월 20일 타율이 0.281까지 올랐지만 이후 차츰 하강 곡선을 그렸고, 결국 0.230으로 마쳤다. 10월 타율은 겨우 0.143. 1군 첫 해 많은 타자들이 겪는 어려움이다. 3루수에 루이즈, 1루수에 채은성이 오면서 설 자리가 좁아졌지만 오히려 타격에 집중하는 계기가 됐다. 외야 출전도 준비 중이다.

기본기록

연도	경기	타석	타수	안타	2루타	3루타	홈런	타점	득점	볼넷	사구	삼진	도루	도루자	타율	출루율	장타율	OPS
2019	0	0	0	0	0	0	0	0	0	0	0	0	0	0	-	-	-	-
2020	0	0	0	0	0	0	0	0	0	0	0	0	0	0	-	-	-	-
2021	107	329	278	64	11	1	8	39	37	46	0	64	3	1	0.230	0.337	0.363	0.700
통산	107	329	278	64	11	1	8	39	37	46	0	64	3	1	0.230	0.337	0.363	0.700

상황별 기록

상황	타석	홈런	볼넷	삼진	타율	출루율	장타율	OPS
전반기	167	7	27	30	0.270	0.386	0.489	0.875
후반기	162	1	19	34	0.191	0.288	0.241	0.529
vs 좌	68	0	6	17	0.164	0.235	0.197	0.432
vs 우	221	5	35	44	0.253	0.372	0.396	0.768
주자있음	150	2	25	23	0.258	0.381	0.367	0.748
주자없음	179	6	21	41	0.209	0.302	0.361	0.663
득점권	98	1	22	11	0.324	0.474	0.451	0.925
노아웃	99	4	15	15	0.225	0.344	0.400	0.744
원아웃	112	2	15	25	0.208	0.313	0.323	0.636
투아웃	118	2	16	24	0.255	0.356	0.373	0.729

팀별 기록

구분	타석	홈런	볼넷	삼진	타율	출루율	장타율	OPS
KIA	28	1	3	3	0.320	0.393	0.480	0.873
KT	36	0	7	5	0.103	0.278	0.138	0.416
NC	40	1	5	7	0.235	0.325	0.324	0.649
SSG	39	3	2	4	0.167	0.211	0.417	0.628
두산	34	0	6	10	0.231	0.364	0.308	0.672
롯데	31	0	5	6	0.200	0.333	0.240	0.573
삼성	52	2	7	14	0.244	0.346	0.489	0.835
키움	30	1	4	6	0.308	0.400	0.462	0.862
한화	39	0	7	9	0.281	0.410	0.344	0.754

서건창 내야수 14

신장 176cm **체중** 84kg **생일** 1989-08-22 **투타** 우투좌타 **지명** 08 LG 육성선수
연봉 35,000-22,500-26,000 **학교** 송정초-충장중-광주제일고

● LG가 우승을 위해 선택한 트레이드였지만 결과가 완벽했다고 보기 어렵다. 서건창은 시즌 OPS 0.693에 그쳤다. 새 외인타자 루이즈는 3루뿐 아니라 2루수도 가능하다. 박해민이 테이블 세터진을 이루면서 서건창의 타순도 7번 이후로 옮겨질 가능성이 높다. 캠프 동안 "모든 것에 있어 기본으로 돌아간다"라고 밝혔다.

기본기록

연도	경기	타석	타수	안타	2루타	3루타	홈런	타점	득점	볼넷	사구	삼진	도루	도루자	타율	출루율	장타율	OPS
2019	113	486	426	128	23	3	2	41	67	49	3	50	17	3	0.300	0.373	0.383	0.756
2020	135	595	484	134	28	5	5	52	79	91	5	58	24	10	0.277	0.390	0.386	0.776
2021	144	600	513	130	24	2	6	52	78	69	9	78	12	4	0.253	0.350	0.343	0.693
통산	1135	4960	4268	1294	244	53	37	461	760	536	58	475	218	74	0.303	0.385	0.411	0.796

상황별 기록

상황	타석	홈런	볼넷	삼진	타율	출루율	장타율	OPS
전반기	333	4	45	44	0.259	0.370	0.353	0.723
후반기	267	2	24	34	0.247	0.323	0.332	0.655
vs 좌	147	1	16	20	0.175	0.288	0.246	0.534
vs 우	396	3	50	49	0.287	0.383	0.374	0.757
주자있음	300	2	35	38	0.282	0.373	0.373	0.746
주자없음	300	4	34	40	0.226	0.327	0.314	0.641
득점권	163	1	24	17	0.240	0.363	0.318	0.681
노아웃	198	4	21	15	0.295	0.383	0.416	0.799
원아웃	228	0	26	35	0.246	0.333	0.312	0.645
투아웃	174	2	22	28	0.216	0.333	0.304	0.637

팀별 기록

구분	타석	홈런	볼넷	삼진	타율	출루율	장타율	OPS
KIA	46	2	8	3	0.324	0.444	0.514	0.958
KT	66	0	2	7	0.286	0.303	0.317	0.620
NC	69	1	5	15	0.177	0.246	0.274	0.520
SSG	77	1	11	13	0.215	0.338	0.277	0.615
두산	71	1	8	8	0.305	0.414	0.441	0.855
롯데	86	0	12	16	0.222	0.329	0.319	0.648
삼성	48	0	2	4	0.295	0.340	0.386	0.726
키움	31	0	6	4	0.261	0.419	0.348	0.767
한화	65	0	11	3	0.250	0.391	0.308	0.699

유강남 포수 27

신장 182cm **체중** 88kg **생일** 1992-07-15 **투타** 우투우타 **지명** 11 LG 7라운드 50순위

연봉 23,000-30,000-27,000 **학교** 청원초-휘문중-서울고

● 2018시즌 정점에 오른 뒤 이후 최근 3시즌 동안 타격 성적이 하락했다. 지난 시즌 OPS는 0.693까지 떨어졌다. 캠프에서 타격폼 수정에 들어갔다. 레그킥을 줄이고 타격 때 팔의 위치도 바꿨다. 이호준 코치는 "지금까지 본 선수 중 훈련량이 가장 많다"라고 말했다. 이번 시즌이 끝난 뒤 FA 자격을 얻는다.

기본기록

연도	경기	타석	타수	안타	2루타	3루타	홈런	타점	득점	볼넷	사구	삼진	도루	도루자	타율	출루율	장타율	OPS
2019	132	468	418	113	22	0	16	49	44	30	13	82	0	0	0.270	0.334	0.438	0.772
2020	137	478	429	112	18	0	16	74	51	32	13	84	1	1	0.261	0.330	0.415	0.745
2021	130	441	397	100	16	0	11	60	39	25	14	75	2	0	0.252	0.317	0.375	0.692
통산	891	2857	2562	690	120	1	95	400	285	165	79	501	7	2	0.269	0.330	0.428	0.758

상황별 기록

상황	타석	홈런	볼넷	삼진	타율	출루율	장타율	OPS
전반기	247	5	16	36	0.253	0.321	0.367	0.688
후반기	194	6	9	39	0.250	0.313	0.386	0.699
vs 좌	88	1	6	12	0.195	0.276	0.273	0.549
vs 우	309	9	17	56	0.282	0.342	0.425	0.767
주자있음	207	7	14	34	0.257	0.338	0.413	0.751
주자없음	234	4	11	41	0.248	0.299	0.344	0.643
득점권	141	6	10	21	0.254	0.336	0.459	0.795
노아웃	125	4	10	25	0.239	0.320	0.404	0.724
원아웃	160	3	5	28	0.257	0.300	0.324	0.624
투아웃	156	4	10	22	0.257	0.333	0.407	0.740

팀별 기록

구분	타석	홈런	볼넷	삼진	타율	출루율	장타율	OPS
KIA	52	0	5	6	0.205	0.327	0.227	0.554
KT	42	2	1	9	0.200	0.220	0.400	0.620
NC	39	0	2	12	0.135	0.179	0.135	0.314
SSG	45	2	5	6	0.289	0.400	0.500	0.900
두산	49	1	6	8	0.300	0.429	0.475	0.904
롯데	59	0	0	15	0.246	0.259	0.263	0.522
삼성	56	2	1	7	0.346	0.393	0.538	0.931
키움	54	2	3	10	0.250	0.302	0.375	0.677
한화	45	2	2	2	0.268	0.311	0.463	0.774

이영빈 내야수 0

신장 182cm **체중** 82kg **생일** 2002-06-17 **투타** 우투좌타 **지명** 21 LG 2차 1라운드 7순위

연봉 3,000-5,500 **학교** 대전중구-충남중-세광고

● 재능과 감각 모두 최상급이라는 평가를 받는다. 고3 때 처음 유격수를 했기 때문에 경험이 아직 모자라지만 오지환 백업으로 거론될 정도로 빠르게 성장 중이다. 타격을 살리기 위해 1루수 전향도 고려됐지만 유격수로 성장하는 것이 팀에게도 개인에게도 좋다. 타격 잠재력은 무궁무진한 수준이다. 캠프 동안 수비 향상에 큰 공을 들였다.

기본기록

연도	경기	타석	타수	안타	2루타	3루타	홈런	타점	득점	볼넷	사구	삼진	도루	도루자	타율	출루율	장타율	OPS
2019																		
2020																		
2021	72	169	148	36	9	0	2	16	21	15	3	51	6	3	0.243	0.323	0.345	0.668
통산	72	169	148	36	9	0	2	16	21	15	3	51	6	3	0.243	0.323	0.345	0.668

상황별 기록

상황	타석	홈런	볼넷	삼진	타율	출루율	장타율	OPS
전반기	38	1	2	10	0.343	0.378	0.457	0.835
후반기	131	1	13	41	0.212	0.308	0.310	0.618
vs 좌	18	0	1	8	0.133	0.278	0.133	0.411
vs 우	129	1	12	38	0.263	0.339	0.368	0.707
주자있음	77	1	9	19	0.297	0.387	0.406	0.793
주자없음	92	1	6	32	0.202	0.272	0.298	0.570
득점권	47	1	7	10	0.297	0.413	0.459	0.872
노아웃	56	1	3	21	0.200	0.241	0.280	0.521
원아웃	57	0	3	16	0.259	0.298	0.352	0.650
투아웃	56	1	9	14	0.273	0.429	0.409	0.838

팀별 기록

구분	타석	홈런	볼넷	삼진	타율	출루율	장타율	OPS
KIA	13	0	0	6	0.154	0.154	0.231	0.385
KT	17	0	0	5	0.118	0.118	0.118	0.236
NC	17	0	2	7	0.077	0.235	0.077	0.312
SSG	14	0	2	3	0.250	0.357	0.333	0.690
두산	19	0	1	5	0.167	0.211	0.167	0.378
롯데	35	0	2	9	0.367	0.441	0.467	0.908
삼성	17	1	3	6	0.429	0.529	0.643	1.172
키움	27	1	3	8	0.217	0.308	0.478	0.786
한화	10	0	2	2	0.375	0.500	0.500	1.000

이재원 외야수 52

신장 192cm **체중** 100kg **생일** 1999-07-17 **투타** 우투우타 **지명** 18 LG 2차 2라운드 17순위

연봉 2,700-3,200-5,200 **학교** 석교초-경원중-서울고

● LG 스프링캠프에서 가장 관심을 크게 받은 야수다. LG의 오랜 소원인 우타 거포 가능성이 보인다. 이호준 코치는 "100억 원 타자가 될 수 있다"라고 칭찬했다. 삼진을 당하지 않기 위해 노력하기보다는 파워를 살리는 쪽으로 가닥을 잡았다. 서울고 시절 강백호가 3번, 이재원이 4번이었다. 일단 1군에 자리를 만들어야 한다.

기본기록

연도	경기	타석	타수	안타	2루타	3루타	홈런	타점	득점	볼넷	사구	삼진	도루	도루자	타율	출루율	장타율	OPS
2019	0	0	0	0	0	0	0	0	0	0	0	0	0	0	-	-	-	-
2020	16	22	20	1	0	0	0	0	1	2	0	11	0	0	0.050	0.136	0.050	0.186
2021	62	171	154	38	6	0	5	17	22	14	2	48	5	1	0.247	0.316	0.383	0.699
통산	78	193	174	39	6	0	5	17	23	16	2	59	5	1	0.224	0.295	0.345	0.640

상황별 기록

상황	타석	홈런	볼넷	삼진	타율	출루율	장타율	OPS
전반기	5	0	1	0	0.250	0.400	0.250	0.650
후반기	166	5	13	48	0.247	0.313	0.387	0.700
vs 좌	43	2	7	12	0.257	0.372	0.486	0.858
vs 우	109	2	7	31	0.230	0.294	0.320	0.614
주자있음	92	2	7	31	0.232	0.304	0.341	0.645
주자없음	79	3	7	17	0.264	0.329	0.431	0.760
득점권	54	0	5	19	0.191	0.278	0.213	0.491
노아웃	42	2	6	7	0.324	0.429	0.559	0.988
원아웃	67	2	7	17	0.283	0.358	0.417	0.775
투아웃	62	1	1	24	0.167	0.194	0.250	0.444

팀별 기록

구분	타석	홈런	볼넷	삼진	타율	출루율	장타율	OPS
KIA	6	1	0	2	0.400	0.500	1.200	1.700
KT	28	0	1	6	0.259	0.286	0.259	0.545
NC	23	2	1	6	0.227	0.261	0.545	0.806
SSG	16	1	0	7	0.313	0.313	0.563	0.876
두산	19	0	5	5	0.143	0.368	0.143	0.511
롯데	24	1	1	8	0.217	0.250	0.391	0.641
삼성	16	0	1	5	0.286	0.375	0.357	0.732
키움	14	0	1	3	0.231	0.286	0.308	0.594
한화	25	0	4	6	0.250	0.360	0.250	0.610

이형종 외야수 36

신장 183cm **체중** 80kg **생일** 1989-06-07 **투타** 우투우타 **지명** 08 LG 1차

연봉 20,000-18,000-12,000 **학교** 화곡초-양천중-서울고

● 타자 전향 후 가장 어려운 시즌을 치렀다. 이형종의 부진 때문에 LG 타선의 좌우밸런스도 무너졌다. 시즌 뒤 왼쪽 발목 수술을 받았고, 훈련을 소화할 수 있을 만큼 회복하는 게 다소 늦는 바람에 스프링캠프 명단에서 제외됐다. 박해민의 영입으로 외야 자리가 꽉 찬 가운데 이형종도 명예회복을 위해서는 확실한 뭔가를 보여줘야 한다.

기본기록

연도	경기	타석	타수	안타	2루타	3루타	홈런	타점	득점	볼넷	사구	삼진	도루	도루자	타율	출루율	장타율	OPS
2019	120	482	419	120	24	1	13	63	56	42	10	78	6	5	0.286	0.358	0.442	0.800
2020	81	323	287	85	17	2	17	50	41	27	7	61	1	0	0.296	0.368	0.547	0.915
2021	90	281	239	52	11	0	10	34	32	34	7	65	3	1	0.218	0.332	0.389	0.721
통산	598	2152	1883	530	101	5	63	247	283	189	49	379	28	16	0.281	0.360	0.441	0.801

상황별 기록

상황	타석	홈런	볼넷	삼진	타율	출루율	장타율	OPS
전반기	176	8	26	35	0.218	0.347	0.429	0.776
후반기	105	2	8	30	0.217	0.308	0.326	0.634
vs 좌	68	7	12	10	0.339	0.456	0.750	1.206
vs 우	192	3	20	49	0.188	0.302	0.297	0.599
주자있음	152	7	17	39	0.225	0.338	0.450	0.788
주자없음	129	3	17	26	0.209	0.326	0.318	0.644
득점권	94	3	13	26	0.154	0.290	0.308	0.598
노아웃	88	1	12	16	0.236	0.368	0.319	0.687
원아웃	106	8	9	27	0.232	0.311	0.526	0.837
투아웃	87	1	13	22	0.181	0.322	0.278	0.600

팀별 기록

구분	타석	홈런	볼넷	삼진	타율	출루율	장타율	OPS
KIA	40	4	8	4	0.323	0.475	0.710	1.185
KT	31	0	2	6	0.207	0.258	0.310	0.568
NC	38	0	4	12	0.147	0.237	0.176	0.413
SSG	36	3	4	8	0.258	0.361	0.581	0.942
두산	24	0	3	3	0.143	0.250	0.190	0.440
롯데	26	0	3	10	0.158	0.360	0.158	0.518
삼성	27	1	2	7	0.240	0.296	0.480	0.776
키움	39	2	6	8	0.226	0.385	0.452	0.837
한화	20	0	2	7	0.222	0.300	0.278	0.578

정주현 내야수 7

신장 176cm **체중** 76kg **생일** 1990-10-13 **투타** 우투우타 **지명** 09 LG 2차 5라운드 36순위
연봉 12,500-14,000-8,000 **학교** 울산대현초-경상중-대구고

● LG 2루수는 결국 돌고 돌아 정주현이 맡는 패턴이 반복됐다. 구단은 2루수가 약점이라고 판단했고 매년 베테랑을 데려왔지만 큰 성공을 거두지 못했다. 정주현은 꾸준히 자기 자리를 준비해왔다. 올시즌 LG 2루수 자리도 완전히 정해진 것은 아니다. 루이즈도 왔고 이영빈도 컸지만 정주현도 가만히 멈춰 있지는 않았다.

기본기록

연도	경기	타석	타수	안타	2루타	3루타	홈런	타점	득점	볼넷	사구	삼진	도루	도루자	타율	출루율	장타율	OPS
2019	129	425	376	87	19	2	2	27	53	31	1	91	15	6	0.231	0.291	0.309	0.600
2020	134	371	328	81	10	4	4	30	50	29	3	63	8	7	0.247	0.312	0.338	0.650
2021	73	214	181	43	7	1	3	10	26	24	0	32	3	3	0.238	0.327	0.337	0.664
통산	673	1787	1565	368	66	12	17	141	243	161	6	367	67	30	0.235	0.307	0.325	0.632

상황별 기록

상황	타석	홈런	볼넷	삼진	타율	출루율	장타율	OPS
전반기	207	3	23	32	0.232	0.320	0.328	0.648
후반기	7	0	1	0	0.500	0.600	0.750	1.350
vs 좌	58	2	10	6	0.233	0.377	0.395	0.772
vs 우	136	1	14	19	0.246	0.326	0.314	0.640
주자있음	97	0	17	9	0.197	0.352	0.211	0.563
주자없음	117	3	7	23	0.264	0.308	0.418	0.726
득점권	60	0	13	8	0.159	0.351	0.159	0.510
노아웃	80	1	5	10	0.273	0.324	0.424	0.748
원아웃	55	1	6	12	0.245	0.327	0.327	0.654
투아웃	79	1	13	10	0.197	0.329	0.258	0.587

팀별 기록

구분	타석	홈런	볼넷	삼진	타율	출루율	장타율	OPS
KIA	37	0	6	7	0.194	0.324	0.194	0.518
KT	14	0	0	4	0.231	0.231	0.308	0.539
NC	20	0	2	5	0.167	0.250	0.222	0.472
SSG	30	1	3	5	0.222	0.300	0.370	0.670
두산	25	0	7	4	0.235	0.458	0.294	0.752
롯데	15	0	0	2	0.214	0.214	0.357	0.571
삼성	18	1	1	1	0.286	0.333	0.714	1.047
키움	30	1	2	3	0.296	0.345	0.407	0.752
한화	25	0	3	1	0.300	0.391	0.300	0.691

허도환 포수 30

신장 176cm **체중** 87kg **생일** 1984-07-31 **투타** 우투우타 **지명** 03 두산 2차 7라운드 56순위
연봉 6,500-7,500-10,000 **학교** 서울학동초-서울이수중-서울고-단국대

● 많은 이들이 깜빡하고 있지만 LG가 지난겨울 FA 시장에서 영입한 선수는 2명이었다. 가을야구 경험이 있는 베테랑 포수의 가치는 컨텐더 팀에서 더욱 소중하다. 지난해 KT의 포수 빈자리를 완벽하게 메웠고, 이제 LG 안방 지키기를 돕는다. 팀 분위기 메이커로서의 역할에도 포수 못지않은 재능이 있다. 2018 SK, 2021 KT 우승반지가 2개다.

기본기록

연도	경기	타석	타수	안타	2루타	3루타	홈런	타점	득점	볼넷	사구	삼진	도루	도루자	타율	출루율	장타율	OPS
2019	56	93	79	10	3	0	1	6	3	5	3	18	0	1	0.127	0.202	0.203	0.405
2020	52	62	53	14	1	0	0	5	2	6	2	15	0	0	0.264	0.361	0.283	0.644
2021	62	125	105	29	6	0	2	21	8	8	2	28	0	0	0.276	0.339	0.390	0.729
통산	715	1523	1286	275	65	2	10	115	109	112	51	372	2	5	0.214	0.301	0.291	0.592

상황별 기록

상황	타석	홈런	볼넷	삼진	타율	출루율	장타율	OPS
전반기	55	2	4	7	0.250	0.327	0.409	0.736
후반기	70	0	4	21	0.295	0.348	0.377	0.725
vs 좌	28	1	2	7	0.304	0.360	0.478	0.838
vs 우	84	0	6	19	0.268	0.333	0.338	0.671
주자있음	61	2	4	11	0.370	0.431	0.565	0.996
주자없음	64	0	4	17	0.203	0.266	0.254	0.520
득점권	40	1	4	8	0.393	0.485	0.536	1.021
노아웃	41	0	3	8	0.214	0.333	0.250	0.583
원아웃	44	1	4	12	0.263	0.333	0.395	0.728
투아웃	40	1	1	8	0.333	0.350	0.487	0.837

팀별 기록

구분	타석	홈런	볼넷	삼진	타율	출루율	장타율	OPS
KIA	15	0	1	2	0.182	0.308	0.273	0.581
LG	19	0	2	4	0.267	0.353	0.333	0.686
NC	12	0	0	5	0.200	0.200	0.300	0.500
SSG	6	0	0	1	0.333	0.333	0.333	0.666
두산	19	0	1	0	0.412	0.444	0.529	0.973
롯데	21	0	1	6	0.316	0.350	0.316	0.666
삼성	5	0	0	2	0.250	0.400	0.250	0.650
키움	10	0	1	2	0.143	0.250	0.143	0.393
한화	18	2	2	6	0.250	0.333	0.688	1.021

강효종 투수 43

신장 184cm **체중** 86kg **생일** 2002-10-14 **투타** 우투우타 **지명** 21 LG 1차

연봉 3,000-3,000 **학교** 일산리틀-충암중-충암고

연도	경기	선발	승	패	세이브	홀드	이닝	안타	홈런	볼넷	사구	삼진	피안타율	WHIP	FIP	ERA	QS	BS
2019																		
2020																		
2021	0	0	0	0	0	0	0.0	0	0	0	0	0	-	-	-	-	0	0
통산	0	0	0	0	0	0	0.0	0	0	0	0	0	-	-	-	-	0	0

김주완 투수 40

신장 189cm **체중** 96kg **생일** 2003-08-27 **투타** 좌투좌타 **지명** 22 LG 2차 1라운드 7순위

연봉 3,000 **학교** 감천초-대동중-경남고

연도	경기	선발	승	패	세이브	홀드	이닝	안타	홈런	볼넷	사구	삼진	피안타율	WHIP	FIP	ERA	QS	BS
2019	0	0	0	0	0	0	0.0	0	0	0	0	0	-	-	-	-	0	0
2020	0	0	0	0	0	0	0.0	0	0	0	0	0	-	-	-	-	0	0
2021	0	0	0	0	0	0	0.0	0	0	0	0	0	-	-	-	-	0	0
통산	0	0	0	0	0	0	0.0	0	0	0	0	0	-	-	-	-	0	0

류원석 투수 28

신장 188cm **체중** 90kg **생일** 1989-11-18 **투타** 우투우타 **지명** 13 LG 육성선수

연봉 3,000-3,300-4,000 **학교** 신원초-양천중-서울고-인하대

연도	경기	선발	승	패	세이브	홀드	이닝	안타	홈런	볼넷	사구	삼진	피안타율	WHIP	FIP	ERA	QS	BS
2019	2	0	0	0	0	0	3.1	2	1	5	0	4	0.167	2.10	-	5.40	0	0
2020	4	1	0	1	0	0	4.2	8	1	11	4	5	0.364	4.07	13.84	11.57	0	0
2021	6	0	0	0	0	0	6.0	1	0	9	1	8	0.056	1.67	5.67	6.00	0	0
통산	12	1	0	1	0	0	14.0	11	2	25	5	17	0.212	2.57	9.24	7.71	0	0

배재준 투수 44

신장 188cm **체중** 80kg **생일** 1994-11-24 **투타** 우투우타 **지명** 13 LG 2라운드 16순위

연봉 5,700-3,000-5,000 **학교** 본리초-경상중-상원고

연도	경기	선발	승	패	세이브	홀드	이닝	안타	홈런	볼넷	사구	삼진	피안타율	WHIP	FIP	ERA	QS	BS
2019	19	12	3	4	0	0	62.0	61	3	33	8	44	0.255	1.52	4.60	5.23	4	0
2020	0	0	0	0	0	0	0.0	0	0	0	0	0	-	-	-	-	0	0
2021	15	6	2	2	0	0	32.2	42	1	13	3	23	0.313	1.68	3.79	4.13	1	0
통산	50	23	6	6	0	0	133.1	137	7	66	12	108	0.261	1.52	4.33	4.72	6	0

손주영 투수 29

신장 191cm **체중** 95kg **생일** 1998-12-02 **투타** 좌투좌타 **지명** 17 LG 2차 1라운드 2순위

연봉 0-3,300-3,800 **학교** 개성중-경남고

연도	경기	선발	승	패	세이브	홀드	이닝	안타	홈런	볼넷	사구	삼진	피안타율	WHIP	FIP	ERA	QS	BS
2019	0	0	0	0	0	0	0.0	0	0	0	0	0	-	-	-	-	0	0
2020	0	0	0	0	0	0	0.0	0	0	0	0	0	-	-	-	-	0	0
2021	7	6	1	3	0	0	26.2	31	4	20	1	21	0.307	1.91	6.07	8.44	1	0
통산	16	9	1	5	0	0	44.1	50	4	35	4	33	0.294	1.92	5.84	7.92	1	0

송승기 투수 48

신장 181cm **체중** 90kg **생일** 2002-04-10 **투타** 좌투좌타 **지명** 21 LG 2차 9라운드 87순위

연봉 3,000-3,000 **학교** 삼일초-매향중-야탑고

연도	경기	선발	승	패	세이브	홀드	이닝	안타	홈런	볼넷	사구	삼진	피안타율	WHIP	FIP	ERA	QS	BS
2019																		
2020																		
2021	0	0	0	0	0	0	0.0	0	0	0	0	0	-	-	-	-	0	0
통산	0	0	0	0	0	0	0.0	0	0	0	0	0	-	-	-	-	0	0

송은범 투수 46

신장 182cm **체중** 93kg **생일** 1984-03-17 **투타** 우투우타 **지명** 03 SK 1차

연봉 27,000-27,000-15,000 **학교** 서흥초-동산중-동산고

연도	경기	선발	승	패	세이브	홀드	이닝	안타	홈런	볼넷	사구	삼진	피안타율	WHIP	FIP	ERA	QS	BS
2019	63	0	2	6	1	9	60.0	80	6	23	3	36	0.328	1.72	4.60	5.25	0	0
2020	56	1	4	2	2	6	56.0	66	4	19	3	28	0.300	1.52	4.61	4.50	0	0
2021	35	0	2	2	0	4	37.1	34	1	13	2	19	0.250	1.26	3.79	4.10	0	0
통산	651	194	87	94	27	55	1423.2	1598	137	619	70	931	0.289	1.56	4.65	4.58	9	7

오석주 투수 64

신장 181cm **체중** 74kg **생일** 1998-04-14 **투타** 우투우타 **지명** 17 LG 2차 6라운드 52순위

연봉 3,000-3,100-3,500 **학교** 양정초-대천중-제주고

연도	경기	선발	승	패	세이브	홀드	이닝	안타	홈런	볼넷	사구	삼진	피안타율	WHIP	FIP	ERA	QS	BS
2019	3	0	0	0	0	0	5.0	6	2	3	0	4	0.286	1.80	8.80	5.40	0	0
2020	0	0	0	0	0	0	0.0	0	0	0	0	0	-	-	-	-	0	0
2021	9	0	0	0	0	0	8.1	9	0	6	0	7	0.281	1.80	3.81	6.48	0	0
통산	12	0	0	0	0	0	13.1	15	2	9	0	11	0.283	1.80	5.68	6.07	0	0

이상규 투수 60

신장 185cm **체중** 77kg **생일** 1996-10-20 **투타** 우투우타 **지명** 15 LG 2차 7라운드 70순위

연봉 2,900-4,000-3,700 **학교** 홍인초-청원중-청원고

연도	경기	선발	승	패	세이브	홀드	이닝	안타	홈런	볼넷	사구	삼진	피안타율	WHIP	FIP	ERA	QS	BS
2019	1	0	0	0	0	0	0.1	0	0	1	1	0	0.000	3.00	21.40	0.00	0	0
2020	28	0	2	3	4	1	31.0	45	4	21	1	18	0.357	2.13	6.20	6.68	0	1
2021	7	0	0	0	0	0	6.0	8	1	2	1	4	0.308	1.67	5.67	9.00	0	0
통산	36	0	2	3	4	1	37.1	53	5	24	3	22	0.346	2.06	6.25	6.99	0	1

이우찬 투수 37

신장 183cm **체중** 88kg **생일** 1992-08-04 **투타** 좌투좌타 **지명** 11 LG 2라운드 15순위

연봉 7,500-5,000-5,000 **학교** 온양온천초-온양중-북일고

연도	경기	선발	승	패	세이브	홀드	이닝	안타	홈런	볼넷	사구	삼진	피안타율	WHIP	FIP	ERA	QS	BS
2019	30	13	5	4	0	2	91.0	78	5	66	4	58	0.241	1.58	5.12	4.85	4	0
2020	4	1	0	0	0	0	4.2	9	1	7	2	4	0.429	3.43	10.41	11.57	0	0
2021	15	5	0	1	0	0	34.0	36	3	25	1	27	0.271	1.79	5.19	5.56	0	0
통산	53	20	5	5	0	2	130.1	128	10	103	8	89	0.264	1.77	5.56	5.80	4	0

이지훈 투수 68

신장 188cm **체중** 92kg **생일** 2003-03-04 **투타** 우투우타 **지명** 22 LG 2차 4라운드 37순위

연봉 3,000 **학교** 대지초-매송중-야탑고

연도	경기	선발	승	패	세이브	홀드	이닝	안타	홈런	볼넷	사구	삼진	피안타율	WHIP	FIP	ERA	QS	BS
2019																		
2020																		
2021																		
통산																		

이찬혁 투수 39

신장 187cm **체중** 90kg **생일** 1998-08-19 **투타** 우투우타 **지명** 17 LG 2차 3라운드 22순위

연봉 2,700-3,100-3,100 **학교** 도신초-강남중-서울고

연도	경기	선발	승	패	세이브	홀드	이닝	안타	홈런	볼넷	사구	삼진	피안타율	WHIP	FIP	ERA	QS	BS
2019	0	0	0	0	0	0	0.0	0	0	0	0	0	-	-	-	-	0	0
2020	4	0	0	0	0	0	3.1	4	1	3	1	1	0.308	2.10	10.46	5.40	0	0
2021	1	0	0	0	0	0	1.0	1	0	2	0	2	0.333	3.00	5.33	18.00	0	0
통산	5	0	0	0	0	0	4.1	5	1	5	1	3	0.313	2.31	9.27	8.31	0	0

임정우 투수 20

신장 183cm **체중** 77kg **생일** 1991-04-02 **투타** 우투우타 **지명** 11 SK 4라운드 26순위

연봉 0-10,500-10,500 **학교** 도곡초-영동중-서울고

연도	경기	선발	승	패	세이브	홀드	이닝	안타	홈런	볼넷	사구	삼진	피안타율	WHIP	FIP	ERA	QS	BS
2019	0	0	0	0	0	0	0.0	0	0	0	0	0	-	-	-	-	0	0
2020	0	0	0	0	0	0	0.0	0	0	0	0	0	-	-	-	-	0	0
2021	0	0	0	0	0	0	0.0	0	0	0	0	0	-	-	-	-	0	0
통산	229	28	14	25	34	7	368.0	387	24	165	34	327	0.279	1.50	4.21	4.50	0	8

조원태 투수 49

신장 186cm **체중** 92kg **생일** 2003-05-10 **투타** 좌투좌타 **지명** 22 LG 1차

연봉 3,000 **학교** 강동구-건대부중-선린고

연도	경기	선발	승	패	세이브	홀드	이닝	안타	홈런	볼넷	사구	삼진	피안타율	WHIP	FIP	ERA	QS	BS
2019																		
2020																		
2021																		
통산																		

차우찬 투수 23

신장 185cm **체중** 80kg **생일** 1987-05-31 **투타** 좌투좌타 **지명** 06 삼성 2차 1라운드 7순위

연봉 100,000-30,000-30,000 **학교** 군산초-군산남중-군산상고-대구사이버대

연도	경기	선발	승	패	세이브	홀드	이닝	안타	홈런	볼넷	사구	삼진	피안타율	WHIP	FIP	ERA	QS	BS
2019	29	28	13	8	0	0	168.1	181	16	59	5	124	0.276	1.43	4.31	4.12	13	0
2020	13	13	5	5	0	0	64.0	71	8	28	2	51	0.284	1.55	4.95	5.34	6	0
2021	5	5	2	1	0	0	22.1	16	2	13	3	12	0.198	1.30	5.57	5.24	1	0
통산	457	239	112	79	1	32	1668.2	1676	197	736	65	1413	0.264	1.45	4.76	4.51	82	5

채지선 투수 67

신장 180cm **체중** 70kg **생일** 1995-07-11 **투타** 우투좌타 **지명** 15 두산 2차 1라운드 8순위

연봉 2,800-3,500-4,000 **학교** 광주학강초-광주동성중-광주제일고

연도	경기	선발	승	패	세이브	홀드	이닝	안타	홈런	볼넷	사구	삼진	피안타율	WHIP	FIP	ERA	QS	BS
2019	0	0	0	0	0	0	0.0	0	0	0	0	0	-	-	-	-	0	0
2020	37	0	1	0	0	2	33.0	34	3	24	5	34	0.266	1.76	5.22	4.91	0	0
2021	14	0	0	0	0	0	17.1	15	0	20	0	18	0.227	2.02	4.72	3.12	0	0
통산	51	0	1	0	0	2	50.1	49	3	44	5	52	0.253	1.85	5.05	4.29	0	0

최동환 투수 13

신장 184cm **체중** 83kg **생일** 1989-09-19 **투타** 우투우타 **지명** 09 LG 2차 2라운드 13순위

연봉 7,000-12,000-6,000 **학교** 인헌초-선린중-경동고

연도	경기	선발	승	패	세이브	홀드	이닝	안타	홈런	볼넷	사구	삼진	피안타율	WHIP	FIP	ERA	QS	BS
2019	18	0	1	0	0	0	23.0	25	4	10	3	13	0.266	1.52	6.23	6.26	0	0
2020	54	0	4	1	0	4	57.0	54	6	12	2	42	0.261	1.16	4.19	3.47	0	2
2021	8	0	0	0	0	0	5.2	6	0	4	2	2	0.273	1.76	5.80	9.53	0	0
통산	226	0	10	4	3	13	254.0	266	41	107	26	174	0.272	1.47	5.88	5.46	0	6

최용하 투수 63

신장 183cm **체중** 84kg **생일** 2002-11-29 **투타** 우투우타 **지명** 22 LG 2차 2라운드 17순위

연봉 3,000 **학교** 서대문구-동도중-서울디자인고

연도	경기	선발	승	패	세이브	홀드	이닝	안타	홈런	볼넷	사구	삼진	피안타율	WHIP	FIP	ERA	QS	BS
2019																		
2020																		
2021																		
통산																		

구본혁 내야수 4

신장 177cm **체중** 75kg **생일** 1997-01-11 **투타** 우투우타 **지명** 19 LG 2차 6라운드 55순위

연봉 4,000-6,300-7,000 **학교** 중대초-잠신중-장충고-동국대

연도	경기	타석	타수	안타	2루타	3루타	홈런	타점	득점	볼넷	사구	삼진	도루	도루자	타율	출루율	장타율	OPS
2019	57	95	85	15	1	0	1	6	10	6	2	17	2	1	0.176	0.245	0.224	0.469
2020	125	98	86	14	0	1	1	7	20	7	2	18	0	0	0.163	0.242	0.221	0.463
2021	123	45	38	5	2	0	0	3	10	3	1	7	0	0	0.132	0.205	0.184	0.389
통산	305	238	209	34	3	1	2	16	40	16	5	42	2	1	0.163	0.236	0.215	0.451

김주성 내야수 5

신장 180cm **체중** 81kg **생일** 1997-01-11 **투타** 우투우타 **지명** 16 LG 2차 2라운드 14순위

연봉 0-3,100-3,300 **학교** 신곡초-덕수중-휘문고

연도	경기	타석	타수	안타	2루타	3루타	홈런	타점	득점	볼넷	사구	삼진	도루	도루자	타율	출루율	장타율	OPS
2019	0	0	0	0	0	0	0	0	0	0	0	0	0	0	-	-	-	-
2020	0	0	0	0	0	0	0	0	0	0	0	0	0	0	-	-	-	-
2021	3	7	6	1	0	0	1	1	1	1	0	3	0	0	0.167	0.286	0.667	0.953
통산	5	8	7	2	0	0	1	1	2	1	0	3	0	0	0.286	0.375	0.714	1.089

김호은 내야수 34

신장 181cm **체중** 87kg **생일** 1992-01-03 **투타** 우투좌타 **지명** 16 LG 2차 7라운드 67순위

연봉 2,700-5,000-4,000 **학교** 옥산초-경상중-대구고-연세대

연도	경기	타석	타수	안타	2루타	3루타	홈런	타점	득점	볼넷	사구	삼진	도루	도루자	타율	출루율	장타율	OPS
2019	0	0	0	0	0	0	0	0	0	0	0	0	0	0	-	-	-	-
2020	69	112	103	25	5	0	2	11	12	7	2	14	0	0	0.243	0.304	0.350	0.654
2021	7	9	9	0	0	0	0	0	0	0	0	4	0	0	0.000	0.000	0.000	0.000
통산	76	121	112	25	5	0	2	11	12	7	2	18	0	0	0.223	0.281	0.321	0.602

문성주 외야수 8

신장 175cm **체중** 78kg **생일** 1997-02-20 **투타** 좌투좌타 **지명** 18 LG 2차 10라운드 97순위

연봉 0-3,100-4,200 **학교** 포철서초-포철중-경북고-강릉영동대

연도	경기	타석	타수	안타	2루타	3루타	홈런	타점	득점	볼넷	사구	삼진	도루	도루자	타율	출루율	장타율	OPS
2019	0	0	0	0	0	0	0	0	0	0	0	0	0	0	-	-	-	-
2020	0	0	0	0	0	0	0	0	0	0	0	0	0	0	-	-	-	-
2021	31	89	79	18	1	0	1	10	11	7	2	15	1	1	0.228	0.303	0.278	0.581
통산	36	92	82	19	1	0	1	10	12	7	2	16	1	1	0.232	0.304	0.280	0.584

박재욱 포수 24

신장 180cm **체중** 78kg **생일** 1995-12-06 **투타** 우투우타 **지명** 14 LG 2차 10라운드 103순위

연봉 3,500-3,100-3,500 **학교** 수영초-부산중-개성고

연도	경기	타석	타수	안타	2루타	3루타	홈런	타점	득점	볼넷	사구	삼진	도루	도루자	타율	출루율	장타율	OPS
2019	0	0	0	0	0	0	0	0	0	0	0	0	0	0	-	-	-	-
2020	15	17	15	4	0	0	0	1	0	0	1	4	0	0	0.267	0.313	0.267	0.580
2021	0	0	0	0	0	0	0	0	0	0	0	0	0	0	-	-	-	-
통산	41	67	62	16	2	0	0	5	5	2	1	13	0	0	0.258	0.292	0.290	0.582

손호영 내야수 50

신장 182cm **체중** 88kg **생일** 1994-08-23 **투타** 우투우타 **지명** 20 LG 2차 3라운드 23순위

연봉 2,700-3,700-3,500 **학교** 부곡초-평촌중-충훈고

연도	경기	타석	타수	안타	2루타	3루타	홈런	타점	득점	볼넷	사구	삼진	도루	도루자	타율	출루율	장타율	OPS
2019	0	0	0	0	0	0	0	0	0	0	0	0	0	0	-	-	-	-
2020	23	31	30	11	2	0	0	3	9	1	0	6	5	0	0.367	0.387	0.433	0.820
2021	8	12	10	1	0	0	0	0	2	1	1	2	0	0	0.100	0.250	0.100	0.350
통산	31	43	40	12	2	0	0	3	11	2	1	8	5	0	0.300	0.349	0.350	0.699

송찬의 내야수 66

신장 182cm **체중** 77kg **생일** 1999-02-20 **투타** 우투우타 **지명** 18 LG 2차 7라운드 67순위

연봉 0-0-3,000 **학교** 화곡초-선린중-선린고

연도	경기	타석	타수	안타	2루타	3루타	홈런	타점	득점	볼넷	사구	삼진	도루	도루자	타율	출루율	장타율	OPS
2019	0	0	0	0	0	0	0	0	0	0	0	0	0	0	-	-	-	-
2020	0	0	0	0	0	0	0	0	0	0	0	0	0	0	-	-	-	-
2021	0	0	0	0	0	0	0	0	0	0	0	0	0	0	-	-	-	-
통산	0	0	0	0	0	0	0	0	0	0	0	0	0	0	-	-	-	-

신민재 내야수 53

신장 171cm **체중** 67kg **생일** 1996-01-21 **투타** 우투좌타 **지명** 15 두산 육성선수

연봉 5,000-5,500-5,000 **학교** 서흥초-동인천중-인천고

연도	경기	타석	타수	안타	2루타	3루타	홈런	타점	득점	볼넷	사구	삼진	도루	도루자	타율	출루율	장타율	OPS
2019	81	94	81	19	3	0	0	5	25	8	3	17	10	8	0.235	0.323	0.272	0.595
2020	68	32	26	8	1	0	0	5	26	4	0	4	8	2	0.308	0.400	0.346	0.746
2021	32	27	23	3	0	0	0	2	8	4	0	6	2	1	0.130	0.259	0.130	0.389
통산	181	153	130	30	4	0	0	12	59	16	3	27	20	11	0.231	0.327	0.262	0.589

안익훈 외야수 15

신장 176cm **체중** 70kg **생일** 1996-02-12 **투타** 좌투좌타 **지명** 15 LG 2차 1라운드 7순위

연봉 0-5,500-5,500 **학교** 신흥초-충남중-대전고

연도	경기	타석	타수	안타	2루타	3루타	홈런	타점	득점	볼넷	사구	삼진	도루	도루자	타율	출루율	장타율	OPS
2019	0	0	0	0	0	0	0	0	0	0	0	0	0	0	-	-	-	-
2020	0	0	0	0	0	0	0	0	0	0	0	0	0	0	-	-	-	-
2021	48	16	14	2	1	0	0	1	4	0	2	2	0	0	0.143	0.250	0.214	0.464
통산	336	525	463	132	12	2	1	33	77	41	7	61	5	5	0.285	0.350	0.326	0.676

이상호 내야수 2

신장 180cm **체중** 82kg **생일** 1989-02-05 **투타** 우투우타 **지명** 10 롯데 육성선수

연봉 10,000-9,000-8,500 **학교** 옥산초-경운중-상원고-영동대

연도	경기	타석	타수	안타	2루타	3루타	홈런	타점	득점	볼넷	사구	삼진	도루	도루자	타율	출루율	장타율	OPS
2019	102	256	234	65	7	0	0	12	30	9	2	22	10	5	0.278	0.306	0.308	0.614
2020	82	65	61	8	1	0	0	4	18	3	0	5	6	4	0.131	0.172	0.148	0.320
2021	45	68	65	20	2	0	0	12	5	1	0	10	2	1	0.308	0.318	0.338	0.656
통산	652	1054	975	265	31	1	1	70	175	40	8	102	82	26	0.272	0.305	0.309	0.614

이주헌 내야수 54

신장 185cm **체중** 92kg **생일** 2003-03-04 **투타** 우투우타 **지명** 22 LG 2차 3라운드 27순위

연봉 3,000 **학교** 서울이수초-성남중-성남고

연도	경기	타석	타수	안타	2루타	3루타	홈런	타점	득점	볼넷	사구	삼진	도루	도루자	타율	출루율	장타율	OPS
2019																		
2020																		
2021																		
통산																		

이천웅 외야수 32

신장 182cm **체중** 90kg **생일** 1988-10-20 **투타** 좌투좌타 **지명** 11 LG 육성선수

연봉 28,000-19,000-10,000 **학교** 군산남초-성일중-성남서고-고려대

연도	경기	타석	타수	안타	2루타	3루타	홈런	타점	득점	볼넷	사구	삼진	도루	도루자	타율	출루율	장타율	OPS
2019	138	613	546	168	24	3	2	48	88	57	5	82	21	10	0.308	0.378	0.374	0.752
2020	89	359	312	80	11	2	3	36	44	35	4	44	8	5	0.256	0.333	0.333	0.666
2021	68	211	181	36	7	0	2	16	20	25	3	23	3	2	0.199	0.305	0.271	0.576
통산	599	2203	1930	557	88	9	18	210	288	217	25	297	58	39	0.289	0.366	0.372	0.738

장준원 내야수 25

신장 183cm **체중** 77kg **생일** 1995-11-21 **투타** 우투우타 **지명** 14 LG 2차 2라운드 23순위

연봉 3,400-4,500-3,800 **학교** 경운초-김해엔젤스-개성중-경남고

연도	경기	타석	타수	안타	2루타	3루타	홈런	타점	득점	볼넷	사구	삼진	도루	도루자	타율	출루율	장타율	OPS
2019	0	0	0	0	0	0	0	0	0	0	0	0	0	0	-	-	-	-
2020	46	68	60	13	3	0	1	6	10	6	0	7	0	0	0.217	0.284	0.317	0.601
2021	5	3	3	0	0	0	0	0	0	0	0	0	0	0	0.000	0.000	0.000	0.000
통산	93	117	105	19	3	0	1	7	14	9	0	19	0	0	0.181	0.241	0.238	0.479

전준호 내야수 62

신장 181cm **체중** 80kg **생일** 1998-07-01 **투타** 우투우타 **지명** 17 LG 2차 10라운드 92순위

연봉 0-0-3,200 **학교** 양도초-강남중-청원고

연도	경기	타석	타수	안타	2루타	3루타	홈런	타점	득점	볼넷	사구	삼진	도루	도루자	타율	출루율	장타율	OPS
2019	8	5	5	0	0	0	0	0	0	0	0	1	0	0	0.000	0.000	0.000	0.000
2020	0	0	0	0	0	0	0	0	0	0	0	0	0	0	-	-	-	-
2021	0	0	0	0	0	0	0	0	0	0	0	0	0	0	-	-	-	-
통산	8	5	5	0	0	0	0	0	0	0	0	1	0	0	0.000	0.000	0.000	0.000

최민창 외야수 38

신장 179cm **체중** 76kg **생일** 1996-04-16 **투타** 좌투좌타 **지명** 15 LG 2차 2라운드 17순위

연봉 0-3,100-3,200 **학교** 강남초-선린중-신일고

연도	경기	타석	타수	안타	2루타	3루타	홈런	타점	득점	볼넷	사구	삼진	도루	도루자	타율	출루율	장타율	OPS
2019	0	0	0	0	0	0	0	0	0	0	0	0	0	0	-	-	-	-
2020	0	0	0	0	0	0	0	0	0	0	0	0	0	0	-	-	-	-
2021	3	2	2	0	0	0	0	0	0	0	0	0	0	0	0.000	0.000	0.000	0.000
통산	16	35	31	8	0	0	0	2	1	3	0	7	0	1	0.258	0.314	0.258	0.572

한석현 내야수 58

신장 181cm **체중** 73kg **생일** 1994-05-17 **투타** 좌투좌타 **지명** 14 LG 2차 5라운드 48순위

연봉 2,700-3,200-3,900 **학교** 후암초-대천중-경남고

연도	경기	타석	타수	안타	2루타	3루타	홈런	타점	득점	볼넷	사구	삼진	도루	도루자	타율	출루율	장타율	OPS
2019	0	0	0	0	0	0	0	0	0	0	0	0	0	0	-	-	-	-
2020	9	3	2	0	0	0	0	0	3	1	0	1	1	0	0.000	0.333	0.000	0.333
2021	16	26	21	6	2	1	0	1	5	3	1	7	2	0	0.286	0.385	0.476	0.861
통산	25	29	23	6	2	1	0	1	8	4	1	8	3	0	0.261	0.379	0.435	0.814

PLAYER LIST

육성선수

성명	포지션	등번호	생일	신장	체중	투타	최초입단연도	최초입단구단	연봉
강정현	투수	100	1995-09-23	180	90	우우	2019	LG 트윈스	3,300
김대현	투수	109	2001-01-05	188	96	우우	2021	LG 트윈스	3,000
김의준	투수	115	1999-10-16	183	80	우우	2018	LG 트윈스	3,000
김영준	투수	101	1999-01-12	185	89	우우	2018	LG 트윈스	3,500
김지용	투수	104	2002-10-07	180	75	좌좌	2021	LG 트윈스	3,000
김태형	투수	110	1998-09-17	190	98	좌좌	2017	LG 트윈스	3,200
성동현	투수	107	1999-05-18	189	108	우우	2018	LG 트윈스	3,000
양진혁	투수	123	2003-06-20	190	90	우우	2022	LG 트윈스	3,000
이강욱	투수	108	1995-07-15	185	90	우우	2018	LG 트윈스	3,000
이동규	투수	117	1997-05-08	180	87	우좌	2016	LG 트윈스	3,000
이지강	투수	116	1999-07-02	183	85	우우	2019	LG 트윈스	3,000
임지섭	투수	120	1995-09-06	189	100	좌좌	2015	LG 트윈스	3,000
조선명	투수	118	1998-12-30	183	76	우우	2018	LG 트윈스	3,000
조건희	투수		2002-03-26	184	84	좌좌	2021	LG 트윈스	3,000
허준혁	투수	119	1999-07-02	180	85	우우	2022	LG 트윈스	3,000
한선태	투수	111	1994-06-14	183	79	우우	2019	LG 트윈스	3,200
김기연	포수	122	1997-09-07	178	95	우우	2016	LG 트윈스	3,000
김성우	포수	105	2003-11-15	180	85	우우	2022	LG 트윈스	3,000
김성협	내야수	102	1999-01-29	187	88	좌좌	2017	LG 트윈스	3,000
김유민	내야수	106	2003-01-18	183	80	우우	2021	LG 트윈스	3,000
김형욱	내야수		2002-01-29	187	90	우우	2021	LG 트윈스	3,000
문정빈	내야수	121	2003-08-15	186	90	우우	2022	LG 트윈스	3,000
엄태경	내야수	124	2003-05-03	184	83	우우	2022	LG 트윈스	3,000
최현준	내야수	112	1999-04-05	178	73	우좌	2018	LG 트윈스	3,000
최원영	외야수	103	2003-07-18	174	76	우우	2022	LG 트윈스	3,000

군보류

성명	포지션	생일	신장	체중	투타	최초입단연도	최초입단구단	입대일	전역일
김대현	투수	1997-03-08	188	100	우우	2016	LG 트윈스	2021-07-12	2023-01-11
김진수	투수	1998-08-31	179	82	우우	2021	LG 트윈스	2021-11-15	2023-05-24
성재헌	투수	1997-12-22	175	82	좌좌	2020	LG 트윈스	2020-09-10	2022-06-09
이상영	투수	2000-12-03	193	88	좌좌	2019	LG 트윈스	2021-12-13	2023-06-12
김성진	포수	2000-03-17	183	100	우우	2019	LG 트윈스	2020-10-05	2022-04-04
이주형	내야수	2001-04-02	183	80	우좌	2020	LG 트윈스	2021-08-23	2023-02-22

육성군보류

성명	포지션	생일	신장	체중	투타	최초입단연도	최초입단구단	입대일	전역일
강민	투수	2001-04-20	188	88	우우	2020	LG 트윈스	2022-01-21	2023-12-20
유영찬	투수	1997-03-07	185	90	우우	2020	LG 트윈스	2020-08-20	2022-05-19
이믿음	투수	2000-07-18	188	80	우우	2021	LG 트윈스	2021-12-04	2023-06-03
하영진	투수	2001-02-28	182	80	우우	2020	LG 트윈스	2021-11-22	2023-05-21
박민호	포수	1998-04-06	177	80	우우	2021	LG 트윈스	2021-05-24	2023-02-23
김도환	외야수	1999-09-10	180	80	좌좌	2020	LG 트윈스	2020-09-15	2022-03-14

KIWOOM HEROES
키움 히어로즈

KIWOOM HEROES
KIWOOM
SEOUL HEROES BASEBALL CLUB

많은 팀들이 코로나 19 사태 중에도 어마어마한 매출을 올린 모기업의 든든한 지원을 받는 동안, 키움 히어로즈는 외롭게 엄혹한 시간을 견뎌야 했다. 숱한 '오너 리스크'로 체질이 약해진데다, 관중 매출까지 올릴 수 없게 되자 투자가 끊겼다. FA를 잡지 못하고 외국인 선수마저 '헐값 영입'의 의혹을 받은 결과, 전력이 눈에 띄게 약해졌다. 팀 타자(22.3)와 투수(13.7)의 WAR이 모두 2013년 이후 8년 만에 최저치였다. 여기에 '방역 파문'과 올림픽 후유증으로 주축 선수들이 이탈하며 위기는 더 깊어졌다. 그래서 끝내 가을야구 무대를 밟은 선수들의 투혼은 더욱 박수를 받아야 한다. 최고스타로 발돋움한 이정후, 에이스 요키시, 도루왕 김혜성, 건재함을 과시한 이용규, 정상급 구원투수로 떠오른 김태훈의 활약은 미래를 기대하게 만든다.

2021 좋았던 일

히어로즈가 신흥 강호로 발돋움한 2013년 이후, 키움의 승률은 0.549. '왕조'를 구축한 두산(0.577)에 이어 전체 2위다. 경영진의 혼돈과 재정 압박 속에서 이룬 위대한 성취다. 작년에도 숱한 악재에 시달리면서도 기어이 승률 5할을 넘겨 포스트시즌에 올랐다. 위에 쓴 것처럼 투수진과 타선 모두 2013년 이후 가장 부진했지만, 리그 전체로 보면 여전히 둘 다 중위권이었다. 키움 투수진의 지난해 평균 연령은 26.7세. 야수진은 28.1세로 둘 다 리그에서 두 번째로 어렸다. 과거에 비해 유망주의 숫자가 줄어들긴 했지만, 발전 가능성이 가장 높은 팀이라는 정체성은 여전히 유효하다. 지금은 상상하기 어렵지만, 재정난을 해소할 수 있는 어떤 계기가 마련돼 다른 팀들처럼 정상적인 전력 보강이 된다면 엄청난 도약의 가능성도 있다는 뜻이다.

2021 나빴던 일

지난해 키움 팬들에게 가장 가슴 아팠던 순간 중 하나는 시즌 중이 아닌 12월 29일이 아니었을까. 팀의 가장 찬란했던 시기를 이끌며 기쁨과 아픔을 함께 했던 박병호가 KT 유니폼을 입고 찍은 사진은 어떤 패배보다 슬펐을 것이다. 키움이 경쟁력 있는 오퍼조차 제시하지 못한 분위기가 감지됐기에 아픔은 더욱 컸다. 이로써 2014년, 역대 최고 wOBA 0.388을 찍으며 사상 최강의 타선을 구축했던 '넥벤저스' 타선에서는 박동원 한 명만 남게 됐다. 해마다 FA 유출을 겪으면서도 2015년 '왕조 첫해' 타선에서 5명을 남긴 두산과 대조적인 행보다. 지난해 노쇠화가 뚜렷했지만 박병호는 8년 연속 20홈런으로 박동원에 이어 키움에서 두 번째로 많은 홈런을 친 타자였다. 키움은 거인의 공백을 메울 수 있을까.

홍원기 감독 78

신장	187cm	체중	92kg	생일	1973-06-05	투타	우투우타
연봉	20,000-20,000			학교	공주중동초-공주중-공주고-고려대		

10년의 코치 생활을 거쳐 마침내 사령탑의 기회를 잡았다. 그리고 앞에서 말한 대로 초보 감독에게는 너무나 가혹한 현실이 펼쳐지는 가운데, 포스트시즌에 오르는 성과를 남겼다. 아쉬운 점도 많았다. "한현희와 안우진을 징계가 끝나도 쓰지 않겠다"라는 결기에 찬 발언을 했다가 이후에 주워 담느라 곤욕을 치렀고, 포수와 내야 키스톤 기용에서 납득하기 어려운 실험과 번복이 잇따랐다. 와일드카드 2차전에서 두산의 주축 좌타자들 앞에 좌타자에 약한 한현희를 투입한 선택은 두고두고 논란이 불가피하다. 이 모든 좌충우돌이, 명감독으로 거듭나기 위한 진통이기를 키움 팬들은 기도하고 있다. 지난해 풀지 못한 숙제들이 많이 남은 가운데, 올해는 메이저리그의 여러 감독이 실패한 미션, '푸이그와 함께 평화로운 팀 만들기'까지 수행해야 한다.

구단 정보

창단	연고지	홈구장	우승	홈페이지
2008	서울	고척 스카이돔	없음	www.heroesbaseball.co.kr

2021시즌 성적

순위	경기	승	패	무	승률
5	144	70	67	7	0.511
타율	출루율	장타율	홈런	도루	실책
0.259(7)	0.347(5)	0.376(7)	90(8)	96(6)	129(10)
ERA	선발ERA	구원ERA	탈삼진	볼넷허용	피홈런
4.39(3)	4.45(6)	4.33(1)	950(8)	446(1)	126(5)

최근 10시즌 성적

연도	순위	승	패	무	승률
2011	8	51	80	2	0.389
2012	6	61	69	3	0.469
2013	4	72	54	2	0.571
2014	2	78	48	2	0.619
2015	4	78	65	1	0.545
2016	3	77	66	1	0.538
2017	7	69	73	2	0.486
2018	4	75	69	0	0.521
2019	2	86	57	1	0.601
2020	5	80	63	1	0.559

2021시즌 월별 성적

월	순위	승	패	무	승률
4	9	10	14	0	0.417
5	2	14	9	0	0.609
6	7	13	13	0	0.500
7-8	6	12	11	1	0.522
9	5	11	10	4	0.524
10	7	10	10	2	0.500
포스트		1	1	0	

COACHING STAFF

코칭스태프

성명	보직	등번호	생일	신장	체중	투타	출신교
김창현	수석	72	1985-07-01	178	72	우투우타	대전고-경희대
강병식	타격	77	1977-04-23	182	85	우투좌타	신일고-고려대
송신영	투수	79	1977-03-01	180	88	우투우타	중앙고-고려대
오윤	타격 보조	73	1981-09-08	186	98	우투우타	북일고
박정배	불펜	85	1982-04-01	180	85	우투우타	공주고-한양대
박재상	작전 및 주루	71	1982-07-20	178	82	좌투좌타	서울고
김일경	수비	76	1978-07-01	178	72	우투우타	경동고
김지수	외야 수비	86	1986-08-23	180	81	우투우타	중앙고-동국대
박도현	배터리	89	1983-04-12	183	105	우투우타	경북고
설종진	퓨처스 감독	81	1973-06-16	177	75	좌투좌타	신일고-중앙대
박정음	퓨처스 작전 주루	90	1989-04-15	175	77	좌투좌타	전주고-성균관대
노병오	퓨처스 투수	83	1983-09-07	180	86	우투우타	청주기공-방송통신대
김동우	퓨처스 배터리	70	1980-04-14	176	79	우투우타	경기고
권도영	퓨처스 내야 수비	75	1981-02-11	177	80	우투우타	상원고-고려대
김태완	퓨처스 타격	88	1984-01-27	189	105	우투우타	중앙고-성균관대
이정호	잔류군 투수	82	1982-04-27	187	97	우투우타	상원고
문찬종	잔류군 야수	74	1991-03-23	183	83	우투양타	충암고

2022 팀 이슈

지난 3년간 히어로즈의 실질적 경영자는 허민 이사회 의장이었다. 히어로즈의 '투명 경영 감시자'가 될 것으로 기대를 모았지만 이장석 측근들의 구단 수탈 방관 의혹, 갑질 야구, 선수단 운영 및 경기 중 작전 개입, 코칭스태프 인선 개입 의혹 등 숱한 추문만 남겼다. 재정난에 허덕이는 팀에 대한 지원은 사실상 전무했다. 그리고 2월 17일, 임기가 끝난 이사회 의장을 연임하지 않겠다고 밝혔다. 3년의 '허민 시대'가 끝난 것이다. 새 대표이사는 지난해 출소한 이장석 씨가 지명하는 사람일 가능성이 높다. KBO로부터 영구 제명 처분을 받았지만, 이장석 씨는 67%가 넘는 지분을 보유한 대주주이기 때문이다. 즉 이장석 씨가 다시 구단을 사실상 장악할 가능성이 높다. 히어로즈의 '오너 리스크'는 또 새로운 국면에 접어 들었다.

2022 최상 시나리오

영업왕

자, 이번에 나온 카탈로그입니다.
한 번 봐보시죠. 어휴, 뭐 좋은
선수 많습니다~

두 선수가 미국 매체들의 집중 조명을 받는다. 지난 5년간처럼 또 한 단계 성장해 아시아 최고 타자로 떠오른 이정후, 그리고 한국 야구와 문화에 완벽하게 적응하고 '모범 시민'으로 거듭나 리그를 폭격하는 푸이그다. 김혜성이 수비 약점을 해결하며 리그 최고 내야수로 자리매김한다. 안우진이 처음으로 잡음 없이 풀타임 선발을 소화해 최고의 토종 우완 선발로 도약하고, 제구 문제를 해결한 장재영이 선발진에 가세한다. 김웅빈과 송성문이 잠재력을 터뜨리며 코너 내야를 안정시키고 박병호가 떠난 공백을 최소화한다. 관중 입장이 허용되면서, 선두권을 달리는 키움의 야구를 즐기려는 팬들이 고척돔을 메운다. 지난 2년간 다른 팀들의 한국시리즈 무대였던 고척돔에서, 고척돔의 주인이 구단 사상 처음이자 10개 구단 중 마지막 우승의 감격을 맛본다.

2022 최악 시나리오

갈수록 훼손되며 타구가 빨라지는 고척돔의 인조잔디 위에서 내야진이 계속 실책을 쏟아낸다. 감독은 계속 새로운 선수를 투입해 실험해 보지만 답을 찾지 못한다. 1루와 3루에도 1년 내내 '오디션'이 진행되고 박병호의 공백은 갈수록 크게 느껴진다. 장재영의 제구는 여전히 흔들린다. 돌아온 이장석 씨의 선수단 운영 개입이 밝혀져 또 한 번 논란이 벌어지고, 이 논란을 푸이그의 기행 소식이 덮는다. 팬들은 이정후 말고는 이 팀의 야구를 볼 이유가 없다며 고척돔에 발길을 끊는다. 가을잔치를 구경꾼으로 보내고 시즌이 끝난 뒤, 한현희와 박동원이 FA로 팀을 떠난다. 2년 만에 다시 감독이 경질되고, 새로 임명된 감독은 '이장석의 꼭두각시'라는 소문이 야구계에 파다하게 퍼진다.

김태훈 투수 17

신장 187cm **체중** 97kg **생일** 1992-03-02	
투타 우투우타 **지명** 12 넥센 9라운드 79순위	
연봉 8,000-10,000-19,000	
학교 남부민초-대신중-부경고	

순위기록

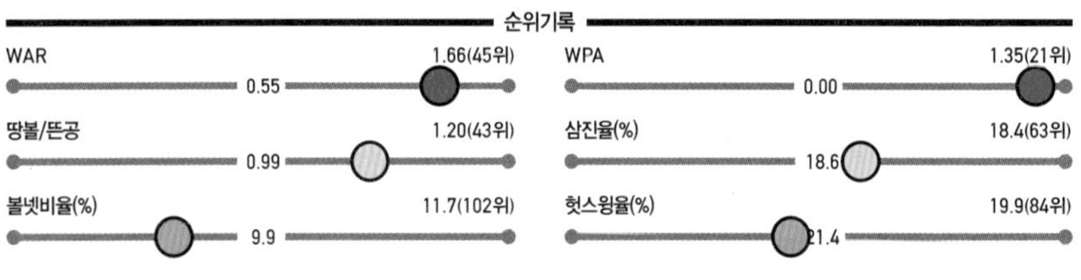

기본기록

연도	경기	선발	승	패	세이브	홀드	이닝	안타	홈런	볼넷	사구	삼진	피안타율	WHIP	FIP	ERA	QS	BS
2019	33	5	8	3	0	3	70.0	77	5	23	0	50	0.283	1.43	-	4.50	1	0
2020	53	2	7	0	0	10	64.0	70	1	22	5	40	0.282	1.44	3.73	4.22	0	2
2021	66	0	4	2	11	15	64.1	60	1	33	1	52	0.249	1.45	3.41	3.22	0	5
통산	212	15	22	8	13	29	302.1	330	25	134	13	212	0.281	1.53	3.57	4.76	1	8

상황별 기록

상황	안타	2루타	3루타	홈런	볼넷	사구	삼진	폭투	보크	피안타율
전반기	41	7	0	0	20	0	36	3	1	0.270
후반기	19	3	0	1	13	1	16	0	0	0.213
vs 좌	28	5	0	0	16	0	26	1	1	0.262
vs 우	32	5	0	1	17	1	26	2	0	0.239
주자없음	28	4	0	1	18	0	24	0	0	0.243
주자있음	32	6	0	0	15	1	28	3	1	0.254
득점권	17	2	0	0	10	1	15	3	1	0.233
만루	4	1	0	0	1	0	5	0	0	0.267

구종별 기록

구종	평균구속	순위	백분율	구사율(%)	피안타율
포심	144	73	24.1%	0.6%	0.500
투심/싱커	143	36	26.7%	59.1%	0.304
슬라이더/커터	136	35	12.2%	8.9%	0.174
커브	119	104	42.4%	4.5%	0.400
체인지업	-	-	-	-	-
포크볼	132	43	31.9%	26.8%	0.141
너클볼/기타	-	-	-	-	-

존별 기록

VS 우타

- 0/0	0.000 0/3	0.600 3/5	0.000 0/2	0.000 0/1
0.000 0/2	0.375 3/8	0.200 3/15	0.364 4/11	0.000 0/4
0.286 2/7	0.273 3/11	0.222 2/9	0.250 2/8	0.333 1/3
0.500 1/2	0.222 2/9	0.455 5/11	0.200 1/5	0.000 0/3
0.000 0/3	0.000 0/5	0.000 0/4	0.000 0/2	0.000 0/1

VS 좌타

- 0/0	0.000 0/1	- 0/0	- 0/0	0.000 0/1
0.000 0/1	0.143 1/7	0.167 1/6	0.000 0/4	1.000 1/1
0.000 0/3	0.333 1/3	0.182 2/11	0.389 7/18	0.333 2/6
0.000 0/3	0.000 0/4	0.625 5/8	0.429 6/14	0.250 1/4
- 0/0	0.000 0/2	0.000 0/4	0.500 1/2	0.000 0/4

투수 시점

● 프로 데뷔 8년 만에 야구인생에 꽃을 피웠다. 토종 투수 대부분의 구속이 정체되는 나이에 생애 최고 구속을 찍었다. 움직임이 큰 투심과 날카로운 스플리터가 더 빨라지자 타자들이 맞추기가 힘들어졌다. 헛스윙 비율과 삼진 비율 생애 최고치를 찍었다. 혹시나 방망이에 걸려도 멀리 날아가지 않았다. 뛰어난 땅볼 유도 능력을 유지했고, 피홈런은 단 한 개에 불과했다. FIP 3.41은 에이스 요키시마저 제친 팀내 1위다. 보직 승진은 당연한 결과. 점점 중요한 보직을 맡게 되더니 결국 조상우를 대신해 마무리투수 자리까지 꿰찼다. 올시즌도 마무리투수로 보직 확정. 유일하게 아쉬운 부분은 제구다. 볼과 볼넷 비율이 눈에 띄게 늘었다. 투심이 주무기인 투수들이 많이 겪는 제구 불안(무브먼트 통제 실패)인지, 아니면 지난해 유난히 좁아진 스트라이크존 때문인지는 불명확하다. 만약 후자라면, 올시즌 상하좌우로 모두 커질 스트라이크존 변경의 덕을 톡톡히 볼 가능성이 있다.

안우진 투수 41

신장 192cm **체중** 92kg **생일** 1999-08-30

투타 우투우타 **지명** 18 넥센 1차

연봉 4,800-9,000-15,000

학교 강남초-서울이수중-휘문고

순위기록

항목	리그 평균	기록(순위)
WAR	0.55	2.45(32위)
WPA	0.00	0.55(39위)
땅볼/뜬공	0.99	0.85(88위)
삼진율(%)	18.6	24.4(15위)
볼넷비율(%)	9.9	9.1(55위)
헛스윙율(%)	21.4	24.9(29위)

기본기록

연도	경기	선발	승	패	세이브	홀드	이닝	안타	홈런	볼넷	사구	삼진	피안타율	WHIP	FIP	ERA	QS	BS
2019	19	15	7	5	0	0	88.1	97	8	36	3	80	0.275	1.51	4.09	5.20	7	0
2020	42	0	2	3	2	13	36.0	20	3	17	0	41	0.160	1.03	3.69	3.00	0	5
2021	21	21	8	8	0	0	107.2	88	13	41	7	110	0.220	1.20	4.17	3.26	8	0
통산	102	41	19	20	2	14	273.1	251	30	122	13	277	0.241	1.36	4.32	4.45	15	5

상황별 기록

상황	안타	2루타	3루타	홈런	볼넷	사구	삼진	폭투	보크	피안타율
전반기	65	11	0	10	30	5	76	4	1	0.233
후반기	23	4	1	3	11	2	34	1	0	0.190
vs 좌	40	7	1	5	21	3	51	3	0	0.209
vs 우	48	8	0	8	20	4	59	2	1	0.230
주자없음	56	11	0	7	21	3	63	0	0	0.230
주자있음	32	4	1	6	20	4	47	5	1	0.205
득점권	17	3	1	2	13	2	27	4	1	0.207
만루	2	1	0	1	0	0	2	0	0	0.286

구종별 기록

구종	평균구속	순위	백분율	구사율(%)	피안타율
포심	151	3	1%	52.9%	0.241
투심/싱커	157		0%	0.1%	1.000
슬라이더/커터	141	2	0.7%	23.6%	0.236
커브	127	11	4.5%	17.5%	0.140
체인지업	134	13	6.2%	5.9%	0.107
포크볼	-	-	-	-	-
너클볼/기타	-	-	-	-	-

존별 기록

VS 우타

0.000 0/1	0.000 0/6	0.000 0/6	0.222 2/9	- 0/0
0.500 1/2	0.111 2/18	0.067 1/15	0.417 5/12	0.000 0/5
0.500 4/8	0.353 6/17	0.294 5/17	0.600 6/10	0.000 0/2
0.200 3/15	0.333 6/18	0.313 5/16	0.143 1/7	- 0/0
0.071 1/14	0.000 0/6	0.000 0/4	0.000 0/1	- 0/0

VS 좌타

0.000 0/2	0.000 0/3	0.167 1/6	0.429 3/7	- 0/0
0.000 0/5	0.353 6/17	0.353 6/17	0.000 0/7	0.000 0/2
0.000 0/11	0.500 6/12	0.154 2/13	0.077 1/13	0.000 0/1
0.000 0/4	0.278 5/18	0.381 8/21	0.111 1/9	0.000 0/3
0.000 0/3	0.200 1/5	0.000 0/5	0.000 0/6	0.000 0/1

투수 시점

● 마운드 위에서는 한 단계 성장했다. 예전 데이터는 없지만, 100이닝 이상 던진 선발 투수가 패스트볼 평균 시속 150km를 넘긴 건 안우진이 사상 최초일 것이 확실하다. 불펜에서 선발로 전환하면 보통 각종 지표가 악화되지만 안우진은 그렇지 않았다. 리그 모든 투수들이 좁아진 스트라이크존 때문에 고전할 때, 볼넷 비율 생애 최저치를 찍었다. 삼진 비율 24.1%를 100이닝 이상 토종 선발 중 최고. 피홈런 문제를 제외하고는 약점을 찾기 힘든, 이 시대 가장 압도적인 선발 투수로 진화하고 있다. 와일드카드 1차전에서 선보인 압도적인 피칭은 안우진의 야구 인생에 정점보다는 앞으로 펼쳐질 것의 서막에 가까워보인다. 그라운드 밖에서는 또 물의를 빚었다. 21세기 한국 야구 최악의 악재라 할 '방역 파문'의 중심에서 엄한 징계와 엄청난 비난을 받았다. 다른 선수들보다 더 조심하고 모범적으로 생활하기를 기대하던 팬들을 또 실망시켰다. 경기장뿐만이 아니라 밖에서도 성숙함을 검증받아야 한다.

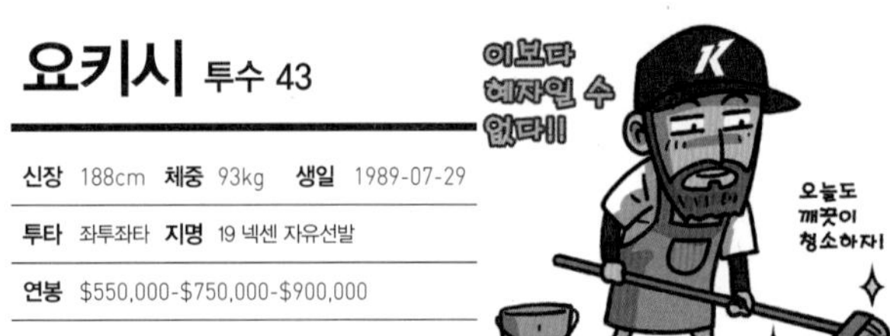

요키시 투수 43

신장 188cm **체중** 93kg **생일** 1989-07-29

투타 좌투좌타 **지명** 19 넥센 자유선발

연봉 $550,000-$750,000-$900,000

학교 Northwestern(대)

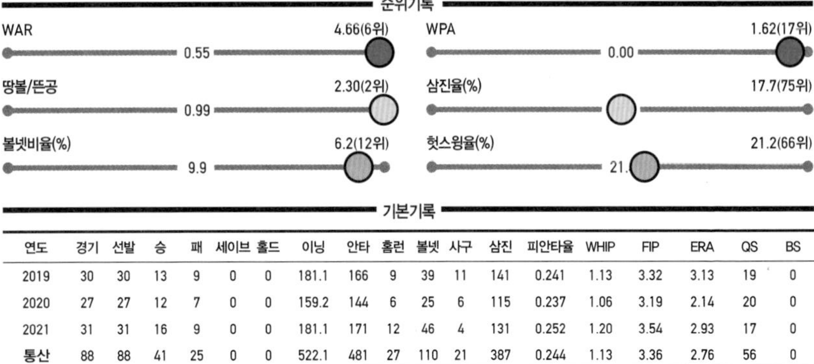

순위기록

항목	리그 평균	기록(순위)
WAR	0.55	4.66(6위)
WPA	0.00	1.62(17위)
땅볼/뜬공	0.99	2.30(2위)
삼진율(%)		17.7(75위)
볼넷비율(%)	9.9	6.2(12위)
헛스윙율(%)	21.	21.2(66위)

기본기록

연도	경기	선발	승	패	세이브	홀드	이닝	안타	홈런	볼넷	사구	삼진	피안타율	WHIP	FIP	ERA	QS	BS
2019	30	30	13	9	0	0	181.1	166	9	39	11	141	0.241	1.13	3.32	3.13	19	0
2020	27	27	12	7	0	0	159.2	144	6	25	6	115	0.237	1.06	3.19	2.14	20	0
2021	31	31	16	9	0	0	181.1	171	12	46	4	131	0.252	1.20	3.54	2.93	17	0
통산	88	88	41	25	0	0	522.1	481	27	110	21	387	0.244	1.13	3.36	2.76	56	0

상황별 기록

상황	안타	2루타	3루타	홈런	볼넷	사구	삼진	폭투	보크	피안타율
전반기	90	9	0	9	26	3	76	6	0	0.239
후반기	81	15	0	3	20	1	55	3	0	0.268
vs 좌	49	5	0	2	10	1	54	1	0	0.189
vs 우	122	19	0	10	36	3	77	8	0	0.291
주자없음	100	14	0	8	27	3	82	0	0	0.249
주자있음	71	10	0	4	19	1	49	9	0	0.257
득점권	44	6	0	3	9	0	27	6	0	0.312
만루	3	1	0	0	2	0	1	0	0	0.250

구종별 기록

구종	평균구속	순위	백분율	구사율(%)	피안타율
포심	145	62	20.5%	0.4%	0.200
투심/싱커	143	38	28.1%	46.8%	0.282
슬라이더/커터	136	29	10.1%	6.8%	0.323
커브	127	13	5.3%	26.1%	0.181
체인지업	132	46	22%	20%	0.259
포크볼	-	-	-	-	-
너클볼/기타	-	-	-	-	-

존별 기록

VS 우타

0.000 0/1	1.000 1/1	0.500 1/2	- 0/0	- 0/0
0.091 1/11	0.400 6/15	0.357 10/28	0.438 7/16	0.000 0/1
0.303 10/33	0.229 8/35	0.600 24/40	0.304 7/23	0.000 0/1
0.200 4/20	0.289 13/45	0.259 14/54	0.174 4/23	0.500 1/2
0.000 0/4	0.211 4/19	0.148 4/27	0.176 3/17	0.000 0/1

VS 좌타

- 0/0	- 0/0	0.000 0/2	0.000 0/2	- 0/0
0.143 1/7	0.308 4/13	0.200 4/20	0.167 1/6	- 0/0
0.083 1/12	0.158 3/19	0.350 7/20	0.167 2/12	0.000 0/5
0.000 0/9	0.250 4/16	0.268 11/41	0.269 7/26	0.000 0/5
- 0/0	0.000 0/3	0.067 1/15	0.150 3/20	0.000 0/6

투수 시점

● KBO 리그의 가장 안정적인 선발투수 중 한 명이면서, 최고의 왼손 선발투수로 자리매김했다. 지난 3년간 통산 WAR과 이닝수가 루친스키에 이어 2위다. 피출루율 0.290은 21세기에 500이닝 이상 던진 투수들 가운데 오승환(0.238)에 이어 2위. 지난 시즌 사실상 '팀의 유일한 외국인 투수'로 버티면서 에이스의 역할을 충실하게 소화했다. 원래 소문난 땅볼 투수였지만 작년에는 투심의 비중을 더 늘리면서 땅볼 유도 능력이 더 좋아졌다. 땅볼아웃/뜬공아웃 2.39로 100이닝 이상 투수들 중 전체 1위다. 우타자도 준수하게 처리하지만 좌타자를 상대로는 거의 저승사자 수준이다. 피안타율 0.189는 김대유에 이어 2위, 피OPS 0.453은 전체 1위다. 좌타자를 상대로는 땅볼 유도도 더 잘 한다. 좌타자가 갈수록 늘어나는 리그 환경에서 절대적으로 유리한 능력이다. 내야 수비진이 안정된다면 더 압도적인 성적을 찍을 것이다. 아내의 출산 때문에 팀 훈련에 참가를 못했지만 팀에서는 아무도 걱정을 안 한다.

최원태 투수 20

신장 184cm **체중** 97kg **생일** 1997-01-07

투타 우투우타 **지명** 15 넥센 1차

연봉 37,000-29,000-31,000

학교 인헌초-용산리틀-경원중-서울고

순위기록

항목	기록	기준
WAR	0.54(86위)	0.55
WPA	-0.71(261위)	0.00
땅볼/뜬공	0.98(71위)	0
삼진율(%)	14.5(116위)	18.6
볼넷비율(%)	8.2(38위)	9.9
헛스윙율(%)	18.5(99위)	21.4

기본기록

연도	경기	선발	승	패	세이브	홀드	이닝	안타	홈런	볼넷	사구	삼진	피안타율	WHIP	FIP	ERA	QS	BS
2019	27	27	11	5	0	0	157.1	165	5	36	5	105	0.268	1.28	3.26	3.38	18	0
2020	21	21	7	6	0	0	110.0	115	16	37	7	67	0.269	1.38	5.37	5.07	9	0
2021	28	28	9	11	0	0	143.1	163	11	53	10	93	0.287	1.51	4.31	4.58	11	0
통산	141	135	53	39	0	0	755.1	837	65	218	51	534	0.281	1.40	4.34	4.48	64	0

상황별 기록

상황	안타	2루타	3루타	홈런	볼넷	사구	삼진	폭투	보크	피안타율
전반기	91	8	1	7	30	3	51	2	0	0.292
후반기	72	13	2	4	23	7	42	1	0	0.281
vs 좌	76	11	2	4	27	3	46	1	0	0.277
vs 우	87	10	1	7	26	7	47	2	0	0.296
주자없음	84	11	0	6	22	6	45	0	0	0.272
주자있음	79	10	3	5	31	4	48	3	0	0.305
득점권	45	5	3	3	18	1	29	2	0	0.304
만루	6	1	1	0	1	0	1	0	0	0.545

구종별 기록

구종	평균구속	순위	백분율	구사율(%)	피안타율
포심	-	-	-	-	-
투심/싱커	142	40	29.6%	50.8%	0.338
슬라이더/커터	135	45	15.7%	17.9%	0.273
커브	120	80	32.7%	8.2%	0.152
체인지업	129	82	39.2%	23%	0.226
포크볼	-	-	-	-	-
너클볼/기타	-	-	-	-	-

존별 기록

VS 우타

- 0/0	0.000 0/1	0.250 1/4	0.600 6/10	0.000 0/2
0.333 1/3	0.300 3/10	0.290 9/31	0.286 8/28	0.250 1/4
0.300 3/10	0.423 11/26	0.400 12/30	0.208 5/24	0.429 3/7
0.300 3/10	0.263 5/19	0.290 9/31	0.267 4/15	0.000 0/4
0.000 0/3	0.000 0/6	0.250 3/12	0.000 0/4	- 0/0

VS 좌타

- 0/0	- 0/0	0.222 2/9	0.250 2/8	0.000 0/1
0.000 0/3	0.222 2/9	0.250 5/20	0.241 7/29	0.625 5/8
0.600 4/5	0.214 3/14	0.370 10/27	0.385 10/26	0.000 0/6
0.250 1/4	0.471 8/17	0.278 10/36	0.238 5/21	0.000 0/9
0.000 0/2	0.000 0/1	0.100 1/10	0.000 0/7	0.500 1/2

투수 시점

● 좋은 선발투수라는 점에는 누구도 이견이 없다. 지난 5년간 최원태(124회)보다 선발 등판이 많았던 투수는 유희관 뿐이다. 작년에도 팀내에서 두 번째, 리그 전체에서 9번째로 많은 28차례 선발 등판해 붕괴된 선발 로테이션에서 최후의 보루 역할을 했다. 하지만 많은 사람들이 '저 구위면 더 잘 할 수 있지 않을까?'라는 아쉬움을 품는다. 지금 최원태의 정체성은 한국의 대표적인 '맞춰 잡는 투수'로 굳어졌다. 삼진과 볼넷, 홈런을 제외한 야수들이 수비를 해줘야 하는 '인플레이 타구'의 비율이 75.6%로 100이닝 이상 투수들 중 리그 2위다. 즉 야수진의 도움이 리그에서 두 번째로 필요한 투수다. 게다가 투심이 주무기라 뜬공보다는 땅볼 유도가 많고, 내야 수비진의 영향을 많이 받는데, 지난해 키움 내야진은 혼돈의 연속이었다. 피칭 스타일을 바꾸려는 시도는 2년 전 한 번 실패했다. 그렇다면 뒤에서 무슨 일이 일어나든 자신의 임무에만 최선을 다하는 집중력이 필요하다.

한현희 투수 63

신장 182cm **체중** 98kg	**생일** 1993-06-25
투타 우투우타	**지명** 12 넥센 1라운드 2순위
연봉 29,000-29,000-25,000	
학교 동삼초-경남중-경남고	

순위기록

항목	리그 평균	기록(순위)
WAR	0.55	1.38(50위)
WPA	0.00	0.47(47위)
땅볼/뜬공	0.9	1.00(68위)
삼진율(%)	18.6	16.4(91위)
볼넷비율(%)	9.9	8.1(34위)
헛스윙율(%)	21.4	18.5(98위)

기본기록

연도	경기	선발	승	패	세이브	홀드	이닝	안타	홈런	볼넷	사구	삼진	피안타율	WHIP	FIP	ERA	QS	BS
2019	61	0	7	5	0	24	58.0	50	1	20	7	49	0.240	1.21	3.28	3.41	0	3
2020	25	25	7	9	0	0	135.2	141	10	37	14	109	0.266	1.31	3.99	4.98	9	0
2021	18	15	6	2	0	1	85.2	86	4	30	6	61	0.257	1.35	3.78	3.89	5	0
통산	395	102	59	39	8	105	893.2	909	82	272	100	718	0.265	1.32	4.40	4.22	40	9

상황별 기록

상황	안타	2루타	3루타	홈런	볼넷	사구	삼진	폭투	보크	피안타율
전반기	68	15	0	4	26	6	56	2	0	0.247
후반기	18	5	0	0	4	0	5	1	0	0.305
vs 좌	51	14	0	4	18	3	31	0	0	0.290
vs 우	35	6	0	0	12	3	30	3	0	0.222
주자없음	44	13	0	1	18	3	31	0	0	0.243
주자있음	42	7	0	3	12	3	30	3	0	0.275
득점권	22	6	0	1	5	2	23	1	0	0.239
만루	2	1	0	0	0	0	0	0	0	0.667

구종별 기록

구종	평균구속	순위	백분율	구사율(%)	피안타율
포심	144	79	26.1%	56%	0.258
투심/싱커	144	30	22.2%	0.5%	1.000
슬라이더/커터	129	161	56.1%	34.2%	0.209
커브	-	-	-	-	-
체인지업	131	61	29.2%	9.2%	0.344
포크볼	-	-	-	-	-
너클볼/기타	-	-	-	-	-

존별 기록

VS 우타

- 0/0	- 0/0	0.500 1/2	0.000 0/1	- 0/0
0.333 1/3	0.200 1/5	0.400 6/15	0.167 1/6	0.000 0/2
0.250 3/12	0.100 1/10	0.300 6/20	0.083 1/12	0.200 1/5
0.118 2/17	0.235 4/17	0.214 3/14	0.600 3/5	- 0/0
0.000 0/5	0.000 0/3	0.250 1/4	- 0/0	- 0/0

VS 좌타

- 0/0	0.000 0/1	0.333 1/3	0.000 0/1	0.000 0/1
0.500 1/2	0.000 0/4	0.308 4/13	0.111 1/9	0.250 2/8
0.000 0/1	0.417 5/12	0.357 5/14	0.389 7/18	0.214 3/14
0.000 0/1	0.364 4/11	0.286 6/21	0.211 4/19	0.500 5/10
- 0/0	0.000 0/1	0.250 2/8	0.333 1/3	0.000 0/1

투수 시점

● 첫 FA 자격 행사를 눈앞에 두고 치명적인 잘못을 저질렀다. '방역 파문'의 주범 중 한 명이 되며 팀과 자기 자신, 크게 보면 한국 야구 전체에 큰 손해를 끼쳤다. 시즌 막판 돌아왔지만 정상 구위가 아니었고, 와일드카드 2차전에서 난타당하며 탈락에 결정적 계기를 제공했다. 소용돌이 이전의 한현희는 예전과 똑같았다. 오른손 타자는 완벽하게 압도했고, 좌타자를 상대로는 고전했다. 선발투수들 중 좌우타자 상대 피OPS 편차가 가장 컸다. 좌타자를 상대로 체인지업 구사 비율을 늘렸지만 결과가 신통치 않았다. 좌타자가 갈수록 늘어나는 리그 환경에서 치명적인 약점이다. 선발 투수로 3번째 시즌을 맞는다. 좌타자 해결책을 찾느냐가 팀의 반등과 자신의 부활, 나아가 FA 시장에서의 경쟁력에 결정적 관건이다. 찾는다면 당장 리그 최고 수준의 선발투수가 될 수 있다. 겨울 개인 훈련 때 발목을 다쳐 스프링캠프에 합류하지 못했다. 정상 로테이션 합류도 4월말이 유력하다.

김혜성 내야수 3

신장 179cm 체중 78kg 생일 1999-01-27

투타 우투좌타 지명 17 넥센 2차 1라운드 7순위

연봉 10,000-17,000-32,000

학교 고양리틀-동산중-동산고

순위기록

WAR 0.54 — 4.73(10위)

WPA 0.00 — 0.99(41위)

볼넷/삼진 0.58 — 0.67(57위)

삼진율(%) 18.2 — 15.3(49위)

뜬공/땅볼 1.03 — 0.83(114위)

컨택성공률(%) 78.7 — 83.7(36위)

기본기록

연도	경기	타석	타수	안타	2루타	3루타	홈런	타점	득점	볼넷	사구	삼진	도루	도루자	타율	출루율	장타율	OPS
2019	122	387	348	96	16	7	0	32	57	29	2	85	20	3	0.276	0.332	0.362	0.694
2020	142	553	499	142	24	6	7	61	80	46	2	94	25	8	0.285	0.345	0.399	0.744
2021	144	635	559	170	20	3	3	66	99	65	1	97	46	4	0.304	0.372	0.367	0.739
통산	560	2065	1852	527	77	22	15	206	316	174	10	401	122	21	0.285	0.346	0.374	0.720

상황별 기록

상황	타석	홈런	볼넷	삼진	타율	출루율	장타율	OPS
전반기	366	3	38	60	0.294	0.363	0.368	0.731
후반기	269	0	27	37	0.318	0.383	0.364	0.747
vs 좌	191	0	14	29	0.312	0.356	0.341	0.697
vs 우	384	2	45	57	0.292	0.372	0.351	0.723
주자있음	298	1	35	43	0.302	0.376	0.357	0.733
주자없음	337	2	30	54	0.306	0.368	0.375	0.743
득점권	166	0	21	24	0.289	0.361	0.333	0.694
노아웃	231	1	20	31	0.327	0.385	0.389	0.774
원아웃	229	2	24	34	0.274	0.341	0.345	0.686
투아웃	175	0	21	32	0.312	0.394	0.364	0.758

팀별 기록

구분	타석	홈런	볼넷	삼진	타율	출루율	장타율	OPS
KIA	78	0	5	10	0.268	0.308	0.338	0.646
KT	63	0	9	9	0.241	0.349	0.259	0.608
LG	69	0	8	9	0.383	0.449	0.400	0.849
NC	73	0	11	10	0.377	0.466	0.410	0.876
SSG	72	2	6	14	0.262	0.319	0.400	0.719
두산	69	0	4	15	0.281	0.319	0.328	0.647
롯데	71	0	10	9	0.373	0.465	0.441	0.906
삼성	73	1	8	11	0.328	0.397	0.469	0.866
한화	67	0	4	10	0.230	0.269	0.246	0.515

존별 기록

VS 좌투

0.000 0/1	0.000 0/2	0.333 2/6	0.667 2/3	- 0/0
0.167 1/6	0.600 6/10	0.471 8/17	0.214 3/14	0.000 0/1
0.400 2/5	0.875 7/8	0.333 4/12	0.167 3/18	0.000 0/6
1.000 1/1	0.000 0/2	0.333 5/15	0.353 6/17	0.429 3/7
- 0/0	0.000 0/1	0.000 0/7	0.000 0/6	0.000 0/4

VS 우투

- 0/0	0.429 3/7	0.286 2/7	0.000 0/4	1.000 1/1
0.000 0/5	0.250 6/24	0.371 13/35	0.273 6/22	0.500 2/4
0.400 2/5	0.400 4/10	0.385 10/26	0.206 7/34	0.333 3/9
0.000 0/8	0.353 6/17	0.395 15/38	0.265 9/34	0.375 3/8
0.000 0/4	0.200 1/5	0.200 4/20	0.000 0/2	0.143 1/7

투수 시점

● 명과 암이 확실한 한 해를 보냈다. 장타율을 제외한 대부분의 타격 지표에서 생애 최고치를 기록했다. 도쿄올림픽을 다녀오면서도 144경기에 모두 출장하는 강철 체력을 과시했다. 특히 도루 능력은 발군이었다. 46개의 도루로 생애 첫 도루왕을 차지하는 동안 실패는 고작 4개. 92%의 도루 성공률은 프로야구 역사상 30도루 이상 선수 가운데 최고치다. 리그에서 두 번째로 많은 17번의 '추가 진루'를 기록하는 동안 주루사는 단 4개에 불과할 정도로 환상적인 주루 감각도 뽐냈다. 생애 첫 골든글러브는 당연한 결과. 아쉬운 점도 명확했다. 무려 35개의 실책을 저질러 역대 최다 기록의 불명예를 안았다. 직전 시즌에 5개 포지션을 소화하면서도 실책이 9개에 불과했기에 너무나 의외였다. 손쉬운 송구에서 실수가 많았기에, 기술보다는 심리적 중압감이 이유였을 가능성이 높다. 이용규에게 주장직을 넘겨 어깨의 짐을 약간 덜었다. 스프링캠프까지도 올시즌 포지션이 정해지지 않았다.

박동원 포수 27

신장 178cm **체중** 92kg	**생일** 1990-04-07
투타 우투우타	**지명** 09 히어로즈 2차 3라운드 19순위
연봉 22,500-23,000-31,000	
학교 양정초-개성중-개성고	

순위기록

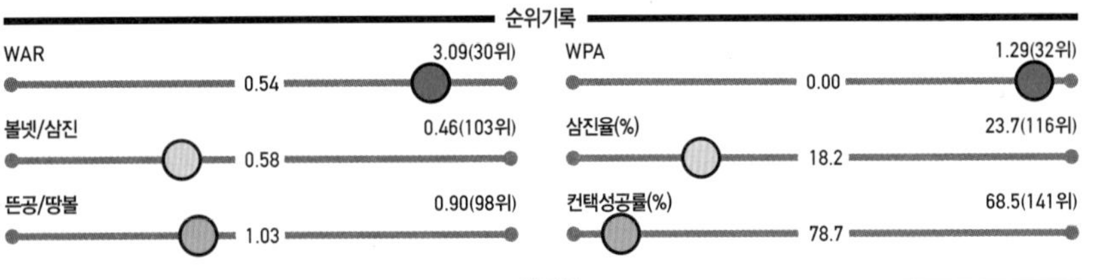

기본기록

연도	경기	타석	타수	안타	2루타	3루타	홈런	타점	득점	볼넷	사구	삼진	도루	도루자	타율	출루율	장타율	OPS
2019	112	361	317	94	15	1	10	55	50	34	2	56	1	0	0.297	0.367	0.445	0.812
2020	112	372	324	81	21	0	12	50	45	38	6	68	0	0	0.250	0.338	0.426	0.764
2021	131	481	413	103	21	0	22	83	61	53	7	114	2	0	0.249	0.342	0.460	0.802
통산	903	2829	2491	642	119	5	96	407	336	235	40	575	9	2	0.258	0.329	0.425	0.754

상황별 기록

상황	타석	홈런	볼넷	삼진	타율	출루율	장타율	OPS
전반기	261	16	32	69	0.265	0.372	0.534	0.906
후반기	220	6	21	45	0.232	0.307	0.376	0.683
vs 좌	107	6	16	25	0.275	0.383	0.549	0.932
vs 우	326	16	34	79	0.247	0.336	0.462	0.798
주자있음	247	15	28	51	0.271	0.364	0.536	0.900
주자없음	234	7	25	63	0.228	0.321	0.383	0.704
득점권	145	7	24	27	0.277	0.408	0.500	0.908
노아웃	160	5	19	30	0.220	0.329	0.394	0.723
원아웃	156	9	14	38	0.299	0.372	0.547	0.919
투아웃	165	8	20	46	0.229	0.327	0.438	0.765

팀별 기록

구분	타석	홈런	볼넷	삼진	타율	출루율	장타율	OPS
KIA	64	5	6	19	0.214	0.302	0.518	0.820
KT	57	3	6	12	0.240	0.321	0.420	0.741
LG	44	1	7	11	0.200	0.349	0.371	0.720
NC	61	2	6	15	0.264	0.344	0.415	0.759
SSG	57	3	7	12	0.250	0.368	0.458	0.826
두산	56	1	7	14	0.283	0.364	0.413	0.777
롯데	53	1	4	9	0.229	0.302	0.375	0.677
삼성	42	3	5	10	0.333	0.429	0.694	1.123
한화	47	3	5	12	0.244	0.326	0.512	0.838

존별 기록

VS 좌투

- 0/0	0.000 0/1	0.333 1/3	0.000 0/1	1.000 1/1
0.333 1/3	0.375 3/8	0.429 3/7	0.000 0/6	0.000 0/2
0.167 1/6	0.143 1/7	0.444 4/9	0.600 3/5	0.000 0/1
0.500 1/2	0.125 1/8	0.556 5/9	0.000 0/2	- 0/0
0.000 0/3	0.000 0/2	0.000 0/1	0.000 0/3	0.000 0/1

VS 우투

0.000 0/1	0.000 0/1	0.333 4/12	0.222 2/9	0.000 0/2
- 0/0	0.235 4/17	0.429 15/35	0.308 4/13	0.000 0/3
0.250 4/16	0.333 7/21	0.394 13/33	0.111 1/9	0.000 0/2
0.100 1/10	0.083 2/24	0.323 10/31	0.143 1/7	0.000 0/3
0.000 0/9	0.000 0/7	0.125 1/8	0.000 0/5	- 0/0

투수 시점

● 타석에서는 생애 최고의 시즌을 보냈다. 특히 전반기에는 리그 최고 타자 중 한 명이었다. 3연타석 홈런 등 무시무시한 장타쇼를 펼치며 전반기에만 16홈런을 몰아쳤다. 생애 가장 낮은 콘택트 비율, 가장 높은 헛스윙 비율을 기록했지만 압도적인 장타력으로 약점을 만회하고도 남았다. 불필요한 논란을 막기 위해 스윙을 조금 얌전하게 만들었는데 도리어 장타력이 늘어나는 재미있는 결과가 나왔다. 후반기에는 완전히 다른 선수가 됐다. 장타가 사라지며 백업포수 이지영과 공격력 차이가 없어졌다. 후반기 부진은 3년째 반복되는 현상이다. 홍원기 감독이 전반기부터 과하다 싶을 정도로 박동원의 수비 이닝을 줄였지만 효과가 없었다. 오히려 포수를 맡은 경기에서 타격성적이 (예전처럼) 더 좋았다. 지명타자로 자주 나오며 수비이닝이 모자라 골든글러브 포수 부문 후보에서 제외됐다. 올시즌 뒤 FA가 된다. 본인은 포수 수비를 더 하고 싶다는 희망을 숨기지 않는다.

이용규 외야수 19

신장 170cm 체중 70kg 생일 1985-08-26

투타 좌투좌타 지명 04 LG 2차 2라운드 15순위

연봉 40,000-10,000-40,000

학교 성동초-잠신중-덕수정보고

순위기록

항목	기록	평균
WAR	3.10(28위)	0.54
WPA	1.73(23위)	0.00
볼넷/삼진	1.54(4위)	0.58
삼진율(%)	8.4(7위)	18.2
뜬공/땅볼	0.86(110위)	1.03
컨택성공률(%)	93.6(2위)	78.7

기본기록

연도	경기	타석	타수	안타	2루타	3루타	홈런	타점	득점	볼넷	사구	삼진	도루	도루자	타율	출루율	장타율	OPS
2019	0	0	0	0	0	0	0	0	0	0	0	0	0	0	-	-	-	-
2020	120	487	419	120	14	2	1	32	60	59	6	36	17	8	0.286	0.381	0.337	0.718
2021	133	547	459	136	16	8	1	43	88	71	5	46	17	2	0.296	0.392	0.373	0.765
통산	1825	7699	6611	1986	260	61	26	526	1126	825	115	673	380	143	0.300	0.386	0.370	0.756

상황별 기록

상황	타석	홈런	볼넷	삼진	타율	출루율	장타율	OPS
전반기	299	0	45	30	0.286	0.400	0.367	0.767
후반기	248	1	26	16	0.308	0.382	0.379	0.761
vs 좌	142	0	23	13	0.333	0.445	0.405	0.850
vs 우	353	1	45	32	0.272	0.366	0.351	0.717
주자있음	225	0	33	18	0.292	0.397	0.388	0.785
주자없음	322	1	38	28	0.299	0.388	0.363	0.751
득점권	154	0	22	13	0.276	0.379	0.350	0.729
노아웃	245	1	27	22	0.274	0.368	0.346	0.714
원아웃	154	0	17	10	0.321	0.383	0.435	0.818
투아웃	148	0	27	14	0.308	0.439	0.350	0.789

팀별 기록

구분	타석	홈런	볼넷	삼진	타율	출루율	장타율	OPS
KIA	63	0	9	3	0.365	0.468	0.462	0.930
KT	58	0	5	3	0.235	0.310	0.314	0.624
LG	53	0	5	3	0.396	0.453	0.521	0.974
NC	64	1	9	4	0.434	0.516	0.509	1.025
SSG	61	0	5	7	0.352	0.410	0.519	0.929
두산	58	0	7	7	0.191	0.304	0.234	0.538
롯데	63	0	10	8	0.189	0.317	0.226	0.543
삼성	66	0	10	8	0.236	0.354	0.255	0.609
한화	61	0	11	3	0.261	0.390	0.304	0.694

존별 기록

VS 좌투

- 0/0	0.000 0/3	0.333 1/3	- 0/0	0.000 0/1
0.000 0/2	0.000 0/1	0.462 6/13	0.000 0/4	0.000 0/1
0.333 1/3	0.600 3/5	0.429 6/14	0.500 3/6	- 0/0
0.000 0/1	0.333 4/12	0.389 7/18	0.308 4/13	0.000 0/1
- 0/0	0.000 0/1	0.286 2/7	0.000 0/2	- 0/0

VS 우투

- 0/0	0.000 0/1	0.333 1/3	0.333 1/3	0.000 0/2
0.000 0/2	0.389 7/18	0.280 7/25	0.300 6/20	0.167 1/6
0.444 4/9	0.067 1/15	0.361 13/36	0.211 4/19	0.333 3/9
0.200 1/5	0.182 4/22	0.267 12/45	0.292 7/24	0.333 1/3
0.500 1/2	0.091 1/11	0.400 4/10	0.273 3/11	- 0/0

투수 시점

● 엘리트 스포츠 선수들은 대부분 자존심이 세다. 부당한 대우를 받거나 과소평가된다고 느낄 때, 상처받은 자존심은 종종 불타는 투지로 변환된다. 작년의 이용규는 그 대표적인 사례다. 주장이자 팀내 최고 외야수였던 자신을 방출한 한화를 제대로 후회하게 만들었다. 모든 공격 지표에서 4년 만에 최고치를 찍으며 회춘했다. 심지어 당연히 느려져야 할 발까지 빨라진 듯하다. 평균 대비 20회의 추가 진루로 리그 전체 1위에 올랐다. 16개의 도루를 성공하는 동안 도루 실패는 생애 최소인 2개에 불과했다. '용규 놀이' 능력도 여전하다. 투스트라이크 이후 커트 비율이 91.2%로 리그 전체 1위였다. 연봉이 4배나 인상된 게 이상하지 않은 눈부신 활약이었다. 올해는 주장까지 맡았다. 18년의 프로 인생 궤적을 보면 어깨가 무거울수록, 중요한 승부일수록 야구를 잘 하는 스타일이었다. 14안타, 20도루를 더하면 전준호에 이어 프로야구 사상 두 번째로 2000안타-400도루를 달성한다.

이정후 외야수 51

신장 185cm **체중** 88kg **생일** 1998-08-20

투타 우투좌타 **지명** 17 넥센 1차

연봉 39,000-55,000-75,000

학교 광주서석초-휘문중-휘문고

순위기록

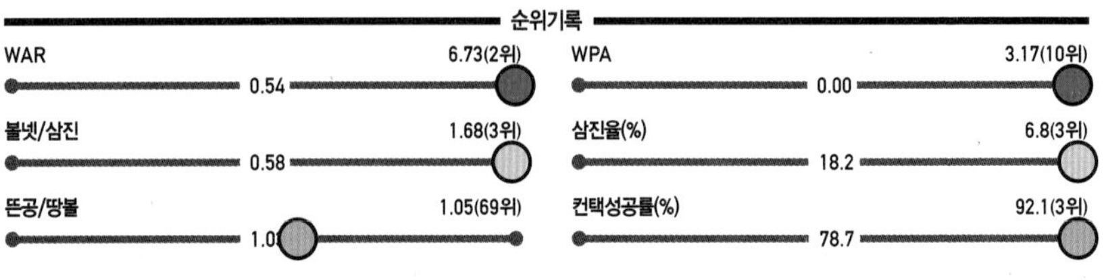

기본기록

연도	경기	타석	타수	안타	2루타	3루타	홈런	타점	득점	볼넷	사구	삼진	도루	도루자	타율	출루율	장타율	OPS
2019	140	630	574	193	31	10	6	68	91	45	4	40	13	7	0.336	0.386	0.456	0.842
2020	140	617	544	181	49	5	15	101	85	59	4	47	12	2	0.333	0.397	0.524	0.921
2021	123	544	464	167	42	6	7	84	78	62	9	37	10	3	0.360	0.438	0.522	0.960
통산	656	2933	2593	883	185	31	36	357	446	268	31	249	58	20	0.341	0.404	0.477	0.881

상황별 기록

상황	타석	홈런	볼넷	삼진	타율	출루율	장타율	OPS
전반기	356	3	51	22	0.345	0.441	0.503	0.944
후반기	188	4	11	15	0.387	0.431	0.554	0.985
vs 좌	159	1	16	18	0.301	0.390	0.426	0.816
vs 우	327	4	40	16	0.379	0.453	0.545	0.998
주자있음	281	1	32	18	0.357	0.431	0.489	0.920
주자없음	263	6	30	19	0.362	0.445	0.555	1.000
득점권	171	1	20	8	0.341	0.415	0.507	0.922
노아웃	163	4	20	13	0.328	0.417	0.522	0.939
원아웃	183	1	24	14	0.392	0.470	0.542	1.012
투아웃	198	2	18	10	0.356	0.424	0.503	0.927

팀별 기록

구분	타석	홈런	볼넷	삼진	타율	출루율	장타율	OPS
KIA	50	1	4	4	0.140	0.240	0.279	0.519
KT	51	0	5	0	0.378	0.451	0.533	0.984
LG	61	0	4	6	0.286	0.344	0.339	0.683
NC	73	1	6	8	0.383	0.438	0.617	1.055
SSG	61	0	11	3	0.383	0.508	0.511	1.019
두산	65	1	9	6	0.400	0.477	0.509	0.986
롯데	65	1	7	2	0.526	0.569	0.737	1.306
삼성	59	2	7	4	0.353	0.424	0.588	1.012
한화	59	1	9	4	0.340	0.441	0.520	0.961

존별 기록

VS 좌투

0.250 1/4	0.500 2/4	0.333 2/6	0.667 2/3	- 0/0
0.000 0/2	0.200 1/5	0.364 8/22	0.500 2/4	0.000 0/1
1.000 2/2	0.250 1/4	0.300 3/10	0.357 5/14	0.250 1/4
- 0/0	0.600 3/5	0.091 1/11	0.188 3/16	0.400 2/5
- 0/0	0.000 0/2	0.250 1/4	0.000 0/2	0.167 1/6

VS 우투

- 0/0	0.000 0/6	0.375 3/8	0.500 2/4	0.333 1/3
1.000 2/2	0.385 5/13	0.550 11/20	0.387 12/31	0.333 2/6
0.000 0/3	0.417 5/12	0.452 14/31	0.500 15/30	0.250 3/12
0.000 0/1	0.500 8/16	0.300 9/30	0.375 9/24	0.000 0/4
0.000 0/1	0.000 0/2	0.286 2/7	0.200 2/10	0.000 0/1

·투수 시점

● 이 시대 최고 타자이자, 역사상 최고의 안타 제조기로 진화 중이다. 생애 첫 타격왕을 차지한 타율 0.360은 23세 이하 타자로는 역사상 최고 기록. 통산 타율 0.341과 883안타 모두 23세까지 누적 기록으로 사상 최고다. 안타 제조 능력만큼 놀라운 건 당대 최고 수준의 정확도와 뛰어난 파워를 겸비한 희귀한 재능이다. 장타율이 5할이 넘었는데 삼진 비율은 7%가 안 된다. 21세기 들어 삼진 비율 7% 이하-장타율 5할 이상을 기록한 타자는 이정후가 유일하다. (공교롭게도 이 진기한 기록을 찍은 마지막 타자가 1994년의 아버지였다) 도쿄올림픽을 통해 메이저리그 수준의 투수들도 칠 수 있다는 걸 증명했다. 일본 최고투수 야마모토에게 안타 두 방을 터뜨렸고, 빅리그에서도 수준급일 미국의 주축 투수들을 상대로 전혀 밀리지 않았다. 미국과 일본전에서 54구를 보며 헛스윙을 단 한 번도 하지 않았다. 해외 진출까지 남은 시간은 2년. 남은 목표는 팀의 우승이다.

푸이그 외야수 66

신장 188cm **체중** 108kg **생일** 1990-12-07

투타 우투우타 **지명** 22 키움 자유선발

연봉 $700,000

학교 EIEFD(대)

순위기록

WAR	0.54
WPA	0.00
볼넷/삼진	0.58
삼진율(%)	18.2
뜬공/땅볼	1.03
컨택성공률(%)	78.7

기본기록

연도	경기	타석	타수	안타	2루타	3루타	홈런	타점	득점	볼넷	사구	삼진	도루	도루자	타율	출루율	장타율	OPS
2019																		
2020																		
2021																		
통산																		

상황별 기록

상황	타석	홈런	볼넷	삼진	타율	출루율	장타율	OPS
전반기								
후반기								
vs 좌								
vs 우								
주자있음								
주자없음								
득점권								
노아웃								
원아웃								
투아웃								

팀별 기록

구분	타석	홈런	볼넷	삼진	타율	출루율	장타율	OPS
KIA								
KT								
LG								
NC								
SK								
두산								
롯데								
삼성								
한화								

존별 기록

VS 좌투

VS 우투

투수 시점

● KBO 리그에 입성한 전직 메이저리거들 중 가장 훌륭했던 선수는 당연히 추신수다. 가장 강렬했던 선수는 아마도 푸이그다. 차원이 다른 재능으로 빅리그를 폭격하며 MVP 후보로 거론되던 '류현진 도우미 시절'의 기억이 국내팬의 뇌리에도 너무나 생생하다. 각종 사고와 논란 속에 빅리그에서 사라진 지 3년 만에, 한국에서 도약의 기회를 노린다. 작년에는 멕시칸리그에서 뛰었다. 전체적인 타격 성적은 상위권이지만, 리그를 '씹어 먹지는' 못했다. 즉 빅리그 시절에 비해 (당연히) 기량이 하락했을 가능성이 있다. 인상적인 변화도 있었다. 볼넷 비율이 13%로 꽤 상위권이었다. 빅리그에 볼 수 없었던 참을성이 생긴 거라면, KBO 리그에서 대단히 유용한 무기가 될 것이다. 빅리그 최고 수준의 빠른공 킬러이자 '비슷하면 치는' 타자였던 푸이그를 상대로, 모든 투수들이 유인구를 주구장창 던질 것이기 때문이다. 물론 가장 중요한 건 바른 생활이다. 미국 시절과 유사한 사고를 친다면 용서받기 어렵다.

김동혁 투수 60

신장 185cm **체중** 82kg **생일** 2001-12-27 **투타** 우투우타 **지명** 20 키움 2차 3라운드 27

연봉 2,700-3,000-6,000 **학교** 강남-영동중-덕수고

● 데뷔 2년 만에 투수진의 소금 같은 존재가 됐다. 전반기에는 불펜의 마당쇠로 궂은 일을 도맡았고, 후반기에는 초토화된 선발진의 한 축까지 맡았다. 숙제도 확인했다. 1군에 안착하기 위해서는 구위를 더 끌어올려야 한다. 50이닝 이상 투수들 가운데 가장 낮은 8.2%의 삼진 비율로는 승부가 쉽지 않다. 올시즌도 '선발 예비군'으로 준비한다.

기본기록

연도	경기	선발	승	패	세이브	홀드	이닝	안타	홈런	볼넷	사구	삼진	피안타율	WHIP	FIP	ERA	QS	BS
2019	0	0	0	0	0	0	0.0	0	0	0	0	0	-	-	-	-	0	0
2020	8	0	0	1	0	0	8.2	8	1	1	1	6	0.235	1.04	4.36	5.19	0	0
2021	40	8	0	5	1	0	82.0	89	5	34	14	30	0.290	1.50	5.00	5.05	1	0
통산	48	8	0	6	1	0	90.2	97	6	35	15	36	0.284	1.46	4.94	5.06	1	0

상황별 기록

상황	안타	2루타	3루타	홈런	볼넷	사구	삼진	폭투	보크	피안타율
전반기	36	3	0	1	12	6	15	0	1	0.277
후반기	53	18	0	4	22	8	15	0	0	0.299
vs 좌	41	13	0	2	16	4	11	0	0	0.295
vs 우	48	8	0	3	18	10	19	0	1	0.286
주자없음	50	11	0	1	15	7	8	0	0	0.357
주자있음	39	10	0	4	19	7	22	0	1	0.234
득점권	29	9	0	2	15	7	14	0	0	0.309
만루	5	1	0	0	0	1	2	0	0	0.294

구종별 기록

구종	평균구속	순위	백분율	구사율(%)	피안타율
포심	130	293	96.7%	33.4%	0.311
투심/싱커	129	132	97.8%	24.3%	0.377
슬라이더/커터	-	-	-	-	-
커브	109	236	96.3%	13.3%	0.111
체인지업	117	205	98.1%	28.7%	0.222
포크볼	-	-	-	-	-
너클볼/기타	-	-	-	-	-

김선기 투수 49

신장 187cm **체중** 94kg **생일** 1991-09-01 **투타** 우투우타 **지명** 18 넥센 2차 1라운드 8순위

연봉 4,200-5,300-6,300 **학교** 석교초-세광중-세광고

● 2020년의 호투를 발판 삼아 필승조 진입을 노렸지만 정반대로 난타당하며 4월말 1군에서 사라졌다. 후반기에 돌아와 급박한 팀 사정상 선발도 맡았지만 인상적이지 않았다. 구위도, 제구도 모두 악화된 모습. 올시즌도 예비 선발 후보 1순위로 준비하지만, 작년 모습 그대로라면 1군에서 오래 버티기가 쉽지 않다.

기본기록

연도	경기	선발	승	패	세이브	홀드	이닝	안타	홈런	볼넷	사구	삼진	피안타율	WHIP	FIP	ERA	QS	BS
2019	7	6	3	1	0	0	28.0	27	2	9	4	17	0.252	1.29	4.51	4.18	2	0
2020	25	0	0	0	0	3	22.0	17	1	8	4	11	0.218	1.14	4.78	2.05	0	0
2021	21	7	3	2	0	0	48.1	53	5	22	7	25	0.277	1.55	5.44	6.52	2	1
통산	74	13	6	4	0	4	121.0	131	13	55	15	74	0.275	1.54	5.37	5.43	4	1

상황별 기록

상황	안타	2루타	3루타	홈런	볼넷	사구	삼진	폭투	보크	피안타율
전반기	10	3	0	0	4	2	4	2	0	0.323
후반기	43	9	0	5	18	5	21	2	1	0.269
vs 좌	23	5	0	1	9	0	9	1	0	0.258
vs 우	30	7	0	4	13	7	16	3	1	0.294
주자없음	27	9	0	3	9	2	15	0	0	0.252
주자있음	26	3	0	2	13	5	10	4	1	0.310
득점권	16	3	0	2	10	4	7	2	1	0.302
만루	4	1	0	0	1	0	1	0	0	0.571

구종별 기록

구종	평균구속	순위	백분율	구사율(%)	피안타율
포심	142	122	40.3%	58.4%	0.345
투심/싱커	-	-	-	-	-
슬라이더/커터	129	175	61%	29.9%	0.186
커브	116	155	63.3%	9.3%	0.214
체인지업	130	70	33.5%	2.1%	0.000
포크볼	129	94	69.6%	0.1%	0.000
너클볼/기타	-	-	-	-	-

김재웅 투수 28

신장 174cm **체중** 83kg **생일** 1998-10-22 **투타** 좌투좌타 **지명** 17 넥센 2차 6라운드 57순위
연봉 2,700-5,200-10,400 **학교** 남양주-자양중-덕수고

● 1군 데뷔가 늦었지만 꾸준하게 성장하고 있다. 원래 수직 무브먼트가 좋았던 직구가 후반기에는 속도까지 빨라지며 필승조로 자리 잡았다. 같은 좌완 김성민이 입대한 올 시즌에는 더 중요한 역할을 맡을 전망. 체인지업이 준수해 우타자 상대 성적도 별로 나쁘지 않다. 제구 향상이 가장 큰 과제다. 높아질 스트라이크존의 덕을 많이 볼 후보다.

기본기록

연도	경기	선발	승	패	세이브	홀드	이닝	안타	홈런	볼넷	사구	삼진	피안타율	WHIP	FIP	ERA	QS	BS
2019	0	0	0	0	0	0	0.0	0	0	0	0	0	-	-	-	-	0	0
2020	43	7	1	4	0	2	59.2	64	7	23	2	51	0.279	1.46	4.58	4.68	0	0
2021	51	0	0	1	1	11	53.1	49	5	33	1	47	0.239	1.54	4.53	3.54	0	0
통산	94	7	1	5	1	13	113.0	113	12	56	3	98	0.260	1.50	4.56	4.14	0	0

상황별 기록

상황	안타	2루타	3루타	홈런	볼넷	사구	삼진	폭투	보크	피안타율
전반기	29	2	0	4	16	1	24	1	0	0.269
후반기	20	0	0	1	17	0	23	1	0	0.206
vs 좌	23	0	0	1	13	0	17	2	0	0.261
vs 우	26	2	0	4	20	1	30	0	0	0.222
주자없음	24	2	0	2	14	1	25	0	0	0.261
주자있음	25	0	0	3	19	0	22	2	0	0.221
득점권	10	0	0	2	16	0	15	2	0	0.185
만루	3	0	0	1	1	0	5	0	0	0.214

구종별 기록

구종	평균구속	순위	백분율	구사율(%)	피안타율
포심	140	203	67%	63.1%	0.228
투심/싱커	-	-	-	-	-
슬라이더/커터	129	167	58.2%	11.9%	0.303
커브	120	91	37.1%	6.9%	0.100
체인지업	129	90	43.1%	18.1%	0.250
포크볼	-	-	-	-	-
너클볼/기타	-	-	-	-	-

김준형 투수 93

신장 182cm **체중** 84kg **생일** 2002-07-12 **투타** 우투우타 **지명** 21 키움 2차 2라운드 19순위
연봉 3,000-4,200 **학교** 서울이수초-성남중-성남고

● 9월에야 데뷔해 단 14.1이닝을 던졌지만 강렬한 인상을 남겼다. 최고 150km의 싱싱한 패스트볼과 낙차가 엄청난 커브로 확실한 잠재력을 보여줬다. 과제도 확실하다. 퓨처스에서 1이닝당 1개 이상 볼넷을 기록할 정도로 제구가 불안했다. 폼이 워낙 안정적이어서 제구는 곧 해결될 거라는 예상이 많다. 그렇다면 불펜의 다크호스가 될 만하다.

기본기록

연도	경기	선발	승	패	세이브	홀드	이닝	안타	홈런	볼넷	사구	삼진	피안타율	WHIP	FIP	ERA	QS	BS
2019	0	0	0	0	0	0	0.0	0	0	0	0	0	-	-	-	-	0	0
2020	0	0	0	0	0	0	0.0	0	0	0	0	0	-	-	-	-	0	0
2021	14	0	0	0	0	0	14.1	15	2	7	3	8	0.263	1.53	6.12	3.14	0	0
통산	14	0	0	0	0	0	14.1	15	2	7	3	8	0.263	1.53	6.12	3.14	0	0

상황별 기록

상황	안타	2루타	3루타	홈런	볼넷	사구	삼진	폭투	보크	피안타율
전반기	0	0	0	0	0	0	0	0	0	-
후반기	15	1	0	2	7	3	8	1	0	0.263
vs 좌	7	0	0	0	3	0	3	1	0	0.259
vs 우	8	1	0	2	4	3	5	0	0	0.267
주자없음	8	0	0	1	3	2	1	0	0	0.381
주자있음	7	1	0	1	4	1	7	1	0	0.194
득점권	4	0	0	0	4	0	3	0	0	0.200
만루	1	0	0	0	0	0	0	0	0	0.333

구종별 기록

구종	평균구속	순위	백분율	구사율(%)	피안타율
포심	146	45	14.9%	72.8%	0.268
투심/싱커	-	-	-	-	-
슬라이더/커터	131	118	41.1%	6.3%	0.667
커브	119	101	41.2%	20.1%	0.154
체인지업	131	56	26.8%	0.8%	0.000
포크볼	-	-	-	-	-
너클볼/기타	-	-	-	-	-

애플러 투수 8

신장 196cm **체중** 104kg **생일** 1993-01-05 **투타** 우투우타 **지명** 22 키움 자유선발

연봉 $275,000 **학교** Sam Houston State(대)

● 영입에 대한 반응은 실망 그 자체였다. 트리플A 평균자책점 7.75인 투수를? 구단과 본인의 설명은 "빅리그 승격을 위해 슬라이더의 각을 크게 하려고 팔각도를 낮췄다가 생긴 역효과"였다. 문제는 그 전에도 그리 압도적인 투수가 아니었다는 것. 196cm의 키에서 내리꽂는 각을 회복해 'KBO 특화투수'가 되기를 구단은 손꼽아 기도하고 있다.

기본기록

연도	경기	선발	승	패	세이브	홀드	이닝	안타	홈런	볼넷	사구	삼진	피안타율	WHIP	FIP	ERA	QS	BS
2019																		
2020																		
2021																		
통산																		

상황별 기록

상황	안타	2루타	3루타	홈런	볼넷	사구	삼진	폭투	보크	피안타율
전반기										
후반기										
vs 좌										
vs 우										
주자없음										
주자있음										
득점권										
만루										

구종별 기록

구종	평균구속	순위	백분율	구사율(%)	피안타율
포심					
투심/싱커					
슬라이더/커터					
커브					
체인지업					
포크볼					
너클볼/기타					

윤정현 투수 99

신장 186cm **체중** 97kg **생일** 1993-05-17 **투타** 좌투좌타 **지명** 19 넥센 2차 1라운드 4순위

연봉 2,700-3,500-4,100 **학교** 서원초-세광중-세광고

● 2년 연속 부진 끝에 퓨처스에서 시즌을 시작했다. 2군에서도 이렇다 할 성적을 보여주지 못해 이대로 끝나나 싶었는데 1군 투수진이 붕괴되며 9월 기회를 얻었다. 10경기 12.1이닝의 짧은 기회를 망치지 않았고 포스트시즌 엔트리까지 들었다. 1군 불펜에서 시작할 가능성이 높지만, 발전을 보여주지 못한다면 남은 시간이 많지 않아 보인다.

기본기록

연도	경기	선발	승	패	세이브	홀드	이닝	안타	홈런	볼넷	사구	삼진	피안타율	WHIP	FIP	ERA	QS	BS
2019	3	0	0	0	0	0	2.0	2	0	2	0	2	0.250	2.00	4.40	9.00	0	0
2020	15	4	0	1	0	0	27.1	54	3	10	2	11	0.409	2.34	5.49	8.89	0	0
2021	10	0	0	0	0	1	12.1	11	0	5	1	7	0.239	1.30	3.66	1.46	0	0
통산	28	4	0	1	0	1	41.2	67	3	17	3	20	0.360	2.02	4.90	6.70	0	0

상황별 기록

상황	안타	2루타	3루타	홈런	볼넷	사구	삼진	폭투	보크	피안타율
전반기	0	0	0	0	0	0	0	0	0	-
후반기	11	2	0	0	5	1	7	0	0	0.239
vs 좌	4	1	0	0	2	1	3	0	0	0.200
vs 우	7	1	0	0	3	0	4	0	0	0.269
주자없음	4	0	0	0	4	0	1	0	0	0.235
주자있음	7	2	0	0	1	1	6	0	0	0.241
득점권	3	0	0	0	1	1	4	0	0	0.167
만루	0	0	0	0	1	0	2	0	0	0.000

구종별 기록

구종	평균구속	순위	백분율	구사율(%)	피안타율
포심	141	183	60.4%	4.3%	0.500
투심/싱커	136	100	74.1%	56.4%	0.296
슬라이더/커터	126	239	83.3%	19.9%	0.000
커브	-	-	-	-	-
체인지업	125	161	77%	19.4%	0.182
포크볼	-	-	-	-	-
너클볼/기타	-	-	-	-	-

이승호 투수 47

신장 187cm **체중** 95kg **생일** 1999-02-08 **투타** 좌투좌타 **지명** 17 KIA 2차 1라운드 4순위

연봉 8,500-10,000-8,500 **학교** 삼성초-개성중-경남고

● 부상 탓에 불펜으로 밀린 전반기에도, '방역 파문' 때문에 선발진에 재진입한 후반기에도 들쑥날쑥했다. 해마다 안정돼 가던 제구가 흔들리며 위기를 자초했다. 희망도 보았다. 조금씩 구속이 상승하더니 시즌 막바지에는 148km을 찍었다. 원래 떠오르는 무브먼트가 훌륭했던 만큼, 빨라진 구속을 유지한다면 완전히 다른 투수가 될 수 있다.

기본기록

연도	경기	선발	승	패	세이브	홀드	이닝	안타	홈런	볼넷	사구	삼진	피안타율	WHIP	FIP	ERA	QS	BS
2019	23	23	8	5	0	0	122.2	134	10	51	1	82	0.284	1.51	4.40	4.48	14	0
2020	24	23	6	6	0	0	118.2	132	15	40	5	73	0.284	1.45	5.11	5.08	8	0
2021	38	3	1	3	0	5	47.1	55	4	31	1	37	0.296	1.82	4.77	5.51	0	1
통산	117	53	16	17	0	9	333.2	365	37	144	12	230	0.282	1.53	4.94	4.99	22	1

상황별 기록

상황	안타	2루타	3루타	홈런	볼넷	사구	삼진	폭투	보크	피안타율
전반기	22	0	0	2	11	1	18	2	0	0.278
후반기	33	7	1	2	20	0	19	6	0	0.308
vs 좌	25	3	1	2	7	1	16	3	0	0.287
vs 우	30	4	0	2	24	0	21	5	0	0.303
주자없음	25	2	0	1	10	0	17	0	0	0.281
주자있음	30	5	1	3	21	1	20	8	0	0.309
득점권	15	4	0	2	15	1	12	5	0	0.259
만루	3	1	0	0	2	0	2	0	0	0.333

구종별 기록

구종	평균구속	순위	백분율	구사율(%)	피안타율
포심	142	143	47.2%	60%	0.305
투심/싱커	-	-	-	-	-
슬라이더/커터	129	165	57.5%	15.9%	0.219
커브	120	79	32.2%	8.1%	1.000
체인지업	128	114	54.5%	16%	0.318
포크볼	-	-	-	-	-
너클볼/기타	-	-	-	-	-

장재영 투수 59

신장 188cm **체중** 87kg **생일** 2002-05-10 **투타** 우투우타 **지명** 21 키움 1차

연봉 3,000-3,100 **학교** 갈산초-신월중-덕수고

● 계약금 9억 원의 무게만큼 거대한 기대에 짓눌린 걸까. 고3때부터 불거진 제구 난조가 발목을 잡았다. 투구 메커니즘에 아무런 문제가 없고 불펜에서는 환상적인 공을 던지는 만큼, 원인은 멘탈이라는 데 모두 동의한다. 한국 야구계가 선수의 심리 문제를 다루는 데 취약하다는 게 불안 요소다. 올시즌은 불펜에서 시작할 가능성이 높다.

기본기록

연도	경기	선발	승	패	세이브	홀드	이닝	안타	홈런	볼넷	사구	삼진	피안타율	WHIP	FIP	ERA	QS	BS
2019																		
2020																		
2021	19	2	0	1	0	0	17.2	15	0	24	3	14	0.238	2.21	6.33	9.17	0	1
통산	19	2	0	1	0	0	17.2	15	0	24	3	14	0.238	2.21	6.33	9.17	0	1

상황별 기록

상황	안타	2루타	3루타	홈런	볼넷	사구	삼진	폭투	보크	피안타율
전반기	5	2	0	0	9	2	5	1	0	0.217
후반기	10	3	0	0	15	1	9	4	0	0.250
vs 좌	6	2	0	0	9	1	9	0	0	0.171
vs 우	9	3	0	0	15	2	5	5	0	0.321
주자없음	8	3	0	0	8	1	9	0	0	0.229
주자있음	7	2	0	0	16	2	5	5	0	0.250
득점권	4	2	0	0	11	2	4	3	0	0.222
만루	0	0	0	0	3	2	0	0	0	-

구종별 기록

구종	평균구속	순위	백분율	구사율(%)	피안타율
포심	151	4	1.3%	73.4%	0.255
투심/싱커	-	-	-	-	-
슬라이더/커터	135	49	17.1%	9%	0.400
커브	129	7	2.9%	17.3%	0.091
체인지업	140		0%	0.2%	0.000
포크볼	-	-	-	-	-
너클볼/기타	-	-	-	-	-

정찬헌 투수 22

신장 186cm **체중** 95kg **생일** 1990-01-26 **투타** 우투우타 **지명** 08 LG 2차 1라운드 1순위

연봉 13,000-20,000-28,000 **학교** 송정동초-충장중-광주제일고

● 프랜차이즈 스타 서건창을 떠나보낸 키움 팬들의 허전한 가슴을 역투로 달랬다. 선발진이 초토화된 키움으로 트레이드 된 뒤 첫 5경기에서 29이닝 평균자책점 1.55의 호투를 펼쳐 키움의 가을잔치행에 발판을 놓았다. 겨울 동안 체중은 줄이고 근육량을 늘려 탄탄한 몸을 만들었다. 시즌이 끝나면 입단 14년 만에 생애 첫 FA 자격을 얻는다.

기본기록

연도	경기	선발	승	패	세이브	홀드	이닝	안타	홈런	볼넷	사구	삼진	피안타율	WHIP	FIP	ERA	QS	BS
2019	13	0	1	1	6	0	11.0	11	0	6	0	11	0.262	1.55	3.00	1.64	0	1
2020	19	19	7	4	0	0	110.1	116	10	31	4	85	0.270	1.33	4.14	3.51	12	0
2021	23	23	9	5	0	0	114.1	133	6	27	6	59	0.290	1.40	3.85	4.01	11	0
통산	369	56	43	47	46	28	654.2	743	57	229	46	455	0.290	1.48	4.38	4.73	23	15

상황별 기록

상황	안타	2루타	3루타	홈런	볼넷	사구	삼진	폭투	보크	피안타율
전반기	69	12	2	5	12	2	31	2	0	0.296
후반기	64	11	0	1	15	4	28	1	0	0.284
vs 좌	80	15	0	3	13	1	24	0	0	0.332
vs 우	53	8	2	3	14	5	35	3	0	0.244
주자없음	64	13	1	2	17	3	28	0	0	0.269
주자있음	69	10	1	4	10	3	31	3	0	0.314
득점권	36	8	1	1	8	3	21	3	0	0.279
만루	0	0	0	0	1	0	1	0	0	0.000

구종별 기록

구종	평균구속	순위	백분율	구사율(%)	피안타율
포심	140	220	72.6%	7.4%	0.273
투심/싱커	137	93	68.9%	32.1%	0.366
슬라이더/커터	129	159	55.4%	11.9%	0.283
커브	118	115	46.9%	24.9%	0.222
체인지업	120	199	95.2%	0.4%	0.000
포크볼	129	97	71.9%	23%	0.253
너클볼/기타	101	2	3%	0.2%	0.000

주승우 투수 30

신장 185cm **체중** 85kg **생일** 2000-01-30 **투타** 우투우타 **지명** 22 키움 1차

연봉 3,000 **학교** 의정부-영동중-서울고-성균관대

● 2017년 서울고의 주축 투수로 활약하고도 드래프트 미지명의 아픔을 맛본 뒤, 대학야구 최고의 에이스로 성장했다. 원래 갖고 있던 안정적인 제구와 경기 운영에다, 4학년 때는 최고 시속도 150km를 넘기며 무난히 1차 지명의 영예를 안았다. 모두가 인정하는 '1군 즉시 전력감'. 희망 보직은 '셋업맨', 목표는 '신인왕'이라고 당당하게 밝혔다.

기본기록

연도	경기	선발	승	패	세이브	홀드	이닝	안타	홈런	볼넷	사구	삼진	피안타율	WHIP	FIP	ERA	QS	BS
2019																		
2020																		
2021																		
통산																		

상황별 기록

상황	안타	2루타	3루타	홈런	볼넷	사구	삼진	폭투	보크	피안타율
전반기										
후반기										
vs 좌										
vs 우										
주자없음										
주자있음										
득점권										
만루										

구종별 기록

구종	평균구속	순위	백분율	구사율(%)	피안타율
포심					
투심/싱커					
슬라이더/커터					
커브					
체인지업					
포크볼					
너클볼/기타					

강민국 내야수 46

신장 176cm **체중** 78kg **생일** 1992-01-10 **투타** 우투우타 **지명** 14 NC 1차

연봉 4,000-5,500-5,000 **학교** 송정동초-충장중-광주제일고-동국대

● 대학야구를 평정하던 만능 내야수로 NC에 1차 지명을 받은 8년 전의 부푼 기대는 추억이 됐다. 두 번째 팀 KT에서도 이렇다 할 활약을 못 하고 방출. 시즌 내내 유격수 포지션에 골머리를 앓던 키움이 다시 동아줄을 내렸다. 김혜성이 2루로 옮긴다면 주전 유격수 경쟁을 펼칠 후보다. 지금까지보다는 공수 모두 훨씬 잘해야 생존이 가능하다.

기본기록

연도	경기	타석	타수	안타	2루타	3루타	홈런	타점	득점	볼넷	사구	삼진	도루	도루자	타율	출루율	장타율	OPS
2019	58	94	88	24	0	1	0	7	12	6	0	17	2	0	0.273	0.319	0.295	0.614
2020	81	120	107	24	3	0	0	9	16	7	0	20	0	1	0.224	0.272	0.252	0.524
2021	18	50	45	11	2	0	0	4	2	3	0	6	0	0	0.244	0.292	0.289	0.581
통산	194	299	272	63	6	1	1	21	32	18	0	53	2	1	0.232	0.279	0.272	0.551

상황별 기록

상황	타석	홈런	볼넷	삼진	타율	출루율	장타율	OPS
전반기	50	0	3	6	0.244	0.292	0.289	0.581
후반기	0	0	0	0	-	-	-	-
vs 좌	14	0	2	3	0.167	0.286	0.167	0.453
vs 우	31	0	1	2	0.310	0.333	0.379	0.712
주자있음	28	0	1	2	0.240	0.269	0.320	0.589
주자없음	22	0	2	4	0.250	0.318	0.250	0.568
득점권	19	0	1	2	0.235	0.278	0.353	0.631
노아웃	14	0	2	3	0.500	0.583	0.500	1.083
원아웃	16	0	0	1	0.188	0.188	0.188	0.376
투아웃	20	0	1	2	0.158	0.200	0.263	0.463

팀별 기록

구분	타석	홈런	볼넷	삼진	타율	출루율	장타율	OPS
KIA	13	0	2	1	0.300	0.417	0.300	0.717
LG	6	0	0	1	0.000	0.000	0.000	0.000
두산	9	0	0	1	0.444	0.444	0.556	1.000
삼성	3	0	0	0	0.333	0.333	0.333	0.666
키움	7	0	0	2	0.143	0.143	0.143	0.286
한화	12	0	1	1	0.200	0.273	0.300	0.573

김웅빈 내야수 1

신장 182cm **체중** 92kg **생일** 1996-02-09 **투타** 우투좌타 **지명** 15 SK 2차 3라운드 27순위

연봉 3,700-5,600-7,000 **학교** 서라벌초-울산제일중-울산공고

● 2020년, 박병호-박동원보다 높은 장타율을 기록하며 기대를 키웠지만 만족스럽지 않은 한 해를 보냈다. '한 경기 3홈런'의 짜릿한 순간도 연출했지만, 나머지 96경기에서 친 홈런수와 같았다. 더 신중하게 공을 고르려했는데 치기 좋은 공까지 놓치는 역효과를 낳았다. 그래도 올해는 박병호가 떠난 주전 1루수라는 어마어마한 중책을 맡았다.

기본기록

연도	경기	타석	타수	안타	2루타	3루타	홈런	타점	득점	볼넷	사구	삼진	도루	도루자	타율	출루율	장타율	OPS
2019	4	11	11	3	1	0	0	3	1	0	0	2	0	0	0.273	0.273	0.364	0.637
2020	73	235	207	57	13	0	8	31	25	17	3	65	1	0	0.275	0.335	0.454	0.789
2021	97	279	232	56	13	1	6	35	24	34	9	73	1	1	0.241	0.357	0.384	0.741
통산	251	682	599	156	35	1	18	92	72	57	13	176	2	1	0.260	0.335	0.412	0.747

상황별 기록

상황	타석	홈런	볼넷	삼진	타율	출루율	장타율	OPS
전반기	195	4	24	51	0.247	0.361	0.383	0.744
후반기	84	2	10	22	0.229	0.349	0.386	0.735
vs 좌	58	1	6	17	0.250	0.368	0.417	0.785
vs 우	189	5	27	53	0.240	0.367	0.396	0.763
주자있음	144	2	21	36	0.270	0.394	0.374	0.768
주자없음	135	4	13	37	0.214	0.319	0.393	0.712
득점권	94	1	14	19	0.315	0.435	0.425	0.860
노아웃	92	2	12	23	0.200	0.378	0.343	0.721
원아웃	94	2	9	24	0.253	0.319	0.386	0.705
투아웃	93	2	13	26	0.266	0.376	0.418	0.794

팀별 기록

구분	타석	홈런	볼넷	삼진	타율	출루율	장타율	OPS
KIA	21	0	2	5	0.176	0.333	0.235	0.568
KT	41	3	4	5	0.235	0.350	0.500	0.850
LG	28	2	4	10	0.250	0.357	0.583	0.940
NC	28	0	3	8	0.160	0.250	0.280	0.530
SSG	32	0	4	10	0.231	0.375	0.308	0.683
두산	35	0	3	6	0.241	0.314	0.276	0.590
롯데	33	1	4	8	0.286	0.394	0.500	0.894
삼성	28	0	4	8	0.318	0.444	0.409	0.853
한화	33	0	6	13	0.259	0.394	0.296	0.690

김주형 내야수 6

신장 176cm **체중** 80kg **생일** 1996-03-05 **투타** 우투우타 **지명** 19 넥센 2차 10라운드 94

연봉 2,700-3,700-4,500 **학교** 양정초-경남중-경남고-홍익대

● 유격수로 의미 있는 기회를 잡았지만 합격점을 받지 못했다. 파워와 콘택트, 수비 범위와 안정성 모두 조금씩 모자랐다. 대신 희한한 기록으로 유명해졌다. 9월 16일 한화전 3연타석 사구를 포함 고작 70타석에서 13번이나 얻어맞았다. 통산 121타석 15사구로 8타석당 한 번꼴. 참고로 최정은 26타석당 1번이다. 내야 백업 후보로 시작한다.

기본기록

연도	경기	타석	타수	안타	2루타	3루타	홈런	타점	득점	볼넷	사구	삼진	도루	도루자	타율	출루율	장타율	OPS
2019	3	1	1	0	0	0	0	0	0	0	0	0	0	0	0.000	0.000	0.000	0.000
2020	39	50	43	10	3	0	1	6	8	4	2	10	0	1	0.233	0.327	0.372	0.699
2021	36	70	50	9	3	0	0	5	5	4	13	15	1	0	0.180	0.388	0.240	0.628
통산	78	121	94	19	6	0	1	11	13	8	15	25	1	1	0.202	0.359	0.298	0.657

상황별 기록

상황	타석	홈런	볼넷	삼진	타율	출루율	장타율	OPS
전반기	0	0	0	0	-	-	-	-
후반기	70	0	4	15	0.180	0.388	0.240	0.628
vs 좌	9	0	1	2	0.000	0.444	0.000	0.444
vs 우	54	0	3	10	0.200	0.385	0.250	0.635
주자있음	31	0	2	4	0.235	0.536	0.294	0.830
주자없음	39	0	2	11	0.152	0.282	0.212	0.494
득점권	21	0	2	3	0.364	0.650	0.455	1.105
노아웃	26	0	1	5	0.118	0.348	0.176	0.524
원아웃	18	0	2	2	0.250	0.500	0.250	0.750
투아웃	26	0	1	8	0.190	0.346	0.286	0.632

팀별 기록

구분	타석	홈런	볼넷	삼진	타율	출루율	장타율	OPS
KIA	12	0	1	2	0.143	0.400	0.143	0.543
KT	9	0	1	3	0.000	0.111	0.000	0.111
LG	2	0	0	1	0.000	0.000	0.000	0.000
NC	12	0	1	2	0.500	0.636	0.500	1.136
SSG	3	0	0	0	0.000	0.000	0.000	0.000
두산	1	0	0	0	0.000	1.000	0.000	1.000
롯데	18	0	1	5	0.250	0.500	0.417	0.917
삼성	3	0	0	0	0.000	0.000	0.000	0.000
한화	10	0	0	2	0.143	0.400	0.286	0.686

김휘집 내야수 33

신장 181cm **체중** 87kg **생일** 2002-01-01 **투타** 우투우타 **지명** 21 키움 2차 1라운드 9순위

연봉 3,000-3,900 **학교** 양목초-대치중-신일고

● '키움 내야의 미래'라는 기대 속에 입단하자마자 1군에 데뷔했다. 데뷔 첫 홈런을 만루홈런으로 장식했고, 유격수 오디션도 치렀으며 멀티 포지션 능력도 보여줬다. 1군 기록은 인상적이지 않지만, 퓨처스 기록에서는 거침없는 성장세가 느껴진다. 후반으로 갈수록 삼진이 줄고 볼넷은 늘었으며 타율도 높아졌다. 내야 구도를 흔들 다크호스다.

기본기록

연도	경기	타석	타수	안타	2루타	3루타	홈런	타점	득점	볼넷	사구	삼진	도루	도루자	타율	출루율	장타율	OPS
2019																		
2020																		
2021	34	89	70	9	1	0	1	8	9	13	2	23	1	0	0.129	0.279	0.186	0.465
통산	34	89	70	9	1	0	1	8	9	13	2	23	1	0	0.129	0.279	0.186	0.465

상황별 기록

상황	타석	홈런	볼넷	삼진	타율	출루율	장타율	OPS
전반기	60	1	12	17	0.167	0.368	0.262	0.630
후반기	29	0	1	6	0.071	0.103	0.071	0.174
vs 좌	16	0	4	3	0.083	0.313	0.167	0.480
vs 우	56	1	9	16	0.163	0.333	0.233	0.566
주자있음	44	1	5	9	0.200	0.293	0.286	0.579
주자없음	45	0	8	14	0.057	0.267	0.086	0.353
득점권	19	1	2	4	0.313	0.368	0.500	0.868
노아웃	30	0	3	12	0.125	0.222	0.125	0.347
원아웃	30	1	4	8	0.160	0.267	0.280	0.547
투아웃	29	0	6	3	0.095	0.345	0.143	0.488

팀별 기록

구분	타석	홈런	볼넷	삼진	타율	출루율	장타율	OPS
KIA	20	0	3	2	0.267	0.421	0.267	0.688
KT	16	1	1	6	0.200	0.250	0.400	0.650
LG	3	0	2	1	0.000	0.667	0.000	0.667
NC	8	0	2	3	0.000	0.250	0.000	0.250
SSG	12	0	1	6	0.091	0.167	0.091	0.258
두산	18	0	1	4	0.067	0.176	0.133	0.309
롯데	8	0	3	1	0.000	0.429	0.000	0.429
한화	4	0	0	0	0.000	0.000	0.000	0.000

박찬혁 외야수 48

신장 180cm	체중 84kg	생일 2003-04-25	투타 우투우타	지명 22 키움 2차 1라운드 6순위
연봉 3,000		학교 대전유천초-대전서구-한밭중-북일고		

● 이상원 키움 스카우트 팀장은 "3년을 기다린 선수"라는 표현을 썼다. 그리고 2차 1라운드에서 앞 5팀이 박찬혁을 거르자 냉큼 지명한 뒤 쾌재를 불렀다. 엄청난 장타력과 준수한 콘택트 능력은 소문이 나 있는데, 키움은 '구질 파악 능력' 즉 '눈야구'도 탁월하다는 평가를 오래전부터 해왔다. 한국 야구 '우타 거포 가뭄'을 풀 후보 중 한 명.

기본기록

연도	경기	타석	타수	안타	2루타	3루타	홈런	타점	득점	볼넷	사구	삼진	도루	도루자	타율	출루율	장타율	OPS
2019																		
2020																		
2021																		
통산																		

상황별 기록

상황	타석	홈런	볼넷	삼진	타율	출루율	장타율	OPS
전반기								
후반기								
vs 좌								
vs 우								
주자있음								
주자없음								
득점권								
노아웃								
원아웃								
투아웃								

팀별 기록

구분	타석	홈런	볼넷	삼진	타율	출루율	장타율	OPS
KIA								
KT								
LG								
NC								
SSG								
두산								
롯데								
삼성								
한화								

송성문 내야수 24

신장 183m	체중 86kg	생일 1996-08-29	투타 우투좌타	지명 15 넥센 2차 5라운드 49순위
연봉 0-6,000-7,500		학교 봉천초-용산-홍은중-장충고		

● 상무에서 퓨처스리그를 폭격하고 돌아와 후반기에 1군 내야 이곳저곳을 메우며 바쁘게 활약했다. 타격 성적은 다소 아쉬웠다. 스스로는 '홈런 욕심' 때문이라고 진단했고, 겨울 내내 예전의 '라인드라이브용 스윙'으로 개조하기 위해 구슬땀을 흘렸다. 이제 처음으로 '내야 유틸리티 요원'이 아닌 3루수 주전으로 시즌을 시작한다.

기본기록

연도	경기	타석	타수	안타	2루타	3루타	홈런	타점	득점	볼넷	사구	삼진	도루	도루자	타율	출루율	장타율	OPS
2019	103	335	308	70	12	5	3	34	33	19	0	53	2	1	0.227	0.269	0.328	0.597
2020	0	0	0	0	0	0	0	0	0	0	0	0	0	0	-	-	-	-
2021	66	274	245	61	10	1	6	33	30	25	1	42	0	0	0.249	0.320	0.371	0.691
통산	292	949	853	221	41	7	17	121	109	78	2	163	4	6	0.259	0.320	0.383	0.703

상황별 기록

상황	타석	홈런	볼넷	삼진	타율	출루율	장타율	OPS
전반기	8	0	1	3	0.143	0.250	0.143	0.393
후반기	266	6	24	39	0.252	0.322	0.378	0.700
vs 좌	78	2	6	16	0.261	0.329	0.391	0.720
vs 우	168	4	17	20	0.247	0.321	0.360	0.681
주자있음	139	4	12	23	0.260	0.328	0.407	0.735
주자없음	135	2	13	19	0.238	0.311	0.336	0.647
득점권	88	1	9	14	0.267	0.349	0.373	0.722
노아웃	84	2	4	10	0.208	0.244	0.312	0.556
원아웃	95	4	11	18	0.313	0.400	0.542	0.942
투아웃	95	0	10	14	0.224	0.305	0.259	0.564

팀별 기록

구분	타석	홈런	볼넷	삼진	타율	출루율	장타율	OPS
KIA	35	1	2	1	0.281	0.324	0.406	0.730
KT	30	1	3	6	0.259	0.333	0.444	0.777
LG	28	2	5	4	0.174	0.321	0.435	0.756
NC	25	0	2	6	0.130	0.200	0.261	0.461
SSG	28	0	4	4	0.333	0.429	0.417	0.846
두산	29	1	1	5	0.250	0.276	0.429	0.705
롯데	33	1	4	2	0.241	0.333	0.345	0.678
삼성	34	0	3	10	0.300	0.364	0.300	0.664
한화	32	0	1	4	0.241	0.281	0.310	0.591

신준우 내야수 5

신장 176cm	체중 83kg	생일 2001-06-21	투타 우투우타	지명 20 키움 2차 2라운드 17순위
연봉 2,700-3,000-4,000		학교 대구수창초-경운중-대구고		

● 부상 때문에 1년 늦게 1군 데뷔전을 치렀다. 어린 시절부터 소문났던 수비 실력은 합격점을 받았다. 안정된 기본기와 순발력으로 2루와 유격수 모두 평균 이상이라는 평가를 받았다. 타격은 한참 갈 길이 멀다. 잘 보지도, 맞추지도, 힘을 싣지도 못했다. 겨울 동안 스트라이크존 정립과 선구안 향상에 힘을 쏟았다. 센터라인 경쟁 후보다.

기본기록

연도	경기	타석	타수	안타	2루타	3루타	홈런	타점	득점	볼넷	사구	삼진	도루	도루자	타율	출루율	장타율	OPS
2019																		
2020	0	0	0	0	0	0	0	0	0	0	0	0	0	0	-	-	-	-
2021	56	51	42	7	3	0	0	4	7	4	3	21	0	1	0.167	0.280	0.238	0.518
통산	56	51	42	7	3	0	0	4	7	4	3	21	0	1	0.167	0.280	0.238	0.518

상황별 기록

상황	타석	홈런	볼넷	삼진	타율	출루율	장타율	OPS
전반기	12	0	3	4	0.111	0.333	0.222	0.555
후반기	39	0	1	17	0.182	0.263	0.242	0.505
vs 좌	20	0	2	9	0.188	0.350	0.250	0.600
vs 우	26	0	2	10	0.143	0.240	0.190	0.430
주자있음	25	0	2	9	0.158	0.292	0.263	0.555
주자없음	26	0	2	12	0.174	0.269	0.217	0.486
득점권	17	0	1	8	0.154	0.250	0.231	0.481
노아웃	21	0	0	8	0.222	0.250	0.389	0.639
원아웃	18	0	3	8	0.154	0.389	0.154	0.543
투아웃	12	0	1	5	0.091	0.167	0.091	0.258

팀별 기록

구분	타석	홈런	볼넷	삼진	타율	출루율	장타율	OPS
KIA	1	0	0	0	0.000	0.000	0.000	0.000
KT	3	0	0	2	0.333	0.333	0.667	1.000
LG	9	0	1	3	0.167	0.444	0.167	0.611
NC	11	0	1	3	0.222	0.300	0.333	0.633
SSG	0	0	0	0	-	-	-	-
두산	5	0	0	3	0.200	0.200	0.200	0.400
롯데	1	0	0	0	0.000	0.000	0.000	0.000
삼성	16	0	1	7	0.071	0.188	0.143	0.331
한화	5	0	1	3	0.250	0.400	0.250	0.650

예진원 외야수 53

신장 174cm	체중 82kg	생일 1999-03-16	투타 좌투좌타	지명 18 넥센 2차 2라운드 18순위
연봉 0-3,000-4,000		학교 양정초-부산중-경남고		

● 고교 무대, 그리고 2019년까지 퓨처스리그를 압도했던 타격 잠재력을 아직 보여주지 못하고 있다. 지난해엔 상무에서 돌아와 처음으로 1군에서 100타석 이상을 소화했지만 성적이 처참했다. 그래도 아직 23살인 유망주. 팀에서는 잠재력을 믿고 포스트시즌 엔트리, 그리고 1군 스프링캠프명단에 포함시켰다. 외야 백업 후보로 시작한다.

기본기록

연도	경기	타석	타수	안타	2루타	3루타	홈런	타점	득점	볼넷	사구	삼진	도루	도루자	타율	출루율	장타율	OPS
2019	2	8	6	1	1	0	0	1	1	2	0	3	0	0	0.167	0.375	0.333	0.708
2020	0	0	0	0	0	0	0	0	0	0	0	0	0	0	-	-	-	-
2021	52	132	114	18	6	1	1	8	16	12	2	28	0	1	0.158	0.248	0.254	0.502
통산	59	147	127	20	7	1	1	9	19	14	2	31	0	1	0.157	0.250	0.252	0.502

상황별 기록

상황	타석	홈런	볼넷	삼진	타율	출루율	장타율	OPS
전반기	0	0	0	0	-	-	-	-
후반기	132	1	12	28	0.158	0.248	0.254	0.502
vs 좌	32	0	2	8	0.179	0.258	0.214	0.472
vs 우	88	1	8	15	0.158	0.244	0.276	0.520
주자있음	61	1	5	10	0.180	0.276	0.300	0.576
주자없음	71	0	7	18	0.141	0.225	0.219	0.444
득점권	23	0	3	5	0.105	0.217	0.158	0.375
노아웃	46	0	4	10	0.179	0.256	0.282	0.538
원아웃	47	1	4	9	0.171	0.255	0.268	0.523
투아웃	39	0	4	9	0.118	0.231	0.206	0.437

팀별 기록

구분	타석	홈런	볼넷	삼진	타율	출루율	장타율	OPS
KIA	18	1	2	3	0.143	0.235	0.357	0.592
KT	10	0	2	2	0.125	0.300	0.250	0.550
LG	14	0	0	3	0.154	0.154	0.308	0.462
NC	23	0	2	5	0.250	0.348	0.400	0.748
SSG	10	0	1	1	0.111	0.200	0.111	0.311
두산	12	0	1	3	0.100	0.182	0.200	0.382
롯데	15	0	0	3	0.133	0.133	0.200	0.333
삼성	10	0	2	2	0.125	0.300	0.125	0.425
한화	20	0	2	6	0.176	0.300	0.176	0.476

이지영 포수 56

신장 177cm **체중** 88kg **생일** 1986-02-27 **투타** 우투우타 **지명** 08 삼성 육성선수
연봉 30,000-30,000-30,000 **학교** 서화초-신흥중-제물포고-경성대

● 30대 중반에도 500이닝 이상 마스크를 쓰는 포수는 출중한 공격력을 겸비한 경우가 대부분이다. 조인성, 박경완, 강민호, 김동수, 진갑용처럼. 이지영은 특이한 케이스. 35살에도 리그 최강 백업 포수로 508.2이닝을 책임졌다. 원래 훌륭했던 콘택트 능력은 더 좋아졌다. 투 스트라이크 후 커트 비율 90.9%보다 나은 선수는 이용규 뿐이다.

기본기록

연도	경기	타석	타수	안타	2루타	3루타	홈런	타점	득점	볼넷	사구	삼진	도루	도루자	타율	출루율	장타율	OPS
2019	106	331	308	87	5	1	1	39	40	15	1	28	5	1	0.282	0.317	0.315	0.632
2020	101	289	262	81	10	2	0	36	22	19	4	28	1	1	0.309	0.364	0.363	0.727
2021	108	258	233	64	5	1	0	31	29	19	1	17	3	1	0.275	0.328	0.305	0.633
통산	1052	3002	2731	776	79	11	14	323	301	146	33	300	24	13	0.284	0.326	0.337	0.663

상황별 기록

상황	타석	홈런	볼넷	삼진	타율	출루율	장타율	OPS
전반기	135	0	7	11	0.274	0.313	0.306	0.619
후반기	123	0	12	6	0.275	0.344	0.303	0.647
vs 좌	58	0	5	3	0.396	0.448	0.434	0.882
vs 우	168	0	9	12	0.240	0.281	0.266	0.547
주자있음	131	0	12	9	0.283	0.349	0.301	0.650
주자없음	127	0	7	8	0.267	0.307	0.308	0.615
득점권	76	0	8	5	0.328	0.387	0.359	0.746
노아웃	76	0	7	3	0.235	0.307	0.265	0.572
원아웃	91	0	6	3	0.296	0.333	0.346	0.679
투아웃	91	0	6	11	0.286	0.341	0.298	0.639

팀별 기록

구분	타석	홈런	볼넷	삼진	타율	출루율	장타율	OPS
KIA	21	0	3	0	0.278	0.381	0.278	0.659
KT	26	0	1	0	0.333	0.346	0.333	0.679
LG	26	0	2	2	0.125	0.192	0.125	0.317
NC	26	0	1	3	0.250	0.269	0.250	0.519
SSG	24	0	1	5	0.261	0.292	0.304	0.596
두산	37	0	5	1	0.321	0.429	0.321	0.750
롯데	30	0	2	1	0.179	0.233	0.214	0.447
삼성	35	0	1	2	0.353	0.371	0.441	0.812
한화	33	0	3	3	0.333	0.394	0.400	0.794

전병우 내야수 13

신장 182cm **체중** 90kg **생일** 1992-10-24 **투타** 우투우타 **지명** 15 넥센 육성선수
연봉 2,900-6,000-7,000 **학교** 동삼초-경남중-개성고-동아대

● 확실한 주전으로 올라설 기회에 도리어 퇴보했다. 타율 0.188은 200타석 이상 타자 중 최저. 우타자인데도 좌투수에게 철저하게 당한 게 뼈아팠다. 69타석에서 안타는 단 타만 7개를 쳤고 삼진을 30개나 당했다. 그래서 다시 피말리는 생존 경쟁에 휘말렸다. 수비력이 준수한 만큼 코너 내야의 백업으로 1군에서 시즌을 시작할 가능성이 높다.

기본기록

연도	경기	타석	타수	안타	2루타	3루타	홈런	타점	득점	볼넷	사구	삼진	도루	도루자	타율	출루율	장타율	OPS
2019	29	55	51	5	1	0	0	0	2	3	0	22	0	0	0.098	0.148	0.118	0.266
2020	119	402	359	85	13	3	8	48	46	37	2	100	7	0	0.237	0.310	0.357	0.667
2021	115	261	214	40	8	0	6	31	35	33	9	83	3	1	0.188	0.319	0.308	0.627
통산	290	795	690	154	29	3	17	92	101	82	12	229	13	1	0.223	0.315	0.348	0.663

상황별 기록

상황	타석	홈런	볼넷	삼진	타율	출루율	장타율	OPS
전반기	179	4	24	57	0.196	0.324	0.324	0.648
후반기	82	2	9	26	0.167	0.309	0.273	0.582
vs 좌	69	0	3	30	0.115	0.206	0.115	0.321
vs 우	166	6	22	48	0.219	0.341	0.409	0.750
주자있음	122	3	15	32	0.260	0.364	0.410	0.774
주자없음	139	3	18	51	0.123	0.281	0.219	0.500
득점권	72	2	13	16	0.286	0.431	0.464	0.895
노아웃	74	2	9	24	0.125	0.300	0.250	0.550
원아웃	102	1	13	34	0.233	0.343	0.326	0.669
투아웃	85	3	11	25	0.181	0.306	0.333	0.639

팀별 기록

구분	타석	홈런	볼넷	삼진	타율	출루율	장타율	OPS
KIA	26	0	4	9	0.143	0.280	0.190	0.470
KT	22	0	4	7	0.235	0.364	0.294	0.658
LG	27	0	1	16	0.040	0.111	0.040	0.151
NC	26	0	4	7	0.286	0.423	0.333	0.756
SSG	33	2	3	9	0.296	0.406	0.593	0.999
두산	31	0	3	3	0.208	0.367	0.250	0.617
롯데	29	1	3	7	0.125	0.276	0.292	0.568
삼성	26	2	5	9	0.143	0.308	0.429	0.737
한화	41	1	6	16	0.206	0.325	0.324	0.649

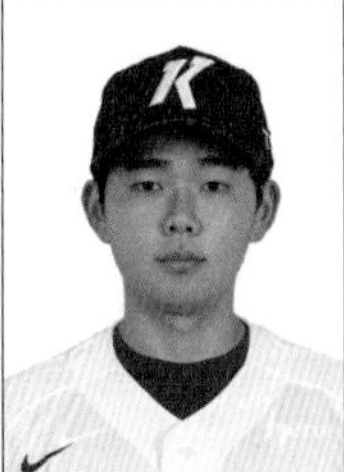

김동욱 투수 65

신장 178cm **체중** 82kg **생일** 1997-05-16 **투타** 우투우타 **지명** 20 키움 2차 10라운드 97

연봉 2,700-3,000-3,100 **학교** 소의초(용산리틀)-경원중-휘문고-홍익대

연도	경기	선발	승	패	세이브	홀드	이닝	안타	홈런	볼넷	사구	삼진	피안타율	WHIP	FIP	ERA	QS	BS
2019																		
2020	0	0	0	0	0	0	0.0	0	0	0	0	0	-	-	-	-	0	0
2021	3	0	0	0	0	0	3.0	7	2	1	0	2	0.467	2.67	11.67	9.00	0	0
통산	3	0	0	0	0	0	3.0	7	2	1	0	2	0.467	2.67	11.67	9.00	0	0

김성진 투수 34

신장 183cm **체중** 80kg **생일** 1997-11-14 **투타** 우투좌타 **지명** 21 키움 2차 3라운드 29순위

연봉 3,000-5,000 **학교** 율하초-포항제철중-부산정보고-계명대

연도	경기	선발	승	패	세이브	홀드	이닝	안타	홈런	볼넷	사구	삼진	피안타율	WHIP	FIP	ERA	QS	BS
2019																		
2020																		
2021	46	0	1	3	0	2	41.2	40	4	23	0	31	0.258	1.51	4.73	5.18	0	2
통산	46	0	1	3	0	2	41.2	40	4	23	0	31	0.258	1.51	4.73	5.18	0	2

김인범 투수 67

신장 187cm **체중** 91kg **생일** 2000-01-12 **투타** 우투우타 **지명** 19 넥센 2차 4라운드 34순위

연봉 2,700-3,000-3,300 **학교** 하남초-전라중-전주고

연도	경기	선발	승	패	세이브	홀드	이닝	안타	홈런	볼넷	사구	삼진	피안타율	WHIP	FIP	ERA	QS	BS
2019	0	0	0	0	0	0	0.0	0	0	0	0	0	-	-	-	-	0	0
2020	0	0	0	0	0	0	0.0	0	0	0	0	0	-	-	-	-	0	0
2021	3	0	0	0	0	0	5.1	3	0	1	0	5	0.158	0.75	2.02	0.00	0	0
통산	3	0	0	0	0	0	5.1	3	0	1	0	5	0.158	0.75	2.02	0.00	0	0

김정인 투수 55

신장 184cm **체중** 80kg **생일** 1996-06-03 **투타** 우투우타 **지명** 15 넥센 2차 7라운드 69순위

연봉 3,200-3,200-4,000 **학교** 광주화정초-무등중-화순고

연도	경기	선발	승	패	세이브	홀드	이닝	안타	홈런	볼넷	사구	삼진	피안타율	WHIP	FIP	ERA	QS	BS
2019	0	0	0	0	0	0	0.0	0	0	0	0	0	-	-	-	-	0	0
2020	2	0	0	0	0	0	1.0	6	0	3	0	1	0.750	9.00	10.56	54.00	0	0
2021	11	6	1	2	0	0	31.2	34	6	18	2	21	0.264	1.64	6.36	7.11	0	0
통산	31	10	1	3	0	0	56.2	76	7	31	5	40	0.314	1.89	5.62	7.46	0	0

노운현 투수 94

신장 186cm **체중** 80kg **생일** 2003-06-22 **투타** 우투우타 **지명** 22 키움 2차 4라운드 32순위

연봉 3,000 **학교** 부산북구리틀-센텀중-경남고

연도	경기	선발	승	패	세이브	홀드	이닝	안타	홈런	볼넷	사구	삼진	피안타율	WHIP	FIP	ERA	QS	BS
2019																		
2020																		
2021																		
통산																		

문성현 투수 21

신장 180cm **체중** 87kg **생일** 1991-11-09 **투타** 우투우타 **지명** 10 넥센 4라운드 31순위

연봉 4,200-4,500-3,500 **학교** 남정초-선린중-충암고

연도	경기	선발	승	패	세이브	홀드	이닝	안타	홈런	볼넷	사구	삼진	피안타율	WHIP	FIP	ERA	QS	BS
2019	0	0	0	0	0	0	0.0	0	0	0	0	0	-	-	-	-	0	0
2020	10	2	1	1	0	0	15.0	13	1	11	0	13	0.250	1.60	4.89	4.20	0	0
2021	4	0	0	0	0	0	3.1	3	0	6	0	3	0.250	2.70	6.93	5.40	0	0
통산	161	78	22	32	0	5	498.2	530	53	262	18	377	0.278	1.59	4.98	5.05	5	0

박관진 투수 44

신장 186cm **체중** 80kg **생일** 1997-03-26 **투타** 우투우타 **지명** 20 키움 2차 5라운드 47

연봉 2,700-3,000-3,000 **학교** 소양초-춘천중-강릉고-인하대

연도	경기	선발	승	패	세이브	홀드	이닝	안타	홈런	볼넷	사구	삼진	피안타율	WHIP	FIP	ERA	QS	BS
2019	0	0	0	0	0	0	0.0	0	0	0	0	0	-	-	-	-	0	0
2020	1	0	0	1	0	0	0.1	1	0	1	0	1	0.500	6.00	6.56	27.00	0	0
2021	2	0	0	0	0	0	0.2	5	0	3	1	0	0.625	9.99	21.33	81.00	0	0
통산	3	0	0	1	0	0	1.0	6	0	4	1	1	0.600	10.00	16.41	63.00	0	0

박승주 투수 42

신장 181cm **체중** 92kg **생일** 1994-02-12 **투타** 우투우타 **지명** 16 넥센 육성선수

연봉 2,700-3,000-3,200 **학교** 언북중-경기고-동국대

연도	경기	선발	승	패	세이브	홀드	이닝	안타	홈런	볼넷	사구	삼진	피안타율	WHIP	FIP	ERA	QS	BS
2019	0	0	0	0	0	0	0.0	0	0	0	0	0	-	-	-	-	0	0
2020	5	0	0	1	0	0	3.2	10	0	5	0	3	0.500	4.09	6.01	19.64	0	1
2021	3	0	0	0	0	0	4.1	3	0	3	0	1	0.200	1.38	4.95	4.15	0	0
통산	9	0	0	1	1	0	11.0	13	0	11	1	4	0.302	2.18	6.06	9.00	0	1

박주성 투수 0

신장 181cm **체중** 95kg **생일** 2000-11-09 **투타** 우투우타 **지명** 19 넥센 1차

연봉 2,700-3,000-4,000 **학교** 성동구-건대부중-경기고

연도	경기	선발	승	패	세이브	홀드	이닝	안타	홈런	볼넷	사구	삼진	피안타율	WHIP	FIP	ERA	QS	BS
2019	4	0	0	0	0	0	4.0	7	1	6	0	1	0.368	3.25	10.65	13.50	0	0
2020	3	0	0	0	0	0	2.0	2	0	3	0	1	0.250	2.50	7.06	4.50	0	0
2021	13	0	0	1	0	0	18.1	24	1	9	2	12	0.316	1.80	4.53	4.91	0	0
통산	20	0	0	1	0	0	24.1	33	2	18	2	14	0.320	2.10	5.75	6.29	0	0

박주현 투수 45

신장 184cm **체중** 108kg **생일** 1996-06-19 **투타** 우투우타 **지명** 15 넥센 2차 3라운드 29순위

연봉 4,000-3,500-3,200 **학교** 강남초-덕수중-장충고

연도	경기	선발	승	패	세이브	홀드	이닝	안타	홈런	볼넷	사구	삼진	피안타율	WHIP	FIP	ERA	QS	BS
2019	0	0	0	0	0	0	0.0	0	0	0	0	0	-	-	-	-	0	0
2020	0	0	0	0	0	0	0.0	0	0	0	0	0	-	-	-	-	0	0
2021	0	0	0	0	0	0	0.0	0	0	0	0	0	-	-	-	-	0	0
통산	32	23	7	5	0	0	121.1	162	20	40	8	71	0.327	1.66	5.95	6.90	5	0

송정인 투수 91

신장 187cm **체중** 83kg **생일** 2003-05-05 **투타** 우투우타 **지명** 22 키움 2차 2라운드 16순위

연봉 3,000 **학교** 화곡초–선린중–야탑고

연도	경기	선발	승	패	세이브	홀드	이닝	안타	홈런	볼넷	사구	삼진	피안타율	WHIP	FIP	ERA	QS	BS
2019																		
2020																		
2021																		
통산																		

양기현 투수 61

신장 184cm **체중** 97kg **생일** 1998-12-16 **투타** 우투우타 **지명** 17 넥센 2차 2라운드 17순위

연봉 2,700-4,000-3,200 **학교** 서울청구초–홍은중–장충고

연도	경기	선발	승	패	세이브	홀드	이닝	안타	홈런	볼넷	사구	삼진	피안타율	WHIP	FIP	ERA	QS	BS
2019	4	0	0	0	0	0	5.1	12	0	1	0	3	0.414	2.44	2.84	15.19	0	0
2020	24	0	0	1	0	1	23.1	24	3	10	1	12	0.282	1.46	5.48	3.86	0	0
2021	0	0	0	0	0	0	0.0	0	0	0	0	0	-	-	-	-	0	0
통산	28	0	0	1	0	1	28.2	36	3	11	1	15	0.316	1.64	4.99	5.97	0	0

양현 투수 39

신장 189cm **체중** 98kg **생일** 1992-08-23 **투타** 우투우타 **지명** 11 두산 10라운드 73순위

연봉 9,000-12,000-10,000 **학교** 영랑초–한밭중–대전고

연도	경기	선발	승	패	세이브	홀드	이닝	안타	홈런	볼넷	사구	삼진	피안타율	WHIP	FIP	ERA	QS	BS
2019	29	3	1	0	0	1	40.2	31	1	11	1	25	0.214	1.03	3.38	1.99	0	0
2020	58	1	8	3	2	11	60.0	58	4	17	3	33	0.265	1.25	4.32	3.30	0	2
2021	45	0	1	2	0	5	48.0	59	3	26	1	22	0.312	1.77	4.67	4.69	0	0
통산	181	5	11	7	2	22	196.2	206	15	70	9	109	0.280	1.40	4.54	3.57	0	4

오윤성 투수 40

신장 187cm **체중** 98kg **생일** 1998-12-10 **투타** 우투우타 **지명** 17 넥센 2차 4라운드 37순위

연봉 3,000-3,000-3,000 **학교** 인천서림초–신흥중–인천고

연도	경기	선발	승	패	세이브	홀드	이닝	안타	홈런	볼넷	사구	삼진	피안타율	WHIP	FIP	ERA	QS	BS
2019	0	0	0	0	0	0	0.0	0	0	0	0	0	-	-	-	-	0	0
2020	0	0	0	0	0	0	0.0	0	0	0	0	0	-	-	-	-	0	0
2021	0	0	0	0	0	0	0.0	0	0	0	0	0	-	-	-	-	0	0
통산	6	0	0	1	0	0	7.2	9	0	9	1	4	0.281	2.35	6.60	11.74	0	0

이명종 투수 97

신장 180cm **체중** 82kg **생일** 2002-12-05 **투타** 우투우타 **지명** 22 키움 2차 6라운드 56순위

연봉 3,000 **학교** 석교초–세광중–세광고

연도	경기	선발	승	패	세이브	홀드	이닝	안타	홈런	볼넷	사구	삼진	피안타율	WHIP	FIP	ERA	QS	BS
2019																		
2020																		
2021																		
통산																		

이영준 투수 64

신장 184cm **체중** 95kg **생일** 1991-10-10 **투타** 좌투좌타 **지명** 14 kt 2차 7라운드 75순위

연봉 5,500-7,500-6,000 **학교** 영일초-영남중-덕수고-단국대

연도	경기	선발	승	패	세이브	홀드	이닝	안타	홈런	볼넷	사구	삼진	피안타율	WHIP	FIP	ERA	QS	BS
2019	29	0	1	1	0	1	33.1	39	0	5	0	19	0.298	1.32	2.71	2.97	0	1
2020	52	0	2	3	0	25	40.0	41	5	19	2	32	0.268	1.50	5.16	4.73	0	1
2021	0	0	0	0	0	0	0.0	0	0	0	0	0	-	-	-	-	0	0
통산	93	0	4	4	0	26	83.2	96	5	31	4	57	0.290	1.52	4.19	4.52	0	2

이종민 투수 54

신장 185cm **체중** 95kg **생일** 2001-06-04 **투타** 좌투좌타 **지명** 20 키움 2차 1라운드 7순위

연봉 2,700-3,000-3,000 **학교** 성동초-덕수중-성남고

연도	경기	선발	승	패	세이브	홀드	이닝	안타	홈런	볼넷	사구	삼진	피안타율	WHIP	FIP	ERA	QS	BS
2019	0	0	0	0	0	0	0.0	0	0	0	0	0	-	-	-	-	0	0
2020	0	0	0	0	0	0	0.0	0	0	0	0	0	-	-	-	-	0	0
2021	2	0	0	0	0	0	2.1	4	1	7	0	3	0.444	4.71	15.33	23.14	0	0
통산	2	0	0	0	0	0	2.1	4	1	7	0	3	0.444	4.71	15.33	23.14	0	0

조영건 투수 35

신장 180cm **체중** 85kg **생일** 1999-02-04 **투타** 우투우타 **지명** 19 넥센 2차 2라운드 14순위

연봉 2,700-3,800-3,400 **학교** 대전신흥초-충남중-백송고

연도	경기	선발	승	패	세이브	홀드	이닝	안타	홈런	볼넷	사구	삼진	피안타율	WHIP	FIP	ERA	QS	BS
2019	1	1	0	1	0	0	0.1	3	0	3	0	1	0.750	9.99	24.40	81.00	0	0
2020	20	10	3	3	0	0	44.1	47	8	27	4	23	0.269	1.67	6.89	5.28	0	0
2021	1	0	0	0	0	0	1.0	1	0	2	0	3	0.250	3.00	3.33	0.00	0	0
통산	22	11	3	4	0	0	45.2	51	8	32	4	27	0.279	1.82	6.94	5.72	0	0

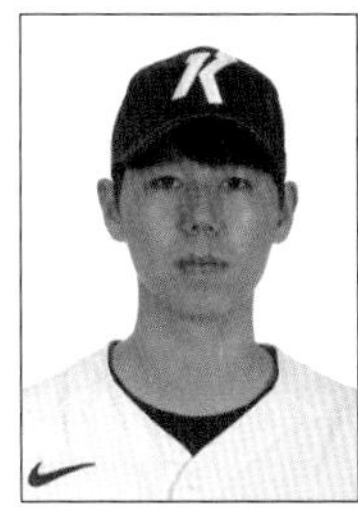

하영민 투수 50

신장 180cm **체중** 81kg **생일** 1995-05-07 **투타** 우투우타 **지명** 14 넥센 2차 1라운드 4순위

연봉 0-0-4,000 **학교** 수창초-진흥중-진흥고

연도	경기	선발	승	패	세이브	홀드	이닝	안타	홈런	볼넷	사구	삼진	피안타율	WHIP	FIP	ERA	QS	BS
2019	0	0	0	0	0	0	0.0	0	0	0	0	0	-	-	-	-	0	0
2020	0	0	0	0	0	0	0.0	0	0	0	0	0	-	-	-	-	0	0
2021	0	0	0	0	0	0	0.0	0	0	0	0	0	-	-	-	-	0	0
통산	80	19	7	9	0	2	187.1	244	26	86	6	116	0.324	1.76	5.78	6.10	5	1

김수환 내야수 31

신장 180cm **체중** 91kg **생일** 1998-03-20 **투타** 우투우타 **지명** 18 넥센 2차 5라운드 48순위

연봉 2,700-3,000-3,400 **학교** 부평구-재능중-제물포고

연도	경기	타석	타수	안타	2루타	3루타	홈런	타점	득점	볼넷	사구	삼진	도루	도루자	타율	출루율	장타율	OPS
2019	0	0	0	0	0	0	0	0	0	0	0	0	0	0	-	-	-	-
2020	9	12	11	2	1	0	0	2	1	1	0	5	0	0	0.182	0.250	0.273	0.523
2021	13	44	41	9	2	0	2	5	5	2	0	17	0	0	0.220	0.250	0.415	0.665
통산	22	56	52	11	3	0	2	7	6	3	0	22	0	0	0.212	0.250	0.385	0.635

김시앙 포수 26

신장 177cm **체중** 79kg **생일** 2001-10-31 **투타** 우투우타 **지명** 21 키움 2차 5라운드 49순위
연봉 3,000-3,000 **학교** 광주대성초-광주동성중-광주동성고

연도	경기	타석	타수	안타	2루타	3루타	홈런	타점	득점	볼넷	사구	삼진	도루	도루자	타율	출루율	장타율	OPS
2019																		
2020																		
2021	0	0	0	0	0	0	0	0	0	0	0	0	0	0	-	-	-	-
통산	0	0	0	0	0	0	0	0	0	0	0	0	0	0	-	-	-	-

김재현 포수 32

신장 178cm **체중** 90kg **생일** 1993-03-18 **투타** 우투우타 **지명** 12 넥센 8라운드 76순위
연봉 7,000-7,000-6,500 **학교** 진북초-전라중-대전고

연도	경기	타석	타수	안타	2루타	3루타	홈런	타점	득점	볼넷	사구	삼진	도루	도루자	타율	출루율	장타율	OPS
2019	0	0	0	0	0	0	0	0	0	0	0	0	0	0	-	-	-	-
2020	4	3	3	0	0	0	0	0	0	0	0	2	0	0	0.000	0.000	0.000	0.000
2021	39	51	46	10	7	0	0	8	2	3	0	12	0	1	0.217	0.265	0.370	0.635
통산	344	529	472	100	21	0	6	46	45	27	11	128	0	1	0.212	0.268	0.294	0.562

김준완 외야수 14

신장 174cm **체중** 74kg **생일** 1991-01-20 **투타** 우투좌타 **지명** 13 NC 육성선수
연봉 8,000-6,000-5,000 **학교** 길동초-건대부중-장충고-고려대

연도	경기	타석	타수	안타	2루타	3루타	홈런	타점	득점	볼넷	사구	삼진	도루	도루자	타율	출루율	장타율	OPS
2019	8	19	16	4	0	0	0	1	0	2	0	2	0	0	0.250	0.316	0.250	0.566
2020	45	75	65	14	1	0	1	5	8	10	0	9	0	0	0.215	0.320	0.277	0.597
2021	13	14	12	2	0	1	0	1	3	2	0	0	0	0	0.167	0.286	0.333	0.619
통산	331	641	523	129	10	3	2	29	103	106	3	114	7	8	0.247	0.374	0.289	0.663

박주홍 외야수 57

신장 187cm **체중** 90kg **생일** 2001-04-16 **투타** 좌투좌타 **지명** 20 키움 1차
연봉 2,700-3,000-3,200 **학교** 하남초-건대부중-장충고

연도	경기	타석	타수	안타	2루타	3루타	홈런	타점	득점	볼넷	사구	삼진	도루	도루자	타율	출루율	장타율	OPS
2019	0	0	0	0	0	0	0	0	0	0	0	0	0	0	-	-	-	-
2020	13	25	24	6	2	0	0	1	0	1	0	10	0	1	0.250	0.280	0.333	0.613
2021	23	56	47	5	2	0	0	3	4	9	0	21	1	1	0.106	0.250	0.149	0.399
통산	36	81	71	11	4	0	0	4	4	10	0	31	1	2	0.155	0.259	0.211	0.470

박준태 외야수 23

신장 182cm **체중** 80kg **생일** 1991-07-26 **투타** 우투좌타 **지명** 14 KIA 2차 6라운드 61순위
연봉 4,500-11,000-5,000 **학교** 대연초-부산중-개성고-인하대

연도	경기	타석	타수	안타	2루타	3루타	홈런	타점	득점	볼넷	사구	삼진	도루	도루자	타율	출루율	장타율	OPS
2019	38	47	41	7	3	0	0	4	13	4	0	15	1	1	0.171	0.234	0.244	0.478
2020	128	443	347	85	13	1	5	29	71	65	19	120	5	1	0.245	0.389	0.331	0.720
2021	27	58	46	9	3	0	0	4	10	10	2	16	1	0	0.196	0.362	0.261	0.623
통산	361	841	665	151	26	3	10	67	147	113	41	226	11	5	0.227	0.370	0.320	0.690

변상권 외야수 2

신장 180cm **체중** 80kg **생일** 1997-04-04 **투타** 우투좌타 **지명** 18 넥센 육성선수

연봉 2,700-3,500-4,800 **학교** 상인천중-제물포고-재능대

연도	경기	타석	타수	안타	2루타	3루타	홈런	타점	득점	볼넷	사구	삼진	도루	도루자	타율	출루율	장타율	OPS
2019	0	0	0	0	0	0	0	0	0	0	0	0	0	0	-	-	-	-
2020	35	64	62	17	5	0	1	16	7	1	0	20	0	0	0.274	0.281	0.403	0.684
2021	72	171	159	38	5	4	0	20	19	9	0	40	0	0	0.239	0.275	0.321	0.596
통산	107	235	221	55	10	4	1	36	26	10	0	60	0	0	0.249	0.277	0.344	0.621

이명기 외야수 10

신장 186cm **체중** 105kg **생일** 2000-01-03 **투타** 우투우타 **지명** 19 넥센 2차 5라운드 44순위

연봉 2,700-3,000-3,000 **학교** 광주대성초-충장중-광주동성고

연도	경기	타석	타수	안타	2루타	3루타	홈런	타점	득점	볼넷	사구	삼진	도루	도루자	타율	출루율	장타율	OPS
2019	0	0	0	0	0	0	0	0	0	0	0	0	0	0	-	-	-	-
2020	0	0	0	0	0	0	0	0	0	0	0	0	0	0	-	-	-	-
2021	3	8	6	1	0	0	0	1	0	2	0	3	0	0	0.167	0.375	0.167	0.542
통산	3	8	6	1	0	0	0	1	0	2	0	3	0	0	0.167	0.375	0.167	0.542

이병규 내야수 9

신장 175cm **체중** 73kg **생일** 1994-10-05 **투타** 우투좌타 **지명** 17 넥센 2차 7라운드 67순위

연봉 0-3,000-3,000 **학교** 광주서석초-배재중-배재고-송원대

연도	경기	타석	타수	안타	2루타	3루타	홈런	타점	득점	볼넷	사구	삼진	도루	도루자	타율	출루율	장타율	OPS
2019	0	0	0	0	0	0	0	0	0	0	0	0	0	0	-	-	-	-
2020	0	0	0	0	0	0	0	0	0	0	0	0	0	0	-	-	-	-
2021	0	0	0	0	0	0	0	0	0	0	0	0	0	0	-	-	-	-
통산	0	0	0	0	0	0	0	0	0	0	0	0	0	0	-	-	-	-

이주형 외야수 58

신장 183cm **체중** 96kg **생일** 2002-07-05 **투타** 좌투좌타 **지명** 21 키움 2차 4라운드 39순위

연봉 3,000-3,000 **학교** 매송중-야탑고

연도	경기	타석	타수	안타	2루타	3루타	홈런	타점	득점	볼넷	사구	삼진	도루	도루자	타율	출루율	장타율	OPS
2019																		
2020																		
2021	5	11	10	1	0	0	1	3	1	1	0	7	0	0	0.100	0.182	0.400	0.582
통산	5	11	10	1	0	0	1	3	1	1	0	7	0	0	0.100	0.182	0.400	0.582

임지열 외야수 29

신장 180cm **체중** 92kg **생일** 1995-08-22 **투타** 우투우타 **지명** 14 넥센 2차 2라운드 22순위

연봉 2,700-3,000-3,200 **학교** 신흥초-건대부중-덕수고

연도	경기	타석	타수	안타	2루타	3루타	홈런	타점	득점	볼넷	사구	삼진	도루	도루자	타율	출루율	장타율	OPS
2019	11	18	15	2	1	0	0	3	0	1	1	7	0	0	0.133	0.235	0.200	0.435
2020	1	1	1	1	0	0	0	0	1	0	0	0	0	0	1.000	1.000	1.000	2.000
2021	19	30	25	3	0	0	0	0	5	4	1	10	0	1	0.120	0.267	0.120	0.387
통산	31	49	41	6	1	0	0	3	6	5	2	17	0	1	0.146	0.271	0.171	0.442

PLAYER LIST

육성선수

성명	포지션	등번호	생일	신장	체중	투타	최초입단연도	최초입단구단	연봉
김동은	투수	38	2000-10-16	186	90	우우	2020	키움 히어로즈	3,000
백진수	투수	92	2003-02-15	191	96	우우	2002	키움 히어로즈	3,000
윤석원	투수	95	2003-07-04	184	85	좌좌	2022	키움 히어로즈	3,000
정연제	투수	62	1998-08-14	186	97	우좌	2021	키움 히어로즈	3,000
정재원	투수	68	2001-06-14	182	85	우우	2020	키움 히어로즈	3,000
주승빈	투수	96	2004-03-06	182	86	좌좌	2022	키움 히어로즈	3,000
김리안	포수	98	2003-11-25	183	87	우우	2022	키움 히어로즈	3,000
박정훈	포수	02	2003-10-14	182	85	우우	2022	키움 히어로즈	3,000
김민수	내야수	03	1998-12-18	177	80	우우	2022	키움 히어로즈	3,000
류하성	내야수	06	1997-07-22	176	70	우우	2022	키움 히어로즈	1,500
양경식	내야수	36	2001-02-03	171	70	우좌	2021	키움 히어로즈	3,000
오성민	내야수	04	1999-04-08	175	73	우우	2022	키움 히어로즈	2,700
이세호	내야수	01	1999-02-27	176	77	우우	2022	키움 히어로즈	3,000
이재홍	내야수	4	1998-12-17	171	70	우우	2021	키움 히어로즈	3,000
김현우	외야수	12	2001-07-02	176	80	우우	2021	키움 히어로즈	3,000
박수종	외야수	05	1999.02.25	179	82	우우	2022	키움 히어로즈	2,700

군보류

성명	포지션	생일	신장	체중	투타	최초입단연도	최초입단구단	입대일	전역일
배현호	포수	1999-04-20	176	86	우우	2018	넥센 히어로즈	2020-10-26	2022-04-25
주성원	포수	2000-08-30	180	98	우우	2019	키움 히어로즈	2020-08-30	2022-03-14
주효상	포수	1997-11-11	182	85	우좌	2016	넥센 히어로즈	2021-03-29	2022-09-28
김병휘	내야수	2001-02-16	177	79	우우	2020	키움 히어로즈	2021-11-23	2023-05-22
김신회	외야수	1999-07-14	177	75	좌좌	2019	키움 히어로즈	2021-04-29	2023-01-28
임병욱	외야수	1995-09-30	185	84	우좌	2014	넥센 히어로즈	2021-03-22	2022-09-21

육성군보류

성명	포지션	생일	신장	체중	투타	최초입단연도	최초입단구단	입대일	전역일
박준형	포수	1999-03-07	177	89	우우	2019	키움 히어로즈	2022-01-17	2023-07-16

SSG LANDERS

SSG 랜더스

SSG LANDERS BASEBALL CLUB

'세상에 없던 야구단'을 모토로 화려하게 출범한 창단 첫 시즌. 새 팀의 '랜딩' 과정은 모든 야구 팬들의 관심사가 됐고 커피와 햄버거 등 모기업의 직접적인 지원은 신선한 바람을 불러왔다. KBO 리그 역대 최고 연봉으로 입단한 추신수는 일거수일투족이 주목의 대상이었다.

과정은 험난했다. 개막 초반 세 명의 선발투수가 부상으로 빠지는 악재 속에서도, 정규시즌 마지막날까지 포스트시즌 진출 가능성이 남아 있었다. 최종전 패배로 좌절된 가을야구의 꿈은 선수단 전체를 절치부심하게 만들었다. '1승만 더 했다면'으로 끝난 2021년은 털어버렸다. 외부 FA 영입 대신 내실을 다지는 데 집중했고, 역대 최초 '비FA 선수 장기계약'의 새로운 길을 열었다. 지난해는 예고편. 세상에 없던 야구단이 더 높은 고지를 향해 '랜딩'할 준비를 마쳤다.

2021 좋았던 일

단 1승이 모자라 포스트시즌 진출은 좌절됐지만 5할 승률을 넘겼고, 어려움 속에서도 새 얼굴들을 발견하는 수확이 있었다. 타선은 '홈런 공장' 팀 컬러를 제대로 살렸다. 홈런왕 최정(35개)을 필두로 한유섬(31개), 추신수(21개), 로맥(20개) 등이 힘을 보태며 팀 홈런 1위(185개)에 등극했다. 특히 슈퍼스타 추신수는 그라운드 안팎에서 긍정적인 영향을 선수단 전체에 미치며 영입 효과를 제대로 보여줬다.

'군필 주전 유격수' 박성한의 등장도 무엇보다 반가웠던 일. 마운드에서는 2년차 오원석이 국내 투수 중 가장 많은 110이닝을 투구하며 경험치를 쌓았다. 이밖에도 최민준 · 장지훈 · 이정범 등 투 · 타에서 신성들이 자신의 이름을 널리 알렸다. 새로운 모기업은 유통과 연계한 다양한 마케팅으로 팬들의 호응을 얻어냈다.

2021 나빴던 일

선발진이 이렇게까지 무너질 수 있다니. 예상할 수 없는 불운이 한꺼번에 닥쳤다. 국내 선발 원투 펀치 박종훈과 문승원이 나란히 수술대에 올랐다. 1선발로 기대를 모았던 르위키는 고작 4경기만 던지고 부상으로 퇴단했다. 도합 30승을 기대했던 세 명의 선발투수가 한꺼번에 이탈했다. 결국 지난해 SSG가 선발로 등판시킨 투수는 총 17명. 10개 팀 중 가장 많은 숫자였다. 아랫돌을 빼서 윗돌을 괴는 상황이 반복됐다. 고스란히 부담은 불펜에 쏠렸다. 구원투수들이 총 599⅓이닝을 던졌다. 역시 10개 팀 중 1위다. 블론세이브도 24개로 가장 많았다. 지칠 수밖에 없는 험난한 상황에 필승조도 흔들렸다. 마무리 자리가 김상수에서 서진용으로, 다시 김택형으로 바뀌었다. 투수진에게는 그야말로 '버텨야만 했던' 험난한 한 시즌이었다.

김원형 감독 70

신장	177cm	체중	75kg	생일	1972-07-05	투타	우투우타
연봉	25,000-25,000			학교	전주중앙초-전주동중-전주고		

감독 첫 시즌에 수많은 역경을 마주했다. 선임되자마자 모기업과 구단 이름이 바뀌었고, 시즌 개막 후에는 계획되어 있던 선발진의 과반수가 부상으로 이탈하는 불운이 닥쳤다. 그럼에도 정규 시즌 마지막날까지 가을야구 진출 티켓을 다퉜다. 김 감독은 "많은 시행착오가 있었다"고 돌아보며 "끝까지 최선을 다해준 선수들에게 고마운 마음"이라고 말했다. 올해는 "선수들을 더 많이 칭찬하고 즐거운 분위기를 만들겠다"는 포부를 전했다.
최우선 과제는 역시 선발진의 안정화. 특히 박종훈과 문승원의 복귀 시점까지 마운드를 지켜줄 수 있는 자원을 확보해야 한다. 그런 점에서 김광현의 복귀는 감독에게 천군만마다. 오원석 · 최민준 · 김건우 등 젊은 투수들, 노경은 · 이태양 등 베테랑들도 언제든 나설 수 있다. 왕년의 '어린 왕자'는 이제 더 높은 곳을 바라본다.

구단 정보

창단	연고지	홈구장	우승	홈페이지
2000	인천	인천SSG랜더스필드	4회(07, 08, 10, 18)	www.ssglanders.com/

2021시즌 성적

순위	경기	승	패	무	승률
6	144	66	64	14	0.508
타율	출루율	장타율	홈런	도루	실책
0.261(5)	0.354(3)	0.421(1)	185(1)	100(4)	102(5)
ERA	선발ERA	구원ERA	탈삼진	볼넷허용	피홈런
4.84(8)	5.22(10)	4.42(4)	1,012(7)	630(8)	149(10)

최근 10시즌 성적

연도	순위	승	패	무	승률
2011	2	71	59	3	0.546
2012	2	71	59	3	0.546
2013	6	62	63	3	0.496
2014	5	61	65	2	0.484
2015	5	69	73	2	0.486
2016	6	69	75	0	0.479
2017	5	75	68	1	0.524
2018	1	78	65	1	0.545
2019	3	88	55	1	0.615
2020	9	51	92	1	0.357

2021시즌 월별 성적

월	순위	승	패	무	승률
4	5	12	11	0	0.522
5	1	15	7	0	0.682
6	6	12	11	2	0.522
7-8	10	7	16	2	0.304
9	8	10	12	5	0.455
10	1	10	7	5	0.588
포스트					

COACHING STAFF

코칭스태프

성명	보직	등번호	생일	신장	체중	투타	출신교
김민재	수석	76	1973-01-03	181	84	우투우타	부산공고
조원우	벤치	74	1971-04-08	178	82	우투우타	부산고-고려대
조웅천	투수	80	1971-03-17	183	82	우투우타	순천상고
이대진	투수	85	1974-06-09	180	83	우투우타	진흥고-한국사이버대
정경배	타격	83	1974-02-20	176	84	우투우타	인천고-홍익대
이진영	타격	75	1980-06-15	185	90	좌투좌타	군산상고
손지환	수비	71	1978-11-13	180	87	우투우타	휘문고
전형도	작전	92	1971-10-30	177	83	우투우타	휘문고-단국대
조동화	주루	84	1981-03-22	175	74	좌투좌타	공주고-대불대
최경철	배터리	81	1980-08-15	188	86	우투우타	전주고-동의대
곽현희	트레이닝		1973-08-06	180	81	우투우타	배재고-영남대
플래처	퓨처스 총괄	86	1958-07-30	180	76	우투우타	워즈워스고
나이트	퓨처스 투수	73	1975-10-01	182	79	우투좌타	벤추라대
이승호	퓨처스 투수	91	1981-09-09	176	73	좌투좌타	군산상고
채병용	퓨처스 투수	79	1982-04-25	185	100	우투우타	신일고
메이	퓨처스 타격	87	1968-07-14	193	95	우투좌타	뉴어크고
박정권	퓨처스 타격	83	1981-07-21	187	93	좌투좌타	전주고-동의대
세리자와	퓨처스 배터리	90	1968-04-12	177	80	우투우타	오오미야히가시고
이대수	퓨처스 루키수비	88	1981-08-21	175	75	우투우타	군산상고
임재현	퓨처스 수비 주루	77	1991-05-29	175	80	우투우타	개성고-성균관대
정상호	퓨처스 재활	82	1982-12-24	187	100	우투우타	동산고

2021 팀 이슈

지난해는 추신수, 올해는 김광현. 시범경기 직전마다 팀에 큰 이벤트가 열리는 게 이제는 전통이 될 지경. 김광현의 복귀로 SSG를 바라보던 시선은 더 위로 올라간다. 중위권 경쟁에서 이제는 우승 후보까지 안착했다. 김광현의 복귀 의미가 큰 것은 폭발적인 타선을 갖추고도 가을 야구를 하지 못한 2021년 문제가 결국 마운드였기 때문.

올해도 팔꿈치 수술 후 재활 중인 박종훈과 문승원은 6월에야 복귀가 가능할 전망이다. 김광현, 노바, 폰트와 함께 오원석 · 최민준 · 김건우 · 노경은 · 이태양 등으로 시즌 초반 선발 로테이션을 꾸린다. 야수 쪽에서는 팔꿈치 수술을 받은 추신수가 6월까지 지명타자로만 나설 수 있다. 한유섬 · 최지훈 외에 외야 한 자리를 놓고 오태곤 · 이정범 등이 경쟁할 전망. 완전체 전력이 갖춰지는 6월 이후부터 진짜 SSG가 뜬다.

2021 최상 시나리오

외계인

우린 제3 은하계 스타필드에서 너희를 점령하러 왔다!

2명의 외국인 투수와 김광현이 이끌던 선발 마운드에 6월 문승원, 박종훈이 '화룡점정'을 찍으며 완전체 5인 선발 로테이션을 갖춘다. 유니폼도 구장 이름도 달라졌지만 랜더스필드에 다시 선 김광현은 여전히 다이내믹 피칭으로 이름값을 한다. 팬들의 '문박대전'은 우열을 가릴 수 없어 더 이상 무의미하다. 타선에서는 최지훈이 4할 출루율로 국가대표 1번 타자 후보로도 거론된다. 추신수-크론-최정-한유섬은 쉴새없이 홈런 공장을 가동한다. 박성한은 한 단계 더 성장하며 골든글러브 컨텐더로 급부상한다. 탄탄한 선발진과 필승조의 힘. 완벽한 투타 조화로 4년 만에 다시 오른 한국시리즈 무대에서 팀의 가을 DNA는 여전히 살아 있다. 팀 통산 다섯 번째이자, 랜더스라는 이름의 첫 우승. 이마트와 신세계백화점에서 우승 기념 대형 할인 행사를 연다.

2021 최악 시나리오

네?!! 전 못 들어간다고요?
아.. 올해는 들어가야 하는데...

김광현은 최근 2년 적은 이닝만 던진 탓인지 스태미너에서 한계를 보인다. 문승원, 박종훈의 재활이 더뎌질수록 SSG의 위기는 길어진다. 추신수가 6월까지 지명타자로만 출장하면서 외야 한 자리가 빈다. 추신수는 공격에서도 메이저리거의 빛보다 에이징커브의 어둠에 갇혀 고생한다. 같은 1982년생 김강민 역시 노쇠화로 쓰임새가 줄어든다. 김택형이 풀타임 마무리 1년차에 제구 숙원을 극복하지 못하고 랜더스필드에는 2년 연속 9회 속터지는 극장이 열린다. 6월까지 불펜을 빼다 선발을 쓰면서 생긴 피로도가 시즌 후반 불펜에 나타난다. 박성한이 2년차 징크스를 겪으면서 덮인 줄 알았던 내야 구멍이 다시 드러난다. 2년차 김원형 감독은 2021년이 위기의 끝인 줄 알았겠지만, 2022년 역시 아랫돌 빼 윗돌 괴기 운용으로 어려움을 겪는다.

김광현 투수 29

신장 188cm 체중 88kg 생일 1988-07-22

투타 좌투좌타 지명 07 SK 1차

연봉 0-0-미발표

학교 덕성초(안산리틀)-안산중앙중-안산공고

순위기록

WAR	0.55
WPA	0.00
땅볼/뜬공	0.99
삼진율(%)	18.6
볼넷비율(%)	9.9
헛스윙율(%)	21.4

기본기록

연도	경기	선발	승	패	세이브	홀드	이닝	안타	홈런	볼넷	사구	삼진	피안타율	WHIP	FIP	ERA	QS	BS
2019	31	30	17	6	0	0	190.1	198	13	38	2	180	0.270	1.24	3.01	2.51	24	0
2020	0	0	0	0	0	0	0.0	0	0	0	0	0	-	-	-	-	0	0
2021	0	0	0	0	0	0	0.0	0	0	0	0	0	-	-	-	-	0	0
통산	298	276	136	77	0	2	1673.2	1577	143	646	39	1456	0.253	1.33	4.01	3.27	82	0

상황별 기록

상황	안타	2루타	3루타	홈런	볼넷	사구	삼진	폭투	보크	피안타율
전반기	0	0	0	0	0	0	0	0	0	-
후반기	0	0	0	0	0	0	0	0	0	-
vs 좌	0	0	0	0	0	0	0	0	0	-
vs 우	0	0	0	0	0	0	0	0	0	-
주자없음	0	0	0	0	0	0	0	0	0	-
주자있음	0	0	0	0	0	0	0	0	0	-
득점권	0	0	0	0	0	0	0	0	0	-
만루	0	0	0	0	0	0	0	0	0	-

구종별 기록

구종	평균구속	순위	백분율	구사율(%)	피안타율
포심	-	-	-	-	-
투심/싱커	-	-	-	-	-
슬라이더/커터	-	-	-	-	-
커브	-	-	-	-	-
체인지업	-	-	-	-	-
포크볼	-	-	-	-	-
너클볼/기타	-	-	-	-	-

존별 기록

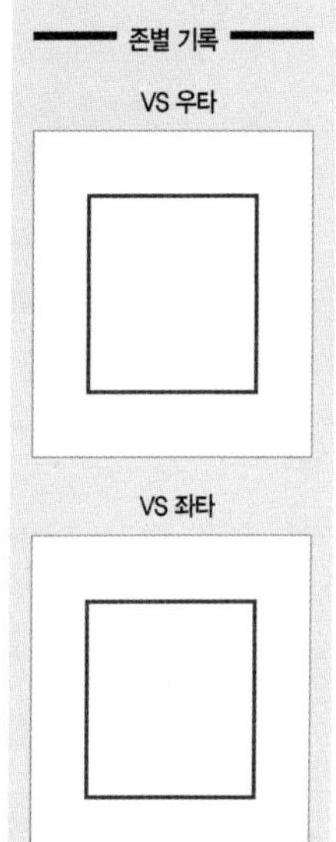

● 메이저리그 세인트루이스 카디널스에서 2년간 선발에 도전했다. FA가 된 2022년 메이저리그 직장폐쇄로 새 팀을 찾는 데 고전하다가 "네가 필요하다"는 SSG의 손을 잡고 친정팀으로 복귀했다. 문승원, 박종훈이 겨울 동안 KBO 최초 비FA 다년계약을 맺긴 했지만 친정팀에서 김광현이 가진 에이스의 가치는 매우 크다. 김광현은 "뭐든 시켜만달라"고 의욕을 보였다. 최고 150km을 찍는 직구와 파워풀한 투구폼, KBO 최고의 고속 슬라이더를 앞세워 SK에서 136승, 세인트루이스에서 10승을 거뒀다. 다만 2020년에는 메이저리그가 60경기 단축 시즌이라 39이닝만 던졌고, 2021년에는 후반기 불펜으로 나왔다. 선발 등판 때도 계속 5이닝을 채우지 못하고 교체되는 경우가 많아 2년간 145⅔이닝 등판에 그쳤다. 리그 적응에 어려움을 겪지는 않겠지만 갑자기 풀 시즌을 치를 수 있을지가 관건이다. 어느 팀에도 소속되지 않았던 비시즌 오롯이 혼자 했던 훈련 결과에 달려 있다.

문승원 투수 42

신장 180cm **체중** 88kg **생일** 1989-11-28

투타 우투우타 **지명** 12 SK 1라운드 8순위

연봉 25,700-30,000-160,000

학교 가동초-배명중-배명고-고려대

순위기록

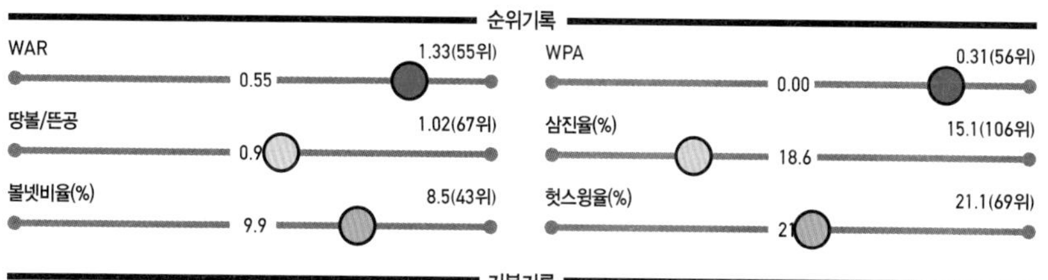

기본기록

연도	경기	선발	승	패	세이브	홀드	이닝	안타	홈런	볼넷	사구	삼진	피안타율	WHIP	FIP	ERA	QS	BS
2019	26	23	11	7	0	2	144.0	130	23	33	3	99	0.239	1.13	4.83	3.88	12	0
2020	25	25	6	8	0	0	145.2	136	13	45	6	117	0.248	1.24	4.16	3.65	13	0
2021	9	9	2	2	0	0	50.1	42	1	18	2	32	0.220	1.19	3.51	2.86	5	0
통산	158	126	37	43	1	3	736.0	786	103	226	33	521	0.273	1.38	5.07	4.51	51	0

상황별 기록

상황	안타	2루타	3루타	홈런	볼넷	사구	삼진	폭투	보크	피안타율
전반기	42	14	0	1	18	2	32	1	0	0.220
후반기	0	0	0	0	0	0	0	0	0	-
vs 좌	25	5	0	1	12	0	14	0	0	0.258
vs 우	17	9	0	0	6	2	18	1	0	0.181
주자없음	26	8	0	1	8	2	17	0	0	0.248
주자있음	16	6	0	0	10	0	15	1	0	0.186
득점권	9	3	0	0	6	0	8	1	0	0.205
만루	0	0	0	0	1	0	1	0	0	0.000

구종별 기록

구종	평균구속	순위	백분율	구사율(%)	피안타율
포심	143	118	38.9%	30%	0.222
투심/싱커	140	63	46.7%	12.6%	0.389
슬라이더/커터	136	31	10.8%	33.6%	0.176
커브	123	32	13.1%	9.9%	0.278
체인지업	129	85	40.7%	14%	0.167
포크볼	-	-	-	-	-
너클볼/기타	-	-	-	-	-

존별 기록

VS 우타

- 0/0	- 0/0	0.167 1/6	0.000 0/1	0.000 0/1
0.000 0/5	0.167 1/6	0.000 0/7	0.000 0/6	- 0/0
- 0/0	0.000 0/8	0.583 7/12	0.000 0/2	0.000 0/1
0.000 0/2	0.250 2/8	0.273 3/11	0.286 2/7	- 0/0
0.000 0/3	0.167 1/6	0.000 0/4	0.000 0/1	- 0/0

VS 좌타

- 0/0	- 0/0	0.000 0/3	0.000 0/2	- 0/0
0.500 1/2	0.333 1/3	0.111 1/9	0.000 0/2	0.000 0/3
0.000 0/1	0.250 1/4	0.400 4/10	0.133 2/15	0.250 1/4
0.000 0/1	0.500 4/8	0.333 3/9	0.667 4/6	0.000 0/1
0.000 0/1	0.250 1/4	0.222 2/9	- 0/0	- 0/0

투수 시점

● 9번 선발 등판에 5차례 퀄리티스타트. 5월까지의 평균자책점은 리그 국내 투수 중 4위. 승운은 잘따르지 않았지만 '커리어하이'를 예감하게 하는 쾌조의 시즌 출발이었다. 잘 던지지 않던 투심을 장착했고 날카로운 슬라이더의 비중도 높여 효과를 봤다. 페이스가 워낙 좋았기에 부상은 더욱 뼈아프게 느껴졌다. 팔꿈치 통증이 심해지며 받은 검진에서 수술 소견이 나왔고, 박종훈과 함께 미국에서 인대접합수술을 받았다. '팀과 함께 할 수 없다는 게 속상해서' 야구 경기 중계도 거의 보지 않고 재활에만 몰두했다. 시간과의 싸움이 될 수 있는 재활 과정을 문승원은 특유의 성실함과 부지런함으로 꼼꼼하게 치러내고 있다. 성실하기로 둘째가라면 서러운 박종훈마저도 "승원이 형이 세상에서 제일 열심히 하는 선수"라고 혀를 내두를 정도다. 박종훈과 마찬가지로 비FA 다년계약을 맺고 '영원한 SSG맨'으로 남을 수 있게 됐다. 모든 것이 순조롭게 진행된다면 복귀 시점은 6월이 될 전망이다.

박종훈 투수 50

신장 186cm **체중** 90kg **생일** 1991-08-13

투타 우투우타 **지명** 10 SK 2라운드 9순위

연봉 29,000-32,000-180,000

학교 중앙초-군산중-군산상고

순위기록

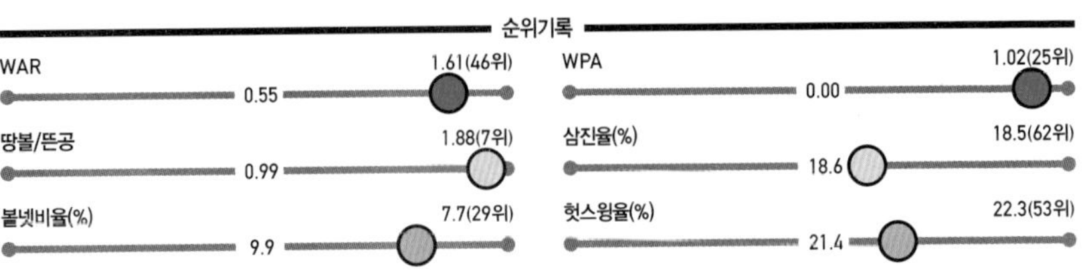

기본기록

연도	경기	선발	승	패	세이브	홀드	이닝	안타	홈런	볼넷	사구	삼진	피안타율	WHIP	FIP	ERA	QS	BS
2019	28	28	8	11	0	0	144.0	157	12	59	13	100	0.280	1.50	4.60	3.88	10	0
2020	29	28	13	11	0	0	157.1	146	14	78	22	134	0.249	1.42	4.90	4.81	10	0
2021	9	9	4	2	0	0	54.1	40	2	17	7	41	0.205	1.05	3.63	2.82	6	0
통산	201	178	66	62	0	1	949.0	935	85	430	131	745	0.260	1.44	4.98	4.55	59	0

상황별 기록

상황	안타	2루타	3루타	홈런	볼넷	사구	삼진	폭투	보크	피안타율
전반기	40	7	0	2	17	7	41	0	2	0.205
후반기	0	0	0	0	0	0	0	0	0	-
vs 좌	26	3	0	1	7	3	20	0	1	0.222
vs 우	14	4	0	1	10	4	21	0	1	0.179
주자없음	24	4	0	2	9	4	26	0	0	0.203
주자있음	16	3	0	0	8	3	15	0	2	0.208
득점권	11	3	0	0	8	2	10	0	0	0.229
만루	3	0	0	0	0	0	1	0	0	0.300

구종별 기록

구종	평균구속	순위	백분율	구사율(%)	피안타율
포심	133	287	94.7%	13.6%	0.130
투심/싱커	131	127	94.1%	48.9%	0.239
슬라이더/커터	-	-	-	-	-
커브	122	41	16.7%	30.2%	0.211
체인지업	124	174	83.3%	7.3%	0.077
포크볼	-	-	-	-	-
너클볼/기타	-	-	-	-	-

존별 기록

VS 우타

0.000 0/3	0.000 0/3	0.000 0/2	- 0/0	- 0/0
0.250 1/4	0.429 3/7	0.000 0/4	0.000 0/4	- 0/0
0.125 1/8	0.333 1/3	0.444 4/9	0.167 1/6	0.000 0/1
0.500 1/2	0.000 0/2	0.000 0/7	0.000 0/4	0.000 0/3
0.000 0/1	0.000 0/2	1.000 2/2	0.000 0/1	- 0/0

VS 좌타

0.000 0/2	0.500 1/2	1.000 1/1	- 0/0	- 0/0
1.000 1/1	0.200 1/5	0.500 3/6	0.429 3/7	0.000 0/1
0.333 1/3	0.000 0/4	0.111 1/9	0.136 3/22	0.000 0/4
- 0/0	0.500 1/2	0.333 4/12	0.235 4/17	0.111 1/9
- 0/0	- 0/0	0.250 1/4	0.000 0/6	- 0/0

투수 시점

● 시즌 개막 후 9번째 등판 경기에서 팔꿈치 통증을 호소하며 마운드를 내려갔다. '다들 이 정도는 참고 뛴다'고 생각했던 통증이었지만 그 순간에는 좋지 않은 예감이 스쳤다. 결국 그대로 시즌을 접었다. 바로 비행기에 올랐고, 미국에서 팔꿈치 인대접합수술을 받은 날짜가 2021년 6월 8일. 길고 지루한 재활의 시간을 거쳐 다가오는 6월 복귀를 목표로 하고 있다. 하루 빨리 마운드에 돌아가고 싶은 간절한 마음으로 누구보다 구슬땀을 쏟고 있는 그에게 구단은 5년 총액 65억원의 '비FA 역대 최초 다년계약'이라는 선물을 안겼다. SSG의 프랜차이즈 스타로 남을 수 있는 길이 열린 셈이다. 이제는 팀의 리더로서 역할도 커졌다. 많은 후배 선수들이 박종훈의 성실한 재활 과정을 가까이서 지켜보며 귀감으로 삼고 있다. 결국 얼마나 예전의 몸 상태를 회복할지가 관건. 스트라이크존이 넓어진 것도 커브의 상하 움직임을 많이 활용하는 박종훈에게는 호재가 될 수 있다.

서진용 투수 22

신장	184cm	체중	88kg	생일	1992-10-02
투타	우투우타	지명	11 SK 1라운드 7순위		
연봉	20,000-17,000-18,500				
학교	남부민초-대동중-경남고				

순위기록

항목	최저	평균	최고	기록
WAR		0.55		1.70(43위)
WPA		0.00		-1.92(305위)
땅볼/뜬공		0.99		0.77(105위)
삼진율(%)		18.6		20.9(40위)
볼넷비율(%)		9.9		14.5(134위)
헛스윙율(%)		21.4		28.6(8위)

기본기록

연도	경기	선발	승	패	세이브	홀드	이닝	안타	홈런	볼넷	사구	삼진	피안타율	WHIP	FIP	ERA	QS	BS
2019	72	0	3	1	4	33	68.0	53	2	28	2	76	0.216	1.19	2.70	2.38	0	1
2020	63	0	2	7	8	12	61.0	52	11	34	1	56	0.234	1.41	5.74	4.13	0	5
2021	65	0	7	5	9	3	67.1	57	9	43	0	62	0.232	1.49	4.83	3.34	0	5
통산	333	0	17	18	25	66	340.1	308	47	170	7	361	0.242	1.40	4.63	4.05	0	17

상황별 기록

상황	안타	2루타	3루타	홈런	볼넷	사구	삼진	폭투	보크	피안타율
전반기	30	6	1	7	27	0	31	2	0	0.221
후반기	27	2	0	2	16	0	31	1	0	0.245
vs 좌	26	3	1	3	16	0	31	2	0	0.218
vs 우	31	5	0	6	27	0	31	1	0	0.244
주자없음	30	4	1	7	20	0	29	0	0	0.236
주자있음	27	4	0	2	23	0	33	3	0	0.227
득점권	17	2	0	2	21	0	23	2	0	0.230
만루	1	0	0	0	2	0	2	1	0	0.100

구종별 기록

구종	평균구속	순위	백분율	구사율(%)	피안타율
포심	144	80	26.4%	54%	0.286
투심/싱커	-	-	-	-	-
슬라이더/커터	132	96	33.4%	4.9%	0.462
커브	-	-	-	-	-
체인지업	-	-	-	-	-
포크볼	131	54	40%	41.2%	0.140
너클볼/기타	-	-	-	-	-

존별 기록

VS 우타

- 0/0	- 0/0	0.000 0/5	0.333 1/3	0.000 0/1
1.000 1/1	0.364 4/11	0.167 1/6	0.200 1/5	- 0/0
0.000 0/2	0.273 3/11	0.091 1/11	0.571 4/7	0.000 0/1
0.000 0/4	0.250 3/12	0.296 8/27	0.143 1/7	0.000 0/1
0.000 0/1	0.500 2/4	0.167 1/6	- 0/0	0.000 0/1

VS 좌타

- 0/0	- 0/0	0.000 0/2	0.000 0/4	- 0/0
- 0/0	1.000 3/3	0.308 4/13	0.429 3/7	0.000 0/5
0.000 0/1	0.400 2/5	0.222 2/9	0.273 3/11	0.000 0/5
- 0/0	0.500 2/4	0.250 2/8	0.125 2/16	0.667 2/3
- 0/0	0.000 0/4	0.200 1/5	0.000 0/9	0.000 0/5

투수 시점

● 지난 시즌 기록을 놓고 보면 '충분히 훌륭했다'고 말할 만하다. 특히 시즌 막판을 불태웠다. 9월 23일 롯데전부터 10월 28일 두산전까지, 16경기 18이닝 연속 무실점을 기록하며 팀이 마지막까지 포스트시즌 진출 경쟁을 하는 데 큰 보탬이 됐다. 그럼에도 서진용은 '전반기부터 잘했어야 했다'는 아쉬움을 드러낸다. 2021년 전반기 평균자책점은 4.14였고, 9세이브를 거두면서 4번의 블론세이브가 나왔다. 결국 후반기에는 김택형이 마무리 투수가 됐다. 마무리 보직을 맡았다가 자리에서 내려오는 일이 커리어 내내 반복되고 있다. 주무기는 역시 리그 최정상급의 포크볼. 다만 2021년에는 데뷔 후 처음으로 포크볼 구사 비율이 40%를 넘겼다. 의존도가 지나치게 커졌다는 지적이 나온다. 원래 150km를 넘나드는 파이어볼러인 만큼, 패스트볼의 힘이 우선 나와야 포크볼의 위력도 더해질 수 있다. 서진용은 커리어하이였던 2019년 투구 영상을 틈틈이 돌려보며 좋았던 때를 되새기고 있다.

폰트 투수 63

신장 193cm **체중** 113kg **생일** 1990-05-24

투타 우투우타 **지명** 21 SK 자유선발

연봉 $850,000-$1,100,000

학교 E.B.Guaracaru mbo(중)-Lic.Armando Reveron(고)

순위기록

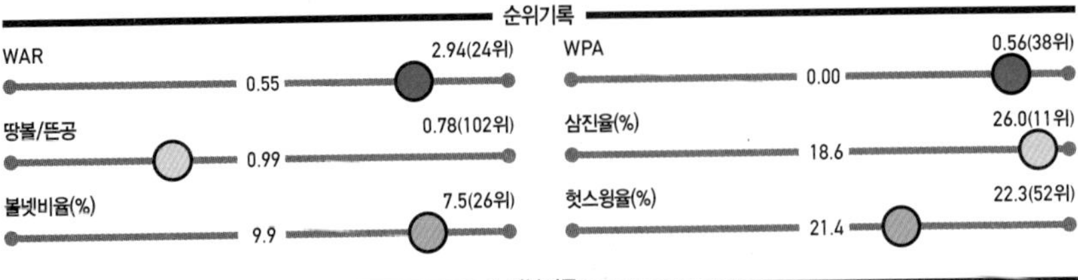

기본기록

연도	경기	선발	승	패	세이브	홀드	이닝	안타	홈런	볼넷	사구	삼진	피안타율	WHIP	FIP	ERA	QS	BS
2019	0	0	0	0	0	0	0.0	0	0	0	0	0	-	-	-	-	0	0
2020	0	0	0	0	0	0	0.0	0	0	0	0	0	-	-	-	-	0	0
2021	26	26	8	5	0	0	145.2	114	12	45	6	157	0.211	1.09	3.28	3.46	13	0
통산	26	26	8	5	0	0	145.2	114	12	45	6	157	0.211	1.09	3.28	3.46	13	0

상황별 기록

상황	안타	2루타	3루타	홈런	볼넷	사구	삼진	폭투	보크	피안타율
전반기	65	12	1	7	25	4	102	1	1	0.203
후반기	49	10	0	5	20	2	55	1	0	0.222
vs 좌	64	12	1	8	27	3	70	1	0	0.241
vs 우	50	10	0	4	18	3	87	1	1	0.182
주자없음	60	10	0	4	22	3	96	0	0	0.189
주자있음	54	12	1	8	23	3	61	2	1	0.242
득점권	31	10	0	3	11	1	33	1	0	0.235
만루	4	2	0	0	0	1	0	0	0	0.400

구종별 기록

구종	평균구속	순위	백분율	구사율(%)	피안타율
포심	149	8	2.6%	53.8%	0.216
투심/싱커	145	20	14.8%	7%	0.346
슬라이더/커터	132	105	36.6%	20%	0.215
커브	118	119	48.6%	16.2%	0.168
체인지업	133	27	12.9%	0.6%	0.667
포크볼	131	62	45.9%	2.4%	0.095
너클볼/기타	-	-	-	-	-

존별 기록

VS 우타

0.000 0/1	0.000 0/4	0.118 2/17	0.083 1/12	0.333 1/3
0.200 1/5	0.091 2/22	0.188 6/32	0.333 6/18	0.200 2/10
0.000 0/7	0.150 3/20	0.250 7/28	0.286 4/14	0.250 2/8
0.167 1/6	0.167 2/12	0.125 3/24	0.417 5/12	0.000 0/1
0.000 0/4	0.000 0/9	0.000 0/3	0.667 2/3	- 0/0

VS 좌타

- 0/0	0.250 1/4	0.267 4/15	0.100 1/10	0.000 0/5
0.000 0/1	0.333 7/21	0.176 6/34	0.304 7/23	0.600 3/5
0.250 1/4	0.333 6/18	0.222 4/18	0.364 8/22	0.000 0/6
0.000 0/3	0.182 2/11	0.381 8/21	0.125 2/16	0.333 1/3
0.000 0/3	0.200 2/10	0.111 1/9	0.000 0/3	0.000 0/1

투수 시점

● 2021년 초토화된 SSG 마운드에서 유일하게 144이닝을 채운 투수였다. 그 역시 이런저런 부상에 시달렸지만, 그럼에도 마운드를 묵묵히 지켰다. 규정 이닝 달성 기준 9이닝당 탈삼진 리그 전체 2위(9.7개), WHIP 2위(1.09), 피안타율 1위(0.211)에 오르며 공의 위력은 확실하게 검증을 받았다. 25경기 중 23경기에서 최소 5이닝 이상을 던졌다는 꾸준함도 돋보였다. 2021년 서류 문제로 입국 자체가 늦어졌고, 캠프와 시범경기 기간에도 잔부상에 시달려 개막 준비에 어려움이 많았음에도 거둔 의미 있는 성과다. 2022년에는 모든 것이 순조롭다. 캠프에 일찌감치 합류해 훈련을 정상적으로 소화했고, 첫 라이브피칭에서부터 148km를 던져 "바로 경기에 나가도 될 정도"라는 말까지 나왔다. 또 하나 폰트를 기대하게 하는 요소는 상하가 확대된 스트라이크존의 효과다. 장신의 릴리즈포인트를 활용하는 하이패스트볼과 각이 큰 커브에 타자들이 대처하기는 쉽지 않을 전망이다.

박성한 내야수 2

신장 180cm **체중** 77kg **생일** 1998-03-30

투타 우투좌타 **지명** 17 SK 2차 2라운드 16순위

연봉 2,700-3,000-14,000

학교 여수서초-여수중-효천고

순위기록

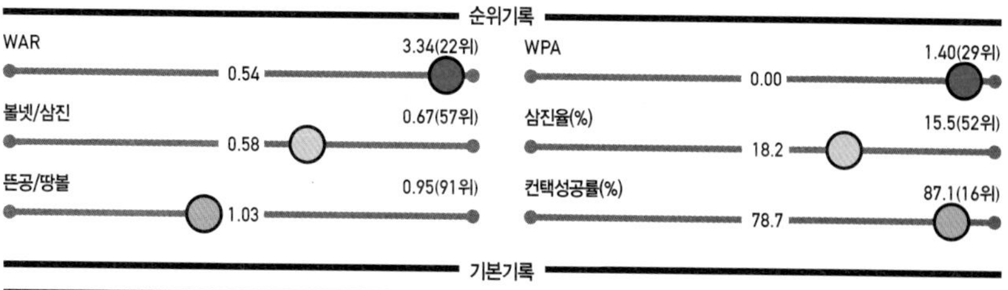

기본기록

연도	경기	타석	타수	안타	2루타	3루타	홈런	타점	득점	볼넷	사구	삼진	도루	도루자	타율	출루율	장타율	OPS
2019	0	0	0	0	0	0	0	0	0	0	0	0	0	0	-	-	-	-
2020	41	112	99	24	2	0	2	8	7	11	1	21	1	1	0.242	0.324	0.323	0.647
2021	135	471	407	123	21	1	4	44	53	49	1	73	12	5	0.302	0.377	0.388	0.765
통산	220	646	562	154	24	1	6	54	63	67	2	112	13	6	0.274	0.352	0.352	0.704

상황별 기록

상황	타석	홈런	볼넷	삼진	타율	출루율	장타율	OPS
전반기	217	1	21	33	0.277	0.352	0.356	0.708
후반기	254	3	28	40	0.324	0.398	0.416	0.814
vs 좌	69	0	9	16	0.196	0.308	0.214	0.522
vs 우	343	3	38	45	0.312	0.390	0.403	0.793
주자있음	203	3	21	27	0.298	0.372	0.405	0.777
주자없음	268	1	28	46	0.305	0.381	0.377	0.758
득점권	129	2	15	21	0.298	0.380	0.404	0.784
노아웃	139	1	11	19	0.307	0.370	0.395	0.765
원아웃	165	0	15	24	0.302	0.364	0.362	0.726
투아웃	167	3	23	30	0.299	0.395	0.410	0.805

팀별 기록

구분	타석	홈런	볼넷	삼진	타율	출루율	장타율	OPS
KIA	63	1	8	8	0.352	0.435	0.481	0.916
KT	60	0	8	13	0.250	0.350	0.269	0.619
LG	53	1	5	6	0.244	0.333	0.356	0.689
NC	52	0	8	11	0.326	0.431	0.442	0.873
두산	60	1	3	10	0.321	0.345	0.453	0.798
롯데	58	1	8	7	0.283	0.389	0.370	0.759
삼성	36	0	2	6	0.382	0.417	0.412	0.829
키움	38	0	4	6	0.235	0.316	0.294	0.610
한화	51	0	3	6	0.326	0.367	0.391	0.758

존별 기록

VS 좌투

0.000 0/1	0.000 0/1	0.286 2/7	- 0/0	- 0/0
0.000 0/1	1.000 1/1	0.143 1/7	0.000 0/2	- 0/0
0.000 0/1	- 0/0	0.250 1/4	0.100 1/10	0.000 0/2
- 0/0	- 0/0	0.333 2/6	0.429 3/7	- 0/0
0.000 0/1	- 0/0	0.000 0/2	0.000 0/2	0.000 0/1

VS 우투

- 0/0	0.500 2/4	0.250 3/12	0.000 0/3	0.000 0/3
0.000 0/3	0.545 6/11	0.333 16/48	0.455 10/22	0.500 2/4
0.250 1/4	0.316 6/19	0.304 7/23	0.161 5/31	0.111 1/9
0.333 1/3	0.400 6/15	0.429 12/28	0.240 6/25	0.750 3/4
0.000 0/1	0.143 1/7	0.300 3/10	0.200 1/5	0.000 0/1

투수 시점

● SSG의 2021 시즌 최고의 소득은 주전 유격수 박성한의 발견이다. 규정타석을 채우며 3할 타율을 넘겼고, 유격수로만 1,000이닝 가까이 소화하면서 수비에서도 한 단계 업그레이드 되었다는 평가를 받았다. 팀의 주전 유격수가 3할을 기록한 것은 SK 시절 2007년 정근우 이후 무려 14년 만이었다. 팀이 오랜 시간 기다렸던 '공수를 갖춘 주전 유격수'가 마침내 나타난 것. 달라진 위상에 걸맞게 연봉도 3배 이상 인상되며 억대에 진입했다. 박성한은 이제 "모든 면에서 2021년보다 나은 2022년"을 꿈꾸고 있다. 특히 수비로 보여줘야 하는 유격수 포지션인 만큼 수비 능력을 가다듬는 데 공을 들였다. 다소 높았던 포구 자세를 수정해 안정감을 높였다. 2021년 홈과 원정에서의 타격 격차(홈 타율 .253, 원정 타율 .349)를 줄이는 것도 과제다. 부진했던 2021년 전반기를 거울 삼아 2022년에는 개막부터 100%의 컨디션으로 나설 수 있도록 만반의 준비를 갖췄다.

최정 내야수 14

신장 180cm **체중** 90kg **생일** 1987-02-28

투타 우투우타 **지명** 05 SK 1차

연봉 120,000-120,000-120,000

학교 대일초-평촌중-유신고

순위기록

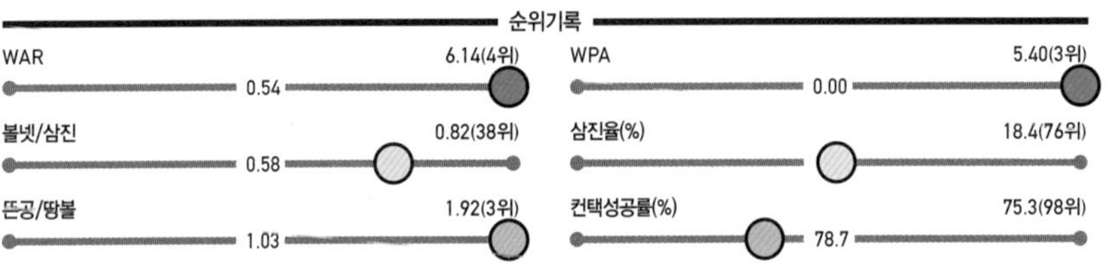

기본기록

연도	경기	타석	타수	안타	2루타	3루타	홈런	타점	득점	볼넷	사구	삼진	도루	도루자	타율	출루율	장타율	OPS
2019	141	606	503	147	27	0	29	99	86	69	26	92	3	2	0.292	0.399	0.519	0.918
2020	133	553	452	122	22	0	33	96	90	75	20	98	8	3	0.270	0.392	0.538	0.930
2021	134	555	436	121	17	1	35	100	92	84	22	102	8	6	0.278	0.410	0.562	0.972
통산	1915	7831	6539	1883	342	9	403	1280	1194	857	294	1475	154	66	0.288	0.391	0.528	0.919

상황별 기록

상황	타석	홈런	볼넷	삼진	타율	출루율	장타율	OPS
전반기	305	20	45	54	0.299	0.430	0.598	1.028
후반기	250	15	39	48	0.251	0.386	0.518	0.904
vs 좌	116	6	28	20	0.222	0.422	0.469	0.891
vs 우	386	25	51	73	0.285	0.408	0.567	0.975
주자있음	283	18	43	46	0.259	0.401	0.557	0.958
주자없음	272	17	41	56	0.295	0.419	0.567	0.986
득점권	162	10	27	25	0.281	0.416	0.623	1.039
노아웃	152	7	23	23	0.305	0.430	0.534	0.964
원아웃	192	12	24	38	0.260	0.365	0.532	0.897
투아웃	211	16	37	41	0.274	0.436	0.610	1.046

팀별 기록

구분	타석	홈런	볼넷	삼진	타율	출루율	장타율	OPS
KIA	63	4	9	8	0.204	0.365	0.490	0.855
KT	60	3	7	11	0.250	0.333	0.481	0.814
LG	50	4	7	15	0.194	0.360	0.556	0.916
NC	69	7	6	12	0.426	0.478	0.803	1.281
두산	71	4	12	12	0.273	0.429	0.545	0.974
롯데	73	5	14	11	0.321	0.466	0.661	1.127
삼성	63	2	14	9	0.239	0.413	0.413	0.826
키움	61	3	7	10	0.265	0.377	0.469	0.846
한화	45	3	8	14	0.250	0.444	0.563	1.007

존별 기록

VS 좌투

0.000 0/1	0.000 0/2	0.000 0/2	0.000 0/1	- 0/0
0.000 0/4	0.333 1/3	0.154 2/13	0.000 0/1	- 0/0
0.500 1/2	0.250 1/4	0.714 5/7	0.250 1/4	- 0/0
0.167 1/6	0.000 0/9	0.500 3/6	0.143 1/7	0.000 0/1
- 0/0	0.000 0/3	0.400 2/5	- 0/0	- 0/0

VS 우투

0.000 0/2	0.500 1/2	0.000 0/3	0.000 0/5	- 0/0
0.143 1/7	0.263 5/19	0.300 9/30	0.231 3/13	0.500 2/4
0.353 6/17	0.333 8/24	0.296 8/27	0.304 7/23	0.000 0/4
0.294 5/17	0.360 9/25	0.410 16/39	0.500 3/6	0.000 0/1
0.167 2/12	0.100 2/20	0.222 2/9	0.000 0/2	0.000 0/1

투수 시점

● 2019시즌을 앞두고 6년 최대 106억원의 FA 계약을 맺었다. 그리고 2021년까지 3년간 OPS 0.938, WAR 14.5를 기록했다. 이 기간 쏘아올린 홈런은 97개. 팬들 사이에서 '최정의 FA는 혜자 계약이었다'는 말이 나올 만하다. 2021년에는 개인 통산 3번째 홈런왕 타이틀을 획득했고, 통산 400홈런 고지도 넘어섰다. 역대 최초 16년 연속 두 자릿수 홈런으로 꾸준함을 증명했고, 4년 만에 100타점 고지도 밟았다. 3루수 골든글러브는 벌써 7개째 가져가며 역대 3루수 부문 최다 수상자 한대화(8회)를 바짝 추격했다. 3루수로 뛴 이닝은 1,029이닝으로 리그 3루수 중 1위였다. 어느덧 만 35세. FA 계약 기간의 절반이 지났다. 이미 레전드 반열에 오른 그는 여전히 신인 때와 같은 훈련량으로 시즌을 준비한다. 팀 선배 추신수 · 김강민처럼 오랫동안 활약하는 것이 그의 목표. 타고난 천재성에 꾸준한 성실함으로 2022년에도 홈런 공장장은 공장 가동 준비를 마쳤다.

최주환 내야수 53

신장	178cm **체중** 73kg **생일** 1988-02-28
투타	우투좌타 **지명** 06 두산 2차 6라운드 46순위
연봉	27,000-65,000-65,000
학교	광주학강초-광주동성중-광주동성고

순위기록

WAR 0.54 — 2.36(41위)

WPA 0.00 — -0.51(326위)

볼넷/삼진 0.58 — 0.63(65위)

삼진율(%) 1 — 17.9(73위)

뜬공/땅볼 1.03 — 1.86(5위)

컨택성공률(%) 78.7 — 83.9(34위)

기본기록

연도	경기	타석	타수	안타	2루타	3루타	홈런	타점	득점	볼넷	사구	삼진	도루	도루자	타율	출루율	장타율	OPS
2019	87	325	285	79	13	0	4	47	27	28	1	35	0	0	0.277	0.332	0.365	0.697
2020	140	574	509	156	29	4	16	88	63	47	7	66	2	2	0.306	0.366	0.473	0.839
2021	116	470	406	104	16	0	18	67	50	53	9	84	2	1	0.256	0.353	0.429	0.782
통산	1037	3445	3037	885	172	22	86	490	429	295	49	450	14	12	0.291	0.359	0.447	0.806

상황별 기록

상황	타석	홈런	볼넷	삼진	타율	출루율	장타율	OPS
전반기	236	10	23	40	0.254	0.347	0.439	0.786
후반기	234	8	30	44	0.259	0.359	0.418	0.777
vs 좌	103	1	14	22	0.277	0.408	0.361	0.769
vs 우	313	13	33	58	0.248	0.329	0.421	0.750
주자있음	224	9	32	39	0.254	0.375	0.443	0.818
주자없음	246	9	21	45	0.258	0.333	0.416	0.749
득점권	131	7	18	19	0.284	0.389	0.532	0.921
노아웃	154	3	13	30	0.225	0.305	0.326	0.631
원아웃	154	7	24	30	0.282	0.409	0.500	0.909
투아웃	162	8	16	24	0.264	0.346	0.465	0.811

팀별 기록

구분	타석	홈런	볼넷	삼진	타율	출루율	장타율	OPS
KIA	47	5	3	12	0.286	0.362	0.714	1.076
KT	44	0	2	7	0.275	0.318	0.275	0.593
LG	48	1	5	6	0.302	0.375	0.442	0.817
NC	52	0	9	6	0.279	0.404	0.372	0.776
두산	46	2	5	6	0.333	0.435	0.487	0.922
롯데	57	5	6	14	0.255	0.333	0.569	0.902
삼성	54	1	10	5	0.214	0.370	0.333	0.703
키움	56	1	5	10	0.200	0.286	0.280	0.566
한화	66	3	8	18	0.196	0.318	0.393	0.711

존별 기록

VS 좌투

- 0/0	0.000 0/1	0.667 2/3	0.000 0/2	- 0/0
0.000 0/2	0.000 0/2	0.444 4/9	0.600 3/5	0.000 0/1
- 0/0	0.333 1/3	0.500 2/4	0.000 0/7	0.000 0/4
0.000 0/1	0.333 1/3	0.167 1/6	0.375 3/8	0.000 0/3
0.000 0/1	- 0/0	0.500 3/6	0.167 1/6	0.333 2/6

VS 우투

- 0/0	0.000 0/3	0.000 0/5	0.333 2/6	0.000 0/1
0.000 0/1	0.000 0/4	0.273 6/22	0.087 2/23	0.000 0/12
0.000 0/1	0.222 2/9	0.269 7/26	0.429 12/28	0.357 5/14
0.333 1/3	0.143 2/14	0.471 8/17	0.385 10/26	0.200 2/10
- 0/0	0.182 2/11	0.143 3/21	0.250 5/20	0.000 0/1

투수 시점

● 4년 총액 42억짜리 FA 계약. 팬들의 기대를 한몸에 받고 치른 첫 경기에서 '역대 2번째 이적생 개막전 멀티 홈런'을 쳤다. SSG의 창단 첫 승을 이끈 활약에 구단주는 친히 명품 한우세트를 선물했다. 개막 첫 달인 4월에는 0.365의 맹타를 휘두르며 구단의 투자에 화답했으나 부상이 걸림돌이 됐다. 4월 말 허벅지 햄스트링 부상으로 한 달 가량 이탈한 뒤 5월부터 7월까지는 1할대 타율에 머물렀다. 올림픽에 다녀온 뒤에도 햄스트링 손상이 재발해 8월 7경기 출장에 그쳤다. 이적을 선택한 이유로 '2루수 출장 기회'를 꼽았는데, 결국 부상 여파 때문에 2루수로 553이닝밖에 소화하지 못했다. 팀내 타점 4위(67), 홈런 5위(18)였지만 주전급으로 자리잡은 이후 가장 낮은 시즌 타율(0.256)이었다. "스스로 받아들이기 힘든 성적이었다"는 그는 비시즌 동안 몸무게를 대폭 감량하며 부상 방지에 힘썼다. 건강하게 풀타임을 버틴다면 20홈런 이상은 충분히 기대할 수 있다.

추신수 외야수 17

신장 180cm **체중** 92kg **생일** 1982-07-13

투타 좌투좌타 **지명** 07 해외진출선수 특별지명

연봉 270,000-270,000

학교 수영초-부산중-부산고

순위기록

항목	리그 평균	기록(순위)
WAR	0.54	3.89(15위)
WPA	0.00	4.59(4위)
볼넷/삼진	0.58	0.84(35위)
삼진율(%)	18.2	21.2(98위)
뜬공/땅볼	1.03	0.86(110위)
컨택성공률(%)	78.7	75.0(102위)

기본기록

연도	경기	타석	타수	안타	2루타	3루타	홈런	타점	득점	볼넷	사구	삼진	도루	도루자	타율	출루율	장타율	OPS
2019																		
2020																		
2021	137	580	461	122	19	2	21	69	84	103	12	123	25	9	0.265	0.409	0.451	0.860
통산	137	580	461	122	19	2	21	69	84	103	12	123	25	9	0.265	0.409	0.451	0.860

상황별 기록

상황	타석	홈런	볼넷	삼진	타율	출루율	장타율	OPS
전반기	319	13	56	69	0.255	0.404	0.454	0.858
후반기	261	8	47	54	0.276	0.414	0.448	0.862
vs 좌	122	3	22	26	0.281	0.451	0.427	0.878
vs 우	399	16	75	85	0.243	0.388	0.449	0.837
주자있음	260	8	53	51	0.276	0.431	0.452	0.883
주자없음	320	13	50	72	0.256	0.391	0.450	0.841
득점권	149	3	35	29	0.274	0.456	0.396	0.852
노아웃	212	8	35	40	0.306	0.434	0.509	0.943
원아웃	206	7	34	47	0.230	0.364	0.394	0.758
투아웃	162	6	34	36	0.252	0.432	0.447	0.879

팀별 기록

구분	타석	홈런	볼넷	삼진	타율	출루율	장타율	OPS
KIA	68	5	11	14	0.250	0.382	0.536	0.918
KT	54	1	11	14	0.233	0.389	0.349	0.738
LG	59	1	5	13	0.250	0.390	0.375	0.765
NC	64	1	11	15	0.192	0.344	0.327	0.671
두산	70	1	12	11	0.393	0.486	0.500	0.986
롯데	73	6	16	19	0.298	0.452	0.649	1.101
삼성	74	2	12	14	0.283	0.419	0.483	0.902
키움	58	2	10	13	0.178	0.345	0.311	0.656
한화	60	2	15	10	0.273	0.450	0.455	0.905

존별 기록

VS 좌투

- 0/0	0.000 0/2	0.000 0/5	0.000 0/1	0.000 0/2
0.333 1/3	0.250 1/4	0.143 1/7	0.444 4/9	1.000 1/1
- 0/0	0.000 0/4	0.556 5/9	0.500 3/6	- 0/0
- 0/0	0.000 0/2	0.357 5/14	0.200 1/5	0.000 0/2
- 0/0	0.000 0/1	0.000 0/3	0.250 2/8	1.000 1/1

VS 우투

0.000 0/2	0.250 1/4	0.000 0/6	0.250 1/4	- 0/0
0.167 1/6	0.158 3/19	0.303 10/33	0.235 4/17	0.600 3/5
0.167 1/6	0.400 8/20	0.250 5/20	0.194 7/36	0.286 2/7
0.000 0/5	0.333 5/15	0.359 14/39	0.206 7/34	0.100 1/10
0.000 0/1	0.111 1/9	0.077 1/13	0.333 3/9	0.000 0/1

투수 시점

● 모든 이들의 뜨거운 관심 속에 KBO 리그 데뷔 시즌을 보냈다. 추신수가 KBO에서 어느 정도의 성적을 낼지 팬들과 야구계는 서로 다양한 예측을 내놓으며 기대를 부풀렸다. 결과적으로 충분히 뛰어난 기록을 올렸다. 20-20 클럽의 역대 최고령 멤버가 되었고, 여전히 4할 이상의 출루율을 기록하며 녹슬지 않은 선구안도 뽐냈다. 그럼에도 추신수는 더 나은 시즌을 향해 달린다. 동결된 연봉으로 재계약을 맺은 그는 우선 지난 시즌 종료 직후 미국으로 건너가 팔꿈치 인대접합수술을 받았다. 시즌 내내 특히 수비에서 그를 괴롭혔던 통증에서 벗어났다. 수술 당시에는 다음 시즌 개막까지 회복이 불투명할 것으로 예상했지만, 20대 못지않은 회복력으로 일찌감치 배트를 휘두르기 시작했다. 지명타자로는 개막 합류가 충분히 가능하고, 6월쯤에는 수비도 나설 수 있으리라는 전망이다. "여전히 야구 생각에 피가 끓는다"는 이 슈퍼스타의 진가를 2022년에는 더 뚜렷하게 느낄 수 있을 듯하다.

한유섬 외야수 35

신장 190cm **체중** 105kg **생일** 1989-08-09	
투타 우투좌타 **지명** 12 SK 9라운드 85순위	
연봉 25,000-18,000-240,000	
학교 중앙초(해운대리틀)-대천중-경남고-경성대	

순위기록

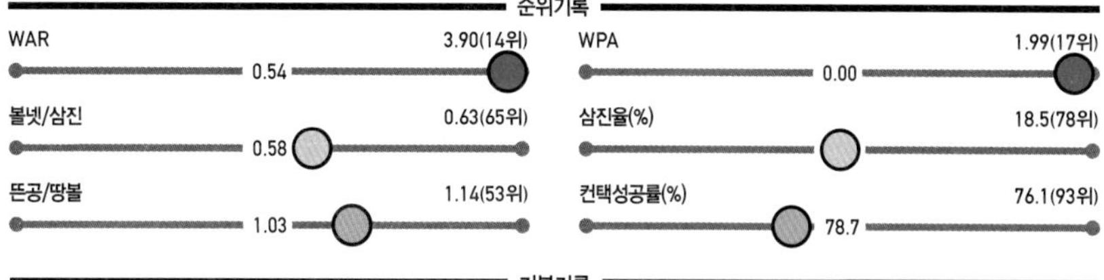

기본기록

연도	경기	타석	타수	안타	2루타	3루타	홈런	타점	득점	볼넷	사구	삼진	도루	도루자	타율	출루율	장타율	OPS
2019	125	502	427	113	20	0	12	52	52	55	20	100	0	1	0.265	0.375	0.396	0.771
2020	62	231	193	48	5	0	15	31	35	30	6	49	2	0	0.249	0.364	0.508	0.872
2021	135	519	442	123	18	1	31	95	71	60	10	96	1	0	0.278	0.373	0.534	0.907
통산	740	2745	2351	643	120	8	145	442	376	275	89	590	12	8	0.274	0.368	0.516	0.884

상황별 기록

상황	타석	홈런	볼넷	삼진	타율	출루율	장타율	OPS
전반기	284	13	32	60	0.261	0.364	0.475	0.839
후반기	235	18	28	36	0.299	0.383	0.603	0.986
vs 좌	99	8	14	16	0.293	0.404	0.585	0.989
vs 우	359	21	44	67	0.290	0.388	0.551	0.939
주자있음	239	13	30	48	0.299	0.395	0.579	0.974
주자없음	280	18	30	48	0.261	0.354	0.498	0.852
득점권	139	8	14	28	0.304	0.377	0.609	0.986
노아웃	166	7	20	29	0.224	0.327	0.392	0.719
원아웃	190	14	19	33	0.311	0.384	0.621	1.005
투아웃	163	10	21	34	0.297	0.405	0.580	0.985

팀별 기록

구분	타석	홈런	볼넷	삼진	타율	출루율	장타율	OPS
KIA	65	5	10	9	0.259	0.369	0.574	0.943
KT	63	4	3	15	0.237	0.286	0.492	0.778
LG	52	3	7	5	0.300	0.442	0.550	0.992
NC	56	6	5	7	0.280	0.357	0.700	1.057
두산	52	2	6	12	0.239	0.327	0.370	0.697
롯데	70	5	8	12	0.344	0.429	0.656	1.085
삼성	52	3	4	15	0.217	0.288	0.457	0.745
키움	55	2	7	10	0.319	0.400	0.511	0.911
한화	54	1	10	11	0.308	0.453	0.436	0.889

존별 기록

VS 좌투

- 0/0	- 0/0	0.250 1/4	- 0/0	- 0/0
- 0/0	0.250 1/4	0.556 5/9	0.857 6/7	- 0/0
0.000 0/1	0.333 1/3	0.600 3/5	0.000 0/6	- 0/0
0.000 0/3	0.000 0/2	0.400 4/10	0.000 0/11	0.000 0/4
0.000 0/1	0.000 0/3	0.250 1/4	0.333 1/3	0.500 1/2

VS 우투

0.000 0/1	0.200 1/5	0.100 1/10	0.143 1/7	0.000 0/1
0.000 0/1	0.222 4/18	0.083 2/24	0.368 7/19	0.000 0/4
0.000 0/3	0.167 2/12	0.483 14/29	0.421 8/19	0.375 3/8
0.429 3/7	0.643 9/14	0.408 20/49	0.238 5/21	0.111 1/9
0.000 0/1	0.125 1/8	0.111 2/18	0.308 4/13	0.000 0/2

투수 시점

● 이름을 바꾸고 성적을 되찾았다. 부상과 부진으로 고전했던 지난 시간을 뒤로 하고, 새로운 이름으로 다시 팀의 중심 타자로서 책임을 다했다. 2021년 기록한 31개의 홈런은 2019년과 2020년 두 시즌을 합친 홈런 개수보다 많았다. 양의지 · 최정 · 강백호 · 이정후와 함께 2021년 OPS 0.9를 넘긴 다섯 명 중 한 명이다. 우승을 이끈 2018년 이후 모든 면에서 가장 좋았던 한 시즌을 보냈다. 이제 입단 후 맞이하는 열한 번째 시즌. 팀의 새로운 주장으로 선임된 데다가 5년 총액 60억 원의 대형 계약까지 맺으며 책임감이 커졌다. 단순 비율로 계산한 2021년 대비 2022년 연봉 인상률은 무려 1233.3%! 샐러리캡 도입을 앞두고 다년 계약을 제시한 구단이 2022년 연봉을 높게 책정한 결과지만, 일단은 KBO 역대 최고 인상률의 주인공이 됐다. "솔선수범하며 선수단을 잘 이끌겠다"는 목표와 함께 "다치지만 않으면 성적은 따라올 수 있을 것"이라는 자신감도 내비쳤다.

김상수 투수 24

신장 180cm **체중** 88kg **생일** 1988-01-02 **투타** 우투우타 **지명** 06 삼성 2차 2라운드 15순위

연봉 30,000-30,000-30,000 **학교** 신자초-자양중-신일고

● 마무리로 시작했다가 부상, 부진으로 셋업맨이 됐다. 원래 직구 볼끝이 좋은 투수였으나 직구 피OPS가 1.017, WHIP도 1.73까지 올라갔다. 직구가 느려지자 땅볼 유도형 투수로 변신하기 위해 포크볼 구사율을 늘렸지만 데뷔 후 첫 두 자릿수 피홈런으로 변신에 실패했다. 2022년에는 다시 스피드를 끌어올린다는 계획.

기본기록

연도	경기	선발	승	패	세이브	홀드	이닝	안타	홈런	볼넷	사구	삼진	피안타율	WHIP	FIP	ERA	QS	BS
2019	67	0	3	5	0	40	56.2	50	3	28	2	60	0.240	1.38	3.51	3.02	0	1
2020	60	0	3	3	5	11	51.1	52	3	21	3	48	0.265	1.42	3.79	4.73	0	3
2021	50	0	4	3	6	5	58.1	71	10	30	1	44	0.298	1.73	5.49	5.09	0	3
통산	506	15	25	39	44	102	614.2	656	63	327	27	581	0.277	1.60	4.55	5.08	0	27

상황별 기록

상황	안타	2루타	3루타	홈런	볼넷	사구	삼진	폭투	보크	피안타율
전반기	38	5	0	7	18	0	28	0	0	0.279
후반기	33	3	0	3	12	1	16	2	0	0.324
vs 좌	28	3	0	2	18	1	20	2	0	0.289
vs 우	43	5	0	8	12	0	24	0	0	0.305
주자없음	38	2	0	8	14	1	24	0	0	0.288
주자있음	33	6	0	2	16	0	20	2	0	0.311
득점권	21	6	0	1	10	0	10	2	0	0.328
만루	3	0	0	0	1	0	2	0	0	0.231

구종별 기록

구종	평균구속	순위	백분율	구사율(%)	피안타율
포심	142	132	43.6%	47.3%	0.368
투심/싱커	142	49	36.3%	1.4%	0.333
슬라이더/커터	130	147	51.2%	6.8%	0.250
커브	120	77	31.4%	10.2%	0.412
체인지업	126	142	67.9%	5.6%	0.294
포크볼	129	90	66.7%	28.6%	0.162
너클볼/기타	-	-	-	-	-

김태훈 투수 51

신장 176cm **체중** 88kg **생일** 1990-05-19 **투타** 좌투좌타 **지명** 09 SK 1차

연봉 24,000-16,000-15,000 **학교** 구리동구초(구리리틀)-구리인창중-구리인창고

● 2021년 16홀드를 기록했지만 블론세이브 리그 공동 1위(7개)였다. 슬라이더의 가치는 여전히 정상급. 그러나 특히 후반기에 패스트볼의 위력이 크게 떨어지면서 고전했다. 어느덧 입단 14년차. 2022년에도 김태훈의 팀 내 비중은 매우 크다. 허리를 단단히 지켜야 할 가장 핵심적인 왼손 불펜 요원이다. 작년에 이어 다시 투수조장을 맡았다.

기본기록

연도	경기	선발	승	패	세이브	홀드	이닝	안타	홈런	볼넷	사구	삼진	피안타율	WHIP	FIP	ERA	QS	BS
2019	71	0	4	5	7	27	69.2	62	4	26	4	76	0.237	1.26	3.26	3.88	0	5
2020	33	8	1	6	0	4	62.0	61	8	39	4	43	0.260	1.61	5.93	7.40	2	2
2021	65	0	2	4	1	16	58.0	55	7	38	10	49	0.253	1.60	5.54	4.97	0	7
통산	293	20	18	22	8	61	366.2	372	36	193	26	325	0.264	1.54	4.76	5.11	4	17

상황별 기록

상황	안타	2루타	3루타	홈런	볼넷	사구	삼진	폭투	보크	피안타율
전반기	33	3	0	4	28	6	32	3	1	0.248
후반기	22	2	0	3	10	4	17	1	0	0.262
vs 좌	27	2	0	2	24	7	20	2	1	0.265
vs 우	28	3	0	5	14	3	29	2	0	0.243
주자없음	24	4	0	5	24	3	18	0	0	0.279
주자있음	31	1	0	2	14	7	31	4	1	0.237
득점권	17	1	0	1	9	4	17	2	0	0.224
만루	1	0	0	0	1	0	3	0	0	0.083

구종별 기록

구종	평균구속	순위	백분율	구사율(%)	피안타율
포심	142	149	49.2%	48.4%	0.302
투심/싱커	138	80	59.3%	22%	0.349
슬라이더/커터	130	137	47.7%	28.6%	0.169
커브	-	-	-	-	-
체인지업	134	16	7.7%	1%	0.000
포크볼	-	-	-	-	-
너클볼/기타	-	-	-	-	-

김택형 투수 43

신장 185cm **체중** 90kg **생일** 1996-10-10 **투타** 좌투좌타 **지명** 15 넥센 2차 2라운드 18순위

연봉 3,700-3,000-12,500 **학교** 창영초-재능중-동산고

● 커리어 하이 시즌을 보냈다. 특히 후반기에는 팀의 마무리를 맡아 7세이브를 올렸다. 새롭게 장착한 포크볼이 우타자를 상대로 큰 효과를 발휘했다. 2022년에도 김원형 감독이 주목하고 있는 가장 유력한 마무리 후보다. 뒷문이 튼튼해지면 2021년 많은 경험을 쌓은 팀의 불펜진 전체가 큰 위력을 얻는다. 그의 어깨가 더 무거워지는 이유다.

기본기록

연도	경기	선발	승	패	세이브	홀드	이닝	안타	홈런	볼넷	사구	삼진	피안타율	WHIP	FIP	ERA	QS	BS
2019	26	0	2	1	0	2	23.1	20	1	24	2	27	0.225	1.89	4.99	5.79	0	0
2020	31	0	1	3	0	3	23.0	26	5	20	0	22	0.280	2.00	6.95	8.61	0	0
2021	59	0	5	1	7	4	75.1	61	3	42	3	62	0.231	1.37	3.80	2.39	0	3
통산	199	10	15	13	7	20	219.2	236	23	149	11	212	0.279	1.75	5.06	5.82	0	4

상황별 기록

상황	안타	2루타	3루타	홈런	볼넷	사구	삼진	폭투	보크	피안타율
전반기	39	10	0	2	20	0	30	2	0	0.281
후반기	22	1	0	1	22	3	32	1	0	0.176
vs 좌	22	3	0	1	12	3	34	0	0	0.179
vs 우	39	8	0	2	30	0	28	3	0	0.277
주자없음	30	5	0	0	21	2	32	0	0	0.254
주자있음	31	6	0	3	21	1	30	3	0	0.212
득점권	15	3	0	3	15	1	20	3	0	0.188
만루	4	1	0	0	0	0	2	0	0	0.400

구종별 기록

구종	평균구속	순위	백분율	구사율(%)	피안타율
포심	145	66	21.8%	60.8%	0.272
투심/싱커	145	23	17%	0.1%	0.000
슬라이더/커터	130	142	49.5%	25.9%	0.104
커브	124	27	11%	0.1%	0.000
체인지업	132	44	21.1%	0.5%	1.000
포크볼	132	44	32.6%	12.5%	0.259
너클볼/기타	135		0%	0.1%	0.000

노경은 투수 38

신장 187cm **체중** 100kg **생일** 1984-03-11 **투타** 우투우타 **지명** 03 두산 1차

연봉 20,000-20,000-10,000 **학교** 화곡초-성남중-성남고

● 롯데에서의 다섯 시즌을 뒤로 하고 입단 테스트를 거쳐 새로 둥지를 틀었다. 2021년 선발진의 줄부상으로 애를 먹었던 SSG로서는 검증된 베테랑 선발 카드에게 손을 내미는 것이 당연한 수순이었다. 문승원과 박종훈이 돌아올 때까지 노경은이 선발로서 어느 정도의 경쟁력을 보여줄지가 SSG의 시즌 초반 표정을 결정할 중요한 요소다.

기본기록

연도	경기	선발	승	패	세이브	홀드	이닝	안타	홈런	볼넷	사구	삼진	피안타율	WHIP	FIP	ERA	QS	BS
2019	0	0	0	0	0	0	0.0	0	0	0	0	0	-	-	-	-	0	0
2020	25	24	5	10	0	0	133.0	139	19	40	3	77	0.267	1.35	5.18	4.87	11	0
2021	14	11	3	5	0	0	56.1	79	11	24	4	35	0.333	1.83	6.12	7.35	1	0
통산	367	163	57	80	7	11	1143.2	1219	130	529	50	805	0.276	1.53	5.00	5.21	33	7

상황별 기록

상황	안타	2루타	3루타	홈런	볼넷	사구	삼진	폭투	보크	피안타율
전반기	69	13	1	10	23	4	30	3	0	0.329
후반기	10	3	0	1	1	0	5	0	0	0.370
vs 좌	42	10	1	9	16	1	24	1	0	0.353
vs 우	37	6	0	2	8	3	11	2	0	0.314
주자없음	35	5	0	6	10	4	20	0	0	0.302
주자있음	44	11	1	5	14	0	15	3	0	0.364
득점권	24	7	1	3	9	0	11	1	0	0.316
만루	4	2	0	1	0	0	0	0	0	0.333

구종별 기록

구종	평균구속	순위	백분율	구사율(%)	피안타율
포심	140	219	72.3%	26.3%	0.364
투심/싱커	137	94	69.6%	17%	0.324
슬라이더/커터	133	69	24%	27.2%	0.338
커브	111	229	93.5%	8.5%	0.357
체인지업	127	127	60.8%	18.7%	0.233
포크볼	129	93	68.9%	0.8%	0.667
너클볼/기타	109	1	1.5%	1.6%	0.667

노바 투수 33

신장 196cm **체중** 113kg **생일** 1987-01-12 **투타** 우투우타 **지명** 22 SSG 자유선발

연봉 $750,000 **학교** Lic. Vespertino(고)

● 메이저리그 통산 240경기 등판. 그중 227경기가 선발이었을 정도로 선발투수로서 잔뼈가 굵다. 구단도 노바의 안정적인 경기 운영 능력에 가장 주목했다. 베테랑답게 착실한 자기 관리 루틴으로 캠프에서부터 코칭스태프의 신뢰를 받았다. 건강하게 긴 이닝을 던져줄 수 있는 외국인 투수. 노바에게 주어진 가장 단순하면서도 막중한 임무다.

기본기록

연도	경기	선발	승	패	세이브	홀드	이닝	안타	홈런	볼넷	사구	삼진	피안타율	WHIP	FIP	ERA	QS	BS
2019																		
2020																		
2021																		
통산																		

상황별 기록

상황	안타	2루타	3루타	홈런	볼넷	사구	삼진	폭투	보크	피안타율
전반기										
후반기										
vs 좌										
vs 우										
주자없음										
주자있음										
득점권										
만루										

구종별 기록

구종	평균구속	순위	백분율	구사율(%)	피안타율
포심					
투심/싱커					
슬라이더/커터					
커브					
체인지업					
포크볼					
너클볼/기타					

박민호 투수 41

신장 185cm **체중** 95kg **생일** 1992-02-25 **투타** 우투우타 **지명** 14 SK 2차 3라운드 33순위

연봉 10,000-11,000-12,000 **학교** 인천동막초-동인천중-인천고-인하대

● 손목 수술을 받고 2021년 6월에 복귀했다. 시즌을 정상적으로 준비하지 못했기에 페이스가 떨어졌을 때 회복이 더뎠다. 결국 가을야구가 걸려 있던 시즌 최종전에서 가장 뼈아픈 홈런을 맞았다. 아픈 기억을 뒤로 하고, 좋은 성적으로 만회하겠다는 각오를 다졌다. 필승조든 롱릴리프든 2022년에도 마당쇠 역할을 자처하고 있다.

기본기록

연도	경기	선발	승	패	세이브	홀드	이닝	안타	홈런	볼넷	사구	삼진	피안타율	WHIP	FIP	ERA	QS	BS
2019	47	0	3	1	0	4	50.1	49	2	14	4	22	0.266	1.25	4.12	2.68	0	0
2020	57	0	2	1	4	11	52.0	43	4	19	2	36	0.231	1.19	4.38	2.42	0	2
2021	40	0	4	0	0	5	41.0	45	3	11	4	19	0.283	1.37	4.45	3.73	0	3
통산	216	4	12	7	4	24	241.0	248	21	73	26	119	0.271	1.33	4.94	3.81	0	5

상황별 기록

상황	안타	2루타	3루타	홈런	볼넷	사구	삼진	폭투	보크	피안타율
전반기	15	0	0	1	5	1	7	0	0	0.294
후반기	30	5	0	2	6	3	12	0	0	0.278
vs 좌	18	1	0	2	9	1	11	0	0	0.316
vs 우	27	4	0	1	2	3	8	0	0	0.265
주자없음	17	2	0	0	5	3	10	0	0	0.202
주자있음	28	3	0	3	6	1	9	0	0	0.373
득점권	14	3	0	2	4	0	7	0	0	0.292
만루	0	0	0	0	0	0	3	0	0	0.000

구종별 기록

구종	평균구속	순위	백분율	구사율(%)	피안타율
포심	136	278	91.7%	60.7%	0.228
투심/싱커	134	121	89.6%	1.3%	0.000
슬라이더/커터	127	210	73.2%	23.2%	0.366
커브	116	161	65.7%	2.1%	0.000
체인지업	124	180	86.1%	12.5%	0.375
포크볼	-	-	-	-	-
너클볼/기타	-	-	-	-	-

오원석 투수 47

신장 182cm **체중** 80kg **생일** 2001-04-23 **투타** 좌투좌타 **지명** 20 SK 1차

연봉 2,700-3,000-6,500 **학교** 수진초-매송중-야탑고

● 끊임없이 대체자를 찾아야 했던 2021년 SSG의 마운드에 한 줄기 빛이었다. 프로 2년차 선수가 팀의 국내 투수 중 가장 많은 21경기에 선발로 나섰다. 2022년은 캠프 때부터 구속이 올라왔다. 투구 동작에 대해서도 스스로 많이 고민하고 분석하며 자신감을 충전했다. 2021년 경험을 발판 삼아 확실한 선발로 자리매김할 수 있을지 주목된다.

기본기록

연도	경기	선발	승	패	세이브	홀드	이닝	안타	홈런	볼넷	사구	삼진	피안타율	WHIP	FIP	ERA	QS	BS
2019	0	0	0	0	0	0	0.0	0	0	0	0	0	-	-	-	-	0	0
2020	8	1	0	1	0	0	9.2	12	1	6	1	9	0.279	1.86	5.21	5.59	0	0
2021	33	21	7	6	0	2	110.0	125	11	73	10	95	0.283	1.80	5.14	5.89	5	0
통산	41	22	7	7	0	2	119.2	137	12	79	11	104	0.283	1.81	5.15	5.87	5	0

상황별 기록

상황	안타	2루타	3루타	홈런	볼넷	사구	삼진	폭투	보크	피안타율
전반기	69	13	2	5	47	7	61	2	1	0.246
후반기	56	7	1	6	26	3	34	0	0	0.350
vs 좌	53	7	2	3	21	9	36	1	0	0.294
vs 우	72	13	1	8	52	1	59	1	1	0.276
주자없음	52	6	1	4	35	3	54	0	0	0.239
주자있음	73	14	2	7	38	7	41	2	1	0.327
득점권	41	10	1	4	26	3	26	1	1	0.297
만루	11	4	0	3	2	1	5	0	0	0.407

구종별 기록

구종	평균구속	순위	백분율	구사율(%)	피안타율
포심	139	227	74.9%	47.3%	0.299
투심/싱커	-	-	-	-	-
슬라이더/커터	130	155	54%	36.4%	0.301
커브	117	145	59.2%	2.8%	0.100
체인지업	129	102	48.8%	13.5%	0.211
포크볼	-	-	-	-	-
너클볼/기타	-	-	-	-	-

이태양 투수 15

신장 192cm **체중** 97kg **생일** 1990-07-03 **투타** 우투좌타 **지명** 10 한화 5라운드 36순위

연봉 14,000-10,000-12,000 **학교** 여수서초-여수중-효천고

● 2021년 타석당 투구수가 3.6개였다. 뒤를 생각하지 않는 공격적인 피칭은 그가 선발 한 자리를 꿰찰 수 있었던 가장 큰 이유다. 그 결과 14번 선발 등판 중 12번을 5이닝 이상 책임졌다. 2021년에는 선발진의 공백으로 긴급 투입됐었지만, 2022년에는 캠프부터 선발로 준비했다. 시즌을 잘 치르고 나면 FA 자격도 얻는 만큼 책임감은 크다.

기본기록

연도	경기	선발	승	패	세이브	홀드	이닝	안타	홈런	볼넷	사구	삼진	피안타율	WHIP	FIP	ERA	QS	BS
2019	55	1	1	6	0	10	66.2	74	8	13	3	64	0.282	1.31	3.76	5.81	0	5
2020	53	0	2	1	0	4	56.0	68	8	16	1	45	0.301	1.50	4.61	5.46	0	0
2021	40	14	5	10	0	4	103.2	123	25	32	1	62	0.298	1.50	6.20	5.73	4	0
통산	318	83	27	46	1	30	692.2	801	115	237	27	481	0.291	1.50	5.51	5.35	26	6

상황별 기록

상황	안타	2루타	3루타	홈런	볼넷	사구	삼진	폭투	보크	피안타율
전반기	52	8	0	10	16	0	38	1	0	0.274
후반기	71	15	1	15	16	1	24	1	0	0.318
vs 좌	43	7	1	11	18	1	26	0	0	0.240
vs 우	80	16	0	14	14	0	36	2	0	0.342
주자없음	68	10	0	17	19	0	39	0	0	0.266
주자있음	55	13	1	8	13	1	23	2	0	0.350
득점권	33	7	1	5	8	0	16	1	0	0.363
만루	1	0	0	0	0	0	1	0	0	0.250

구종별 기록

구종	평균구속	순위	백분율	구사율(%)	피안타율
포심	142	145	47.9%	46.4%	0.348
투심/싱커	-	-	-	-	-
슬라이더/커터	130	148	51.6%	16.6%	0.324
커브	115	189	77.1%	6.3%	0.083
체인지업	-	-	-	-	-
포크볼	130	76	56.3%	30.8%	0.240
너클볼/기타	-	-	-	-	-

장지훈 투수 66

신장 177cm **체중** 78kg **생일** 1998-12-06 **투타** 우투우타 **지명** 21 SK 2차 4라운드 38순위

연봉 3,000-10,500 **학교** 김해삼성초-김해내동중-김해고-동의대

● 2021년 구원으로 던진 것만 77⅓이닝. 리그 전체 1위였다. 대졸 신인이 입단 첫해부터 '전천후'가 됐다는 뜻이다. '꼭 막아야 할 순간'에는 언제나 장지훈이 올라갔다. 궂은 일을 도맡았던 그에게 구단은 억대 연봉을 안겼다. 가장 큰 목표는 철저한 관리로 건강하게 한 시즌을 치르는 것. 여기에 확실한 필승조로 30홀드 이상에 도전한다.

기본기록

연도	경기	선발	승	패	세이브	홀드	이닝	안타	홈런	볼넷	사구	삼진	피안타율	WHIP	FIP	ERA	QS	BS
2019	0	0	0	0	0	0	0.0	0	0	0	0	0	-	-	-	-	0	0
2020	0	0	0	0	0	0	0.0	0	0	0	0	0	-	-	-	-	0	0
2021	60	1	2	5	1	10	80.1	84	6	19	4	51	0.268	1.28	3.86	3.92	0	2
통산	60	0	2	5	1	10	80.1	84	6	19	4	51	0.268	1.28	3.86	3.92	0	2

상황별 기록

상황	안타	2루타	3루타	홈런	볼넷	사구	삼진	폭투	보크	피안타율
전반기	44	6	2	3	10	3	31	1	1	0.265
후반기	40	6	0	3	9	1	20	0	0	0.272
vs 좌	31	6	2	2	5	2	10	1	1	0.267
vs 우	53	6	0	4	14	2	41	0	0	0.269
주자없음	45	9	0	5	8	2	27	0	0	0.253
주자있음	39	3	2	1	11	2	24	1	1	0.289
득점권	23	0	2	0	9	1	17	0	1	0.261
만루	4	0	0	0	2	0	4	0	0	0.286

구종별 기록

구종	평균구속	순위	백분율	구사율(%)	피안타율
포심	140	199	65.7%	41.6%	0.294
투심/싱커	139	72	53.3%	4.4%	0.273
슬라이더/커터	130	133	46.3%	16.7%	0.163
커브	-	-	-	-	-
체인지업	129	94	45%	37.2%	0.276
포크볼	-	-	-	-	-
너클볼/기타	-	-	-	-	-

최민준 투수 30

신장 178cm **체중** 83kg **생일** 1999-06-11 **투타** 우투우타 **지명** 18 SK 2차 2라운드 15순위

연봉 0-3,000-6,500 **학교** 수영초-경남중-경남고

● 선발 자리를 놓고 경쟁 중인 유망주. 2021년 후반기 선발 로테이션에 합류해 의미 있는 경험을 쌓았다. 등판을 거듭할수록 제구는 날카로워졌고 안정감도 커졌다. 2022년에는 더 여유롭게 경기를 풀어나갈 수 있는 운영 능력 향상에 포커스를 두고 캠프를 치렀다. 김원형 감독이 직접 전수했다는 체인지업의 완성도도 지켜볼 부분이다.

기본기록

연도	경기	선발	승	패	세이브	홀드	이닝	안타	홈런	볼넷	사구	삼진	피안타율	WHIP	FIP	ERA	QS	BS
2019	0	0	0	0	0	0	0.0	0	0	0	0	0	-	-	-	-	0	0
2020	0	0	0	0	0	0	0.0	0	0	0	0	0	-	-	-	-	0	0
2021	38	12	3	3	0	4	86.0	93	11	50	7	62	0.278	1.66	5.54	5.86	1	1
통산	40	12	3	3	0	4	91.0	104	16	50	7	65	0.287	1.69	6.10	6.33	1	1

상황별 기록

상황	안타	2루타	3루타	홈런	볼넷	사구	삼진	폭투	보크	피안타율
전반기	37	5	0	2	26	5	30	1	0	0.274
후반기	56	12	0	9	24	2	32	4	1	0.281
vs 좌	48	9	0	4	27	3	35	4	1	0.293
vs 우	45	8	0	7	23	4	27	1	0	0.265
주자없음	48	7	0	7	25	3	31	0	0	0.284
주자있음	45	10	0	4	25	4	31	5	1	0.273
득점권	27	5	0	1	18	3	14	2	0	0.281
만루	1	0	0	0	2	1	2	0	0	0.091

구종별 기록

구종	평균구속	순위	백분율	구사율(%)	피안타율
포심	142	153	50.5%	44.5%	0.301
투심/싱커	-	-	-	-	-
슬라이더/커터	135	56	19.5%	32.4%	0.246
커브	122	48	19.6%	16%	0.259
체인지업	134	18	8.6%	7.1%	0.333
포크볼	-	-	-	-	-
너클볼/기타	-	-	-	-	-

김강민 외야수 0

신장 182cm **체중** 87kg **생일** 1982-09-13 **투타** 우투우타 **지명** 01 SK 2차 2라운드 18순위
연봉 35,000-20,000-16,000 **학교** 본리초-대구중-경북고

● 오승환 · 이대호 · 추신수와 함께 이제 리그 최고령 선수가 됐다. 그의 선수로서 마지막 목표는 '5번째 우승 반지'다. 선발로 경기에 나서는 빈도는 다소 줄어들었지만, 외야 수비를 강화해야 할 때 여전히 팀의 첫 옵션은 김강민이다. 그의 '명품 수비'는 2022년에도 SSG 팬들을 즐겁게, 상대 팀 팬들을 허탈하게 할 예정이다.

기본기록

연도	경기	타석	타수	안타	2루타	3루타	홈런	타점	득점	볼넷	사구	삼진	도루	도루자	타율	출루율	장타율	OPS
2019	127	460	422	114	14	2	8	50	54	31	4	103	15	8	0.270	0.324	0.370	0.694
2020	122	327	289	73	11	1	12	45	39	27	4	62	7	5	0.253	0.323	0.422	0.745
2021	122	260	223	53	11	1	8	27	43	25	6	52	3	3	0.238	0.327	0.404	0.731
통산	1765	5679	5049	1385	252	24	131	649	761	435	77	1037	206	104	0.274	0.339	0.412	0.751

상황별 기록

상황	타석	홈런	볼넷	삼진	타율	출루율	장타율	OPS
전반기	165	6	12	30	0.250	0.327	0.438	0.765
후반기	95	2	13	22	0.215	0.326	0.342	0.668
vs 좌	90	2	13	21	0.301	0.404	0.452	0.856
vs 우	150	6	11	29	0.212	0.291	0.409	0.700
주자있음	123	4	15	21	0.273	0.375	0.465	0.840
주자없음	137	4	10	31	0.210	0.285	0.355	0.640
득점권	70	1	9	13	0.222	0.338	0.333	0.671
노아웃	87	2	8	18	0.205	0.286	0.342	0.628
원아웃	85	5	9	17	0.347	0.435	0.639	1.074
투아웃	88	1	8	17	0.167	0.261	0.244	0.505

팀별 기록

구분	타석	홈런	볼넷	삼진	타율	출루율	장타율	OPS
KIA	28	2	3	5	0.304	0.407	0.609	1.016
KT	17	0	1	3	0.000	0.059	0.000	0.059
LG	37	1	4	9	0.167	0.297	0.300	0.597
NC	33	2	5	4	0.222	0.333	0.444	0.777
두산	24	1	1	4	0.333	0.391	0.619	1.010
롯데	17	0	0	6	0.235	0.235	0.353	0.588
삼성	35	0	3	10	0.161	0.229	0.226	0.455
키움	43	2	6	4	0.382	0.500	0.588	1.088
한화	26	0	2	7	0.250	0.308	0.375	0.683

김성현 내야수 16

신장 172cm **체중** 72kg **생일** 1987-03-09 **투타** 우투우타 **지명** 06 SK 2차 3라운드 20순위
연봉 21,000-25,000-20,000 **학교** 송정동초-충장중-광주제일고

● 한때는 잦은 실책으로 아쉬움을 남기던 주전 유격수. 2021년에는 내야 공백을 충실하게 메우는 고효율 백업 요원이었다. 최주환 · 박성한의 주전 키스톤이 확고해졌지만 김성현도 유격수로 242이닝, 2루수로 357이닝을 책임졌고 결승타도 5개로 팀 내 공동 3위였다. 팀의 전체적인 분위기까지 챙기는 그에게서 베테랑의 여유가 느껴진다.

기본기록

연도	경기	타석	타수	안타	2루타	3루타	홈런	타점	득점	볼넷	사구	삼진	도루	도루자	타율	출루율	장타율	OPS
2019	144	472	426	105	16	2	1	34	45	33	2	43	6	2	0.246	0.302	0.300	0.602
2020	133	392	343	93	9	1	2	25	34	30	5	27	1	1	0.271	0.336	0.321	0.657
2021	110	274	237	67	15	0	6	37	27	29	0	29	5	2	0.283	0.356	0.422	0.778
통산	1250	3872	3415	943	156	9	41	366	450	302	46	359	39	27	0.276	0.340	0.363	0.703

상황별 기록

상황	타석	홈런	볼넷	삼진	타율	출루율	장타율	OPS
전반기	182	4	26	15	0.282	0.380	0.409	0.789
후반기	92	2	3	14	0.284	0.308	0.443	0.751
vs 좌	74	3	9	6	0.313	0.397	0.500	0.897
vs 우	170	2	15	18	0.275	0.333	0.376	0.709
주자있음	138	2	16	12	0.263	0.343	0.395	0.738
주자없음	136	4	13	17	0.301	0.368	0.447	0.815
득점권	82	2	11	8	0.266	0.354	0.422	0.776
노아웃	83	3	8	8	0.286	0.354	0.457	0.811
원아웃	100	3	11	9	0.314	0.380	0.477	0.857
투아웃	91	0	10	12	0.247	0.330	0.333	0.663

팀별 기록

구분	타석	홈런	볼넷	삼진	타율	출루율	장타율	OPS
KIA	35	0	7	3	0.357	0.486	0.464	0.950
KT	31	1	1	5	0.207	0.226	0.379	0.605
LG	15	0	3	0	0.500	0.600	0.583	1.183
NC	38	0	1	4	0.257	0.270	0.343	0.613
두산	15	0	0	2	0.267	0.267	0.333	0.600
롯데	21	0	4	1	0.267	0.421	0.267	0.688
삼성	42	2	3	5	0.256	0.310	0.487	0.797
키움	50	1	5	6	0.279	0.347	0.395	0.742
한화	27	2	5	3	0.286	0.407	0.571	0.978

오태곤 외야수 37

신장 186cm **체중** 88kg **생일** 1991-11-18 **투타** 우투우타 **지명** 10 롯데 3라운드 22순위

연봉 9,500-8,500-10,500 **학교** 쌍문초-신월중-청원고

● 1루수로 혹은 좌익수로, 팀의 공백이 생긴 자리를 채우며 '유틸리티 백업'으로 임무를 다한 지난 시즌. 특히 많은 기회가 주어졌던 10월 한 달 동안은 0.8이 넘는 OPS로 기대에 부응했다. 이제는 '확실한 내 것'을 만들겠다는 각오로 당당히 주전 자리에 도전한다. 팀 내 좌익수 자원 중 가장 유력한 주전 후보로 꼽힌다.

기본기록

연도	경기	타석	타수	안타	2루타	3루타	홈런	타점	득점	볼넷	사구	삼진	도루	도루자	타율	출루율	장타율	OPS
2019	123	392	352	88	16	1	6	35	63	31	4	78	19	2	0.250	0.316	0.352	0.668
2020	94	258	234	64	12	1	5	35	36	13	7	47	15	6	0.274	0.331	0.397	0.728
2021	122	253	235	63	10	0	9	35	47	14	2	52	9	4	0.268	0.313	0.426	0.739
통산	824	2226	2033	541	111	6	53	241	338	132	27	517	94	36	0.266	0.318	0.405	0.723

상황별 기록

상황	타석	홈런	볼넷	삼진	타율	출루율	장타율	OPS
전반기	127	4	8	32	0.252	0.299	0.387	0.686
후반기	126	5	6	20	0.284	0.328	0.466	0.794
vs 좌	76	2	3	15	0.288	0.316	0.397	0.713
vs 우	154	6	9	32	0.255	0.307	0.433	0.740
주자있음	143	5	7	26	0.328	0.359	0.500	0.859
주자없음	110	4	7	26	0.188	0.255	0.327	0.582
득점권	79	2	2	18	0.224	0.241	0.355	0.596
노아웃	81	2	7	14	0.268	0.350	0.408	0.758
원아웃	81	4	3	19	0.234	0.259	0.390	0.649
투아웃	91	3	4	19	0.299	0.330	0.471	0.801

팀별 기록

구분	타석	홈런	볼넷	삼진	타율	출루율	장타율	OPS
KIA	16	1	1	3	0.200	0.250	0.400	0.650
KT	20	1	2	5	0.278	0.350	0.444	0.794
LG	37	0	3	7	0.265	0.324	0.324	0.648
NC	36	3	3	6	0.250	0.333	0.563	0.896
두산	29	0	0	6	0.286	0.276	0.393	0.669
롯데	30	1	1	7	0.310	0.333	0.483	0.816
삼성	29	1	2	5	0.259	0.310	0.370	0.680
키움	27	1	0	7	0.296	0.296	0.444	0.740
한화	29	1	2	6	0.240	0.321	0.400	0.721

이재원 포수 20

신장 185cm **체중** 98kg **생일** 1988-02-24 **투타** 우투우타 **지명** 06 SK 1차

연봉 140,000-110,000-100,000 **학교** 숭의초-상인천중-인천고

● 2020년은 이재원에게 데뷔 후 최악의 시즌이었다. 2021년은 그보다는 나아졌지만 여전히 만족할 만큼은 아니다. 어느덧 FA 계약의 마지막 해다. 이재원이 가장 좋았을 때 옆에 있었던 정경배 타격코치가 팀에 돌아와 그때 그 느낌을 되찾는다는 각오로 함께 노력했다. 이재원의 반등은 팀이 더 높은 곳을 바라볼 수 있는 필수 조건이다.

기본기록

연도	경기	타석	타수	안타	2루타	3루타	홈런	타점	득점	볼넷	사구	삼진	도루	도루자	타율	출루율	장타율	OPS
2019	139	502	451	121	19	0	12	75	33	34	9	59	1	0	0.268	0.327	0.390	0.717
2020	80	251	222	41	8	0	2	21	18	19	6	24	0	0	0.185	0.266	0.248	0.514
2021	107	313	271	76	13	0	3	30	29	29	5	47	0	2	0.280	0.358	0.362	0.720
통산	1294	4144	3635	1036	180	5	104	582	402	347	85	571	11	12	0.285	0.357	0.423	0.780

상황별 기록

상황	타석	홈런	볼넷	삼진	타율	출루율	장타율	OPS
전반기	216	3	20	30	0.297	0.369	0.411	0.780
후반기	97	0	9	17	0.241	0.333	0.241	0.574
vs 좌	62	0	10	9	0.313	0.450	0.396	0.846
vs 우	216	3	19	35	0.258	0.332	0.342	0.674
주자있음	151	2	16	19	0.290	0.379	0.371	0.750
주자없음	162	1	13	28	0.272	0.340	0.354	0.694
득점권	88	1	10	9	0.292	0.376	0.361	0.737
노아웃	103	1	10	13	0.291	0.371	0.372	0.743
원아웃	102	1	12	17	0.233	0.333	0.326	0.659
투아웃	108	1	7	17	0.313	0.370	0.384	0.754

팀별 기록

구분	타석	홈런	볼넷	삼진	타율	출루율	장타율	OPS
KIA	32	0	3	5	0.370	0.438	0.370	0.808
KT	28	0	1	6	0.185	0.214	0.185	0.399
LG	36	0	4	7	0.138	0.265	0.172	0.437
NC	31	0	5	3	0.360	0.484	0.520	1.004
두산	26	0	4	7	0.091	0.231	0.091	0.322
롯데	47	2	7	9	0.368	0.478	0.605	1.083
삼성	31	1	0	2	0.400	0.419	0.500	0.919
키움	47	0	2	5	0.262	0.295	0.310	0.605
한화	35	0	3	3	0.290	0.343	0.387	0.730

이정범 외야수 9

신장 178cm **체중** 88kg **생일** 1998-04-10 **투타** 좌투좌타 **지명** 17 SK 2차 5라운드 46순위

연봉 0-3,000-3,200 **학교** 숭의초-동인천중-인천고

● 추신수를 롤모델로 삼고 있는 타격 유망주. 타격 능력은 일찌감치 퓨처스에서 검증을 마쳤던 그에게 2021년 9월 마침내 첫 1군 기회가 왔다. 많은 타석은 아니었지만 15개의 안타 중 7개를 장타로 기록할 정도로 코칭스태프와 팬들에게 눈도장을 확실하게 찍었다. 2022년에도 김원형 감독이 큰 기대를 걸고 있는 무서운 신예.

기본기록

연도	경기	타석	타수	안타	2루타	3루타	홈런	타점	득점	볼넷	사구	삼진	도루	도루자	타율	출루율	장타율	OPS
2019	0	0	0	0	0	0	0	0	0	0	0	0	0	0	-	-	-	-
2020	0	0	0	0	0	0	0	0	0	0	0	0	0	0	-	-	-	-
2021	19	66	59	15	4	0	3	9	8	7	0	15	0	0	0.254	0.333	0.475	0.808
통산	19	66	59	15	4	0	3	9	8	7	0	15	0	0	0.254	0.333	0.475	0.808

상황별 기록

상황	타석	홈런	볼넷	삼진	타율	출루율	장타율	OPS
전반기	0	0	0	0	-	-	-	-
후반기	66	3	7	15	0.254	0.333	0.475	0.808
vs 좌	6	0	0	3	0.000	0.000	0.000	0.000
vs 우	55	3	7	11	0.271	0.364	0.500	0.864
주자있음	34	2	5	5	0.345	0.441	0.655	1.096
주자없음	32	1	2	10	0.167	0.219	0.300	0.519
득점권	22	0	4	3	0.278	0.409	0.389	0.798
노아웃	23	0	2	7	0.143	0.217	0.143	0.360
원아웃	28	1	4	5	0.250	0.357	0.500	0.857
투아웃	15	2	1	3	0.429	0.467	0.929	1.396

팀별 기록

구분	타석	홈런	볼넷	삼진	타율	출루율	장타율	OPS
KIA	6	0	0	2	0.333	0.333	0.500	0.833
KT	2	0	0	0	0.000	0.000	0.000	0.000
NC	7	0	1	2	0.000	0.143	0.000	0.143
두산	18	1	2	5	0.375	0.444	0.625	1.069
롯데	7	0	1	1	0.167	0.286	0.167	0.453
삼성	10	1	2	1	0.125	0.300	0.500	0.800
키움	9	0	0	1	0.333	0.333	0.556	0.889
한화	7	1	1	3	0.333	0.429	0.833	1.262

이현석 포수 25

신장 175cm **체중** 90kg **생일** 1992-06-07 **투타** 우투우타 **지명** 15 SK 1차

연봉 3,000-3,000-5,000 **학교** 노암초-대헌중-제물포고-동국대

● 입단 후 6년 동안 기회를 잡기가 쉽지 않았다. 그러나 2021년 후반기 가파른 성장세로 팀의 안방 판도를 뒤흔들었다. 적은 표본이라고는 해도 21개의 안타 중 9개가 장타였다는 점은 팬들을 기대하게 만들기 충분하다. 1군에서 마스크를 쓰는 시간이 길어지면서 안정감도 생겼다. 이제는 주전 자리에도 도전장을 내밀 만한 자원이다.

기본기록

연도	경기	타석	타수	안타	2루타	3루타	홈런	타점	득점	볼넷	사구	삼진	도루	도루자	타율	출루율	장타율	OPS
2019	2	3	3	0	0	0	0	0	0	0	0	0	0	0	0.000	0.000	0.000	0.000
2020	58	109	101	18	2	0	2	7	7	4	2	30	1	0	0.178	0.224	0.257	0.481
2021	39	89	79	21	5	0	4	19	7	4	1	29	0	0	0.266	0.302	0.481	0.783
통산	113	215	197	42	7	0	7	28	16	8	3	68	1	0	0.213	0.252	0.355	0.607

상황별 기록

상황	타석	홈런	볼넷	삼진	타율	출루율	장타율	OPS
전반기	0	0	0	0	-	-	-	-
후반기	89	4	4	29	0.266	0.302	0.481	0.783
vs 좌	12	1	0	2	0.250	0.250	0.583	0.833
vs 우	62	3	4	23	0.226	0.283	0.434	0.717
주자있음	39	1	0	12	0.242	0.250	0.394	0.644
주자없음	50	3	4	17	0.283	0.340	0.543	0.883
득점권	27	1	0	7	0.286	0.292	0.524	0.816
노아웃	28	2	1	6	0.292	0.320	0.583	0.903
원아웃	31	2	2	10	0.346	0.387	0.692	1.079
투아웃	30	0	1	13	0.172	0.200	0.207	0.407

팀별 기록

구분	타석	홈런	볼넷	삼진	타율	출루율	장타율	OPS
KIA	12	2	1	2	0.400	0.417	1.200	1.617
KT	17	0	0	6	0.267	0.250	0.267	0.517
LG	5	0	0	3	0.000	0.000	0.000	0.000
NC	20	1	1	7	0.368	0.400	0.632	1.032
두산	5	0	1	2	0.000	0.200	0.000	0.200
롯데	9	0	0	4	0.286	0.375	0.286	0.661
삼성	10	1	0	3	0.222	0.222	0.667	0.889
키움	1	0	0	1	0.000	0.000	0.000	0.000
한화	10	0	1	1	0.222	0.300	0.222	0.522

최지훈 외야수 54

신장 178cm **체중** 82kg **생일** 1997-07-23 **투타** 우투좌타 **지명** 20 SK 2차 3라운드 30순위

연봉 2,700-8,000-15,000 **학교** 광주수창초-무등중-광주제일고-동국대

● 데뷔 후 2년 동안 의미 있는 성적을 거두면서 '김강민의 후계자'로 공인받았다. 특히 뛰어난 스피드를 앞세운 넓은 수비 범위는 리그 정상급으로 평가 받는다. 2022년에는 다소 투박했던 송구까지 다듬어 '완성형 중견수'에 도전한다. 리드오프로서의 책임도 막중하다. 출루율을 높여 공격의 활로를 원활하게 뚫어줘야 팀의 공격이 극대화된다.

기본기록

연도	경기	타석	타수	안타	2루타	3루타	홈런	타점	득점	볼넷	사구	삼진	도루	도루자	타율	출루율	장타율	OPS
2019	0	0	0	0	0	0	0	0	0	0	0	0	0	0	-	-	-	-
2020	127	520	466	120	19	5	1	27	66	38	5	80	18	6	0.258	0.318	0.326	0.644
2021	136	534	461	121	19	6	5	45	75	51	8	71	26	6	0.262	0.342	0.362	0.704
통산	263	1054	927	241	38	11	6	72	141	89	13	151	44	12	0.260	0.330	0.344	0.674

상황별 기록

상황	타석	홈런	볼넷	삼진	타율	출루율	장타율	OPS
전반기	290	4	38	34	0.263	0.371	0.371	0.742
후반기	244	1	13	37	0.262	0.308	0.353	0.661
vs 좌	97	1	12	18	0.296	0.396	0.420	0.816
vs 우	373	3	34	48	0.252	0.327	0.332	0.659
주자있음	228	1	17	28	0.234	0.305	0.328	0.633
주자없음	306	4	34	43	0.283	0.369	0.387	0.756
득점권	122	1	10	17	0.255	0.325	0.378	0.703
노아웃	220	3	19	27	0.238	0.316	0.328	0.644
원아웃	162	1	15	20	0.312	0.383	0.449	0.832
투아웃	152	1	17	24	0.246	0.336	0.321	0.657

팀별 기록

구분	타석	홈런	볼넷	삼진	타율	출루율	장타율	OPS
KIA	59	0	6	9	0.192	0.288	0.269	0.557
KT	57	0	2	10	0.185	0.211	0.185	0.396
LG	68	1	4	8	0.322	0.358	0.475	0.833
NC	56	0	8	6	0.200	0.333	0.289	0.622
두산	54	0	5	10	0.283	0.346	0.370	0.716
롯데	74	2	8	8	0.270	0.365	0.492	0.857
삼성	49	1	4	6	0.318	0.375	0.432	0.807
키움	43	0	4	3	0.351	0.429	0.378	0.807
한화	74	1	10	11	0.262	0.384	0.344	0.728

최항 내야수 4

신장 183cm **체중** 88kg **생일** 1994-01-03 **투타** 우투좌타 **지명** 12 SK 8라운드 70순위

연봉 7,500-5,500-4,000 **학교** 대일초-매송중-유신고

● 많은 기회를 받지 못한 한 시즌이었다. 어깨 수술의 여파로 시즌 출발 자체가 늦었고, 전반기 대부분을 2군에서 보냈다. 그러나 9월 확대 엔트리로 1군 복귀 후 자신의 존재 가치를 확인시켰다. 9월 21경기에 나서 타율 .349를 기록했다. 확실한 타격 장점을 증명한 만큼, 대타 및 백업 요원으로서 2022년에도 요긴한 활약이 기대된다.

기본기록

연도	경기	타석	타수	안타	2루타	3루타	홈런	타점	득점	볼넷	사구	삼진	도루	도루자	타율	출루율	장타율	OPS
2019	52	147	127	29	5	0	0	14	12	16	2	24	2	0	0.228	0.322	0.268	0.590
2020	47	155	132	35	3	0	2	15	21	21	1	27	1	0	0.265	0.368	0.333	0.701
2021	34	79	69	19	2	1	0	7	5	6	2	16	1	0	0.275	0.346	0.333	0.679
통산	268	754	656	182	30	2	10	87	90	71	16	153	6	3	0.277	0.360	0.375	0.735

상황별 기록

상황	타석	홈런	볼넷	삼진	타율	출루율	장타율	OPS
전반기	17	0	0	4	0.250	0.250	0.375	0.625
후반기	62	0	6	12	0.283	0.371	0.321	0.692
vs 좌	4	0	0	0	0.500	0.500	0.500	1.000
vs 우	67	0	5	15	0.224	0.303	0.293	0.596
주자있음	37	0	4	7	0.241	0.361	0.345	0.706
주자없음	42	0	2	9	0.300	0.333	0.325	0.658
득점권	22	0	3	3	0.267	0.429	0.467	0.896
노아웃	27	0	2	7	0.391	0.423	0.435	0.858
원아웃	29	0	2	6	0.222	0.276	0.296	0.572
투아웃	23	0	2	3	0.211	0.348	0.263	0.611

팀별 기록

구분	타석	홈런	볼넷	삼진	타율	출루율	장타율	OPS
KIA	10	0	1	1	0.000	0.200	0.000	0.200
KT	11	0	1	3	0.100	0.182	0.100	0.282
LG	7	0	2	1	0.250	0.500	0.250	0.750
NC	8	0	0	2	0.500	0.500	0.500	1.000
두산	25	0	1	7	0.333	0.360	0.417	0.777
롯데	5	0	1	1	0.000	0.200	0.000	0.200
삼성	1	0	0	0	1.000	1.000	2.000	3.000
키움	9	0	0	1	0.444	0.444	0.556	1.000
한화	3	0	0	0	0.000	0.333	0.000	0.333

크론 내야수 27

신장 196cm **체중** 113kg **생일** 1993-02-17 **투타** 우투우타 **지명** 22 키움 자유선발

연봉 $600,000 **학교** Mountain Pointe(고)–Texas Christian(대)

● 5년간 활약했던 로맥의 뒤를 이을 뉴페이스. 빅리그 경력은 많지 않지만 AAA에서는 한 시즌 38홈런을 기록한 적이 있는 거포다. 2021년에는 일본 리그에 도전했다가 아쉬운 성적(.231 6홈런)으로 방출됐다. 큰 체구에 비해 유연한 타격 밸런스가 큰 장점. 크론이 안정적으로 팀에 '랜딩'하면 홈런 공장은 다시 바빠질 예정이다.

기본기록

연도	경기	타석	타수	안타	2루타	3루타	홈런	타점	득점	볼넷	사구	삼진	도루	도루자	타율	출루율	장타율	OPS
2019																		
2020																		
2021																		
통산																		

상황별 기록

상황	타석	홈런	볼넷	삼진	타율	출루율	장타율	OPS
전반기								
후반기								
vs 좌								
vs 우								
주자있음								
주자없음								
득점권								
노아웃								
원아웃								
투아웃								

팀별 기록

구분	타석	홈런	볼넷	삼진	타율	출루율	장타율	OPS
KIA								
KT								
LG								
NC								
두산								
롯데								
삼성								
키움								
한화								

하재훈 외야수 13

신장 182cm **체중** 90kg **생일** 1990-10-29 **투타** 우투우타 **지명** 19 SK 2차 2라운드 16순위

연봉 15,000-7,000-5,300 **학교** 양덕초-마산동중-용마고

● 2019년 세이브왕이 타자로 돌아왔다. 고교 졸업 후 뛰어난 타격 능력으로 미국 무대에 도전했던 하재훈이다. 일본 독립리그 시절 이후 4년 만에 다시 배트를 잡는다. 워낙 뛰어난 운동 능력을 갖춘 만큼 타격에 쓰는 근육을 빠른 속도로 되찾고 있다. 1차 목표는 1군 진입. 어쩌면 팀 내 외야 경쟁의 키를 쥐고 있는 다크호스다.

기본기록

연도	경기	타석	타수	안타	2루타	3루타	홈런	타점	득점	볼넷	사구	삼진	도루	도루자	타율	출루율	장타율	OPS
2019	61																	
2020	15																	
2021	18																	
통산	94																	

상황별 기록

상황	타석	홈런	볼넷	삼진	타율	출루율	장타율	OPS
전반기								
후반기								
vs 좌								
vs 우								
주자있음								
주자없음								
득점권								
노아웃								
원아웃								
투아웃								

팀별 기록

구분	타석	홈런	볼넷	삼진	타율	출루율	장타율	OPS
KIA								
KT								
LG								
NC								
키움								
두산								
롯데								
삼성								
한화								

고효준 투수 65

신장 179cm **체중** 81kg **생일** 1983-02-08 **투타** 좌투좌타 **지명** 02 롯데 2차 1라운드 6순위

연봉 10,000-5,000-4,000 **학교** 서원초-세광중-세광고

연도	경기	선발	승	패	세이브	홀드	이닝	안타	홈런	볼넷	사구	삼진	피안타율	WHIP	FIP	ERA	QS	BS
2019	75	0	2	7	0	15	62.1	58	6	36	3	72	0.253	1.51	3.93	4.76	0	4
2020	24	0	1	0	0	0	15.2	14	3	11	3	11	0.226	1.60	7.32	5.74	0	0
2021	3	0	0	0	0	0	2.1	3	0	0	0	1	0.333	1.29	2.48	3.86	0	0
통산	457	81	40	52	4	31	771.1	725	79	521	75	767	0.252	1.62	4.97	5.32	0	5

김건우 투수 59

신장 185cm **체중** 88kg **생일** 2002-07-12 **투타** 좌투좌타 **지명** 21 SK 1차

연봉 3,000-3,100 **학교** 인천서구-동산중-제물포고

연도	경기	선발	승	패	세이브	홀드	이닝	안타	홈런	볼넷	사구	삼진	피안타율	WHIP	FIP	ERA	QS	BS
2019																		
2020																		
2021	6	4	0	1	0	0	11.0	8	1	12	0	7	0.190	1.82	6.51	4.91	0	0
통산	6	4	0	1	0	0	11.0	8	1	12	0	7	0.190	1.82	6.51	4.91	0	0

김도현 투수 44

신장 179cm **체중** 89kg **생일** 2003-05-24 **투타** 우투우타 **지명** 22 SSG 2차 2라운드 12순위

연봉 3,000 **학교** 삼송초-연세중-백송고

연도	경기	선발	승	패	세이브	홀드	이닝	안타	홈런	볼넷	사구	삼진	피안타율	WHIP	FIP	ERA	QS	BS
2019																		
2020																		
2021																		
통산																		

김정빈 투수 21

신장 186cm **체중** 90kg **생일** 1994-06-08 **투타** 좌투좌타 **지명** 13 SK 3라운드 28순위

연봉 2,700-4,000-3,200 **학교** 광주화정초-무등중-화순고

연도	경기	선발	승	패	세이브	홀드	이닝	안타	홈런	볼넷	사구	삼진	피안타율	WHIP	FIP	ERA	QS	BS
2019	0	0	0	0	0	0	0.0	0	0	0	0	0	-	-	-	-	0	0
2020	57	0	1	1	1	10	47.1	37	5	45	8	42	0.218	1.73	6.45	5.13	0	1
2021	6	6	0	1	0	0	17.1	20	5	20	4	21	0.303	2.31	8.81	9.87	0	0
통산	65	6	1	2	1	10	67.2	59	10	69	12	66	0.239	1.89	7.02	6.52	0	1

김정우 투수 12

신장 181cm **체중** 85kg **생일** 1999-05-15 **투타** 우투우타 **지명** 18 SK 1차

연봉 3,000-0-3,000 **학교** 소래초-동산중-동산고

연도	경기	선발	승	패	세이브	홀드	이닝	안타	홈런	볼넷	사구	삼진	피안타율	WHIP	FIP	ERA	QS	BS
2019	1	0	0	0	0	0	1.0	2	0	1	0	0	0.400	3.00	6.40	9.00	0	0
2020	0	0	0	0	0	0	0.0	0	0	0	0	0	-	-	-	-	0	0
2021	0	0	0	0	0	0	0.0	0	0	0	0	0	-	-	-	-	0	0
통산	1	0	0	0	0	0	1.0	2	0	1	0	0	0.400	3.00	6.40	9.00	0	0

김주온 투수 11

신장 187cm **체중** 89kg **생일** 1996-12-08 **투타** 우투우타 **지명** 15 삼성 2차 7라운드 72순위

연봉 2,700-3,000-3,000 **학교** 대현초-구미중-울산공고

연도	경기	선발	승	패	세이브	홀드	이닝	안타	홈런	볼넷	사구	삼진	피안타율	WHIP	FIP	ERA	QS	BS
2019	0	0	0	0	0	0	0.0	0	0	0	0	0	-	-	-	-	0	0
2020	29	0	0	3	0	0	31.0	46	5	22	5	18	0.357	2.19	7.10	7.55	0	1
2021	2	0	0	0	0	0	2.0	1	0	2	1	3	0.143	1.50	4.83	0.00	0	0
통산	31	0	0	3	0	0	33.0	47	5	24	6	21	0.346	2.15	6.97	7.09	0	1

박상후 투수 64

신장 187cm **체중** 87kg **생일** 2003-08-05 **투타** 좌투좌타 **지명** 22 SSG 2차 3라운드 22순위

연봉 3,000 **학교** 칠성초-수성-대구중-경북고

연도	경기	선발	승	패	세이브	홀드	이닝	안타	홈런	볼넷	사구	삼진	피안타율	WHIP	FIP	ERA	QS	BS
2019																		
2020																		
2021																		
통산																		

서동민 투수 18

신장 186cm **체중** 90kg **생일** 1994-03-07 **투타** 우투우타 **지명** 14 SK 2차 6라운드 58순위

연봉 3,000-3,000-4,000 **학교** 율하초-경복중-대구고

연도	경기	선발	승	패	세이브	홀드	이닝	안타	홈런	볼넷	사구	삼진	피안타율	WHIP	FIP	ERA	QS	BS
2019	0	0	0	0	0	0	0.0	0	0	0	0	0	-	-	-	-	0	0
2020	9	0	0	0	0	0	8.1	10	2	4	0	7	0.294	1.68	6.44	5.40	0	0
2021	20	0	0	0	0	0	26.1	27	5	17	1	24	0.273	1.67	6.03	5.13	0	0
통산	29	0	0	0	0	0	34.2	37	7	21	1	31	0.278	1.67	6.13	5.19	0	0

신재영 투수 19

신장 185cm **체중** 97kg **생일** 1989-11-18 **투타** 우투우타 **지명** 12 NC 8라운드 69순위

연봉 7,000-3,000-4,000 **학교** 대전유천초-한밭중-대전고-단국대

연도	경기	선발	승	패	세이브	홀드	이닝	안타	홈런	볼넷	사구	삼진	피안타율	WHIP	FIP	ERA	QS	BS
2019	12	6	1	0	0	0	29.1	34	1	9	4	21	0.291	1.47	3.74	3.68	0	0
2020	7	0	0	0	0	0	5.0	13	2	4	0	1	0.448	3.40	10.76	12.60	0	0
2021	20	1	0	0	0	0	28.1	35	3	2	4	27	0.302	1.31	3.44	5.72	0	0
통산	129	73	30	23	1	3	457.2	544	70	84	43	276	0.296	1.37	5.32	4.90	24	0

신헌민 투수 73

신장 187cm **체중** 82kg **생일** 2002-07-19 **투타** 우투우타 **지명** 22 SSG 2차 1라운드 2순위

연봉 3,000 **학교** 광주학강초-광주동성중-광주동성고

연도	경기	선발	승	패	세이브	홀드	이닝	안타	홈런	볼넷	사구	삼진	피안타율	WHIP	FIP	ERA	QS	BS
2019																		
2020																		
2021																		
통산																		

윤태현 투수 67

신장 188cm **체중** 85kg **생일** 2003-10-10 **투타** 우투우타 **지명** 22 SSG 1차

연봉 3,000 **학교** 상인천초-동인천중-인천고

연도	경기	선발	승	패	세이브	홀드	이닝	안타	홈런	볼넷	사구	삼진	피안타율	WHIP	FIP	ERA	QS	BS
2019																		
2020																		
2021																		
통산																		

이건욱 투수 23

신장 182cm **체중** 85kg **생일** 1995-02-13 **투타** 우투우타 **지명** 14 SK 1차

연봉 3,000-6,000-3,200 **학교** 신도초-동산중-동산고

연도	경기	선발	승	패	세이브	홀드	이닝	안타	홈런	볼넷	사구	삼진	피안타율	WHIP	FIP	ERA	QS	BS
2019	0	0	0	0	0	0	0.0	0	0	0	0	0	-	-	-	-	0	0
2020	27	25	6	12	0	0	122.0	105	11	81	6	91	0.234	1.52	5.38	5.68	5	0
2021	5	4	0	1	0	0	12.2	16	4	19	1	5	0.333	2.76	11.39	11.37	0	0
통산	35	29	6	13	0	0	136.2	127	16	103	7	98	0.250	1.68	6.04	6.59	5	0

이채호 투수 39

신장 185cm **체중** 85kg **생일** 1998-11-23 **투타** 우투우타 **지명** 18 SK 2차 6라운드 55순위

연봉 0-3,000-3,000 **학교** 김해동광초(김해엔젤스)-양산원동중-용마고

연도	경기	선발	승	패	세이브	홀드	이닝	안타	홈런	볼넷	사구	삼진	피안타율	WHIP	FIP	ERA	QS	BS
2019	0	0	0	0	0	0	0.0	0	0	0	0	0	-	-	-	-	0	0
2020	0	0	0	0	0	0	0.0	0	0	0	0	0	-	-	-	-	0	0
2021	3	0	0	0	0	0	5.0	8	2	3	0	3	0.348	2.20	9.13	7.20	0	0
통산	3	0	0	0	0	0	5.0	8	2	3	0	3	0.348	2.20	9.13	7.20	0	0

정동윤 투수 62

신장 193cm **체중** 103kg **생일** 1997-10-22 **투타** 우투좌타 **지명** 16 SK 1차

연봉 0-3,000-3,000 **학교** 안산-중앙중-야탑고

연도	경기	선발	승	패	세이브	홀드	이닝	안타	홈런	볼넷	사구	삼진	피안타율	WHIP	FIP	ERA	QS	BS
2019	0	0	0	0	0	0	0.0	0	0	0	0	0	-	-	-	-	0	0
2020	0	0	0	0	0	0	0.0	0	0	0	0	0	-	-	-	-	0	0
2021	1	0	0	0	0	0	2.0	1	0	1	0	0	0.167	1.00	4.83	0.00	0	0
통산	5	0	0	0	0	0	7.2	9	2	3	1	4	0.310	1.57	7.58	4.70	0	0

조병현 투수 97

신장 182cm **체중** 90kg **생일** 2002-05-08 **투타** 우투우타 **지명** 21 SK 2차 3라운드 28순위

연봉 3,000-3,000 **학교** 온양온천초-세광중-세광고

연도	경기	선발	승	패	세이브	홀드	이닝	안타	홈런	볼넷	사구	삼진	피안타율	WHIP	FIP	ERA	QS	BS
2019																		
2020																		
2021	3	3	0	0	0	0	6.2	7	1	5	1	8	0.259	1.80	5.58	8.10	0	0
통산	3	3	0	0	0	0	6.2	7	1	5	1	8	0.259	1.80	5.58	8.10	0	0

조성훈 투수 48

신장 188cm 체중 85kg 생일 1999-03-22 투타 우투우타 지명 18 SK 2차 1라운드 5순위
연봉 0-3,000-3,000 학교 성동구-건대부중-청원고

연도	경기	선발	승	패	세이브	홀드	이닝	안타	홈런	볼넷	사구	삼진	피안타율	WHIP	FIP	ERA	QS	BS
2019	0	0	0	0	0	0	0.0	0	0	0	0	0	-	-	-	-	0	0
2020	0	0	0	0	0	0	0.0	0	0	0	0	0	-	-	-	-	0	0
2021	0	0	0	0	0	0	0.0	0	0	0	0	0	-	-	-	-	0	0
통산	1	0	0	0	0	0	0.2	3	0	0	0	0	0.750	4.50	3.83	27.00	0	0

조영우 투수 1

신장 185cm 체중 95kg 생일 1995-06-27 투타 우투좌타 지명 14 한화 2차 5라운드 47순위
연봉 3,300-5,000-6,500 학교 송정동초-배재중-제주고

연도	경기	선발	승	패	세이브	홀드	이닝	안타	홈런	볼넷	사구	삼진	피안타율	WHIP	FIP	ERA	QS	BS
2019	7	1	0	0	0	0	12.1	19	3	4	0	8	0.373	1.86	6.24	8.03	0	0
2020	35	7	2	4	0	0	77.0	96	12	25	2	38	0.311	1.57	5.65	5.96	2	0
2021	30	8	4	8	1	0	66.2	74	10	26	0	48	0.290	1.50	5.01	5.67	1	0
통산	79	18	6	13	1	0	168.0	211	29	59	2	102	0.314	1.61	5.59	6.27	3	0

조요한 투수 98

신장 191cm 체중 101kg 생일 2000-01-06 투타 우투우타 지명 21 SK 2차 7라운드 68순위
연봉 3,000-3,300 학교 광주화정초-충장중-광주제일고-동강대

연도	경기	선발	승	패	세이브	홀드	이닝	안타	홈런	볼넷	사구	삼진	피안타율	WHIP	FIP	ERA	QS	BS
2019	0	0	0	0	0	0	0.0	0	0	0	0	0	-	-	-	-	0	0
2020	0	0	0	0	0	0	0.0	0	0	0	0	0	-	-	-	-	0	0
2021	6	0	0	0	0	1	7.0	10	0	9	0	4	0.345	2.71	6.05	7.71	0	0
통산	6	0	0	0	0	1	7.0	10	0	9	0	4	0.345	2.71	6.05	7.71	0	0

고명준 내야수 6

신장 185cm 체중 94kg 생일 2002-07-08 투타 우투우타 지명 21 SK 2차 2라운드 18순위
연봉 3,000-3,000 학교 서원초-세광중-세광고

연도	경기	타석	타수	안타	2루타	3루타	홈런	타점	득점	볼넷	사구	삼진	도루	도루자	타율	출루율	장타율	OPS
2019																		
2020																		
2021	3	5	5	0	0	0	0	0	0	0	0	3	0	0	0.000	0.000	0.000	0.000
통산	3	5	5	0	0	0	0	0	0	0	0	3	0	0	0.000	0.000	0.000	0.000

김규남 외야수 28

신장 183cm 체중 97kg 생일 1995-05-12 투타 우투우타 지명 19 SK 육성선수
연봉 0-3,000-3,000 학교 용산리틀-홍은중-덕수고-고려대

연도	경기	타석	타수	안타	2루타	3루타	홈런	타점	득점	볼넷	사구	삼진	도루	도루자	타율	출루율	장타율	OPS
2019	0	0	0	0	0	0	0	0	0	0	0	0	0	0	-	-	-	-
2020	0	0	0	0	0	0	0	0	0	0	0	0	0	0	-	-	-	-
2021	4	7	7	0	0	0	0	0	0	0	0	3	0	0	0.000	0.000	0.000	0.000
통산	4	7	7	0	0	0	0	0	0	0	0	3	0	0	0.000	0.000	0.000	0.000

김재현 내야수 5

신장 176cm **체중** 73kg **생일** 1991-08-30 **투타** 우투우타 **지명** 14 삼성 2차 5라운드 54순위

연봉 5,500-5,000-4,000 **학교** 홍파초-건대부중-배명고-한양대

연도	경기	타석	타수	안타	2루타	3루타	홈런	타점	득점	볼넷	사구	삼진	도루	도루자	타율	출루율	장타율	OPS
2019	6	2	2	0	0	0	0	0	1	0	0	1	0	0	0.000	0.000	0.000	0.000
2020	35	18	14	2	0	0	0	4	4	3	0	3	0	0	0.143	0.294	0.143	0.437
2021	0	0	0	0	0	0	0	0	0	0	0	0	0	0	-	-	-	-
통산	249	292	253	51	7	0	0	24	37	16	8	62	1	1	0.202	0.270	0.229	0.499

안상현 내야수 10

신장 178cm **체중** 74kg **생일** 1997-01-27 **투타** 우투우타 **지명** 16 SK 2차 3라운드 26순위

연봉 0-3,100-3,200 **학교** 사파초-선린중-용마고

연도	경기	타석	타수	안타	2루타	3루타	홈런	타점	득점	볼넷	사구	삼진	도루	도루자	타율	출루율	장타율	OPS
2019	65	108	102	24	3	0	0	5	14	4	0	28	7	3	0.235	0.262	0.265	0.527
2020	0	0	0	0	0	0	0	0	0	0	0	0	0	0	-	-	-	-
2021	37	40	39	10	2	0	1	4	9	1	0	15	3	1	0.256	0.275	0.385	0.660
통산	103	150	143	35	5	0	1	9	24	5	0	43	10	4	0.245	0.268	0.301	0.569

오준혁 외야수 36

신장 188cm **체중** 95kg **생일** 1992-03-11 **투타** 우투좌타 **지명** 11 한화 8라운드 64순위

연봉 3,000-4,000-3,200 **학교** 순천북초-천안북중-북일고

연도	경기	타석	타수	안타	2루타	3루타	홈런	타점	득점	볼넷	사구	삼진	도루	도루자	타율	출루율	장타율	OPS
2019	2	1	1	0	0	0	0	0	1	0	0	1	0	0	0.000	0.000	0.000	0.000
2020	70	161	148	40	7	0	3	18	19	11	1	34	0	3	0.270	0.323	0.378	0.701
2021	26	50	46	10	2	0	2	5	7	4	0	15	0	0	0.217	0.280	0.391	0.671
통산	233	524	481	113	19	4	9	53	64	30	5	129	3	7	0.235	0.285	0.347	0.632

유서준 내야수 7

신장 180cm **체중** 80kg **생일** 1995-12-04 **투타** 우투우타 **지명** 14 SK 2차 2라운드 18순위

연봉 3,100-3,000-3,000 **학교** 사우초(김포리틀)-양천중-성남고

연도	경기	타석	타수	안타	2루타	3루타	홈런	타점	득점	볼넷	사구	삼진	도루	도루자	타율	출루율	장타율	OPS
2019	0	0	0	0	0	0	0	0	0	0	0	0	0	0	-	-	-	-
2020	28	25	24	6	1	0	1	2	10	1	0	7	1	1	0.250	0.280	0.417	0.697
2021	6	2	2	0	0	0	0	0	1	0	0	1	0	0	0.000	0.000	0.000	0.000
통산	59	47	45	7	1	0	1	2	16	2	0	15	4	2	0.156	0.191	0.244	0.435

이흥련 포수 55

신장 183cm **체중** 91kg **생일** 1989-05-16 **투타** 우투우타 **지명** 13 삼성 5라운드 47순위

연봉 7,000-6,000-9,000 **학교** 상탑초-매송중-야탑고-홍익대

연도	경기	타석	타수	안타	2루타	3루타	홈런	타점	득점	볼넷	사구	삼진	도루	도루자	타율	출루율	장타율	OPS
2019	27	44	42	13	2	1	0	5	3	2	0	12	0	0	0.310	0.341	0.405	0.746
2020	49	132	125	30	1	0	3	20	6	6	0	29	0	0	0.240	0.273	0.320	0.593
2021	90	146	127	30	3	0	3	14	15	12	5	31	0	0	0.236	0.326	0.331	0.657
통산	417	766	688	167	28	2	14	98	81	43	16	160	3	1	0.243	0.301	0.350	0.651

임석진 내야수 60

신장 180cm **체중** 98kg **생일** 1997-10-10 **투타** 우투우타 **지명** 16 SK 2차 1라운드 6순위

연봉 0-3,000-3,000 **학교** 군산신풍초-서울이수중-서울고

연도	경기	타석	타수	안타	2루타	3루타	홈런	타점	득점	볼넷	사구	삼진	도루	도루자	타율	출루율	장타율	OPS
2019	0	0	0	0	0	0	0	0	0	0	0	0	0	0	-	-	-	-
2020	0	0	0	0	0	0	0	0	0	0	0	0	0	0	-	-	-	-
2021	0	0	0	0	0	0	0	0	0	0	0	0	0	0	-	-	-	-
통산	11	12	11	2	0	0	0	0	3	1	0	6	0	0	0.182	0.250	0.182	0.432

전경원 포수 52

신장 184cm **체중** 95kg **생일** 1999-03-18 **투타** 우투우타 **지명** 18 SK 2차 5라운드 45순위

연봉 3,200-0-3,200 **학교** 연현초-성남중-성남고

연도	경기	타석	타수	안타	2루타	3루타	홈런	타점	득점	볼넷	사구	삼진	도루	도루자	타율	출루율	장타율	OPS
2019	0	0	0	0	0	0	0	0	0	0	0	0	0	0	-	-	-	-
2020	0	0	0	0	0	0	0	0	0	0	0	0	0	0	-	-	-	-
2021	0	0	0	0	0	0	0	0	0	0	0	0	0	0	-	-	-	-
통산	0	0	0	0	0	0	0	0	0	0	0	0	0	0	-	-	-	-

전의산 내야수 56

신장 188cm **체중** 98kg **생일** 2000-11-25 **투타** 우투좌타 **지명** 20 SK 2차 1라운드 10순위

연봉 2,700-3,000-3,000 **학교** 수영초-개성중-경남고

연도	경기	타석	타수	안타	2루타	3루타	홈런	타점	득점	볼넷	사구	삼진	도루	도루자	타율	출루율	장타율	OPS
2019																		
2020	0	0	0	0	0	0	0	0	0	0	0	0	0	0	-	-	-	-
2021	0	0	0	0	0	0	0	0	0	0	0	0	0	0	-	-	-	-
통산	0	0	0	0	0	0	0	0	0	0	0	0	0	0	-	-	-	-

조형우 포수 32

신장 187cm **체중** 95kg **생일** 2002-04-04 **투타** 우투우타 **지명** 21 SK 2차 1라운드 8순위

연봉 3,000-3,000 **학교** 송정동초-무등중-광주제일고

연도	경기	타석	타수	안타	2루타	3루타	홈런	타점	득점	볼넷	사구	삼진	도루	도루자	타율	출루율	장타율	OPS
2019																		
2020																		
2021	0	0	0	0	0	0	0	0	0	0	0	0	0	0	-	-	-	-
통산	0	0	0	0	0	0	0	0	0	0	0	0	0	0	-	-	-	-

최경모 내야수 58

신장 168cm **체중** 73kg **생일** 1996-06-17 **투타** 우투우타 **지명** 19 SK 2차 6라운드 56순위

연봉 0-0-3,000 **학교** 본리초-경운중-경북고-홍익대

연도	경기	타석	타수	안타	2루타	3루타	홈런	타점	득점	볼넷	사구	삼진	도루	도루자	타율	출루율	장타율	OPS
2019	17	16	16	1	1	0	0	1	2	0	0	2	0	0	0.063	0.063	0.125	0.188
2020	0	0	0	0	0	0	0	0	0	0	0	0	0	0	-	-	-	-
2021	0	0	0	0	0	0	0	0	0	0	0	0	0	0	-	-	-	-
통산	17	16	16	1	1	0	0	1	2	0	0	2	0	0	0.063	0.063	0.125	0.188

최상민 외야수 8

신장 178cm **체중** 75kg **생일** 1999-08-20 **투타** 좌투좌타 **지명** 18 SK 육성선수

연봉 0-0-3,000 **학교** 석교초-청주중-북일고

연도	경기	타석	타수	안타	2루타	3루타	홈런	타점	득점	볼넷	사구	삼진	도루	도루자	타율	출루율	장타율	OPS
2019	0	0	0	0	0	0	0	0	0	0	0	0	0	0	-	-	-	-
2020	0	0	0	0	0	0	0	0	0	0	0	0	0	0	-	-	-	-
2021	0	0	0	0	0	0	0	0	0	0	0	0	0	0	-	-	-	-
통산	0	0	0	0	0	0	0	0	0	0	0	0	0	0	-	-	-	-

PLAYER LIST

육성선수

성명	포지션	등번호	생일	신장	체중	투타	최초입단연도	최초입단구단	연봉
강매성	투수	95	2003/6/8	187	94	우우	2022	SSG 랜더스	3,000
박시후	투수	46	2001/5/10	182	88	좌좌	2020	SK 와이번스	3,000
신동민	투수	45	1996/4/29	188	97	우좌	2015	SK 와이번스	3,000
유호식	투수	57	1999/5/11	190	104	우우	2018	SK 와이번스	3,000
이기순	투수	68	2003/5/14	174	74	좌좌	2022	SSG 랜더스	3,000
이희재	투수	61	2000/1/28	183	85	우우	2018	SK 와이번스	3,000
임성준	투수	01	2001/11/16	183	93	우우	2022	SSG 랜더스	3,000
장우준	투수	114	2002/9/22	187	94	우우	2021	SK 와이번스	3,000
전영준	투수	09	2002/4/16	192	110	우우	2022	SSG 랜더스	3,000
한두솔	투수	34	1997/1/15	177	86	좌좌	2018	KT 위즈	3,000
박제범	포수	40	2001/3/12	172	81	우우	2021	SK 와이번스	3,000
김교람	내야	05	2000/3/29	185	92	우우	2020	SK 와이번스	3,000
김태윤	내야	00	2003/2/28	170	60	우좌	2022	SSG 랜더스	3,000
석정우	내야	02	1999/1/20	180	82	우우	2022	SSG 랜더스	3,000
전진우	내야	3	1996/4/4	174	81	우우	2019	SK 와이번스	3,000
최유빈	내야	03	2003/5/5	183	83	우우	2022	SSG 랜더스	3,000
하성진	내야	31	1997/3/12	180	92	좌좌	2016	SK 와이번스	3,000
김민재	외야	49	1996/4/4	191	95	우우	2016	SK 와이번스	3,100
박정빈	외야	117	2002/6/14	182	80	우우	2021	SK 와이번스	3,000
임근우	외야	07	1999/7/22	180	88	우우	2022	SSG 랜더스	3,000

군보류

성명	포지션	생일	신장	체중	투타	최초입단연도	최초입단구단	입대일	전역일
이거연	내야	1997/6/15	186	92	우우	2020	SK 와이번스	2020-11-30	2022-05-29
최재성	투수	2000/7/19	183	78	우우	2019	SK 와이번스	2020-12-08	2022-06-07
최준우	내야	1999/3/25	176	78	우좌	2018	SK 와이번스	2021-03-22	2022-09-18
김주한	투수	1993/2/3	184	93	우언	2016	SK 와이번스	2021-03-22	2022-09-18
백승건	투수	2000/10/29	183	85	좌좌	2019	SK 와이번스	2021-03-22	2022-09-18
이원준	투수	1998/7/2	190	98	우우	2017	SK 와이번스	2021-03-22	2022-09-18
양선률	투수	1997/4/15	186	91	우우	2020	SK 와이번스	2021-10-25	2023-04-23
김찬형	내야	1997/12/29	182	80	우우	2016	NC 다이노스	2021-12-13	2023-06-11
류효승	외야	1996/7/16	190	100	우우	2020	SK 와이번스	2021-07-08	2023-07-08
채현우	외야	1995/11/21	182	80	우우	2019	SK 와이번스	2021-10-28	2023-10-28
김창평	외야	2000/6/14	183	78	우좌	2019	SK 와이번스	2022-01-13	2024-01-13
현원회	포수	2001/7/8	180	95	우우	2020	SK 와이번스	2022-01-21	2024-01-21

육성군보류

성명	포지션	생일	신장	체중	투타	최초입단연도	최초입단구단	입대일	전역일
김태우	포수	1995/2/20	175	89	우우	2020	SK 와이번스	2020-10-26	2022-04-25
서상준	투수	2000/1/14	193	108	우좌	2019	SK 와이번스	2020-11-17	2022-05-16
허민혁	투수	1999/8/20	188	90	우우	2019	SK 와이번스	2021-06-15	2022-12-12
이재성	투수	2001/3/15	185	80	좌좌	2020	SK 와이번스	2021-08-23	2023-02-19
박형준	외야	2001/6/28	184	105	우우	2021	SK 와이번스	2021-10-26	2023-04-24
길지석	투수	2001/11/2	190	110	우우	2020	SK 와이번스	2022-01-17	2024-01-17

NC DINOS

CHANGWON
NC DINOS
EST. 2011

NC 다이노스

창단 이후 NC의 성장세는 놀라웠다. 1군 진입 이듬해 바로 포스트시즌에 진출했고, 2016년에는 한국시리즈를 밟았으며, 2020년에는 첫 우승을 차지했다. 현대적, 혁신적인 야구의 도입에도 앞장서며 꾸준히 강팀으로 군림했다. 딱 한 가지 아쉬웠던 건, 야구장 밖의 문제로 흔들리는 일이 잦았다는 것. 지난해 '방역 파문'은 그 결정판이었다. 팀 주축 선수들이 방역 지침을 어기고 술자리를 가졌다가 코로나 19에 감염된 데 이어, '리그 중단'에 앞장섰다는 의혹까지 불거지며 결국 팀 수뇌부가 모두 물러났다. 전력에 궤멸적인 타격을 입고 결국 포스트시즌 진출에 실패했다. 프랜차이즈 스타 나성범이 떠났지만 올해도 NC의 전력이 우승후보라는 점에는 모두가 동의한다. 지난해 전력 공백 속에서 성장한 젊은 선수들은 본격적인 활약을 시작할 것이다. 관건은 구단을 뒤흔들 수 있는 외부 변수의 제거, 혹은 슬기로운 대응이다.

2021 좋았던 일

'방역 파문'의 위기는 젊은 선수들에겐 기회가 됐다. 박준영, 최정원, 김주원, 김기환, 류진욱, 배민서 등이 성장에 꼭 필요한 자양분인 '출전 경험'을 쌓았고, 대부분 기대만큼 성장했다. 여기에 올해는 타격 잠재력이 소문난 오영수와 서호철이 군복무를 마치고 돌아온다. 젊은 선수의 성장은 모든 팀에게 중요하지만, 특히 NC에게는 그 중요성이 더 크다. 내년에 도입되는 샐러리캡 때문이다. 올해 박건우와 손아섭을 영입했고, 올시즌 뒤 양의지와 박민우, 노진혁, 권희동, 원종현, 심창민이 FA 자격을 얻을 가능성이 높다. 즉 팀 연봉의 대폭 상승이 예고돼 있다. 양의지를 포함해 최대한 많은 선수들을 잡고 싶은 NC로서는, 샐러리캡을 넘지 않기 위해 저연봉 선수들의 활약이 절대적으로 필요하다.

2021 나빴던 일

2011년 9월 6일, NC 다이노스의 창단식에는 58명의 선수가 '창단 멤버'로 소개됐다. 어느덧 10년이 흘러 이들 중 처음으로 FA 자격을 획득한 선수가 나왔다. 야구 인생이 곧 구단의 역사인 나성범을 NC가 놓치는 건 상상하기 어려웠지만, 나성범의 고향팀 KIA의 절실함이 이변을 낳았다. 2013년 이후 야수 통산 WAR 5위, 홈런 4위인 나성범의 성적만으로는 NC 구단과 팬들의 가슴에 나성범이 차지하는 비중을 다 설명할 수 없다. 그렇게 NC는 구단 역사의 첫 10년, '나성범 시대'를 마치고 새 시대를 시작한다. 삼진을 감수하고 홈런을 노렸던 나성범(과 알테어) 대신 국내 최고 수준의 콘택트 히터인 박건우와 손아섭, 선구안이 강점인 마티니가 가세하며 타선의 색깔도 완전히 달라지게 됐다.

이동욱 감독 70

신장 179cm	체중 81kg	생일 1974-07-17	투타 우투우타
연봉 20,000-25,000-50,000		학교 배정초-대천중-동래고-동아대	

도쿄올림픽이 끝나고 리그가 재개됐을 때 이동욱 감독의 선택은 지도자로서의 스타일, 그리고 구단과 관계를 잘 보여준다. 주전들의 공백을 젊은 선수들의 기회로 만들었다. 당연히 처음 서 본 1군 무대에서 부진을 겪는 선수들이 나왔지만 흔들리지 않고 출전시켰고, 결국 미래의 주역이 될 선수들을 발굴해냈다. 감독의 고집에 가까운 뚝심, 그리고 구단의 감독에 대한 전적인 신뢰가 있어야 가능한 일이다. 구단 수뇌부가 다 바뀌었지만, 구단 초창기 때부터 데이터를 매개로 호흡을 맞춰 온 임선남 신임 단장과 커뮤니케이션은 어느 팀보다 훌륭하다. 감독 부임 이후 가장 새로운 얼굴이 많은 팀을 이끌어야 한다. 지난해 온갖 악재를 헤쳐나간 경험이, 두 번째 우승 도전으로 가는 길에 훌륭한 자산이 될 것이다.

구단 정보

창단	연고지	홈구장	우승	홈페이지
2011	창원	창원NC파크	1(20)	www.ncdinos.com

2021시즌 성적

순위	경기	승	패	무	승률
7	144	67	68	9	0.496
타율	출루율	장타율	홈런	도루	실책
0.261(6)	0.343(7)	0.416(2)	170(2)	100(4)	111(7)
ERA	선발ERA	구원ERA	탈삼진	볼넷허용	피홈런
4.54(6)	4.56(7)	4.52(5)	1,055(3)	592(6)	125(6)

최근 8시즌 성적

연도	순위	승	패	무	승률
2013	7	52	72	4	0.419
2014	3	70	57	1	0.551
2015	3	84	57	3	0.596
2016	2	83	58	3	0.589
2017	3	79	62	3	0.560
2018	10	58	85	1	0.406
2019	5	73	69	2	0.514
2020	1	83	55	6	0.601

2021시즌 월별 성적

월	순위	승	패	무	승률
4	9	11	12	0	0.478
5	3	13	9	1	0.591
6	5	12	10	1	0.545
7-8	9	7	11	2	0.389
9	7	13	15	0	0.464
10	8	11	11	5	0.500
포스트					

COACHING STAFF

코칭스태프

성명	보직	등번호	생일	신장	체중	투타	출신교
강인권	수석	83	1972-06-26	182	87	우투우타	대전고-한양대
손민한	투수	81	1975-01-02	180	85	우투우타	부산고-고려대
박석진	투수	89	1972-07-19	179	80	우투우타	경남고-단국대
채종범	타격	88	1977-12-03	180	85	우투우타	마산고-연세대
박태원	타격	87	1992-02-17	188	90	우투좌타	휘문고-연세대
한규식	수비	74	1976-09-14	176	78	우투우타	덕수고-중앙대
용덕한	배터리	77	1981-04-09	176	82	우투우타	상원고-동아대
이종욱	작전	93	1980-06-18	176	78	좌투좌타	선린인터넷고-영남대
오규택	주루	76	1973-08-01	180	82	우투우타	충암고-한양대
공필성	퓨처스 감독	89	1967-11-11	177	77	우투우타	용마고-경성대
김수경	퓨처스 투수	98	1979-08-20	183	90	우투우타	인천고
이용훈	퓨처스 투수	99	1977-07-14	183	83	우투우타	부산공고-경성대
조영훈	퓨처스 타격	79	1982-11-12	185	90	좌투좌타	설악고-건국대
진종길	퓨처스 수비	75	1981-09-23	178	80	우투좌타	부산고-동의대
최건용	퓨처스 타격	78	1972-06-16	170	80	우투우타	장충고-동국대
김종민	퓨처스 배터리	86	1986-03-30	176	85	우투우타	대전고-단국대
김태룡	퓨처스 작전	73	1968-02-23	175	75	우투우타	청주고-계명대

2022 팀 이슈

KBO가 발표한 2022년 등록 선수 연봉에는 각 팀이 내년에 도입될 샐러리캡에 대해 느끼는 민감도 혹은 대응의 '기민함 여부'가 녹아 있다. 가장 창의적으로 대처한 팀은 SSG와 NC다. SSG는 문승원과 박종훈, 한유섬을 최초의 '비FA 장기계약'으로 묶으면서, 올해 연봉을 확 높이고 이후를 줄이는 독특한 구조를 만들었다. 샐러리캡 시행 이후 팀 페이롤에 여유를 갖기 위한 전술이다. NC는 FA 박건우와 손아섭의 계약에 비슷한 작전을 썼다. 모두 첫 해 연봉이 가장 높다. 이런 계약 형태를 통해 NC가 샐러리캡 계산에서 뺀 페이롤은 연간 5억 원 이상으로 추정된다. 올시즌 이후 8명의 선수가 FA가 되는 NC는 샐러리캡의 압박을 받을 가능성이 높다. 한 푼의 여유가 아까운 2023년의 겨울을 위해, 1년 전부터 준비한 것이다.

2022 최상 시나리오

이것이 현질이다!

돈의 힘 앞에 굴복하라!

4월 말, 구창모가 마침내 부상을 떨치고 돌아온다. 선발 투수로는 역대 최고 수준의 위력을 뽐낸 2020년 전반기처럼 리그를 평정한다. 정구범이 소문난 잠재력을 폭발시키며 구창모와 함께 최고의 좌완 듀오를 형성한다. 박건우와 손아섭이 몸값에 걸맞은 맹활약으로 나성범의 공백을 잊게 만들고, 마티니의 정교한 타격에 반한 팬들이 여권을 뺏으려 든다. 팔꿈치 통증을 떨친 양의지가 리그 최고 포수로 복귀하고, 오영수가 1루수, 서호철이 3루수 자리를 꿰차며 신인왕 내부 경쟁을 펼친다. FA를 앞둔 박민우와 노진혁은 생애 최고의 시즌을 보낸다. 압도적인 전력으로 일찌감치 정규리그 우승을 확정한 뒤, 코로나19 시대가 끝나 만원 관중이 들어찬 창원 NC파크에서 처음으로 한국시리즈가 열리고, 양의지가 2년 만에 집행검 세리머니를 펼친다.

2022 최악 시나리오

박건우가 생애 첫 타향 생활에 적응하지 못하며 부진에 빠진다. 손아섭은 노쇠화가 역력하다. 마티니까지 무릎 통증을 호소하며 외야가 완전히 붕괴된다. 팬들은 왜 나성범을 놓쳤냐며 분노한다. 1루와 3루 자리까지 주인이 나타나지 않으며 '오디션'이 1년 내내 이어진다. '방역 파문'으로 징계를 받고 돌아온 선수들, 그리고 1년 반 만에 부상을 떨친 구창모는 우리가 알던 것과는 완전히 다른 모습이다. 양의지는 좀처럼 팔꿈치 부상을 떨치지 못하고 올시즌에도 지명타자로 나오는 날이 더 많다. 불펜에는 방출된 임창민과 김진성의 공백이 크게 느껴진다. 힘겨운 시즌 끝에 가을 야구에서 조기 탈락한다. 시즌 뒤 FA가 된 선수들은 '강팀으로 가고 싶다'며 대거 창원을 떠난다.

루친스키 투수 40

신장	188cm	체중	91kg	생일	1988-12-30
투타	우투우타	지명	19 NC 자유선발		
연봉	$1,000,000-$1,300,000-$1,600,000				
학교	Tulsa Union(고)-The Ohio State(대)				

순위기록

항목	기록	평균
WAR	4.48(8위)	0.55
WPA	1.88(12위)	0.00
땅볼/뜬공	1.44(22위)	0.99
삼진율(%)	23.5(21위)	18.6
볼넷비율(%)	7.3(25위)	9.9
헛스윙율(%)	29.0(4위)	21.4

기본기록

연도	경기	선발	승	패	세이브	홀드	이닝	안타	홈런	볼넷	사구	삼진	피안타율	WHIP	FIP	ERA	QS	BS
2019	30	30	9	9	0	0	177.1	164	13	45	11	119	0.247	1.18	3.96	3.05	17	0
2020	30	30	19	5	0	0	183.0	173	14	57	11	167	0.250	1.26	3.84	3.05	20	0
2021	30	30	15	10	0	0	178.2	160	12	55	10	177	0.234	1.20	3.32	3.17	19	0
통산	90	90	43	24	0	0	539.0	497	39	157	32	463	0.244	1.21	3.71	3.09	56	0

상황별 기록

상황	안타	2루타	3루타	홈런	볼넷	사구	삼진	폭투	보크	피안타율
전반기	87	12	0	8	37	4	91	4	2	0.236
후반기	73	12	1	4	18	6	86	2	0	0.230
vs 좌	94	15	1	7	33	2	92	5	1	0.258
vs 우	66	9	0	5	22	8	85	1	1	0.206
주자없음	85	13	0	7	32	6	103	0	0	0.215
주자있음	75	11	1	5	23	4	74	6	2	0.259
득점권	40	5	1	0	13	3	39	1	1	0.286
만루	7	1	1	0	0	0	5	0	0	0.438

구종별 기록

구종	평균구속	순위	백분율	구사율(%)	피안타율
포심	148	16	5.3%	26.7%	0.250
투심/싱커	147	5	3.7%	23.6%	0.243
슬라이더/커터	139	6	2.1%	27.9%	0.238
커브	131	2	0.8%	13.3%	0.204
체인지업	-	-	-	-	-
포크볼	136	13	9.6%	8.5%	0.186
너클볼/기타	-	-	-	-	-

존별 기록

VS 우타

- 0/0	0.000 0/2	0.214 3/14	0.000 0/7	0.000 0/4
0.000 0/3	0.250 3/12	0.250 6/24	0.174 4/23	0.250 3/12
0.182 2/11	0.333 6/18	0.318 7/22	0.171 6/35	0.133 2/15
0.000 0/8	0.250 8/32	0.176 6/34	0.462 6/13	0.000 0/2
0.167 1/6	0.250 3/12	0.000 0/8	0.000 0/1	0.000 0/2

VS 좌타

0.000 0/1	0.200 1/5	0.133 2/15	0.200 2/10	0.000 0/2
0.250 1/4	0.063 1/16	0.308 12/39	0.158 3/19	0.167 1/6
0.333 3/9	0.300 9/30	0.296 8/27	0.469 15/32	0.273 3/11
0.125 1/8	0.250 6/24	0.333 13/39	0.286 6/21	0.500 2/4
0.000 0/6	0.143 1/7	0.211 4/19	0.000 0/10	0.000 0/1

투수 시점

● 지난 3시즌 KBO 리그 최고의 투수는 누구일까? 기준에 따라 답이 다를 텐데, 꾸준함을 잣대로 삼으면 정답은 루친스키다. 한국무대를 밟은 2019년 이후, 이닝(539)과 선발 횟수(90), 승리(43)와 WAR(14.7) 모두 1위다. '3년 내내 그대로'였던 것도 아니다. 꾸준하게 발전하고 있다. 지난해 직구 평균 시속이 148.1로 2020년보다 1.6km 빨라졌다. 더 빠른 공을 던지자 삼진이 폭증했다. 삼진 비율이 23.5%로 KBO 리그에 데뷔한 2019년의 16.3%에 비해 7% 넘게 늘었다. 3년 동안 매년 500이닝 이상 던진 투수들 중에 삼진 비율이 이렇게 늘어난 투수는 없다. 즉 루친스키는 '성실상' 뿐만 아니라 '기량 발전상'도 유력한 후보다. 니퍼트와 헥터에 이어 세 번째로 '연봉 200만 달러 클럽'에 가입한 건 당연한 일이다. 위쪽이 넓어질 스트라이크존에 어떻게 대처할지도 관심사. 원래 싱커와 커터로 땅볼을 많이 유도하는 유형이지만, 높은쪽에 효과적인 정통 포심도 갖고 있기에, 투구 패턴에 변화를 줄 수도 있다.

송명기 투수 11

신장 191cm **체중** 93kg **생일** 2000-08-09

투타 우투우타 **지명** 19 NC 2차 1라운드 7순위

연봉 2,700-11,000-13,000

학교 양남초(하남리틀)-건대부중-장충고

순위기록

WAR 0.10(145위) 0.

WPA -0.74(264위) 0.00

땅볼/뜬공 0.69(116위) 0.99

삼진율(%) 17.8(74위)

볼넷비율(%) 10.1(78위)

헛스윙율(%) 20.6(76위)

기본기록

연도	경기	선발	승	패	세이브	홀드	이닝	안타	홈런	볼넷	사구	삼진	피안타율	WHIP	FIP	ERA	QS	BS
2019	2	1	0	0	0	0	3.0	4	1	2	0	1	0.333	2.00	9.07	9.00	0	0
2020	36	12	9	3	0	0	87.2	78	12	39	2	72	0.242	1.33	5.06	3.70	2	2
2021	24	24	8	9	0	0	123.1	147	12	58	9	102	0.292	1.66	4.55	5.91	6	0
통산	62	37	17	12	0	0	214.0	229	25	99	11	175	0.274	1.53	4.82	5.05	8	2

상황별 기록

상황	안타	2루타	3루타	홈런	볼넷	사구	삼진	폭투	보크	피안타율
전반기	77	22	2	6	24	4	52	1	1	0.313
후반기	70	17	0	6	34	5	50	1	0	0.272
vs 좌	71	18	1	5	30	1	44	1	0	0.298
vs 우	76	21	1	7	28	8	58	1	1	0.287
주자없음	74	17	1	6	32	3	50	0	0	0.281
주자있음	73	22	1	6	26	6	52	2	1	0.304
득점권	44	11	0	4	16	4	34	2	0	0.291
만루	3	1	0	1	0	0	7	0	0	0.176

구종별 기록

구종	평균구속	순위	백분율	구사율(%)	피안타율
포심	143	101	33.3%	49.4%	0.306
투심/싱커	141	54	40%	1.6%	0.375
슬라이더/커터	133	73	25.4%	23.2%	0.273
커브	122	50	20.4%	7.7%	0.205
체인지업	132	42	20.1%	0.3%	1.000
포크볼	131	66	48.9%	17.7%	0.297
너클볼/기타	-	-	-	-	-

존별 기록

VS 우타

- 0/0	0.000 0/2	0.222 2/9	0.200 2/10	0.200 1/5
0.429 3/7	0.067 1/15	0.400 8/20	0.318 7/22	0.333 2/6
0.600 3/5	0.240 6/25	0.364 8/22	0.529 9/17	0.833 5/6
0.000 0/6	0.409 9/22	0.038 1/26	0.235 4/17	0.750 3/4
0.000 0/4	0.000 0/6	0.200 1/5	0.250 1/4	- 0/0

VS 좌타

- 0/0	1.000 1/1	0.500 1/2	0.250 2/8	0.000 0/2
0.500 1/2	0.250 2/8	0.421 8/19	0.353 6/17	0.143 1/7
0.500 1/2	0.400 4/10	0.273 6/22	0.324 11/34	0.400 2/5
- 0/0	0.444 8/18	0.167 4/24	0.348 8/23	0.333 2/6
0.000 0/1	0.000 0/8	0.083 1/12	0.333 2/6	0.000 0/1

투수 시점

● 2020년 한국시리즈에서 무시무시한 공을 던지며 우승을 이끌었기에, 곧장 에이스로 자리매김할 걸로 보였지만 성장통을 겪었다. 시즌 내내 기복이 심한 모습. 가장 큰 문제는 풀타임 선발투수다운 경기 운영 전술 부족이었던 걸로 보인다. 1회부터 5회까지 매이닝 피안타율과 OPS 등 모든 지표가 악화됐다. 특히 5회 피안타율이 3할, 피OPS가 9할을 넘으며 난타당했다. 무브먼트가 뛰어난 패스트볼과 슬라이더, 스플리터까지 수준급의 구종 3가지를 가지고도 이런 모습을 보인 건 좋은 재료를 요리할 방법을 체득하지 못했다는 뜻이다. 소득도 있었다. 동년배 중 원태인에 이어 두 번째로 많은 이닝을 소화하며 선발투수의 기본 자질을 증명했다. 지난 겨울, 미국 시애틀의 드라이브라인 아카데미에서 훈련할 계획이었지만 코로나 때문에 무산된 점은 아쉽다. 누구보다 성실하기에, 팀에서는 송명기의 미래에 대해 큰 걱정을 하지 않는 분위기다. 항저우 아시안게임에서 생애 첫 태극마크를 노린다.

신민혁 투수 53

신장 184cm 체중 95kg 생일 1999-02-04	
투타 우투우타 지명 18 NC 2차 5라운드 49순위	
연봉 2,700-4,000-12,000	
학교 강서초-매향중-야탑고	

순위기록

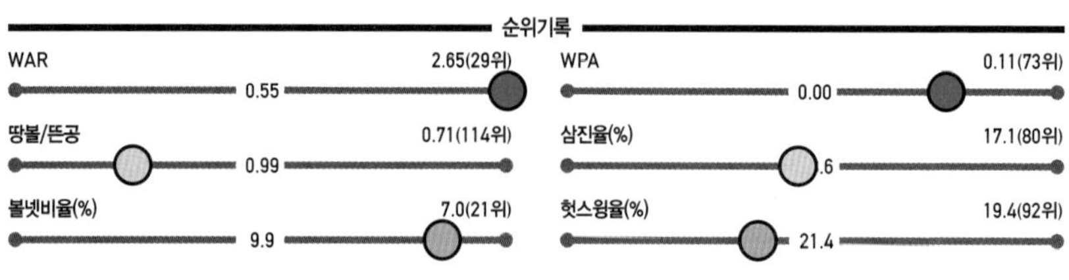

기본기록

연도	경기	선발	승	패	세이브	홀드	이닝	안타	홈런	볼넷	사구	삼진	피안타율	WHIP	FIP	ERA	QS	BS
2019	0	0	0	0	0	0	0.0	0	0	0	0	0	-	-	-	-	0	0
2020	17	7	2	3	0	0	42.0	57	10	13	3	26	0.317	1.67	6.56	5.79	1	0
2021	30	25	9	6	0	0	145.0	155	17	44	5	107	0.271	1.37	4.39	4.41	9	0
통산	47	32	11	9	0	0	187.0	212	27	57	8	133	0.282	1.44	4.88	4.72	10	0

상황별 기록

상황	안타	2루타	3루타	홈런	볼넷	사구	삼진	폭투	보크	피안타율
전반기	82	15	1	8	24	2	55	1	1	0.286
후반기	73	13	2	9	20	3	52	1	1	0.256
vs 좌	77	16	3	5	27	1	60	1	2	0.278
vs 우	78	12	0	12	17	4	47	1	0	0.264
주자없음	84	16	1	11	20	3	62	0	0	0.253
주자있음	71	12	2	6	24	2	45	2	2	0.296
득점권	39	4	2	5	12	1	20	2	1	0.291
만루	3	0	0	0	0	0	2	1	0	0.250

구종별 기록

구종	평균구속	순위	백분율	구사율(%)	피안타율
포심	140	200	66%	30.8%	0.325
투심/싱커	-	-	-	-	-
슬라이더/커터	131	127	44.3%	26%	0.281
커브	113	208	84.9%	5.4%	0.444
체인지업	125	144	68.9%	37.3%	0.213
포크볼	121	133	98.5%	0.4%	0.500
너클볼/기타	-	-	-	-	-

존별 기록

VS 우타

- 0/0	0.250 1/4	0.429 3/7	0.182 2/11	0.000 0/3
0.385 5/13	0.133 2/15	0.308 8/26	0.214 6/28	0.333 1/3
0.200 2/10	0.333 7/21	0.385 10/26	0.421 8/19	0.000 0/6
0.125 1/8	0.214 6/28	0.348 8/23	0.313 5/16	- 0/0
0.000 0/3	0.222 2/9	0.000 0/8	0.167 1/6	0.000 0/2

VS 좌타

0.000 0/1	0.400 2/5	0.000 0/2	0.250 1/4	0.000 0/1
0.750 3/4	0.167 2/12	0.304 7/23	0.375 6/16	0.375 3/8
0.125 1/8	0.364 4/11	0.357 10/28	0.370 10/27	0.000 0/8
0.667 2/3	0.400 4/10	0.417 5/12	0.308 12/39	0.125 1/8
- 0/0	0.100 1/10	0.091 1/11	0.100 2/20	0.000 0/6

투수 시점

● 아시안게임에 나갈 수 있는 24세 이하 선수 중, 선발투수로 가장 잘 성장하고 있는 선수는 원태인이다. 두 번째는? 기준에 따라 답이 다를 텐데, 꾸준함으로 평가하면 신민혁도 후보다. 지난해 24세 이하 투수들 중 규정 이닝을 채운 투수는 원태인과 신민혁 둘 뿐이다. 퀄리티스타트도, 승수도 원태인에 이어 신민혁이 2위다. 드래프트 지명 순위를 감안하면 기대 이상의 '폭풍 성장'이다. 가장 큰 원동력은 체인지업이다. 서클체인지업을 '포심처럼 강하게' 뿌리는 느낌을 익힌 뒤, 자신감이 붙었다. 좌타자 바깥쪽으로 떨어지는 궤적으로 헛스윙을 유도하기에 안성맞춤. 좌타자가 폭증하는 리그 환경에 최적화된 무기다. 전체 투구 중 체인지업의 비중이 무려 37.3%. 오버핸드 선발투수들 중 최고치다. 우타자 바깥쪽으로 흘러나가는 슬라이더도 준수하다. 각기 반대방향으로 흐르는 변화구, 그리고 준수한 제구력을 이미 갖춘 만큼, 에이스급으로 성장하기 위한 마지막 과제는 포심의 구속 향상이다.

이용찬 투수 22

신장 185cm 체중 85kg 생일 1989-01-02

투타 우투우타 지명 07 두산 1차

연봉 42,000-10,000-40,000

학교 신원초-양천중-장충고

순위기록

항목	리그 평균	기록(순위)
WAR	0.55	1.71(42위)
WPA	0.00	0.12(72위)
땅볼/뜬공	0.99	0.74(108위)
삼진율(%)	18.6	23.2(23위)
볼넷비율(%)	9.9	7.3(24위)
헛스윙율(%)	4	20.4(78위)

기본기록

연도	경기	선발	승	패	세이브	홀드	이닝	안타	홈런	볼넷	사구	삼진	피안타율	WHIP	FIP	ERA	QS	BS
2019	26	26	7	10	0	0	148.1	168	15	45	6	102	0.285	1.44	4.31	4.07	14	0
2020	5	5	1	3	0	0	26.2	41	7	6	0	15	0.353	1.76	6.52	8.44	1	0
2021	39	0	1	3	16	3	37.0	27	2	11	1	35	0.199	1.03	2.87	2.19	0	4
통산	381	102	54	53	106	7	876.2	904	70	298	41	653	0.270	1.37	4.10	3.81	31	22

상황별 기록

상황	안타	2루타	3루타	홈런	볼넷	사구	삼진	폭투	보크	피안타율
전반기	6	0	0	0	3	0	2	0	0	0.286
후반기	21	4	0	2	8	1	33	2	1	0.183
vs 좌	7	1	0	0	6	1	16	0	1	0.115
vs 우	20	3	0	2	5	0	19	2	0	0.267
주자없음	15	2	0	0	4	1	20	0	0	0.183
주자있음	12	2	0	2	7	0	15	2	1	0.222
득점권	8	2	0	2	4	0	12	2	0	0.235
만루	2	0	0	1	0	0	2	0	0	0.400

구종별 기록

구종	평균구속	순위	백분율	구사율(%)	피안타율
포심	146	37	12.2%	50.7%	0.227
투심/싱커	-	-	-	-	-
슬라이더/커터	135	54	18.8%	2%	0.333
커브	124	23	9.4%	14.3%	0.333
체인지업	-	-	-	-	-
포크볼	131	69	51.1%	33.1%	0.135
너클볼/기타	-	-	-	-	-

존별 기록

VS 우타

- 0/0	0.000 0/1	0.500 1/2	0.000 0/1	0.000 0/1
0.000 0/2	0.000 0/4	0.429 3/7	0.333 1/3	0.000 0/5
0.000 0/1	0.286 2/7	0.500 5/10	0.500 2/4	0.000 0/1
0.500 1/2	0.143 1/7	0.750 3/4	0.333 1/3	- 0/0
- 0/0	0.000 0/4	0.000 0/4	0.000 0/2	- 0/0

VS 좌타

0.000 0/1	- 0/0	0.000 0/2	0.500 1/2	0.000 0/1
0.000 0/1	- 0/0	0.000 0/4	0.200 1/5	0.000 0/2
0.000 0/1	0.000 0/4	0.000 0/7	0.500 2/4	- 0/0
0.000 0/1	0.000 0/4	0.000 0/4	0.250 1/4	1.000 1/1
- 0/0	0.000 0/2	0.000 0/2	0.111 1/9	- 0/0

투수 시점

● 수준급 마무리투수 김원중이나 정해영이 지금 FA 시장에 나온다고 가정해보자. 이들을 영입하려면 꽤 많은 돈이 들 것이다. 정우람 혹은 손승락의 FA 계약 규모에 크게 뒤지지 않은 액수를 상상해도 무리는 아닐 것이다. 지난해 이용찬의 평균자책점과 FIP는 김원중, 정해영보다 낮다. 2020년 토미존 수술을 받고 2021년 5월까지 실업자 신세였던 이용찬을 영입한 NC의 도박이 대박이 된, 그리고 3+1년 최대 27억 원이 '혜자 계약'으로 불리는 이유다. 생애 최고의 구위를 선보이며 야구 인생 2막을 시작했다. 구속과 삼진 비율, FIP 등 모든 지표가 생애 최고치였다. 마무리투수 보직의 특성상 구종을 단순화했고, 자신 있는 직구와 포크볼을 집중 구사해 9회를 효과적으로 틀어막았다. 올해 스프링캠프 첫날, 이동욱 감독이 가장 먼저 선언한 것 중 하나도 '올해도 마무리는 이용찬'이었다. 떠오르는 포심-가라앉는 포크볼 콤보는 위쪽으로 넓어질 올시즌의 스트라이크존 변화에도 안성맞춤인 조합이다.

파슨스 투수 67

신장 196cm **체중** 93kg **생일** 1992-09-06

투타 우투우타 **지명** 21 NC 자유선발

연봉 $320,000-$440,000

학교 Clarksville(고)-Jackson State(대)

순위기록

항목	평균	기록
WAR	0.55	3.71(16위)
WPA	0.00	0.50(46위)
땅볼/뜬공	0.99	1.37(26위)
삼진율(%)	18.6	25.6(12위)
볼넷비율(%)	9.9	10.9(92위)
헛스윙율(%)	21.4	27.1(13위)

기본기록

연도	경기	선발	승	패	세이브	홀드	이닝	안타	홈런	볼넷	사구	삼진	피안타율	WHIP	FIP	방어율	QS	BS
2019	0	0	0	0	0	0	0.0	0	0	0	0	0	-	-	-	-	0	0
2020	0	0	0	0	0	0	0.0	0	0	0	0	0	-	-	-	-	0	0
2021	24	24	4	8	0	0	133.0	109	9	63	11	148	0.218	1.29	3.66	3.72	13	0
통산	24	24	4	8	0	0	133.0	109	9	63	11	148	0.218	1.29	3.66	3.72	13	0

상황별 기록

상황	안타	2루타	3루타	홈런	볼넷	사구	삼진	폭투	보크	피안타율
전반기	58	8	1	3	38	8	86	5	0	0.217
후반기	51	8	1	6	25	3	62	5	1	0.218
vs 좌	58	6	2	4	38	6	80	2	0	0.236
vs 우	51	10	0	5	25	5	68	8	1	0.200
주자없음	62	6	1	4	33	4	76	0	0	0.230
주자있음	47	10	1	5	30	7	72	10	1	0.203
득점권	24	7	1	1	18	4	41	3	0	0.180
만루	3	1	0	0	3	0	10	0	0	0.167

구종별 기록

구종	평균구속	순위	백분율	구사율(%)	피안타율
포심	148	18	5.9%	29.5%	0.215
투심/싱커	147	9	6.7%	26%	0.254
슬라이더/커터	137	18	6.3%	29.6%	0.196
커브	131	3	1.2%	10.5%	0.208
체인지업	137	2	1%	4.3%	0.200
포크볼	-	-	-	-	-
너클볼/기타	-	-	-	-	-

존별 기록

VS 우타

- 0/0	0.333 1/3	0.222 2/9	0.375 3/8	0.000 0/3
0.667 2/3	0.000 0/11	0.313 5/16	0.273 6/22	0.000 0/5
0.077 1/13	0.294 5/17	0.273 6/22	0.200 3/15	0.400 2/5
0.167 2/12	0.133 4/30	0.190 4/21	0.222 2/9	1.000 1/1
0.000 0/14	0.000 0/8	0.333 2/6	0.000 0/2	- 0/0

VS 좌타

- 0/0	0.000 0/4	0.250 2/8	0.000 0/2	0.000 0/3
0.667 2/3	0.333 5/15	0.250 4/16	0.294 5/17	0.000 0/2
0.000 0/4	0.118 2/17	0.375 9/24	0.214 6/28	0.250 1/4
0.333 2/6	0.333 4/12	0.367 11/30	0.182 2/11	0.000 0/4
0.000 0/7	0.154 2/13	0.091 1/11	0.000 0/4	0.000 0/1

투수 시점

● 한국에서의 첫 시즌에 장점과 단점을 확실하게 보여줬다. 구위는 수준급이었다. 강력하고 다양한 구종으로 타자들을 효과적으로 제압했다. 삼진 비율 25.6%는 100이닝 이상 투수들 중 4위이자 팀 내 1위다. FIP 3.66은 데스파이네, 원태인과 비슷하며 켈리, 카펜터보다 낮다. 치명적 약점도 노출했다. 규정이닝을 채우지 못하고도 무려 26개의 도루를 허용했다. 10구단 시대에서 언더핸드 투수 박종훈을 제외하고 파슨스보다 많은 도루를 허용한 투수는 없다. NC 구단은 장점이 단점을 상쇄한다고 보고 재계약했다. 새 외국인 선수를 구하는데 모든 팀들이 어려움을 겪은 지난겨울의 상황을 감안하면 합리적 선택이다. 아무리 그래도 4승 투수를 재계약한다고? 라는 의문이 가능하다. 리그에서 15번째로 많은 13번의 퀄리티스타트를 기록한 투수가 4승 밖에 못 올린 이유는 지독한 불운이다. 득점 지원을 3.93점 밖에 못 받았다. 100이닝 이상 던진 투수들 중 카펜터(한화)에 이어 두 번째로 낮다.

노진혁 내야수 52

신장 184cm **체중** 80kg	**생일** 1989-07-15
투타 우투좌타 **지명** 12 NC 특별 20순위	
연봉 14,000-23,000-23,000	
학교 대성초-광주동성중-광주동성고-성균관대	

순위기록

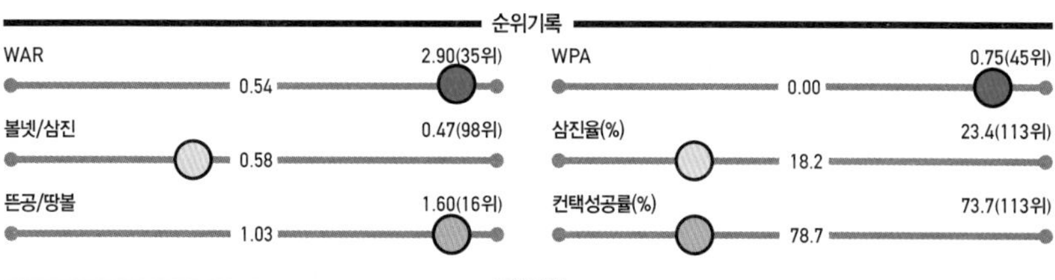

기본기록

연도	경기	타석	타수	안타	2루타	3루타	홈런	타점	득점	볼넷	사구	삼진	도루	도루자	타율	출루율	장타율	OPS
2019	110	390	348	92	23	2	13	43	51	31	2	80	0	1	0.264	0.326	0.454	0.780
2020	132	484	427	117	22	3	20	82	70	49	5	106	0	4	0.274	0.356	0.480	0.836
2021	107	384	330	95	22	0	8	58	41	42	5	90	1	1	0.288	0.374	0.427	0.801
통산	686	2142	1913	504	110	11	56	256	255	183	15	470	6	13	0.263	0.331	0.420	0.751

상황별 기록

상황	타석	홈런	볼넷	삼진	타율	출루율	장타율	OPS
전반기	245	6	30	58	0.324	0.413	0.469	0.882
후반기	139	2	12	32	0.228	0.304	0.358	0.662
vs 좌	96	1	6	26	0.226	0.287	0.298	0.585
vs 우	238	5	31	55	0.287	0.386	0.436	0.822
주자있음	183	5	17	48	0.297	0.363	0.468	0.831
주자없음	201	3	25	42	0.279	0.383	0.390	0.773
득점권	114	2	10	26	0.351	0.405	0.515	0.920
노아웃	124	3	16	29	0.260	0.375	0.400	0.775
원아웃	142	2	18	29	0.308	0.401	0.425	0.826
투아웃	118	3	8	32	0.291	0.339	0.455	0.794

팀별 기록

구분	타석	홈런	볼넷	삼진	타율	출루율	장타율	OPS
KIA	44	1	11	6	0.424	0.568	0.545	1.113
KT	58	1	3	14	0.264	0.304	0.396	0.700
LG	38	0	3	11	0.353	0.395	0.559	0.954
SSG	49	0	6	9	0.262	0.367	0.310	0.677
두산	36	2	3	7	0.364	0.417	0.606	1.023
롯데	19	0	3	7	0.143	0.316	0.143	0.459
삼성	52	0	4	17	0.170	0.235	0.255	0.490
키움	59	3	6	10	0.360	0.431	0.580	1.011
한화	29	1	3	9	0.167	0.310	0.292	0.602

존별 기록

VS 좌투

0.000 0/1	0.000 0/1	- 0/0	0.000 0/1	- 0/0
0.000 0/1	0.333 1/3	0.125 1/8	0.286 2/7	0.000 0/1
0.000 0/2	0.400 2/5	0.167 1/6	0.455 5/11	0.000 0/1
- 0/0	0.750 3/4	0.222 2/9	0.000 0/7	0.000 0/4
- 0/0	0.000 0/1	0.000 0/2	0.400 2/5	0.000 0/4

VS 우투

0.000 0/1	0.333 1/3	0.250 1/4	0.000 0/3	0.000 0/2
0.000 0/3	0.182 2/11	0.294 5/17	0.471 8/17	- 0/0
1.000 1/1	0.250 1/4	0.333 5/15	0.333 6/18	0.143 1/7
0.000 0/2	0.091 1/11	0.375 9/24	0.357 10/28	0.500 4/8
0.000 0/1	0.200 1/5	0.250 2/8	0.000 0/7	0.000 0/2

투수 시점

● 2020년 생애 최고 시즌을 발판 삼아 국가대표 유격수까지 넘봤지만 부상에 발목을 잡혔다. 시즌 초 옆구리, 7월 이후 허리 부상을 좀처럼 떨치지 못하며 그라운드에서 모습을 보기 힘들었다. 아프지 않을 때는 소리 없이 강한 원래 모습 그대로였다. 리그 주전 유격수 중에 노진혁(0.801)보다 OPS가 높은 선수는 아무도 없다. 박준영, 김주원 등 젊은 선수들이 많이 성장했지만, 수비의 안정감은 여전히 노진혁이 몇 수 위다. 올해는 여러모로 어깨가 무겁다. 양의지의 뒤를 이어 주장의 중책을 맡았다. 본인은 쑥스러워하지만, 주위에서는 엉뚱함과 유쾌함, 포용력을 겸비한 성격을 볼 때 훌륭한 주장이 될 거라는 데 이견이 없다. 스프링캠프에서 새 식구 손아섭, 박건우의 옆에 찰싹 달라붙어 적응을 돕는 모습에서 좋은 주장의 싹수가 엿보였다. 시즌이 끝난 뒤 FA가 된다. 나이가 33세로 적지 않지만, 평균 이상의 수비-포지션 최고 수준의 공격력을 갖춘 유격수 자원에 군침을 흘리지 않을 팀은 없다.

박건우 외야수 37

신장 184cm **체중** 80kg **생일** 1990-09-08

투타 우투우타 **지명** 09 두산 2차 2라운드 10순위

연봉 45,000-48,000-190,000

학교 역삼초-서울이수중-서울고

순위기록

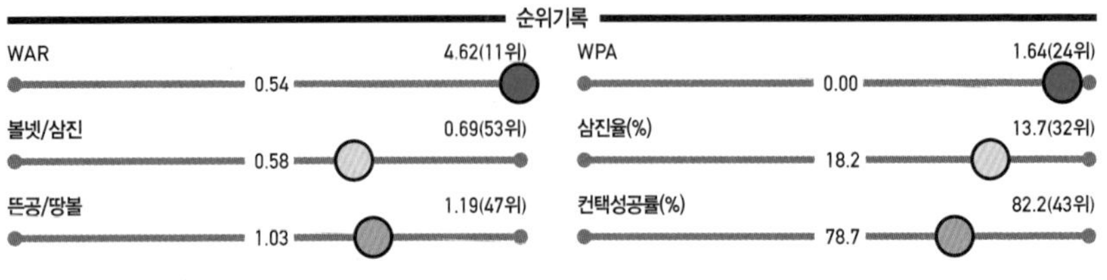

기본기록

연도	경기	타석	타수	안타	2루타	3루타	홈런	타점	득점	볼넷	사구	삼진	도루	도루자	타율	출루율	장타율	OPS
2019	127	537	458	146	27	5	10	64	83	60	7	57	12	3	0.319	0.397	0.465	0.862
2020	129	551	487	148	40	0	14	70	103	42	12	65	8	2	0.304	0.369	0.472	0.841
2021	126	525	458	149	31	2	6	63	82	50	11	72	13	0	0.325	0.400	0.441	0.841
통산	926	3522	3130	1020	215	20	88	478	584	276	63	463	82	21	0.326	0.388	0.492	0.880

상황별 기록

상황	타석	홈런	볼넷	삼진	타율	출루율	장타율	OPS
전반기	247	2	24	32	0.341	0.409	0.447	0.856
후반기	278	4	26	40	0.311	0.392	0.436	0.828
vs 좌	134	2	13	20	0.364	0.433	0.500	0.933
vs 우	356	4	34	50	0.315	0.393	0.435	0.828
주자있음	263	3	27	33	0.320	0.395	0.431	0.826
주자없음	262	3	23	39	0.330	0.405	0.451	0.856
득점권	141	2	15	22	0.325	0.397	0.470	0.867
노아웃	163	2	15	22	0.379	0.442	0.536	0.978
원아웃	164	4	22	24	0.246	0.354	0.377	0.731
투아웃	198	0	13	26	0.344	0.404	0.417	0.821

팀별 기록

구분	타석	홈런	볼넷	삼진	타율	출루율	장타율	OPS
KIA	69	2	6	7	0.426	0.493	0.557	1.050
KT	63	0	6	7	0.333	0.381	0.370	0.751
LG	62	0	5	10	0.309	0.371	0.418	0.789
NC	55	1	10	7	0.262	0.418	0.333	0.751
SSG	53	1	2	13	0.255	0.283	0.412	0.695
롯데	52	0	5	7	0.304	0.385	0.391	0.776
삼성	53	2	4	6	0.367	0.415	0.551	0.966
키움	54	0	5	6	0.239	0.333	0.326	0.659
한화	64	0	7	9	0.389	0.484	0.556	1.040

존별 기록

VS 좌투

- 0/0	0.333 1/3	0.000 0/1	1.000 3/3	- 0/0
0.600 3/5	0.250 1/4	0.125 1/8	0.250 2/8	1.000 1/1
0.400 2/5	0.583 7/12	0.500 5/10	0.333 3/9	0.000 0/2
0.000 0/2	0.444 4/9	0.188 3/16	0.333 2/6	1.000 1/1
- 0/0	0.500 2/4	0.400 2/5	0.000 0/4	- 0/0

VS 우투

- 0/0	0.333 1/3	0.000 0/8	0.000 0/5	0.000 0/1
0.000 0/4	0.400 4/10	0.346 9/26	0.227 5/22	0.250 2/8
0.200 2/10	0.444 8/18	0.419 13/31	0.333 10/30	0.429 3/7
0.250 2/8	0.556 10/18	0.333 15/45	0.333 7/21	0.000 0/1
0.000 0/7	0.188 3/16	0.333 2/6	0.333 1/3	- 0/0

투수 시점

● 한국 야구의 '오른손 강타자 가뭄'은 이제 꽤 널리 알려져 있다. 대부분의 타자 유망주들이 우투좌타로 성장해 오면서, 좋은 우타자는 KBO 리그에서 가장 희귀한 자원이 됐다. NC는 FA 시장에 언제 다시 나올지 모를 오른손 강타자를 냉큼 잡았다. 그것도 과하지 않은 가격에. 6년 100억 원, 즉 연평균 약 17억 원은 2015년 안지만, 2017년 우규민, 2019년 이재원과 비슷한 수준이다. 박건우는 이들과 비교할 수 없을 정도로 큰 기여를 할 가능성이 높다. 지난 4년간 리그 전체에서 10번째로 높은 WAR(16.5)를 찍은 타자요, 중견수 수비가 가능한 외야수다. '탈잠실 효과'는 생각보다 크지 않을 수 있다. 잠실에서 고전하는 뜬공 타자가 아니라 콘택트 능력과 라인드라이브 제조 능력이 특징인 타자이기에, 원래 잠실구장과 타구장의 성적 차이가 크지 않았다. 손아섭처럼 적극적으로 타격하는 스타일이라, 스트라이크존 확대에도 큰 영향을 받지 않을 가능성이 높다.

박민우 내야수 2

신장 185cm **체중** 80kg **생일** 1993-02-06

투타 우투좌타 **지명** 12 NC 1라운드 9순위

연봉 52,000-63,000-41,000

학교 마포초(용산리틀)-선린중-휘문고

순위기록

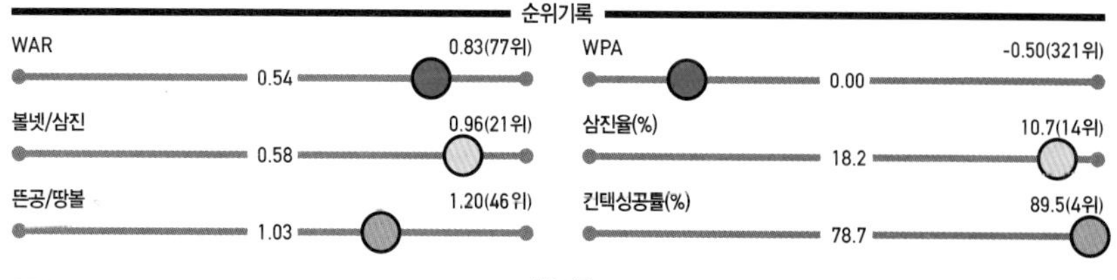

기본기록

연도	경기	타석	타수	안타	2루타	3루타	홈런	타점	득점	볼넷	사구	삼진	도루	도루자	타율	출루율	장타율	OPS
2019	125	526	468	161	23	8	1	45	89	41	9	40	18	7	0.344	0.403	0.434	0.837
2020	126	530	467	161	27	5	8	63	82	36	15	48	13	6	0.345	0.402	0.475	0.877
2021	50	215	180	47	5	3	1	18	30	22	7	23	12	3	0.261	0.360	0.339	0.699
통산	934	3853	3326	1085	171	46	25	354	645	366	85	486	196	56	0.326	0.402	0.428	0.830

상황별 기록

상황	타석	홈런	볼넷	삼진	타율	출루율	장타율	OPS
전반기	215	1	22	23	0.261	0.360	0.339	0.699
후반기	0	0	0	0	-	-	-	-
vs 좌	72	0	10	6	0.246	0.377	0.281	0.658
vs 우	119	1	11	12	0.257	0.347	0.317	0.664
주자있음	81	0	11	8	0.279	0.403	0.410	0.813
주자없음	134	1	11	15	0.252	0.336	0.303	0.639
득점권	47	0	8	4	0.303	0.457	0.424	0.881
노아웃	92	1	8	9	0.312	0.398	0.429	0.827
원아웃	71	0	4	10	0.281	0.324	0.328	0.652
투아웃	52	0	10	4	0.128	0.346	0.179	0.525

팀별 기록

구분	타석	홈런	볼넷	삼진	타율	출루율	장타율	OPS
KIA	28	0	4	4	0.318	0.423	0.318	0.741
KT	18	0	1	4	0.188	0.278	0.188	0.466
LG	27	0	4	2	0.238	0.370	0.238	0.608
SSG	11	0	2	1	0.000	0.273	0.000	0.273
두산	13	0	0	0	0.333	0.308	0.500	0.808
롯데	30	0	4	3	0.200	0.333	0.240	0.573
삼성	27	0	2	4	0.217	0.308	0.348	0.656
키움	21	1	2	3	0.263	0.333	0.474	0.807
한화	40	0	3	2	0.382	0.462	0.500	0.962

존별 기록

VS 좌투

- 0/0	0.000 0/1	0.000 0/1	0.000 0/2	- 0/0
0.500 1/2	0.333 1/3	0.400 2/5	0.000 0/2	- 0/0
0.000 0/1	0.000 0/2	0.400 2/5	0.400 2/5	0.000 0/1
0.000 0/1	0.333 1/3	0.143 1/7	0.333 3/9	0.000 0/1
- 0/0	0.000 0/1	0.000 0/2	0.333 1/3	- 0/0

VS 우투

- 0/0	1.000 1/1	0.000 0/2	0.000 0/1	- 0/0
0.000 0/1	0.250 1/4	0.364 4/11	0.000 0/8	0.200 1/5
0.333 1/3	0.571 4/7	0.500 3/6	0.125 1/8	0.000 0/3
0.000 0/2	0.286 2/7	0.385 5/13	0.333 3/9	0.000 0/2
0.000 0/2	0.000 0/1	0.000 0/2	0.000 0/2	0.000 0/1

투수 시점

● 인생에서 지우고 싶은 1년을 보냈다. 시즌 전 연봉협상 과정에서 잡음을 일으키다 SNS에 올린 글로 물의를 빚었고, 시즌 시작 뒤에는 계속 부상에 발목을 잡혔다. 그리고 방역 위반 파문으로 팬들의 거센 비난을 자초했다. 태극마크도, FA 자격도 모두 물거품이 됐고 그라운드에서 사라졌다. 박민우의 잘못은 대표팀과 소속팀 모두에 치명타가 됐다. KBO와 구단에서 받은 징계 때문에 올시즌 첫 27경기에 출전할 수 없다. 1군 스프링캠프에서도 제외됐다. 거꾸로 올해는 야구에 집중해야 할 이유가 넘친다. 1년 미뤄진 FA 자격을 행사해야 하고, 무엇보다 땅에 떨어진 명예를 회복해야 한다. 제 기량의 박민우가 얼마나 무서운지는 모두가 알고 있다. 2021년을 망치고도 박민우는 여전히 현역 2위이자 역대 5위의 고타율(0.326) 타자다. 또한 현역 정상급 수비력의 2루수이기도 하다. 2019년과 2020년에 박민우는 (스탯티즈 기준) 승리 기여도가 가장 높은 2루수였다.

손아섭 외야수 31

신장	174cm	**체중**	84kg	**생일**	1988-03-18
투타	우투좌타	**지명**	07 롯데 2차 4라운드 29순위		
연봉	200,000-50,000-150,000				
학교	양정초-개성중-부산고				

순위기록

항목	기록	기준
WAR	3.33(23위)	0.54
WPA	1.98(19위)	0.00
볼넷/삼진	0.91(24위)	0.58
삼진율(%)	11.0(18위)	18.2
뜬공/땅볼	0.69(136위)	1.03
컨택성공률(%)	83.1(39위)	78.7

기본기록

연도	경기	타석	타수	안타	2루타	3루타	홈런	타점	득점	볼넷	사구	삼진	도루	도루자	타율	출루율	장타율	OPS
2019	134	568	512	151	22	1	10	63	78	52	1	92	13	8	0.295	0.360	0.400	0.760
2020	141	611	540	190	43	0	11	85	98	61	2	56	5	0	0.352	0.415	0.493	0.908
2021	139	610	542	173	29	2	3	58	88	61	3	67	11	6	0.319	0.390	0.397	0.787
통산	1696	7295	6401	2077	360	27	165	873	1147	800	35	1069	205	60	0.324	0.400	0.466	0.866

상황별 기록

상황	타석	홈런	볼넷	삼진	타율	출루율	장타율	OPS
전반기	347	1	39	39	0.314	0.393	0.369	0.762
후반기	263	2	22	28	0.326	0.387	0.432	0.819
vs 좌	134	0	11	12	0.393	0.448	0.484	0.932
vs 우	404	3	39	50	0.300	0.369	0.381	0.750
주자있음	299	2	30	28	0.324	0.399	0.424	0.823
주자없음	311	1	31	39	0.314	0.383	0.371	0.754
득점권	173	1	17	17	0.318	0.395	0.397	0.792
노아웃	207	1	24	21	0.300	0.382	0.372	0.754
원아웃	241	1	19	25	0.299	0.353	0.371	0.724
투아웃	162	1	18	21	0.376	0.457	0.468	0.925

팀별 기록

구분	타석	홈런	볼넷	삼진	타율	출루율	장타율	OPS
KIA	73	0	5	3	0.242	0.315	0.273	0.588
KT	69	0	8	7	0.356	0.433	0.390	0.823
LG	65	0	4	10	0.217	0.262	0.317	0.579
NC	68	0	6	6	0.387	0.441	0.435	0.876
SSG	67	1	7	6	0.356	0.424	0.475	0.899
두산	74	0	8	10	0.333	0.405	0.379	0.784
삼성	70	1	9	9	0.410	0.486	0.574	1.060
키움	60	0	5	8	0.241	0.317	0.278	0.595
한화	64	1	9	8	0.327	0.422	0.455	0.877

존별 기록

VS 좌투

- 0/0	0.000 0/3	0.500 3/6	0.000 0/1	1.000 1/1
0.000 0/4	0.500 2/4	0.313 5/16	0.538 7/13	- 0/0
0.500 1/2	0.429 3/7	0.625 5/8	0.643 9/14	0.250 1/4
0.000 0/1	0.500 3/6	0.385 5/13	0.000 0/5	1.000 1/1
- 0/0	0.000 0/1	0.667 2/3	0.000 0/8	0.000 0/1

VS 우투

0.000 0/1	0.214 3/14	0.238 5/21	0.278 5/18	0.500 1/2
0.625 5/8	0.267 4/15	0.333 13/39	0.214 3/14	0.333 2/6
0.333 3/9	0.318 7/22	0.179 5/28	0.316 6/19	0.286 2/7
0.286 4/14	0.364 8/22	0.486 17/35	0.350 7/20	0.400 2/5
0.500 2/4	0.182 2/11	0.077 1/13	0.100 1/10	0.000 0/3

투수 시점

● '원클럽맨'일 것 같던 선수의 FA 이적은 충격적이다. 손아섭의 NC 이적은 역대 가장 충격적인 FA 이적으로 꼽을만하다. 손아섭보다 많은 경기(1,696)를 한 팀에서만 뛰며, 많은 WAR(55.6)을 한 팀에서만 창출한 뒤 다른 팀으로 옮긴 FA가 아무도 없기 때문이다. 지역 라이벌 팀으로 이적이었기에 충격은 더욱 컸다. 롯데가 적극적이지 않았던 이유는 확실하다. 장타력과 수비 범위가 감소해 대체 가능하다고 봤다. NC가 데려온 이유도 확실하다. 여전히 정상급인 콘택트 능력과 리더십이 팀의 약점을 줄인다고 평가한다. 어린 시절 아파트 이웃이었고 고교 시절 지도를 받아 평소 스스럼없이 지내던 이동욱 감독과 만남도 심리적으로 도움이 될 가능성이 높다. 작년에는 특이한 변화를 보였다. 타석당 투구수가 생애 최저치로 줄었다. 스트라이크존이 좁아져 대부분의 타자들이 예전보다 공을 더 많이 봤던 것과는 대조적이다. 적극적인 어프로치는 스트라이크존이 넓어질 올시즌에는 도움이 될 듯하다.

양의지 포수 25

신장 179cm 체중 85kg 생일 1987-06-05

투타 우투우타 지명 06 두산 2차 8라운드 59순위

연봉 200,000-150,000-100,000

학교 송정동초-무등중-진흥고

순위기록

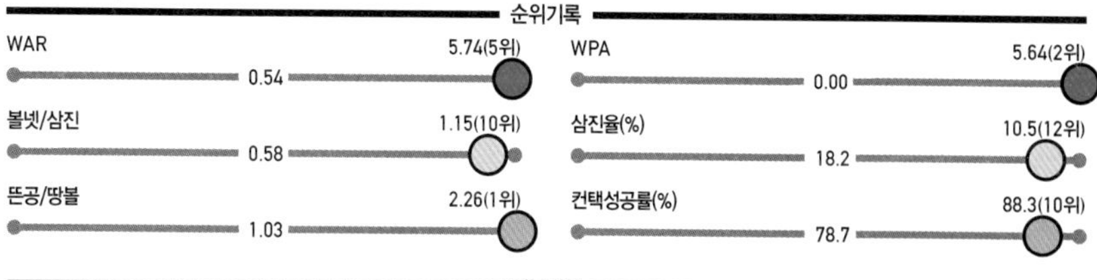

기본기록

연도	경기	타석	타수	안타	2루타	3루타	홈런	타점	득점	볼넷	사구	삼진	도루	도루자	타율	출루율	장타율	OPS
2019	118	459	390	138	26	0	20	68	61	48	15	43	4	3	0.354	0.438	0.574	1.012
2020	130	528	461	151	26	1	33	124	86	46	14	47	5	2	0.328	0.400	0.603	1.003
2021	141	570	480	156	29	2	30	111	81	69	11	60	2	1	0.325	0.414	0.581	0.995
통산	1455	5361	4608	1425	261	10	208	850	702	511	139	597	43	21	0.309	0.390	0.506	0.896

상황별 기록

상황	타석	홈런	볼넷	삼진	타율	출루율	장타율	OPS
전반기	302	20	42	30	0.348	0.447	0.664	1.111
후반기	268	10	27	30	0.300	0.377	0.491	0.868
vs 좌	128	5	20	15	0.324	0.430	0.505	0.935
vs 우	370	21	39	41	0.331	0.416	0.603	1.019
주자있음	270	19	38	27	0.339	0.430	0.651	1.081
주자없음	300	11	31	33	0.313	0.400	0.523	0.923
득점권	170	13	26	17	0.374	0.459	0.725	1.184
노아웃	197	9	20	17	0.337	0.416	0.581	0.997
원아웃	176	13	24	19	0.369	0.443	0.716	1.159
투아웃	197	8	25	24	0.275	0.386	0.467	0.853

팀별 기록

구분	타석	홈런	볼넷	삼진	타율	출루율	장타율	OPS
KIA	61	2	5	5	0.321	0.377	0.547	0.924
KT	65	4	10	6	0.333	0.446	0.648	1.094
LG	66	3	8	9	0.321	0.409	0.554	0.963
SSG	60	5	7	7	0.255	0.367	0.608	0.975
두산	67	3	6	7	0.298	0.388	0.561	0.949
롯데	55	3	6	9	0.362	0.436	0.617	1.053
삼성	67	5	13	7	0.327	0.448	0.692	1.140
키움	62	2	4	4	0.327	0.371	0.455	0.826
한화	67	3	10	6	0.382	0.478	0.564	1.042

존별 기록

VS 좌투

1.000 1/1	0.333 1/3	0.000 0/4	0.000 0/3	- 0/0
0.500 1/2	0.167 1/6	0.455 5/11	0.333 2/6	0.000 0/1
0.625 5/8	0.750 3/4	0.364 4/11	0.125 1/8	0.000 0/1
- 0/0	0.455 5/11	0.273 3/11	0.250 1/4	0.000 0/1
0.500 1/2	0.000 0/2	0.000 0/2	0.000 0/3	- 0/0

VS 우투

0.000 0/1	0.143 1/7	0.286 2/7	0.000 0/7	0.000 0/2
0.200 2/10	0.333 6/18	0.267 8/30	0.409 9/22	0.500 1/2
0.455 10/22	0.448 13/29	0.316 12/38	0.304 7/23	0.000 0/2
0.308 4/13	0.276 8/29	0.483 14/29	0.800 4/5	- 0/0
0.250 1/4	0.091 1/11	0.200 1/5	- 0/0	1.000 1/1

투수 시점

● '타자 양의지'의 정체성은 변함없었다. 당대 최고 수준의 콘택트 능력과 장타력을 겸비한 희귀한 실력과 성향으로 리그를 초토화시켰다. 스트라이크존이 좁아지고 투수들이 제구에 어려움을 겪은 리그 환경 변화도 이용했다. 생애 가장 많은 볼넷을 고르며 안 그래도 괴로운 투수들을 더 괴롭혔다. 지난 4년 동안 양의지(0.340)보다 타율이 높은 선수는 이정후(0.345) 딱 한 명. 양의지(1.006)보다 OPS가 높은 타자는 아무도 없다. 역시 당대 최고인 포수 수비는 부상에 발목을 잡혔다. 관리 가능한 수준이던 팔꿈치 통증이 점점 심해져 결국 수비를 나갈 수 없는 상황에 이르렀다. 데뷔 이후 가장 적은 수비 이닝을 기록하며 골든글러브도 지명타자 부문에서 받았다. 이 시대 최고 타자 중 한 명이기에 지명타자로 할 수 있는 기여도 크지만, 마스크를 쓸 때 가치가 극대화된다. 올시즌 뒤 두 번째 FA가 된다. 포수로 건재함을 과시한다면 김현수의 역대 FA 소득 총액 230억 원을 넘어설 것이 확실하다.

구창모 투수 59

신장	183cm	체중	85kg	생일	1997-02-17	투타	좌투좌타	지명	15 NC 2차 1라운드 3순위
연봉	18,000-25,000-19,000	학교	남산초-덕수중-울산공고						

● 야구인들은 구창모 이야기가 나올 때마다 안타까워한다. 투구에 맞은 타자를 제외하고, 팔목 위 뼈가 부러진 선수가 없었기 때문이다. 가장 답답하고 가슴 아픈 사람은 본인일 것이다. 이제는 희망이 보인다. 핀을 박아 접합하는 시술이 마침내 차도를 보였다. '건강한 구창모'의 위력은 2년 전의 기억을 통해 우리 모두가 알고 있다.

기본기록

연도	경기	선발	승	패	세이브	홀드	이닝	안타	홈런	볼넷	사구	삼진	피안타율	WHIP	FIP	ERA	QS	BS
2019	23	19	10	7	0	1	107.0	85	10	41	6	114	0.214	1.18	3.80	3.20	7	0
2020	15	14	9	0	0	1	93.1	58	7	18	0	102	0.177	0.81	2.92	1.74	12	0
2021	0	0	0	0	0	0	0.0	0	0	0	0	0	-	-	-	-	0	0
통산	144	90	35	29	0	4	517.0	500	65	198	20	517	0.254	1.35	4.56	4.09	29	1

상황별 기록

상황	안타	2루타	3루타	홈런	볼넷	사구	삼진	폭투	보크	피안타율
전반기										
후반기										
vs 좌										
vs 우										
주자없음										
주자있음										
득점권										
만루										

구종별 기록

구종	평균구속	순위	백분율	구사율(%)	피안타율
포심					
투심/싱커					
슬라이더/커터					
커브					
체인지업					
포크볼					
너클볼/기타					

김영규 투수 17

신장	188cm	체중	86kg	생일	2000-02-10	투타	좌투좌타	지명	18 NC 2차 8라운드 79순위
연봉	6,300-8,300-9,500	학교	광주서석초-무등중-광주제일고						

● 선발 요원으로 기대를 모았던 전반기에는 처절하게 무너졌다. 팔꿈치 통증을 떨치고 불펜 요원으로 돌아온 후반기에는 완전히 다른 투수가 됐다. 삼진 비율은 두 배로 늘었고 볼넷 비율은 반으로 감소했다. 믿을만한 좌완이 부족한 NC 불펜에서 너무나 중요한 존재. 이동욱 감독은 스프링캠프 시작 때 셋업맨 후보로까지 거론했다.

기본기록

연도	경기	선발	승	패	세이브	홀드	이닝	안타	홈런	볼넷	사구	삼진	피안타율	WHIP	FIP	ERA	QS	BS
2019	30	10	5	4	0	1	66.1	82	7	31	6	46	0.308	1.70	5.06	5.29	2	0
2020	20	13	2	2	0	1	67.2	83	12	14	2	55	0.302	1.43	4.94	5.45	4	0
2021	37	8	5	3	0	6	63.2	69	10	28	1	42	0.274	1.52	5.42	5.37	1	0
통산	87	31	12	9	0	8	197.2	234	29	73	9	143	0.295	1.55	5.14	5.37	7	0

상황별 기록

상황	안타	2루타	3루타	홈런	볼넷	사구	삼진	폭투	보크	피안타율
전반기	43	7	0	6	19	1	16	1	0	0.312
후반기	26	1	0	4	9	0	26	2	0	0.228
vs 좌	32	2	0	5	10	0	18	1	0	0.278
vs 우	37	6	0	5	18	1	24	2	0	0.270
주자없음	39	5	0	5	10	0	21	1	0	0.298
주자있음	30	3	0	5	18	1	21	2	0	0.248
득점권	19	2	0	2	12	0	10	2	0	0.284
만루	3	1	0	1	3	0	1	0	0	0.429

구종별 기록

구종	평균구속	순위	백분율	구사율(%)	피안타율
포심	140	223	73.6%	39.2%	0.295
투심/싱커	-	-	-	-	-
슬라이더/커터	131	124	43.2%	44%	0.273
커브	117	139	56.7%	0.6%	1.000
체인지업	125	150	71.8%	0.1%	0.000
포크볼	128	104	77%	16.1%	0.194
너클볼/기타	-	-	-	-	-

류진욱 투수 41

신장 189cm **체중** 88kg **생일** 1996-10-10 **투타** 우투우타 **지명** 15 NC 2차 2라운드 21순위
연봉 2,700-3,000-7,500 **학교** 양정초-개성중-부산고

● 두 번의 토미존수술, 5년의 인고의 세월을 거쳐 마침내 꽃을 피웠다. 토종투수로는 가장 긴 편인 익스텐션과 시속 140km 중후반의 패스트볼, 130km 중후반의 슬라이더를 앞세워 단숨에 불펜의 핵심 요원으로 자리매김했다. 패스트볼의 가라앉는 무브먼트 때문에 땅볼 유도 능력이 좋다는 것도 장점. 개막 셋업맨 후보 1순위다.

기본기록

연도	경기	선발	승	패	세이브	홀드	이닝	안타	홈런	볼넷	사구	삼진	피안타율	WHIP	FIP	ERA	QS	BS
2019	0	0	0	0	0	0	0.0	0	0	0	0	0	-	-	-	-	0	0
2020	3	0	0	0	0	0	3.0	4	1	1	0	3	0.333	1.67	6.89	6.00	0	0
2021	44	0	1	0	1	7	43.1	40	2	22	0	31	0.242	1.43	4.02	2.08	0	0
통산	47	0	1	0	1	7	46.1	44	3	23	0	34	0.249	1.45	4.21	2.33	0	0

상황별 기록

상황	안타	2루타	3루타	홈런	볼넷	사구	삼진	폭투	보크	피안타율
전반기	25	4	1	1	17	0	13	3	0	0.278
후반기	15	2	0	1	5	0	18	1	0	0.200
vs 좌	20	4	1	1	11	0	11	2	0	0.286
vs 우	20	2	0	1	11	0	20	2	0	0.211
주자없음	16	2	0	1	13	0	16	0	0	0.208
주자있음	24	4	1	1	9	0	15	4	0	0.273
득점권	15	4	1	1	8	0	10	2	0	0.288
만루	2	0	1	0	0	0	0	0	0	0.667

구종별 기록

구종	평균구속	순위	백분율	구사율(%)	피안타율
포심	145	65	21.5%	59.6%	0.222
투심/싱커	-	-	-	-	-
슬라이더/커터	137	19	6.6%	24.3%	0.368
커브	-	-	-	-	-
체인지업	135	8	3.8%	9.1%	0.200
포크볼	137	10	7.4%	7%	0.077
너클볼/기타	-	-	-	-	-

심창민 투수 20

신장 185cm **체중** 86kg **생일** 1993-02-01 **투타** 우투우타 **지명** 11 삼성 1라운드 4순위
연봉 28,000-28,000-28,000 **학교** 동삼초-경남중-경남고-대구사이버대

● 2020년 제대 이후 제구 난조 때문에 골머리를 앓다 결국 NC로 트레이드 됐다. 속도가 조금 줄었지만 구위는 여전하다. 삼진 비율 24.4%는 500이닝 이상 토종 투수들 중 7위다. 워낙 뜬공 허용이 많아서 홈런 파크팩터 1위 라팍에서 고생했는데, 엔팍은 라팍보다는 약간 나은 환경이다. 시즌 뒤 FA가 되기에, 잘 해야 할 확실한 동기가 있다.

기본기록

연도	경기	선발	승	패	세이브	홀드	이닝	안타	홈런	볼넷	사구	삼진	피안타율	WHIP	FIP	ERA	QS	BS
2019	0	0	0	0	0	0	0.0	0	0	0	0	0	-	-	-	-	0	0
2020	23	0	2	2	0	3	20.1	18	3	18	2	21	0.240	1.77	6.36	7.52	0	1
2021	59	0	3	2	0	16	51.1	47	8	32	6	58	0.237	1.54	5.32	5.08	0	2
통산	469	0	30	26	51	80	481.1	393	58	228	43	553	0.221	1.29	4.47	4.09	0	19

상황별 기록

상황	안타	2루타	3루타	홈런	볼넷	사구	삼진	폭투	보크	피안타율
전반기	33	7	0	6	18	4	42	2	1	0.246
후반기	14	5	0	2	14	2	16	0	0	0.219
vs 좌	21	5	0	4	15	1	21	1	0	0.241
vs 우	26	7	0	4	17	5	37	1	1	0.234
주자없음	22	6	0	5	17	5	25	0	0	0.229
주자있음	25	6	0	3	15	1	33	2	1	0.245
득점권	14	3	0	2	12	0	21	1	1	0.237
만루	4	1	0	1	2	0	5	1	0	0.286

구종별 기록

구종	평균구속	순위	백분율	구사율(%)	피안타율
포심	143	110	36.3%	46.2%	0.294
투심/싱커	-	-	-	-	-
슬라이더/커터	128	186	64.8%	30.8%	0.240
커브	119	99	40.4%	17.1%	0.067
체인지업	131	55	26.3%	5.8%	0.188
포크볼	-	-	-	-	-
너클볼/기타	-	-	-	-	-

원종현 투수 46

신장 182cm **체중** 83kg **생일** 1987-07-31 **투타** 우투우타 **지명** 06 LG 2차 2라운드 11순위

연봉 26,000-30,000-27,000 **학교** 중앙초-군산중-군산상고

● 2016년부터 리그에서 가장 많은 이닝(385)을 책임진 구원투수였다. 지친 걸까. 부진 끝에 3년간 지킨 마무리 자리를 이용찬에게 넘겨줬다. 부진의 이유가 특이하다. 지난 2년간 좌타자에게는 하나도 안 맞은 홈런을 우타자에게만 9방을 맞았다. 우완 사이드암 투수가 압도해야 할 우타자에게 난타당한 것. 부활의 해법도 여기서 찾아야 한다.

기본기록

연도	경기	선발	승	패	세이브	홀드	이닝	안타	홈런	볼넷	사구	삼진	피안타율	WHIP	FIP	ERA	QS	BS
2019	60	0	3	3	31	0	60.0	62	4	17	3	59	0.270	1.32	3.20	3.90	0	9
2020	58	0	3	5	30	0	57.0	56	4	20	2	41	0.259	1.33	4.13	4.26	0	6
2021	61	0	2	2	14	6	53.0	67	5	23	3	45	0.315	1.70	4.22	4.25	0	7
통산	433	0	22	28	81	73	456.0	462	35	150	28	398	0.265	1.34	4.02	4.16	0	31

상황별 기록

상황	안타	2루타	3루타	홈런	볼넷	사구	삼진	폭투	보크	피안타율
전반기	31	7	0	1	11	3	24	2	0	0.290
후반기	36	2	0	4	12	0	21	2	0	0.340
vs 좌	28	4	0	0	13	1	24	2	0	0.280
vs 우	39	5	0	5	10	2	21	2	0	0.345
주자없음	29	1	0	2	7	2	19	0	0	0.319
주자있음	38	8	0	3	16	1	26	4	0	0.311
득점권	23	5	0	1	12	1	21	4	0	0.299
만루	3	0	0	0	1	0	3	0	0	0.300

구종별 기록

구종	평균구속	순위	백분율	구사율(%)	피안타율
포심	147	27	8.9%	39.2%	0.341
투심/싱커	147	8	5.9%	16.2%	0.412
슬라이더/커터	135	41	14.3%	32.3%	0.306
커브	-	-	-	-	-
체인지업	-	-	-	-	-
포크볼	138	7	5.2%	12.4%	0.156
너클볼/기타	-	-	-	-	-

이재학 투수 51

신장 181cm **체중** 84kg **생일** 1990-10-04 **투타** 우투우타 **지명** 10 두산 2라운드 10순위

연봉 27,500-20,000-18,000 **학교** 옥산초-경복중-대구고

● 2021년 전반기는 생애 최악의 시간이었다. 5경기 평균자책점이 8점대에 육박했다. 후반기에는 조금 나아졌지만, 여전히 제구는 불안했다. 구종이 단순한 투수가 제구가 잘 되지 않으면 1군 생존이 쉽지 않다. 전체 투구의 절반 가까운 체인지업의 특성 때문에, 우완 사이드암이라고 믿기 어려운 역 스플릿 성향을 이어가고 있다.

기본기록

연도	경기	선발	승	패	세이브	홀드	이닝	안타	홈런	볼넷	사구	삼진	피안타율	WHIP	FIP	ERA	QS	BS
2019	24	23	10	4	0	0	129.2	133	6	43	9	91	0.266	1.36	3.80	3.75	8	0
2020	19	19	5	6	0	0	90.2	105	14	43	5	61	0.295	1.63	5.81	6.55	5	0
2021	17	17	6	6	0	0	83.0	74	14	52	6	65	0.239	1.52	6.06	5.20	4	0
통산	244	211	74	63	1	1	1162.2	1162	136	480	86	993	0.262	1.41	4.88	4.51	58	0

상황별 기록

상황	안타	2루타	3루타	홈런	볼넷	사구	삼진	폭투	보크	피안타율
전반기	22	5	0	3	21	0	14	1	0	0.268
후반기	52	11	1	11	31	6	51	2	0	0.229
vs 좌	34	5	0	8	18	3	33	1	0	0.214
vs 우	40	11	1	6	34	3	32	2	0	0.267
주자없음	45	10	0	10	28	3	38	0	0	0.265
주자있음	29	6	1	4	24	3	27	3	0	0.209
득점권	18	3	1	2	15	1	12	1	0	0.237
만루	1	1	0	0	0	0	3	0	0	0.091

구종별 기록

구종	평균구속	순위	백분율	구사율(%)	피안타율
포심	139	242	79.9%	43.1%	0.254
투심/싱커	138	88	65.2%	1.5%	1.000
슬라이더/커터	126	234	81.5%	4.7%	0.100
커브	-	-	-	-	-
체인지업	125	162	77.5%	50.7%	0.224
포크볼	-	-	-	-	-
너클볼/기타	-	-	-	-	-

정구범 투수 71

신장 183cm **체중** 71kg **생일** 2000-06-16 **투타** 좌투좌타 **지명** 20 NC 2차 1라운드 1순위

연봉 2,700-3,000-3,000 **학교** 성동구-건대부중-덕수고

● 2020년 드래프트 2차 전체 1순위의 잠재력을 마침내 보여줄 시간이 다가오고 있다. 어깨 통증을 마침내 떨쳤고, 깡말랐던 몸매도 벌크업에 성공해 체중을 90kg 가까이 불렸다. 이미 고교 시절 다양한 구종과 뛰어난 제구 감각, 까다로운 투구폼에 따른 디셉션까지 보여준 만큼, 몸이 받쳐주면 곧장 1군 주력 투수가 될 수 있다는 게 중론이다.

기본기록

연도	경기	선발	승	패	세이브	홀드	이닝	안타	홈런	볼넷	사구	삼진	피안타율	WHIP	FIP	ERA	QS	BS
2019																		
2020	0	0	0	0	0	0	0.0	0	0	0	0	0	-	-	-	-	0	0
2021	0	0	0	0	0	0	0.0	0	0	0	0	0	-	-	-	-	0	0
통산	0	0	0	0	0	0	0.0	0	0	0	0	0	-	-	-	-	0	0

상황별 기록

상황	안타	2루타	3루타	홈런	볼넷	사구	삼진	폭투	보크	피안타율
전반기										
후반기										
vs 좌										
vs 우										
주자없음										
주자있음										
득점권										
만루										

구종별 기록

구종	평균구속	순위	백분율	구사율(%)	피안타율
포심					
투심/싱커					
슬라이더/커터					
커브					
체인지업					
포크볼					
너클볼/기타					

하준영 투수 39

신장 182cm **체중** 79kg **생일** 1999-09-06 **투타** 좌투좌타 **지명** 18 KIA 2차 2라운드 16순위

연봉 6,500-5,000-4,000 **학교** 이수초-성남중-성남고

● 고교 시절 청소년 대표팀의 주축 투수, 2019년 KIA 불펜의 핵심으로 활약하다 부상으로 2년을 수술과 재활에 날렸다. 그래도 나성범의 보상 선수로 지명됐을 때, KIA에서 왜 하준영을 묶지 않았는지 의아해하는 사람들도 많았다. 스프링캠프까지 통증 없이 정상적으로 페이스를 끌어올리고 있다. 쓸만한 좌완이 부족한 NC에 보석 같은 존재다.

기본기록

연도	경기	선발	승	패	세이브	홀드	이닝	안타	홈런	볼넷	사구	삼진	피안타율	WHIP	FIP	ERA	QS	BS
2019	59	0	6	2	0	15	52.2	59	5	31	0	51	0.288	1.71	4.35	4.96	0	3
2020	0	0	0	0	0	0	0.0	0	0	0	0	0	-	-	-	-	0	0
2021	0	0	0	0	0	0	0.0	0	0	0	0	0	-	-	-	-	0	0
통산	74	0	6	2	0	15	67.1	75	8	39	1	63	0.286	1.69	4.86	5.88	0	3

상황별 기록

상황	안타	2루타	3루타	홈런	볼넷	사구	삼진	폭투	보크	피안타율
전반기										
후반기										
vs 좌										
vs 우										
주자없음										
주자있음										
득점권										
만루										

구종별 기록

구종	평균구속	순위	백분율	구사율(%)	피안타율
포심					
투심/싱커					
슬라이더/커터					
커브					
체인지업					
포크볼					
너클볼/기타					

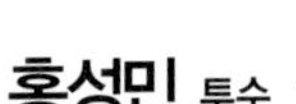

홍성민 투수 19

신장 191cm **체중** 82kg **생일** 1989-07-15 **투타** 우투양타 **지명** 12 KIA 6라운드 56순위

연봉 10,000-11,000-12,500 **학교** 노암초-경포중-강릉고-한양대

● 2020년의 상승세를 이어 지난해 전반기 리그 최고 수준의 불펜 투수로 활약했다. 하지만 후반기에는 '배팅볼 투수'로 전락했다. 리그 전체의 공격력 저하를 감안하면 더 심각한 부진이었다. 우완 옆구리 투수지만 우타자보다 좌타자에게 훨씬 강하다. 사이드암 투수의 친구인 슬라이더 대신, 체인지업과 스플리터를 더 즐겨 던지기 때문이다.

기본기록

연도	경기	선발	승	패	세이브	홀드	이닝	안타	홈런	볼넷	사구	삼진	피안타율	WHIP	FIP	ERA	QS	BS
2019	12	0	0	0	0	1	12.2	17	0	0	1	7	0.321	1.34	2.53	4.26	0	0
2020	30	0	1	0	0	8	26.0	20	2	6	2	14	0.211	1.00	4.29	1.04	0	0
2021	53	0	3	4	0	14	41.1	53	3	12	2	26	0.317	1.57	3.96	3.92	0	2
통산	305	9	15	14	5	41	348.2	383	34	114	24	210	0.287	1.43	4.66	3.77	0	5

상황별 기록

상황	안타	2루타	3루타	홈런	볼넷	사구	삼진	폭투	보크	피안타율
전반기	24	3	0	1	6	2	19	1	1	0.258
후반기	29	6	0	2	6	0	7	1	0	0.392
vs 좌	22	3	0	0	8	2	11	2	0	0.310
vs 우	31	6	0	3	4	0	15	0	1	0.323
주자없음	32	6	0	3	1	0	12	0	0	0.405
주자있음	21	3	0	0	11	2	14	2	1	0.239
득점권	9	2	0	0	9	2	7	1	0	0.173
만루	0	0	0	0	1	1	1	0	0	0.000

구종별 기록

구종	평균구속	순위	백분율	구사율(%)	피안타율
포심	138	258	85.1%	28.5%	0.381
투심/싱커	138	83	61.5%	1.5%	1.000
슬라이더/커터	120	281	97.9%	0.7%	1.000
커브	117	139	56.7%	1.9%	0.333
체인지업	123	185	88.5%	19%	0.353
포크볼	122	132	97.8%	48.3%	0.256
너클볼/기타	-	-	-	-	-

김기환 외야수 8

신장 182cm **체중** 74kg **생일** 1995-08-25 **투타** 우투좌타 **지명** 15 삼성 2차 3라운드 32순위

연봉 2,700-3,000-4,500 **학교** 관산초-대송중-소래고

● '방역 파문' 주전 이탈 공백을 기회로 만들었다. 2군에서부터 소문난 도루와 수비 실력을 뽐냈다. 놀라운 건 '도루 의욕'. 도루 가능 상황의 34.1%에서 실제로 도루를 시도했다. 2015년의 박해민(29.2%)를 넘어 '10구단 시대' 최고치였다. 성공률도 79%로 준수했다. 저득점 환경이 예상되는 올시즌, 도루-수비력은 더욱 각광받을 가능성이 높다.

기본기록

연도	경기	타석	타수	안타	2루타	3루타	홈런	타점	득점	볼넷	사구	삼진	도루	도루자	타율	출루율	장타율	OPS
2019	0	0	0	0	0	0	0	0	0	0	0	0	0	0	-	-	-	-
2020	4	2	2	1	1	0	0	0	1	0	0	0	0	0	0.500	0.500	1.000	1.500
2021	62	149	140	29	7	2	3	13	19	8	0	45	15	4	0.207	0.250	0.350	0.600
통산	66	151	142	30	8	2	3	13	20	8	0	45	15	4	0.211	0.253	0.359	0.612

상황별 기록

상황	타석	홈런	볼넷	삼진	타율	출루율	장타율	OPS
전반기	4	0	0	2	0.000	0.000	0.000	0.000
후반기	145	3	8	43	0.213	0.257	0.360	0.617
vs 좌	29	0	3	10	0.280	0.357	0.560	0.917
vs 우	105	3	4	30	0.208	0.238	0.327	0.565
주자있음	50	1	1	20	0.208	0.224	0.333	0.557
주자없음	99	2	7	25	0.207	0.263	0.359	0.622
득점권	29	0	0	12	0.276	0.276	0.379	0.655
노아웃	61	2	7	19	0.208	0.300	0.415	0.715
원아웃	47	0	1	14	0.196	0.213	0.261	0.474
투아웃	41	1	0	12	0.220	0.220	0.366	0.586

팀별 기록

구분	타석	홈런	볼넷	삼진	타율	출루율	장타율	OPS
KIA	13	0	1	1	0.167	0.231	0.167	0.398
KT	7	1	0	2	0.286	0.286	0.857	1.143
LG	31	0	0	10	0.233	0.233	0.400	0.633
SSG	13	0	0	4	0.154	0.154	0.231	0.385
두산	26	0	2	9	0.042	0.115	0.042	0.157
롯데	20	0	2	6	0.278	0.350	0.333	0.683
삼성	1	0	0	0	1.000	1.000	1.000	2.000
키움	12	1	1	4	0.182	0.250	0.455	0.705
한화	26	1	2	9	0.292	0.346	0.542	0.888

김주원 내야수 7

신장 185cm **체중** 83kg **생일** 2002-07-30 **투타** 우투양타 **지명** 21 NC 2차 1라운드 6순위

연봉 3,000-6,000 **학교** 삼일초-안산중앙중-유신고

● 데뷔 시즌에 나성범-양의지에 이어 유니폼 판매 3위에 오를 정도로 팬들의 마음을 사로잡았다. 나이답지 않게 안정된 수비력과 빠른 발, 멸종 위기인 스위치히터를 고집하는 배짱과 만만치 않은 타격 실력까지. 구단은 '차세대 간판'으로 성장하기를 기대한다. 홈런 5개를 모두 우투수를 상대로 뽑아냈다. 즉 좌투수 대처 능력을 키워야 한다.

기본기록

연도	경기	타석	타수	안타	2루타	3루타	홈런	타점	득점	볼넷	사구	삼진	도루	도루자	타율	출루율	장타율	OPS
2019																		
2020																		
2021	69	189	166	40	7	1	5	16	20	17	2	57	6	2	0.241	0.316	0.386	0.702
통산	69	189	166	40	7	1	5	16	20	17	2	57	6	2	0.241	0.316	0.386	0.702

상황별 기록

상황	타석	홈런	볼넷	삼진	타율	출루율	장타율	OPS
전반기	3	0	0	1	0.000	0.000	0.000	0.000
후반기	186	5	17	56	0.245	0.321	0.393	0.714
vs 좌	43	0	6	15	0.111	0.256	0.139	0.395
vs 우	123	5	9	33	0.300	0.355	0.509	0.864
주자있음	89	2	8	20	0.227	0.310	0.373	0.683
주자없음	100	3	9	37	0.253	0.320	0.396	0.716
득점권	46	1	5	12	0.162	0.283	0.297	0.580
노아웃	66	2	4	20	0.250	0.297	0.383	0.680
원아웃	61	1	9	19	0.229	0.361	0.417	0.778
투아웃	62	2	4	18	0.241	0.290	0.362	0.652

팀별 기록

구분	타석	홈런	볼넷	삼진	타율	출루율	장타율	OPS
KIA	23	0	3	7	0.100	0.217	0.100	0.317
KT	21	0	3	5	0.294	0.400	0.294	0.694
LG	14	0	1	6	0.077	0.143	0.077	0.220
SSG	26	2	2	11	0.250	0.308	0.500	0.808
두산	25	0	3	4	0.182	0.280	0.227	0.507
롯데	21	0	3	5	0.235	0.333	0.235	0.568
삼성	19	1	0	4	0.294	0.333	0.588	0.921
키움	16	1	0	6	0.375	0.375	0.813	1.188
한화	24	1	2	9	0.350	0.417	0.600	1.017

마티니 외야수 4

신장 180cm **체중** 92kg **생일** 1990-06-27 **투타** 좌투좌타 **지명** 22 NC 자유선발

연봉 $440,000 **학교** Prairie Ridge(고)-Kansas State(대)

● 삼진을 감수하고 홈런을 노리던 우타자 알테어와는 정반대 유형. 깐깐하게 공을 고르고, 홈런보다 2루타가 많았던 좌타자다. NC파크의 특성상 그 2루타 중 상당수는 홈런이 될 것이다. 여러 포지션이 가능하다는 점도 장점. 일단 좌익수 혹은 1루수를 맡을 가능성이 높지만, 3년 전 당한 무릎 부상 후유증이 사라졌다면 중견수도 볼 수 있다.

기본기록

연도	경기	타석	타수	안타	2루타	3루타	홈런	타점	득점	볼넷	사구	삼진	도루	도루자	타율	출루율	장타율	OPS
2019																		
2020																		
2021																		
통산																		

상황별 기록

상황	타석	홈런	볼넷	삼진	타율	출루율	장타율	OPS
전반기								
후반기								
vs 좌								
vs 우								
주자있음								
주자없음								
득점권								
노아웃								
원아웃								
투아웃								

팀별 기록

구분	타석	홈런	볼넷	삼진	타율	출루율	장타율	OPS
KIA								
KT								
LG								
SSG								
두산								
롯데								
삼성								
키움								
한화								

박대온 포수 26

신장 182cm **체중** 85kg **생일** 1995-08-28 **투타** 우투우타 **지명** 14 NC 2차 2라운드 25순위

연봉 3,000-3,000-4,000 **학교** 도곡초-서울이수중-휘문고

● 2015년 데뷔 이후 가장 많은 출전 기회를 얻었고, 그 기회를 살렸다. 제대 이후 기량과 멘탈이 모두 성숙했다는 호평을 받았다. '개명 효과' 일수도. 박대온이 등장하지 않았다면 NC가 김태군을 보내기는 어려웠다. 김태군의 빈자리, 즉 '양의지 백업'의 가장 강력한 후보다. 후반기에 김형준이 제대하기 전에, 야구 인생의 승부를 걸어야 한다.

기본기록

연도	경기	타석	타수	안타	2루타	3루타	홈런	타점	득점	볼넷	사구	삼진	도루	도루자	타율	출루율	장타율	OPS
2019	0	0	0	0	0	0	0	0	0	0	0	0	0	0	-	-	-	-
2020	0	0	0	0	0	0	0	0	0	0	0	0	0	0	-	-	-	-
2021	42	95	85	18	1	0	0	5	4	4	0	21	0	0	0.212	0.242	0.224	0.466
통산	175	228	209	46	9	1	1	10	14	10	0	57	0	1	0.220	0.252	0.287	0.539

상황별 기록

상황	타석	홈런	볼넷	삼진	타율	출루율	장타율	OPS
전반기	0	0	0	0	-	-	-	-
후반기	95	0	4	21	0.212	0.242	0.224	0.466
vs 좌	23	0	1	4	0.143	0.182	0.143	0.325
vs 우	63	0	3	15	0.263	0.290	0.281	0.571
주자있음	45	0	1	11	0.237	0.244	0.263	0.507
주자없음	50	0	3	10	0.191	0.240	0.191	0.431
득점권	27	0	1	7	0.182	0.200	0.227	0.427
노아웃	36	0	1	7	0.167	0.188	0.167	0.355
원아웃	30	0	1	8	0.286	0.300	0.321	0.621
투아웃	29	0	2	6	0.185	0.241	0.185	0.426

팀별 기록

구분	타석	홈런	볼넷	삼진	타율	출루율	장타율	OPS
KIA	16	0	1	2	0.267	0.313	0.267	0.580
KT	17	0	0	4	0.267	0.235	0.267	0.502
LG	9	0	1	4	0.000	0.125	0.000	0.125
SSG	14	0	0	3	0.286	0.286	0.286	0.572
두산	12	0	0	2	0.250	0.250	0.250	0.500
롯데	4	0	0	1	0.250	0.250	0.500	0.750
삼성	11	0	2	4	0.111	0.273	0.111	0.384
키움	6	0	0	1	0.000	0.000	0.000	0.000
한화	6	0	0	0	0.250	0.250	0.250	0.500

박석민 내야수 18

신장 178cm **체중** 88kg **생일** 1985-06-22 **투타** 우투우타 **지명** 04 삼성 1차

연봉 70,000-70,000-70,000 **학교** 율하초-경복중-대구고-대구사이버대

● 별 생각 없는 술자리가 이런 결과를 낳을지 상상이나 했을까. 리그가 중단되고, 팀 수뇌부와 리그 총재까지 날아가고, 대표팀은 중압감에 시달리다 '도쿄 참사'를 당했으며, '야구 혐오 현상'까지 벌어졌다. 데뷔 후 17년 동안 쌓은 '유쾌하고 모범적인 선수' 이미지도 무너졌다. 명예 회복의 기회를 얻을 수 있을지조차 현재로선 불투명하다.

기본기록

연도	경기	타석	타수	안타	2루타	3루타	홈런	타점	득점	볼넷	사구	삼진	도루	도루자	타율	출루율	장타율	OPS
2019	112	444	360	96	17	1	19	74	49	65	12	69	1	2	0.267	0.393	0.478	0.871
2020	123	448	356	109	15	0	14	63	58	75	10	62	0	1	0.306	0.436	0.466	0.902
2021	59	205	171	44	8	0	10	41	27	27	2	43	0	0	0.257	0.361	0.480	0.841
통산	1651	6359	5228	1513	268	10	268	1031	870	834	208	1115	23	17	0.289	0.404	0.498	0.902

상황별 기록

상황	타석	홈런	볼넷	삼진	타율	출루율	장타율	OPS
전반기	205	10	27	43	0.257	0.361	0.480	0.841
후반기	0	0	0	0	-	-	-	-
vs 좌	54	2	9	12	0.227	0.358	0.386	0.744
vs 우	127	8	15	24	0.236	0.336	0.519	0.855
주자있음	110	6	12	21	0.319	0.402	0.582	0.984
주자없음	95	4	15	22	0.188	0.316	0.363	0.679
득점권	60	1	8	10	0.304	0.404	0.478	0.882
노아웃	60	2	6	9	0.280	0.351	0.440	0.791
원아웃	85	5	7	24	0.250	0.318	0.513	0.831
투아웃	60	3	14	10	0.244	0.433	0.467	0.900

팀별 기록

구분	타석	홈런	볼넷	삼진	타율	출루율	장타율	OPS
KIA	16	1	5	3	0.364	0.563	0.636	1.199
KT	18	2	3	4	0.400	0.500	0.867	1.367
LG	12	0	0	4	0.083	0.083	0.083	0.166
SSG	22	1	4	2	0.444	0.545	0.667	1.212
두산	23	1	1	3	0.250	0.304	0.450	0.754
롯데	28	0	4	8	0.174	0.321	0.261	0.582
삼성	37	1	4	9	0.129	0.229	0.226	0.455
키움	23	2	2	7	0.333	0.391	0.714	1.105
한화	26	2	4	3	0.250	0.360	0.600	0.960

박준영 내야수 13

신장 181cm **체중** 75kg **생일** 1997-08-05 **투타** 우투우타 **지명** 16 NC 1차

연봉 2,700-3,200-7,000 **학교** 도곡초-잠신중-경기고

● 타자로서는 처음으로 1군에서 의미 있는 기회를 얻었다. 성과보다는 숙제를 훨씬 많이 확인했다. 특히 부족한 콘택트 능력이 아쉬웠다. 삼진 비율 29.2%는 300타석 이상 타자들 가운데 박병호에 이어 두 번째로 높다. '초보 타자'가 시행착오를 겪는 건 당연한 일. 리그 전체가 인정하는 '우타 거포'의 잠재력은 여전하다.

기본기록

연도	경기	타석	타수	안타	2루타	3루타	홈런	타점	득점	볼넷	사구	삼진	도루	도루자	타율	출루율	장타율	OPS
2019	0	0	0	0	0	0	0	0	0	0	0	0	0	0	-	-	-	-
2020	32	51	46	7	4	0	0	3	4	2	3	17	1	0	0.152	0.235	0.239	0.474
2021	111	315	273	57	7	2	8	31	37	27	10	92	4	3	0.209	0.301	0.337	0.638
통산	143	366	319	64	11	2	8	34	41	29	13	109	5	3	0.201	0.292	0.323	0.615

상황별 기록

상황	타석	홈런	볼넷	삼진	타율	출루율	장타율	OPS
전반기	135	6	11	43	0.218	0.291	0.403	0.694
후반기	180	2	16	49	0.201	0.309	0.286	0.595
vs 좌	81	3	8	28	0.188	0.275	0.348	0.623
vs 우	207	5	17	58	0.207	0.307	0.341	0.648
주자있음	169	2	16	49	0.188	0.283	0.264	0.547
주자없음	146	6	11	43	0.233	0.322	0.419	0.741
득점권	95	0	11	26	0.215	0.319	0.266	0.585
노아웃	114	3	10	24	0.274	0.360	0.411	0.771
원아웃	111	2	9	39	0.153	0.252	0.265	0.517
투아웃	90	3	8	29	0.200	0.289	0.338	0.627

팀별 기록

구분	타석	홈런	볼넷	삼진	타율	출루율	장타율	OPS
KIA	14	0	1	6	0.231	0.286	0.385	0.671
KT	34	0	2	7	0.250	0.294	0.313	0.607
LG	45	1	1	14	0.167	0.205	0.333	0.538
SSG	30	0	2	10	0.222	0.276	0.259	0.535
두산	43	1	5	9	0.265	0.419	0.353	0.772
롯데	28	1	1	10	0.125	0.214	0.250	0.464
삼성	20	0	2	7	0.167	0.250	0.167	0.417
키움	45	3	4	9	0.211	0.295	0.447	0.742
한화	56	2	9	20	0.222	0.375	0.400	0.775

서호철 내야수 5

신장 179cm **체중** 85kg **생일** 1996-10-16 **투타** 우투우타 **지명** 19 NC 2차 9라운드 87순위

연봉 3,000-0-3,000 **학교** 순천남산초-순천이수중-효천고-동의대

● 상무 소속으로 퓨처스리그를 폭격했다. 발군의 콘택트 능력으로 타율과 최다안타 1위를 차지했다. 말도 안 되는 논란으로 마음고생을 했지만 다행히 깨끗하게 누명을 벗었다. 시대의 흐름인 벌크업 대신 살을 확 뺐다. 파워 대신 장점인 콘택트에 주력하고 수비를 향상시키겠다는 의지다. 시즌 시작 보직은 코너 내야 백업 요원이 유력하다.

기본기록

연도	경기	타석	타수	안타	2루타	3루타	홈런	타점	득점	볼넷	사구	삼진	도루	도루자	타율	출루율	장타율	OPS
2019	0	0	0	0	0	0	0	0	0	0	0	0	0	0	-	-	-	-
2020	2	8	8	0	0	0	0	0	0	0	0	2	0	0	0.000	0.000	0.000	0.000
2021	0	0	0	0	0	0	0	0	0	0	0	0	0	0	-	-	-	-
통산	2	8	8	0	0	0	0	0	0	0	0	2	0	0	0.000	0.000	0.000	0.000

상황별 기록

상황	타석	홈런	볼넷	삼진	타율	출루율	장타율	OPS
전반기	0	0	0	0	-	-	-	-
후반기	0	0	0	0	-	-	-	-
vs 좌	0	0	0	0	-	-	-	-
vs 우	0	0	0	0	-	-	-	-
주자있음	0	0	0	0	-	-	-	-
주자없음	0	0	0	0	-	-	-	-
득점권	0	0	0	0	-	-	-	-
노아웃	0	0	0	0	-	-	-	-
원아웃	0	0	0	0	-	-	-	-
투아웃	0	0	0	0	-	-	-	-

팀별 기록

구분	타석	홈런	볼넷	삼진	타율	출루율	장타율	OPS
KIA								
KT								
LG								
SSG								
두산								
롯데								
삼성								
키움								
한화								

오영수 내야수 34

신장 178cm **체중** 93kg **생일** 2000-01-30 **투타** 우투좌타 **지명** 18 NC 2차 2라운드 19순위
연봉 2,900-0-3,000 **학교** 사파초-신월중-용마고

● 올시즌 NC 야수 전력의 최대 다크호스. 퓨처스리그 장타율 1위를 기록한 파워 만큼 인상적인 건 콘택트 능력이다. 삼진 비율이 14.2%로 200타석 이상 타자들 중 8번째로 낮았다. 즉 콘택트와 파워를 겸비한 '1군형 타자'의 잠재력을 보인 것이다. 1루수 수비도 나쁘지 않다는 평. 강진성의 대를 이을 1루수 주전 후보 1순위다.

기본기록

연도	경기	타석	타수	안타	2루타	3루타	홈런	타점	득점	볼넷	사구	삼진	도루	도루자	타율	출루율	장타율	OPS
2019	3	8	8	1	0	0	0	0	0	0	0	4	0	0	0.125	0.125	0.125	0.250
2020	0	0	0	0	0	0	0	0	0	0	0	0	0	0	-	-	-	-
2021	0	0	0	0	0	0	0	0	0	0	0	0	0	0	-	-	-	-
통산	14	24	23	3	0	0	0	0	0	1	0	9	0	1	0.130	0.167	0.130	0.297

상황별 기록

상황	타석	홈런	볼넷	삼진	타율	출루율	장타율	OPS
전반기	0	0	0	0	-	-	-	-
후반기	0	0	0	0	-	-	-	-
vs 좌	0	0	0	0	-	-	-	-
vs 우	0	0	0	0	-	-	-	-
주자있음	0	0	0	0	-	-	-	-
주자없음	0	0	0	0	-	-	-	-
득점권	0	0	0	0	-	-	-	-
노아웃	0	0	0	0	-	-	-	-
원아웃	0	0	0	0	-	-	-	-
투아웃	0	0	0	0	-	-	-	-

팀별 기록

구분	타석	홈런	볼넷	삼진	타율	출루율	장타율	OPS
KIA								
KT								
LG								
SSG								
두산								
롯데								
삼성								
키움								
한화								

이명기 외야수 33

신장 183cm **체중** 87kg **생일** 1987-12-26 **투타** 좌투좌타 **지명** 06 SK 2차 8라운드 63순위
연봉 24,000-27,000-17,500 **학교** 서화초-상인천중-인천고

● '술자리 파문'의 주동자는 아니었지만, 짊어져야 할 굴레의 무게는 똑같다. 7월 이후 모습을 볼 수 없었고, 올해도 기회가 주어질 지는 불투명하다. 사건 전까지는 특이한 변화를 보였다. 생애 가장 많은 타석당 투구수를 기록하며, 가장 자주 볼넷을 얻어냈다. 34살에야 체득한 '기다림의 미학'을 다시 펼쳐보일 기회를 얻을 수 있을까.

기본기록

연도	경기	타석	타수	안타	2루타	3루타	홈런	타점	득점	볼넷	사구	삼진	도루	도루자	타율	출루율	장타율	OPS
2019	139	547	484	142	17	3	2	36	62	48	4	66	14	4	0.293	0.359	0.353	0.712
2020	136	540	477	146	18	3	2	45	82	50	4	78	12	7	0.306	0.374	0.369	0.743
2021	56	232	191	56	12	0	2	14	30	37	1	27	6	3	0.293	0.410	0.387	0.797
통산	925	3692	3277	1019	152	26	28	298	536	292	32	488	102	56	0.311	0.371	0.399	0.770

상황별 기록

상황	타석	홈런	볼넷	삼진	타율	출루율	장타율	OPS
전반기	232	2	37	27	0.293	0.410	0.387	0.797
후반기	0	0	0	0	-	-	-	-
vs 좌	68	1	12	9	0.321	0.441	0.411	0.852
vs 우	143	0	19	16	0.281	0.379	0.364	0.743
주자있음	90	1	18	10	0.304	0.448	0.406	0.854
주자없음	142	1	19	17	0.287	0.387	0.377	0.764
득점권	49	0	7	4	0.300	0.404	0.350	0.754
노아웃	92	0	13	10	0.211	0.326	0.250	0.576
원아웃	78	2	11	7	0.379	0.474	0.545	1.019
투아웃	62	0	13	10	0.306	0.452	0.388	0.840

팀별 기록

구분	타석	홈런	볼넷	삼진	타율	출루율	장타율	OPS
KIA	21	1	3	4	0.389	0.476	0.611	1.087
KT	33	0	6	0	0.269	0.406	0.385	0.791
LG	25	0	3	3	0.273	0.360	0.273	0.633
SSG	17	0	2	6	0.133	0.235	0.200	0.435
두산	19	0	0	4	0.222	0.263	0.278	0.541
롯데	26	0	2	3	0.333	0.385	0.458	0.843
삼성	40	1	9	3	0.433	0.564	0.600	1.164
키움	26	0	5	0	0.190	0.346	0.190	0.536
한화	25	0	7	4	0.294	0.500	0.353	0.853

정진기 외야수 12

신장 185cm **체중** 92kg **생일** 1992-10-10 **투타** 우투좌타 **지명** 11 SK 3라운드 23순위

연봉 4,600-3,500-5,500 **학교** 화순초-화순중-화순고

● 데뷔 후 11년 동안 엄청난 잠재력과 실망스러운 성적을 동시에 보여주며 모두의 애를 태우다 NC로 트레이드됐다. 이후에도 상황은 비슷했다. 가끔 엄청난 장타나 호수비, 빠른 발을 선보여 기대를 품게 했지만, 결국 주전 자리를 꿰차는 데 실패. 나성범이 빠졌지만 손아섭과 박건우가 가세한 올해는 외야 경쟁이 더 힘들어졌다.

기본기록

연도	경기	타석	타수	안타	2루타	3루타	홈런	타점	득점	볼넷	사구	삼진	도루	도루자	타율	출루율	장타율	OPS
2019	13	17	16	3	0	0	0	2	1	1	0	2	0	0	0.188	0.235	0.188	0.423
2020	50	140	126	30	2	2	2	15	14	7	1	34	7	1	0.238	0.279	0.333	0.612
2021	88	206	193	43	8	0	6	21	27	10	1	39	6	3	0.223	0.265	0.358	0.623
통산	361	808	750	173	23	4	22	90	115	36	9	181	28	7	0.231	0.274	0.360	0.634

상황별 기록

상황	타석	홈런	볼넷	삼진	타율	출루율	장타율	OPS
전반기	76	2	3	16	0.197	0.230	0.324	0.554
후반기	130	4	7	23	0.238	0.285	0.377	0.662
vs 좌	47	2	3	12	0.182	0.234	0.341	0.575
vs 우	133	4	7	22	0.236	0.282	0.382	0.664
주자있음	87	3	2	19	0.181	0.200	0.337	0.537
주자없음	119	3	8	20	0.255	0.311	0.373	0.684
득점권	49	1	0	8	0.188	0.188	0.313	0.501
노아웃	76	3	3	14	0.214	0.257	0.357	0.614
원아웃	67	2	5	11	0.258	0.313	0.403	0.716
투아웃	63	1	2	14	0.197	0.222	0.311	0.533

팀별 기록

구분	타석	홈런	볼넷	삼진	타율	출루율	장타율	OPS
KIA	17	0	1	5	0.125	0.176	0.125	0.301
KT	32	0	1	6	0.129	0.156	0.161	0.317
LG	14	0	1	2	0.308	0.357	0.462	0.819
SSG	34	0	2	1	0.226	0.294	0.290	0.584
두산	16	1	1	2	0.200	0.250	0.467	0.717
롯데	31	2	2	8	0.310	0.355	0.517	0.872
삼성	19	0	1	5	0.111	0.158	0.111	0.269
키움	26	1	0	6	0.208	0.208	0.375	0.583
한화	17	2	1	4	0.438	0.471	0.875	1.346

정현 내야수 6

신장 181cm **체중** 88kg **생일** 1994-06-01 **투타** 우투우타 **지명** 13 삼성 1라운드 8순위

연봉 3,000-3,000-4,300 **학교** 수영초-대천중-부산고

● 정진기 리포트에서 연차만 8년으로 바꾸면 정현의 이야기다. 지도자 모두가 대형 내야수가 될 거라 봤지만 유망주의 껍질을 깨지 못하다 어느덧 28세. 방역 파문으로 내야가 붕괴된 지난해가 절호의 기회였지만 살리지 못했다. 돌아올 기존 주전과, 지난해 성장한 미래의 주역들 사이에 끼어버린 정현은 막다른 골목을 탈출할 수 있을까.

기본기록

연도	경기	타석	타수	안타	2루타	3루타	홈런	타점	득점	볼넷	사구	삼진	도루	도루자	타율	출루율	장타율	OPS
2019	27	45	38	3	0	0	0	2	3	6	0	17	1	1	0.079	0.200	0.079	0.279
2020	89	128	112	17	4	0	2	4	14	11	2	34	0	2	0.152	0.240	0.241	0.481
2021	68	149	117	26	5	1	0	7	14	17	7	24	0	1	0.222	0.355	0.282	0.637
통산	386	878	758	186	37	4	11	66	95	61	31	179	8	6	0.245	0.326	0.348	0.674

상황별 기록

상황	타석	홈런	볼넷	삼진	타율	출루율	장타율	OPS
전반기	86	0	9	15	0.279	0.395	0.368	0.763
후반기	63	0	8	9	0.143	0.300	0.163	0.463
vs 좌	40	0	8	6	0.233	0.395	0.267	0.662
vs 우	98	0	9	16	0.192	0.330	0.244	0.574
주자있음	65	0	11	6	0.244	0.456	0.293	0.749
주자없음	84	0	6	18	0.211	0.286	0.276	0.562
득점권	34	0	7	5	0.238	0.484	0.286	0.770
노아웃	65	0	6	8	0.220	0.316	0.340	0.656
원아웃	43	0	5	8	0.257	0.395	0.257	0.652
투아웃	41	0	6	8	0.188	0.366	0.219	0.585

팀별 기록

구분	타석	홈런	볼넷	삼진	타율	출루율	장타율	OPS
KIA	25	0	5	2	0.278	0.458	0.333	0.791
KT	5	0	0	1	0.200	0.200	0.200	0.400
LG	10	0	1	1	0.000	0.100	0.000	0.100
SSG	21	0	1	4	0.316	0.350	0.474	0.824
두산	19	0	3	2	0.154	0.389	0.231	0.620
롯데	28	0	0	4	0.348	0.400	0.435	0.835
삼성	18	0	5	4	0.091	0.412	0.091	0.503
키움	22	0	2	6	0.167	0.286	0.167	0.453
한화	1	0	0	0	0.000	0.000	0.000	0.000

강동연 투수 1

신장 195cm **체중** 94kg **생일** 1992-12-18 **투타** 우투우타 **지명** 11 두산 육성선수

연봉 3,400-4,400-4,200 **학교** 진북초-덕수중-유신고

연도	경기	선발	승	패	세이브	홀드	이닝	안타	홈런	볼넷	사구	삼진	피안타율	WHIP	FIP	ERA	QS	BS
2019	5	0	0	0	0	0	5.0	8	2	0	0	3	0.364	1.60	7.40	5.40	0	0
2020	22	0	1	2	0	1	24.0	27	3	11	1	17	0.293	1.58	5.14	6.00	0	1
2021	12	3	3	2	0	1	23.0	25	4	14	0	14	0.269	1.70	6.20	7.83	0	0
통산	60	3	5	4	0	2	74.1	85	14	36	1	49	0.290	1.63	6.13	6.78	0	2

김건태 투수 24

신장 185cm **체중** 85kg **생일** 1991-10-02 **투타** 우투우타 **지명** 10 넥센 1라운드 2순위

연봉 9,000-8,000-5,300 **학교** 수창초-무등중-진흥고

연도	경기	선발	승	패	세이브	홀드	이닝	안타	홈런	볼넷	사구	삼진	피안타율	WHIP	FIP	ERA	QS	BS
2019	44	0	0	2	0	7	51.1	49	5	16	4	32	0.259	1.27	-	3.68	0	1
2020	33	0	1	1	0	4	35.0	29	4	25	2	37	0.232	1.54	5.24	4.89	0	1
2021	6	0	0	0	0	0	6.2	2	1	7	0	5	0.091	1.35	6.93	5.40	0	0
통산	167	14	5	13	0	12	248.1	264	31	122	24	169	0.277	1.55	5.90	5.26	3	2

김녹원 투수 95

신장 182cm **체중** 88kg **생일** 2003-05-17 **투타** 우투우타 **지명** 22 NC 2차 3라운드 30순위

연봉 3,000 **학교** 광주학강초-무등중-광주제일고

연도	경기	선발	승	패	세이브	홀드	이닝	안타	홈런	볼넷	사구	삼진	피안타율	WHIP	FIP	ERA	QS	BS
2019																		
2020																		
2021																		
통산																		

김시훈 투수 21

신장 188cm **체중** 95kg **생일** 1999-02-24 **투타** 우투우타 **지명** 18 NC 1차

연봉 0-0-3,000 **학교** 양덕초-마산동중-마산고

연도	경기	선발	승	패	세이브	홀드	이닝	안타	홈런	볼넷	사구	삼진	피안타율	WHIP	FIP	ERA	QS	BS
2019	0	0	0	0	0	0	0.0	0	0	0	0	0	-	-	-	-	0	0
2020	0	0	0	0	0	0	0.0	0	0	0	0	0	-	-	-	-	0	0
2021	0	0	0	0	0	0	0.0	0	0	0	0	0	-	-	-	-	0	0
통산	0	0	0	0	0	0	0.0	0	0	0	0	0	-	-	-	-	0	0

김진우 투수 69

신장 176cm **체중** 77kg **생일** 2002-10-28 **투타** 좌투좌타 **지명** 21 NC 2차 10라운드 96순위

연봉 3,000-3,000 **학교** 진북초-전라중-군산상고

연도	경기	선발	승	패	세이브	홀드	이닝	안타	홈런	볼넷	사구	삼진	피안타율	WHIP	FIP	ERA	QS	BS
2019																		
2020																		
2021	0	0	0	0	0	0	0.0	0	0	0	0	0	-	-	-	-	0	0
통산	0	0	0	0	0	0	0.0	0	0	0	0	0	-	-	-	-	0	0

김진호 투수 54

신장 183cm **체중** 90kg **생일** 1998-06-07 **투타** 우투우타 **지명** 17 NC 2차 2라운드 18순위
연봉 2,700-3,000-3,000 **학교** 부곡초-성일중-광주동성고

연도	경기	선발	승	패	세이브	홀드	이닝	안타	홈런	볼넷	사구	삼진	피안타율	WHIP	FIP	ERA	QS	BS
2019	0	0	0	0	0	0	0.0	0	0	0	0	0	-	-	-	-	0	0
2020	3	3	0	1	0	0	10.1	14	5	8	1	7	0.311	2.13	11.10	8.71	0	0
2021	1	1	0	1	0	0	1.0	2	0	3	0	1	0.500	5.00	10.33	27.00	0	0
통산	4	4	0	2	0	0	11.1	16	5	11	1	8	0.327	2.38	11.04	10.32	0	0

김태경 투수 60

신장 188cm **체중** 95kg **생일** 2001-04-07 **투타** 우투우타 **지명** 20 NC 1차
연봉 2,700-3,000-3,300 **학교** 김해삼성초-김해내동중-용마고

연도	경기	선발	승	패	세이브	홀드	이닝	안타	홈런	볼넷	사구	삼진	피안타율	WHIP	FIP	ERA	QS	BS
2019	0	0	0	0	0	0	0.0	0	0	0	0	0	-	-	-	-	0	0
2020	1	0	0	0	0	0	1.0	0	0	1	0	1	0.000	1.00	4.56	0.00	0	0
2021	7	3	0	0	0	0	15.0	11	1	9	1	10	0.208	1.33	4.87	4.80	0	0
통산	8	3	0	0	0	0	16.0	11	1	10	1	11	0.193	1.31	4.85	4.50	0	0

김태현 투수 15

신장 188cm **체중** 95kg **생일** 1998-03-21 **투타** 좌투좌타 **지명** 17 NC 1차
연봉 2,700-3,000-3,000 **학교** 삼성초-김해내동중-김해고

연도	경기	선발	승	패	세이브	홀드	이닝	안타	홈런	볼넷	사구	삼진	피안타율	WHIP	FIP	ERA	QS	BS
2019	0	0	0	0	0	0	0.0	0	0	0	0	0	-	-	-	-	0	0
2020	2	0	0	0	0	0	1.1	2	0	4	0	1	0.333	4.50	11.06	6.75	0	0
2021	6	0	0	0	0	0	5.1	5	0	7	4	3	0.263	2.25	8.39	11.81	0	0
통산	8	0	0	0	0	0	6.2	7	0	11	4	4	0.280	2.70	8.93	10.80	0	0

박동수 투수 94

신장 177cm **체중** 85kg **생일** 1999-05-24 **투타** 우투좌타 **지명** 22 NC 2차 2라운드 20순위
연봉 3,000 **학교** 서울학동초-경원중-덕수고-고려대

연도	경기	선발	승	패	세이브	홀드	이닝	안타	홈런	볼넷	사구	삼진	피안타율	WHIP	FIP	ERA	QS	BS
2019																		
2020																		
2021																		
통산	0	0	0	0	0	0	0.0	0	0	0	0	0	-	-	-	-	0	0

손정욱 투수 50

신장 182cm **체중** 84kg **생일** 1990-12-24 **투타** 좌투좌타 **지명** 13 NC 2라운드 10순위
연봉 4,600-4,400-4,000 **학교** 도곡초-홍은중-덕수고-경희대

연도	경기	선발	승	패	세이브	홀드	이닝	안타	홈런	볼넷	사구	삼진	피안타율	WHIP	FIP	ERA	QS	BS
2019	0	0	0	0	0	0	0.0	0	0	0	0	0	-	-	-	-	0	0
2020	16	0	0	0	0	0	12.0	16	1	5	1	5	0.320	1.75	5.31	5.25	0	0
2021	15	0	1	0	0	0	12.1	17	1	7	0	8	0.333	1.95	4.79	6.57	0	0
통산	150	1	4	2	1	17	112.0	125	10	55	4	78	0.291	1.61	4.97	4.82	0	0

이민호 투수 29

신장 185cm **체중** 90kg **생일** 1993-08-11 **투타** 우투우타 **지명** 12 NC 우선지명

연봉 0-0-10,000 **학교** 수영초-부산중-부산고

연도	경기	선발	승	패	세이브	홀드	이닝	안타	홈런	볼넷	사구	삼진	피안타율	WHIP	FIP	ERA	QS	BS
2019	11	0	0	0	0	0	9.2	14	0	9	1	4	0.318	2.38	5.68	6.52	0	0
2020	0	0	0	0	0	0	0.0	0	0	0	0	0	-	-	-	-	0	0
2021	0	0	0	0	0	0	0.0	0	0	0	0	0	-	-	-	-	0	0
통산	337	36	33	24	31	28	529.0	568	76	226	40	470	0.274	1.50	5.24	4.88	5	14

이용준 투수 48

신장 180cm **체중** 95kg **생일** 2002-05-08 **투타** 우투우타 **지명** 21 NC 2차 2라운드 16순위

연봉 3,000-3,000 **학교** 중대초-양천중-서울디자인고

연도	경기	선발	승	패	세이브	홀드	이닝	안타	홈런	볼넷	사구	삼진	피안타율	WHIP	FIP	ERA	QS	BS
2019																		
2020																		
2021	2	0	0	0	0	0	1.2	3	0	4	0	1	0.375	4.20	9.33	21.60	0	0
통산	2	0	0	0	0	0	1.2	3	0	4	0	1	0.375	4.20	9.33	21.60	0	0

이우석 투수 45

신장 185cm **체중** 80kg **생일** 1996-04-16 **투타** 우투우타 **지명** 21 NC 2차 2라운드 16순위

연봉 3,000-3,300 **학교** 군산남초-군산남중-군산상고

연도	경기	선발	승	패	세이브	홀드	이닝	안타	홈런	볼넷	사구	삼진	피안타율	WHIP	FIP	ERA	QS	BS
2019	6	0	0	0	0	1	5.1	7	0	5	0	4	0.333	2.25	4.72	10.13	0	0
2020	0	0	0	0	0	0	0.0	0	0	0	0	0	-	-	-	-	0	0
2021	10	0	1	0	0	0	9.2	13	1	7	3	8	0.342	2.07	6.13	5.59	0	0
통산	17	0	1	0	0	1	15.1	20	1	13	3	13	0.333	2.15	5.65	7.04	0	0

이주형 투수 102

신장 195cm **체중** 104kg **생일** 2002-12-20 **투타** 우투우타 **지명** 22 NC 2차 6라운드 60순위

연봉 3,000 **학교** 서대문구리틀-충암중-충암고

연도	경기	선발	승	패	세이브	홀드	이닝	안타	홈런	볼넷	사구	삼진	피안타율	WHIP	FIP	ERA	QS	BS
2019																		
2020																		
2021																		
통산																		

임정호 투수 38

신장 188cm **체중** 90kg **생일** 1990-04-16 **투타** 좌투좌타 **지명** 13 NC 3라운드 30순위

연봉 9,200-13,000-10,500 **학교** 성동초-잠신중-신일고-성균관대

연도	경기	선발	승	패	세이브	홀드	이닝	안타	홈런	볼넷	사구	삼진	피안타율	WHIP	FIP	ERA	QS	BS
2019	6	0	0	1	0	0	4.2	3	0	2	0	6	0.176	1.07	2.12	3.86	0	0
2020	69	0	2	2	0	22	41.0	32	3	20	7	38	0.221	1.27	4.63	4.61	0	0
2021	60	0	0	4	0	12	34.2	37	2	25	3	24	0.278	1.79	4.95	4.15	0	0
통산	316	0	5	10	1	62	182.0	158	10	99	23	184	0.239	1.41	4.24	4.35	0	0

임지민 투수 101

신장 185cm **체중** 82kg **생일** 2003-10-11 **투타** 우투우타 **지명** 22 NC 2차 5라운드 50순위
연봉 3,000 **학교** 가평리틀-춘천중-강원고

연도	경기	선발	승	패	세이브	홀드	이닝	안타	홈런	볼넷	사구	삼진	피안타율	WHIP	FIP	ERA	QS	BS
2019																		
2020																		
2021																		
통산																		

조민석 투수 105

신장 180cm **체중** 81kg **생일** 1998-12-21 **투타** 우투우타 **지명** 22 NC 2차 9라운드 90순위
연봉 3,000 **학교** 남산초-천안북중-부천고-원광대

연도	경기	선발	승	패	세이브	홀드	이닝	안타	홈런	볼넷	사구	삼진	피안타율	WHIP	FIP	ERA	QS	BS
2019																		
2020																		
2021																		
통산																		

권희동 외야수 36

신장 177cm **체중** 85kg **생일** 1990-12-30 **투타** 우투우타 **지명** 13 NC 9라운드 84순위
연봉 13,500-17,000-11,000 **학교** 동천초-경주중-경주고-경남대

연도	경기	타석	타수	안타	2루타	3루타	홈런	타점	득점	볼넷	사구	삼진	도루	도루자	타율	출루율	장타율	OPS
2019	116	413	348	89	17	0	6	41	37	50	7	60	3	0	0.256	0.358	0.356	0.714
2020	123	426	346	90	16	0	12	50	67	58	11	72	3	0	0.260	0.379	0.410	0.789
2021	55	171	133	35	3	0	8	26	25	29	5	24	2	0	0.263	0.406	0.466	0.872
통산	775	2651	2253	591	104	6	76	359	329	289	50	431	22	9	0.262	0.355	0.415	0.770

김응민 포수 44

신장 178cm **체중** 90kg **생일** 1991-10-22 **투타** 우투우타 **지명** 10 두산 육성선수
연봉 3,200-4,900-4,900 **학교** 이수초-건대부중-중앙고

연도	경기	타석	타수	안타	2루타	3루타	홈런	타점	득점	볼넷	사구	삼진	도루	도루자	타율	출루율	장타율	OPS
2019	8	13	13	3	1	0	0	0	0	0	0	6	0	0	0.231	0.231	0.308	0.539
2020	45	85	76	17	1	0	0	5	7	5	1	22	0	0	0.224	0.280	0.237	0.517
2021	1	2	2	0	0	0	0	0	0	0	0	0	0	0	0.000	0.000	0.000	0.000
통산	70	116	105	23	2	0	1	10	8	5	3	29	0	0	0.219	0.274	0.267	0.541

김한별 외야수 68

신장 177cm **체중** 85kg **생일** 2001-01-18 **투타** 우투우타 **지명** 20 NC 2차 7라운드 61순위
연봉 2,700-0-3,000 **학교** 효제초-선린중-배재고

연도	경기	타석	타수	안타	2루타	3루타	홈런	타점	득점	볼넷	사구	삼진	도루	도루자	타율	출루율	장타율	OPS
2019																		
2020	0	0	0	0	0	0	0	0	0	0	0	0	0	0	-	-	-	-
2021	0	0	0	0	0	0	0	0	0	0	0	0	0	0	-	-	-	-
통산	0	0	0	0	0	0	0	0	0	0	0	0	0	0	-	-	-	-

도태훈 내야수 10

신장 184cm **체중** 85kg **생일** 1993-03-18 **투타** 우투좌타 **지명** 16 NC 육성선수

연봉 3,200-3,200-4,000 **학교** 양정초-개성중-부산고-동의대

연도	경기	타석	타수	안타	2루타	3루타	홈런	타점	득점	볼넷	사구	삼진	도루	도루자	타율	출루율	장타율	OPS
2019	0	0	0	0	0	0	0	0	0	0	0	0	0	0	-	-	-	-
2020	11	13	11	2	0	0	0	1	0	2	0	3	0	0	0.182	0.308	0.182	0.490
2021	77	76	66	12	1	0	1	9	10	6	4	14	1	0	0.182	0.289	0.242	0.531
통산	152	189	165	32	2	0	3	19	19	17	7	31	1	0	0.194	0.296	0.261	0.557

윤형준 내야수 27

신장 186cm **체중** 97kg **생일** 1994-01-31 **투타** 우투우타 **지명** 13 NC 4라운드 31순위

연봉 0-3,000-4,000 **학교** 서림초-무등중-진흥고

연도	경기	타석	타수	안타	2루타	3루타	홈런	타점	득점	볼넷	사구	삼진	도루	도루자	타율	출루율	장타율	OPS
2019	0	0	0	0	0	0	0	0	0	0	0	0	0	0	-	-	-	-
2020	0	0	0	0	0	0	0	0	0	0	0	0	0	0	-	-	-	-
2021	51	81	74	22	0	0	5	10	10	3	0	17	0	1	0.297	0.321	0.500	0.821
통산	62	104	97	27	1	0	5	13	10	3	0	26	0	1	0.278	0.297	0.443	0.740

이재용 포수 28

신장 182cm **체중** 86kg **생일** 1999-02-28 **투타** 우투우타 **지명** 17 NC 2차 5라운드 48순위

연봉 0-3,000-3,000 **학교** 구리리틀-자양중-배재고

연도	경기	타석	타수	안타	2루타	3루타	홈런	타점	득점	볼넷	사구	삼진	도루	도루자	타율	출루율	장타율	OPS
2019	0	0	0	0	0	0	0	0	0	0	0	0	0	0	-	-	-	-
2020	0	0	0	0	0	0	0	0	0	0	0	0	0	0	-	-	-	-
2021	0	0	0	0	0	0	0	0	0	0	0	0	0	0	-	-	-	-
통산	0	0	0	0	0	0	0	0	0	0	0	0	0	0	-	-	-	-

전민수 외야수 35

신장 177cm **체중** 76kg **생일** 1989-03-18 **투타** 우투좌타 **지명** 08 현대 2차 4라운드 27순위

연봉 5,000-5,000-5,000 **학교** 사당초-서울이수중-덕수고

연도	경기	타석	타수	안타	2루타	3루타	홈런	타점	득점	볼넷	사구	삼진	도루	도루자	타율	출루율	장타율	OPS
2019	75	106	96	23	7	0	0	8	8	9	0	18	2	1	0.240	0.305	0.313	0.618
2020	4	6	5	1	0	0	0	0	0	1	0	2	0	0	0.200	0.333	0.200	0.533
2021	71	109	98	25	3	0	3	16	12	11	0	23	0	0	0.255	0.330	0.378	0.708
통산	315	663	591	155	35	1	7	66	71	58	4	128	9	4	0.262	0.332	0.360	0.692

정범모 포수 16

신장 184cm **체중** 94kg **생일** 1987-03-26 **투타** 우투우타 **지명** 06 한화 2차 3라운드 18순위

연봉 5,500-5,000-4,700 **학교** 내덕초-청주중-청주기공고-영남사이버대

연도	경기	타석	타수	안타	2루타	3루타	홈런	타점	득점	볼넷	사구	삼진	도루	도루자	타율	출루율	장타율	OPS
2019	25	45	40	9	1	0	2	4	4	3	0	15	1	1	0.225	0.279	0.400	0.679
2020	0	0	0	0	0	0	0	0	0	0	0	0	0	0	-	-	-	-
2021	19	23	19	4	1	0	1	5	2	2	1	4	0	0	0.211	0.318	0.421	0.739
통산	480	1075	936	195	47	0	19	95	85	80	10	261	13	10	0.208	0.276	0.319	0.595

최승민 외야수 9

신장 181cm 체중 73kg 생일 1996-07-01 투타 우투좌타 지명 15 NC 육성선수

연봉 3,000-3,000-3,300 학교 서울학동초-대치중-신일고

연도	경기	타석	타수	안타	2루타	3루타	홈런	타점	득점	볼넷	사구	삼진	도루	도루자	타율	출루율	장타율	OPS
2019	24	10	9	4	1	0	0	1	5	1	0	2	6	2	0.444	0.500	0.556	1.056
2020	0	0	0	0	0	0	0	0	0	0	0	0	0	0	-	-	-	-
2021	48	34	31	7	1	0	0	1	8	1	0	7	4	3	0.226	0.250	0.258	0.508
통산	72	44	40	11	2	0	0	2	13	2	0	9	10	5	0.275	0.310	0.325	0.635

최우재 외야수 32

신장 186cm 체중 90kg 생일 1997-04-11 투타 우투좌타 지명 16 NC 2차 5라운드 48순위

연봉 0-3,000-3,000 학교 광주수창초-진흥중-진흥고

연도	경기	타석	타수	안타	2루타	3루타	홈런	타점	득점	볼넷	사구	삼진	도루	도루자	타율	출루율	장타율	OPS
2019	0	0	0	0	0	0	0	0	0	0	0	0	0	0	-	-	-	-
2020	0	0	0	0	0	0	0	0	0	0	0	0	0	0	-	-	-	-
2021	2	2	2	0	0	0	0	0	0	0	0	0	0	0	0.000	0.000	0.000	0.000
통산	2	2	2	0	0	0	0	0	0	0	0	0	0	0	0.000	0.000	0.000	0.000

PLAYER LIST

육성선수

성명	포지션	등번호	생일	신장	체중	투타	최초입단연도	최초입단구단	연봉
강태경	투수	61	2001-07-26	188	95	우좌	2020	NC 다이노스	3,200
김재균	투수	65	1999-01-17	176	83	좌좌	2018	NC 다이노스	3,000
노상혁	투수	43	1997-09-21	190	94	우우	2020	NC 다이노스	3,000
노시훈	투수	63	1998-08-04	188	95	우우	2019	NC 다이노스	3,000
안인산	투수	42	2001-02-27	181	95	우우	2020	NC 다이노스	3,000
이준혁	투수	92	2003-06-30	184	87	우우	2022	NC 다이노스	3,000
이현우	투수	103	2003-05-05	183	90	우우	2022	NC 다이노스	3,000
서의태	투수	58	1997-09-05	194	115	좌좌	2016	KT 위즈	3,000
전사민	투수	57	1999-07-06	194	85	우우	2019	NC 다이노스	3,000
하준수	투수	62	2000-05-07	189	95	우우	2019	NC 다이노스	3,000
한건희	투수	66	2000-09-04	188	105	우우	2020	NC 다이노스	3,000
한재승	투수	55	2001-11-21	180	90	우우	2021	NC 다이노스	3,000
김정호	포수	56	1998-07-13	172	84	우우	2021	NC 다이노스	3,000
박성재	포수	80	2003-03-21	179	85	우우	2022	NC 다이노스	3,000
김수윤	내야수	3	1998-07-16	180	83	우우	2017	NC 다이노스	3,000
김준상	내야수	00	2002-03-16	179	80	우우	2021	NC 다이노스	3,000
서준교	내야수	106	2003-05-23	181	83	우우		NC 다이노스	3,000
오태양	내야수	14	2002-04-25	178	67	우우	2021	NC 다이노스	3,000
이한	내야수	100	2003-08-25	181	83	우좌	2022	NC 다이노스	3,000
조효원	내야수	96	1999-03-10	180	87	우우	2022	NC 다이노스	3,000
최보성	내야수	49	1998-10-16	181	88	우우	2018	NC 다이노스	3,200
오승택	외야수	104	1998-06-17	186	88	우우	2022	NC 다이노스	3,000
오장한	외야수	30	2002-05-20	185	90	우좌	2021	NC 다이노스	3,000
이인혁	외야수	0	1999-01-03	183	89	좌좌	2018	NC 다이노스	3,000
천재환	외야수	23	1994-04-01	181	83	우우	2017	NC 다이노스	3,000

군보류

성명	포지션	생일	신장	체중	투타	최초입단연도	최초입단구단	입대일	전역일
배민서	투수	1999-11-18	184	81	우우	2019	NC 다이노스	2021-12-13	2023-06-12
배재환	투수	1995-02-24	186	95	우우	2014	NC 다이노스	2021-03-22	2022-09-21
소이현	투수	1999-02-09	185	93	우우	2017	NC 다이노스	2021-10-19	2023-09-18
이승헌	투수	1995-12-20	180	93	좌좌	2018	NC 다이노스	2021-10-14	2023-10-13
최성영	투수	1997-04-28	180	85	좌좌	2016	NC 다이노스	2021-03-22	2022-09-21
김형준	포수	1999-11-02	187	98	우우	2018	NC 다이노스	2021-03-22	2022-09-21
최정원	내야수	2000-06-24	176	70	우좌	2019	NC 다이노스	2021-12-13	2023-06-12
김성욱	외야수	1993-05-01	181	83	우우	2012	NC 다이노스	2021-03-22	2022-09-21
박시원	외야수	2001-05-30	185	85	우좌	2020	NC 다이노스	2021-11-21	2023-05-21

육성군보류

성명	포지션	생일	신장	체중	투타	최초입단연도	최초입단구단	입대일	전역일
박지한	투수	2000-10-21	185	90	좌좌	2019	NC 다이노스	2021-12-14	2023-06-13
이종준	투수	2001-03-09	191	93	우우	2020	NC 다이노스	2021-12-13	2023-06-12
임형원	투수	2001-09-15	183	73	우우	2020	NC 다이노스	2021-05-11	2023-02-05
최시혁	투수	2000-07-19	190	85	우우	2019	NC 다이노스	2021-03-09	2022-02-02
김철호	내야수	1998-02-06	182	87	우좌	2018	NC 다이노스	2021-06-28	2022-12-27
한재환	내야수	2001-10-19	177	89	우우	2020	NC 다이노스	2021-09-06	2023-03-05
김범준	외야수	2000-04-20	183	90	우우	2019	NC 다이노스	2021-05-21	2023-02-20

LOTTE GIANTS

LOTTE Giants BUSAN 1982

롯데 자이언츠

첫해부터 삐걱대던 성민규 단장-허문회 감독 체제는 5월 11일 파국을 맞았다. 구단은 이날 허 감독을 경질하고 래리 서튼 2군 감독을 새 감독으로 임명한다고 발표했다. "구단과 감독이 가고자 하는 방향성 차이가 지속됐다"는 게 공식적인 경질 사유다. 이때까지 롯데는 12승 18패로 5할 승률 -6승이었다. 서튼 체제에서는 53승 53패 8무 승률 5할로 향상됐다. 하지만 5위 키움과 4경기 차 포스트시즌 진출 실패를 피할 수는 없었다. 정규시즌 141번째 경기인 10월 27일 사직 KIA전에서 2-3으로 역전패하며 탈락이 확정됐다. 12월 24일 팀 역대 최다안타(2,077)를 친 손아섭이 FA로 NC로 이적했다. 창단 이후 최고 유격수 수비를 보여준 딕슨 마차도와는 재계약을 포기했다. 2월 사직구장에는 외야를 넓히고 홈플레이트를 뒤로 내리는 공사가 진행됐다.

2021 좋았던 일

팀 타격이 살아났다. 2020년 롯데 타선의 OPS는 0.762로 리그 5위였다. 지난해엔 0.756으로 떨어졌지만 리그 전체 평균은 더 떨어졌다. OPS 순위는 3위로 두 계단 올랐다. 2021년 리그 OPS는 전년보다 0.028 감소했다. 하지만 롯데는 9개 야수 포지션 중 1루수, 유격수, 우익수를 제외하곤 플러스였다. 강민호가 떠난 뒤 롯데 포수진의 공격력은 3년 연속 리그 최저 수준이었다. 지난해엔 OPS 0.695으로 리그 평균 수준으로 올라갔다. 박세웅은 네 시즌 만에 10승 투수가 됐고, 김원중은 세이브 부문 넘버 투였다. 두 투수 모두 개인 최고 구속 기록을 경신했다. 지난해 롯데 투수진 포심 평균구속은 시속 144.8km였다. 아마 역대 최고일 것이다. 투수 육성에 대한 투자가 효과를 나타냈다. 야수의 투수 등판, 이대호의 포수 데뷔는 어쨌든 팬을 즐겁게 했다.

2021 나빴던 일

공은 빨라졌지만 투구 내용은 매우 나빴다. 지난해 롯데의 팀 평균자책점(5.38)은 리그 꼴찌였다. 10개 구단에서 유일하게 전년 대비 평균자책점이 올라간 팀이 롯데였다. 선발진은 0.74, 불펜은 0.71 상승했다. 모두 리그에서 가장 높았다. 볼넷 657개는 창단 이후 최다였다. 타선은 활발했지만 팀의 상징인 이대호는 WAR 1.11승으로 3년 연속 부진했다. 강민호 대신 FA로 영입했던 민병헌은 4시즌 평균 WAR 1.06만 기록한 뒤 건강 문제로 은퇴했다. 포수진의 타격은 나아졌다. 2019년에 이어 두 번째로 세 자릿수 폭투(102)를 기록했다. 지난해 세계 주요 프로야구 리그 최다였다. 스플리터 구사율 리그 2위인 투수진 책임도 있다. 하지만 구사율 1위 NC의 폭투는 75개, 3위인 SSG는 41개였다. 허문회 전 감독의 경질은 너무 늦었다.

래리 서튼 감독 70

신장	182cm	체중	82kg	생일	1970-05-14	투타	좌투좌타
연봉	비공개			학교	일리노이대		

롯데는 독특한 인사를 자주 하는 팀이다. 서튼은 제리 로이스터 이후 두 번째 롯데의 외국인 감독이자 KBO 리그 1호 외국인선수 출신 감독이다. 2005년 한국 땅을 밟은 뒤 현대와 KIA에서 246경기 타율 0.280에 56홈런 OPS 0.929를 기록했다. 2020년 롯데 2군 감독을 맡으며 한국에 재입국했고 지난해 롯데의 20대 감독이 됐다. 시즌 중 인사였지만 대행을 거치지 않았다. 영입 당시부터 차기 감독 후보라는 시각이 많았다. 적어도 전임 감독은 그렇게 믿었다. 허 전 감독은 베테랑 위주 라인업을 고수했고 2군에서 선수를 거의 불러올리지 않았다. 서튼 체제에선 젊은 선수 다수가 기회를 얻었다. 2020년 롯데에서 25세 이하 선수 타석은 760회에 불과했다. 지난해엔 1,407회로 두 배 가량이었다. 시즌 뒤 코치진이 대폭 개편됐다. 리더십이 필요해질 것이다.

구단 정보

창단	연고지	홈구장	우승	홈페이지
1982	부산	사직야구장	2회(84,92)	www.giantsclub.com

2021시즌 성적

순위	경기	승	패	무	승률
8	144	65	71	8	0.478
타율	출루율	장타율	홈런	도루	실책
0.278(1)	0.356(2)	0.399(4)	107(6)	60(10)	85(1)
ERA	선발ERA	구원ERA	탈삼진	볼넷허용	피홈런
5.38(10)	5.15(9)	5.68(10)	1,055(3)	657(9)	133(8)

최근 10시즌 성적

연도	순위	승	패	무	승률
2011	3	72	56	5	0.563
2012	3	65	62	6	0.512
2013	5	66	58	4	0.532
2014	7	58	69	1	0.457
2015	8	66	77	1	0.462
2016	8	66	78	0	0.458
2017	3	80	62	2	0.563
2018	7	68	74	2	0.479
2019	10	48	93	3	0.34
2020	7	71	72	1	0.497

2021시즌 월별 성적

월	순위	승	패	무	승률
4	8	10	13	0	0.435
5	10	5	16	1	0.238
6	3	15	11	0	0.577
7-8	5	11	10	2	0.524
9	4	14	12	1	0.538
10	5	10	9	4	0.526
포스트					

COACHING STAFF

코칭스태프

성명	보직	등번호	생일	신장	체중	투타	출신교
문규현	수석	77	1983-07-05	185	92	우투우타	군산상고
마인홀드	투수	81	1986-03-08	185	83	좌투좌타	코커대
링	피칭 코디네이터	80	1980-12-21	183	100	좌투좌타	샌디에이고주립대
임경완	불펜	75	1975-11-26	186	95	우투우타	경남고-인하대
롱	타격	89	1973-02-03	188	97	우투우타	프랭크 도비고
나경민	타격 보조 외야 보조	82	1991-12-12	177	80	좌투좌타	덕수고
김평호	작전, 주루	71	1963-12-23	172	75	우투양타	군산상고 – 동국대
레어드	배터리	90	1979-11-13	185	104	우투우타	사이프러스대
백어진	QC	93	1990-11-26	181	83	우투우타	진흥고-홍익대
정호진	퓨처스 감독 퓨처스 배터리	88	1974-01-05	173	98	우투우타	용마고-부산정보대
강영식	퓨처스 투수	78	1981-06-17	189	100	좌투좌타	상원고
이재율	퓨처스 불펜	74	1986-05-28	179	82	우투우타	부산고
이병규	퓨처스 타격	88	1983-10-09	178	90	좌투좌타	경북고-한양대
김동한	퓨처스 수비	73	1988-06-24	174	74	우투우타	장충고 – 동국대
전준호	퓨처스 작전 주루	72	1969-02-15	180	72	좌투좌타	마산고-영남대
정태승	잔류군 재활	95	1988-03-17	178	96	좌투좌타	유신고-성균관대

2022 팀 이슈

롯데는 사직구장 홈플레이트를 본부석 쪽으로 2.884m 이동시켰다. 외야 펜스까지 거리는 종전 중앙 118m, 좌우 95m에서 중앙 120.5m, 좌우 95.8m로 길어졌다. 4.8m로 국내에서 가장 높았던 외야 펜스는 6m가 됐다. 타자보다 투수에게 유리한 변화다. 이유는 있다. 지난해 롯데 투수들은 홈에서 평균자책점 5.72으로 원정(5.02)에서보다 훨씬 고전했다. 최근 3시즌 사직구장 평균 홈런 마진은 −17.7개였다. 투수친화적 환경에서 유망주 투수들의 성장에 올시즌과 미래의 성패가 달려 있다. 지난해 믿을 만한 내국인 선발은 한 명, 구원투수는 세 명뿐이었다. DJ 피터스의 영입은 넓어진 외야를 염두에 둔 결정이다. 마차도의 후임 유격수인 이학주가 실패하면 롯데 내야 수비는 재앙적 상황에 몰린다. 지난해에도 수비 WAR은 리그 꼴찌였다.

2022 최상 시나리오

거인의 별

이번에야
말로!!!

박찬호도 왕년에 공만 빠른 투수였다. 단점보다는 장점을 살리는 육성 기조가 자리가 잡히며 투수 유망주들이 두각을 나타낸다. 2021년의 평균자책점과 볼넷은 미리 낸 세금이었다. 환급액이 쏠쏠하다. 글렌 스파크맨은 지난해 오릭스에서의 부진이 실력 문제가 아니었음을 입증한다. 찰리 반스는 브룩스 레일리를 능가하는 활약을 한다. 3루수 한동희는 타구 발사각도를 높이면서 첫 20홈런 시즌을 보낸다. 외야에는 젊은 주전 선수 한 명이 탄생한다. 베테랑 전준우와 안치홍, 정훈은 자기 역할을 해 준다. 팀 전체적으로 홈런은 줄었지만 득점생산력은 크게 줄어들지 않는다. 팀 도루는 6시즌 만에 세 자릿수를 찍는다. 코로나19에서 벗어나 사직구장을 찾은 관중은 모처럼 만인 '뛰는 야구'에 즐거워 한다. 이대호의 KBO 리그 은퇴경기 무대는 한국시리즈다.

2022 최악 시나리오

사직구장은 히터스파크에서 피처스파크로 변했다. 롯데의 구장 변경 결정은 프로야구 역사에 남을 미스라는 평가를 받는다. 투수진은 지난해 한화의 통산 시즌 볼넷 1위(673) 기록을 경신한다. 외야가 넓어지든 좁아지든 볼넷에는 영향을 거의 주지 않는다는 사실이 새삼 발견된다. 피처스파크를 홈으로 쓰는 팀은 수비가 좋아야 하는 게 철칙이다. 2018년 이후 롯데의 수비 WAR 순위는 9위, 10위, 7위, 10위였다. 2022년에도 순위는 10위다. 이학주의 재기 실패로 롯데 유격수는 뚜렷한 주전이 없는 포지션이 된다. 2루수와 3루수의 수비 범위는 리그 최저 수준으로 떨어진다. 피터스는 5툴에서 하나만 모자라는 선수다. 배트에 공을 맞추지 못하는 약점은 조기 방출과 외야진 혼란으로 이어진다. 롯데는 프로야구 사상 최초로 10번째 최하위 기록을 세운다.

김원중 투수 34

신장 192cm **체중** 96kg **생일** 1993-06-14

투타 우투좌타 **지명** 12 롯데 1라운드 5순위

연봉 10,000-17,000-28,000

학교 광주학강초-광주동성중-광주동성고

순위기록

WAR 0.55 — 2.26(34위)

WPA 0.00 — 2.20(9위)

땅볼/뜬공 0.99 — 0.86(85위)

삼진율(%) 18.6 — 23.9(18위)

볼넷비율(%) 9.9 — 10.4(84위)

헛스윙율(%) 21.4 — 32.4(1위)

기본기록

연도	경기	선발	승	패	세이브	홀드	이닝	안타	홈런	볼넷	사구	삼진	피안타율	WHIP	FIP	ERA	QS	BS
2019	28	17	5	10	0	1	102.1	127	13	47	6	93	0.300	1.70	4.76	5.63	6	0
2020	58	0	5	4	25	0	59.1	52	8	23	0	57	0.235	1.26	4.30	3.94	0	8
2021	61	0	4	4	35	0	62.2	50	6	28	3	64	0.217	1.24	3.83	3.59	0	5
통산	219	73	29	34	60	2	505.0	560	71	254	33	463	0.281	1.61	5.25	5.63	19	13

상황별 기록

상황	안타	2루타	3루타	홈런	볼넷	사구	삼진	폭투	보크	피안타율
전반기	35	6	0	4	14	1	31	3	0	0.267
후반기	15	2	0	2	14	2	33	5	0	0.152
vs 좌	26	4	0	4	14	1	24	3	0	0.208
vs 우	24	4	0	2	14	2	40	5	0	0.229
주자없음	27	3	0	1	12	1	43	0	0	0.211
주자있음	23	5	0	5	16	2	21	8	0	0.225
득점권	14	2	0	3	11	1	14	3	0	0.233
만루	2	0	0	0	1	0	1	0	0	0.286

구종별 기록

구종	평균구속	순위	백분율	구사율(%)	피안타율
포심	147	25	8.3%	46.5%	0.319
투심/싱커	-	-	-	-	-
슬라이더/커터	134	60	20.9%	0.3%	0.000
커브	118	114	46.5%	11.8%	0.125
체인지업	-	-	-	-	-
포크볼	133	38	28.1%	41.2%	0.113
너클볼/기타	-	-	-	-	-

존별 기록

VS 우타

0.000 0/3	- 0/0	0.333 1/3	0.000 0/1	- 0/0
0.000 0/1	0.500 1/2	0.500 4/8	0.000 0/7	1.000 1/1
0.000 0/2	0.500 4/8	0.400 4/10	0.300 3/10	0.000 0/1
0.000 0/1	0.400 2/5	0.286 4/14	0.000 0/7	- 0/0
0.000 0/2	0.000 0/6	0.000 0/3	0.000 0/8	0.000 0/2

VS 좌타

- 0/0	0.000 0/2	0.333 1/3	0.250 1/4	- 0/0
- 0/0	0.400 2/5	0.571 4/7	0.222 2/9	0.500 1/2
- 0/0	0.400 2/5	0.200 2/10	0.143 2/14	0.000 0/5
- 0/0	0.000 0/6	0.429 3/7	0.125 2/16	0.250 1/4
0.000 0/1	0.000 0/3	0.100 1/10	0.222 2/9	0.000 0/3

투수 시점

● 전업 마무리 두 번째 시즌에 35세이브를 따내며 오승환에 이어 이 부문 2위에 올랐다. 역대 롯데 마무리 중에선 2017년 손승락(37)에 이은 두 번째였다. 세이브성공률은 25세이브를 기록했던 2020년 75.8%에서 87.5%로 향상됐다. 좋은 스터프를 가졌지만 선발로 고전했던 투수가 보직 전환으로 성공을 거둔 케이스다. 지난해 빠른공 평균구속은 시속 147.2km까지 나왔다. 투구 패턴은 단순하다. 빠른공과 스플리터를 위주로 커브를 12% 비율로 섞는다. 지난해 스플리터 구사율(41.3%)은 50이닝 이상 기준 리그에서 두 번째로 높았다. 스플리터 피안타율 0.113에 구종가치는 구원투수 중 키움 김태훈 다음으로 높았다. 좌우 타자 모두에게 효과적이었다. 스플리터는 직구가 빠를수록 효과를 나타낸다. 구속 유지가 중요하다. 지난해 빠른공 피장타율이 0.517로 불안했고 구위에도 기복이 있었다. 제구력은 여전히 약점이다. 9이닝당 볼넷이 4.02개였다.

박세웅 투수 21

신장 182cm **체중** 85kg **생일** 1995-11-30	
투타 우투우타 **지명** 14 kt 1차	
연봉 11,000-16,500-26,000	
학교 경운초-경운중-경북고	

순위기록

항목	리그 평균	기록(순위)
WAR	0.55	4.01(12위)
WPA	0.00	-0.23(189위)
땅볼/뜬공	0.99	1.37(26위)
삼진율(%)	18	18.2(68위)
볼넷비율(%)	9.9	7.7(30위)
헛스윙율(%)	21.4	21.9(58위)

기본기록

연도	경기	선발	승	패	세이브	홀드	이닝	안타	홈런	볼넷	사구	삼진	피안타율	WHIP	FIP	ERA	QS	BS
2019	12	12	3	6	0	0	60.0	66	3	23	0	44	0.278	1.48	3.74	4.20	3	0
2020	28	28	8	10	0	0	147.1	177	20	47	8	108	0.298	1.52	4.97	4.70	8	0
2021	28	28	10	9	0	0	163.0	141	20	53	10	125	0.229	1.19	4.55	3.98	18	0
통산	168	156	43	59	0	0	843.2	926	107	324	49	649	0.280	1.48	5.03	4.94	62	0

상황별 기록

상황	안타	2루타	3루타	홈런	볼넷	사구	삼진	폭투	보크	피안타율
전반기	81	15	0	14	29	6	73	14	0	0.237
후반기	60	9	0	6	24	4	52	3	0	0.219
vs 좌	80	16	0	10	41	3	70	8	0	0.253
vs 우	61	8	0	10	12	7	55	9	0	0.203
주자없음	84	12	0	12	29	5	73	1	0	0.223
주자있음	57	12	0	8	24	5	52	16	0	0.238
득점권	32	7	0	4	17	3	25	4	0	0.248
만루	4	2	0	0	3	0	2	0	0	0.333

구종별 기록

구종	평균구속	순위	백분율	구사율(%)	피안타율
포심	145	48	15.8%	47.3%	0.289
투심/싱커	144	29	21.5%	0.3%	0.333
슬라이더/커터	137	17	5.9%	21.3%	0.203
커브	120	85	34.7%	19.6%	0.139
체인지업	127	137	65.6%	0.2%	0.500
포크볼	131	55	40.7%	11.1%	0.181
너클볼/기타	-	-	-	-	-

존별 기록

VS 우타

0.000 0/1	0.000 0/1	0.333 2/6	0.000 0/4	0.000 0/1
0.333 1/3	0.308 4/13	0.273 6/22	0.211 4/19	0.250 1/4
0.346 9/26	0.115 3/26	0.304 7/23	0.111 2/18	- 0/0
0.217 5/23	0.231 6/26	0.250 8/32	0.182 2/11	0.000 0/2
0.000 0/8	0.045 1/22	0.000 0/6	0.000 0/3	- 0/0

VS 좌타

- 0/0	0.250 2/8	0.000 0/1	0.333 1/3	0.000 0/4
0.333 1/3	0.300 3/10	0.600 15/25	0.444 8/18	0.000 0/5
0.250 1/4	0.263 5/19	0.316 6/19	0.226 7/31	0.273 3/11
0.500 1/2	0.167 3/18	0.293 12/41	0.167 6/36	0.286 2/7
0.000 0/4	0.000 0/8	0.071 1/14	0.150 3/20	0.000 0/5

투수 시점

박세웅은 2017년 12승을 따내며 롯데의 차세대 에이스로 주목받았다. 하지만 이 시즌 후반부터 폼이 떨어졌다. 몸 상태가 문제였다. 다음 두 시즌 부상으로 모두 60이닝 이하 투구만 했다. 2020년에도 평균자책점 4.70으로 부진했다. 지난해는 2017년 이후 가장 좋았다. 통산 두 번째 10승과 3점대 평균자책점을 기록했다. 패스트볼 구위가 올라왔다. 평균 시속 145.5km로 전년보다 시속 2.5km나 올라갔다. 포심 구사율이 2020년 34.5%에서 지난해 47.4%로 올라간 이유다. 스플리터 대신 슬라이더를 아웃피치로 삼은 점도 주효했다. 지난해 슬라이더 구종가치(17.8)가 리그 1위였다. 부상 뒤 흐트러졌던 제구력도 두 시즌 연속 9이닝당 볼넷 3개 미만으로 안정적이었다. 지난해 리그 1위였던 인플레이 타구 타율(0.256) 유지가 관건이다. 외야 타구 비율(46.2%)이 리그 4위에 게인 통산 가장 낮았고, 땅볼/뜬공 아웃 비율이 1.40(6위)으로 높아진 건 긍정적이다.

반즈 투수 28

신장	189cm	**체중**	91kg	**생일**	1995-10-01
투타	좌투좌타	**지명**	22 롯데 자유선발		
연봉	$610,000				
학교	Clemson(대)				

순위기록

WAR	0.55
WPA	0.00
땅볼/뜬공	0.99
삼진율(%)	18.6
볼넷비율(%)	9.9
헛스윙율(%)	21.4

기본기록

연도	경기	선발	승	패	세이브	홀드	이닝	안타	홈런	볼넷	사구	삼진	피안타율	WHIP	FIP	ERA	QS	BS
2019																		
2020																		
2021																		
통산																		

상황별 기록

상황	안타	2루타	3루타	홈런	볼넷	사구	삼진	폭투	보크	피안타율
전반기										
후반기										
vs 좌										
vs 우										
주자없음										
주자있음										
득점권										
만루										

구종별 기록

구종	평균구속	순위	백분율	구사율(%)	피안타율
포심					
투심/싱커					
슬라이더/커터					
커브					
체인지업					
포크볼					
너클볼/기타					

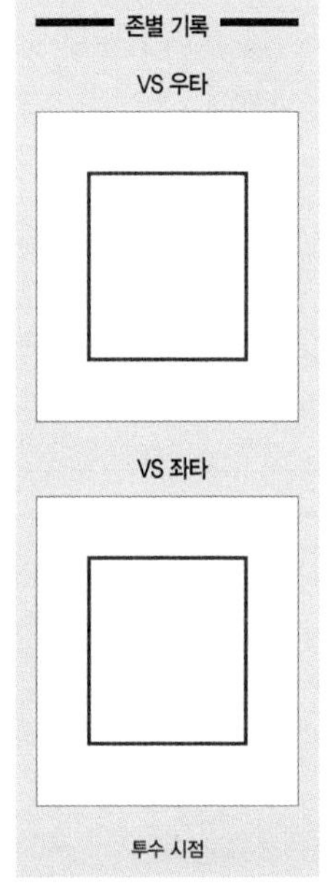

● 27세 젊은 왼손투수. 지난해 미네소타에서 메이저리그에 데뷔했다. 9경기(선발 8회)에서 무승 3패 평균자책점 5.92에 WHIP 1.63으로 부진했다. 8월 15일 탬파베이 상대 5이닝 3피안타 1실점 노디시전이 최고 투구였다. 패스트볼 평균 시속 145km로 지난해 메이저리그 하위 10%였다. 회전수는 하위 1%로 더 좋지 않았다. 구위보다는 구속, 로케이션, 구종 변화로 타자 타이밍을 빼앗는 타입이다. 체인지업은 2017년 드래프트에서 뽑힌 투수 가운데 최고로 평가됐다. 슬라이더도 효과가 좋았다. 바깥쪽 낮은 스트라이크존 활용에 능해 장타를 적게 맞는다. 마이너리그에선 통산 평균자책점 3.71, 9이닝당 홈런 0.63, 볼넷 3.4개였다. 좌타자에게 강했지만 우타 상대로는 약했다. 새로운 스트라이크존에서 볼넷을 줄이는 게 관건이다. 스마트한 선수다. 3년 만에 클렘슨 대학 졸업장을 받은 수재형으로 전공은 경영학이다. 스포츠경영학에 관심이 많다.

스파크맨 투수 57

신장 189cm **체중** 95kg **생일** 1992-05-11

투타 우투우타 **지명** 22 롯데 자유선발

연봉 $500,000

학교 Wharton County Junior(대)

히어로 영입!

156킬로 필살 스파크볼로 펑펑한다!!

순위기록

WAR 0.55

WPA 0.00

땅볼/뜬공 0.99

삼진율(%) 18.6

볼넷비율(%) 9.9

헛스윙율(%) 21.4

기본기록

연도	경기	선발	승	패	세이브	홀드	이닝	안타	홈런	볼넷	사구	삼진	피안타율	WHIP	FIP	ERA	QS	BS
2019																		
2020																		
2021																		
통산																		

상황별 기록

상황	안타	2루타	3루타	홈런	볼넷	사구	삼진	폭투	보크	피안타율
전반기										
후반기										
vs 좌										
vs 우										
주자없음										
주자있음										
득점권										
만루										

존별 기록

VS 우타

VS 좌타

투수 시점

구종별 기록

구종	평균구속	순위	백분율	구사율(%)	피안타율
포심					
투심/싱커					
슬라이더/커터					
커브					
체인지업					
포크볼					
너클볼/기타					

메이저리그 4년 경력의 오른손 투수. 통산 52경기(선발 26회)에서 평균자책점 5.67에 WHIP 5.44를 기록했다. 우투 상대 피OPS 0.864, 좌투 상대 0.890으로 메이저리그에선 큰 두각을 나타내지 못했다. 지난해 6월 일본프로야구 오릭스로 이적해 6경기(선발 3회) 등판했다. 평균자책점 6.88로 부진했다. 피안타율 0.234였지만 17이닝 동안 홈런 4개를 맞았다. 메이저리그 시절 포심패스트볼 평균구속은 시속 150.6km. 회전수는 중앙값 수준이었다. 지난해 일본에선 최고 시속 156km를 기록했다. 패스트볼은 KBO 리그에서 경쟁력이 있다. 포심, 커브, 슬라이더, 체인지업 등 고전적인 네 가지 구종을 구사한다. 마이너리그 통산 8시즌 9이닝당 볼넷 1.8개로 제구력은 안정적이다. 일본에선 이 수치가 4.2개로 올라갔다. 롯데는 코로나19로 인한 훈련 부족을 이유로 판단했다. 그런데 올해도 코로나19 양성 판정으로 2월 스프링캠프 합류가 늦었다.

최준용 투수 56

신장 185cm 체중 85kg 생일 2001-10-10

투타 우투우타 지명 20 롯데 1차

연봉 2,700-4,200-10,700

학교 수영초-대천중-경남고

순위기록

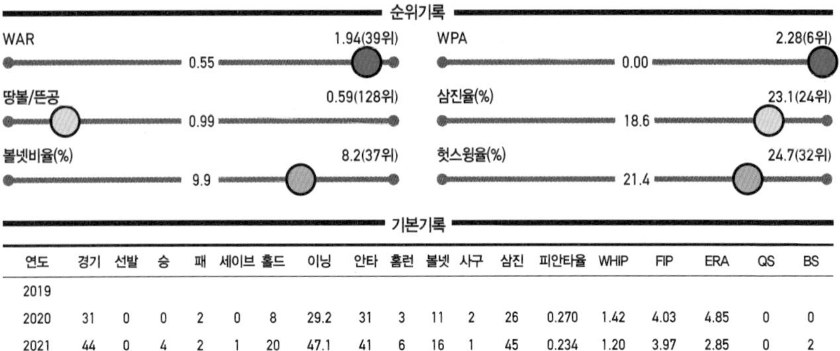

기본기록

연도	경기	선발	승	패	세이브	홀드	이닝	안타	홈런	볼넷	사구	삼진	피안타율	WHIP	FIP	ERA	QS	BS
2019																		
2020	31	0	0	2	0	8	29.2	31	3	11	2	26	0.270	1.42	4.03	4.85	0	0
2021	44	0	4	2	1	20	47.1	41	6	16	1	45	0.234	1.20	3.97	2.85	0	2
통산	75	0	4	4	1	28	77.0	72	9	27	3	71	0.248	1.29	3.99	3.62	0	2

상황별 기록

상황	안타	2루타	3루타	홈런	볼넷	사구	삼진	폭투	보크	피안타율
전반기	15	3	0	4	9	1	18	0	0	0.224
후반기	26	4	0	2	7	0	27	1	0	0.241
vs 좌	24	4	0	3	9	0	22	0	0	0.242
vs 우	17	3	0	3	7	1	23	1	0	0.224
주자없음	27	4	0	5	5	1	26	0	0	0.245
주자있음	14	3	0	1	11	0	19	1	0	0.215
득점권	7	1	0	0	9	0	15	1	0	0.189
만루	0	0	0	0	0	0	3	0	0	0.000

구종별 기록

구종	평균구속	순위	백분율	구사율(%)	피안타율
포심	147	31	10.2%	72.9%	0.235
투심/싱커	-	-	-	-	-
슬라이더/커터	133	70	24.4%	14.5%	0.235
커브	-	-	-	-	-
체인지업	133	21	10%	12.3%	0.227
포크볼	142		0%	0.3%	0.000
너클볼/기타	-	-	-	-	-

존별 기록

VS 우타

- 0/0	- 0/0	0.000 0/1	0.000 0/2	0.000 0/2
- 0/0	0.167 1/6	0.000 0/4	0.222 2/9	- 0/0
0.000 0/3	0.375 3/8	0.429 3/7	0.000 0/6	0.000 0/1
0.500 1/2	0.429 3/7	0.000 0/5	0.000 0/4	0.667 2/3
0.000 0/2	0.667 2/3	- 0/0	0.000 0/1	- 0/0

VS 좌타

0.000 0/1	0.000 0/3	0.250 1/4	0.000 0/2	- 0/0
0.000 0/1	0.222 2/9	0.200 1/5	0.571 4/7	0.200 1/5
1.000 2/2	0.250 2/8	0.333 3/9	0.182 2/11	0.000 0/1
1.000 1/1	0.000 0/1	0.444 4/9	0.000 0/6	- 0/0
- 0/0	0.000 0/4	0.125 1/8	0.000 0/2	- 0/0

투수 시점

빠른공을 트레이드마크로 삼는 3년차 우완. 지난해 KBO 리그에서 규정이닝 30+ 기준 포심 구사율이 70%를 넘긴 투수는 5명에 불과했다. 최준용(72.9%)이 그 중 한 명이다. 평균 구속은 시속 146.8km로 18위. 하지만 리그 강타자들이 가장 상대하기 어려워하는 구질을 갖고 있다. 회전수가 높고 릴리스포인트가 다른 투수들보다 홈플레이트 가까이에 있다는 게 특징이다. 지난해 직구 피안타율은 0.235에 피OPS 0.638로 뛰어났다. 슬라이더를 14.7%, 체인지업을 12.2% 비율로 던졌다. 지난해 구사율을 늘린 체인지업이 피안타율 0.227로 잘 먹힌 건 긍정적이다. 오른손 투수지만 통산 좌타 상대 피안타율 0.238 피OPS 0.654로 강점이 있다. 위기일수록 더 잘 던졌다. 지난해 최준용은 레버리지 인덱스(LI) 3.0이 넘는 '매우 중요한 상황'에 31타석에서 피안타율 0.120에 피OPS 0.334를 기록했다. 2020년에 비해 가장 좋아졌던 점이다.

안치홍 내야수 13

신장 178cm **체중** 97kg **생일** 1990-07-02

투타 우투우타 **지명** 09 KIA 2차 1라운드 1순위

연봉 29,000-29,000-100,000

학교 구리리틀-대치중-서울고

순위기록

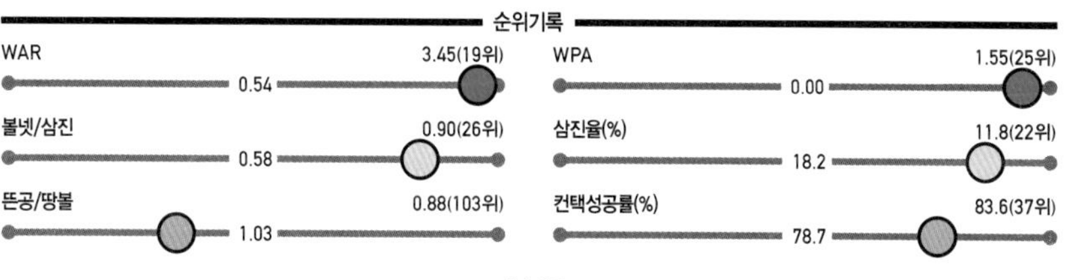

기본기록

연도	경기	타석	타수	안타	2루타	3루타	홈런	타점	득점	볼넷	사구	삼진	도루	도루자	타율	출루율	장타율	OPS
2019	105	408	362	114	18	1	5	49	45	40	1	37	4	2	0.315	0.380	0.412	0.792
2020	124	460	412	118	28	0	8	54	49	35	7	47	14	3	0.286	0.351	0.413	0.764
2021	119	490	421	129	30	2	10	82	58	52	3	58	3	6	0.306	0.379	0.458	0.837
통산	1367	5401	4759	1423	277	21	118	722	705	452	55	744	123	36	0.299	0.363	0.440	0.803

상황별 기록

상황	타석	홈런	볼넷	삼진	타율	출루율	장타율	OPS
전반기	251	5	26	32	0.327	0.391	0.484	0.875
후반기	239	5	26	26	0.284	0.367	0.431	0.798
vs 좌	96	1	21	13	0.270	0.432	0.419	0.851
vs 우	335	8	27	41	0.323	0.377	0.480	0.857
주자있음	247	2	29	25	0.322	0.397	0.465	0.862
주자없음	243	8	23	33	0.292	0.362	0.452	0.814
득점권	159	2	20	13	0.359	0.424	0.547	0.971
노아웃	191	4	14	29	0.276	0.328	0.429	0.757
원아웃	141	2	19	15	0.265	0.362	0.398	0.760
투아웃	158	4	19	14	0.377	0.456	0.543	0.999

팀별 기록

구분	타석	홈런	볼넷	삼진	타율	출루율	장타율	OPS
KIA	56	2	7	6	0.447	0.518	0.681	1.199
KT	52	0	5	6	0.391	0.442	0.478	0.920
LG	58	0	6	7	0.216	0.298	0.275	0.573
NC	52	2	4	6	0.255	0.314	0.426	0.740
SSG	65	1	4	6	0.288	0.323	0.424	0.747
두산	56	2	3	8	0.333	0.364	0.588	0.952
삼성	58	1	5	10	0.196	0.263	0.294	0.557
키움	49	2	11	4	0.429	0.571	0.686	1.257
한화	44	0	7	5	0.235	0.349	0.324	0.673

존별 기록

VS 좌투

0.500 1/2	1.000 1/1	0.000 0/1	0.000 0/1	- 0/0
0.750 3/4	0.000 0/7	0.400 2/5	0.200 1/5	0.000 0/1
0.333 1/3	0.000 0/5	0.250 2/8	0.000 0/5	1.000 1/1
0.500 2/4	0.250 1/4	0.333 2/6	0.500 1/2	- 0/0
0.000 0/1	0.000 0/1	0.400 2/5	0.000 0/1	0.000 0/1

VS 우투

0.000 0/2	0.200 1/5	0.125 1/8	0.500 2/4	0.000 0/5
0.111 1/9	0.333 5/15	0.379 11/29	0.348 8/23	0.333 1/3
0.333 5/15	0.417 15/36	0.350 7/20	0.381 8/21	0.400 2/5
0.167 2/12	0.320 8/25	0.429 9/21	0.500 5/10	0.000 0/1
0.000 0/6	0.333 2/6	0.182 2/11	0.000 0/1	0.000 0/1

투수 시점

● 안치홍에 KIA에서 보낸 마지막 세 시즌 타격WAR 평균은 4.07이었다. 롯데에서의 FA 첫 시즌인 2020년엔 2.01승으로 절반 이하였다. 하지만 지난해는 3.45승으로 크게 향상됐다. 두 시즌 만에 3할 타율을 회복했고 세 시즌 만에 두 자릿수 홈런도 때려냈다. 예년에 비해 훨씬 신중한 배팅을 했다. KIA 시절 30%에 육박하던 초구 스윙률이 10.8%로 떨어졌다. 2년 동안 브레이킹볼과 체인지업에 고전했지만 지난해는 특별히 약점을 보인 구종이 없었다. 슬라이더 상대로는 구종가치 리그 8위(7.6)에 타율 0.363을 기록했다. 왼손투수가 던지는 슬라이더에는 더 강했다. 타율이 0.462에 달했다. 롯데 이적 뒤 두 시즌 연속으로 홈 OPS가 0.911을 넘겼지만 원정에선 모두 0.764 이하였다. 사직구장 외야 확장으로 불이익을 받을 가능성이 있다. 2루수로는 수비 범위가 좁다는 문제가 있다. 지난해 주전 2루수 가운데 수비 WAR(-0.51)이 가장 낮았다.

이대호 내야수 10

신장 194cm **체중** 130kg **생일** 1982-06-21

투타 우투우타 **지명** 01 롯데 2차 1라운드 4순위

연봉 250,000-80,000-80,000

학교 수영초-대동중-경남고

순위기록

항목	평균	기록
WAR	0.54	1.10(66위)
WPA	0.00	1.44(28위)
볼넷/삼진	0.58	0.68(54위)
삼진율(%)	18.2	10.8(15위)
뜬공/땅볼	1.03	1.12(58위)
컨택성공률(%)	78.7	82.1(44위)

기본기록

연도	경기	타석	타수	안타	2루타	3루타	홈런	타점	득점	볼넷	사구	삼진	도루	도루자	타율	출루율	장타율	OPS
2019	135	549	485	138	23	1	16	88	48	47	10	65	0	0	0.285	0.355	0.435	0.790
2020	144	611	542	158	27	0	20	110	67	53	5	68	1	0	0.292	0.354	0.452	0.806
2021	114	465	420	120	11	0	19	81	39	34	5	50	0	0	0.286	0.342	0.448	0.790
통산	1829	7537	6578	2020	308	6	351	1324	919	702	178	969	11	11	0.307	0.385	0.516	0.901

상황별 기록

상황	타석	홈런	볼넷	삼진	타율	출루율	장타율	OPS
전반기	219	10	19	22	0.294	0.356	0.467	0.823
후반기	246	9	15	28	0.278	0.329	0.430	0.759
vs 좌	82	1	9	11	0.236	0.317	0.292	0.609
vs 우	321	18	22	29	0.302	0.355	0.522	0.877
주자있음	254	11	23	25	0.274	0.339	0.453	0.792
주자없음	211	8	11	25	0.299	0.346	0.442	0.788
득점권	140	5	13	13	0.256	0.314	0.413	0.727
노아웃	129	8	10	14	0.328	0.388	0.552	0.940
원아웃	152	4	7	12	0.283	0.316	0.413	0.729
투아웃	184	7	17	24	0.259	0.332	0.404	0.736

팀별 기록

구분	타석	홈런	볼넷	삼진	타율	출루율	장타율	OPS
KIA	61	2	6	6	0.315	0.377	0.481	0.858
KT	51	1	6	3	0.349	0.451	0.442	0.893
LG	51	0	1	9	0.229	0.255	0.250	0.505
NC	60	3	3	12	0.232	0.267	0.411	0.678
SSG	62	3	10	5	0.260	0.371	0.480	0.851
두산	34	3	3	3	0.419	0.471	0.710	1.181
삼성	67	2	1	6	0.273	0.284	0.379	0.663
키움	44	2	3	3	0.316	0.386	0.500	0.886
한화	35	3	1	3	0.235	0.257	0.529	0.786

존별 기록

VS 좌투

0.000 0/1	0.000 0/2	0.000 0/3	0.000 0/1	- 0/0
0.600 3/5	0.286 2/7	0.000 0/3	0.333 1/3	- 0/0
0.429 3/7	0.000 0/5	0.333 2/6	0.000 0/1	- 0/0
0.286 2/7	0.000 0/5	0.167 1/6	0.250 1/4	0.000 0/1
0.500 1/2	1.000 1/1	0.000 0/1	0.000 0/1	- 0/0

VS 우투

- 0/0	0.500 1/2	0.526 10/19	0.083 1/12	0.500 2/4
0.714 5/7	0.281 9/32	0.286 6/21	0.333 6/18	0.000 0/6
0.176 3/17	0.370 10/27	0.500 8/16	0.375 6/16	- 0/0
0.000 0/9	0.208 5/24	0.400 10/25	0.364 4/11	0.000 0/2
0.000 0/9	0.143 1/7	0.250 1/4	0.000 0/1	0.000 0/1

투수 시점

2001년 데뷔 이후 22번째 시즌을 맞는다. 현역 마지막 시즌이다. KBO 리그 통산 2020안타 351홈런, 일본프로야구에서 622안타 98홈런, 메이저리그에서 74안타 14홈런을 기록했다. KBO 리그 홈런 기록만으로도 역대 우타자 2위에 올라 있다. 2019년부터 타격 생산성이 급감했다. 이 기간 타격 WAR은 3.89로 리그 63위였다. 수비 기여도는 제외한 수치다. 지난해 수비수로는 119⅓이닝을 소화하는 데 그쳤다. 5월 8일 대구 삼성전 9회말, 데뷔 이후 처음으로 포수 마스크를 썼다. 2021년 왼손투수 상대로 OPS 0.609로 고전했다. 루킹 스트라이크 비율은 2017년 메이저리그에서 돌아온 뒤 가장 높은 26.3%였고 초구 스윙률도 22.4%로 최저치였다. 인내심을 갖고 칠 수 있는 공을 노렸다. 2017~2020년 이대호가 때려낸 107홈런 가운데 55.1%는 비거리 120m 이상이었다. 지난해에는 31.6%로 급감했다. 하지만 19홈런은 팀내 최다였다.

전준우 외야수 8

신장 184cm **체중** 97kg **생일** 1986-02-25

투타 우투우타 **지명** 08 롯데 2차 2라운드 15순위

연봉 50,000-50,000-50,000

학교 흥무초-경주중-경주고-건국대

순위기록

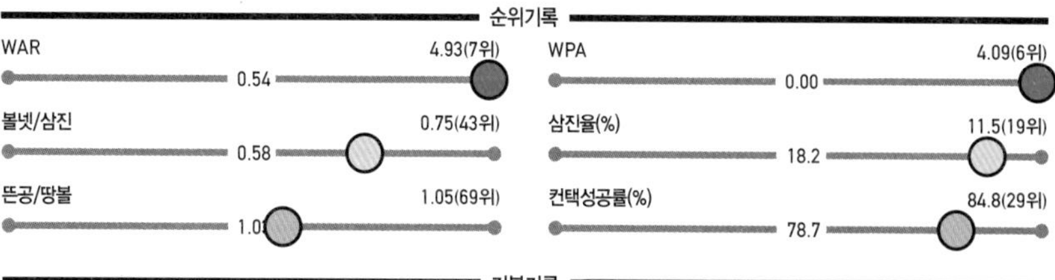

기본기록

연도	경기	타석	타수	안타	2루타	3루타	홈런	타점	득점	볼넷	사구	삼진	도루	도루자	타율	출루율	장타율	OPS
2019	141	606	545	164	30	1	22	83	85	46	7	71	8	2	0.301	0.359	0.481	0.840
2020	143	628	562	157	34	1	26	96	95	52	8	79	5	5	0.279	0.347	0.482	0.829
2021	144	619	552	192	46	0	7	92	88	53	5	71	6	3	0.348	0.405	0.469	0.874
통산	1358	5699	5076	1515	308	19	168	743	843	466	77	864	118	60	0.298	0.363	0.466	0.829

상황별 기록

상황	타석	홈런	볼넷	삼진	타율	출루율	장타율	OPS
전반기	351	4	42	32	0.332	0.417	0.450	0.867
후반기	268	3	11	39	0.366	0.388	0.492	0.880
vs 좌	127	3	17	12	0.365	0.441	0.519	0.960
vs 우	414	4	28	48	0.337	0.385	0.450	0.835
주자있음	318	3	31	36	0.371	0.429	0.495	0.924
주자없음	301	4	22	35	0.325	0.379	0.444	0.823
득점권	188	2	24	24	0.416	0.479	0.539	1.018
노아웃	184	2	21	23	0.384	0.454	0.503	0.957
원아웃	203	0	16	17	0.343	0.394	0.427	0.821
투아웃	232	5	16	31	0.326	0.375	0.479	0.854

팀별 기록

구분	타석	홈런	볼넷	삼진	타율	출루율	장타율	OPS
KIA	80	0	8	7	0.414	0.468	0.500	0.968
KT	66	0	8	11	0.310	0.394	0.345	0.739
LG	63	0	3	6	0.271	0.302	0.322	0.624
NC	72	0	6	7	0.397	0.472	0.492	0.964
SSG	66	1	4	10	0.339	0.379	0.452	0.831
두산	72	2	6	5	0.431	0.472	0.662	1.134
삼성	70	2	6	5	0.333	0.371	0.550	0.921
키움	68	1	8	5	0.383	0.456	0.500	0.956
한화	62	1	4	15	0.218	0.290	0.364	0.654

존별 기록

VS 좌투

0.000 0/2	0.667 2/3	0.000 0/1	1.000 1/1	0.500 1/2
0.333 1/3	0.714 5/7	0.333 2/6	0.667 4/6	0.000 0/1
0.333 2/6	0.500 6/12	0.273 3/11	0.000 0/4	- 0/0
0.200 1/5	0.250 2/8	0.467 7/15	1.000 1/1	- 0/0
- 0/0	0.000 0/1	0.000 0/3	0.000 0/5	0.000 0/1

VS 우투

0.667 2/3	0.500 2/4	0.250 2/8	0.500 3/6	0.000 0/1
0.143 2/14	0.421 8/19	0.214 6/28	0.207 6/29	0.375 3/8
0.308 4/13	0.483 14/29	0.447 17/38	0.517 15/29	0.200 1/5
0.333 5/15	0.387 12/31	0.405 15/37	0.267 4/15	0.250 1/4
0.000 0/9	0.125 2/16	0.143 2/14	0.500 2/4	0.000 0/1

투수 시점

홈런 파워가 급감했다. 2020년 홈런 26개를 때려냈지만 지난해 7홈런에 그쳤다. 홈런 하나가 나오기까지는 평균 88.4타석이 필요했다. 전해엔 24.2타석에서 1홈런이었다. 하지만 OPS는 0.829에서 0.874로 크게 올랐다. 파워는 잃었지만 정교함을 얻었다. 스윙 성향에도 변화가 있었다. 잡아당기는 타구 비율이 2020년 48.0%에서 42.2%로 줄어들었다. 타율 0.348과 출루율 0.405는 커리어 하이다. 특히 9~10월엔 타율이 4할대였다. 타격 WAR 4.93은 10개 구단 외야수 중 4위, 추가승리확률(WPA) 4.09는 2위였다. 이런 트레이드 오프라면 나쁠 것이 없다. 사직구장이 투수 친화적으로 변하는 올시즌엔 더욱 그렇다. 하지만 지난해 인플레이 타구 타율이 무려 0.384에 달했다. 통산 기록은 0.330이다. 이 수치가 갑자기 높아진다면 갑자기 떨어질 가능성도 크다. 좌익수 수비는 높은 평가를 받기 어렵다. 지난해 수비 WAR은 -1.14였다.

피터스 외야수 26

신장 198cm **체중** 111kg **생일** 1995-12-12	
투타 우투우타 **지명** 22 롯데 자유선발	
연봉 $600,000	
학교 Western Nevada(대)	

순위기록

WAR	0.54
WPA	0.00
볼넷/삼진	0.58
삼진율(%)	18.2
뜬공/땅볼	1.03
컨택성공률(%)	78.7

기본기록

연도	경기	타석	타수	안타	2루타	3루타	홈런	타점	득점	볼넷	사구	삼진	도루	도루자	타율	출루율	장타율	OPS
2019	0	0	0	0	0	0	0	0	0	0	0	0	0	0	-	-	-	-
2020	0	0	0	0	0	0	0	0	0	0	0	0	0	0	-	-	-	-
2021	0	0	0	0	0	0	0	0	0	0	0	0	0	0	-	-	-	-
통산	0	0	0	0	0	0	0	0	0	0	0	0	0	0	-	-	-	-

상황별 기록

상황	타석	홈런	볼넷	삼진	타율	출루율	장타율	OPS
전반기								
후반기								
vs 좌								
vs 우								
주자있음								
주자없음								
득점권								
노아웃								
원아웃								
투아웃								

팀별 기록

구분	타석	홈런	볼넷	삼진	타율	출루율	장타율	OPS
KIA								
KT								
LG								
NC								
SSG								
두산								
삼성								
키움								
한화								

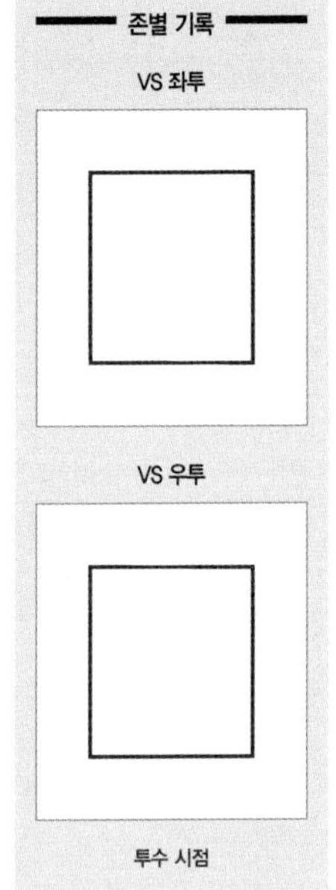

● 근육으로 뭉친 어깨의 소유자. 스피드와 어깨는 메이저리그 기준에서도 수준급이다. 올해 외야 필드를 크게 넓힌 사직구장에 필요한 수비 능력을 갖추고 있다. 지난해 메이저리그에 데뷔해 LA 다저스와 텍사스에서 70경기에 뛰었다. 장타력은 대단했다. 시즌 37홈런을 기록할 페이스였다. 하지만 타율이 0.197에 그쳤다. 마이너리그 통산 뜬공/땅볼 아웃 비율은 1.45인 플라이볼 히터다. 지난해 KBO 리그 규정타석을 채운 타자 중엔 8위에 해당한다. 하지만 삼진 머신이다. 마이너리그 통산 2.81타수당 1개 꼴로 삼진을 당했다. 지난해 KBO 리그 1위 기록은 박병호의 2.90타수당 1삼진이었다. 2020년 스카우팅리포트에서 장타력은 20-80스케일에서 60점, 공을 맞추는 능력은 30점으로 평가됐다. '홈런 아니면 삼진' 스타일을 인내심을 갖고 지켜볼 필요가 있다. 메이저리그에서 패스트볼에 가장 애를 먹었다. 그래서 KBO 리그에선 타격이 향상될 여지가 있다.

한동희 내야수 25

신장 182cm **체중** 108kg **생일** 1999-06-01

투타 우투우타 **지명** 18 롯데 1차

연봉 4,700-11,000-17,200

학교 대연초-경남중-경남고

순위기록

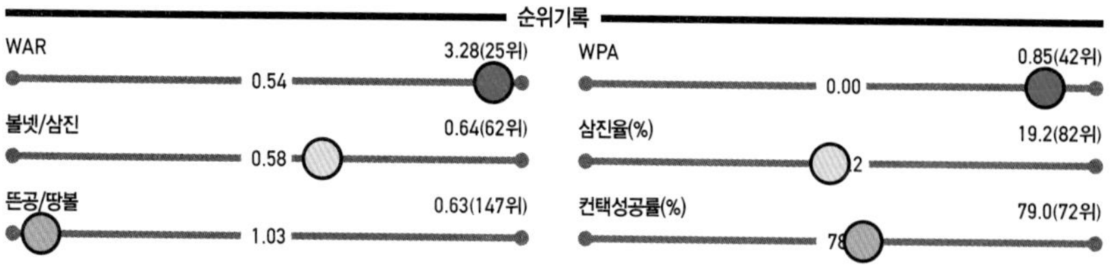

기본기록

연도	경기	타석	타수	안타	2루타	3루타	홈런	타점	득점	볼넷	사구	삼진	도루	도루자	타율	출루율	장타율	OPS
2019	59	207	187	38	9	0	2	9	12	18	0	57	1	0	0.203	0.271	0.283	0.554
2020	135	531	461	128	22	0	17	67	62	57	5	97	0	3	0.278	0.361	0.436	0.797
2021	129	496	424	113	24	0	17	69	54	61	6	95	0	1	0.267	0.364	0.443	0.807
통산	410	1460	1283	328	68	1	40	170	152	148	13	307	1	5	0.256	0.336	0.404	0.740

상황별 기록

상황	타석	홈런	볼넷	삼진	타율	출루율	장타율	OPS
전반기	264	10	37	57	0.237	0.350	0.411	0.761
후반기	232	7	24	38	0.300	0.379	0.480	0.859
vs 좌	89	3	13	18	0.233	0.348	0.397	0.745
vs 우	337	11	42	68	0.268	0.369	0.436	0.805
주자있음	268	9	38	53	0.268	0.371	0.433	0.804
주자없음	228	8	23	42	0.265	0.355	0.455	0.810
득점권	149	4	25	30	0.252	0.376	0.395	0.771
노아웃	180	5	20	36	0.234	0.318	0.386	0.704
원아웃	154	5	17	27	0.271	0.351	0.436	0.787
투아웃	162	7	24	32	0.301	0.426	0.519	0.945

팀별 기록

구분	타석	홈런	볼넷	삼진	타율	출루율	장타율	OPS
KIA	62	3	10	9	0.261	0.393	0.522	0.915
KT	53	2	6	9	0.298	0.377	0.489	0.866
LG	55	1	6	13	0.265	0.345	0.408	0.753
NC	54	2	8	10	0.239	0.352	0.435	0.787
SSG	61	0	9	12	0.200	0.344	0.200	0.544
두산	62	3	8	11	0.259	0.355	0.463	0.818
삼성	57	2	6	9	0.300	0.386	0.480	0.866
키움	59	2	7	16	0.308	0.390	0.500	0.890
한화	33	2	1	6	0.267	0.303	0.533	0.836

존별 기록

VS 좌투

0.000 0/1	0.000 0/4	0.000 0/1	0.000 0/2	- 0/0
0.000 0/4	0.667 2/3	0.300 3/10	0.000 0/2	- 0/0
0.000 0/2	0.571 4/7	0.500 3/6	0.500 2/4	0.000 0/1
0.000 0/1	0.000 0/6	0.200 1/5	0.000 0/5	- 0/0
0.000 0/1	0.333 1/3	0.250 1/4	- 0/0	0.000 0/1

VS 우투

- 0/0	0.167 1/6	0.538 7/13	0.286 2/7	- 0/0
0.600 3/5	0.333 5/15	0.321 9/28	0.286 6/21	0.400 2/5
0.400 4/10	0.240 6/25	0.200 4/20	0.368 7/19	0.167 1/6
0.125 2/16	0.348 8/23	0.222 4/18	0.273 3/11	0.000 0/4
0.091 1/11	0.091 1/11	0.100 1/10	0.000 0/2	0.000 0/1

투수 시점

● 주전 3루수로 세 번째 시즌을 맞는다. 2년 연속으로 홈런 17개를 기록했다. 이대호에 이어 팀내에서 두 번째로 많았다. 하지만 홈런 수치에 비해 땅볼이 너무 많다. 지난해 뜬공/땅볼 아웃 비율은 0.60에 불과했다. 400타석 이상 들어선 리그 타자 59명 가운데 가장 낮았다. 외야타구 비율(52.0%)은 41위였다. 통산 홈구장 장타율이 0.438, 원정에선 0.370이다. 외야가 넓어진 올해 사직구장에서 장타력이 떨어질 가능성이 높다. 지난해 패스트볼 타율 0.304에 OPS 0.991로 경쟁력이 있었다. 왼손투수의 직구에는 타율 0.355였다. 커브와 체인지업에는 상대적으로 약했다. 타격에 기복이 매우 심했다. 월간 타율이 네 달은 0.295 이상, 세 달은 1할대였다. 딕슨 마차도의 퇴단으로 3루 수비 부담이 늘어났다. 수비율은 첫 두 시즌 0.916에서 다음 2년 0.948로 향상됐다. 하지만 수비 범위는 더 좁아졌다. 통산 도루 시도 6회에 성공은 단 한 번이다.

강윤구 투수 17

신장 183cm **체중** 89kg **생일** 1990-07-10 **투타** 좌투좌타 **지명** 09 히어로즈 1차

연봉 15,500-10,000-7,300 **학교** 이수초-경원중-장충고

● 지난해 롯데가 7월 22일 드래프트 4라운드 지명권을 주고 NC에서 영입했다. NC에서 1경기 등판에 그쳤고 롯데에서도 21경기 평균자책점 7.07로 부진했다. 첫 11경기 연속 무실점으로 호투했지만 무릎을 다친 뒤 밸런스가 무너졌다. 전성기에 비해 직구 구속은 떨어졌다. 지난해엔 평균 시속 139.0km에 그쳤다.

기본기록

연도	경기	선발	승	패	세이브	홀드	이닝	안타	홈런	볼넷	사구	삼진	피안타율	WHIP	FIP	ERA	QS	BS
2019	67	0	3	3	0	15	56.1	55	4	24	4	49	0.266	1.40	3.97	4.47	0	1
2020	30	0	1	1	0	3	21.0	31	3	11	0	15	0.337	2.00	5.56	6.86	0	0
2021	22	1	0	1	0	3	16.0	21	3	14	1	15	0.328	2.19	6.52	8.44	0	1
통산	373	71	31	29	2	48	617.1	574	86	375	25	590	0.251	1.54	5.22	5.06	0	5

상황별 기록

상황	안타	2루타	3루타	홈런	볼넷	사구	삼진	폭투	보크	피안타율
전반기	5	1	0	1	2	0	3	0	0	0.500
후반기	16	3	0	2	12	1	12	0	0	0.296
vs 좌	12	1	0	2	9	0	6	0	0	0.324
vs 우	9	3	0	1	5	1	9	0	0	0.333
주자없음	7	1	0	0	8	1	6	0	0	0.280
주자있음	14	3	0	3	6	0	9	0	0	0.359
득점권	8	1	0	2	5	0	3	0	0	0.381
만루	2	0	0	1	0	0	0	0	0	1.000

구종별 기록

구종	평균구속	순위	백분율	구사율(%)	피안타율
포심	139	234	77.2%	44.5%	0.346
투심/싱커	-	-	-	-	-
슬라이더/커터	129	171	59.6%	23.6%	0.133
커브	118	122	49.8%	15.2%	0.364
체인지업	129	95	45.5%	16.7%	0.500
포크볼	-	-	-	-	-
너클볼/기타	-	-	-	-	-

구승민 투수 22

신장 182cm **체중** 86kg **생일** 1990-06-12 **투타** 우투우타 **지명** 13 롯데 6라운드 52순위

연봉 8,000-15,000-18,100 **학교** 동일초-청원중-청원고-홍익대

● 지난해 롯데 불펜에서 WAR 0.5 이상을 기록한 투수는 네 명 뿐. 이 가운데 한 명이 구승민이었다. 평균자책점 4.33은 전년 대비 올랐지만 FIP는 3.97로 개인 통산 가장 좋았다. 스플리터 스페셜리스트. 50+이닝 기준 스플리터 구사율(41.6%) 리그 1위였다. 직구 평균 시속 145.1km로 개인 통산 가장 빨랐다.

기본기록

연도	경기	선발	승	패	세이브	홀드	이닝	안타	홈런	볼넷	사구	삼진	피안타율	WHIP	FIP	ERA	QS	BS
2019	41	0	1	4	2	6	36.0	45	5	21	3	43	0.298	1.83	4.32	6.25	0	2
2020	57	0	5	2	0	20	60.1	40	8	26	0	58	0.193	1.09	4.55	3.58	0	3
2021	68	0	6	5	0	20	62.1	47	5	31	4	65	0.213	1.25	3.97	4.33	0	3
통산	242	3	19	17	2	60	262.0	240	39	118	12	262	0.247	1.37	4.83	4.88	0	13

상황별 기록

상황	안타	2루타	3루타	홈런	볼넷	사구	삼진	폭투	보크	피안타율
전반기	30	3	2	5	16	2	32	2	1	0.252
후반기	17	4	0	0	15	2	33	2	0	0.167
vs 좌	25	4	0	2	18	1	25	1	1	0.236
vs 우	22	3	2	3	13	3	40	3	0	0.191
주자없음	26	5	1	1	15	2	44	0	0	0.197
주자있음	21	2	1	4	16	2	21	4	1	0.236
득점권	15	2	1	3	7	0	12	4	1	0.273
만루	1	0	0	0	0	0	1	1	0	0.167

구종별 기록

구종	평균구속	순위	백분율	구사율(%)	피안타율
포심	145	58	19.1%	53.7%	0.200
투심/싱커	-	-	-	-	-
슬라이더/커터	132	106	36.9%	4.7%	0.333
커브	-	-	-	-	-
체인지업	-	-	-	-	-
포크볼	132	45	33.3%	41.5%	0.221
너클볼/기타	-	-	-	-	-

김대우 투수 41

신장 190cm **체중** 104kg **생일** 1984-07-26 **투타** 우투좌타 **지명** 03 롯데 2차 1라운드 1순위
연봉 2,900-5,000-6,500 **학교** 광주대성초-무등중-광주제일고

● 2020년 36세 나이에 46경기 평균자책점 3.10을 기록하며 커리어 하이 시즌을 맞았다. 지난해엔 평균자책점 5.09로 부진했다. 피안타율은 0.260으로 비슷했지만 9이닝당 볼넷이 4.74개에서 6.11개, 홈런이 0.18개에 1.02개로 크게 올라갔다. 주무기인 빠른 싱커 위력이 살아나야 한다. 지난해 땅볼 비율도 꽤 줄었다.

기본기록

연도	경기	선발	승	패	세이브	홀드	이닝	안타	홈런	볼넷	사구	삼진	피안타율	WHIP	FIP	ERA	QS	BS
2019	0	0	0	0	0	0	0.0	0	0	0	0	0	-	-	-	-	0	0
2020	46	1	0	1	0	0	49.1	48	1	26	2	43	0.259	1.50	3.72	3.10	0	0
2021	39	0	2	2	0	9	35.1	32	4	24	4	31	0.260	1.58	5.43	5.09	0	3
통산	94	4	2	6	0	9	97.1	105	9	60	6	80	0.285	1.70	5.02	5.46	0	3

상황별 기록

상황	안타	2루타	3루타	홈런	볼넷	사구	삼진	폭투	보크	피안타율
전반기	26	6	0	3	15	3	29	5	0	0.250
후반기	6	1	0	1	9	1	2	0	0	0.316
vs 좌	20	5	0	3	13	0	14	3	0	0.317
vs 우	12	2	0	1	11	4	17	2	0	0.200
주자없음	19	4	0	1	9	1	13	0	0	0.317
주자있음	13	3	0	3	15	3	18	5	0	0.206
득점권	8	1	0	2	10	2	13	3	0	0.186
만루	2	0	0	0	1	0	1	0	0	0.667

구종별 기록

구종	평균구속	순위	백분율	구사율(%)	피안타율
포심	145	55	18.2%	1.2%	0.000
투심/싱커	144	27	20%	52.8%	0.284
슬라이더/커터	136	37	12.9%	20.3%	0.261
커브	126	14	5.7%	1.6%	0.000
체인지업	-	-	-	-	-
포크볼	134	17	12.6%	24.1%	0.219
너클볼/기타	-	-	-	-	-

김도규 투수 23

신장 192cm **체중** 118kg **생일** 1998-07-11 **투타** 우투우타 **지명** 18 롯데 2차 3라운드 23순위
연봉 0-3,000-5,700 **학교** 고봉초-충암중-안산공고

● 병역을 마치고 지난해 복귀해 5월 27일 사직 LG전에서 1군 데뷔전을 치렀다. 팀내 불펜 4위인 42이닝을 던졌다. 평균자책점 5.79였지만 수비 요인을 제거한 FIP는 3.90으로 양호했다. 플라이볼 투수 유형이라 사직구장 리모델링 수혜자로 꼽힌다. 100구당 슬라이더 구종가치(3.23)으로 25+이닝 기준 리그 6위였다.

기본기록

연도	경기	선발	승	패	세이브	홀드	이닝	안타	홈런	볼넷	사구	삼진	피안타율	WHIP	FIP	ERA	QS	BS
2019	0	0	0	0	0	0	0.0	0	0	0	0	0	-	-	-	-	0	0
2020	0	0	0	0	0	0	0.0	0	0	0	0	0	-	-	-	-	0	0
2021	43	0	2	1	0	5	42.0	41	3	22	0	39	0.263	1.50	3.90	5.79	0	0
통산	43	0	2	1	0	5	42.0	41	3	22	0	39	0.263	1.50	3.90	5.79	0	0

상황별 기록

상황	안타	2루타	3루타	홈런	볼넷	사구	삼진	폭투	보크	피안타율
전반기	12	2	1	0	6	0	13	0	0	0.255
후반기	29	3	0	3	16	0	26	2	0	0.266
vs 좌	16	2	1	1	11	0	13	1	0	0.258
vs 우	25	3	0	2	11	0	26	1	0	0.266
주자없음	16	1	1	1	10	0	24	0	0	0.208
주자있음	25	4	0	2	12	0	15	2	0	0.316
득점권	11	3	0	1	10	0	10	2	0	0.262
만루	4	1	0	1	1	0	1	0	0	0.400

구종별 기록

구종	평균구속	순위	백분율	구사율(%)	피안타율
포심	145	67	22.1%	58.4%	0.315
투심/싱커	-	-	-	-	-
슬라이더/커터	130	132	46%	25.3%	0.222
커브	117	133	54.3%	0.1%	0.000
체인지업	128	108	51.7%	0.4%	0.000
포크볼	130	71	52.6%	15.6%	0.211
너클볼/기타	-	-	-	-	-

김진욱 투수 15

신장 185cm **체중** 90kg **생일** 2002-07-05 **투타** 좌투좌타 **지명** 21 롯데 2차 1라운드 1순위

연봉 3,000-5,100 **학교** 수원신곡초-춘천중-강릉고

● 지난해 드래프트 전체 1순위로 입단한 왼손 유망주. 평균자책점 6.31로 고전했다. 평균 시속 144.5km 패스트볼은 피안타율 0.221로 뛰어났다. 제구력이 문제였다. 9이닝당 볼넷 9.66개는 지난해 25이닝 이상 던진 투수 가운데 최다였다. 도쿄 올림픽에서 4경기 2⅔이닝 노히트로 호투했다. 볼넷도 3개를 내줬다.

기본기록

연도	경기	선발	승	패	세이브	홀드	이닝	안타	홈런	볼넷	사구	삼진	피안타율	WHIP	FIP	ERA	QS	BS
2019	0	0	0	0	0	0	0.0	0	0	0	0	0	-	-	-	-	0	0
2020	0	0	0	0	0	0	0.0	0	0	0	0	0	-	-	-	-	0	0
2021	39	5	4	6	0	8	45.2	42	3	49	3	45	0.247	1.99	5.43	6.31	0	0
통산	39	5	4	6	0	8	45.2	42	3	49	3	45	0.247	1.99	5.43	6.31	0	0

상황별 기록

상황	안타	2루타	3루타	홈런	볼넷	사구	삼진	폭투	보크	피안타율
전반기	29	6	0	2	27	1	26	9	0	0.264
후반기	13	3	0	1	22	2	19	6	0	0.217
vs 좌	28	6	0	3	29	3	27	7	0	0.295
vs 우	14	3	0	0	20	0	18	8	0	0.187
주자없음	14	4	0	1	24	0	17	0	0	0.203
주자있음	28	5	0	2	25	3	28	15	0	0.277
득점권	18	4	0	1	17	2	17	9	0	0.273
만루	1	1	0	0	1	1	4	0	0	0.125

구종별 기록

구종	평균구속	순위	백분율	구사율(%)	피안타율
포심	144	71	23.4%	64.7%	0.221
투심/싱커	-	-	-	-	-
슬라이더/커터	129	156	54.4%	25.4%	0.316
커브	118	113	46.1%	9.5%	0.263
체인지업	130	78	37.3%	0.5%	0.000
포크볼	-	-	-	-	-
너클볼/기타	-	-	-	-	-

문경찬 투수 27

신장 186cm **체중** 85kg **생일** 1992-07-08 **투타** 우투우타 **지명** 15 KIA 2차 2라운드 22순위

연봉 11,500-11,500-9,000 **학교** 부천북초-동인천중-인천고-건국대

● 지난해 12월 31일 FA 손아섭의 보상선수로 NC에서 이적했다. 2020년 8월 장현식 트레이드로 KIA를 떠난 뒤 두 번째 이적이다. 통산 15홀드 34세이브를 기록했다. 지난해 믿을 만한 구원투수가 김원중, 최준용, 구승민 세 명뿐이었던 롯데에 귀중한 전력이다. 직구 슬라이더 투 피치 타입. 구속 회복이 필요하다.

기본기록

연도	경기	선발	승	패	세이브	홀드	이닝	안타	홈런	볼넷	사구	삼진	피안타율	WHIP	FIP	ERA	QS	BS
2019	54	0	1	2	24	0	55.0	45	2	10	0	50	0.222	1.00	2.55	1.31	0	4
2020	56	0	0	5	10	11	52.0	51	11	15	2	44	0.248	1.27	5.59	5.02	0	3
2021	35	0	0	1	0	4	31.0	25	6	20	0	25	0.207	1.45	6.07	4.94	0	0
통산	185	4	2	14	34	15	221.0	227	36	72	5	180	0.261	1.35	5.04	4.60	0	8

상황별 기록

상황	안타	2루타	3루타	홈런	볼넷	사구	삼진	폭투	보크	피안타율
전반기	21	5	0	5	13	0	17	0	0	0.263
후반기	4	1	0	1	7	0	8	1	0	0.098
vs 좌	13	3	0	0	6	0	5	0	0	0.271
vs 우	12	3	0	6	14	0	20	1	0	0.164
주자없음	14	3	0	5	13	0	14	0	0	0.197
주자있음	11	3	0	1	7	0	11	1	0	0.220
득점권	6	2	0	1	4	0	7	1	0	0.231
만루	1	0	0	0	0	0	1	0	0	0.333

구종별 기록

구종	평균구속	순위	백분율	구사율(%)	피안타율
포심	138	249	82.2%	64%	0.212
투심/싱커	-	-	-	-	-
슬라이더/커터	124	260	90.6%	27.7%	0.214
커브	107	239	97.6%	3.8%	0.125
체인지업	125	166	79.4%	0.4%	0.000
포크볼	126	115	85.2%	3.8%	0.333
너클볼/기타	-	-	-	-	-

서준원 투수 39

신장 185cm **체중** 104kg **생일** 2000-11-05 **투타** 우투우타 **지명** 19 롯데 1차

연봉 4,600-8,500-8,400 **학교** 신금초(부산북구리틀)-개성중-경남고

● 강속구 사이드암 투수. 프로 세 번째 시즌에서도 실망스러웠다. 패스트볼 평균구속은 시속 145.2km로 전해보다 시속 1.1km 올라갔다. 하지만 9이닝당 볼넷이 2.59개에서 4.83개로 확 늘어났다. 천적인 좌타자에게 통산 피안타율 0.312에 피OPS 0.843으로 고전했다. 문제는 우타자 상대로도 0.298/0.808이다.

기본기록

연도	경기	선발	승	패	세이브	홀드	이닝	안타	홈런	볼넷	사구	삼진	피안타율	WHIP	FIP	ERA	QS	BS
2019	33	16	4	11	0	0	97.0	117	10	38	11	60	0.302	1.60	5.02	5.47	4	0
2020	31	20	7	6	0	0	107.2	130	16	31	5	60	0.298	1.50	5.35	5.18	6	0
2021	26	8	1	3	0	3	54.0	72	5	29	2	37	0.332	1.87	4.72	7.33	0	0
통산	90	44	12	20	0	3	258.2	319	31	98	18	157	0.306	1.61	5.09	5.74	10	0

상황별 기록

상황	안타	2루타	3루타	홈런	볼넷	사구	삼진	폭투	보크	피안타율
전반기	31	7	1	3	16	1	15	0	0	0.330
후반기	41	6	1	2	13	1	22	1	0	0.333
vs 좌	35	7	2	1	15	0	15	0	0	0.333
vs 우	37	6	0	4	14	2	22	1	0	0.330
주자없음	29	7	0	1	12	0	16	0	0	0.302
주자있음	43	6	2	4	17	2	21	1	0	0.355
득점권	25	3	1	3	12	2	16	1	0	0.316
만루	6	0	0	0	0	1	1	0	0	0.545

구종별 기록

구종	평균구속	순위	백분율	구사율(%)	피안타율
포심	145	56	18.5%	48.9%	0.312
투심/싱커	146	14	10.4%	0.1%	1.000
슬라이더/커터	127	212	73.9%	24.7%	0.351
커브	115	185	75.5%	6.3%	0.200
체인지업	132	43	20.6%	19.9%	0.375
포크볼	-	-	-	-	-
너클볼/기타	-	-	-	-	-

이승헌 투수 47

신장 196cm **체중** 97kg **생일** 1998-12-19 **투타** 우투우타 **지명** 18 롯데 2차 1라운드 3순위

연봉 2,700-4,200-5,300 **학교** 무학초-마산동중-용마고

● 2020년 8경기에서 인상적인 투구를 했지만 지난해 실망스러웠다. 수비 무관 평균자책점(FIP)이 3.04에서 5.28로 급상승했다. 주무기인 빠른공 구속이 눈에 띄게 떨어졌고 9이닝당 볼넷은 6.71개였다. 오른쪽 중지 건초염이 이유였다. 후반기에 구속이 살아난 점은 다행이다. 부상에서 벗어나는 게 가장 중요하다.

기본기록

연도	경기	선발	승	패	세이브	홀드	이닝	안타	홈런	볼넷	사구	삼진	피안타율	WHIP	FIP	ERA	QS	BS
2019	1	1	0	1	0	0	2.0	7	0	3	1	0	0.583	5.00	9.40	31.50	0	0
2020	8	8	3	2	0	0	36.2	34	1	11	2	34	0.241	1.23	3.04	4.66	2	0
2021	16	12	0	3	0	0	57.2	65	2	43	7	31	0.291	1.87	5.27	5.77	1	0
통산	25	21	3	6	0	0	96.1	106	3	57	10	65	0.282	1.69	4.51	5.89	3	0

상황별 기록

상황	안타	2루타	3루타	홈런	볼넷	사구	삼진	폭투	보크	피안타율
전반기	27	3	0	0	22	4	11	4	0	0.321
후반기	38	7	0	2	21	3	20	7	1	0.273
vs 좌	36	7	0	2	25	2	12	6	0	0.327
vs 우	29	3	0	0	18	5	19	5	1	0.257
주자없음	29	6	0	1	20	4	16	0	0	0.284
주자있음	36	4	0	1	23	3	15	11	1	0.298
득점권	21	1	0	1	14	2	10	9	1	0.276
만루	3	0	0	1	1	0	3	0	0	0.214

구종별 기록

구종	평균구속	순위	백분율	구사율(%)	피안타율
포심	142	131	43.2%	60.5%	0.325
투심/싱커	140	69	51.1%	1.3%	0.500
슬라이더/커터	128	206	71.8%	16.7%	0.222
커브	122	43	17.6%	0.1%	0.000
체인지업	127	129	61.7%	21.3%	0.206
포크볼	-	-	-	-	-
너클볼/기타	-	-	-	-	-

이인복 투수 35

신장 187cm **체중** 97kg **생일** 1991-06-18 **투타** 우투우타 **지명** 14 롯데 2차 2라운드 20순위

연봉 3,000-4,800-8,500 **학교** 희망대초-성일중-서울고-연세대

● 2020년 구원으로 47경기에 등판해 3점대 평균자책점으로 준수한 활약을 했다. 지난해 후반기엔 선발로 전환했다. 8경기 중 7경기가 2실점 이하로 호투했다. 땅볼/뜬공 아웃 비율 2.05로 팀내 1위, 50+이닝 기준 리그 6위였다. 주무기인 싱커가 선발 등판 때 더 빨라졌다. 9이닝당 볼넷 2.05개는 제구도 안정됐다.

기본기록

연도	경기	선발	승	패	세이브	홀드	이닝	안타	홈런	볼넷	사구	삼진	피안타율	WHIP	FIP	ERA	QS	BS
2019	11	0	0	0	0	0	12.1	29	2	8	0	7	0.453	3.00	6.32	11.68	0	0
2020	47	1	1	4	0	2	45.1	57	2	12	1	21	0.315	1.52	4.00	3.97	0	1
2021	25	8	3	0	0	1	61.1	75	5	14	5	45	0.299	1.45	3.81	4.11	1	0
통산	95	10	4	4	0	3	144.0	205	15	46	9	84	0.336	1.74	4.76	5.94	1	1

상황별 기록

상황	안타	2루타	3루타	홈런	볼넷	사구	삼진	폭투	보크	피안타율
전반기	24	6	2	1	4	0	12	0	0	0.358
후반기	51	11	1	4	10	5	33	0	0	0.277
vs 좌	44	6	2	3	5	3	19	0	0	0.336
vs 우	31	11	1	2	9	2	26	0	0	0.258
주자없음	39	10	2	4	7	4	26	0	0	0.298
주자있음	36	7	1	1	7	1	19	0	0	0.300
득점권	19	4	1	1	5	1	17	0	0	0.235
만루	2	1	0	0	0	0	0	0	0	0.400

구종별 기록

구종	평균구속	순위	백분율	구사율(%)	피안타율
포심	-	-	-	-	-
투심/싱커	142	50	37%	64.3%	0.316
슬라이더/커터	133	84	29.3%	9.5%	0.308
커브	112	219	89.4%	9.6%	0.500
체인지업	133	23	11%	0.1%	1.000
포크볼	133	26	19.3%	16.4%	0.196
너클볼/기타	-	-	-	-	-

최영환 투수 45

신장 179cm **체중** 93kg **생일** 1992-02-20 **투타** 우투우타 **지명** 14 한화 2차 1라운드 2순위

연봉 3,400-3,500-4,700 **학교** 감천초-대동중-개성고-동아대

● 2014년 한화에서 데뷔한 뒤 선발로 가장 많은 7경기(구원 13회)에 등판했다. 평균자책점 6.20으로 고전했지만 수비요인을 제거한 FIP는 5.15로 한결 나았다. 2군에선 평균자책점 2.55로 호투했다. 5선발 후보지만 빠른공 구위를 끌어올려야 한다. 지난해 평균구속이 데뷔 이후 가장 낮은 시속 142.7km에 그쳤다.

기본기록

연도	경기	선발	승	패	세이브	홀드	이닝	안타	홈런	볼넷	사구	삼진	피안타율	WHIP	FIP	ERA	QS	BS
2019	15	0	0	0	0	0	19.2	21	1	9	1	20	0.280	1.53	3.67	6.41	0	0
2020	6	1	0	1	0	0	10.0	19	4	3	1	7	0.396	2.20	8.56	6.30	0	0
2021	20	7	1	2	0	0	40.2	45	4	24	2	28	0.294	1.70	5.15	6.20	1	0
통산	92	8	2	5	1	2	136.1	163	18	81	10	98	0.306	1.79	5.87	6.60	1	1

상황별 기록

상황	안타	2루타	3루타	홈런	볼넷	사구	삼진	폭투	보크	피안타율
전반기	18	5	0	3	12	0	13	2	0	0.237
후반기	27	5	0	1	12	2	15	2	0	0.351
vs 좌	22	6	0	2	18	0	15	3	0	0.275
vs 우	23	4	0	2	6	2	13	1	0	0.315
주자없음	21	4	0	3	15	1	9	0	0	0.273
주자있음	24	6	0	1	9	1	19	4	0	0.316
득점권	16	4	0	0	6	1	14	0	0	0.356
만루	1	1	0	0	0	0	4	0	0	0.143

구종별 기록

구종	평균구속	순위	백분율	구사율(%)	피안타율
포심	143	117	38.6%	42.6%	0.355
투심/싱커	142	44	32.6%	0.1%	0.000
슬라이더/커터	133	80	27.9%	30.8%	0.260
커브	114	193	78.8%	16.2%	0.167
체인지업	-	-	-	-	-
포크볼	133	27	20%	10.3%	0.304
너클볼/기타	-	-	-	-	-

김민수 내야수 5

신장 184cm **체중** 97kg **생일** 1998-03-18 **투타** 우투우타 **지명** 17 롯데 2차 2라운드 13순위

연봉 3,000-3,200-5,300 **학교** 서화초-동산중-제물포고

● 6년차 유틸리티 내야수. 지난해 데뷔 이후 가장 많은 83경기 224타석에 들어섰다. 내야 전 포지션을 소화했고 투수로도 한 경기 등판했다. 3루수 수비가 가장 안정적이지만 2루수로 가장 많이 뛰었다. 타격에선 히팅 파워가 장점이다. 지난해 삼진율 27.7%와 컨택트율 71.8%는 200+타석 기준 팀내 최하위였다.

기본기록

연도	경기	타석	타수	안타	2루타	3루타	홈런	타점	득점	볼넷	사구	삼진	도루	도루자	타율	출루율	장타율	OPS
2019	11	37	34	8	3	0	0	1	0	1	2	14	0	0	0.235	0.297	0.324	0.621
2020	3	10	8	2	0	0	0	0	1	2	0	4	1	0	0.250	0.400	0.250	0.650
2021	82	224	199	48	11	1	3	25	19	18	3	62	0	0	0.241	0.312	0.352	0.664
통산	106	290	258	61	14	1	3	26	20	22	5	89	1	0	0.236	0.308	0.333	0.641

상황별 기록

상황	타석	홈런	볼넷	삼진	타율	출루율	장타율	OPS
전반기	154	2	14	41	0.248	0.316	0.358	0.674
후반기	70	1	4	21	0.226	0.304	0.339	0.643
vs 좌	58	2	5	16	0.192	0.259	0.404	0.663
vs 우	141	1	11	42	0.266	0.341	0.347	0.688
주자있음	111	3	7	36	0.204	0.269	0.347	0.616
주자없음	113	0	11	26	0.277	0.354	0.356	0.710
득점권	62	3	4	20	0.241	0.311	0.481	0.792
노아웃	77	1	3	20	0.257	0.284	0.400	0.684
원아웃	69	0	3	22	0.156	0.217	0.188	0.405
투아웃	78	2	12	20	0.308	0.423	0.462	0.885

팀별 기록

구분	타석	홈런	볼넷	삼진	타율	출루율	장타율	OPS
KIA	18	0	2	5	0.313	0.389	0.375	0.764
KT	16	0	1	5	0.133	0.188	0.200	0.388
LG	21	0	0	5	0.300	0.300	0.450	0.750
NC	31	0	5	8	0.200	0.355	0.240	0.595
SSG	18	0	0	9	0.222	0.222	0.222	0.444
두산	43	1	4	10	0.297	0.381	0.432	0.813
삼성	23	0	1	5	0.190	0.227	0.238	0.465
키움	18	1	2	5	0.188	0.278	0.438	0.716
한화	36	1	3	10	0.258	0.333	0.452	0.785

김재유 외야수 12

신장 180cm **체중** 82kg **생일** 1992-08-07 **투타** 우투좌타 **지명** 15 롯데 육성선수

연봉 2,900-4,200-6,000 **학교** 부산장산초-경남중-부경고-동의대

● 발도 빠르고 스윙도 빠른 외야수. 지난해 2015년 데뷔 이후 개인 최다인 192타석에서 타율 0.287로 최고 기록을 세웠다. 내야안타 비율 26.0%로 150+타석 기준 리그 1위였다. 대신 파워는 기대하기 어렵다. 득점권 타율 0.462는 재현될 가능성이 낮다. 외야 수비는 스피드에 비해 타구 처리에 다소 아쉬움이 있다.

기본기록

연도	경기	타석	타수	안타	2루타	3루타	홈런	타점	득점	볼넷	사구	삼진	도루	도루자	타율	출루율	장타율	OPS
2019	0	0	0	0	0	0	0	0	0	0	0	0	0	0	-	-	-	-
2020	68	133	116	30	1	0	1	9	20	12	3	35	10	2	0.259	0.344	0.293	0.637
2021	87	192	174	50	8	0	1	18	27	10	4	36	7	0	0.287	0.340	0.351	0.691
통산	195	366	327	85	9	0	2	29	58	23	9	81	20	5	0.260	0.326	0.306	0.632

상황별 기록

상황	타석	홈런	볼넷	삼진	타율	출루율	장타율	OPS
전반기	72	1	5	10	0.348	0.403	0.439	0.842
후반기	120	0	5	26	0.250	0.302	0.296	0.598
vs 좌	21	0	1	1	0.316	0.350	0.316	0.666
vs 우	139	1	9	27	0.288	0.350	0.368	0.718
주자있음	77	1	6	10	0.439	0.493	0.545	1.038
주자없음	115	0	4	26	0.194	0.243	0.231	0.474
득점권	45	1	5	7	0.462	0.533	0.615	1.148
노아웃	86	0	4	12	0.289	0.341	0.329	0.670
원아웃	46	0	3	9	0.317	0.391	0.390	0.781
투아웃	60	1	3	15	0.263	0.300	0.351	0.651

팀별 기록

구분	타석	홈런	볼넷	삼진	타율	출루율	장타율	OPS
KIA	29	0	4	5	0.208	0.345	0.208	0.553
KT	28	0	3	7	0.167	0.259	0.208	0.467
LG	10	0	1	3	0.143	0.333	0.143	0.476
NC	21	0	0	5	0.333	0.333	0.381	0.714
SSG	23	0	1	4	0.350	0.409	0.400	0.809
두산	6	0	0	0	0.333	0.333	0.500	0.833
삼성	21	0	0	5	0.333	0.333	0.381	0.714
키움	42	0	0	7	0.275	0.293	0.350	0.643
한화	12	1	1	0	0.545	0.583	0.818	1.401

나승엽 내야수 31

신장 190cm **체중** 82kg **생일** 2002-02-15 **투타** 우투좌타 **지명** 21 롯데 2차 2라운드 11순위

연봉 3,000-4,000 **학교** 남정초-선린중-덕수고

● 드래프트 전체 11위로 입단한 유망주. 첫 시즌 타율 0.204에 OPS 0.563으로 기대에 미치지 못했다. 힘을 키울 필요가 있다. 절대장타율(장타율-타율) 0.070은 지난해 100+타석 기준 리그 1루수 18명 가운데 가장 낮았다. 공을 맞추는 능력은 있다. 같은 기준에서 컨택트율 82.3%로 정훈, 강진성에 이어 3위였다.

기본기록

연도	경기	타석	타수	안타	2루타	3루타	홈런	타점	득점	볼넷	사구	삼진	도루	도루자	타율	출루율	장타율	OPS
2019	0	0	0	0	0	0	0	0	0	0	0	0	0	0	-	-	-	-
2020	0	0	0	0	0	0	0	0	0	0	0	0	0	0	-	-	-	-
2021	60	128	113	23	2	0	2	10	16	14	0	33	1	0	0.204	0.289	0.274	0.563
통산	60	128	113	23	2	0	2	10	16	14	0	33	1	0	0.204	0.289	0.274	0.563

상황별 기록

상황	타석	홈런	볼넷	삼진	타율	출루율	장타율	OPS
전반기	76	1	9	21	0.227	0.316	0.303	0.619
후반기	52	1	5	12	0.170	0.250	0.234	0.484
vs 좌	16	0	2	4	0.143	0.250	0.143	0.393
vs 우	89	1	9	26	0.200	0.281	0.263	0.544
주자있음	56	1	5	14	0.180	0.250	0.240	0.490
주자없음	72	1	9	19	0.222	0.319	0.302	0.621
득점권	32	0	4	8	0.148	0.250	0.148	0.398
노아웃	49	1	7	11	0.310	0.408	0.381	0.789
원아웃	40	0	5	12	0.059	0.175	0.059	0.234
투아웃	39	1	2	10	0.216	0.256	0.351	0.607

팀별 기록

구분	타석	홈런	볼넷	삼진	타율	출루율	장타율	OPS
KIA	3	0	0	1	0.000	0.000	0.000	0.000
KT	17	1	4	2	0.385	0.529	0.615	1.144
LG	12	0	0	4	0.167	0.167	0.167	0.334
NC	24	1	4	5	0.200	0.333	0.400	0.733
SSG	19	0	0	3	0.263	0.263	0.263	0.526
두산	18	0	2	6	0.063	0.167	0.063	0.230
삼성	6	0	2	1	0.500	0.667	0.500	1.167
키움	12	0	1	3	0.182	0.250	0.182	0.432
한화	17	0	1	8	0.133	0.176	0.200	0.376

신용수 외야수 3

신장 177cm **체중** 77kg **생일** 1996-01-05 **투타** 우투우타 **지명** 19 롯데 2차 10라운드 98순위

연봉 2,900-3,400-4,900 **학교** 무학초-마산중-마산고-동의대

● 유틸리티맨. 지난해 3루수, 유격수와 외야 전 포지션을 소화했다. 타자로서 확실한 컬러를 갖고 있다. 지난해 왼손투수 상대로 타율 0.417을 기록했다. 50타석 기준 리그 1위. 하지만 우투 상대 타율은 0.155로 50+타석 180명 가운데 7번째로 낮았다. 통산 좌투 상대 OPS 0.933, 우투 상대로는 0.481이다.

기본기록

연도	경기	타석	타수	안타	2루타	3루타	홈런	타점	득점	볼넷	사구	삼진	도루	도루자	타율	출루율	장타율	OPS
2019	17	20	20	2	0	0	1	2	4	0	0	4	0	0	0.100	0.100	0.250	0.350
2020	5	8	7	3	0	0	0	2	2	1	0	0	1	1	0.429	0.500	0.429	0.929
2021	71	136	119	31	5	2	1	6	23	11	3	20	3	1	0.261	0.336	0.361	0.697
통산	93	164	146	36	5	2	2	10	29	12	3	24	4	2	0.247	0.315	0.349	0.664

상황별 기록

상황	타석	홈런	볼넷	삼진	타율	출루율	장타율	OPS
전반기	47	1	3	4	0.244	0.319	0.366	0.685
후반기	89	0	8	16	0.269	0.345	0.359	0.704
vs 좌	55	1	6	7	0.417	0.473	0.583	1.056
vs 우	73	0	5	12	0.156	0.250	0.219	0.469
주자있음	62	1	8	9	0.245	0.367	0.347	0.714
주자없음	74	0	3	11	0.271	0.311	0.371	0.682
득점권	34	1	6	5	0.192	0.333	0.385	0.718
노아웃	51	0	3	6	0.378	0.429	0.444	0.873
원아웃	44	1	4	5	0.256	0.318	0.410	0.728
투아웃	41	0	4	9	0.114	0.244	0.200	0.444

팀별 기록

구분	타석	홈런	볼넷	삼진	타율	출루율	장타율	OPS
KIA	8	0	0	3	0.250	0.250	0.500	0.750
KT	3	0	1	1	0.000	0.333	0.000	0.333
LG	19	0	2	5	0.235	0.316	0.235	0.551
NC	2	0	0	0	0.000	0.000	0.000	0.000
SSG	29	0	2	6	0.280	0.345	0.360	0.705
두산	7	0	1	1	0.167	0.286	0.167	0.453
삼성	27	0	2	0	0.375	0.423	0.375	0.798
키움	14	0	1	2	0.167	0.286	0.167	0.453
한화	27	1	2	2	0.261	0.346	0.609	0.955

안중열 포수 1

신장 176cm **체중** 87kg **생일** 1995-09-01 **투타** 우투우타 **지명** 14 kt 2차 특별 15순위

연봉 0-4,700-6,400 **학교** 가야초-개성중-부산고

● 지난해 6월 상무에서 전역했다. 상무에서 OPS 0.916으로 강타자 포수로 이름을 날렸다. 복귀 뒤 1군 OPS 0.714로 양호했다. 볼넷 비율 17.2%는 150+타석 기준 리그 1위였다. 포구는 여전히 약점. 9이닝당 패스(폭투+포일)가 0.72개로 리그 평균(0.49)을 크게 웃돌았다. 도루저지율 42.9%는 커리어하이였다.

기본기록

연도	경기	타석	타수	안타	2루타	3루타	홈런	타점	득점	볼넷	사구	삼진	도루	도루자	타율	출루율	장타율	OPS
2019	73	145	136	26	6	1	2	4	10	6	2	41	0	1	0.191	0.236	0.294	0.530
2020	0	0	0	0	0	0	0	0	0	0	0	0	0	0	-	-	-	-
2021	58	157	125	29	5	0	3	16	19	27	1	25	0	0	0.232	0.370	0.344	0.714
통산	290	644	568	128	33	1	10	55	66	53	6	162	2	1	0.225	0.297	0.340	0.637

상황별 기록

상황	타석	홈런	볼넷	삼진	타율	출루율	장타율	OPS
전반기	2	0	0	1	0.000	0.000	0.000	0.000
후반기	155	3	27	24	0.234	0.373	0.347	0.720
vs 좌	27	0	8	4	0.222	0.462	0.222	0.684
vs 우	107	2	16	18	0.227	0.343	0.341	0.684
주자있음	84	0	12	18	0.254	0.370	0.313	0.683
주자없음	73	3	15	7	0.207	0.370	0.379	0.749
득점권	50	0	9	11	0.275	0.400	0.325	0.725
노아웃	54	2	10	4	0.171	0.333	0.317	0.650
원아웃	53	0	10	9	0.190	0.340	0.238	0.578
투아웃	50	1	7	12	0.333	0.440	0.476	0.916

팀별 기록

구분	타석	홈런	볼넷	삼진	타율	출루율	장타율	OPS
KIA	18	0	1	5	0.250	0.294	0.250	0.544
KT	16	1	2	2	0.231	0.375	0.615	0.990
LG	28	1	3	5	0.200	0.286	0.360	0.646
NC	19	0	5	3	0.357	0.526	0.429	0.955
SSG	18	0	3	4	0.133	0.278	0.133	0.411
두산	15	0	3	3	0.200	0.357	0.200	0.557
삼성	12	1	3	2	0.444	0.583	0.778	1.361
키움	18	0	7	0	0.200	0.529	0.300	0.829
한화	13	0	0	1	0.154	0.154	0.154	0.308

이학주 내야수 37

신장 180cm **체중** 87kg **생일** 1990-11-04 **투타** 우투좌타 **지명** 19 삼성 2차 1라운드 2순위

연봉 9,000-7,000-7,000 **학교** 하안북초-홍은중-충암고

● 1월 4일 삼성에서 전격 트레이드됐다. 삼성 시절 자신의 표현대로 '워크에씩'에 문제가 있었다. 성민규 단장과는 미국 시절부터 인연이 있다. 딕슨 마차도가 떠난 유격수 자리를 메워줘야 한다. 32세 나이와 부상 전력으로 유망주 시절 기량은 기대하기 어렵다. 지난 3시즌 절대장타율은 리그 유격수 중 4위였다.

기본기록

연도	경기	타석	타수	안타	2루타	3루타	홈런	타점	득점	볼넷	사구	삼진	도루	도루자	타율	출루율	장타율	OPS
2019	118	436	385	101	14	3	7	36	43	32	10	89	15	5	0.262	0.332	0.369	0.701
2020	64	243	206	47	11	0	4	28	30	26	2	58	6	2	0.228	0.314	0.340	0.654
2021	66	174	155	32	8	0	4	20	17	14	1	61	2	2	0.206	0.276	0.335	0.611
통산	248	853	746	180	33	3	15	84	90	72	13	208	23	9	0.241	0.315	0.354	0.669

상황별 기록

상황	타석	홈런	볼넷	삼진	타율	출루율	장타율	OPS
전반기	114	3	10	37	0.265	0.336	0.422	0.758
후반기	60	1	4	24	0.094	0.158	0.170	0.328
vs 좌	35	0	4	17	0.103	0.235	0.103	0.338
vs 우	125	4	8	42	0.228	0.279	0.395	0.674
주자있음	87	2	10	32	0.192	0.289	0.329	0.618
주자없음	87	2	4	29	0.220	0.264	0.341	0.605
득점권	52	2	8	18	0.244	0.367	0.463	0.830
노아웃	56	0	3	15	0.245	0.302	0.286	0.588
원아웃	51	2	3	21	0.255	0.300	0.468	0.768
투아웃	67	2	8	25	0.136	0.239	0.271	0.510

팀별 기록

구분	타석	홈런	볼넷	삼진	타율	출루율	장타율	OPS
KIA	7	0	0	5	0.143	0.143	0.143	0.286
KT	31	0	1	8	0.200	0.226	0.300	0.526
LG	28	2	1	10	0.077	0.143	0.308	0.451
NC	10	0	1	4	0.444	0.500	0.444	0.944
SSG	9	0	3	3	0.167	0.444	0.167	0.611
두산	20	0	1	7	0.118	0.167	0.118	0.285
롯데	30	2	2	9	0.333	0.379	0.667	1.046
키움	7	0	1	3	0.333	0.429	0.500	0.929
한화	32	0	4	12	0.185	0.290	0.222	0.512

장두성 외야수 49

신장 176cm **체중** 75kg **생일** 1999-09-16 **투타** 우투좌타 **지명** 18 롯데 2차 10라운드 93순위

연봉 0-3,000-3,500 **학교** 축현초-재능중-동산고

● 육상 스프린터 출신 외야수. 입단 3년차인 지난해 1군에 데뷔해 43경기에 출장했다. 선발 출장은 8경기 뿐. 2군 통산 타율 0.252로 타격 능력은 떨어진다. 홈런은 1, 2군 통틀어 제로. 스피드가 재산이다. 2군 통산 175경기에서 50도루(성공률 83.3%)를 기록했다. 지난해 1군에서 추가진루율 63.6%로 팀내 1위였다.

기본기록

연도	경기	타석	타수	안타	2루타	3루타	홈런	타점	득점	볼넷	사구	삼진	도루	도루자	타율	출루율	장타율	OPS
2019	0	0	0	0	0	0	0	0	0	0	0	0	0	0	-	-	-	-
2020	0	0	0	0	0	0	0	0	0	0	0	0	0	0	-	-	-	-
2021	43	41	36	8	2	1	0	4	12	5	0	12	4	2	0.222	0.317	0.333	0.650
통산	43	41	36	8	2	1	0	4	12	5	0	12	4	2	0.222	0.317	0.333	0.650

상황별 기록

상황	타석	홈런	볼넷	삼진	타율	출루율	장타율	OPS
전반기	31	0	3	9	0.214	0.290	0.286	0.576
후반기	10	0	2	3	0.250	0.400	0.500	0.900
vs 좌	5	0	0	2	0.400	0.400	0.400	0.800
vs 우	32	0	5	9	0.185	0.313	0.296	0.609
주자있음	18	0	3	3	0.200	0.333	0.400	0.733
주자없음	23	0	2	9	0.238	0.304	0.286	0.590
득점권	13	0	3	3	0.100	0.308	0.300	0.608
노아웃	17	0	2	6	0.267	0.353	0.333	0.686
원아웃	11	0	1	3	0.300	0.364	0.400	0.764
투아웃	13	0	2	3	0.091	0.231	0.273	0.504

팀별 기록

구분	타석	홈런	볼넷	삼진	타율	출루율	장타율	OPS
KIA	6	0	1	1	0.000	0.167	0.000	0.167
KT	1	0	0	0	0.000	0.000	0.000	0.000
LG	5	0	1	3	0.000	0.200	0.000	0.200
NC	1	0	0	0	0.000	0.000	0.000	0.000
SSG	8	0	0	4	0.250	0.250	0.625	0.875
두산	3	0	2	0	1.000	1.000	1.000	2.000
삼성	8	0	1	1	0.286	0.375	0.286	0.661
한화	9	0	0	3	0.333	0.333	0.444	0.777

정훈 내야수 9

신장 180cm **체중** 85kg **생일** 1987-07-18 **투타** 우투우타 **지명** 06 현대 육성선수

연봉 6,400-10,000-55,000 **학교** 양덕초-마산동중-용마고

● 늦깎이 주전 1루수. 지난해 34세 나이에 개인 최다 홈런(14)와 최고 OPS(0.819)를 기록했다. 스트라이크존이 넓지만 결과가 좋았다. 지난해 스트라이크존을 벗어난 공 타율이 0.280에 달했다. 커브를 사랑했다. 커브 100구당 구종가치 4.45로 리그 1위였다. 1루수로 뛴 796⅔이닝에서 실책은 단 1개.

기본기록

연도	경기	타석	타수	안타	2루타	3루타	홈런	타점	득점	볼넷	사구	삼진	도루	도루자	타율	출루율	장타율	OPS
2019	88	222	190	43	4	1	2	17	26	23	5	47	4	3	0.226	0.324	0.289	0.613
2020	111	476	410	121	19	1	11	58	72	56	4	85	11	1	0.295	0.382	0.427	0.809
2021	135	561	486	142	27	1	14	79	70	68	3	89	8	1	0.292	0.380	0.438	0.818
통산	1119	3774	3246	899	160	21	60	411	513	375	71	693	69	29	0.277	0.362	0.395	0.757

상황별 기록

상황	타석	홈런	볼넷	삼진	타율	출루율	장타율	OPS
전반기	321	9	35	47	0.332	0.406	0.488	0.894
후반기	240	5	33	42	0.236	0.346	0.369	0.715
vs 좌	101	2	17	20	0.305	0.426	0.451	0.877
vs 우	386	9	43	60	0.272	0.356	0.408	0.764
주자있음	295	5	46	49	0.280	0.395	0.395	0.790
주자없음	266	9	22	40	0.305	0.365	0.481	0.846
득점권	189	4	29	33	0.240	0.362	0.370	0.732
노아웃	196	8	23	31	0.365	0.441	0.553	0.994
원아웃	186	3	16	34	0.241	0.312	0.380	0.692
투아웃	179	3	29	24	0.267	0.385	0.373	0.758

팀별 기록

구분	타석	홈런	볼넷	삼진	타율	출루율	장타율	OPS
KIA	70	1	5	7	0.297	0.357	0.344	0.701
KT	66	2	5	12	0.283	0.333	0.417	0.750
LG	54	1	6	17	0.213	0.296	0.298	0.594
NC	66	3	9	11	0.250	0.364	0.536	0.900
SSG	56	2	4	7	0.308	0.357	0.481	0.838
두산	70	1	13	11	0.464	0.557	0.589	1.146
삼성	56	2	5	9	0.196	0.268	0.353	0.621
키움	62	0	10	8	0.216	0.344	0.294	0.638
한화	61	2	11	7	0.388	0.508	0.633	1.141

지시완 포수 33

신장 181cm **체중** 105kg **생일** 1994-04-10 **투타** 우투우타 **지명** 14 한화 육성선수

연봉 5,700-3,500-6,000 **학교** 우암초-청주중-청주고

● 롯데 입단 첫 해 3경기 출장에 그쳤다. 지난해엔 팀내 포수 최다인 448⅓이닝에 출장했다. 73경기 출장 중 68경기가 허문회 감독 경질 뒤였다. 포구와 송구에 문제가 있다. 9이닝당 패스가 0.89개로 400이닝 이상 기준 리그 최다였다. 타자로선 OPS 0.714로 리그 150+타석 포수 중 네 번째로 좋았다.

기본기록

연도	경기	타석	타수	안타	2루타	3루타	홈런	타점	득점	볼넷	사구	삼진	도루	도루자	타율	출루율	장타율	OPS
2019	58	109	104	26	6	0	2	11	7	5	0	21	0	0	0.250	0.284	0.365	0.649
2020	3	11	8	2	0	0	0	2	0	3	0	4	0	0	0.250	0.455	0.250	0.705
2021	73	187	166	40	9	0	7	26	23	14	5	54	0	0	0.241	0.319	0.422	0.741
통산	243	543	497	128	23	0	16	68	53	34	7	139	1	0	0.258	0.314	0.400	0.714

상황별 기록

상황	타석	홈런	볼넷	삼진	타율	출루율	장타율	OPS
전반기	114	4	9	33	0.216	0.298	0.382	0.680
후반기	73	3	5	21	0.281	0.352	0.484	0.836
vs 좌	37	0	4	16	0.152	0.243	0.182	0.425
vs 우	130	7	8	33	0.270	0.344	0.513	0.857
주자있음	98	3	8	27	0.235	0.323	0.388	0.711
주자없음	89	4	6	27	0.247	0.315	0.457	0.772
득점권	61	2	5	16	0.212	0.317	0.385	0.702
노아웃	62	2	5	18	0.204	0.283	0.352	0.635
원아웃	60	2	4	17	0.278	0.350	0.444	0.794
투아웃	65	3	5	19	0.241	0.323	0.466	0.789

팀별 기록

구분	타석	홈런	볼넷	삼진	타율	출루율	장타율	OPS
KIA	19	2	2	6	0.200	0.294	0.600	0.894
KT	16	0	1	5	0.333	0.375	0.400	0.775
LG	13	0	1	3	0.333	0.385	0.333	0.718
NC	21	1	2	8	0.167	0.286	0.389	0.675
SSG	24	1	2	6	0.409	0.458	0.636	1.094
두산	22	0	0	3	0.333	0.364	0.381	0.745
삼성	13	0	2	2	0.100	0.308	0.200	0.508
키움	31	2	2	11	0.148	0.258	0.370	0.628
한화	28	1	2	10	0.154	0.214	0.385	0.599

추재현 내야수 36

신장 178cm **체중** 85kg **생일** 1999-02-22 **투타** 좌투좌타 **지명** 18 넥센 2차 3라운드 28순위

연봉 2,700-3,400-6,400 **학교** 성동구-건대부중-신일고

● 키움에서 롯데로 이적한 두 번째 시즌인 지난해 300타석에 들어섰다. WAR 0.75는 전준우와 손아섭에 이어 팀내 외야수 3위, 전체 외야수 중 28위였다. 8월까지 타율 0.292로 선전했지만 9월 이후 0.167로 부진에 빠졌다. 슬라이더에 약점을 노출했다. 추재현이 올해 주전으로 자리를 잡는 건 팀에 매우 중요하다.

기본기록

연도	경기	타석	타수	안타	2루타	3루타	홈런	타점	득점	볼넷	사구	삼진	도루	도루자	타율	출루율	장타율	OPS
2019	1	1	1	0	0	0	0	0	0	0	0	0	0	0	0.000	0.000	0.000	0.000
2020	13	28	24	3	0	0	0	0	3	4	0	8	0	0	0.125	0.250	0.125	0.375
2021	95	300	262	66	15	0	5	26	37	26	7	57	4	3	0.252	0.336	0.366	0.702
통산	109	329	287	69	15	0	5	26	40	30	7	65	4	3	0.240	0.327	0.345	0.672

상황별 기록

상황	타석	홈런	볼넷	삼진	타율	출루율	장타율	OPS
전반기	160	4	17	28	0.288	0.373	0.439	0.812
후반기	140	1	9	29	0.211	0.292	0.285	0.577
vs 좌	44	0	6	7	0.237	0.341	0.289	0.630
vs 우	211	3	20	44	0.236	0.332	0.346	0.678
주자있음	141	1	16	31	0.228	0.353	0.307	0.660
주자없음	159	4	10	26	0.270	0.321	0.412	0.733
득점권	80	1	11	22	0.254	0.382	0.365	0.747
노아웃	106	2	4	15	0.330	0.356	0.464	0.820
원아웃	100	3	9	18	0.225	0.310	0.382	0.692
투아웃	94	0	13	24	0.184	0.340	0.224	0.564

팀별 기록

구분	타석	홈런	볼넷	삼진	타율	출루율	장타율	OPS
KIA	40	2	2	8	0.417	0.462	0.639	1.101
KT	35	0	3	5	0.300	0.400	0.367	0.767
LG	31	0	6	6	0.087	0.323	0.130	0.453
NC	52	1	5	7	0.362	0.423	0.489	0.912
SSG	17	0	2	4	0.133	0.235	0.133	0.368
두산	44	1	4	8	0.243	0.333	0.405	0.738
삼성	18	0	2	2	0.125	0.222	0.188	0.410
키움	28	1	0	7	0.185	0.214	0.333	0.547
한화	35	0	2	10	0.161	0.212	0.226	0.438

김강현 투수 24

신장 177cm **체중** 84kg **생일** 1995-02-27 **투타** 우투좌타 **지명** 15 롯데 육성선수

연봉 2,700-3,000-3,000 **학교** 고명초-청원중-청원고

연도	경기	선발	승	패	세이브	홀드	이닝	안타	홈런	볼넷	사구	삼진	피안타율	WHIP	FIP	ERA	QS	BS
2019	0	0	0	0	0	0	0.0	0	0	0	0	0	-	-	-	-	0	0
2020	0	0	0	0	0	0	0.0	0	0	0	0	0	-	-	-	-	0	0
2021	0	0	0	0	0	0	0.0	0	0	0	0	0	-	-	-	-	0	0
통산	0	0	0	0	0	0	0.0	0	0	0	0	0	-	-	-	-	0	0

김동우 투수 18

신장 183cm **체중** 80kg **생일** 1995-10-01 **투타** 우투우타 **지명** 18 롯데 2차 4라운드 33순위

연봉 0-3,000-3,100 **학교** 서당초-매송중-야탑고-연세대

연도	경기	선발	승	패	세이브	홀드	이닝	안타	홈런	볼넷	사구	삼진	피안타율	WHIP	FIP	ERA	QS	BS
2019	0	0	0	0	0	0	0.0	0	0	0	0	0	-	-	-	-	0	0
2020	0	0	0	0	0	0	0.0	0	0	0	0	0	-	-	-	-	0	0
2021	5	0	0	0	0	0	5.0	10	1	5	0	3	0.417	3.00	7.73	10.80	0	0
통산	5	0	0	0	0	0	5.0	10	1	5	0	3	0.417	3.00	7.73	10.80	0	0

김유영 투수 0

신장 180cm **체중** 83kg **생일** 1994-05-02 **투타** 좌투좌타 **지명** 14 롯데 1차

연봉 6,200-4,500-4,800 **학교** 양정초-개성중-경남고

연도	경기	선발	승	패	세이브	홀드	이닝	안타	홈런	볼넷	사구	삼진	피안타율	WHIP	FIP	ERA	QS	BS
2019	0	0	0	0	0	0	0.0	0	0	0	0	0	-	-	-	-	0	0
2020	12	0	0	0	0	0	7.1	4	0	7	0	5	0.167	1.50	4.24	4.91	0	0
2021	26	0	1	0	0	0	18.2	21	1	14	2	17	0.276	1.88	4.78	7.23	0	0
통산	129	1	1	1	1	5	116.2	122	9	83	5	96	0.271	1.76	5.18	5.63	0	1

김창훈 투수 44

신장 185cm **체중** 98kg **생일** 2001-11-09 **투타** 우투우타 **지명** 21 롯데 2차 3라운드 21순위

연봉 3,000-3,100 **학교** 사파초-신월중-경남고

연도	경기	선발	승	패	세이브	홀드	이닝	안타	홈런	볼넷	사구	삼진	피안타율	WHIP	FIP	ERA	QS	BS
2019	0	0	0	0	0	0	0.0	0	0	0	0	0	-	-	-	-	0	0
2020	0	0	0	0	0	0	0.0	0	0	0	0	0	-	-	-	-	0	0
2021	6	0	0	0	0	0	8.0	13	1	6	0	6	0.371	2.38	5.71	11.25	0	0
통산	6	0	0	0	0	0	8.0	13	1	6	0	6	0.371	2.38	5.71	11.25	0	0

나균안 투수 43

신장 186cm **체중** 109kg **생일** 1998-03-16 **투타** 우투우타 **지명** 17 롯데 2차 1라운드 3순위

연봉 4,300-4,300-5,800 **학교** 무학초-신월중-용마고

연도	경기	선발	승	패	세이브	홀드	이닝	안타	홈런	볼넷	사구	삼진	피안타율	WHIP	FIP	ERA	QS	BS
2019	0	0	0	0	0	0	0.0	0	0	0	0	0	-	-	-	-	0	0
2020	0	0	0	0	0	0	0.0	0	0	0	0	0	-	-	-	-	0	0
2021	23	7	1	2	1	1	46.1	62	4	24	0	27	0.315	1.86	4.84	6.41	1	0
통산	23	7	1	2	1	1	46.1	62	4	24	0	27	0.315	1.86	4.84	6.41	1	0

나원탁 투수 52

신장 183cm **체중** 100kg **생일** 1994-08-20 **투타** 우투우타 **지명** 17 삼성 2차 2라운드 19순위

연봉 3,000-3,000-3,100 **학교** 석교초-세광중-세광고-홍익대

연도	경기	선발	승	패	세이브	홀드	이닝	안타	홈런	볼넷	사구	삼진	피안타율	WHIP	FIP	ERA	QS	BS
2019	0	0	0	0	0	0	0.0	0	0	0	0	0	-	-	-	-	0	0
2020	0	0	0	0	0	0	0.0	0	0	0	0	0	-	-	-	-	0	0
2021	2	0	0	0	0	0	2.0	1	0	3	0	3	0.143	2.00	4.83	13.50	0	0
통산	2	0	0	0	0	0	2.0	1	0	3	0	3	0.143	2.00	4.83	13.50	0	0

박선우 투수 51

신장 188cm **체중** 91kg **생일** 1997-07-12 **투타** 우투우타 **지명** 16 롯데 1차

연봉 2,700-3,300-3,300 **학교** 용마초(마산리틀)-신월중-부산고

연도	경기	선발	승	패	세이브	홀드	이닝	안타	홈런	볼넷	사구	삼진	피안타율	WHIP	FIP	ERA	QS	BS
2019	0	0	0	0	0	0	0.0	0	0	0	0	0	-	-	-	-	0	0
2020	0	0	0	0	0	0	0.0	0	0	0	0	0	-	-	-	-	0	0
2021	1	0	0	0	0	0	2.0	1	0	0	2	1	0.143	0.50	5.33	0.00	0	0
통산	1	0	0	0	0	0	2.0	1	0	0	2	1	0.143	0.50	5.33	0.00	0	0

송재영 투수 94

신장 181cm **체중** 84kg **생일** 2002-06-20 **투타** 좌투좌타 **지명** 21 롯데 2차 4라운드 31순위

연봉 3,000-3,100 **학교** 수원잠원초(수원영통리틀)-매향중-라온고

연도	경기	선발	승	패	세이브	홀드	이닝	안타	홈런	볼넷	사구	삼진	피안타율	WHIP	FIP	ERA	QS	BS
2019	0	0	0	0	0	0	0.0	0	0	0	0	0	-	-	-	-	0	0
2020	0	0	0	0	0	0	0.0	0	0	0	0	0	-	-	-	-	0	0
2021	19	0	0	2	0	1	14.2	24	3	12	1	13	0.369	2.45	6.88	13.50	0	1
통산	19	0	0	2	0	1	14.2	24	3	12	1	13	0.369	2.45	6.88	13.50	0	1

이강준 투수 59

신장 180cm **체중** 80kg **생일** 2001-12-14 **투타** 우투우타 **지명** 20 KT 2차 3라운드 22순위

연봉 2,700-3,000-3,000 **학교** 서당초-설악중-설악고

연도	경기	선발	승	패	세이브	홀드	이닝	안타	홈런	볼넷	사구	삼진	피안타율	WHIP	FIP	ERA	QS	BS
2019	0	0	0	0	0	0	0.0	0	0	0	0	0	-	-	-	-	0	0
2020	4	0	0	0	0	0	5.2	9	1	5	3	3	0.391	2.47	9.03	6.35	0	0
2021	15	0	1	0	0	0	8.1	11	1	12	3	4	0.333	2.76	9.33	10.80	0	0
통산	19	0	1	0	0	0	14.0	20	2	17	6	7	0.357	2.64	9.21	9.00	0	0

이민석 투수 30

신장 189cm **체중** 95kg **생일** 2003-12-10 **투타** 우투우타 **지명** 22 롯데 1차

연봉 3,000 **학교** 수영초-대천중-개성고

연도	경기	선발	승	패	세이브	홀드	이닝	안타	홈런	볼넷	사구	삼진	피안타율	WHIP	FIP	ERA	QS	BS
2019																		
2020																		
2021																		
통산																		

정성종 투수 19

신장 181cm **체중** 93kg **생일** 1995-11-16 **투타** 우투좌타 **지명** 18 롯데 2차 2라운드 13순위

연봉 0-4,800-4,100 **학교** 광주서석초-무등중-광주제일고-인하대

연도	경기	선발	승	패	세이브	홀드	이닝	안타	홈런	볼넷	사구	삼진	피안타율	WHIP	FIP	ERA	QS	BS
2019	32	0	1	1	0	0	49.2	64	6	24	4	24	0.330	1.77	5.52	5.44	0	0
2020	0	0	0	0	0	0	0.0	0	0	0	0	0	-	-	-	-	0	0
2021	12	0	0	0	0	0	12.0	19	2	8	1	4	0.345	2.25	7.08	8.25	0	0
통산	54	0	1	2	0	0	80.2	102	10	40	6	40	0.316	1.76	5.71	6.02	0	0

정우준 투수 46

신장 180cm **체중** 82kg **생일** 2000-03-17 **투타** 우투우타 **지명** 21 롯데 2차 6라운드 51순위

연봉 3,000-3,100 **학교** 태랑초(남양주리틀)-청원중-서울고-강릉영동대

연도	경기	선발	승	패	세이브	홀드	이닝	안타	홈런	볼넷	사구	삼진	피안타율	WHIP	FIP	ERA	QS	BS
2019	0	0	0	0	0	0	0.0	0	0	0	0	0	-	-	-	-	0	0
2020	0	0	0	0	0	0	0.0	0	0	0	0	0	-	-	-	-	0	0
2021	6	0	0	0	0	0	5.2	6	1	5	2	4	0.273	1.94	7.92	9.53	0	0
통산	6	0	0	0	0	0	5.2	6	1	5	2	4	0.273	1.94	7.92	9.53	0	0

조무근 투수 67

신장 200cm **체중** 123kg **생일** 1991-09-26 **투타** 우투우타 **지명** 15 kt 2차 6라운드 54순위

연봉 0-0-3,300 **학교** 남도초-경상중-상원고-성균관대

연도	경기	선발	승	패	세이브	홀드	이닝	안타	홈런	볼넷	사구	삼진	피안타율	WHIP	FIP	ERA	QS	BS
2019	8	0	0	0	0	0	9.2	6	0	5	3	5	0.188	1.14	4.85	1.86	0	0
2020	0	0	0	0	0	0	0.0	0	0	0	0	0	-	-	-	-	0	0
2021	0	0	0	0	0	0	0.0	0	0	0	0	0	-	-	-	-	0	0
통산	107	1	11	5	4	9	135.1	142	10	68	13	129	0.277	1.55	4.49	4.46	0	1

진명호 투수 48

신장 192cm **체중** 98kg **생일** 1989-03-20 **투타** 우투좌타 **지명** 09 롯데 2차 1라운드 2순위

연봉 12,500-7,500-6,500 **학교** 진북초-전라중-효천고-영남사이버대

연도	경기	선발	승	패	세이브	홀드	이닝	안타	홈런	볼넷	사구	삼진	피안타율	WHIP	FIP	ERA	QS	BS
2019	60	0	3	2	0	9	63.1	56	4	35	1	51	0.245	1.44	4.13	3.41	0	2
2020	37	0	0	1	0	2	31.1	29	3	22	2	32	0.242	1.63	5.06	7.18	0	1
2021	33	0	2	2	0	3	24.1	20	3	14	2	24	0.225	1.40	4.94	4.81	0	0
통산	255	9	13	14	1	24	309.0	280	37	207	10	286	0.247	1.58	5.10	4.78	0	5

진승현 투수 58

신장 184cm **체중** 108kg **생일** 2003-09-05 **투타** 우투좌타 **지명** 22 롯데 2차 2라운드 14순위

연봉 3,000 **학교** 본리초-경복중-경북고

연도	경기	선발	승	패	세이브	홀드	이닝	안타	홈런	볼넷	사구	삼진	피안타율	WHIP	FIP	ERA	QS	BS
2019																		
2020																		
2021																		
통산																		

최건 투수 61

신장 182cm **체중** 90kg **생일** 1999-04-10 **투타** 우투우타 **지명** 18 kt 2차 2라운드 11순위

연봉 2,900-0-3,000 **학교** 이수초-대치중-장충고

연도	경기	선발	승	패	세이브	홀드	이닝	안타	홈런	볼넷	사구	삼진	피안타율	WHIP	FIP	ERA	QS	BS
2019	1	0	0	0	0	0	1.0	0	0	2	0	0	0.000	2.00	9.40	0.00	0	0
2020	0	0	0	0	0	0	0.0	0	0	0	0	0	-	-	-	-	0	0
2021	0	0	0	0	0	0	0.0	0	0	0	0	0	-	-	-	-	0	0
통산	3	0	0	0	0	0	3.0	5	0	4	0	2	0.385	3.00	6.36	9.00	0	0

강로한 외야수 54

신장 182cm **체중** 79kg **생일** 1992-05-13 **투타** 우투좌타 **지명** 15 롯데 2차 7라운드 68순위

연봉 5,300-3,700-3,600 **학교** 울산삼신초-경남중-부경고-경남대

연도	경기	타석	타수	안타	2루타	3루타	홈런	타점	득점	볼넷	사구	삼진	도루	도루자	타율	출루율	장타율	OPS
2019	104	306	288	69	15	6	4	25	38	13	3	107	7	1	0.240	0.279	0.375	0.654
2020	16	26	21	4	0	0	0	1	6	4	1	6	2	1	0.190	0.346	0.190	0.536
2021	21	35	33	4	0	0	2	4	7	2	0	18	0	0	0.121	0.171	0.303	0.474
통산	163	375	350	78	15	6	6	30	53	19	4	137	9	2	0.223	0.270	0.351	0.621

강태율 포수 32

신장 179cm **체중** 91kg **생일** 1996-11-01 **투타** 우투우타 **지명** 15 롯데 1차

연봉 2,700-3,200-3,300 **학교** 수영초-대천중-부경고

연도	경기	타석	타수	안타	2루타	3루타	홈런	타점	득점	볼넷	사구	삼진	도루	도루자	타율	출루율	장타율	OPS
2019	0	0	0	0	0	0	0	0	0	0	0	0	0	0	-	-	-	-
2020	14	18	11	5	0	0	2	2	2	7	0	2	0	0	0.455	0.667	1.000	1.667
2021	19	31	26	2	1	0	1	5	1	4	0	10	0	1	0.077	0.194	0.231	0.425
통산	36	51	39	7	1	0	3	7	3	11	0	12	0	1	0.179	0.353	0.436	0.789

고승민 외야수 6

신장 189cm **체중** 92kg **생일** 2000-08-11 **투타** 우투좌타 **지명** 19 롯데 2차 1라운드 8순위

연봉 3,800-0-3,800 **학교** 군산신풍초-배명중-북일고

연도	경기	타석	타수	안타	2루타	3루타	홈런	타점	득점	볼넷	사구	삼진	도루	도루자	타율	출루율	장타율	OPS
2019	30	89	83	21	6	2	0	6	7	4	0	16	0	0	0.253	0.284	0.373	0.657
2020	0	0	0	0	0	0	0	0	0	0	0	0	0	0	-	-	-	-
2021	0	0	0	0	0	0	0	0	0	0	0	0	0	0	-	-	-	-
통산	30	89	83	21	6	2	0	6	7	4	0	16	0	0	0.253	0.284	0.373	0.657

김세민 내야수 14

신장 183cm **체중** 78kg **생일** 2003-06-14 **투타** 우투우타 **지명** 22 롯데 2차 3라운드 28순위

연봉 3,000 **학교** 중앙초-하슬라중-강릉고

연도	경기	타석	타수	안타	2루타	3루타	홈런	타점	득점	볼넷	사구	삼진	도루	도루자	타율	출루율	장타율	OPS
2019																		
2020																		
2021																		
통산																		

김주현 내야수 50

신장 188cm **체중** 103kg **생일** 1993-12-21 **투타** 좌투좌타 **지명** 16 한화 1차

연봉 3,000-3,100-3,300 **학교** 성동초-잠신중-북일고-경희대

연도	경기	타석	타수	안타	2루타	3루타	홈런	타점	득점	볼넷	사구	삼진	도루	도루자	타율	출루율	장타율	OPS
2019	0	0	0	0	0	0	0	0	0	0	0	0	0	0	-	-	-	-
2020	0	0	0	0	0	0	0	0	0	0	0	0	0	0	-	-	-	-
2021	8	17	16	4	0	0	0	0	1	1	0	6	0	0	0.250	0.294	0.250	0.544
통산	36	63	53	13	2	0	0	3	4	9	1	23	0	0	0.245	0.365	0.283	0.648

박승욱 내야수 53

신장 184cm **체중** 83kg **생일** 1992-12-04 **투타** 우투좌타 **지명** 12 SK 3라운드 31순위

연봉 8,000-8,000-3,000 **학교** 칠성초-경복중-상원고

연도	경기	타석	타수	안타	2루타	3루타	홈런	타점	득점	볼넷	사구	삼진	도루	도루자	타율	출루율	장타율	OPS
2019	101	245	223	52	3	4	3	15	24	14	2	50	4	1	0.233	0.285	0.323	0.608
2020	97	128	110	29	3	2	1	10	23	11	4	37	5	1	0.264	0.349	0.355	0.704
2021	8	6	6	2	1	0	0	0	5	0	0	1	1	0	0.333	0.333	0.500	0.833
통산	382	775	676	164	17	9	10	59	113	63	14	199	17	8	0.243	0.319	0.339	0.658

배성근 내야수 2

신장 181cm **체중** 90kg **생일** 1995-04-27 **투타** 우투우타 **지명** 14 롯데 2차 4라운드 40순위

연봉 3,200-3,200-4,200 **학교** 본리초-경상중-울산공고

연도	경기	타석	타수	안타	2루타	3루타	홈런	타점	득점	볼넷	사구	삼진	도루	도루자	타율	출루율	장타율	OPS
2019	36	48	44	9	1	0	0	2	4	4	0	13	1	0	0.205	0.271	0.227	0.498
2020	4	7	7	0	0	0	0	0	0	0	0	2	0	1	0.000	0.000	0.000	0.000
2021	78	109	93	19	4	0	1	9	21	14	0	36	1	0	0.204	0.308	0.280	0.588
통산	118	164	144	28	5	0	1	11	25	18	0	51	2	1	0.194	0.284	0.250	0.534

이호연 내야수 4

신장 177cm **체중** 87kg **생일** 1995-06-03 **투타** 우투좌타 **지명** 18 롯데 2차 6라운드 53순위

연봉 2,700-3,000-3,000 **학교** 광주수창초-진흥중-광주제일고-성균관대

연도	경기	타석	타수	안타	2루타	3루타	홈런	타점	득점	볼넷	사구	삼진	도루	도루자	타율	출루율	장타율	OPS
2019	0	0	0	0	0	0	0	0	0	0	0	0	0	0	-	-	-	-
2020	1	2	2	0	0	0	0	0	0	0	0	1	0	0	0.000	0.000	0.000	0.000
2021	7	11	9	2	0	0	0	1	0	1	0	1	0	0	0.222	0.273	0.222	0.495
통산	8	13	11	2	0	0	0	1	0	1	0	2	0	0	0.182	0.231	0.182	0.413

정보근 포수 42

신장 175cm **체중** 94kg **생일** 1999-08-31 **투타** 우투우타 **지명** 18 롯데 2차 9라운드 83순위

연봉 2,900-3,700-3,400 **학교** 수영초-경남중-경남고

연도	경기	타석	타수	안타	2루타	3루타	홈런	타점	득점	볼넷	사구	삼진	도루	도루자	타율	출루율	장타율	OPS
2019	15	35	32	4	0	0	0	1	3	2	1	10	0	0	0.125	0.200	0.125	0.325
2020	85	152	133	20	2	0	0	5	9	11	1	32	0	0	0.150	0.219	0.165	0.384
2021	11	20	18	5	0	0	0	0	0	2	0	2	0	1	0.278	0.350	0.278	0.628
통산	111	207	183	29	2	0	0	6	12	15	2	44	0	1	0.158	0.229	0.169	0.398

조세진 외야수 16

신장 181cm **체중** 86kg **생일** 2003-11-21 **투타** 우투우타 **지명** 22 롯데 2차 1라운드 4순위
연봉 3,000 **학교** 성남중원리틀-선린중-서울고

연도	경기	타석	타수	안타	2루타	3루타	홈런	타점	득점	볼넷	사구	삼진	도루	도루자	타율	출루율	장타율	OPS
2019																		
2020																		
2021																		
통산																		

최민재 외야수 7

신장 179cm **체중** 85kg **생일** 1994-01-08 **투타** 우투좌타 **지명** 13 SK 4라운드 33순위
연봉 2,800-3,100-3,200 **학교** 대전신흥초-공주중-화순고

연도	경기	타석	타수	안타	2루타	3루타	홈런	타점	득점	볼넷	사구	삼진	도루	도루자	타율	출루율	장타율	OPS
2019	1	2	2	0	0	0	0	0	0	0	0	0	0	0	0.000	0.000	0.000	0.000
2020	0	0	0	0	0	0	0	0	0	0	0	0	0	0	-	-	-	-
2021	21	27	25	2	1	0	0	2	2	2	0	8	2	0	0.080	0.148	0.120	0.268
통산	22	29	27	2	1	0	0	2	2	2	0	8	2	0	0.074	0.138	0.111	0.249

한태양 내야수 68

신장 181cm **체중** 76kg **생일** 2003-09-15 **투타** 우투좌타 **지명** 22 롯데 2차 6라운드 54순위
연봉 3,000 **학교** 역삼초-언북중-덕수고

연도	경기	타석	타수	안타	2루타	3루타	홈런	타점	득점	볼넷	사구	삼진	도루	도루자	타율	출루율	장타율	OPS
2019																		
2020																		
2021																		
통산																		

PLAYER LIST

육성선수

성명	포지션	등번호	생일	신장	체중	투타	최초입단연도	최초입단구단	연봉
박진	투수	38	1999-04-02	182	106	우우	2019	롯데 자이언츠	3,100
이태오 (이동원)	투수	85	1993-12-15	190	115	우우	2012	두산 베어스	3,000
경우진	투수	62	2000-01-30	183	97	우우	2022	롯데 자이언츠	3,000
김승준	투수	69	1995-09-10	181	84	우우	2022	롯데 자이언츠	3,000
강민성	투수	79	2000-01-12	192	103	좌좌	2019	롯데 자이언츠	3,000
정대혁	투수	55	1999-06-26	186	90	우우	2021	롯데 자이언츠	3,000
윤성빈	투수	92	1999-02-26	197	90	우우	2017	롯데 자이언츠	3,100
신학진	투수	04	2000-12-12	185	78	우우	2020	롯데 자이언츠	3,000
하혜성	투수	60	2003-06-09	191	85	우우	2022	롯데 자이언츠	3,000
엄장윤	포수	65	2003-10-07	179	78	우우	2022	롯데 자이언츠	3,000
민성우	포수	83	1999-03-10	174	82	우우	2022	롯데 자이언츠	3,000
김용완	내야수	66	2003-05-02	176	73	우우	2022	롯데 자이언츠	3,000
김서진	내야수	64	2004-02-05	175	80	우우	2022	롯데 자이언츠	3,000
김동욱	내야수	76	1999-03-08	176	81	우우	2022	롯데 자이언츠	3,000
윤동희	내야수	91	2003-09-18	187	85	우우	2022	롯데 자이언츠	3,000
김민수	외야수	63	1996-06-11	180	96	우우	2019	롯데 자이언츠	3,000

군보류

성명	포지션	생일	신장	체중	투타	최초입단연도	최초입단구단	입대일	전역일
김동규	투수	1999-04-08	185	85	우우	2019	롯데 자이언츠	2021-11-01	2023-07-31
박명현	투수	2001-06-16	185	80	우우	2020	롯데 자이언츠	2021-11-16	2023-05-15
홍민기	투수	2001-07-20	185	85	좌좌	2020	롯데 자이언츠	2021-11-08	2023-05-07
손성빈	포수	2002-01-14	186	92	우우	2021	롯데 자이언츠	2021-12-13	2023-06-11
최종은	내야수	1998-10-12	178	82	우우	2021	롯데 자이언츠	2021-11-15	2023-05-14
이주찬	내야수	1998-09-21	181	86	우우	2021	롯데 자이언츠	2021-11-30	2023-05-29

육성군보류

성명	포지션	생일	신장	체중	투타	최초입단연도	최초입단구단	입대일	전역일
박영완	투수	2000-07-22	183	85	우좌	2019	롯데 자이언츠	2021-07-19	2023-01-18
최우인	투수	2002-08-09	191	91	우우	2021	롯데 자이언츠	2021-11-08	2023-05-07
이병준	투수	2002-05-28	185	95	우우	2021	롯데 자이언츠	2021-11-08	2023-05-07
김민기	투수	1996-02-14	177	83	우우	2020	롯데 자이언츠	2020-11-23	2022-05-22
우강훈	투수	2002-10-03	183	88	우우	2021	롯데 자이언츠	2021-11-08	2023-05-07
김동혁	외야수	2000-09-15	177	77	좌좌	2022	롯데 자이언츠	2021-10-12	2023-04-11
엄태호	외야수	2001-01-03	186	84	우좌	2020	롯데 자이언츠	2021-08-02	2023-02-01
김건우	외야수	2001-04-25	176	73	우좌	2020	롯데 자이언츠	2020-08-24	2022-06-11
황성빈	외야수	1997-12-19	172	76	우좌	2020	롯데 자이언츠	2020-04-27	2022-01-28

KIA TIGERS
기아 타이거즈

KIA TIGERS BASEBALL CL

5강 진출에 실패했음에도 여운은 남았던 2020시즌. 그만큼 윌리엄스 감독의 2021시즌 구상은 그럴 듯해 보였다. '체력'을 우선 목표로 체질을 바꾸는 작업이 진행됐다. 이래도 되나 싶을 정도로 천천히, 저강도로 준비됐던 시즌. 하지만 과정도 결과도 낙제점을 받았다. 구상했던 모든 게 최악의 시나리오로 마무리됐다. 실패로 끝난 터커 1루수 변신, 두 외국인 투수 없이 한 달여를 흘려보내기도 했다. 코로나19 상황도, 최형우 · 이의리 주요 선수들의 부상도 안 풀리는 집안의 전형이었다. 어려움 속에서도 묵묵히 역할을 한 선수들은 결실을 얻었다. 9위 팀에서 '30홀드-30세이브' 듀오가 탄생했고, 이의리는 신인왕 트로피를 들어 올렸다. 초라한 시즌이었지만 스토브리그에서는 주인공이었다. 사장 · 단장 · 감독의 동반 교체 속 나성범을 품었고, 양현종도 복귀했다.

2021 좋았던 일

폐허에도 꽃은 피웠다. 일찍 순위 싸움은 끝났지만 추운 가을에도 KIA팬들은 야구를 끊지 못했다. '철벽 불펜'이 부지런히 가동되면서 기록을 만들어갔다. 2군 캠프에서 시작해 반전의 시즌을 이룬 장현식이 34개의 홀드를 수확하면서 KIA의 유일한 타이틀 홀더가 됐다. 타이거즈 역사상 첫 홀드왕도 차지했다. 어느새 마무리로 자리한 2년 차 정해영은 KBO 리그 최연소 30세이브 주인공으로 이름을 남겼다. 명맥이 끊겼던 신인왕 계보도 다시 이어졌다. 양현종이 떠난 마운드에서 좌완 에이스로 활약한 이의리가 국제무대에서 KIA팬들의 자부심이 되어주었고 신인왕으로 KBO 시상식 단상에도 올랐다. 될 듯 말 듯 애를 태우던 최원준은 리드오프로서의 면모를 보이며, 최다수비 이닝을 남기고 홀가분하게 국방의 의무를 수행하러 떠났다.

2021 나빴던 일

나쁜 일이 가득했던 시즌이었다. 믿었던 브룩스에게 발등 찍혔다. 부상으로 자리를 비운 건 애교였다. 뜨거운 7월을 이끌며 역시 에이스를 외치게 한 브룩스였지만 대마초 성분이 든 전자담배를 주문했다가 임의탈퇴 신세가 됐다. 많은 기대를 받으며 KBO 리그로 건너온 멩덴도 부상으로 고전하다 막판에 입맛만 다시게 했다. 코로나 상황의 최대 피해자이기도 했다. 1 · 2번 포수가 같은 날 밀접 접촉자가 되면서 신인 포수 권혁경이 상상도 하지 못한 프로 데뷔전을 치렀고, 원칙을 깬 리그 조기 중단에 허무하게 전반기를 종료했다. 리그 중단 덕분에 7월 전승팀이 됐지만 '가을 잔치' 근처에는 가보지도 못했다. 나지완 · 최형우의 동반 부상 속 66개의 홈런으로 압도적인 팀홈런 꼴찌. 이어진 부상으로 일찍 끝나버린 이의리의 시즌도 아쉬움이었다.

김종국 감독 74

신장	180cm	체중	80kg	생일	1973-09-14	투타	우투우타
연봉	25,000			학교	광주서림초-무등중-광주제일고-고려대		

역대급 사령탑으로 기대를 모은 맷 윌리엄스 감독의 무대는 2시즌 만에 끝이 났다. 매 경기가 포스트시즌처럼 돌아가고도 성적은 9위. 확실한 방향성도 재미도 없었다. 흑역사를 남기고 떠난 '빅리그 올스타' 출신 슈퍼 감독에 이어 '원클럽맨' 김종국 감독이 명가재건 사명을 부여받았다. 훈련부터 바꿨다. 빈틈을 채우기 위해 훈련 강도를 높였고, 전면 경쟁에 돌입했다. '도루왕' 출신답게 뛰는 야구를 강조한다. 일단 뛰면서 상대를 흔들 계획이다. 스피드는 마운드에도 강조된다. '수비가 아닌 공격' 빠르고 공격적인 피칭을 주문하고 있다. 변화의 시간, 선수들의 움직임도 달라졌다. 김도영, 윤도현, 최지민 등 새 얼굴의 활약도 감독을 웃게 한다. 하지만 초보 감독의 어깨는 무겁다. 양현종 · 나성범을 안겨준 구단, 임기 시작과 함께 성과를 내야 한다.

구단 정보

창단	연고지	홈구장	우승	홈페이지
1982	광주	광주기아챔피언스필드	11회(83,86,87,88,89,91,93,96,97,09,17)	www.tigers.co.kr

2021시즌 성적

순위	경기	승	패	무	승률
9	144	58	76	10	0.433
타율	**출루율**	**장타율**	**홈런**	**도루**	**실책**
0.248(9)	0.337(9)	0.336(10)	66(10)	73(9)	110(6)
ERA	**선발ERA**	**구원ERA**	**탈삼진**	**볼넷허용**	**피홈런**
4.91(9)	5.04(8)	4.76(6)	951(9)	622(7)	134(9)

최근 10시즌 성적

연도	순위	승	패	무	승률
2011	4	70	63	0	0.526
2012	5	62	65	6	0.488
2013	8	51	74	3	0.408
2014	8	54	74	0	0.422
2015	7	67	77	0	0.465
2016	5	70	73	1	0.49
2017	1	87	56	1	0.608
2018	5	70	74	0	0.486
2019	7	62	80	2	0.437
2020	6	73	71	0	0.507

2021시즌 월별 성적

월	순위	승	패	무	승률
4	6	12	11	0	0.522
5	9	7	15	0	0.318
6	10	6	17	0	0.261
7-8	1	11	5	4	0.688
9	10	8	18	2	0.308
10	2	14	10	4	0.583
포스트					

COACHING STAFF

코칭스태프

성명	보직	등번호	생일	신장	체중	투타	출신교
진갑용	수석	70	1974-05-08	182	90	우투우타	부산고-고려대
최희섭	타격	78	1979-03-16	196	123	좌투좌타	광주제일고-고려대
이범호	타격	71	1981-11-25	183	96	우투우타	대구고
서재응	투수	98	1977-05-24	181	97	우투우타	광주제일고-인하대
곽정철	투수	96	1986-03-14	186	97	우투우타	광주제일고
김민우	수비	75	1979-03-21	184	92	우투우타	부천고-한양대
이현곤	수비	80	1980-02-21	183	83	우투우타	광주제일고-연세대
조재영	작전 주루	89	1980-03-15	182	87	우투우타	신일고
김상훈	배터리	71	1977-10-27	180	92	우투우타	광주제일고-고려대
정명원	퓨처스 감독	73	1966-06-14	189	89	우투우타	군산상고-원광대
송지만	퓨처스 타격	79	1973-04-04	178	85	우투우타	동산고-인하대
홍세완	퓨처스 타격	83	1978-01-16	183	85	우투우타	장충고-성균관대
윤해진	퓨처스 타격	81	1989-02-25	178	84	우투우타	개성고-경성대
류택현	퓨처스 투수	99	1971-10-23	185	80	좌투좌타	휘문고-동국대
이상화	퓨처스 투수	97	1980-09-15	181	98	우투우타	경주고-경성대
강철민	퓨처스 투수	91	1979-07-22	191	95	우투우타	효천고-한양대
박기남	퓨처스 수비	76	1981-08-14	175	80	우투우타	배재고-단국대
나주환	퓨처스 작전 주루	88	1984-06-14	180	84	우투우타	북일고
강성우	퓨처스 배터리	77	1970-01-05	173	80	우투우타	경남상고-단국대

2022 팀 이슈

9위였지만 스토브리그에서는 우승팀이었다. 사장 · 단장 · 감독을 동시에 교체하면서 '명가 재건' 의지를 표명했다. 김종국 감독 · 장정석 단장 체제로 새로 팀을 구성했고, 모처럼 스토브리그의 '큰 손'으로 돌아왔다. KIA에 가장 필요했지만, 누구도 예상하지 못했던 FA 최대어 나성범과의 계약을 성사시켰다. 양현종도 품에 안으면서 투 · 타 보강에 성공했다. 외국인 선수 전원 교체라는 승부수를 던지면서 새 전력을 지켜보는 재미가 생겼다. 마지막 1차지명 선수, 김도영에게 눈길이 쏠린다. 머리 아픈 고민 끝에 '제2의 이종범'을 선택한 KIA. 야수 프랜차이즈가 귀한 팀에서 김도영이 '아재팬'들의 마음까지 사로잡을 수 있을지 기대된다. 투수 수집에 공을 들인 결과가 나오기 시작했다. 젊은 마운드의 내부 경쟁을 지켜보는 재미도 있다.

2022 최상 시나리오

빠르게 고!

위로!!!!

김종국 감독의 '스피드 야구'가 통했다. 일단 공격적으로 휘두르고, 나갔다가 하면 뛰었다. 지난 시즌의 뻔한 팀이 아니었다. 덕분에 상대 수비진의 실수가 많아졌고, 득점은 늘었다. 김도영이 특급 스피드로 이의리에 이어 신인왕 트로피를 들어 올렸다. 투수들도 '스피드'로 승부했다. 빠르게 공을 던지면서 상대의 허를 찔렀고, 야수들의 집중력은 좋아졌다. 든든해진 방패에 나성범을 배치한 클린업트리오는 공포의 타선이 됐다. 공격력 더한 박찬호까지 쉴 틈 없는 타순이 구축되면서 끝까지 가는 승부가 이어졌다. 외국인 농사도 풍년이었다. 소크라테스가 제2의 버나디나로 찬사를 받았고, 매서운 로니와 묵직한 놀린 조합도 승리의 보증 수표가 됐다. 4년 만에 '가을 잔치'가 펼쳐지면서 만원 관중이 들어찬 챔필에 남행열차가 울려 퍼졌다.

2022 최악 시나리오

지난해에 이어 '외국인 농사'가 흉작이었다. 다양한 폼으로 팔색조 매력을 보여준 놀린이지만 오히려 상대의 어필에 시달리면서 리듬이 깨졌다. 로니는 의욕은 넘쳤지만 선발 경험 부족을 노출하면서 많은 이닝을 책임지지 못했다. 연습경기에서 '한방'을 보여줬던 소크라테스도 장타에서 역할을 하지 못하고 발만 빠른 외국인 타자로 남고 말았다. 스피드를 강조했던 김종국 감독의 새로운 도전도 화력 부족에 발목이 잡혔다. 나가지를 못하니 뛰지를 못한 타자들. 스토브리그에서 기대감을 키웠던 양현종과 나성범 카드도 위력적이지는 못했다. 양현종의 하락세는 계속됐고, 나성범은 집중견제에 시달리면서 타선의 폭발력이 떨어졌다. 시즌 전 선발 후보들의 뜨거운 경쟁이 전개됐지만 본무대에서도 4 · 5선발 고민이 이어졌고 '가을잔치'는 또 남의 잔치가 됐다.

놀린 투수 37

신장 193cm 체중 113kg 생일 1989-12-26

투타 좌투좌타 지명 22 KIA 자유선발

연봉 $350,000

학교 Seaford(고)-San Jacinto(대)

순위기록

항목	값	항목	값
WAR	0.55	WPA	0.00
땅볼/뜬공	0.99	삼진율(%)	18.6
볼넷비율(%)	9.9	헛스윙율(%)	21.4

기본기록

연도	경기	선발	승	패	세이브	홀드	이닝	안타	홈런	볼넷	사구	삼진	피안타율	WHIP	FIP	ERA	QS	BS
2019																		
2020																		
2021																		
통산																		

상황별 기록

상황	안타	2루타	3루타	홈런	볼넷	사구	삼진	폭투	보크	피안타율
전반기										
후반기										
vs 좌										
vs 우										
주자없음										
주자있음										
득점권										
만루										

존별 기록

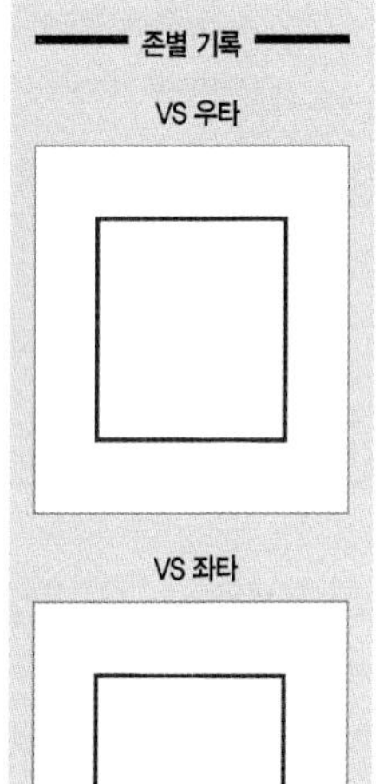

구종별 기록

구종	평균구속	순위	백분율	구사율(%)	피안타율
포심					
투심/싱커					
슬라이더/커터					
커브					
체인지업					
포크볼					
너클볼/기타					

● '팔색조' 션 놀린이 마운드에 새로 가세하면서 양현종 · 이의리와 함께 '호랑이 군단'의 좌완 선발진이 구성됐다. 다양한 폼으로 공을 던지면서 눈길을 끌었다. 진짜 무대에서도 문제없이 상황에 맞게 다양한 투구폼을 활용할 수 있느냐가 문제라면 문제. 타이밍 싸움을 위해 새로운 리그에 대한 예습은 철저히 했다. 다양한 리그에서의 경험도 놀린에게는 귀한 자산이다. 미국, 멕시코, 도미니카공화국 등을 거쳐 6번째 리그인 KBO에 도전장을 내밀었다. 일본 리그에서도 뛴 경험이 있는 만큼 한국 야구가 낯설지는 않다. 새 환경에서도 자신의 루틴대로 서서히 페이스를 잘 끌어올렸다. 193㎝의 큰 키와 안정감이 놀린의 또 다른 장점이다. 큰 키에서 묵직하게 내리꽂는 직구를 바탕으로 체인지업, 커터, 커브 등의 변화구를 세밀하게 구사하면서 제구에서 합격점을 받았다. '안정감'의 놀린과 '파워풀'로 표현할 수 있는 로니. 다른 매력의 놀린로니 조합이 KIA 성적을 움직이게 된다.

양현종 투수 54

신장 183cm **체중** 91kg **생일** 1988-03-01

투타 좌투좌타 **지명** 07 KIA 2차 1라운드 1순위

연봉 230,000-0-100,000

학교 광주학강초-광주동성중-광주동성고

순위기록

WAR	0.55
WPA	0.00
땅볼/뜬공	0.99
삼진율(%)	18.6
볼넷비율(%)	9.9
헛스윙율(%)	21.4

기본기록

연도	경기	선발	승	패	세이브	홀드	이닝	안타	홈런	볼넷	사구	삼진	피안타율	WHIP	FIP	ERA	QS	BS
2019	29	29	16	8	0	0	184.2	165	6	33	2	163	0.241	1.07	2.63	2.29	22	0
2020	31	31	11	10	0	0	172.1	180	13	64	5	149	0.271	1.42	4.01	4.70	15	0
2021	0	0	0	0	0	0	0.0	0	0	0	0	0	-	-	-	-	0	0
통산	425	324	147	95	0	9	1986.0	1940	162	795	47	1673	0.261	1.38	4.16	3.83	132	0

상황별 기록

상황	안타	2루타	3루타	홈런	볼넷	사구	삼진	폭투	보크	피안타율
전반기										
후반기										
vs 좌										
vs 우										
주자없음										
주자있음										
득점권										
만루										

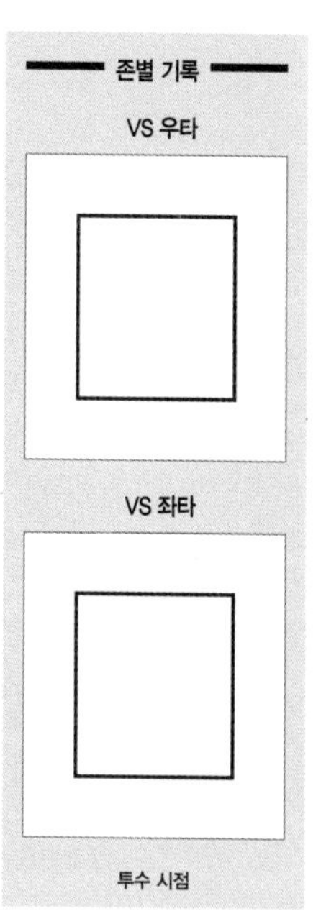

구종별 기록

구종	평균구속	순위	백분율	구사율(%)	피안타율
포심					
투심/싱커					
슬라이더/커터					
커브					
체인지업					
포크볼					
너클볼/기타					

● 빅리그 도전을 마치고 대투수 양현종이 돌아왔다. 우여곡절 사연이 많았던 스토브리그였다. 실력으로 팬들의 마음을 달래고 우려의 시선을 지워야 한다. 어느새 30대 중반이 된 마운드 최고참, 지난 2년간의 하락세도 물음표를 남겼다. 그만큼 어느 해보다 빠른 페이스로 시즌을 준비했다. 개막에 맞춰 페이스는 좋다. 문제는 견고함이다. 지난겨울 꿈의 무대 도전을 위해 몸과 마음이 급했다. 올시즌에도 그동안의 루틴과는 다른 빠른 템포로 시즌 준비가 이뤄졌다. 시작도 중요하지만 끝도 중요한 시즌이다. '노련함'이 양현종의 가장 큰 자산이자 성공을 위한 무기가 될 전망이다. KBO 리그를 대표하는 투수로 쌓아온 노하우에 빅리그 경험을 통해 시야가 더 넓어졌다. 또 하나 중요한 무기는 '직구'다. 양현종다운 힘 있는 직구로 노련하게 타자들을 요리하면서 이닝을 쌓아가야 한다. 넓어진 스트라이크존, 타선에 나성범이라는 지원군도 가세하면서 박복했던 승운은 다소 풀릴 전망이다.

이의리 투수 48

신장 185cm **체중** 90kg **생일** 2002-06-16

투타 좌투좌타 **지명** 21 KIA 1차

연봉 3,000-9,000

학교 수창초-충장중-광주제일고

형님,
부르셨습니까?

순위기록

항목	리그 평균	기록(순위)
WAR	0.55	2.35(33위)
WPA	0.00	0.31(56위)
땅볼/뜬공	0.99	0.78(102위)
삼진율(%)	18.6	23.0(25위)
볼넷비율(%)	9.9	13.9(125위)
헛스윙율(%)	21.4	27.1(12위)

기본기록

연도	경기	선발	승	패	세이브	홀드	이닝	안타	홈런	볼넷	사구	삼진	피안타율	WHIP	FIP	ERA	QS	BS
2019																		
2020																		
2021	19	19	4	5	0	0	94.2	69	6	56	2	93	0.204	1.32	4.03	3.61	4	0
통산	19	19	4	5	0	0	94.2	69	6	56	2	93	0.204	1.32	4.03	3.61	4	0

상황별 기록

상황	안타	2루타	3루타	홈런	볼넷	사구	삼진	폭투	보크	피안타율
전반기	51	11	0	4	42	1	73	3	0	0.199
후반기	18	0	0	2	14	1	20	2	0	0.220
vs 좌	31	5	0	1	19	1	28	2	0	0.225
vs 우	38	6	0	5	37	1	65	3	0	0.190
주자없음	42	6	0	5	25	2	65	1	0	0.203
주자있음	27	5	0	1	31	0	28	4	0	0.206
득점권	17	5	0	0	20	0	19	1	0	0.224
만루	2	1	0	0	2	0	2	0	0	0.222

구종별 기록

구종	평균구속	순위	백분율	구사율(%)	피안타율
포심	145	49	16.2%	55%	0.238
투심/싱커	-	-	-	-	-
슬라이더/커터	132	90	31.4%	15.5%	0.238
커브	124	30	12.2%	4.7%	0.222
체인지업	132	47	22.5%	24.8%	0.122
포크볼	-	-	-	-	-
너클볼/기타	-	-	-	-	-

존별 기록

VS 우타

0.222 2/9	0.200 1/5	0.000 0/6	0.333 1/3	- 0/0
0.063 1/16	0.333 2/6	0.375 3/8	0.091 1/11	0.000 0/2
0.417 5/12	0.353 6/17	0.143 2/14	0.087 2/23	- 0/0
0.091 1/11	0.250 3/12	0.227 5/22	0.167 1/6	- 0/0
0.000 0/7	0.000 0/5	0.333 1/3	0.500 1/2	- 0/0

VS 좌타

0.000 0/4	0.667 2/3	0.333 3/9	0.500 1/2	- 0/0
0.286 2/7	0.167 1/6	0.400 4/10	0.000 0/1	- 0/0
0.250 2/8	0.125 1/8	0.217 5/23	0.333 3/9	0.000 0/1
0.000 0/3	0.250 3/12	0.100 1/10	0.000 0/4	0.500 1/2
0.000 0/1	0.333 1/3	0.143 1/7	0.000 0/3	0.000 0/2

투수 시점

● 1985년 이순철 이후 명맥이 끊겼던 타이거즈의 신인왕 계보를 다시 이었다. 2년차 징크스는 잊지 않아도 된다. 이의리표 직구에 순식간에 업그레이드에 성공한 체인지업으로 신인왕 자리에 올랐다. 하던 대로 하면 되는 이의리, 멘탈은 MVP급이다. 위기의 마운드를 이끌며 KIA를 대표하는 투수로 이내 자리를 굳혔고, 프로 첫해 태극마크까지 달면서 국가대표 에이스로서의 무게감도 느껴봤다. 특별히 더할 것 없이 지난 시즌 부족했던 밸런스에 신경 쓰면서 프로에서의 두 번째 시즌을 준비했다. '풀타임'을 위해 체력적인 부분에도 공을 들이면서 뜨거운 겨울을 보냈다. 문제는 '부상'이다. 지난해에도 손가락, 발목에 문제가 생기면서 아쉽게 시즌을 일찍 마무리했었다. 이번에는 손가락이 문제다. 지난가을 복귀전을 방해했던 '물집'이 이번 캠프에서도 이의리를 괴롭혔다. 큰 부상은 아니지만 시간이 필요한, 풀타임이라는 목표를 막는 부상이다. 뾰족한 예방법과 치료법이 없다는 것도 고민이다.

장현식 투수 50

신장 181cm **체중** 91kg **생일** 1995-02-24

투타 우투우타 **지명** 13 NC 1라운드 9순위

연봉 11,000-10,500-20,000

학교 신도초-서울이수중-서울고

순위기록

항목	기록	평균
WAR	2.93(25위)	0.55
WPA	1.98(10위)	0.00
땅볼/뜬공	0.71(114위)	0.99
삼진율(%)	23.8(19위)	18.6
볼넷비율(%)	12.5(113위)	9.9
헛스윙율(%)	25.9(17위)	21.4

기본기록

연도	경기	선발	승	패	세이브	홀드	이닝	안타	홈런	볼넷	사구	삼진	피안타율	WHIP	FIP	ERA	QS	BS
2019	53	0	5	4	0	9	54.2	58	9	23	4	49	0.269	1.48	5.23	4.61	0	2
2020	37	3	4	4	0	6	41.0	64	8	22	3	26	0.370	2.10	6.65	10.76	0	2
2021	69	0	1	5	1	34	76.2	67	7	42	3	80	0.238	1.42	4.15	3.29	0	5
통산	252	30	23	27	3	51	413.2	436	54	215	17	361	0.273	1.57	5.23	5.42	9	11

상황별 기록

상황	안타	2루타	3루타	홈런	볼넷	사구	삼진	폭투	보크	피안타율
전반기	40	4	0	4	34	3	44	6	0	0.250
후반기	27	3	1	3	8	0	36	2	0	0.221
vs 좌	37	4	1	2	23	1	33	3	0	0.280
vs 우	30	3	0	5	19	2	47	5	0	0.200
주자없음	34	6	0	4	20	2	42	1	0	0.221
주자있음	33	1	1	3	22	1	38	7	0	0.258
득점권	13	1	0	3	17	1	27	5	0	0.186
만루	4	1	0	0	2	0	8	0	0	0.235

구종별 기록

구종	평균구속	순위	백분율	구사율(%)	피안타율
포심	148	19	6.3%	65.9%	0.282
투심/싱커	-	-	-	-	-
슬라이더/커터	132	97	33.8%	23.3%	0.159
커브	128	10	4.1%	0.4%	0.000
체인지업	-	-	-	-	-
포크볼	138	3	2.2%	10.4%	0.120
너클볼/기타	-	-	-	-	-

존별 기록

VS 우타

0.000 0/1	0.167 1/6	0.200 1/5	0.000 0/7	0.000 0/1
0.000 0/3	0.333 4/12	0.333 3/9	0.125 1/8	0.000 0/2
0.200 1/5	0.250 2/8	0.286 2/7	0.250 3/12	0.000 0/2
0.000 0/4	0.364 4/11	0.316 6/19	0.167 1/6	- 0/0
0.000 0/8	0.000 0/7	0.167 1/6	- 0/0	0.000 0/1

VS 좌타

- 0/0	0.250 1/4	0.000 0/5	0.333 1/3	0.000 0/1
0.000 0/3	0.333 1/3	0.000 0/6	0.417 5/12	0.500 1/2
- 0/0	0.273 3/11	0.400 4/10	0.200 2/10	0.500 1/2
0.500 1/2	0.444 4/9	0.438 7/16	0.091 1/11	0.333 1/3
0.000 0/2	0.167 1/6	0.000 0/2	0.300 3/10	0.000 0/1

투수 시점

● '9시의 남자' 장현식이 올시즌에도 KIA 팬들의 평온한 저녁을 책임진다. 지난해는 반전의 시즌으로 표현할 수 있다. 2군 캠프에서 시즌을 준비하면서 "무소식이 희소식이라는 걸 보여주겠다"며 이를 악물었다. 그리고 장현식은 시즌이 끝난 뒤 타이거즈 최초의 홀드왕으로 KBO 리그 시상식 단상에 올랐다. 정해영과 '30홀드-30세이브' 듀오로 이름을 남겼고, 팀의 비FA 최고 연봉 타이틀도 가져왔다. 비시즌에도 쉼 없이 운동을 했던 장현식의 루틴은 올해도 지켜졌다. '노력은 배신하지 않는다'를 느낀 만큼 지난해보다 더 독하게 준비를 했다. 슬라이더로 우타자를 요리했던 장현식은 좌타자 승부를 위해 스플리터를 연마했다. 승부를 위한 키로 스플리터를 선택한 장현식은 '기복 줄이기'를 목표로 삼았다. 시즌 초반부터 꾸준하게 팀의 승리를 지키겠다는 게 장현식의 각오다. 강렬한 하이볼을 던져왔던 만큼 높아진 스트라이크존은 장현식의 빠르고 공격적인 승부에 힘이 될 전망이다.

정해영 투수 62

신장 189cm **체중** 98kg **생일** 2001-08-23

투타 우투우타 **지명** 20 KIA 1차

연봉 2,700-7,000-17,000

학교 대성초-광주동성중-광주제일고

순위기록

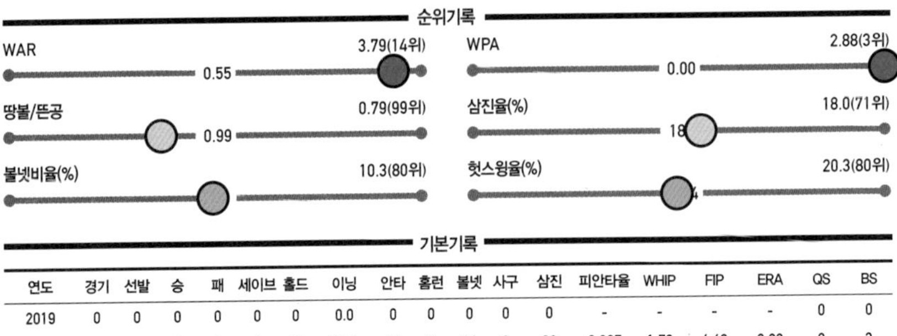

기본기록

연도	경기	선발	승	패	세이브	홀드	이닝	안타	홈런	볼넷	사구	삼진	피안타율	WHIP	FIP	ERA	QS	BS
2019	0	0	0	0	0	0	0.0	0	0	0	0	0	-	-	-	-	0	0
2020	47	0	5	4	1	11	38.1	41	2	24	2	32	0.297	1.70	4.46	3.29	0	3
2021	64	0	5	4	34	0	65.1	49	5	28	4	49	0.210	1.18	4.25	2.20	0	4
통산	111	0	10	8	35	11	103.2	90	7	52	6	81	0.243	1.37	4.33	2.60	0	7

상황별 기록

상황	안타	2루타	3루타	홈런	볼넷	사구	삼진	폭투	보크	피안타율
전반기	25	3	0	1	20	3	24	1	0	0.207
후반기	24	7	0	4	8	1	25	0	0	0.214
vs 좌	19	4	0	2	18	0	26	1	0	0.178
vs 우	30	6	0	3	10	4	23	0	0	0.238
주자없음	31	5	0	3	9	0	30	0	0	0.237
주자있음	18	5	0	2	19	4	19	1	0	0.176
득점권	12	4	0	2	13	4	8	1	0	0.207
만루	2	1	0	1	2	0	2	1	0	0.222

구종별 기록

구종	평균구속	순위	백분율	구사율(%)	피안타율
포심	144	86	28.4%	68.5%	0.194
투심/싱커	-	-	-	-	-
슬라이더/커터	130	130	45.3%	22.8%	0.283
커브	111	230	93.9%	0.3%	0.000
체인지업	-	-	-	-	-
포크볼	132	42	31.1%	8.5%	0.176
너클볼/기타	-	-	-	-	-

존별 기록

VS 우타

- 0/0	0.500 1/2	0.000 0/5	0.000 0/5	0.333 1/3
0.400 2/5	0.286 2/7	0.231 3/13	0.250 3/12	0.333 1/3
0.167 1/6	0.250 3/12	0.250 3/12	0.455 5/11	0.500 1/2
0.000 0/2	0.222 2/9	0.143 1/7	0.167 1/6	- 0/0
0.000 0/3	0.000 0/1	- 0/0	- 0/0	- 0/0

VS 좌타

0.000 0/1	0.000 0/2	0.000 0/6	0.000 0/5	0.500 1/2
0.000 0/2	0.500 1/2	0.125 1/8	0.333 3/9	0.000 0/2
0.333 2/6	0.286 2/7	0.250 1/4	0.333 4/12	0.000 0/4
0.000 0/2	0.000 0/2	0.063 1/16	0.111 1/9	- 0/0
1.000 1/1	0.500 1/2	0.000 0/1	0.000 0/2	- 0/0

투수 시점

● 필승조에서 마무리로 승진한 정해영이 당당히 억대연봉자 대열에 합류했다. 자리를 알 수 없던 지난해 캠프와 달리 이번에는 확실한 마무리로 차분하게 실전 준비 태세를 갖췄다. 마무리 첫해 최연소 30세이브 주인공으로도 이름을 올렸지만 만족은 없다. '지난 시즌보다 더 나은 시즌'이 정해영이 말하는 2022시즌의 목표다. 지난해보다 세이브 하나라도 더하겠다는 각오다. 그 목표를 이루게 되면 최소 35세이브, 지난해보다 탄탄해진 투 · 타의 전력을 생각하면 '세이브왕' 경쟁도 할 수 있다. 물론 최상의 시나리오를 바탕으로 한 목표다. 부상 없이 시즌을 완주해야 하고, 동료들이 상황을 만들어줘야 한다. 더 빠르고 강한 공을 던지기 위해서 또 더 높은 목표를 위해 웨이트와 체력훈련에 신경을 썼다. 초심으로 기본부터 다진 정해영은 카운트 싸움도 준비하고 있다. 초구부터 공격적으로 스트라이크를 던지면서 일찍 경기를 끝내겠다는 각오다. 기복을 최소화하는 것도 정해영의 목표이자 숙제다.

김선빈 내야수 3

신장 165cm **체중** 77kg **생일** 1989-12-18

투타 우투우타 **지명** 08 KIA 2차 6라운드 43순위

연봉 45,000-45,000-45,000

학교 화순초-화순중-화순고

순위기록

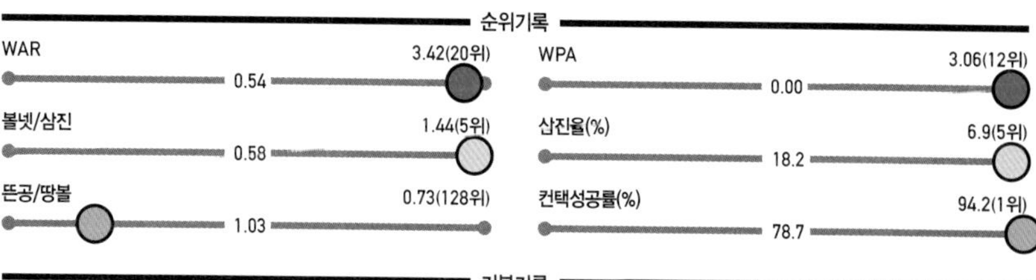

기본기록

연도	경기	타석	타수	안타	2루타	3루타	홈런	타점	득점	볼넷	사구	삼진	도루	도루자	타율	출루율	장타율	OPS
2019	121	447	394	115	22	0	3	40	55	43	1	26	5	4	0.292	0.360	0.371	0.731
2020	85	351	303	100	19	0	1	37	42	40	2	43	1	1	0.330	0.406	0.403	0.809
2021	130	564	501	154	32	0	5	67	55	56	1	39	0	0	0.307	0.375	0.401	0.776
통산	1250	4672	4044	1227	198	13	29	455	599	451	33	416	133	64	0.303	0.374	0.380	0.754

상황별 기록

상황	타석	홈런	볼넷	삼진	타율	출루율	장타율	OPS
전반기	307	2	33	22	0.295	0.369	0.380	0.749
후반기	257	3	23	17	0.322	0.381	0.426	0.807
vs 좌	143	2	10	9	0.303	0.350	0.424	0.774
vs 우	356	2	34	20	0.319	0.383	0.404	0.787
주자있음	264	3	26	25	0.328	0.388	0.440	0.828
주자없음	300	2	30	14	0.290	0.363	0.368	0.731
득점권	154	0	23	12	0.320	0.412	0.416	0.828
노아웃	191	1	13	15	0.287	0.332	0.345	0.677
원아웃	221	4	26	15	0.307	0.389	0.443	0.832
투아웃	152	0	17	9	0.333	0.408	0.415	0.823

팀별 기록

구분	타석	홈런	볼넷	삼진	타율	출루율	장타율	OPS
KT	64	0	3	10	0.283	0.313	0.300	0.613
LG	62	0	5	5	0.298	0.355	0.351	0.706
NC	59	1	7	5	0.360	0.424	0.480	0.904
SSG	71	2	8	3	0.306	0.386	0.468	0.854
두산	58	1	7	3	0.347	0.414	0.531	0.945
롯데	57	0	8	1	0.250	0.368	0.313	0.681
삼성	60	0	7	2	0.321	0.400	0.396	0.796
키움	62	0	8	5	0.278	0.371	0.333	0.704
한화	71	1	3	5	0.324	0.352	0.441	0.793

존별 기록

VS 좌투

0.000 0/1	0.500 2/4	0.167 1/6	0.167 1/6	0.000 0/1
0.333 3/9	0.857 6/7	0.286 4/14	0.222 2/9	0.000 0/1
0.500 2/4	0.400 2/5	0.364 4/11	0.000 0/5	0.000 0/1
0.222 2/9	0.182 2/11	0.500 4/8	0.375 3/8	0.000 0/1
- 0/0	0.000 0/5	0.333 1/3	0.333 1/3	- 0/0

VS 우투

0.250 1/4	0.556 5/9	0.316 6/19	0.308 4/13	0.500 2/4
0.500 2/4	0.400 8/20	0.442 19/43	0.303 10/33	0.143 1/7
0.400 4/10	0.269 7/26	0.313 10/32	0.100 1/10	0.000 0/1
0.200 2/10	0.300 6/20	0.259 7/27	0.167 1/6	0.000 0/1
0.167 1/6	0.250 1/4	0.333 2/6	0.500 1/2	- 0/0

투수 시점

● 타격 천재, 15년 차 베테랑 외에 '캡틴'이라는 수식어가 새로 붙었다. 타이거즈를 상징하는 타자로 활약해온 김선빈이 주장으로 팀 전면에 선다. 선수들이 직접 선택한 주장이라는 점에서 책임감은 더 무겁다. 변화의 시즌을 맞아 주전 타자는 물론 주장 역할도 충실히 해줘야 한다. 신인 시절 김종국 감독의 룸메이트였다. 온화한 겉모습과 다른 사령탑의 강한 면모를 잘 알기 때문에 가교 구실을 하면서 팀을 이끌어야 한다. '주장 징크스' 탈출도 김선빈에게 주어진 숙제다. 최근 KIA 주장들은 부진과 부상에 울었다. 올시즌 구체적인 수치를 목표로 잡지 않았다. '팀'이 먼저다. 팀 승리를 위해 뛰다 보면 개인 성적도 따라올 것이라는 생각. 욕심 나는 자리는 있다. 2루수 골든글러브 시상대에 욕심이 난다. 타격은 더하고 뺄 것은 없다. 하던 대로 하면 된다. 부상만 신경 쓰면 별다른 걱정은 없다. '더블포지션' 전략에 따라 유격수 준비도 한 만큼 다양한 키스톤 콤비 조합도 가능하다.

나성범 외야수 47

신장 183cm **체중** 100kg **생일** 1989-10-03

투타 좌투좌타 **지명** 12 NC 2라운드 10순위

연봉 50,000-78,000-200,000

학교 대성초-진흥중-진흥고-연세대

순위기록

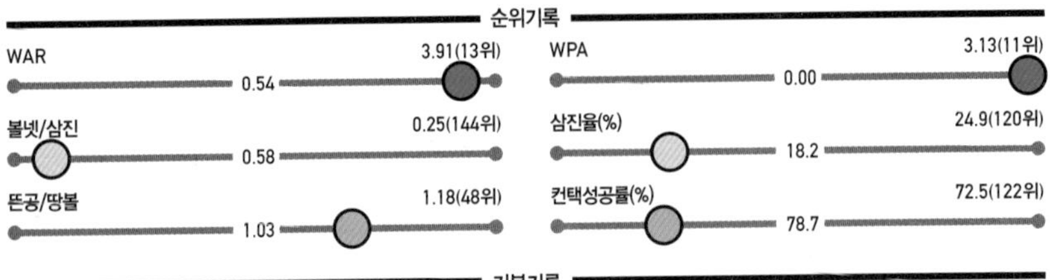

기본기록

연도	경기	타석	타수	안타	2루타	3루타	홈런	타점	득점	볼넷	사구	삼진	도루	도루자	타율	출루율	장타율	OPS
2019	23	106	93	34	12	1	4	14	19	12	1	26	2	1	0.366	0.443	0.645	1.088
2020	130	584	525	170	37	2	34	112	115	49	9	148	3	1	0.324	0.390	0.596	0.986
2021	144	623	570	160	29	1	33	101	96	38	11	155	1	2	0.281	0.335	0.509	0.844
통산	1081	4763	4259	1330	273	26	212	830	814	365	102	1062	94	28	0.312	0.378	0.538	0.916

상황별 기록

상황	타석	홈런	볼넷	삼진	타율	출루율	장타율	OPS
전반기	338	17	23	68	0.290	0.358	0.518	0.876
후반기	285	16	15	87	0.270	0.309	0.498	0.807
vs 좌	181	7	2	45	0.299	0.320	0.506	0.826
vs 우	377	20	32	91	0.266	0.334	0.485	0.819
주자있음	303	14	21	76	0.301	0.360	0.518	0.878
주자없음	320	19	17	79	0.262	0.313	0.500	0.813
득점권	175	9	16	46	0.263	0.337	0.500	0.837
노아웃	165	12	8	38	0.331	0.370	0.636	1.006
원아웃	223	8	18	45	0.296	0.368	0.474	0.842
투아웃	235	13	12	72	0.232	0.281	0.450	0.731

팀별 기록

구분	타석	홈런	볼넷	삼진	타율	출루율	장타율	OPS
KIA	69	3	3	22	0.246	0.290	0.462	0.752
KT	70	2	5	19	0.250	0.300	0.375	0.675
LG	66	2	3	17	0.226	0.273	0.355	0.628
SSG	74	5	3	17	0.333	0.378	0.609	0.987
두산	67	6	4	16	0.328	0.373	0.656	1.029
롯데	69	4	7	20	0.267	0.362	0.550	0.912
삼성	68	5	4	15	0.254	0.309	0.524	0.833
키움	70	2	2	14	0.324	0.343	0.485	0.828
한화	70	4	7	15	0.293	0.386	0.569	0.955

존별 기록

VS 좌투

- 0/0	0.000 0/4	0.000 0/1	0.000 0/1	- 0/0
0.400 2/5	0.333 1/3	0.176 3/17	0.500 5/10	0.250 1/4
0.000 0/2	0.364 4/11	0.600 6/10	0.286 4/14	0.000 0/6
0.000 0/2	0.455 5/11	0.500 6/12	0.391 9/23	0.200 1/5
0.000 0/0	0.333 1/3	0.250 2/8	0.154 2/13	0.000 0/9

VS 우투

0.000 0/1	0.000 0/7	0.231 3/13	0.273 3/11	0.000 0/1
0.000 0/6	0.200 2/10	0.412 7/17	0.429 12/28	0.250 2/8
0.200 1/5	0.214 3/14	0.333 8/24	0.270 10/37	0.222 2/9
0.000 0/8	0.348 8/23	0.448 13/29	0.304 7/23	0.500 3/6
0.000 0/9	0.167 2/12	0.154 2/13	0.063 1/16	0.125 1/8

투수 시점

● 누구도 상상하지 못했던 나성범의 2022시즌이 펼쳐진다. 자신도 고향팀 유니폼을 입고 뛸 것이라는 생각을 하지 못했다. 사전에 짠 것처럼 여러 조건이 딱 맞았다. 나성범이 가장 필요했던 팀 KIA에 대대적인 변화의 바람이 불면서 나성범이 '150억의 사나이'로 금의환향했다. 새 동료들은 '괴물'이라며 놀랐다. 차원이 다른 파워와 성실함으로 새로운 팀에 새로운 변화의 바람을 불어넣은 나성범. 이번 겨울 가장 뜨거운 이름이 된 나성범은 "만족은 없다"면서 이를 악물었다. 클럽하우스 입소를 자처하면서 밤을 잊은 캠프를 보냈다. '3할-35홈런-100타점'을 우선 목표로 잡았다. 숫자보다 중요한 것은 건강이다. 건강하게 공 · 수에서 더 단단한 모습을 보여주고 싶은 게 그의 바람. 여러 가지로 화제의 시즌이 될 전망이다. 상대로 만나게 될 '서로를 잘 아는' NC 투수들과의 승부도 흥미롭고, 챔피언스필드 홈런존을 몇 번이나 강타할지도 관심사다.

박찬호 내야수 1

신장 178cm **체중** 72kg **생일** 1995-06-05

투타 우투우타 **지명** 14 KIA 2차 5라운드 50순위

연봉 10,500-10,000-12,000

학교 신답초-건대부중-장충고

순위기록

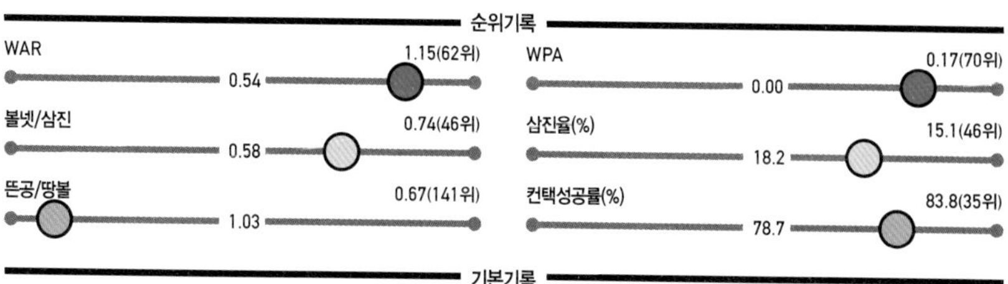

기본기록

연도	경기	타석	타수	안타	2루타	3루타	홈런	타점	득점	볼넷	사구	삼진	도루	도루자	타율	출루율	장타율	OPS
2019	133	541	504	131	15	4	2	49	60	26	4	83	39	6	0.260	0.300	0.317	0.617
2020	141	531	480	107	16	0	3	36	63	36	0	87	15	8	0.223	0.276	0.275	0.551
2021	131	483	418	103	15	5	1	59	51	54	0	73	9	4	0.246	0.331	0.313	0.644
통산	560	1774	1603	375	52	10	6	153	199	129	4	299	68	19	0.234	0.291	0.290	0.581

상황별 기록

상황	타석	홈런	볼넷	삼진	타율	출루율	장타율	OPS
전반기	242	1	24	39	0.251	0.324	0.327	0.651
후반기	241	0	30	34	0.242	0.338	0.300	0.638
vs 좌	116	0	12	20	0.294	0.365	0.324	0.689
vs 우	309	1	35	45	0.221	0.309	0.292	0.601
주자있음	247	0	28	41	0.250	0.335	0.332	0.667
주자없음	236	1	26	32	0.243	0.326	0.295	0.621
득점권	160	0	21	26	0.291	0.380	0.396	0.776
노아웃	146	0	15	16	0.254	0.333	0.295	0.628
원아웃	159	1	19	26	0.275	0.358	0.370	0.728
투아웃	178	0	20	31	0.215	0.303	0.278	0.581

팀별 기록

구분	타석	홈런	볼넷	삼진	타율	출루율	장타율	OPS
KT	47	0	6	5	0.282	0.370	0.333	0.703
LG	48	0	6	8	0.167	0.271	0.167	0.438
NC	47	0	9	10	0.263	0.404	0.395	0.799
SSG	46	0	3	4	0.349	0.391	0.419	0.810
두산	55	1	8	9	0.239	0.352	0.391	0.743
롯데	55	0	5	9	0.224	0.296	0.347	0.643
삼성	61	0	5	9	0.296	0.350	0.370	0.720
키움	60	0	3	10	0.236	0.276	0.255	0.531
한화	64	0	9	9	0.173	0.290	0.173	0.463

존별 기록

VS 좌투

0.000 0/1	1.000 2/2	0.333 1/3	0.500 1/2	- 0/0
0.167 1/6	0.250 1/4	0.286 2/7	0.333 2/6	0.000 0/1
0.333 1/3	0.167 1/6	0.300 3/10	0.111 1/9	0.000 0/1
0.167 1/6	0.600 3/5	0.538 7/13	0.200 1/5	0.000 0/1
0.250 1/4	0.000 0/4	1.000 1/1	0.000 0/1	0.000 0/1

VS 우투

0.000 0/2	0.333 1/3	0.273 3/11	0.133 2/15	0.000 0/5
0.400 2/5	0.125 1/8	0.450 9/20	0.214 6/28	0.000 0/8
0.250 2/8	0.227 5/22	0.381 8/21	0.233 7/30	0.667 2/3
0.167 1/6	0.214 3/14	0.045 1/22	0.200 1/5	0.000 0/1
0.125 1/8	0.375 3/8	0.100 1/10	0.000 0/3	0.000 0/1

투수 시점

● 김종국 감독은 캠프 내내 유격수 주전 선수를 언급하지 않았다. 치열한 경쟁을 예고했지만 '센터 라인'의 수비를 강조하는 '김종국호'의 구상에서는 유격수 박찬호가 가장 잘 맞는 옷이다. 지난 3년 쉴 틈 없이 수비 이닝을 쌓았다. 타고난 수비 실력에 경험까지 더해지면서 수비는 누구나 인정한다. 기회에 강한 모습도 보여줬지만 기복 많은 타격이 아쉬움이었다. 새로운 시즌을 준비하면서 단단한 몸을 만들어 무게감을 더했고, 타이밍에도 눈을 떴다. 타격에 꾸준함만 더해준다면 이견 없는, 고민 없는 KIA의 주전 유격수다. 김종국 감독이 내세운 '더블 포지션' 전략도 박찬호에게는 반갑다. 체력 부담 많은 유격수 자리에서 많은 이닝을 소화하느라 수비 집중력과 공격의 매서움이 동시에 떨어졌다. 체력 안배를 하면서 최고 컨디션의 박찬호를 활용한다면 개인 성적은 물론 팀 성적도 동시에 잡을 수 있다. 김도영 · 윤도현 무서운 후배들의 등장 속에 올해도 박찬호에게 여러 시선이 쏠릴 전망이다.

소크라테스 외야수 30

신장 187cm **체중** 92kg **생일** 1992-09-06
투타 좌투좌타 **지명** 22 KIA 자유선발
연봉 $500,000
학교 Liceo Cacique Enriquillo(고)

순위기록

WAR 0.54
WPA 0.00
볼넷/삼진 0.58
삼진율(%) 18.2
뜬공/땅볼 1.03
컨택성공률(%) 78.7

기본기록

연도	경기	타석	타수	안타	2루타	3루타	홈런	타점	득점	볼넷	사구	삼진	도루	도루자	타율	출루율	장타율	OPS
2019																		
2020																		
2021																		
통산																		

상황별 기록

상황	타석	홈런	볼넷	삼진	타율	출루율	장타율	OPS
전반기								
후반기								
vs 좌								
vs 우								
주자있음								
주자없음								
득점권								
노아웃								
원아웃								
투아웃								

팀별 기록

구분	타석	홈런	볼넷	삼진	타율	출루율	장타율	OPS
KIA								
KT								
LG								
SSG								
두산								
롯데								
삼성								
키움								
한화								

존별 기록

VS 좌투

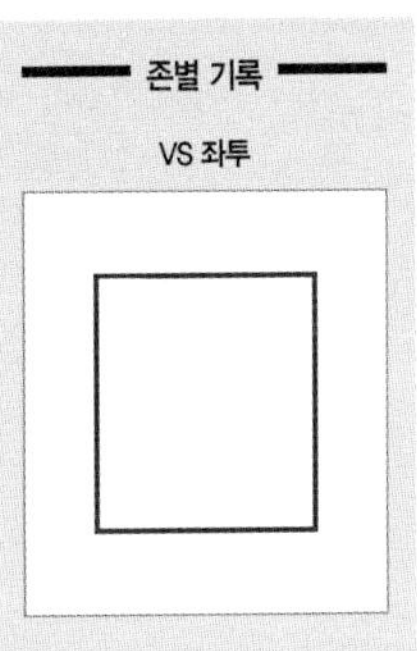

VS 우투

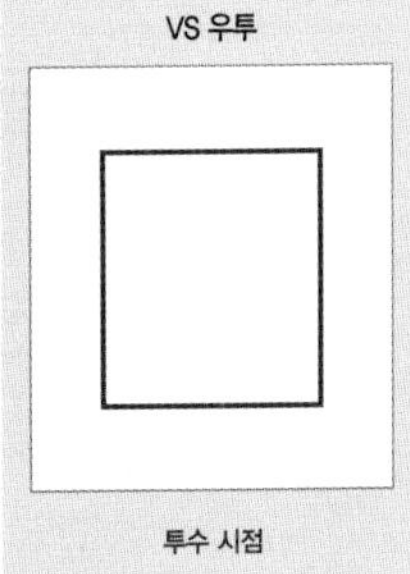

투수 시점

● 강렬한 이름이다. 한번 들으면 잊을 수 없는 그 이름 소크라테스 브리토. 예상대로 그는 '테스형'으로 불리고 있다. '테스형!!'이 될 것인가? '테스형??'이 될 것인가. 없는 실력까지 끄집어내서 활약을 해준다면 제2의 버나디나로 불릴 것이다. 물론 냉정한 평가는 버나디나 하위 버전이다. 새로운 리그와 넓어진 스트라이크존에도 적응해야 한다. 캠프 때는 루틴대로 차분히 시즌을 준비하면서 모든 걸 보여주지는 않았다. 그만큼 더 궁금한 소크라테스의 2022시즌이다. 빠른 발에 팀이 바라는 타격까지 보여준다면 라인업 구성에 다양한 옵션이 가능하다. 톱타자 후보이기도 하고 확장형 중심타순도 구축할 수 있다. 물론 최상의 시나리오다. 최악의 경우는 발만 빠른 외국인 타자가 될 수 있다. 둥글둥글 동료들과 잘 어울리면서 팀 적응은 완벽하게 끝났다. 나성범과 함께 묵직해진 외야를 구축하게 될 것인지, 터커에 이어 '천덕꾸러기' 신세가 될 것인지. 외야에 시선이 쏠린다.

최형우 외야수 34

신장 180cm **체중** 106kg **생일** 1983-12-16

투타 우투좌타 **지명** 02 삼성 2차 6라운드 48순위

연봉 150,000-90,000-90,000

학교 진북초-전주동중-전주고

순위기록

항목	평균	기록
WAR	0.54	0.20(131위)
WPA	0.00	1.38(31위)
볼넷/삼진	0.58	1.00(18위)
삼진율(%)	18.2	15.0(42위)
뜬공/땅볼		1.01(79위)
컨택성공률(%)	78.7	75.8(94위)

기본기록

연도	경기	타석	타수	안타	2루타	3루타	홈런	타점	득점	볼넷	사구	삼진	도루	도루자	타율	출루율	장타율	OPS
2019	136	555	456	137	31	1	17	86	65	85	7	77	0	1	0.300	0.413	0.485	0.898
2020	140	600	522	185	37	1	28	115	93	70	5	101	0	0	0.354	0.433	0.590	1.023
2021	104	446	373	87	15	1	12	55	52	67	4	67	0	0	0.233	0.354	0.375	0.729
통산	1812	7697	6567	2073	436	15	342	1390	1105	940	99	1143	27	18	0.316	0.405	0.543	0.948

상황별 기록

상황	타석	홈런	볼넷	삼진	타율	출루율	장타율	OPS
전반기	180	6	29	28	0.203	0.344	0.338	0.682
후반기	266	6	38	39	0.253	0.361	0.400	0.761
vs 좌	138	1	18	21	0.239	0.348	0.299	0.647
vs 우	272	10	40	42	0.231	0.349	0.415	0.764
주자있음	237	8	39	31	0.237	0.367	0.412	0.779
주자없음	209	4	28	36	0.229	0.340	0.335	0.675
득점권	144	5	31	18	0.264	0.424	0.473	0.897
노아웃	135	1	22	16	0.273	0.400	0.364	0.764
원아웃	151	4	17	28	0.211	0.298	0.346	0.644
투아웃	160	7	28	23	0.223	0.369	0.415	0.784

팀별 기록

구분	타석	홈런	볼넷	삼진	타율	출루율	장타율	OPS
KT	37	2	8	5	0.207	0.378	0.414	0.792
LG	46	4	6	7	0.278	0.413	0.611	1.024
NC	48	1	4	7	0.273	0.333	0.409	0.742
SSG	48	1	9	8	0.282	0.417	0.436	0.853
두산	45	0	8	6	0.216	0.356	0.297	0.653
롯데	53	0	7	7	0.261	0.358	0.283	0.641
삼성	58	2	10	8	0.229	0.362	0.417	0.779
키움	43	2	4	9	0.179	0.256	0.333	0.589
한화	68	0	11	10	0.182	0.324	0.255	0.579

존별 기록

VS 좌투

- 0/0	0.500 1/2	0.250 1/4	0.000 0/1	0.000 0/1
0.000 0/1	0.364 4/11	0.200 2/10	0.333 4/12	0.000 0/1
0.000 0/3	0.000 0/6	0.571 4/7	0.357 5/14	0.250 1/4
0.000 0/1	0.250 1/4	0.000 0/5	0.400 4/10	0.000 0/5
0.000 0/1	- 0/0	0.250 1/4	0.000 0/4	0.000 0/6

VS 우투

- 0/0	0.286 2/7	0.200 1/5	0.167 1/6	0.000 0/1
0.250 1/4	0.333 5/15	0.176 3/17	0.118 2/17	0.300 3/10
0.250 1/4	0.273 3/11	0.182 2/11	0.450 9/20	0.000 0/4
0.500 2/4	0.154 2/13	0.150 3/20	0.250 6/24	0.200 2/10
0.000 0/3	0.333 1/3	0.214 3/14	0.167 1/6	- 0/0

투수 시점

● '꾸준함'의 대명사였던 최형우가 2021시즌 '망막 이상'으로 휘청거렸다. 어찌할 수 없는 '시간이 약'인 부상에 속을 태웠던 지난 시즌, 올시즌에도 여전히 부상이 변수로 남아있다. 캠프는 정상 컨디션으로 잘 소화했다. 지난해에는 윌리엄스 감독의 구상대로 불안할 정도로 시즌 준비를 천천히 했었다. 이번 겨울에는 원래 루틴으로 돌아왔다. 오히려 "힘들다"는 소리가 절로 나올 정도로 새로운 체력 프로그램도 열심히 소화했다. 어느새 불혹에 접어든 팀의 최고참. 농담 반 진담 반 6번 타순으로 물러나 뒤에서 조용히 후배들을 돕고 싶다는 바람을 밝히기도 했지만 "그건 지 생각이고"였다. 김종국 감독은 "최형우는 최형우다"라며 클린업트리오에 최형우의 이름을 넣어두었다. 나성범의 가세를 누구보다 반긴 최형우. KBO 리그를 대표하는 두 타자가 만들어낼 시너지 효과에 KIA팬들의 심장이 뛴다. 특별한 목표는 없다. 하다 보면 최다타점에 이를 것이라며 2022시즌을 기다리고 있다.

로니 투수 45

신장 183cm **체중** 77kg **생일** 1996-01-06 **투타** 우투우타 **지명** 22 KIA 자유선발

연봉 $300,000 **학교** American Senior(고)

● 의욕이 넘쳐서 코칭스태프를 긴장시켰다. 새로운 리그에서의 첫 도전, 선발로서의 모습도 보여주고 싶은 마음에 부지런히 피칭 훈련에 나서면서 '업로니'가 됐다. 팀 훈련도 착실하게 모두 소화하면서 '원팀'을 외쳤다. 적극적이고 밝은 모습에 어울리는 힘 있는 공을 던지면서 로니 스타일을 보여줬다. 까다로운 폼과 구질도 장점이다.

기본기록

연도	경기	선발	승	패	세이브	홀드	이닝	안타	홈런	볼넷	사구	삼진	피안타율	WHIP	FIP	ERA	QS	BS
2019																		
2020																		
2021																		
통산																		

상황별 기록

상황	안타	2루타	3루타	홈런	볼넷	사구	삼진	폭투	보크	피안타율
전반기										
후반기										
vs 좌										
vs 우										
주자없음										
주자있음										
득점권										
만루										

구종별 기록

구종	평균구속	순위	백분율	구사율(%)	피안타율
포심					
투심/싱커					
슬라이더/커터					
커브					
체인지업					
포크볼					
너클볼/기타					

유승철 투수 40

신장 184cm **체중** 87kg **생일** 1998-03-02 **투타** 우투양타 **지명** 17 KIA 1차

연봉 0-4,000-4,000 **학교** 순천북초-순천이수중-효천고

● 현역으로 국방의 의무를 마치고 돌아왔다. 야구에 대한 간절함과 빠르고 매서운 직구로 어필에 나섰다. 어느 자리가 됐든 유승철이 가세하면서 KIA 마운드에 힘과 스피드가 늘었다. 커브와 슬라이더 그리고 포크볼까지 공격 옵션을 늘렸지만 유승철 하면 직구다. 변화구가 아닌 직구로 삼진을 잡는 상상을 하면서 '낭만 직구'로 승부한다.

기본기록

연도	경기	선발	승	패	세이브	홀드	이닝	안타	홈런	볼넷	사구	삼진	피안타율	WHIP	FIP	ERA	QS	BS
2019	3	0	0	0	0	0	4.0	4	2	2	2	5	0.267	1.50	10.40	11.25	0	0
2020	0	0	0	0	0	0	0.0	0	0	0	0	0	-	-	-	-	0	0
2021	0	0	0	0	0	0	0.0	0	0	0	0	0	-	-	-	-	0	0
통산	42	0	1	0	1	3	51.1	53	7	31	6	49	0.272	1.64	5.65	4.91	0	0

상황별 기록

상황	안타	2루타	3루타	홈런	볼넷	사구	삼진	폭투	보크	피안타율
전반기	0	0	0	0	0	0	0	0	0	-
후반기	0	0	0	0	0	0	0	0	0	-
vs 좌	0	0	0	0	0	0	0	0	0	-
vs 우	0	0	0	0	0	0	0	0	0	-
주자없음	0	0	0	0	0	0	0	0	0	-
주자있음	0	0	0	0	0	0	0	0	0	-
득점권	0	0	0	0	0	0	0	0	0	-
만루	0	0	0	0	0	0	0	0	0	-

구종별 기록

구종	평균구속	순위	백분율	구사율(%)	피안타율
포심	-	-	-	-	-
투심/싱커	-	-	-	-	-
슬라이더/커터	-	-	-	-	-
커브	-	-	-	-	-
체인지업	-	-	-	-	-
포크볼	-	-	-	-	-
너클볼/기타	-	-	-	-	-

윤중현 투수 19

신장 180cm	체중 84kg	생일 1995-04-25	투타 우투우타	지명 18 KIA 2차 9라운드 86순위
연봉 0-3,000-6,500		학교 광주서석초-무등중-광주제일고-성균관대		

● 프로 4년 차였던 지난해 1군 무대에 데뷔했고, 선발투수로도 주목을 받았다. 정교함으로 위기의 마운드를 기회의 마운드로 바꾼 윤중현이 올해도 선발로 기회를 노리고 있다. 불펜 과부하를 막기 위해 4 · 5선발의 '제구'를 우선으로 보고 있는 만큼 넓어진 스트라이크존을 활용해 공격적으로 나서 선발 자리를 차지해야 한다.

기본기록

연도	경기	선발	승	패	세이브	홀드	이닝	안타	홈런	볼넷	사구	삼진	피안타율	WHIP	FIP	ERA	QS	BS
2019	0	0	0	0	0	0	0.0	0	0	0	0	0	-	-	-	-	0	0
2020	0	0	0	0	0	0	0.0	0	0	0	0	0	-	-	-	-	0	0
2021	30	13	5	6	0	2	82.2	91	7	31	14	33	0.284	1.48	5.27	3.92	1	0
통산	30	13	5	6	0	2	82.2	91	7	31	14	33	0.284	1.48	5.27	3.92	1	0

상황별 기록

상황	안타	2루타	3루타	홈런	볼넷	사구	삼진	폭투	보크	피안타율
전반기	23	0	0	3	15	6	8	0	0	0.277
후반기	68	7	1	4	16	8	25	2	0	0.287
vs 좌	43	3	0	3	11	3	15	0	0	0.276
vs 우	48	4	1	4	20	11	18	2	0	0.293
주자없음	46	3	1	3	16	10	19	0	0	0.280
주자있음	45	4	0	4	15	4	14	2	0	0.288
득점권	18	2	0	3	9	2	11	0	0	0.234
만루	1	0	0	0	1	1	1	0	0	0.125

구종별 기록

구종	평균구속	순위	백분율	구사율(%)	피안타율
포심	137	267	88.1%	45.7%	0.309
투심/싱커	134	118	87.4%	6.4%	0.316
슬라이더/커터	118	283	98.6%	1%	0.000
커브	116	151	61.6%	23.7%	0.215
체인지업	125	163	78%	23.2%	0.286
포크볼	-	-	-	-	-
너클볼/기타	-	-	-	-	-

이민우 투수 11

신장 185cm	체중 97kg	생일 1993-02-09	투타 우투우타	지명 15 KIA 1차
연봉 4,300-6,000-4,800		학교 순천북초-순천이수중-효천고-경성대		

● 매년 기회는 있었다. 가능성을 보여주기도 했지만 스스로 무너졌다. 자신과 싸우느라 수비 시간은 길고 책임진 이닝은 짧았다. 올시즌에도 선발 후보에 이름은 올렸다. 언제든 기회는 온다. 기회를 잡기 위해 필요한 것은 '스피드'다. 김종국 감독의 주문대로 마운드에서의 템포는 빨라졌다. 위기 상황에서도 달라진 스피드를 유지해야 한다.

기본기록

연도	경기	선발	승	패	세이브	홀드	이닝	안타	홈런	볼넷	사구	삼진	피안타율	WHIP	FIP	ERA	QS	BS
2019	32	6	2	6	1	2	61.1	74	4	26	4	56	0.302	1.63	3.84	5.43	1	0
2020	22	22	6	10	0	0	106.0	129	11	47	6	67	0.306	1.66	5.14	6.79	6	0
2021	16	12	1	6	0	0	57.0	78	8	31	5	28	0.329	1.91	6.07	8.05	1	0
통산	104	44	12	26	1	6	274.2	347	29	127	21	188	0.312	1.73	5.13	6.62	9	0

상황별 기록

상황	안타	2루타	3루타	홈런	볼넷	사구	삼진	폭투	보크	피안타율
전반기	46	8	1	6	17	4	17	1	0	0.351
후반기	32	4	2	2	14	1	11	1	1	0.302
vs 좌	37	7	0	6	17	4	10	0	0	0.359
vs 우	41	5	3	2	14	1	18	2	1	0.306
주자없음	40	9	1	5	12	3	14	0	0	0.325
주자있음	38	3	2	3	19	2	14	2	1	0.333
득점권	27	1	2	3	10	2	9	2	1	0.360
만루	3	0	0	1	1	0	0	0	1	0.429

구종별 기록

구종	평균구속	순위	백분율	구사율(%)	피안타율
포심	142	146	48.2%	45.7%	0.277
투심/싱커	142	47	34.8%	6.8%	0.333
슬라이더/커터	136	26	9.1%	26.3%	0.363
커브	121	70	28.6%	14.2%	0.300
체인지업	134	12	5.7%	4.1%	0.444
포크볼	133	39	28.9%	2.8%	0.667
너클볼/기타	-	-	-	-	-

이준영 투수 20

신장 177cm **체중** 85kg **생일** 1992-08-10 **투타** 좌투좌타 **지명** 15 KIA 2차 4라운드 42순위

연봉 4,000-6,000-6,700 **학교** 군산남초-군산중-군산상고-중앙대

● 지난해에도 사실상 팀의 유일한 좌완 불펜으로 역할을 했다. 출발은 좋지 못했지만 마무리는 좋았다. 2020시즌에도 마무리는 깔끔했다. 햄스트링 부상으로 늦어졌던 걸음, 올시즌에는 가을의 좋은 기억을 살려 초반부터 달릴 계획이다. 분위기를 바꾼 자신감의 바탕은 제구였다. 정교함으로 빠르게 승부하면서 불펜 흐름을 바꿔줘야 한다.

기본기록

연도	경기	선발	승	패	세이브	홀드	이닝	안타	홈런	볼넷	사구	삼진	피안타율	WHIP	FIP	ERA	QS	BS
2019	37	1	1	0	0	1	51.0	64	3	26	2	43	0.302	1.76	4.01	6.35	0	0
2020	48	0	0	2	0	13	23.2	31	1	13	0	22	0.313	1.86	3.89	5.32	0	2
2021	50	1	3	2	1	9	35.2	30	3	19	0	26	0.221	1.37	4.48	5.55	0	1
통산	148	3	4	6	1	24	128.0	147	11	69	2	98	0.282	1.69	4.64	6.26	0	4

상황별 기록

상황	안타	2루타	3루타	홈런	볼넷	사구	삼진	폭투	보크	피안타율
전반기	10	3	0	2	8	0	4	1	0	0.313
후반기	20	2	0	1	11	0	22	2	0	0.192
vs 좌	24	4	0	2	13	0	19	1	0	0.253
vs 우	6	1	0	1	6	0	7	2	0	0.146
주자없음	8	1	0	0	11	0	17	0	0	0.118
주자있음	22	4	0	3	8	0	9	3	0	0.324
득점권	13	4	0	1	6	0	2	1	0	0.361
만루	1	0	0	0	0	0	0	0	0	0.250

구종별 기록

구종	평균구속	순위	백분율	구사율(%)	피안타율
포심	141	190	62.7%	42%	0.209
투심/싱커	-	-	-	-	-
슬라이더/커터	130	134	46.7%	54%	0.233
커브	117	147	60%	2.2%	0.250
체인지업	132	31	14.8%	1.7%	0.000
포크볼	125	126	93.3%	0.2%	0.000
너클볼/기타	-	-	-	-	-

임기영 투수 17

신장 184cm **체중** 86kg **생일** 1993-04-16 **투타** 좌투좌타 **지명** 12 한화 2라운드 18순위

연봉 7,000-10,000-14,000 **학교** 대구수창초-경운중-경북고

● 그동안 개인적인 목표를 언급하지 않았던 임기영이 올해는 욕심을 낸다. 앞선 경험을 바탕으로 선발 경쟁에서 앞선 임기영이 10승과 160이닝을 목표로 이야기했다. 준비 과정은 좋았지만 목표 달성에 걸림돌이 생겼다. 옆구리 근육 부상으로 임기영의 2022시즌 출발이 늦어지게 됐다. 급할수록 돌아가야 하는 임기영이다.

기본기록

연도	경기	선발	승	패	세이브	홀드	이닝	안타	홈런	볼넷	사구	삼진	피안타율	WHIP	FIP	ERA	QS	BS
2019	12	8	2	4	0	0	48.2	67	7	19	2	37	0.330	1.77	5.05	5.73	3	0
2020	25	25	9	10	0	0	127.2	152	12	33	9	106	0.300	1.45	4.10	5.15	7	0
2021	28	28	8	8	0	0	153.0	155	15	45	11	129	0.262	1.31	4.02	4.88	13	0
통산	158	99	37	40	0	3	610.0	739	72	175	45	460	0.302	1.50	4.66	5.05	36	1

상황별 기록

상황	안타	2루타	3루타	홈런	볼넷	사구	삼진	폭투	보크	피안타율
전반기	77	11	0	8	21	7	62	3	1	0.255
후반기	78	18	1	7	24	4	67	3	1	0.269
vs 좌	78	15	1	11	19	6	73	1	1	0.261
vs 우	77	14	0	4	26	5	56	5	1	0.263
주자없음	85	14	1	7	26	3	82	0	0	0.254
주자있음	70	15	0	8	19	8	47	6	2	0.272
득점권	40	10	0	3	9	4	27	2	1	0.268
만루	4	2	0	0	0	0	3	0	0	0.364

구종별 기록

구종	평균구속	순위	백분율	구사율(%)	피안타율
포심	138	250	82.5%	44.3%	0.269
투심/싱커	135	109	80.7%	5.5%	0.483
슬라이더/커터	129	184	64.1%	17.8%	0.348
커브	121	69	28.2%	0.9%	0.000
체인지업	125	160	76.6%	31.6%	0.188
포크볼	-	-	-	-	-
너클볼/기타	-	-	-	-	-

전상현 투수 51

신장 182cm **체중** 84kg **생일** 1996-04-18 **투타** 우투우타 **지명** 16 KIA 2차 4라운드 38순위

연봉 7,600-14,000-11,000 **학교** 남도초-경복중-상원고

● '30홀드-30세이브' 듀오가 탄생한 지난해에도 7회가 아쉬움이었다. 부상에서 벗어난 전상현이 7회를 목표로 달린다. 포커 페이스의 마무리로도 활약했지만 부상에 신음했다. 건강을 우선 목표로 한 전상현이 '10개 구단 최강의 불펜'이라는 자부심을 가지고 새 시즌을 기다리고 있다. '구위'를 찾아야 전상현도 살고 KIA도 산다.

기본기록

연도	경기	선발	승	패	세이브	홀드	이닝	안타	홈런	볼넷	사구	삼진	피안타율	WHIP	FIP	ERA	QS	BS
2019	57	0	1	4	0	15	60.2	45	3	21	2	62	0.205	1.09	3.04	3.12	0	3
2020	47	0	2	2	15	13	47.2	35	4	22	0	64	0.207	1.20	3.35	2.45	0	2
2021	15	0	1	0	0	7	13.0	15	1	6	0	8	0.288	1.62	4.49	3.46	0	1
통산	132	3	4	8	15	36	145.0	133	12	62	2	152	0.244	1.34	3.78	3.60	0	6

상황별 기록

상황	안타	2루타	3루타	홈런	볼넷	사구	삼진	폭투	보크	피안타율
전반기	0	0	0	0	0	0	0	0	0	-
후반기	15	3	0	1	6	0	8	1	0	0.288
vs 좌	6	2	0	0	4	0	6	0	0	0.231
vs 우	9	1	0	1	2	0	2	1	0	0.346
주자없음	7	2	0	1	3	0	3	0	0	0.333
주자있음	8	1	0	0	3	0	5	1	0	0.258
득점권	4	1	0	0	1	0	2	0	0	0.211
만루	0	0	0	0	0	0	1	0	0	0.000

구종별 기록

구종	평균구속	순위	백분율	구사율(%)	피안타율
포심	141	178	58.7%	57.9%	0.343
투심/싱커	-	-	-	-	-
슬라이더/커터	134	66	23%	32.4%	0.143
커브	119	93	38%	8.1%	0.500
체인지업	-	-	-	-	-
포크볼	133	40	29.6%	1.6%	0.000
너클볼/기타	-	-	-	-	-

최지민 투수 39

신장 185cm **체중** 100kg **생일** 2003-09-10 **투타** 좌투좌타 **지명** 22 KIA 2차 1라운드 5순위

연봉 3,000 **학교** 강릉율곡초(강릉리틀)-경포중-강릉고

● 정해영, 이의리에 이어 최지민이 마운드 특급 신인 계보 잇기에 도전한다. 경기 운영 능력을 장점이라고 언급한 최지민은 침착하게 프로 첫 훈련을 소화하면서 눈길을 끌었다. 까다로운 디셉션으로 타자들을 속이기도 했다. 프로에서 통하기 위해서는 직구가 중요하다. 힘은 많이 붙었다. 스피드를 끌어올린다면 좌완 가뭄에 단비가 된다.

기본기록

연도	경기	선발	승	패	세이브	홀드	이닝	안타	홈런	볼넷	사구	삼진	피안타율	WHIP	FIP	ERA	QS	BS
2019																		
2020																		
2021																		
통산																		

상황별 기록

상황	안타	2루타	3루타	홈런	볼넷	사구	삼진	폭투	보크	피안타율
전반기										
후반기										
vs 좌										
vs 우										
주자없음										
주자있음										
득점권										
만루										

구종별 기록

구종	평균구속	순위	백분율	구사율(%)	피안타율
포심					
투심/싱커					
슬라이더/커터					
커브					
체인지업					
포크볼					
너클볼/기타					

한승혁 투수 26

신장 185cm **체중** 96kg **생일** 1993-01-03 **투타** 우투좌타 **지명** 11 KIA 1라운드 8순위

연봉 0-5,000-5,300 **학교** 도신초-강남중-덕수고

● 캠프 기간 가장 뜨거운 이름이 되곤 했다. 올해도 마찬가지다. 부상 이후 몸 관리 실패로 2019시즌을 통으로 날렸고 군복무로 오랜 시간 마운드를 떠났었다. 어느새 30대가 되어 돌아온 한승혁, 공은 한층 성숙해졌다. 하지만 여전히 "이번에는 다를까?"라는 의문은 남는다. 노력하면 '사람이 변하기도 한다'를 보여줘야 한다.

기본기록

연도	경기	선발	승	패	세이브	홀드	이닝	안타	홈런	볼넷	사구	삼진	피안타율	WHIP	FIP	ERA	QS	BS
2019	0	0	0	0	0	0	0.0	0	0	0	0	0	-	-	-	-	0	0
2020	0	0	0	0	0	0	0.0	0	0	0	0	0	-	-	-	-	0	0
2021	8	5	0	3	0	0	23.2	25	0	10	2	17	0.281	1.48	3.42	4.56	0	0
통산	204	30	14	21	2	19	331.0	369	28	199	15	288	0.288	1.72	4.93	5.98	5	6

상황별 기록

상황	안타	2루타	3루타	홈런	볼넷	사구	삼진	폭투	보크	피안타율
전반기	0	0	0	0	0	0	0	0	0	-
후반기	25	5	1	0	10	2	17	2	0	0.281
vs 좌	13	2	0	0	4	0	7	1	0	0.317
vs 우	12	3	1	0	6	2	10	1	0	0.250
주자없음	11	2	0	0	8	1	7	0	0	0.282
주자있음	14	3	1	0	2	1	10	2	0	0.280
득점권	6	1	1	0	2	0	5	2	0	0.222
만루	0	0	0	0	1	0	2	0	0	0.000

구종별 기록

구종	평균구속	순위	백분율	구사율(%)	피안타율
포심	149	7	2.3%	38.4%	0.389
투심/싱커	146	13	9.6%	13.1%	0.308
슬라이더/커터	136	30	10.5%	25.7%	0.222
커브	120	78	31.8%	9.9%	0.167
체인지업	-	-	-	-	-
포크볼	138	5	3.7%	12.9%	0.125
너클볼/기타	-	-	-	-	-

홍상삼 투수 21

신장 188cm **체중** 85kg **생일** 1990-02-13 **투타** 우투좌타 **지명** 08 두산 2차 3라운드 20순위

연봉 4,000-9,000-10,000 **학교** 영일초-충암중-충암고

● 새로운 팀에서 불펜의 감초로 역할을 톡톡히 해줬다. 표정부터 달라졌고, 힘은 그대로이지만 공도 더 차분해졌다. 티는 안 나는 마운드 궂은 일을 해주면서 승리의 시간을 이어주곤 했다. 스트라이크존 확대는 반갑다. 제구 고민이 줄었다고는 하지만 예측불허의 순간도 있었다. 힘 있는 직구를 넓게 활용하면서 힘의 싸움에서 앞서야 한다.

기본기록

연도	경기	선발	승	패	세이브	홀드	이닝	안타	홈런	볼넷	사구	삼진	피안타율	WHIP	FIP	ERA	QS	BS
2019	3	1	0	0	0	0	5.2	5	1	4	1	5	0.238	1.59	6.58	4.76	0	0
2020	57	0	4	5	0	17	48.0	32	5	54	3	61	0.188	1.79	5.93	5.06	0	1
2021	49	0	4	1	0	12	36.0	33	6	19	3	33	0.248	1.44	5.33	4.75	0	0
통산	334	49	33	27	11	66	526.2	469	73	333	28	486	0.240	1.52	5.32	4.85	0	2

상황별 기록

상황	안타	2루타	3루타	홈런	볼넷	사구	삼진	폭투	보크	피안타율
전반기	14	5	0	2	7	0	7	2	0	0.304
후반기	19	4	0	4	12	3	26	2	0	0.218
vs 좌	17	3	0	3	11	1	18	2	0	0.266
vs 우	16	6	0	3	8	2	15	2	0	0.232
주자없음	14	5	0	3	7	0	5	0	0	0.326
주자있음	19	4	0	3	12	3	28	4	0	0.211
득점권	13	3	0	0	11	3	25	3	0	0.194
만루	3	1	0	0	2	1	6	0	0	0.231

구종별 기록

구종	평균구속	순위	백분율	구사율(%)	피안타율
포심	144	78	25.7%	58.1%	0.273
투심/싱커	145	23	17%	0.2%	1.000
슬라이더/커터	129	183	63.8%	22.3%	0.267
커브	118	116	47.3%	8.3%	1.000
체인지업	-	-	-	-	-
포크볼	130	82	60.7%	10.7%	0.043
너클볼/기타	-	-	-	-	-

김도영 내야수 5

신장 183cm **체중** 85kg **생일** 2003-10-02 **투타** 우투우타 **지명** 22 KIA 1차
연봉 3,000 **학교** 광주대성초-광주동성중-광주동성고

● 입단 전부터 뜨거운 이름이었지만 워밍업에 시간이 좀 걸렸다. 마무리캠프에서는 어깨가 좋지 못해서, 스프링캠프 때는 코로나 악재로 발이 묶였다. 완벽하게 캠프를 소화하지 못했지만 기대감은 크다. MLB에서도 손에 꼽는 스피드, 공을 맞히는 재주도 타고 났다. 빠른 습득력으로도 사람들을 놀라게 했다. 액땜한 만큼 달릴 일만 남았다.

기본기록

연도	경기	타석	타수	안타	2루타	3루타	홈런	타점	득점	볼넷	사구	삼진	도루	도루자	타율	출루율	장타율	OPS
2019																		
2020																		
2021																		
통산																		

상황별 기록

상황	타석	홈런	볼넷	삼진	타율	출루율	장타율	OPS
전반기								
후반기								
vs 좌								
vs 우								
주자있음								
주자없음								
득점권								
노아웃								
원아웃								
투아웃								

팀별 기록

구분	타석	홈런	볼넷	삼진	타율	출루율	장타율	OPS
KT								
LG								
NC								
SSG								
두산								
롯데								
삼성								
키움								
한화								

김민식 포수 24

신장 180cm **체중** 80kg **생일** 1989-06-28 **투타** 우투좌타 **지명** 12 SK 2라운드 11순위
연봉 8,800-8,500-9,500 **학교** 양덕초-마산중-마산고-원광대

● 포수 트레이드 기사가 쏟아지면서 자존심이 상했다. 결과로 보여주겠다는 각오다. 포수는 어찌 됐든 수비가 우선이다. 투수와의 호흡을 먼저 생각하면서 몸과 함께 입도 바쁘게 움직였다. 스트라이크존이 달라지면서 준비할 게 많아졌다. 하이볼을 활용해 공격적으로 경기를 풀어갈 계획. 타격에서는 타이밍을 길게 잡으면서 변화를 줬다.

기본기록

연도	경기	타석	타수	안타	2루타	3루타	홈런	타점	득점	볼넷	사구	삼진	도루	도루자	타율	출루율	장타율	OPS
2019	53	116	96	16	2	0	0	14	6	15	3	29	2	0	0.167	0.293	0.188	0.481
2020	69	238	211	53	6	1	2	21	22	17	2	28	0	0	0.251	0.310	0.318	0.628
2021	100	301	250	55	8	0	3	26	30	41	4	49	0	0	0.220	0.336	0.288	0.624
통산	595	1608	1387	319	43	6	17	152	171	161	19	264	11	6	0.230	0.316	0.306	0.622

상황별 기록

상황	타석	홈런	볼넷	삼진	타율	출루율	장타율	OPS
전반기	154	2	29	29	0.228	0.373	0.325	0.698
후반기	147	1	12	20	0.213	0.297	0.252	0.549
vs 좌	37	0	3	6	0.303	0.361	0.303	0.664
vs 우	232	3	35	40	0.204	0.326	0.288	0.614
주자있음	154	2	28	24	0.222	0.377	0.308	0.685
주자없음	147	1	13	25	0.218	0.293	0.271	0.564
득점권	83	2	21	14	0.255	0.457	0.364	0.821
노아웃	91	1	10	10	0.211	0.307	0.289	0.596
원아웃	103	2	18	15	0.200	0.359	0.300	0.659
투아웃	107	0	13	24	0.245	0.336	0.277	0.613

팀별 기록

구분	타석	홈런	볼넷	삼진	타율	출루율	장타율	OPS
KT	37	0	9	4	0.259	0.444	0.370	0.814
LG	30	1	5	6	0.200	0.333	0.320	0.653
NC	41	0	3	11	0.229	0.341	0.229	0.570
SSG	37	1	7	8	0.276	0.432	0.448	0.880
두산	31	0	3	6	0.185	0.267	0.185	0.452
롯데	33	1	7	4	0.130	0.303	0.261	0.564
삼성	33	0	1	2	0.250	0.273	0.281	0.554
키움	34	0	3	5	0.161	0.235	0.194	0.429
한화	25	0	3	3	0.286	0.375	0.333	0.708

김석환 내야수 35

신장 187cm **체중** 97kg **생일** 1999-02-28 **투타** 좌투좌타 **지명** 17 KIA 2차 3라운드 24순위

연봉 0-3,000-3,100 **학교** 광주서석초-광주동성중-광주동성고

● 현역으로 군복무를 마치고 돌아온 지난 시즌 1군 경험은 5경기에 불과했다. 하지만 짧은 시간에도 장점인 '파워'를 보여줬다. 23살의 예비역, 좋은 하드웨어에 파워를 가진 KIA의 거포 유망주, 가능성으로는 기대감을 키우기에 충분하지만 아직은 원석이다. 김석환의 활용도를 높이기 위해 좌익수와 1루를 준비시켰다. 기회는 준비됐다.

기본기록

연도	경기	타석	타수	안타	2루타	3루타	홈런	타점	득점	볼넷	사구	삼진	도루	도루자	타율	출루율	장타율	OPS
2019	0	0	0	0	0	0	0	0	0	0	0	0	0	0	-	-	-	-
2020	0	0	0	0	0	0	0	0	0	0	0	0	0	0	-	-	-	-
2021	5	20	19	5	0	0	1	3	1	0	1	7	0	0	0.263	0.300	0.421	0.721
통산	6	22	21	5	0	0	1	3	1	0	1	8	0	0	0.238	0.273	0.381	0.654

상황별 기록

상황	타석	홈런	볼넷	삼진	타율	출루율	장타율	OPS
전반기	0	0	0	0	-	-	-	-
후반기	20	1	0	7	0.263	0.300	0.421	0.721
vs 좌	3	1	0	1	0.333	0.333	1.333	1.666
vs 우	17	0	0	6	0.250	0.294	0.250	0.544
주자있음	6	1	0	3	0.333	0.333	0.833	1.166
주자없음	14	0	0	4	0.231	0.286	0.231	0.517
득점권	3	0	0	2	0.333	0.333	0.333	0.666
노아웃	7	0	0	3	0.000	0.000	0.000	0.000
원아웃	9	0	0	3	0.375	0.444	0.375	0.819
투아웃	4	1	0	1	0.500	0.500	1.250	1.750

팀별 기록

구분	타석	홈런	볼넷	삼진	타율	출루율	장타율	OPS
NC	4	0	0	4	0.000	0.000	0.000	0.000
두산	5	1	0	1	0.400	0.400	1.000	1.400
롯데	8	0	0	1	0.286	0.375	0.286	0.661
키움	3	0	0	1	0.333	0.333	0.333	0.666

김태진 내야수 6

신장 170cm **체중** 75kg **생일** 1995-10-07 **투타** 우투좌타 **지명** 14 NC 2차 4라운드 45순위

연봉 9,000-8,500-10,000 **학교** 수유초-신일중-신일고

● 시즌 막판 아쉬운 부상은 있었지만 김태진의 많은 것을 보여준 2021시즌이었다. 방망이를 짧게 들고, 눈에 불을 켜고 그라운드를 누볐다. KIA에 필요했던 악착같은 플레이로 입지를 넓혔고, 약점이었던 송구에서도 부담감을 털어냈다. 하지만 올시즌 KIA 내야는 전쟁터가 됐다. 김태진 특유의 '생존 야구'를 보여줘야 살아남는다.

기본기록

연도	경기	타석	타수	안타	2루타	3루타	홈런	타점	득점	볼넷	사구	삼진	도루	도루자	타율	출루율	장타율	OPS
2019	123	399	374	103	14	5	5	46	44	16	1	67	12	4	0.275	0.305	0.380	0.685
2020	82	280	263	62	5	1	1	23	28	13	1	45	7	4	0.236	0.273	0.274	0.547
2021	99	414	381	105	12	5	1	36	43	23	0	64	8	5	0.276	0.314	0.341	0.655
통산	327	1133	1054	282	31	11	8	108	121	55	2	181	28	15	0.268	0.303	0.341	0.644

상황별 기록

상황	타석	홈런	볼넷	삼진	타율	출루율	장타율	OPS
전반기	230	0	15	31	0.305	0.350	0.357	0.707
후반기	184	1	8	33	0.240	0.269	0.322	0.591
vs 좌	114	0	8	22	0.200	0.252	0.250	0.502
vs 우	252	1	14	37	0.303	0.341	0.376	0.717
주자있음	204	1	8	30	0.290	0.313	0.371	0.684
주자없음	210	0	15	34	0.262	0.314	0.313	0.627
득점권	112	1	5	16	0.287	0.309	0.376	0.685
노아웃	122	0	6	11	0.282	0.319	0.309	0.628
원아웃	159	0	7	28	0.291	0.314	0.365	0.679
투아웃	133	1	10	25	0.252	0.308	0.341	0.649

팀별 기록

구분	타석	홈런	볼넷	삼진	타율	출루율	장타율	OPS
KT	61	0	5	12	0.309	0.367	0.382	0.749
LG	47	0	3	9	0.295	0.340	0.364	0.704
NC	47	0	2	3	0.422	0.447	0.444	0.891
SSG	52	1	4	7	0.159	0.224	0.295	0.519
두산	44	0	3	4	0.225	0.279	0.275	0.554
롯데	49	0	3	7	0.370	0.408	0.435	0.843
삼성	38	0	3	8	0.212	0.263	0.242	0.505
키움	43	0	0	9	0.186	0.186	0.233	0.419
한화	33	0	0	5	0.258	0.250	0.355	0.605

김호령 외야수 27

신장 178cm **체중** 85kg **생일** 1992-04-30 **투타** 우투우타 **지명** 15 KIA 2차 10라운드 102순위

연봉 8,500-7,300-6,000 **학교** 안산관산초-안산중앙중-군산상고-동국대

● 수비 실력은 설명하면 입이 아프다. 매년 놀라운 타격까지 보여주면서 외야를 호령하는 '김호령 타임'은 있었다. 그 시간이 짧아서 문제였다. 올시즌 '귀인' 나성범을 만났다. 성실함으로 통한 두 사람은 실과 바늘이다. 나성범의 많은 것을 흡수한 김호령이 타격 업그레이드로 센터 라인의 수비를 강조한 김종국 감독의 마음을 뺏을까?

기본기록

연도	경기	타석	타수	안타	2루타	3루타	홈런	타점	득점	볼넷	사구	삼진	도루	도루자	타율	출루율	장타율	OPS
2019	0	0	0	0	0	0	0	0	0	0	0	0	0	0	-	-	-	-
2020	89	159	138	32	5	2	4	16	36	14	3	55	3	3	0.232	0.314	0.384	0.698
2021	62	154	130	27	2	0	4	15	16	16	6	44	4	1	0.208	0.322	0.315	0.637
통산	476	1215	1068	260	41	8	18	104	186	90	26	309	40	18	0.243	0.316	0.347	0.663

상황별 기록

상황	타석	홈런	볼넷	삼진	타율	출루율	장타율	OPS
전반기	102	4	13	26	0.256	0.390	0.427	0.817
후반기	52	0	3	18	0.125	0.192	0.125	0.317
vs 좌	43	1	4	12	0.211	0.286	0.316	0.602
vs 우	87	2	11	28	0.139	0.279	0.222	0.501
주자있음	76	2	8	22	0.167	0.257	0.258	0.515
주자없음	78	2	8	22	0.250	0.385	0.375	0.760
득점권	44	0	4	18	0.175	0.250	0.175	0.425
노아웃	59	3	5	16	0.188	0.316	0.396	0.712
원아웃	48	1	5	9	0.238	0.333	0.333	0.666
투아웃	47	0	6	19	0.200	0.319	0.200	0.519

팀별 기록

구분	타석	홈런	볼넷	삼진	타율	출루율	장타율	OPS
KT	17	1	1	6	0.286	0.375	0.500	0.875
LG	6	0	1	2	0.000	0.167	0.000	0.167
NC	14	2	0	4	0.429	0.429	0.857	1.286
SSG	22	0	3	7	0.000	0.182	0.000	0.182
두산	24	1	2	3	0.300	0.417	0.500	0.917
롯데	27	0	4	11	0.217	0.333	0.217	0.550
삼성	2	0	0	0	0.000	0.000	0.000	0.000
키움	24	0	3	6	0.222	0.391	0.278	0.669
한화	18	0	2	5	0.125	0.222	0.125	0.347

나지완 외야수 29

신장 182cm **체중** 105kg **생일** 1985-05-19 **투타** 우투우타 **지명** 08 KIA 2차 1라운드 5순위

연봉 60,000-40,000-15,000 **학교** 수유초-신일중-신일고-단국대

● 15년 차에 처음 2군에서 스프링캠프를 치렀다. 조용히 칼을 갈고 있다. 지난 시즌 주장으로 책임감이 막중했지만 부상으로 제 몫을 하지 못했다. 이어진 부상에 최악의 시즌을 보냈지만 아직 보여줄 게 남았다. 타이거즈 최다 홈런 주인공이 또 한 번의 가을 야구를 꿈꾼다. 차분히 자신만의 리듬으로 시즌을 준비하면서 감은 최고다.

기본기록

연도	경기	타석	타수	안타	2루타	3루타	홈런	타점	득점	볼넷	사구	삼진	도루	도루자	타율	출루율	장타율	OPS
2019	56	153	129	24	5	0	6	17	12	19	3	37	0	0	0.186	0.301	0.364	0.665
2020	137	556	468	136	19	1	17	92	73	64	18	114	0	0	0.291	0.392	0.444	0.836
2021	31	102	81	13	1	0	0	7	3	14	6	29	0	0	0.160	0.324	0.173	0.497
통산	1471	5478	4560	1265	201	8	221	862	668	666	181	1115	35	20	0.277	0.387	0.470	0.857

상황별 기록

상황	타석	홈런	볼넷	삼진	타율	출루율	장타율	OPS
전반기	76	0	9	22	0.164	0.316	0.180	0.496
후반기	26	0	5	7	0.150	0.346	0.150	0.496
vs 좌	20	0	4	4	0.125	0.300	0.125	0.425
vs 우	71	0	9	21	0.182	0.352	0.200	0.552
주자있음	50	0	7	14	0.205	0.360	0.231	0.591
주자없음	52	0	7	15	0.119	0.288	0.119	0.407
득점권	28	0	4	7	0.200	0.393	0.250	0.643
노아웃	32	0	3	6	0.259	0.375	0.259	0.634
원아웃	32	0	4	12	0.040	0.219	0.040	0.259
투아웃	38	0	7	11	0.172	0.368	0.207	0.575

팀별 기록

구분	타석	홈런	볼넷	삼진	타율	출루율	장타율	OPS
KT	14	0	0	6	0.077	0.071	0.077	0.148
LG	12	0	3	4	0.000	0.417	0.000	0.417
NC	8	0	1	3	0.167	0.375	0.167	0.542
SSG	4	0	0	1	0.500	0.500	0.500	1.000
두산	7	0	1	1	0.333	0.429	0.333	0.762
롯데	22	0	5	2	0.313	0.500	0.375	0.875
삼성	13	0	2	5	0.000	0.154	0.000	0.154
키움	18	0	1	6	0.133	0.278	0.133	0.411
한화	4	0	1	1	0.000	0.250	0.000	0.250

류지혁 내야수 8

신장 181cm **체중** 75kg **생일** 1994-01-13 **투타** 우투좌타 **지명** 12 두산 4라운드 36순위
연봉 10,500-10,000-10,500 **학교** 청원초-선린중-충암고

● 새로운 출발을 다짐하며 '빡빡머리'로 캠프에 참가했다. 역시 화두는 '건강'. 이적 후 5경기 만에 부상으로 끝난 2020시즌, 지난해에도 부상이 있었다. 부상은 잊고 원래의 모습으로 뛰겠다는 각오. 타석에서는 여유가 늘었다. '잘하는 팀'은 이유가 있다는 것을 아는 만큼 KIA의 이유 있는 질주를 위해 덕아웃 리더를 자처했다.

기본기록

연도	경기	타석	타수	안타	2루타	3루타	홈런	타점	득점	볼넷	사구	삼진	도루	도루자	타율	출루율	장타율	OPS
2019	118	316	276	69	6	2	0	34	36	24	7	40	18	5	0.250	0.323	0.286	0.609
2020	25	51	42	16	3	0	1	5	13	1	5	6	1	1	0.381	0.440	0.524	0.964
2021	92	327	273	76	8	0	2	34	37	42	7	46	0	0	0.278	0.385	0.330	0.715
통산	594	1444	1240	335	42	6	10	137	235	127	36	221	36	15	0.270	0.352	0.338	0.690

상황별 기록

상황	타석	홈런	볼넷	삼진	타율	출루율	장타율	OPS
전반기	130	0	11	16	0.259	0.341	0.286	0.627
후반기	197	2	31	30	0.292	0.413	0.360	0.773
vs 좌	73	0	7	14	0.220	0.347	0.220	0.567
vs 우	220	2	32	25	0.297	0.402	0.362	0.764
주자있음	158	1	21	27	0.313	0.417	0.367	0.784
주자없음	169	1	21	19	0.248	0.355	0.297	0.652
득점권	93	1	10	17	0.346	0.413	0.436	0.849
노아웃	116	2	21	12	0.267	0.412	0.367	0.779
원아웃	112	0	9	14	0.306	0.375	0.327	0.702
투아웃	99	0	12	20	0.259	0.364	0.294	0.658

팀별 기록

구분	타석	홈런	볼넷	삼진	타율	출루율	장타율	OPS
KT	31	0	4	3	0.280	0.387	0.320	0.707
LG	31	0	0	4	0.200	0.226	0.267	0.493
NC	37	0	2	6	0.265	0.324	0.265	0.589
SSG	38	1	8	3	0.333	0.486	0.481	0.967
두산	38	0	6	6	0.156	0.289	0.156	0.445
롯데	50	1	10	4	0.316	0.469	0.421	0.890
삼성	28	0	2	6	0.269	0.321	0.308	0.629
키움	34	0	4	5	0.429	0.500	0.500	1.000
한화	40	0	6	9	0.273	0.400	0.273	0.673

이우성 외야수 25

신장 182cm **체중** 95kg **생일** 1994-07-17 **투타** 우투우타 **지명** 13 두산 2라운드 15순위
연봉 4,000-4,100-4,100 **학교** 대전유천초-한밭중-대전고

● 팀에 필요한 우타 거포 자원. 한방으로 어필하며 KIA 유니폼을 입었지만 상승세에 부상이 왔고, 지난해에는 예측불허의 외야 운영 속에 될 듯 말 듯 시간만 흘러갔다. 기대와는 반대로 지난해 수비가 늘었다. 올시즌 결혼과 함께 책임감도 커지고, 여유도 생겼다. 타격에서도 상승세를 탄다면 KIA도 두터운 외야를 구성할 수 있다.

기본기록

연도	경기	타석	타수	안타	2루타	3루타	홈런	타점	득점	볼넷	사구	삼진	도루	도루자	타율	출루율	장타율	OPS
2019	60	168	151	33	4	0	6	22	19	12	2	40	0	0	0.219	0.281	0.364	0.645
2020	48	67	59	12	1	0	0	3	5	6	2	11	1	0	0.203	0.299	0.220	0.519
2021	65	100	85	17	5	0	0	4	12	13	0	17	2	1	0.200	0.303	0.259	0.562
통산	248	541	479	103	19	0	10	53	60	47	8	128	4	3	0.215	0.294	0.317	0.611

상황별 기록

상황	타석	홈런	볼넷	삼진	타율	출루율	장타율	OPS
전반기	46	0	6	9	0.179	0.289	0.205	0.494
후반기	54	0	7	8	0.217	0.315	0.304	0.619
vs 좌	24	0	2	2	0.095	0.167	0.095	0.262
vs 우	66	0	10	12	0.236	0.354	0.309	0.663
주자있음	45	0	7	8	0.167	0.295	0.222	0.517
주자없음	55	0	6	9	0.224	0.309	0.286	0.595
득점권	22	0	3	5	0.111	0.227	0.111	0.338
노아웃	33	0	4	1	0.222	0.313	0.259	0.572
원아웃	28	0	1	6	0.296	0.321	0.407	0.728
투아웃	39	0	8	10	0.097	0.282	0.129	0.411

팀별 기록

구분	타석	홈런	볼넷	삼진	타율	출루율	장타율	OPS
KT	3	0	1	2	0.000	0.333	0.000	0.333
LG	9	0	1	2	0.125	0.222	0.125	0.347
NC	11	0	0	3	0.273	0.273	0.273	0.546
SSG	23	0	3	3	0.211	0.318	0.263	0.581
두산	10	0	1	2	0.222	0.300	0.444	0.744
롯데	9	0	2	0	0.143	0.333	0.143	0.476
삼성	3	0	1	0	0.500	0.667	0.500	1.167
키움	9	0	1	1	0.375	0.444	0.625	1.069
한화	23	0	3	4	0.105	0.217	0.105	0.322

한승택 포수 4

신장 174cm **체중** 83kg **생일** 1994-06-21 **투타** 우투우타 **지명** 13 한화 3라운드 23순위

연봉 8,000-8,500-8,500 **학교** 잠전초(남양주리틀)-잠신중-덕수고

● KIA하면 떠오르는 주전포수가 없다. 몇 년째 계속되는 그들만의 안방 싸움. 올시즌 한승택이 주전 싸움의 유리한 고지에 섰다. 김종국 감독이 '센터라인'의 수비력을 강조하면서 실력을 보여줄 기회를 얻었다. 지난 시즌 수비 지표가 상승했고 자신감도 얻었다. 하지만 타격에서 기본은 해줘야 한다. 변화를 준 타격이 통할까?

기본기록

연도	경기	타석	타수	안타	2루타	3루타	홈런	타점	득점	볼넷	사구	삼진	도루	도루자	타율	출루율	장타율	OPS
2019	105	288	251	56	9	1	3	27	22	27	1	82	1	0	0.223	0.299	0.303	0.602
2020	83	262	226	51	6	0	9	29	22	21	6	58	0	0	0.226	0.308	0.372	0.680
2021	82	239	203	44	7	0	3	16	17	28	3	61	0	0	0.217	0.321	0.296	0.617
통산	478	1049	913	198	30	2	18	101	81	93	14	270	1	0	0.217	0.298	0.313	0.611

상황별 기록

상황	타석	홈런	볼넷	삼진	타율	출루율	장타율	OPS
전반기	128	1	15	31	0.222	0.323	0.287	0.610
후반기	111	2	13	30	0.211	0.318	0.305	0.623
vs 좌	86	1	7	24	0.240	0.305	0.320	0.625
vs 우	121	1	18	32	0.200	0.333	0.260	0.593
주자있음	112	0	15	31	0.213	0.346	0.236	0.582
주자없음	127	3	13	30	0.219	0.299	0.342	0.641
득점권	63	0	11	14	0.213	0.393	0.234	0.627
노아웃	81	2	7	21	0.206	0.289	0.353	0.642
원아웃	90	1	10	25	0.203	0.300	0.253	0.553
투아웃	68	0	11	15	0.250	0.382	0.286	0.668

팀별 기록

구분	타석	홈런	볼넷	삼진	타율	출루율	장타율	OPS
KT	21	0	0	3	0.200	0.238	0.200	0.438
LG	30	0	3	11	0.360	0.429	0.400	0.829
NC	18	0	4	3	0.429	0.556	0.500	1.056
SSG	24	0	3	7	0.100	0.217	0.200	0.417
두산	27	1	1	7	0.115	0.148	0.231	0.379
롯데	29	0	5	9	0.174	0.345	0.217	0.562
삼성	29	0	5	7	0.217	0.357	0.217	0.574
키움	28	2	2	7	0.269	0.321	0.538	0.859
한화	33	0	5	7	0.154	0.313	0.192	0.505

황대인 내야수 52

신장 178cm **체중** 100kg **생일** 1996-02-10 **투타** 우투우타 **지명** 15 KIA 2차 1라운드 2순위

연봉 3,000-4,300-6,500 **학교** 군산신풍초-자양중-경기고

● '기대주'라는 꼬리표를 뗄 때가 됐다. 지난해 모처럼 부상 없던 시즌을 보내며 경험이라는 자산을 쌓았다. 13개, 리그 전체로 보면 쑥스러운 수치지만 팀 최다 홈런 주인공이기도 했다. 한방과 유연한 수비로 황대인이 첫 주전을 노린다. 최형우, 나성범 두 좌타자와 우타 거포로 클린업트리오 조합을 구성하는 게 최상의 시나리오다.

기본기록

연도	경기	타석	타수	안타	2루타	3루타	홈런	타점	득점	볼넷	사구	삼진	도루	도루자	타율	출루율	장타율	OPS
2019	12	28	25	5	2	0	0	0	0	1	2	8	0	0	0.200	0.286	0.280	0.566
2020	63	138	116	32	4	0	4	16	14	21	0	29	0	0	0.276	0.384	0.414	0.798
2021	86	308	282	67	10	1	13	45	30	18	2	62	0	0	0.238	0.283	0.418	0.701
통산	187	525	474	119	20	1	20	71	48	40	4	120	0	0	0.251	0.311	0.424	0.735

상황별 기록

상황	타석	홈런	볼넷	삼진	타율	출루율	장타율	OPS
전반기	126	4	5	26	0.239	0.264	0.376	0.640
후반기	182	9	13	36	0.236	0.297	0.448	0.745
vs 좌	99	6	9	16	0.241	0.313	0.483	0.796
vs 우	180	6	8	41	0.213	0.246	0.355	0.601
주자있음	172	10	15	34	0.238	0.298	0.464	0.762
주자없음	136	3	3	28	0.237	0.265	0.366	0.631
득점권	104	5	11	24	0.205	0.279	0.398	0.677
노아웃	98	5	3	24	0.280	0.309	0.505	0.814
원아웃	99	2	7	14	0.163	0.222	0.244	0.466
투아웃	111	6	8	24	0.262	0.315	0.485	0.800

팀별 기록

구분	타석	홈런	볼넷	삼진	타율	출루율	장타율	OPS
KT	33	0	0	6	0.233	0.250	0.333	0.583
LG	34	3	2	5	0.188	0.235	0.469	0.704
NC	40	1	1	9	0.205	0.225	0.308	0.533
SSG	29	2	2	4	0.280	0.310	0.600	0.910
두산	33	1	4	6	0.241	0.333	0.345	0.678
롯데	26	2	1	7	0.360	0.385	0.640	1.025
삼성	39	2	2	10	0.278	0.308	0.528	0.836
키움	37	1	4	7	0.152	0.243	0.242	0.485
한화	37	1	2	8	0.242	0.297	0.394	0.691

강병우 투수 59

신장 182cm **체중** 88kg **생일** 2003-12-12 **투타** 좌투좌타 **지명** 22 KIA 2차 3라운드 25순위

연봉 3,000 **학교** 중앙초-배명중-배명고

연도	경기	선발	승	패	세이브	홀드	이닝	안타	홈런	볼넷	사구	삼진	피안타율	WHIP	FIP	ERA	QS	BS
2019																		
2020																		
2021																		
통산																		

강이준 투수 36

신장 190cm **체중** 86kg **생일** 1998-04-07 **투타** 우투우타 **지명** 17 KIA 2차 4라운드 34순위

연봉 3,000-3,000 **학교** 발산초(강서리틀)-덕수중-구리인창고

연도	경기	선발	승	패	세이브	홀드	이닝	안타	홈런	볼넷	사구	삼진	피안타율	WHIP	FIP	ERA	QS	BS
2019	3	3	0	2	0	0	9.0	14	1	9	2	3	0.333	2.56	-	11.00	0	0
2020	0	0	0	0	0	0	0.0	0	0	0	0	0	-	-	-	-	0	0
2021	0	0	0	0	0	0	0.0	0	0	0	0	0	-	-	-	-	0	0
통산	3	3	0	2	0	0	9.0	14	1	9	2	3	0.333	2.56	-	11.00	0	0

고영창 투수 60

신장 189cm **체중** 100kg **생일** 1989-02-24 **투타** 우투우타 **지명** 13 KIA 6라운드 53순위

연봉 5,800-5,200-4,200 **학교** 서림초-진흥중-진흥고-연세대

연도	경기	선발	승	패	세이브	홀드	이닝	안타	홈런	볼넷	사구	삼진	피안타율	WHIP	FIP	ERA	QS	BS
2019	55	0	1	3	1	10	54.0	63	2	14	8	22	0.288	1.43	4.18	3.50	0	1
2020	48	0	1	1	1	2	58.0	88	3	17	5	23	0.355	1.81	4.47	6.83	0	0
2021	24	0	0	2	0	6	23.1	30	0	10	2	6	0.316	1.71	4.36	5.79	0	1
통산	129	0	2	6	2	18	135.1	185	5	42	16	51	0.327	1.68	4.38	5.72	0	2

김유신 투수 49

신장 187cm **체중** 100kg **생일** 1999-06-14 **투타** 좌투좌타 **지명** 18 KIA 2차 1라운드 6순위

연봉 3,000-3,000-3,700 **학교** 화순초-청주중-세광고

연도	경기	선발	승	패	세이브	홀드	이닝	안타	홈런	볼넷	사구	삼진	피안타율	WHIP	FIP	ERA	QS	BS
2019	0	0	0	0	0	0	0.0	0	0	0	0	0	-	-	-	-	0	0
2020	0	0	0	0	0	0	0.0	0	0	0	0	0	-	-	-	-	0	0
2021	15	11	2	6	0	0	54.1	63	11	35	2	29	0.300	1.80	6.94	7.62	0	0
통산	25	13	2	6	0	0	67.1	76	11	41	3	35	0.293	1.74	6.47	8.02	0	0

김재열 투수 32

신장 183cm **체중** 97kg **생일** 1996-01-02 **투타** 우투우타 **지명** 14 롯데 2차 7라운드 71순위

연봉 2,700-3,200-3,900 **학교** 양정초-개성중-부산고

연도	경기	선발	승	패	세이브	홀드	이닝	안타	홈런	볼넷	사구	삼진	피안타율	WHIP	FIP	ERA	QS	BS
2019	0	0	0	0	0	0	0.0	0	0	0	0	0	-	-	-	-	0	0
2020	14	0	0	1	0	2	17.1	23	3	12	3	13	0.319	2.02	6.73	7.27	0	0
2021	24	0	1	0	0	0	32.2	28	4	18	4	18	0.231	1.41	5.84	3.86	0	0
통산	38	0	1	1	0	2	50.0	51	7	30	7	31	0.264	1.62	6.15	5.04	0	0

김찬민 투수 61

신장 184cm **체중** 85kg **생일** 2003-09-13 **투타** 우투우타 **지명** 22 KIA 2차 4라운드 35순위

연봉 3,000 **학교** 부안동초-이평중-전주고

연도	경기	선발	승	패	세이브	홀드	이닝	안타	홈런	볼넷	사구	삼진	피안타율	WHIP	FIP	ERA	QS	BS
2019																		
2020																		
2021																		
통산																		

김현수 투수 56

신장 185cm **체중** 90kg **생일** 2000-07-10 **투타** 우투우타 **지명** 19 롯데 2차 3라운드 28순위

연봉 3,000-3,500-4,000 **학교** 효제초-홍은중-장충고

연도	경기	선발	승	패	세이브	홀드	이닝	안타	홈런	볼넷	사구	삼진	피안타율	WHIP	FIP	ERA	QS	BS
2019	6	0	0	1	0	0	6.1	3	0	1	0	4	0.130	0.63	2.61	1.42	0	0
2020	15	4	1	2	0	0	32.1	41	3	31	2	19	0.313	2.23	6.65	7.24	0	0
2021	17	8	1	4	0	0	45.2	57	8	36	3	27	0.305	2.04	6.99	7.88	0	0
통산	38	12	2	7	0	0	84.1	101	11	68	5	50	0.296	2.00	6.53	7.15	0	0

김현준 투수 41

신장 182cm **체중** 78kg **생일** 1997-06-05 **투타** 우투우타 **지명** 16 KIA 1차

연봉 2,900-3,100-3,400 **학교** 광주화정초-무등중-광주제일고

연도	경기	선발	승	패	세이브	홀드	이닝	안타	홈런	볼넷	사구	삼진	피안타율	WHIP	FIP	ERA	QS	BS
2019	0	0	0	0	0	0	0.0	0	0	0	0	0	-	-	-	-	0	0
2020	15	0	1	0	0	1	14.1	20	2	13	1	12	0.333	2.30	6.42	12.56	0	0
2021	19	0	0	1	0	2	19.2	15	4	12	0	19	0.221	1.37	5.87	5.49	0	0
통산	34	0	1	1	0	3	34.0	35	6	25	1	31	0.273	1.76	6.10	8.47	0	0

남하준 투수 41

신장 182cm **체중** 78kg **생일** 1996-09-13 **투타** 우투좌타 **지명** 16 KIA 2차 2라운드 18순위

연봉 3,100-3,200-3,300 **학교** 원봉초-세광중-세광고

연도	경기	선발	승	패	세이브	홀드	이닝	안타	홈런	볼넷	사구	삼진	피안타율	WHIP	FIP	ERA	QS	BS
2019	0	0	0	0	0	0	0.0	0	0	0	0	0	-	-	-	-	0	0
2020	8	0	0	0	0	0	15.2	20	1	11	1	8	0.313	1.98	-	4.02	0	0
2021	5	1	0	1	0	1	8.0	10	2	10	0	5	0.323	2.50	-	14.63	0	0
통산	22	1	0	1	0	1	31.1	46	4	30	1	21	0.346	2.43	-	8.62	0	0

박건우 투수 15

신장 193cm **체중** 97kg **생일** 1998-06-03 **투타** 우투우타 **지명** 21 KIA 2차 1라운드 4순위

연봉 3,000-3,100 **학교** 다솜초-언북중-덕수고-고려대

연도	경기	선발	승	패	세이브	홀드	이닝	안타	홈런	볼넷	사구	삼진	피안타율	WHIP	FIP	ERA	QS	BS
2019																		
2020																		
2021	3	0	0	0	0	0	3.0	2	0	1	1	3	0.222	1.00	3.33	0.00	0	0
통산	3	0	0	0	0	0	3.0	2	0	1	1	3	0.222	1.00	3.33	0.00	0	0

박준표 투수 31

신장 181cm **체중** 93kg **생일** 1992-06-26 **투타** 우투우타 **지명** 13 KIA 7라운드 62순위

연봉 11,000-16,000-12,500 **학교** 송정동초-진흥중-중앙고-동강대

연도	경기	선발	승	패	세이브	홀드	이닝	안타	홈런	볼넷	사구	삼진	피안타율	WHIP	FIP	ERA	QS	BS
2019	49	0	5	2	0	15	56.0	42	4	6	4	30	0.211	0.86	3.74	2.09	0	1
2020	50	0	7	1	6	11	51.2	41	3	8	0	44	0.211	0.95	2.96	1.57	0	5
2021	32	0	2	4	0	4	32.0	42	3	17	9	18	0.326	1.84	5.86	5.91	0	2
통산	239	4	21	11	6	40	271.2	274	23	80	30	172	0.264	1.30	4.54	4.47	0	10

박진태 투수 46

신장 180cm **체중** 83kg **생일** 1994-10-19 **투타** 우투우타 **지명** 17 KIA 2차 2라운드 14순위

연봉 6,000-5,000-6,000 **학교** 미성초-성남중-성남고-건국대

연도	경기	선발	승	패	세이브	홀드	이닝	안타	홈런	볼넷	사구	삼진	피안타율	WHIP	FIP	ERA	QS	BS
2019	2	2	0	1	0	0	8.1	10	0	6	3	5	0.303	1.92	5.44	4.32	0	0
2020	12	0	0	0	0	0	18.2	32	9	16	4	14	0.381	2.57	11.54	13.02	0	0
2021	59	0	3	3	0	9	65.0	68	6	36	13	45	0.272	1.60	5.41	5.95	0	0
통산	111	4	3	5	3	11	149.2	186	20	77	30	88	0.307	1.76	6.17	6.98	0	0

서덕원 투수 55

신장 183cm **체중** 89kg **생일** 1993-07-12 **투타** 우투우타 **지명** 16 KIA 2차 5라운드 43순위

연봉 2,800-3,100-3,600 **학교** 청량중-장충고-건국대

연도	경기	선발	승	패	세이브	홀드	이닝	안타	홈런	볼넷	사구	삼진	피안타율	WHIP	FIP	ERA	QS	BS
2019	0	0	0	0	0	0	0.0	0	0	0	0	0	-	-	-	-	0	0
2020	11	0	0	0	0	0	12.2	14	5	4	3	6	0.275	1.42	9.40	8.53	0	0
2021	24	0	1	0	0	1	32.2	36	7	14	0	24	0.277	1.53	5.93	7.44	0	0
통산	35	0	1	0	0	1	45.1	50	12	18	3	30	0.276	1.50	6.90	7.74	0	0

이승재 투수 68

신장 182cm **체중** 82kg **생일** 2000-10-04 **투타** 우투우타 **지명** 21 KIA 2차 3라운드 24순위

연봉 3,000-3,600 **학교** 강남초-강남중-휘문고-강릉영동대

연도	경기	선발	승	패	세이브	홀드	이닝	안타	홈런	볼넷	사구	삼진	피안타율	WHIP	FIP	ERA	QS	BS
2019																		
2020																		
2021	25	0	2	1	0	5	24.0	26	5	18	3	17	0.286	1.83	7.25	7.50	0	1
통산	25	0	2	1	0	5	24.0	26	5	18	3	17	0.286	1.83	7.25	7.50	0	1

장민기 투수 65

신장 182cm **체중** 88kg **생일** 2001-12-30 **투타** 좌투좌타 **지명** 21 KIA 2차 2라운드 14순위

연봉 3,000-3,500 **학교** 사파초-김해내동중-용마고

연도	경기	선발	승	패	세이브	홀드	이닝	안타	홈런	볼넷	사구	삼진	피안타율	WHIP	FIP	ERA	QS	BS
2019																		
2020																		
2021	21	0	2	1	0	2	23.1	13	1	29	4	22	0.169	1.80	6.25	3.47	0	1
통산	21	0	2	1	0	2	23.1	13	1	29	4	22	0.169	1.80	6.25	3.47	0	1

장지수 투수 16

신장 179cm **체중** 83kg **생일** 2000-05-25 **투타** 우투우타 **지명** 19 KIA 2차 2라운드 20순위
연봉 3,000-3,200 **학교** 사당초-강남중-성남고

연도	경기	선발	승	패	세이브	홀드	이닝	안타	홈런	볼넷	사구	삼진	피안타율	WHIP	FIP	ERA	QS	BS
2019	13	0	0	0	0	0	16.1	23	2	7	2	6	0.329	1.84	5.91	7.71	0	0
2020	0	0	0	0	0	0	0.0	0	0	0	0	0	-	-	-	-	0	0
2021	9	0	0	0	0	0	14.1	9	1	13	3	5	0.176	1.53	6.89	3.14	0	0
통산	22	0	0	0	0	0	30.2	32	3	20	5	11	0.264	1.70	6.37	5.58	0	0

최용준 투수 43

신장 193cm **체중** 97kg **생일** 2001-12-19 **투타** 우투우타 **지명** 20 KIA 2차 10라운드 96순위
연봉 2,700-3,000-3,100 **학교** 양산신양초-경남중-부산공고

연도	경기	선발	승	패	세이브	홀드	이닝	안타	홈런	볼넷	사구	삼진	피안타율	WHIP	FIP	ERA	QS	BS
2019	0	0	0	0	0	0	0.0	0	0	0	0	0	-	-	-	-	0	0
2020	0	0	0	0	0	0	0.0	0	0	0	0	0	-	-	-	-	0	0
2021	3	2	0	1	0	0	6.1	11	3	7	1	6	0.355	2.84	11.39	14.21	0	0
통산	3	2	0	1	0	0	6.1	11	3	7	1	6	0.355	2.84	11.39	14.21	0	0

강경학 내야수 14

신장 180cm **체중** 72kg **생일** 1992-08-11 **투타** 우투좌타 **지명** 11 한화 2라운드 16순위
연봉 7,800-8,700-7,000 **학교** 대성초-광주동성중-광주동성고

연도	경기	타석	타수	안타	2루타	3루타	홈런	타점	득점	볼넷	사구	삼진	도루	도루자	타율	출루율	장타율	OPS
2019	52	135	113	27	4	0	0	12	21	15	3	32	1	2	0.239	0.341	0.274	0.615
2020	94	238	193	44	7	1	4	19	25	35	3	64	1	2	0.228	0.352	0.337	0.689
2021	25	39	33	5	0	0	0	1	3	5	1	13	1	0	0.152	0.282	0.152	0.434
통산	516	1390	1167	277	36	12	13	104	185	162	21	304	14	11	0.237	0.339	0.322	0.661

고종욱 외야수 57

신장 184cm **체중** 83kg **생일** 1989-01-11 **투타** 우투좌타 **지명** 11 넥센 3라운드 19순위
연봉 17,000-11,000-7,000 **학교** 역삼초-대치중-경기고-한양대

연도	경기	타석	타수	안타	2루타	3루타	홈런	타점	득점	볼넷	사구	삼진	도루	도루자	타율	출루율	장타율	OPS
2019	137	513	492	159	25	7	3	56	76	18	1	89	31	10	0.323	0.347	0.421	0.768
2020	92	288	272	77	9	3	3	26	24	14	1	55	1	3	0.283	0.319	0.371	0.690
2021	88	199	180	48	5	0	2	18	25	16	0	30	2	3	0.267	0.323	0.328	0.651
통산	856	2938	2751	837	137	35	41	340	429	145	17	576	125	58	0.304	0.341	0.424	0.765

권혁경 포수 44

신장 187cm **체중** 94kg **생일** 2002-01-23 **투타** 우투우타 **지명** 21 KIA 2차 4라운드 34순위
연봉 3,000-3,200 **학교** 중대초-잠신중-신일고

연도	경기	타석	타수	안타	2루타	3루타	홈런	타점	득점	볼넷	사구	삼진	도루	도루자	타율	출루율	장타율	OPS
2019																		
2020																		
2021	5	18	18	4	0	0	0	0	1	0	0	6	0	0	0.222	0.222	0.222	0.444
통산	5	18	18	4	0	0	0	0	1	0	0	6	0	0	0.222	0.222	0.222	0.444

김규성 내야수 13

신장 183cm **체중** 73kg **생일** 1997-03-08 **투타** 우투좌타 **지명** 16 KIA 2차 7라운드 63순위

연봉 2,900-4,500-4,300 **학교** 갈산초-선린중-선린고

연도	경기	타석	타수	안타	2루타	3루타	홈런	타점	득점	볼넷	사구	삼진	도루	도루자	타율	출루율	장타율	OPS
2019	0	0	0	0	0	0	0	0	0	0	0	0	0	0	-	-	-	-
2020	103	182	157	28	2	1	3	11	21	13	1	40	2	1	0.178	0.246	0.261	0.507
2021	54	41	36	5	1	0	0	2	8	5	0	17	0	1	0.139	0.244	0.167	0.411
통산	157	223	193	33	3	1	3	13	29	18	1	57	2	2	0.171	0.245	0.244	0.489

류승현 내야수 9

신장 176cm **체중** 84kg **생일** 1997-07-01 **투타** 우투좌타 **지명** 16 KIA 2차 10라운드 98순위

연봉 0-0-4,000 **학교** 송정동초-무등중-광주제일고

연도	경기	타석	타수	안타	2루타	3루타	홈런	타점	득점	볼넷	사구	삼진	도루	도루자	타율	출루율	장타율	OPS
2019	57	163	150	38	8	1	0	14	14	9	4	29	3	2	0.253	0.313	0.320	0.633
2020	0	0	0	0	0	0	0	0	0	0	0	0	0	0	-	-	-	-
2021	0	0	0	0	0	0	0	0	0	0	0	0	0	0	-	-	-	-
통산	92	248	225	61	11	2	1	27	23	16	5	41	3	2	0.271	0.332	0.351	0.683

박민 내야수 42

신장 184cm **체중** 84kg **생일** 2001-06-05 **투타** 우투우타 **지명** 20 KIA 2차 1라운드 6순위

연봉 2,700-3,000-3,500 **학교** 갈산초-성남중-야탑고

연도	경기	타석	타수	안타	2루타	3루타	홈런	타점	득점	볼넷	사구	삼진	도루	도루자	타율	출루율	장타율	OPS
2019																		
2020	6	2	1	0	0	0	0	0	1	1	0	1	0	0	0.000	0.500	0.000	0.500
2021	18	38	35	6	1	0	0	3	3	2	1	10	0	1	0.171	0.237	0.200	0.437
통산	24	40	36	6	1	0	0	3	4	3	1	11	0	1	0.167	0.250	0.194	0.444

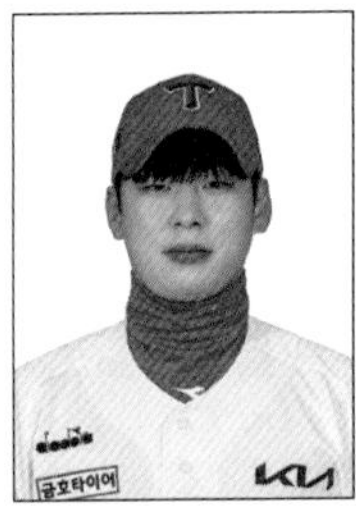

박정우 외야수 0

신장 175cm **체중** 68kg **생일** 1998-02-01 **투타** 좌투좌타 **지명** 17 KIA 2차 7라운드 64순위

연봉 2,800-3,000-3,500 **학교** 역삼초-언북중-덕수고

연도	경기	타석	타수	안타	2루타	3루타	홈런	타점	득점	볼넷	사구	삼진	도루	도루자	타율	출루율	장타율	OPS
2019	0	0	0	0	0	0	0	0	0	0	0	0	0	0	-	-	-	-
2020	0	0	0	0	0	0	0	0	0	0	0	0	0	0	-	-	-	-
2021	32	61	48	9	1	0	0	4	3	10	2	8	0	2	0.188	0.350	0.208	0.558
통산	32	61	48	9	1	0	0	4	3	10	2	8	0	2	0.188	0.350	0.208	0.558

신범수 포수 22

신장 177cm **체중** 83kg **생일** 1998-01-25 **투타** 우투좌타 **지명** 16 KIA 2차 8라운드 78순위

연봉 0-3,600-3,600 **학교** 광주대성초-광주동성중-광주동성고

연도	경기	타석	타수	안타	2루타	3루타	홈런	타점	득점	볼넷	사구	삼진	도루	도루자	타율	출루율	장타율	OPS
2019	39	65	57	12	5	0	2	7	4	7	1	14	0	0	0.211	0.308	0.404	0.712
2020	0	0	0	0	0	0	0	0	0	0	0	0	0	0	-	-	-	-
2021	0	0	0	0	0	0	0	0	0	0	0	0	0	0	-	-	-	-
통산	58	91	82	16	7	1	2	11	4	7	1	21	0	0	0.195	0.264	0.378	0.642

오선우 외야수 33

신장 186cm **체중** 95kg **생일** 1996-12-13 **투타** 좌투좌타 **지명** 19 KIA 2차 5라운드 50순위

연봉 3,000-3,400-3,500 **학교** 성동초-자양중-배명고-인하대

연도	경기	타석	타수	안타	2루타	3루타	홈런	타점	득점	볼넷	사구	삼진	도루	도루자	타율	출루율	장타율	OPS
2019	27	57	53	8	1	1	1	4	5	3	1	24	0	0	0.151	0.211	0.264	0.475
2020	59	73	67	16	0	0	4	14	11	3	3	26	0	0	0.239	0.301	0.418	0.719
2021	9	16	15	1	0	0	0	0	1	1	0	9	0	0	0.067	0.125	0.067	0.192
통산	95	146	135	25	1	1	5	18	17	7	4	59	0	0	0.185	0.247	0.319	0.566

오정환 내야수 2

신장 186cm **체중** 75kg **생일** 1999-03-27 **투타** 우투좌타 **지명** 18 KIA 2차 4라운드 36순위

연봉 0-3,000-3,100 **학교** 강남초-자양중-경기고

연도	경기	타석	타수	안타	2루타	3루타	홈런	타점	득점	볼넷	사구	삼진	도루	도루자	타율	출루율	장타율	OPS
2019	30	29	28	4	0	0	0	1	8	0	0	12	0	2	0.143	0.143	0.143	0.286
2020	0	0	0	0	0	0	0	0	0	0	0	0	0	0	-	-	-	-
2021	9	18	17	4	1	0	0	2	1	1	0	9	0	0	0.235	0.278	0.294	0.572
통산	39	47	45	8	1	0	0	3	9	1	0	21	0	2	0.178	0.196	0.200	0.396

윤도현 내야수 67

신장 181cm **체중** 84kg **생일** 2003-05-07 **투타** 우투우타 **지명** 22 KIA 2차 2라운드 15순위

연봉 3,000 **학교** 광주화정초-무등중-광주제일고

연도	경기	타석	타수	안타	2루타	3루타	홈런	타점	득점	볼넷	사구	삼진	도루	도루자	타율	출루율	장타율	OPS
2019																		
2020																		
2021																		
통산																		

이정훈 포수 12

신장 185cm **체중** 90kg **생일** 1994-12-07 **투타** 우투좌타 **지명** 17 KIA 2차 10라운드 94순위

연봉 3,000-3,000-4,000 **학교** 교문초-배재중-휘문고-경희대

연도	경기	타석	타수	안타	2루타	3루타	홈런	타점	득점	볼넷	사구	삼진	도루	도루자	타율	출루율	장타율	OPS
2019	7	15	14	4	1	0	0	3	0	0	0	1	0	0	0.286	0.267	0.357	0.624
2020	3	4	4	0	0	0	0	0	0	0	0	2	0	0	0.000	0.000	0.000	0.000
2021	41	151	129	32	6	0	2	14	14	19	3	33	0	0	0.248	0.358	0.341	0.699
통산	55	173	149	36	7	0	2	17	14	19	4	37	0	0	0.242	0.341	0.329	0.670

이진영 외야수 10

신장 183cm **체중** 82kg **생일** 1997-07-21 **투타** 우투우타 **지명** 16 KIA 2차 6라운드 58순위

연봉 3,400-3,600-3,600 **학교** 둔촌초-선린중-선린고

연도	경기	타석	타수	안타	2루타	3루타	홈런	타점	득점	볼넷	사구	삼진	도루	도루자	타율	출루율	장타율	OPS
2019	11	15	15	2	0	0	0	2	1	0	0	4	0	0	0.133	0.133	0.133	0.266
2020	32	27	22	5	1	0	0	5	4	5	0	9	1	0	0.227	0.370	0.273	0.643
2021	17	47	40	8	2	1	2	5	8	3	4	22	1	0	0.200	0.319	0.450	0.769
통산	95	130	111	21	3	1	2	14	20	12	6	46	3	2	0.189	0.302	0.288	0.590

이창진 외야수 66

신장 173cm **체중** 85kg **생일** 1991-03-04 **투타** 우투우타 **지명** 14 롯데 2차 6라운드 60순위

연봉 8,500-7,000-7,000 **학교** 신도초-동인천중-인천고-건국대

연도	경기	타석	타수	안타	2루타	3루타	홈런	타점	득점	볼넷	사구	삼진	도루	도루자	타율	출루율	장타율	OPS
2019	133	470	400	108	25	1	6	48	57	57	4	92	8	8	0.270	0.363	0.383	0.746
2020	22	99	88	29	8	1	0	7	19	10	1	17	0	1	0.330	0.404	0.443	0.847
2021	105	293	249	52	8	1	3	33	35	36	1	54	5	0	0.209	0.308	0.285	0.593
통산	297	914	787	198	44	3	9	88	118	104	7	173	13	10	0.252	0.341	0.349	0.690

최정민 내야수 53

신장 177cm **체중** 72kg **생일** 1989-06-02 **투타** 우투좌타 **지명** 12 SK 5라운드 49순위

연봉 3,500-3,500-3,600 **학교** 배영초-마산중-마산고-동아대

연도	경기	타석	타수	안타	2루타	3루타	홈런	타점	득점	볼넷	사구	삼진	도루	도루자	타율	출루율	장타율	OPS
2019	4	5	5	0	0	0	0	0	0	0	0	2	0	0	0.000	0.000	0.000	0.000
2020	24	11	9	1	0	0	0	2	12	2	0	1	1	0	0.111	0.273	0.111	0.384
2021	39	19	15	5	0	0	0	1	5	3	1	7	2	3	0.333	0.474	0.333	0.807
통산	230	332	290	85	7	1	2	23	67	21	9	85	12	10	0.293	0.358	0.345	0.703

최정용 내야수 23

신장 178cm **체중** 75kg **생일** 1996-10-24 **투타** 우투좌타 **지명** 15 삼성 2차 2라운드 15순위

연봉 3,600-3,800-3,800 **학교** 서원초-세광중-세광고

연도	경기	타석	타수	안타	2루타	3루타	홈런	타점	득점	볼넷	사구	삼진	도루	도루자	타율	출루율	장타율	OPS
2019	8	21	21	6	0	0	0	1	4	0	0	10	0	0	0.286	0.286	0.286	0.572
2020	38	59	56	11	1	0	1	5	5	2	0	15	0	0	0.196	0.224	0.268	0.492
2021	53	65	52	10	1	0	0	2	7	9	0	16	2	0	0.192	0.306	0.212	0.518
통산	152	214	189	45	3	1	1	10	27	15	0	57	2	1	0.238	0.293	0.280	0.573

TIGERS
48

PLAYER LIST

육성선수

성명	포지션	등번호	생일	신장	체중	투타	최초입단연도	최초입단구단	연봉
김양수	투수	013	2001-01-23	184	80	우우	2021	KIA 타이거즈	3,000
나용기	투수	09	1998-11-18	195	105	우우	2019	KIA 타이거즈	3,000
송후섭	투수	01	1997-06-18	190	95	우우	2017	KIA 타이거즈	3,000
이준형	투수	012	1993-06-03	186	82	우우	2012	삼성 라이온즈	3,500
장재혁	투수	040	2001-08-02	180	86	우우	2021	KIA 타이거즈	3,000
황동하	투수	041	2002-07-30	183	96	우우	2022	KIA 타이거즈	3,000
손진규	투수	049	1999-02-09	183	99	우우	2022	KIA 타이거즈	3,000
옥준호	투수	029	2001-08-31	185	96	좌좌	2022	KIA 타이거즈	3,000
김선우	포수	02	2001-01-18	178	80	우우	2022	KIA 타이거즈	3,000
신명승	포수	042	2002-11-02	183	94	우우	2022	KIA 타이거즈	3,000
이성주	포수	047	2003-03-28	183	98	우우	2022	KIA 타이거즈	3,000
김창용	내야수	06	1996-07-09	180	80	우우	2019	KIA 타이거즈	3,000
윤민석	내야수	031	1998-10-03	180	87	우우	2022	KIA 타이거즈	3,000
김민수	외야수	04	2000-04-05	186	87	우좌	2019	KIA 타이거즈	3,000
박수용	외야수	05	1999-08-11	190	105	우우	2019	KIA 타이거즈	3,000
이영재	외야수	03	2002-01-11	184	96	우우	2022	KIA 타이거즈	3,000
이인한	외야수	08	1998-12-24	183	100	우우	2021	KIA 타이거즈	3,000
이준범	외야수	011	2002-07-16	184	85	우우	2022	KIA 타이거즈	3,000
백도렬	외야수	050	1999-11-23	181	86	우좌	2022	KIA 타이거즈	3,000
한승연	외야수	028	2003-06-09	183	90	우우	2022	KIA 타이거즈	3,000
박상준	외야수	034	2001-08-21	178	104	좌좌	2022	KIA 타이거즈	3,000

군보류

성명	포지션	생일	신장	체중	투타	최초입단연도	최초입단구단	입대일	전역일
김승범	투수	1998-12-07	183	88	우우	2018	KIA 타이거즈	2020-12-01	2022-05-31
유지성	투수	2000-11-15	189	94	좌좌	2021	KIA 타이거즈	2020-12-08	2022-06-07
김기훈	투수	2000-01-03	184	93	좌좌	2019	KIA 타이거즈	2021-03-22	2022-09-21
홍종표	내야수	2000-05-02	178	72	우좌	2021	KIA 타이거즈	2021-03-22	2022-09-21
홍원빈	투수	2000-10-16	195	101	우우	2019	KIA 타이거즈	2021-08-10	2023-02-09
김원경	내야수	2001-05-01	182	83	우우	2022	KIA 타이거즈	2021-10-12	2023-04-11
최원준	외야수	1997-03-23	178	85	우좌	2016	KIA 타이거즈	2021-12-13	2023-06-12

육성군보류

성명	포지션	생일	신장	체중	투타	최초입단연도	최초입단구단	입대일	전역일
이태규	투수	2000-02-21	188	72	우좌	2019	KIA 타이거즈	2020-11-02	2022-05-01
한준수	포수	1999-02-13	184	95	우좌	2018	KIA 타이거즈	2021-06-29	2022-12-28
백현종	포수	1999-06-10	184	94	우우	2021	KIA 타이거즈	2021-08-10	2023-02-09
오규석	투수	2001-12-04	187	97	우우	2021	KIA 타이거즈	2021-11-22	2023-05-21
장시현	내야수	2001-12-21	178	75	우우	2022	KIA 타이거즈	2021-12-27	2023-06-23
박대명	투수	2002-04-22	186	86	우우	2022	KIA 타이거즈	2022-01-18	2023-07-17

HANWHA EAGLES 한화 이글스

누구나 예상했던 한화의 10위였다. 베테랑 차포를 모두 떼고 어린 유망주들로 시작한 시즌이 쉬울 리 없었다. 그렇다 해도 예상보다 더 무기력했다. 2년 연속 최하위는 팀에 패배의식을 안겼다. 특히 투수 파트에서는 10승 투수가 배출되는 등 희망을 봤지만 타격의 성장은 거북이 걸음이었다. 외야는 한 자리도 붙박이 주전을 만드는 데 성공하지 못할 만큼 처참했다.

그럼에도 'This Is Our Way'. 리빌딩이라는 중장기 과제를 수행하는 한화의 굳건한 발걸음은 2022년에도 계속된다. 한화는 5년 연속 겨울 FA 영입 없이 시장을 마무리 지으며 주위의 쓴소리에도 꿋꿋이 키워쓰기에 대한 의지를 이어갔다. 한화의 도전은 용감한 걸까, 무모한 걸까. 어느덧 수베로 시대 3년 중 2년차 시즌에 접어든다. 2022년부터는 리빌딩의 결과가 숫자로 나와야 한다.

2021 좋았던 일

한화의 토종 선발 흑역사를 김민우가 끊었다. 2015년 안영명 이후, 전업 선발로는 2011년 류현진 이후 한화에 국내 10승 투수가 탄생했다. 최하위권의 공격력, 수비력을 안고도 김민우와 킹험이 나란히 두 자릿수 승리를 올리며 팀 선발진을 쌍끌이했다. 카펜터는 5승에도 높은 탈삼진 능력으로 나란히 재계약 대열에 합류했다. 강재민은 후반기 흔들렸어도 2년 연속 두자릿수 홀드로 뒷문을 지켰다.

타선은 '좋았다'라고 할 일이 솔직히 많지 않았다. 한화의 공격력은 대부분의 지표에서 최하위권을 그렸다. 그나마 '100볼넷' 정은원이 2루수 골든글러브로 눈물을 닦아줬다. 전역 후 후반기 팀에 합류한 김태연이 잠재력을 폭발시키면서 가능성을 보였고 트레이드로 이적한 이성곤, 상무 복무를 마친 변우혁 등이 팀에 합류하며 퍼즐 조각을 채우는 데 주력한 2021년이었다.

2021 나빴던 일

이글스파크의 외야가 이처럼 광활하고 허전할 줄이야. 2021년 한화 외야 WAR는 −3.81로 10개 구단 중 유일하게 마이너스였다. 시즌 전 육성에 전념하겠다고 선전포고는 했으나 막상 육성된 느낌이 없었다. 규정타석을 채운 외야수는 전무했다. 수베로 감독은 실력을 떠나 위축된 선수들을 보며 화를 냈다. 결국 외국인 타자를 내야수로 뽑은 것은 팀 전체에 비수로 돌아왔다.

외야가 공수에서 흔들리면서 투수들에게도 영향을 미쳤다. 여기에 투수들은 리그 최다 볼넷으로 응수하며 같이 부진했다. 길어진 수비 시간은 악순환을 낳았다. 이글스파크 관중석을 찾은 관중들은 애꿎게 자꾸 지는 경기를 길게 봐야 했다. 카펜터는 리그 탈삼진 2위에도 최다패(12패) 투수가 됐다. 한화의 유망주들은 무너지고 절망할 때마다 의지할 선배도 없었다.

수베로 감독 3

신장 185cm	체중 84kg	생일 1972-06-15	투타 우투우타
연봉 미공개		학교 School Gran Columbia	

한화가 작심하고 선임한 첫 외국인 감독. 중장기 리빌딩 과업을 수행하기 위해 부임했다. 적극적이고 열성적인 성격으로 어린 선수들이 많은 한화를 이끌기에 적임자라는 평가를 받았다. 무엇보다 모든 일에 열정을 보이는 것을 좋아해 선수들에게도 지금 당장 실력보다는 최선을 다하는 모습을 보여달라고 주문했다. 그러나 스스로는 열정이 과해 그라운드에서 심판, 혹은 타팀 감독과 충돌하는 일도 많았다. 2021년은 한화와 KBO 리그를 경험하고 파악하는 해였다면 2022년은 이제 수베로 야구가 무엇인지를 진짜 보여줘야 하는 시즌이다. 늦게 스프링캠프에 합류한 수베로는 이제 "이기는 야구"를 하겠다고 선언했다. 이제는 곰보다는 여우가 돼야 한다. 수베로는 승부의 타짜들이 포진한 KBO 리그에서 '외국인 감독 잔혹사' 페이지에 이름을 올리지 않을 수 있을까.

구단 정보

창단	연고지	홈구장	우승	홈페이지
1985	대전	한화생명이글스파크	1회(99)	www.hanwhaeagles.co.kr

2021시즌 성적

순위	경기	승	패	무	승률
10	144	49	83	12	0.371
타율	**출루율**	**장타율**	**홈런**	**도루**	**실책**
0.237(10)	0.334(10)	0.341(9)	80(9)	110(3)	120(9)
ERA	**선발ERA**	**구원ERA**	**탈삼진**	**볼넷허용**	**피홈런**
4.68(7)	5.61(10)	4.55(6)	1,011(8)	673(10)	115(5)

최근 10시즌 성적

연도	순위	승	패	무	승률
2011	7	59	72	2	0.45
2012	8	53	77	3	0.408
2013	9	42	85	1	0.331
2014	9	49	77	2	0.389
2015	6	68	76	0	0.472
2016	7	66	75	3	0.468
2017	8	61	81	2	0.43
2018	3	77	67	0	0.535
2019	9	58	86	0	0.403
2020	10	46	95	3	0.326

2021시즌 월별 성적

월	순위	승	패	무	승률
4	10	9	14	0	0.391
5	8	9	14	0	0.391
6	9	8	17	0	0.320
7-8	7	10	12	4	0.455
9	9	8	13	5	0.440
10	10	5	13	3	0.278
포스트					

COACHING STAFF

코칭스태프

성명	보직	등번호	생일	신장	체중	투타	출신교
클레멘츠	수석	89	1958.05.26	193	88	좌투좌타	애리조나주립대
케네디	작전 주루	88	1969.01.23	178	77	우투우타	노스플로리다대
로사도	투수	70	1974.11.09	183	79	좌투좌타	갤버스턴대
이동걸	불펜	71	1983.08.12	185	95	우투우타	휘문고-동국대
전상렬	외야수비 주루	78	1972.06.12	174	77	좌투좌타	상원고
조성환	내야수비	72	1976.12.23	181	81	우투우타	충암고-원광대
김기남	배터리	85	1982.07.15	185	86	우투우타	세광고-원광대
김남형	메인 타격	86	1988.05.08	177	75	우투우타	인천고
박윤	타격	82	1988.03.07	180	95	좌투좌타	인천고
최원호	퓨처스 감독	92	1973.03.13	183	88	우투우타	인천고-단국대
박정진	퓨처스 투수	75	1976.05.27	183	88	좌투좌타	세광고-연세대
마일영	퓨처스 불펜	79	1981.05.28	177	95	좌투좌타	대전고-경기대
추승우	퓨처스 작전 주루	87	1979.09.24	187	74	우투좌타	청주기공-성균관대
고동진	퓨처스 외야수비, 주루	80	1980.04.01	183	85	좌투좌타	대전고-성균관대
최윤석	퓨처스 내야수비	74	1987.03.28	175	75	우투우타	성남고-홍익대
정현석	퓨처스 타격	77	1984.03.01	182	93	우투우타	대전고-경희대
이희근	퓨처스 배터리	73	1985.06.07	179	83	우투우타	중앙고-성균관대
윤규진	잔류군 투수	76	1984.07.28	185	90	우투우타	대전고
이상훈	잔류군 타격	81	1987.05.04	171	75	우투우타	경북고-성균관대
남원호	잔류군 수비	83	1984	172	82	우투우타	대구고-성균관대

2022 팀 이슈

31명. 한화는 2022년 전체 등록선수 60명 중 24세 이하 선수가 무려 과반수를 넘겼다. 고졸 신인이라면 프로 5년차 이내의 젊은 선수들이다. 올해도 경험과 노련미보다는 젊음과 패기로 싸워야 할 아기 독수리들. 이들을 어떻게 완성체로 성장시켜야 할지 수베로 감독과 코칭스태프의 고민이 많다. 팬들이 트럭시위를 해도 꿋꿋하게 외부 FA 시장에서 철수했지만 결국 현장에 싸울 수 있는 전력을 공급해줘야 하는 프런트도 마음이 바쁘다. 수베로 2년차인 올해도 한화는 현실적으로 가을야구 싸움보다는 시즌 내내 '각 포지션에 맞는 인물 찾아 넣기' 퀴즈를 풀 가능성이 높다. 특히 1루와 외야가 안정화되느냐, 여전히 무주공산으로 남느냐에 따라 2022년 공격과 수비 전체가 '개화(開花)'할지 '퇴화(退化)'할지 판가름난다.

2022 최상 시나리오

나는 행복 합니다!

2022 최악 시나리오

한화의 마지막 1차지명 문동주가 시즌 초반부터 150km를 꽂아넣으며 히트상품으로 거듭난다. 이에 질세라 2차 1라운더 박준영도 싸움닭 피칭으로 신인왕 집안 싸움에 불을 붙인다. 카펜터는 탈삼진왕을 차지하며 불운의 최다패에서 다승왕 경쟁자로 바뀐다. 김민우의 2년 연속 10승 소식과 함께 정우람은 믿고 보는 수호신으로 재기하고 강재민은 3년 연속 필승조로 아시안게임 국가대표 꿈까지 이룬다. 강재민과 함께 노시환, 정은원도 수준급 활약으로 태극마크를 달며 한화 2000년대생들의 저력을 보여준다. 이성곤, 변우혁 중 한 명이 장타 잠재력을 터뜨리면서 1루수 자리를 꿰찬다. 터크먼은 마이너리그 통산 3할의 노련미를 보여주며 비어 있던 한화 외야를 채운다. 한화는 2년 연속 최하위의 수모를 털어내고 중장기적 강팀의 면모를 갖춰간다.

4,5선발은 어린 투수들의 '시험의 장'이 되지만 누구도 그 기회를 오래 잡지 못하는 '2019년의 악몽'이 되풀이된다. 김기중, 문동주, 박준영 등 어린 투수들은 빈약한 공수 지원 속 프로의 쓴맛을 본다. 정우람, 강재민 등 필승조들이 흔들리면서 불펜은 허허벌판이 된다. 한화는 올해도 '잡고 가야 하는 대상'으로 찍히면서 승리를 따내기가 더 힘들어진다. 노시환, 김태연과 이성곤, 변우혁 등 불타야 할 타선은 속을 태운다. 한화의 외야는 2년째 무주공산으로 남는다. 어려울 때 중심을 잡아줘야 할 베테랑이 없는 것이 뼈아프다. 2년차를 맞은 수베로 감독은 결과에 대한 압박으로 리빌딩 소신 대신 이기는 야구를 택했다가 어느 것도 얻지 못하고 신뢰를 잃는다. FA 외부 영입 대신 육성을 택한 프런트도 함께 십자포화를 맞는다.

강재민 투수 55

신장 180cm 체중 86kg 생일 1997-04-03

투타 우투우타 지명 20 한화 2차 4라운드 38순위

연봉 2,700-7,900-15,000

학교 양덕초-마산중-용마고-단국대

순위기록

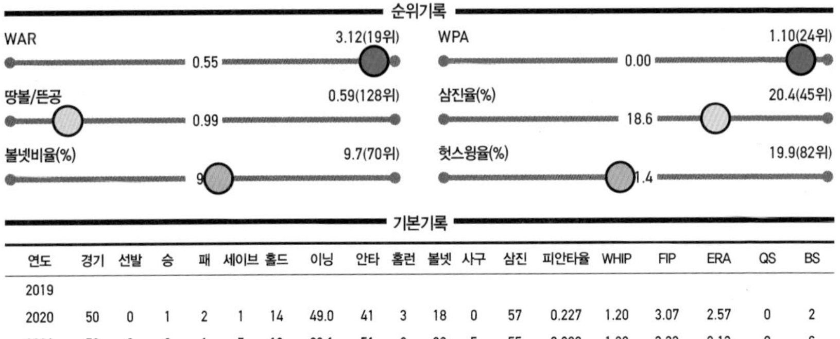

기본기록

연도	경기	선발	승	패	세이브	홀드	이닝	안타	홈런	볼넷	사구	삼진	피안타율	WHIP	FIP	ERA	QS	BS
2019																		
2020	50	0	1	2	1	14	49.0	41	3	18	0	57	0.227	1.20	3.07	2.57	0	2
2021	58	0	2	1	5	13	63.1	51	2	26	5	55	0.220	1.22	3.33	2.13	0	6
통산	108	0	3	3	6	27	112.1	92	5	44	5	112	0.223	1.21	3.22	2.32	0	8

상황별 기록

상황	안타	2루타	3루타	홈런	볼넷	사구	삼진	폭투	보크	피안타율
전반기	28	7	0	0	17	3	38	1	1	0.182
후반기	23	6	0	2	9	2	17	0	0	0.295
vs 좌	24	7	0	1	13	1	24	1	0	0.224
vs 우	27	6	0	1	13	4	31	0	1	0.216
주자없음	27	6	0	0	11	0	27	0	0	0.239
주자있음	24	7	0	2	15	5	28	1	1	0.202
득점권	10	4	0	1	9	3	20	1	0	0.135
만루	1	0	0	0	1	1	3	0	0	0.111

구종별 기록

구종	평균구속	순위	백분율	구사율(%)	피안타율
포심	140	194	64%	51.3%	0.229
투심/싱커	136	103	76.3%	0.3%	0.000
슬라이더/커터	125	249	86.8%	46%	0.213
커브	120	82	33.5%	2.3%	0.000
체인지업	-	-	-	-	-
포크볼	-	-	-	-	-
너클볼/기타	-	-	-	-	-

존별 기록

VS 우타

- 0/0	- 0/0	0.500 1/2	0.000 0/1	- 0/0
0.333 1/3	0.571 4/7	0.125 1/8	0.111 1/9	0.000 0/2
0.267 4/15	0.273 3/11	0.143 2/14	0.300 3/10	- 0/0
0.000 0/9	0.214 3/14	0.273 3/11	1.000 1/1	0.000 0/1
0.000 0/3	0.000 0/1	0.000 0/3	- 0/0	- 0/0

VS 좌타

0.000 0/1	0.250 1/4	0.200 1/5	0.000 0/4	0.000 0/1
0.000 0/3	0.000 0/3	0.500 3/6	0.500 4/8	0.333 1/3
0.250 1/4	0.143 2/14	0.091 1/11	0.222 2/9	0.000 0/2
0.167 1/6	0.500 2/4	0.500 3/6	0.400 2/5	- 0/0
0.000 0/1	0.000 0/3	0.000 0/3	0.000 0/1	- 0/0

투수 시점

● "강재민의 슬라이더는 한국 최고"라고 치켜세운 로사도 코치의 극찬을 업고 한화의 필승조로 활약하며 2년 연속 두자릿수 홀드를 달성했다. 강재민의 슬라이더 회전수는 약 3000 rpm으로 리그 구종가치 TOP 5위 안에 든다. 대졸 신인이라 해도 입단하자마자 필승조에서 프로 타자들을 상대하는 것은 힘든 일. 아쉬웠던 것은 전반기와 후반기의 차이였다. 전반기(43⅓이닝 6실점)에 비해 후반기(20이닝 10실점) 보여준 불안감이 컸다. 프로에 입단하자마자 2년 연속 50이닝 안팎을 던진 피로 여파다. 시즌 승계주자 실점율(0.361)도 2020년(0.114)보다 늘었다. 그래서 겨울 동안 기복 없이 한 시즌을 보낼 수 있도록 밸런스를 잡는데 많은 시간을 보냈다. 지난해 맛만 봤던 투심도 더욱 갈고 닦았다. 강재민이 2022년 뒷문을 안정적으로 지킨다면 한화의 마무리는 전쟁터가 될 수도 있다. 도쿄행 비행기에는 오르지 못했지만 항저우는 가고 싶은 강재민이기에 동기부여까지 완벽하다.

김민우 투수 53

신장 189cm 체중 105kg 생일 1995-07-25	
투타 우투우타 지명 15 한화 2차 1라운드 1순위	
연봉 4,200-9,000-19,100	
학교 사파초-마산중-용마고	

순위기록

항목	기록	리그 평균
WAR	2.93(25위)	0.55
WPA	0.39(52위)	0.00
땅볼/뜬공	1.13(52위)	0.99
삼진율(%)	18.9(59위)	18.6
볼넷비율(%)	11.5(98위)	9.9
헛스윙율(%)	21.4(63위)	21.4

기본기록

연도	경기	선발	승	패	세이브	홀드	이닝	안타	홈런	볼넷	사구	삼진	피안타율	WHIP	FIP	ERA	QS	BS
2019	16	12	2	7	0	0	68.0	80	6	30	6	46	0.292	1.62	4.79	6.75	3	0
2020	26	25	5	10	0	0	132.2	121	15	72	7	124	0.240	1.45	4.87	4.34	5	0
2021	29	28	14	10	0	0	155.1	131	15	76	7	125	0.230	1.33	4.56	4.00	11	0
통산	139	98	27	42	0	0	542.1	573	63	271	41	430	0.272	1.56	5.15	5.43	26	0

상황별 기록

상황	안타	2루타	3루타	홈런	볼넷	사구	삼진	폭투	보크	피안타율
전반기	67	15	0	12	41	4	79	1	0	0.208
후반기	64	8	1	3	35	3	46	4	1	0.259
vs 좌	72	10	1	5	45	1	60	1	0	0.238
vs 우	59	13	0	10	31	6	65	4	1	0.222
주자없음	74	10	1	9	41	1	73	0	0	0.218
주자있음	57	13	0	6	35	6	52	5	1	0.249
득점권	30	6	0	4	21	3	31	2	0	0.229
만루	0	0	0	0	2	0	5	0	0	0.000

구종별 기록

구종	평균구속	순위	백분율	구사율(%)	피안타율
포심	140	195	64.4%	45.4%	0.245
투심/싱커	-	-	-	-	-
슬라이더/커터	128	207	72.1%	7.5%	0.196
커브	113	215	87.8%	13.8%	0.274
체인지업	-	-	-	-	-
포크볼	132	52	38.5%	33.2%	0.209
너클볼/기타	-	-	-	-	-

존별 기록

VS 우타

0.500 2/4	0.000 0/5	0.231 3/13	0.182 2/11	0.000 0/1
0.125 1/8	0.400 4/10	0.440 11/25	0.083 1/12	0.000 0/5
0.250 2/8	0.333 8/24	0.231 6/26	0.250 3/12	0.333 1/3
0.200 2/10	0.176 3/17	0.172 5/29	0.182 2/11	0.000 0/3
0.000 0/3	0.083 1/12	0.083 1/12	0.500 1/2	- 0/0

VS 좌타

0.000 0/1	0.750 3/4	0.300 3/10	0.000 0/2	0.000 0/1
1.000 1/1	0.333 6/18	0.278 10/36	0.182 4/22	0.333 1/3
0.167 1/6	0.400 8/20	0.233 7/30	0.214 6/28	0.000 0/8
0.667 2/3	0.231 3/13	0.238 5/21	0.345 10/29	0.000 0/6
0.000 0/2	0.000 0/8	0.118 2/17	0.000 0/11	0.000 0/3

투수 시점

● 2015년 안영명 이후 6년 만의 한화 국내투수 선발 10승, 전업 선발투수로만 치면 2011년 류현진 이후 10년 만의 10승을 달성했다. 시즌 14승은 2010년 류현진(16승) 이후 한화 투수 최다승 기록이기도 했다. 빠른 직구와 뚝 떨어지는 포크볼이 위력적인 투수로, 그동안 알을 깨지 못 한 가장 큰 문제는 투구 기복이었다. 부상도 많아 2015년 입단 후 2019년까지 한 번도 100이닝을 넘기지 못했다. 2021년에는 로사도 코치 지도 아래 봉인해뒀던 슬라이더까지 꺼내며 구종을 늘렸고, 개인 최다승, 최다 이닝의 화려한 시즌을 보내며 대표팀까지 발탁됐다. 주무기로 포크볼, 커브를 던지는 만큼 위아래가 넓어지는 새 스트라이크존의 수혜를 받을 것으로 예상된다. 본인은 스프링캠프 첫 라이브피칭에서 슬라이더를 많이 던지며 구종 선택폭을 더 넓히고 싶은 마음을 드러내기도 했다. 2020년 말 결혼한 그는 2022년 아이가 태어날 예정인 만큼 '분유 파워'까지 기대해봐도 좋다.

정우람 투수 57

신장 181cm **체중** 82kg **생일** 1985-06-01

투타 좌투좌타 **지명** 04 SK 2차 2라운드 11순위

연봉 80,000-80,000-80,000

학교 하단초-대동중-부경고

순위기록

항목	기록	평균
WAR	-0.30(269위)	0.55
WPA	-1.27(288위)	0.00
땅볼/뜬공	0.57(134위)	0.99
삼진율(%)	16.1(98위)	18.6
볼넷비율(%)	10.1(76위)	
헛스윙율(%)	19.5(91위)	21.4

기본기록

연도	경기	선발	승	패	세이브	홀드	이닝	안타	홈런	볼넷	사구	삼진	피안타율	WHIP	FIP	ERA	QS	BS
2019	57	0	4	3	26	0	58.1	57	4	16	1	48	0.261	1.25	3.32	1.54	0	4
2020	50	0	3	5	16	0	54.1	58	4	12	5	53	0.283	1.29	3.45	4.80	0	3
2021	50	0	1	4	15	1	44.2	47	5	20	5	32	0.280	1.50	4.90	5.64	0	5
통산	929	0	64	45	196	130	918.2	745	66	337	43	887	0.226	1.18	3.47	3.09	0	44

상황별 기록

상황	안타	2루타	3루타	홈런	볼넷	사구	삼진	폭투	보크	피안타율
전반기	20	1	0	3	14	4	20	0	0	0.217
후반기	27	4	0	2	6	1	12	0	0	0.355
vs 좌	27	4	0	0	8	4	16	0	0	0.290
vs 우	20	1	0	5	12	1	16	0	0	0.267
주자없음	21	2	0	2	9	4	16	0	0	0.231
주자있음	26	3	0	3	11	1	16	0	0	0.338
득점권	15	1	0	2	8	0	9	0	0	0.349
만루	2	0	0	1	0	0	5	0	0	0.286

구종별 기록

구종	평균구속	순위	백분율	구사율(%)	피안타율
포심	137	264	87.1%	54.6%	0.238
투심/싱커	130	129	95.6%	3.9%	0.500
슬라이더/커터	125	258	89.9%	12%	0.333
커브	114	198	80.8%	0.6%	1.000
체인지업	121	197	94.3%	28.9%	0.295
포크볼	-	-	-	-	-
너클볼/기타	-	-	-	-	-

존별 기록

VS 우타

0.000 0/2	0.500 1/2	0.000 0/4	0.000 0/1	- 0/0
0.250 2/8	0.800 4/5	0.364 4/11	0.167 1/6	0.000 0/1
0.143 1/7	0.200 1/5	0.500 1/2	0.000 0/5	- 0/0
0.667 2/3	0.200 1/5	0.400 2/5	- 0/0	- 0/0
- 0/0	0.000 0/2	- 0/0	0.000 0/1	- 0/0

VS 좌타

- 0/0	0.000 0/5	0.250 1/4	0.000 0/2	- 0/0
- 0/0	0.000 0/5	0.417 5/12	0.375 3/8	0.000 0/1
- 0/0	0.500 3/6	0.143 1/7	0.267 4/15	0.500 2/4
1.000 1/1	0.333 1/3	0.286 2/7	0.375 3/8	- 0/0
- 0/0	- 0/0	0.000 0/2	0.333 1/3	- 0/0

투수 시점

● 한화의 수호신 자리를 지켜라. 2022년 정우람이 안고 있는 과제다. 2021년 정우람은 9이닝당 탈삼진(6.45), 9이닝당 볼넷(4.03)이 모두 최근 5년 사이 가장 좋지 않았다. 특히 득점권 피안타율 0.349는 뒷문을 지켜야 하는 마무리투수에게 치명타. 10월에는 결국 팀이 불펜 재배치를 하면서 5년 만에 홀드를 기록하기도 했다. 구단은 계속해서 "우리 마무리는 정우람"이라고 믿음을 주면서도 현실적으로 '포스트 정우람'을 조금씩 준비 중이다.

정우람 직구의 평균 구속도 2017년 이후 5년 연속 꾸준히 하락세다. 그러나 구속과는 별개로 지금까지 빠른 투구 템포, 효과 큰 체인지업, 칼 같은 제구력을 앞세워 타자들을 돌려세우던 정우람이다. 여기에 2020년부터 슬라이더 비중을 두 자릿수 대로 끌어올리며 나름대로 전성기 이후 살길에 대비하고 있다. 정우람이 다시 이를 악물고 '디펜딩 수호신'에 도전한다. 리빌딩 중인 한화에서는 '걸어다니는 교보재'기도 하다.

카펜터 투수 22

신장 196cm **체중** 104kg **생일** 1990-08-22

투타 좌투좌타 **지명** 21 한화 자유선발

연봉 $300,000-$350,000

학교 Gonzaga(대)

순위기록

WAR 0.55 — 2.01(37위)

WPA 0.00 — 0.53(42위)

땅볼/뜬공 0.99 — 1.05(60위)

삼진율(%) 18.6 — 24.0(17위)

볼넷비율(%) 9 — 9.7(69위)

헛스윙율(%) 21.4 — 24.6(33위)

기본기록

연도	경기	선발	승	패	세이브	홀드	이닝	안타	홈런	볼넷	사구	삼진	피안타율	WHIP	FIP	ERA	QS	BS
2019	0	0	0	0	0	0	0.0	0	0	0	0	0	-	-	-	-	0	0
2020	0	0	0	0	0	0	0.0	0	0	0	0	0	-	-	-	-	0	0
2021	31	30	5	12	0	0	170.0	150	16	72	19	179	0.234	1.31	4.06	3.97	12	0
통산	31	30	5	12	0	0	170.0	150	16	72	19	179	0.234	1.31	4.06	3.97	12	0

상황별 기록

상황	안타	2루타	3루타	홈런	볼넷	사구	삼진	폭투	보크	피안타율
전반기	75	11	1	11	44	7	92	3	0	0.225
후반기	75	10	2	5	28	12	87	4	1	0.244
vs 좌	61	6	0	4	27	6	65	4	1	0.238
vs 우	89	15	3	12	45	13	114	3	0	0.231
주자없음	81	10	2	7	36	9	107	1	0	0.221
주자있음	69	11	1	9	36	10	72	6	1	0.251
득점권	36	6	1	6	26	6	46	0	0	0.243
만루	4	2	0	1	4	1	5	0	0	0.211

구종별 기록

구종	평균구속	순위	백분율	구사율(%)	피안타율
포심	144	74	24.4%	42.9%	0.262
투심/싱커	-	-	-	-	-
슬라이더/커터	131	126	43.9%	33.6%	0.204
커브	121	57	23.3%	8.3%	0.156
체인지업	131	62	29.7%	15.1%	0.295
포크볼	-	-	-	-	-
너클볼/기타	-	-	-	-	-

존별 기록

VS 우타

0.167 1/6	0.400 4/10	0.158 3/19	0.000 0/7	- 0/0
0.583 7/12	0.400 8/20	0.222 8/36	0.087 2/23	0.000 0/7
0.500 6/12	0.300 9/30	0.393 11/28	0.231 6/26	0.125 1/8
0.429 3/7	0.053 1/19	0.343 12/35	0.160 4/25	0.100 1/10
- 0/0	0.000 0/5	0.077 1/13	0.063 1/16	0.000 0/12

VS 좌타

0.000 0/1	0.222 2/9	0.286 2/7	0.000 0/2	- 0/0
0.400 2/5	0.267 4/15	0.360 9/25	0.238 5/21	0.333 1/3
0.333 1/3	0.333 1/3	0.400 10/25	0.161 5/31	0.286 2/7
- 0/0	0.333 3/9	0.471 8/17	0.103 3/29	0.333 2/6
- 0/0	- 0/0	0.000 0/5	0.000 0/20	0.077 1/13

투수 시점

● 롯데 스트레일리와 함께 2021년 리그 최다패. 양호한 3점대 평균자책점에도 '패배 악령'이 따라다녔다. 4번의 퀄리티스타트 플러스 중 2번만 승리를 챙겼다. 15점 지원을 얻은 날 불펜이 날린 악몽도 있었다. 다만 투구 기복도 컸다. 31번의 등판 중 3경기 이상 연속 퀄리티스타트 기록이 8월 단 1번 뿐이다. 직구 평균구속이 빠른 편이고 주무기인 슬라이더 각도 예리하다. 2021년 탈삼진이 리그 최다 2위, 9이닝당 탈삼진(9.48개)은 3위였다. 루킹 스트라이크 비율(20.1%)도 2위였다. 반대로 볼넷도 많아 탈삼진/볼넷 비율(2.49)은 규정이닝 19명 중 중간(9위)에 그쳤다. 이같은 기복에도 30번의 선발등판 중 5이닝을 채우지 못한 것은 5번 뿐이다. 170이닝은 팀내 이닝 소화 1위였다. 어떻게든 5이닝을 채워주는 선발의 기본 역할을 잘 알고 있어 한화는 최다패 투수와 재계약을 단행했다. 2년차에는 더욱 안정된 피칭으로 리그 탈삼진왕을 노린다.

킹험 투수 20

신장 196cm **체중** 106kg **생일** 1991-11-08

투타 우투우타 **지명** 20 SK 자유선발

연봉 $500,000-$250,000-$700,000

학교 Sierra Vista(고)

순위기록

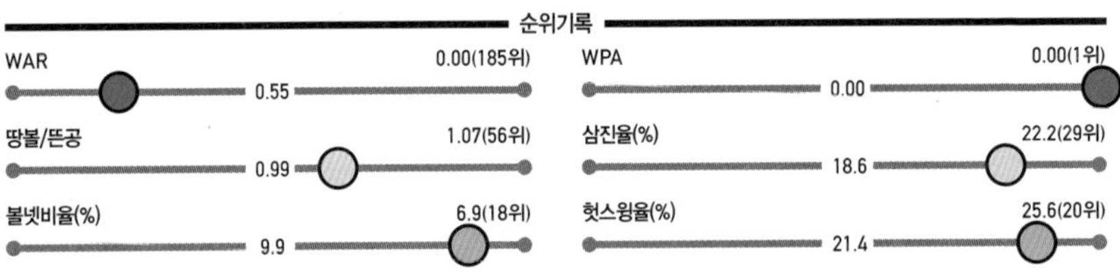

기본기록

연도	경기	선발	승	패	세이브	홀드	이닝	안타	홈런	볼넷	사구	삼진	피안타율	WHIP	FIP	ERA	QS	BS
2019	0	0	0	0	0	0	0.0	0	0	0	0	0	-	-	-	-	0	0
2020	2	2	0	2	0	0	10.2	16	1	4	0	6	0.340	1.88	-	6.75	1	0
2021	25	25	10	8	0	0	144.0	117	11	41	5	131	0.219	1.10	-	3.19	15	0
통산	27	27	10	10	0	0	154.2	133	12	45	5	137	0.229	1.15	-	3.43	16	0

상황별 기록

상황	안타	2루타	3루타	홈런	볼넷	사구	삼진	폭투	보크	피안타율
전반기	45	11	0	6	19	2	48	2	1	0.211
후반기	72	11	0	5	22	3	83	2	1	0.224
vs 좌	64	9	0	7	23	2	61	1	2	0.248
vs 우	53	13	0	4	18	3	70	3	0	0.191
주자없음	71	16	0	6	20	2	74	0	0	0.218
주자있음	46	6	0	5	21	3	57	4	2	0.220
득점권	25	2	0	3	16	1	37	1	1	0.198
만루	2	0	0	1	0	0	3	1	0	0.182

구종별 기록

구종	평균구속	순위	백분율	구사율(%)	피안타율
포심	143	97	32%	45.3%	0.259
투심/싱커	141	60	44.4%	2.3%	0.286
슬라이더/커터	132	100	34.8%	11.4%	0.171
커브	125	20	8.2%	18.7%	0.142
체인지업	132	30	14.4%	22.4%	0.235
포크볼	-	-	-	-	-
너클볼/기타	-	-	-	-	-

존별 기록

VS 우타

0.000 0/2	0.000 0/7	0.000 0/5	0.200 1/5	0.000 0/3
0.250 1/4	0.167 2/12	0.333 8/24	0.278 5/18	0.333 2/6
0.308 4/13	0.200 5/25	0.214 3/14	0.105 2/19	0.000 0/2
0.278 5/18	0.182 4/22	0.333 6/18	0.182 2/11	0.000 0/2
0.000 0/20	0.143 2/14	0.091 1/11	0.000 0/2	- 0/0

VS 좌타

0.000 0/2	0.333 2/6	0.429 3/7	0.000 0/6	0.000 0/1
0.333 2/6	0.000 0/5	0.500 8/16	0.500 7/14	0.000 0/8
0.400 2/5	0.375 6/16	0.353 6/17	0.200 4/20	0.455 5/11
0.000 0/4	0.273 3/11	0.154 4/26	0.348 8/23	0.167 1/6
0.000 0/11	0.167 2/12	0.000 0/13	0.000 0/7	0.200 1/5

투수 시점

● 이름에 점 하나 찍고 돌아와 달라졌다. 2020년 킹엄으로 입단한 SK에서는 2경기 등판 만에 팔꿈치 통증으로 퇴출됐던 반면 수술 후 입단한 한화에서 규정 이닝, 두 자릿수 승리를 채웠다. 10승, 평균자책점 3점대 동시 달성은 한화 소속 외국인 투수로서는 처음이다. 부상 공백은 여전히 아쉬웠다. 5월 광배근 부상에 근육 미세 좌상까지 겹쳐 한 달 넘게 자리를 비웠다. 기본적으로 140km 중반의 직구에 체인지업, 커브 등 각 큰 변화구 구사 비율이 높아 구단 내부에서는 커지는 스트라이크존의 수혜를 입을 것으로 기대하고 있다. 지난해 퀄리티스타트 경기 평균자책점(15경기 1.33)과 아닌 경기 평균자책점(10경기 6.90)에 많은 차이가 있었다. 한화 수비가 말썽을 부리기도 했지만 컨디션이 좋지 않은 날도 실점을 줄이는 노하우가 필요하다. 한화의 낮은 공격력, 수비력을 안고 10승을 거둔 실력은 입증됐다. 2022년에는 부상자 명단에 최대한 이름을 올리지 않는 것이 목표다.

노수광 외야수 17

신장 180cm **체중** 80kg **생일** 1990-08-06

투타 우투좌타 **지명** 13 한화 육성선수

연봉 21,000-17,300-12,840

학교 유천초-청주중-청주고-건국대

순위기록

WAR 0.30(116위) — 0.54

WPA -0.64(351위) — 0.00

볼넷/삼진 0.37(119위) — 0.58

삼진율(%) 25.6(127위) — 18.2

뜬공/땅볼 0.97(89위) — 1.03

컨택성공률(%) 71.2(132위) — 78.7

기본기록

연도	경기	타석	타수	안타	2루타	3루타	홈런	타점	득점	볼넷	사구	삼진	도루	도루자	타율	출루율	장타율	OPS
2019	117	445	388	97	16	1	2	28	69	46	2	68	27	10	0.250	0.333	0.312	0.645
2020	100	330	291	73	10	3	1	21	39	34	2	64	11	7	0.251	0.332	0.316	0.648
2021	52	180	160	37	7	0	3	14	21	17	1	46	13	1	0.231	0.309	0.331	0.640
통산	623	2221	1956	542	77	17	24	186	339	192	28	402	104	33	0.277	0.349	0.371	0.720

상황별 기록

상황	타석	홈런	볼넷	삼진	타율	출루율	장타율	OPS
전반기	119	1	12	34	0.183	0.274	0.240	0.514
후반기	61	2	5	12	0.321	0.377	0.500	0.877
vs 좌	41	0	4	10	0.270	0.341	0.297	0.638
vs 우	119	3	13	29	0.221	0.308	0.346	0.654
주자있음	78	0	8	18	0.250	0.329	0.338	0.667
주자없음	102	3	9	28	0.217	0.294	0.326	0.620
득점권	47	0	5	11	0.225	0.311	0.325	0.636
노아웃	59	1	5	10	0.216	0.298	0.333	0.631
원아웃	67	1	9	21	0.310	0.403	0.431	0.834
투아웃	54	1	3	15	0.157	0.204	0.216	0.420

팀별 기록

구분	타석	홈런	볼넷	삼진	타율	출루율	장타율	OPS
KIA	15	1	2	2	0.167	0.333	0.417	0.750
KT	18	0	1	4	0.059	0.111	0.059	0.170
LG	25	0	2	5	0.261	0.320	0.304	0.624
NC	24	0	2	6	0.318	0.375	0.364	0.739
SSG	19	1	3	6	0.200	0.333	0.400	0.733
두산	8	0	0	1	0.250	0.250	0.250	0.500
롯데	42	0	7	10	0.324	0.439	0.412	0.851
삼성	16	0	0	8	0.250	0.250	0.375	0.625
키움	13	1	0	4	0.077	0.077	0.308	0.385

존별 기록

VS 좌투

- 0/0	0.000 0/1	- 0/0	- 0/0	- 0/0
1.000 1/1	0.000 0/2	0.667 2/3	1.000 1/1	0.000 0/2
- 0/0	0.000 0/1	0.333 1/3	0.429 3/7	0.000 0/1
- 0/0	0.000 0/1	0.667 2/3	0.000 0/4	0.000 0/3
- 0/0	- 0/0	0.000 0/1	0.000 0/3	- 0/0

VS 우투

- 0/0	0.000 0/2	0.000 0/1	0.000 0/1	- 0/0
0.000 0/1	0.000 0/1	0.143 1/7	0.385 5/13	0.000 0/1
0.000 0/2	0.333 2/6	0.300 3/10	0.250 5/20	0.667 2/3
- 0/0	0.111 1/9	0.231 3/13	0.000 0/6	0.333 1/3
0.000 0/2	0.000 0/1	0.000 0/1	0.000 0/1	- 0/0

투수 시점

● 고난의 2021년이었다. 주장을 맡아 팀을 이끌어야 하는 위치에 있었으나 복사근 손상으로 개막 엔트리에 들지 못했고 4월말 복귀 후에는 낮은 타율로 속을 썩이다 100타석을 겨우 넘기고 말소됐다. 시즌 100경기 출장에 실패한 것은 2016년 후 처음. 결국 6월 주장직도 하주석에게 넘겼다. 2016년부터 6년 연속 두자릿수 도루 기록은 이어가며 이름값을 했으나 기본적으로 출루율이 너무 낮았다. 테이블세터를 맡을 예정이었으나 하위타순에 더 많이 배치됐다. 워싱턴 타격코치와 선수들의 궁합도를 논하자면 노수광은 맞지 않는 쪽이었다. 2022년에는 '노토바이'의 재기가 중요하다. 터크먼과 김태연이 외야를 채우면서 이제 외야엔 단 한자리만 남았다. 2년차 수베로 감독은 이제 누구든 100타석의 기회를 줄 여유가 없다. 노수광이 연차도 주장직도 아닌 실력으로 출장 기회를 잡아야 한다. 우투수 상대 약점을 극복해야 하고 나빠진 '볼삼 비율(2.71)'도 해답을 찾아야 한다.

노시환 내야수 8

신장 185cm **체중** 96kg **생일** 2000-12-03

투타 우투우타 **지명** 19 한화 2차 1라운드 3순위

연봉 3,300-6,000-12,000

학교 수영초-경남중-경남고

순위기록

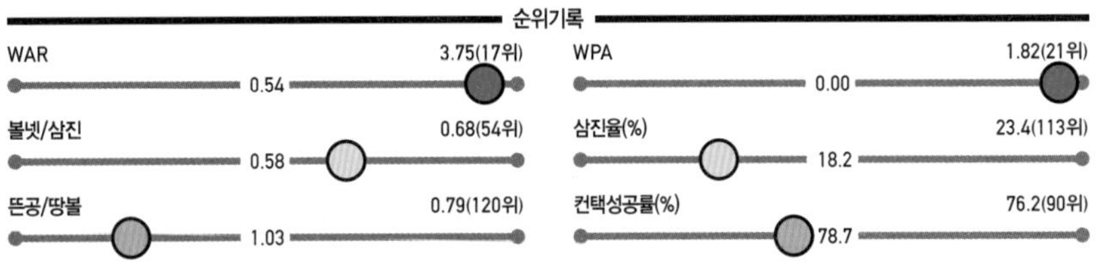

기본기록

연도	경기	타석	타수	안타	2루타	3루타	홈런	타점	득점	볼넷	사구	삼진	도루	도루자	타율	출루율	장타율	OPS
2019	91	192	177	33	8	1	1	13	19	11	2	72	2	2	0.186	0.241	0.260	0.501
2020	106	387	346	76	18	2	12	43	46	33	6	116	0	1	0.220	0.298	0.387	0.685
2021	107	458	380	103	18	1	18	84	56	73	1	107	5	2	0.271	0.386	0.466	0.852
통산	304	1037	903	212	44	4	31	140	121	117	9	295	7	5	0.235	0.327	0.395	0.722

상황별 기록

상황	타석	홈런	볼넷	삼진	타율	출루율	장타율	OPS
전반기	321	13	45	82	0.263	0.364	0.442	0.806
후반기	137	5	28	25	0.292	0.438	0.528	0.966
vs 좌	85	4	13	17	0.286	0.388	0.514	0.902
vs 우	307	12	51	77	0.253	0.378	0.458	0.836
주자있음	249	9	44	54	0.320	0.438	0.515	0.953
주자없음	209	9	29	53	0.217	0.325	0.411	0.736
득점권	167	7	33	32	0.341	0.467	0.574	1.041
노아웃	158	6	19	37	0.243	0.335	0.426	0.761
원아웃	135	5	25	30	0.333	0.452	0.537	0.989
투아웃	165	7	29	40	0.250	0.382	0.449	0.831

팀별 기록

구분	타석	홈런	볼넷	삼진	타율	출루율	장타율	OPS
KIA	56	0	11	12	0.140	0.321	0.163	0.484
KT	56	2	6	22	0.160	0.250	0.300	0.550
LG	47	2	7	11	0.308	0.404	0.590	0.994
NC	43	4	6	11	0.216	0.326	0.568	0.894
SSG	65	1	11	12	0.245	0.369	0.377	0.746
두산	49	4	7	12	0.500	0.571	0.833	1.404
롯데	46	1	8	9	0.316	0.435	0.421	0.856
삼성	45	1	6	9	0.282	0.378	0.385	0.763
키움	51	3	11	9	0.308	0.451	0.641	1.092

존별 기록

VS 좌투

0.000 0/1	0.000 0/1	0.667 2/3	- 0/0	- 0/0
1.000 2/2	0.000 0/2	0.333 1/3	0.000 0/1	0.000 0/1
0.667 2/3	0.200 1/5	0.222 2/9	0.000 0/4	0.000 0/1
0.000 0/1	0.364 4/11	0.500 5/10	0.000 0/3	- 0/0
- 0/0	0.000 0/1	0.000 0/5	0.500 1/2	0.000 0/1

VS 우투

- 0/0	0.333 1/3	0.444 4/9	0.333 1/3	0.000 0/2
0.000 0/1	0.182 2/11	0.267 4/15	0.375 3/8	0.143 1/7
0.429 3/7	0.409 9/22	0.360 9/25	0.250 6/24	0.333 1/3
0.000 0/8	0.174 4/23	0.262 11/42	0.167 1/6	0.000 0/4
0.000 0/10	0.222 2/9	0.250 2/8	0.000 0/2	- 0/0

투수 시점

● 흉골 미세골절(8월)과 발등 골절상(10월)에도 데뷔 후 첫 규정타석 진입에 성공한 2021년이었다. 그동안 꾸준히 약점으로 제기됐던 정확도와 볼삼비율에서 큰 성장을 보였다. 107경기만 나가고도 볼넷이 리그 최다 9위였다는 점에서 단점을 잘 지웠다. 타구속도도 리그 정상급이다. 자신만의 스트라이크존을 그리며 칠 수 있는 공을 강하게 치는 훈련의 효과를 봤다. 주축 3루수를 맡고 있지만 수비력은 아직 불안하다. 2021년 리그 3루수 최다 실책(20개)을 기록했다. 데뷔 후 첫 억대연봉자로도 올라선 만큼 안정감 있는 수비력을 보여줘야 한다. 고등학교 때부터 화제가 됐던 파워 하나 만큼은 은퇴한 김태균을 능가할 수 있다는 기대를 받고 있는 게 어느덧 4년째로 접어든다. 올해는 20홈런 100타점을 목표로 한다. 항저우 아시안게임 출전을 꿈꾸며 살을 많이 빼고 스프링캠프에 참가했다. 장점인 파워에 보완점인 정교성을 잘 섞는다면 한화의 10년을 책임질 중심타자이다.

정은원 내야수 43

신장	177cm **체중** 78kg **생일** 2000-01-17
투타	우투좌타 **지명** 18 한화 2차 3라운드 24순위
연봉	12.000-12.000-19.080
학교	상인천초-상인천중-인천고

순위기록

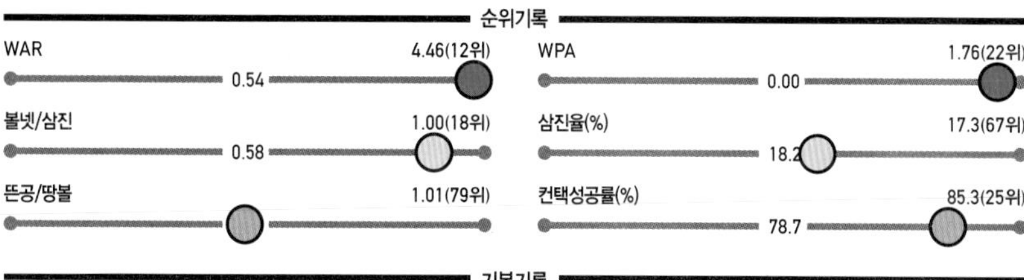

기본기록

연도	경기	타석	타수	안타	2루타	3루타	홈런	타점	득점	볼넷	사구	삼진	도루	도루자	타율	출루율	장타율	OPS
2019	142	624	564	148	27	6	8	57	83	48	0	101	14	7	0.262	0.317	0.374	0.691
2020	79	303	254	63	9	2	3	29	28	41	5	41	1	1	0.248	0.362	0.335	0.697
2021	139	608	495	140	22	5	6	39	85	105	1	105	19	11	0.283	0.407	0.384	0.791
통산	458	1762	1514	401	63	16	21	145	229	216	7	297	39	20	0.265	0.357	0.369	0.726

상황별 기록

상황	타석	홈런	볼넷	삼진	타율	출루율	장타율	OPS
전반기	348	4	65	57	0.302	0.434	0.431	0.865
후반기	260	2	40	48	0.257	0.372	0.322	0.694
vs 좌	145	0	28	31	0.292	0.437	0.389	0.826
vs 우	393	6	66	59	0.282	0.401	0.393	0.794
주자있음	191	1	36	33	0.297	0.428	0.392	0.820
주자없음	417	5	69	72	0.277	0.398	0.380	0.778
득점권	103	0	22	25	0.312	0.451	0.416	0.867
노아웃	294	5	53	45	0.305	0.431	0.398	0.829
원아웃	158	1	31	24	0.280	0.418	0.408	0.826
투아웃	156	0	21	36	0.246	0.353	0.336	0.689

존별 기록

VS 좌투

0.000 0/1	0.250 1/4	0.333 1/3	0.200 1/5	- 0/0
0.000 0/2	0.500 3/6	0.364 4/11	0.600 3/5	0.000 0/1
0.000 0/3	0.625 5/8	0.467 7/15	0.375 3/8	- 0/0
0.000 0/1	0.333 1/3	0.400 4/10	0.000 0/10	0.000 0/2
- 0/0	0.000 0/2	0.000 0/7	0.000 0/5	0.000 0/1

VS 우투

0.000 0/2	0.000 0/4	0.333 2/6	0.500 1/2	- 0/0
0.200 1/5	0.333 6/18	0.393 11/28	0.261 6/23	0.167 1/6
0.143 1/7	0.308 8/26	0.381 8/21	0.293 12/41	0.143 1/7
0.250 1/4	0.524 11/21	0.324 11/34	0.240 6/25	0.400 2/5
0.000 0/3	0.077 1/13	0.071 1/14	0.000 0/5	0.000 0/3

투수 시점

팀별 기록

구분	타석	홈런	볼넷	삼진	타율	출루율	장타율	OPS
KIA	75	1	14	17	0.310	0.432	0.397	0.829
KT	71	1	12	10	0.271	0.394	0.356	0.750
LG	55	0	8	8	0.444	0.537	0.600	1.137
NC	63	0	8	9	0.182	0.286	0.273	0.559
SSG	69	1	16	8	0.314	0.478	0.431	0.909
두산	67	0	10	19	0.304	0.403	0.393	0.796
롯데	68	2	15	10	0.340	0.485	0.453	0.938
삼성	66	1	10	11	0.179	0.303	0.321	0.624
키움	74	0	12	13	0.242	0.365	0.290	0.655

2루수 골든글러브 주인공. 2018년 KBO 최초 2000년대생 홈런을 기록했던 정은원은 KBO 2000년대생 첫 황금장갑까지 가져왔다. 리그 최연소 100볼넷 · 리그 최초 1번타자 100볼넷 등 '눈야구'에서 괄목할 만한 성장을 보인 것이 많은 주목을 받았다. 공을 골라 출루하고 필요할 때는 칠 줄 아는 무서운 1번타자가 됐다. 다만 지구력은 아직 극복하지 못 했다. 후반기 타율이 전반기에 비해 5푼 가까이 떨어진다. 전반기(79경기 6개)보다 후반기(60경기 7개) 실책도 늘었다. 이제 몸이 덜 만들어졌다고 말하는 것은 핑계가 된 5년차다. 특히 어린 선수들이 많은 한화에서는 중고참급에 들어간다. 정은원의 공수 책임감과 부담도 더 커졌다. 2022년에도 여전히 팀의 테이블 세터 역할을 맡을 예정. 스트라이크존이 넓어졌기에 2021년 장착했던 눈야구에 바로 한계가 오지 않을까 하는 우려가 보인다. 스스로는 스트라이크존에 대한 걱정보다는 적극적으로 쳐 이겨내겠다는 마음가짐이다.

최재훈 포수 13

신장 178cm **체중** 76kg **생일** 1989-08-27

투타 우투우타 **지명** 08 두산 육성선수

연봉 20,000-26,000-100,000

학교 화곡초-덕수중-덕수고-방송통신대

순위기록

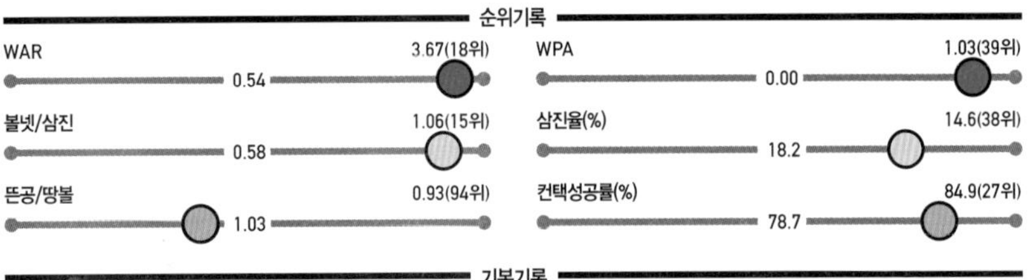

기본기록

연도	경기	타석	타수	안타	2루타	3루타	홈런	타점	득점	볼넷	사구	삼진	도루	도루자	타율	출루율	장타율	OPS
2019	135	451	373	108	18	0	3	31	47	56	14	61	3	10	0.290	0.398	0.362	0.760
2020	126	389	339	102	19	0	3	36	46	29	16	44	0	0	0.301	0.383	0.383	0.766
2021	116	467	375	103	21	0	7	44	52	72	12	68	3	2	0.275	0.405	0.387	0.792
통산	880	2430	2063	548	101	1	19	191	240	223	89	349	14	16	0.266	0.360	0.343	0.703

상황별 기록

상황	타석	홈런	볼넷	삼진	타율	출루율	장타율	OPS
전반기	243	4	39	37	0.226	0.368	0.323	0.691
후반기	224	3	33	31	0.328	0.444	0.456	0.900
vs 좌	99	3	15	14	0.241	0.378	0.380	0.758
vs 우	310	3	47	50	0.265	0.388	0.368	0.756
주자있음	217	2	31	27	0.298	0.420	0.368	0.788
주자없음	250	5	41	41	0.255	0.392	0.402	0.794
득점권	104	2	24	11	0.275	0.475	0.420	0.895
노아웃	168	2	28	20	0.264	0.417	0.341	0.758
원아웃	170	1	25	37	0.252	0.371	0.353	0.724
투아웃	129	4	19	11	0.318	0.434	0.486	0.920

팀별 기록

구분	타석	홈런	볼넷	삼진	타율	출루율	장타율	OPS
KIA	65	1	10	5	0.260	0.415	0.360	0.775
KT	51	0	7	14	0.220	0.360	0.268	0.628
LG	40	1	4	7	0.194	0.275	0.306	0.581
NC	44	1	4	6	0.263	0.349	0.395	0.744
SSG	59	1	10	12	0.267	0.424	0.422	0.846
두산	55	2	13	7	0.275	0.455	0.475	0.930
롯데	48	1	9	7	0.361	0.500	0.500	1.000
삼성	49	0	7	5	0.317	0.417	0.366	0.783
키움	56	0	8	5	0.313	0.411	0.396	0.807

존별 기록

VS 좌투

0.000 0/2	0.000 0/4	1.000 3/3	0.000 0/1	- 0/0
0.000 0/1	0.333 2/6	0.250 1/4	0.000 0/3	0.000 0/2
0.400 2/5	0.000 0/2	0.429 3/7	0.333 3/9	0.000 0/1
0.000 0/2	0.000 0/2	0.100 1/10	0.400 2/5	0.333 1/3
0.000 0/1	0.000 0/1	0.250 1/4	0.000 0/1	- 0/0

VS 우투

0.000 0/1	- 0/0	0.000 0/6	0.143 1/7	0.500 1/2
0.000 0/2	0.222 2/9	0.440 11/25	0.250 5/20	0.000 0/1
0.125 1/8	0.318 7/22	0.300 6/20	0.241 7/29	0.125 1/8
0.333 2/6	0.263 5/19	0.364 12/33	0.222 2/9	0.000 0/2
0.125 1/8	0.000 0/6	0.600 3/5	0.000 0/4	0.000 0/1

투수 시점

● 홈런, 타점, 득점에서 커리어하이를 찍은 2021년이었다. 무엇보다 데뷔 후 처음으로 볼넷이 삼진보다 많았다. 그 결과 출루율이 처음으로 4할을 넘겼다. 수베로 감독이 발 느린 포수를 파격적으로 2번에 쓴 이유다. 시즌 후에는 5년 총액 54억 원에 도장을 찍으며 성공적인 계약을 했다. 한화의 어린 투수들을 키워내달라는 구단의 기대가 담겨 있다. 공격력으로도 평가받을 수 있지만 무엇보다 수비력이 뛰어난 포수다. 2021년 포수 수비이닝 리그 3위(842이닝)였는데 실책은 단 1개에 그쳤다. 체력안배를 위해 지명타자로 출장한 적도 있지만 포수 타율(0.286)이 지명타자 타율(0.179)보다 훨씬 높았다. 결국 한화는 최재훈의 체력을 어떻게 잘 관리하면서 그를 포수로 많이 활용할 수 있느냐가 올해 관건 중 하나다. 리빌딩에 매진하고 있는 한화는 2년차 김기중, 신인 문동주, 박준영 등이 벌써 주축 투수진으로 논의되고 있다. 이들을 이끌어야 하는 것이 온전히 최재훈의 몫이다.

하주석 내야수 16

신장 184cm **체중** 84kg **생일** 1994-02-25

투타 우투좌타 **지명** 12 한화 1라운드 1순위

연봉 14,000-13,500-20,090

학교 강남초-덕수중-신일고

순위기록

항목	중간값	기록(순위)
WAR	0.54	3.09(30위)
WPA	0.00	-1.37(387위)
볼넷/삼진	0.58	0.38(117위)
삼진율(%)	18.2	22.7(109위)
뜬공/땅볼	1.03	0.71(131위)
컨택성공률(%)	78.7	76.4(89위)

기본기록

연도	경기	타석	타수	안타	2루타	3루타	홈런	타점	득점	볼넷	사구	삼진	도루	도루자	타율	출루율	장타율	OPS
2019	5	20	19	5	2	0	0	2	3	0	0	4	0	0	0.263	0.263	0.368	0.631
2020	72	281	262	75	11	0	2	32	22	13	2	66	4	1	0.286	0.323	0.351	0.674
2021	138	594	525	143	27	3	10	68	84	51	10	135	23	6	0.272	0.346	0.392	0.738
통산	661	2486	2275	608	100	15	43	268	316	143	30	591	60	35	0.267	0.318	0.381	0.699

상황별 기록

상황	타석	홈런	볼넷	삼진	타율	출루율	장타율	OPS
전반기	324	4	31	74	0.282	0.362	0.404	0.766
후반기	270	6	20	61	0.261	0.327	0.378	0.705
vs 좌	131	0	11	29	0.252	0.333	0.313	0.646
vs 우	390	5	26	95	0.286	0.345	0.402	0.747
주자있음	316	8	23	65	0.287	0.350	0.427	0.777
주자없음	278	2	28	70	0.256	0.342	0.354	0.696
득점권	169	5	13	40	0.269	0.339	0.434	0.773
노아웃	164	1	13	33	0.285	0.340	0.361	0.701
원아웃	213	8	14	52	0.280	0.343	0.451	0.794
투아웃	217	1	24	50	0.255	0.355	0.356	0.711

팀별 기록

구분	타석	홈런	볼넷	삼진	타율	출루율	장타율	OPS
KIA	70	2	9	12	0.246	0.343	0.377	0.720
KT	60	0	1	17	0.288	0.300	0.424	0.724
LG	59	0	3	14	0.294	0.379	0.314	0.693
NC	71	2	13	13	0.327	0.464	0.491	0.955
SSG	68	1	6	10	0.288	0.382	0.424	0.806
두산	60	1	3	16	0.255	0.288	0.327	0.615
롯데	72	2	4	17	0.299	0.333	0.507	0.840
삼성	66	1	4	22	0.233	0.288	0.317	0.605
키움	68	1	8	14	0.224	0.328	0.328	0.656

존별 기록

VS 좌투

0.000 0/2	0.000 0/2	0.000 0/6	0.500 1/2	- 0/0
0.333 1/3	0.333 1/3	0.250 2/8	0.500 2/4	- 0/0
0.500 1/2	0.250 1/4	0.273 3/11	0.385 5/13	0.000 0/1
0.000 0/3	0.429 3/7	0.455 5/11	0.400 4/10	0.000 0/3
0.000 0/1	0.000 0/1	0.000 0/7	0.000 0/8	0.000 0/3

VS 우투

0.000 0/1	0.000 0/4	0.000 0/12	0.500 4/8	0.000 0/3
0.125 1/8	0.250 1/4	0.258 8/31	0.333 6/18	0.500 5/10
0.125 1/8	0.286 4/14	0.424 14/33	0.231 6/26	0.625 5/8
0.429 3/7	0.346 9/26	0.351 13/37	0.393 11/28	0.200 3/15
0.000 0/3	0.067 1/15	0.158 3/19	0.182 2/11	0.250 1/4

투수 시점

● 2018년 이후 3년 만에 규정타석을 채운 2021년이었다. 수비이닝(923⅔이닝)도 2018년 다음으로 많았다. 3년 만에 다시 찾은 건강을 입증하듯 데뷔 첫 20도루를 달성하며 공수주에서 활발하게 움직였다. 10홈런-20도루는 한화 유격수 중 최초 기록이기도 하다. 팀내 비FA 중 최고 연봉자가 됐고 2년 연속 주장으로도 선출됐다.

'볼삼 비율'은 여전히 하주석이 타석에서 불리한 싸움을 하는 이유다. 타석당 삼진(0.23개)은 리그 규정타석 타자 중 최다 7위였다. 반면 타석당 볼넷(0.09개)은 10번째로 적었다. 커지는 스트라이크존에 더 적극적으로 대책을 찾아야 할 타자 유형이다. 시즌 타율보다 낮은 득점권 타율(0.269) 등 노림수 역시 개선점이다. 2021년은 3번타자로만 출장했다. 2022년에도 중심타선에 위치할 예정이다. 중심 타순이 유력한 다른 타자들은 아직 1군 경험이 적다. 팀의 파격 수비시프트를 책임지는 것도 오롯이 주전 유격수의 몫이다.

김기중 투수 15

신장 186cm **체중** 94kg **생일** 2002-11-16 **투타** 좌투좌타 **지명** 21 한화 2차 1라운드 2순위
연봉 3,000-3,900 **학교** 부곡초-매송중-유신고

● 1라운더 신인으로 첫해 1군 경험을 착실히 쌓았다. 2022년 새로 맡은 역할은 팀의 4선발. 선발 10승이 목표다. 지난해 직구 비율이 57%에 달했다. 선발로 긴 이닝을 던지기 위해서는 다양한 변화구를 익혀야 한다. 다행히도 비시즌 캠프에서는 김광현의 슬라이더를, 팀 스프링캠프에서는 류현진의 체인지업을 직접 보며 배웠다.

기본기록

연도	경기	선발	승	패	세이브	홀드	이닝	안타	홈런	볼넷	사구	삼진	피안타율	WHIP	FIP	ERA	QS	BS
2019	0	0	0	0	0	0	0.0	0	0	0	0	0	-	-	-	-	0	0
2020	0	0	0	0	0	0	0.0	0	0	0	0	0	-	-	-	-	0	0
2021	15	12	2	4	0	0	53.2	63	4	36	4	36	0.294	1.84	5.08	4.70	1	0
통산	15	12	2	4	0	0	53.2	63	4	36	4	36	0.294	1.84	5.08	4.70	1	0

상황별 기록

상황	안타	2루타	3루타	홈런	볼넷	사구	삼진	폭투	보크	피안타율
전반기	29	5	0	2	14	2	13	0	1	0.330
후반기	34	5	1	2	22	2	23	0	1	0.270
vs 좌	29	3	1	1	12	2	18	0	0	0.330
vs 우	34	7	0	3	24	2	18	0	2	0.270
주자없음	29	2	0	1	16	2	13	0	0	0.302
주자있음	34	8	1	3	20	2	23	0	2	0.288
득점권	16	3	0	2	14	1	13	0	0	0.232
만루	1	0	0	0	3	0	3	0	0	0.143

구종별 기록

구종	평균구속	순위	백분율	구사율(%)	피안타율
포심	141	184	60.7%	57.3%	0.344
투심/싱커	-	-	-	-	-
슬라이더/커터	128	203	70.7%	23.4%	0.156
커브	117	131	53.5%	5.4%	0.200
체인지업	127	124	59.3%	13.9%	0.324
포크볼	-	-	-	-	-
너클볼/기타	-	-	-	-	-

김범수 투수 47

신장 182cm **체중** 81kg **생일** 1995-10-03 **투타** 좌투좌타 **지명** 15 한화 1차
연봉 6,500-6,500-9,680 **학교** 온양온천초-온양중-북일고

● 좌완 파이어볼러. 2021년 모두 구원(불펜데이 선발 2경기)으로 나와 70이닝을 넘겼다. 전반기보다 후반기 구위가 더 좋아졌는데 올림픽 휴식기 동안 투수코치와 중심이동을 바꾸면서 밸런스가 안정됐다. 평균 148km에 이르는 직구 비율이 61%나 되는, 타자들을 찍어누르는 투수다. 2022년 마무리 후보로도 이름을 올리고 있다.

기본기록

연도	경기	선발	승	패	세이브	홀드	이닝	안타	홈런	볼넷	사구	삼진	피안타율	WHIP	FIP	ERA	QS	BS
2019	45	16	5	9	1	1	103.0	115	15	61	10	85	0.282	1.71	5.68	5.68	2	2
2020	24	8	3	6	0	0	55.0	55	9	42	3	55	0.261	1.76	5.97	5.24	2	0
2021	56	2	4	9	1	9	70.2	68	2	42	2	70	0.253	1.56	3.54	5.22	0	5
통산	215	34	17	34	2	17	328.1	349	41	224	21	295	0.274	1.75	5.53	5.95	5	7

상황별 기록

상황	안타	2루타	3루타	홈런	볼넷	사구	삼진	폭투	보크	피안타율
전반기	51	8	2	1	30	0	43	6	0	0.285
후반기	17	3	0	1	12	2	27	2	1	0.189
vs 좌	37	5	1	0	17	0	40	5	1	0.259
vs 우	31	6	1	2	25	2	30	3	0	0.246
주자없음	32	5	2	0	20	1	39	0	0	0.239
주자있음	36	6	0	2	22	1	31	8	1	0.267
득점권	18	1	0	0	12	1	15	5	1	0.277
만루	1	0	0	0	0	0	3	2	0	0.111

구종별 기록

구종	평균구속	순위	백분율	구사율(%)	피안타율
포심	148	13	4.3%	61%	0.264
투심/싱커	-	-	-	-	-
슬라이더/커터	135	47	16.4%	22.9%	0.183
커브	119	103	42%	5.9%	0.333
체인지업	133	24	11.5%	10.2%	0.304
포크볼	-	-	-	-	-
너클볼/기타	-	-	-	-	-

김종수 투수 38

신장 180cm **체중** 80kg **생일** 1994-06-03 **투타** 우투우타 **지명** 13 한화 8라운드 74순위

연봉 3,800-6,100-7,900 **학교** 성동초-덕수중-울산공고

● 2년 연속 구원투수로 50경기 안팎을 소화했다. 직구에 의존하는 유형이다보니 경기 기복이 커 필승조로 완전한 신뢰를 주지는 못하고 있다. 스스로도 기복을 개선하기 위해 밸런스부터 많은 노력을 하는 중. 140km 중후반까지 나오는 직구 힘이 좋은 만큼 등판 편차만 줄인다면 필승조에서 더 많은 비중을 기대할 수 있는 투수다.

기본기록

연도	경기	선발	승	패	세이브	홀드	이닝	안타	홈런	볼넷	사구	삼진	피안타율	WHIP	FIP	ERA	QS	BS
2019	35	0	2	0	0	0	31.0	30	4	33	1	28	0.268	2.03	6.56	5.81	0	0
2020	54	0	1	1	1	7	50.0	54	6	26	3	43	0.276	1.60	5.08	5.94	0	1
2021	49	0	1	1	0	6	46.2	34	7	32	3	38	0.202	1.41	5.90	4.82	0	0
통산	141	0	4	2	1	13	132.2	121	18	91	7	110	0.245	1.60	5.75	5.36	0	1

상황별 기록

상황	안타	2루타	3루타	홈런	볼넷	사구	삼진	폭투	보크	피안타율
전반기	20	7	0	6	21	1	19	1	0	0.233
후반기	14	3	0	1	11	2	19	1	0	0.171
vs 좌	16	3	0	3	12	1	16	0	0	0.222
vs 우	18	7	0	4	20	2	22	2	0	0.188
주자없음	14	2	0	5	16	1	26	0	0	0.152
주자있음	20	8	0	2	16	2	12	2	0	0.263
득점권	13	7	0	2	10	2	8	1	0	0.302
만루	0	0	0	0	2	0	2	1	0	0.000

구종별 기록

구종	평균구속	순위	백분율	구사율(%)	피안타율
포심	145	63	20.8%	66.7%	0.221
투심/싱커	-	-	-	-	-
슬라이더/커터	133	74	25.8%	21.9%	0.184
커브	122	36	14.7%	9.7%	0.143
체인지업	132	35	16.7%	1.6%	0.333
포크볼	-	-	-	-	-
너클볼/기타	-	-	-	-	-

문동주 투수 1

신장 188cm **체중** 98kg **생일** 2003-12-23 **투타** 우투우타 **지명** 22 한화 1차

연봉 3,000 **학교** 광주화정초-무등중-진흥고

● 벌써 '대전 왕자님'이라는 별명이 붙을 정도로 기대가 크다. 9월 청소년세계선수권대회 출전 후 3달 동안 재활을 해 1군 스프링캠프에 참가하지는 못했으나 재활을 성공적으로 마무리했다. 2021년 최고 156km를 찍은 파워피처다. 신체조건, 유연성 등이 타고나, 체계적인 훈련을 거치면 이닝이터 선발투수로 제격이라는 평가다.

기본기록

연도	경기	선발	승	패	세이브	홀드	이닝	안타	홈런	볼넷	사구	삼진	피안타율	WHIP	FIP	ERA	QS	BS
2019																		
2020																		
2021																		
통산																		

상황별 기록

상황	안타	2루타	3루타	홈런	볼넷	사구	삼진	폭투	보크	피안타율
전반기										
후반기										
vs 좌										
vs 우										
주자없음										
주자있음										
득점권										
만루										

구종별 기록

구종	평균구속	순위	백분율	구사율(%)	피안타율
포심					
투심/싱커					
슬라이더/커터					
커브					
체인지업					
포크볼					
너클볼/기타					

윤대경 투수 5

신장 179cm **체중** 75kg **생일** 1994-04-09 **투타** 우투우타 **지명** 13 삼성 7라운드 65순위

연봉 2,800-7,700-9,730 **학교** 서림초-동인천중-인천고

● 2020년 한화 최고의 신데렐라 중 한 명. 2021년에는 빈 선발 자리를 기대 이상으로 채우기도 했으나 후반기 코로나19 관련 징계로 9월초 등록됐고 불펜으로만 등판했다. 구속이 빠르지는 않지만 체인지업이 뛰어나 직구 가치까지 높아지는 유형. 반대로 구위가 밋밋해지면 통타당하기 쉽다. 2022년에는 선발 기회를 더 받을 예정.

기본기록

연도	경기	선발	승	패	세이브	홀드	이닝	안타	홈런	볼넷	사구	삼진	피안타율	WHIP	FIP	ERA	QS	BS
2019	0	0	0	0	0	0	0.0	0	0	0	0	0	-	-	-	-	0	0
2020	55	0	5	0	0	7	51.0	48	3	25	3	42	0.251	1.43	4.14	1.59	0	0
2021	43	9	2	5	0	7	77.2	73	8	34	6	54	0.247	1.38	4.75	3.94	0	0
통산	98	9	7	5	0	14	128.2	121	11	59	9	96	0.249	1.40	4.51	3.01	0	0

상황별 기록

상황	안타	2루타	3루타	홈런	볼넷	사구	삼진	폭투	보크	피안타율
전반기	49	9	0	7	28	4	43	2	0	0.237
후반기	24	4	0	1	6	2	11	1	0	0.273
vs 좌	35	6	0	5	19	1	25	2	0	0.245
vs 우	38	7	0	3	15	5	29	1	0	0.250
주자없음	41	9	0	0	17	3	36	0	0	0.258
주자있음	32	4	0	8	17	3	18	3	0	0.235
득점권	17	0	0	6	9	2	11	1	0	0.236
만루	5	0	0	3	0	1	0	0	0	0.556

구종별 기록

구종	평균구속	순위	백분율	구사율(%)	피안타율
포심	140	213	70.3%	56.4%	0.253
투심/싱커	-	-	-	-	-
슬라이더/커터	126	230	80.1%	6%	0.435
커브	112	221	90.2%	10.8%	0.120
체인지업	125	154	73.7%	26.6%	0.224
포크볼	-	-	-	-	-
너클볼/기타	-	-	-	-	-

윤호솔 투수 18

신장 183cm **체중** 99kg **생일** 1994-07-15 **투타** 우투우타 **지명** 13 NC 우선지명

연봉 2,900-3,100-6,350 **학교** 온양온천초-온양중-북일고

● 데뷔 후 처음으로 풀 시즌을 뛴 2021년이었다. 구원투수로 1군에서 가능성을 보여주며 팀내 홀드 3위를 기록했다. 빠른 구속을 앞세운 파워피처지만 체인지업 등 변화구 완성도는 아직 밋밋하다. 경기마다 구속의 편차가 컸던 것도 보완점. 2022년 역시 선발보다는 구원에서 커리어를 쌓으며 점차 믿을맨으로 인정받아야 한다.

기본기록

연도	경기	선발	승	패	세이브	홀드	이닝	안타	홈런	볼넷	사구	삼진	피안타율	WHIP	FIP	ERA	QS	BS
2019	3	0	0	0	0	0	3.2	8	1	3	0	2	0.421	3.00	-	17.18	0	0
2020	6	0	0	1	0	0	6.0	8	2	6	0	4	0.320	2.33	9.06	10.50	0	0
2021	55	0	3	0	0	8	48.2	41	7	30	3	42	0.233	1.46	5.45	4.62	0	0
통산	66	0	3	1	0	8	61.2	65	13	39	4	51	0.274	1.69	6.35	6.42	0	0

상황별 기록

상황	안타	2루타	3루타	홈런	볼넷	사구	삼진	폭투	보크	피안타율
전반기	26	4	2	6	17	3	28	3	0	0.226
후반기	15	9	0	1	13	0	14	0	0	0.246
vs 좌	20	6	2	2	14	1	14	1	0	0.303
vs 우	21	7	0	5	16	2	28	2	0	0.191
주자없음	19	5	1	3	14	2	24	0	0	0.229
주자있음	22	8	1	4	16	1	18	3	0	0.237
득점권	14	5	0	2	11	1	10	3	0	0.259
만루	2	1	0	1	1	0	3	0	0	0.286

구종별 기록

구종	평균구속	순위	백분율	구사율(%)	피안타율
포심	146	42	13.9%	74.6%	0.246
투심/싱커	-	-	-	-	-
슬라이더/커터	135	42	14.6%	19.1%	0.167
커브	-	-	-	-	-
체인지업	128	106	50.7%	4.6%	0.375
포크볼	132	50	37%	1.7%	0.250
너클볼/기타	-	-	-	-	-

장민재 투수 36

신장 184cm 체중 98kg 생일 1990-03-19 투타 우투우타 지명 09 한화 2차 3라운드 22순위
연봉 11,000-10,000-7,600 학교 광주화정초-무등중-광주제일고

● 2019년 이후 3년간 매년 1군 선발진에 생기는 구멍을 막는 역할로 투입됐다. 구속이 빠르거나 무브먼트가 많진 않지만 떨어지는 변화구 배합으로 타자들을 낚는 '강태공' 스타일. 리빌딩 팀 특성상 어린 선수들이 먼저 1군 보직을 가져간다 해도, 그들이 흔들릴 때 언제든지 선발 자원으로 활용할 수 있고 롱릴리프도 가능하다.

기본기록

연도	경기	선발	승	패	세이브	홀드	이닝	안타	홈런	볼넷	사구	삼진	피안타율	WHIP	FIP	ERA	QS	BS
2019	26	22	6	8	0	0	119.1	150	14	27	6	103	0.307	1.48	4.03	5.43	7	0
2020	24	10	2	7	0	0	57.1	86	5	13	2	32	0.350	1.73	4.36	6.75	2	0
2021	12	6	0	2	0	0	29.1	34	4	8	0	13	0.288	1.43	4.93	2.76	1	0
통산	230	75	24	37	0	3	555.2	697	70	222	20	371	0.309	1.65	5.14	5.60	12	2

상황별 기록

상황	안타	2루타	3루타	홈런	볼넷	사구	삼진	폭투	보크	피안타율
전반기	9	2	0	1	1	0	0	0	0	0.409
후반기	25	5	0	3	7	0	13	1	0	0.260
vs 좌	17	2	0	2	6	0	4	0	0	0.321
vs 우	17	5	0	2	2	0	9	1	0	0.262
주자없음	20	3	0	2	4	0	6	1	0	0.323
주자있음	14	4	0	2	4	0	7	0	0	0.250
득점권	7	2	0	0	3	0	4	0	0	0.241
만루	0	0	0	0	0	0	2	0	0	0.000

구종별 기록

구종	평균구속	순위	백분율	구사율(%)	피안타율
포심	137	270	89.1%	43.5%	0.400
투심/싱커	134	120	88.9%	0.9%	0.000
슬라이더/커터	125	259	90.2%	10.6%	0.231
커브	113	218	89%	7.3%	0.250
체인지업	-	-	-	-	-
포크볼	125	128	94.8%	37.7%	0.214
너클볼/기타	-	-	-	-	-

장시환 투수 28

신장 184cm 체중 93kg 생일 1987-11-01 투타 우투우타 지명 07 현대 2차 1라운드 2순위
연봉 11,000-15,400-8,700 학교 태안초-태안중-북일고

● 마지막 승리는 2020년 9월 22일 두산전. 최근 13연패에 빠져 있다. 2022년에는 유망주들에게 선발 자리를 내주고 불펜에 대기할 것으로 보인다. 파이어볼러 기대주였던 예전과 달리 2020~2021년 직구 평균 구속은 약 144km에 머물렀다. 기복 큰 직구 외에 다른 해결법을 찾아야 1군에서 계속 기회를 잡을 수 있다.

기본기록

연도	경기	선발	승	패	세이브	홀드	이닝	안타	홈런	볼넷	사구	삼진	피안타율	WHIP	FIP	ERA	QS	BS
2019	27	27	6	13	0	0	125.1	147	12	58	2	109	0.293	1.64	4.32	4.95	9	0
2020	26	26	4	14	0	0	132.2	139	15	74	8	115	0.271	1.61	5.15	5.02	11	0
2021	19	16	0	11	0	1	69.0	87	4	48	6	47	0.306	1.96	4.98	7.04	1	0
통산	283	85	25	65	19	17	655.1	736	56	371	39	576	0.286	1.69	4.68	5.48	22	16

상황별 기록

상황	안타	2루타	3루타	홈런	볼넷	사구	삼진	폭투	보크	피안타율
전반기	55	7	1	1	37	1	31	6	0	0.299
후반기	32	5	0	3	11	5	16	1	0	0.320
vs 좌	46	6	0	2	31	3	20	4	0	0.338
vs 우	41	6	1	2	17	3	27	3	0	0.277
주자없음	37	3	1	1	27	3	24	0	0	0.303
주자있음	50	9	0	3	21	3	23	7	0	0.309
득점권	22	4	0	1	17	2	15	5	0	0.253
만루	3	0	0	0	1	0	3	0	0	0.273

구종별 기록

구종	평균구속	순위	백분율	구사율(%)	피안타율
포심	144	88	29%	55.5%	0.290
투심/싱커	-	-	-	-	-
슬라이더/커터	135	51	17.8%	20.2%	0.297
커브	119	105	42.9%	16.6%	0.383
체인지업	-	-	-	-	-
포크볼	134	21	15.6%	7.7%	0.286
너클볼/기타	-	-	-	-	-

주현상 투수 66

신장 177cm **체중** 82kg **생일** 1992-08-10 **투타** 우투우타 **지명** 15 한화 2차 7라운드 64순위

연봉 3,300-3,300-5,080 **학교** 우암초-청주중-청주고-동아대

● 2019년 타자에서 투수로 전향한 뒤 처음 1군에 데뷔했다. 3루수 출신 강한 어깨에 로사도 코치의 체인지업을 장착하며 구원투수로서 가능성을 보여줬다. 특히 좌타자 상대로 좋은 성적을 어필했다. 8월에는 코로나19 관련 징계를 받아 한 달 가까이 1군에서 빠졌으나 2022년에는 풀시즌 셋업맨을 기대해볼 수 있다.

기본기록

연도	경기	선발	승	패	세이브	홀드	이닝	안타	홈런	볼넷	사구	삼진	피안타율	WHIP	FIP	ERA	QS	BS
2019	0	0	0	0	0	0	0.0	0	0	0	0	0	-	-	-	-	0	0
2020	0	0	0	0	0	0	0.0	0	0	0	0	0	-	-	-	-	0	0
2021	43	0	2	2	0	4	50.1	46	6	21	1	33	0.241	1.33	4.76	3.58	0	0
통산	43	0	2	2	0	4	50.1	46	6	21	1	33	0.241	1.33	4.76	3.58	0	0

상황별 기록

상황	안타	2루타	3루타	홈런	볼넷	사구	삼진	폭투	보크	피안타율
전반기	32	5	3	3	16	1	19	5	0	0.258
후반기	14	1	0	3	5	0	14	1	0	0.209
vs 좌	14	1	1	2	17	0	16	4	0	0.157
vs 우	32	5	2	4	4	1	17	2	0	0.314
주자없음	25	3	2	3	8	0	17	0	0	0.248
주자있음	21	3	1	3	13	1	16	6	0	0.233
득점권	10	0	1	2	9	0	12	4	0	0.175
만루	3	0	0	0	1	0	2	0	0	0.300

구종별 기록

구종	평균구속	순위	백분율	구사율(%)	피안타율
포심	142	121	39.9%	59.4%	0.239
투심/싱커	-	-	-	-	-
슬라이더/커터	131	125	43.6%	12.9%	0.333
커브	118	111	45.3%	5.7%	0.400
체인지업	128	118	56.5%	21.5%	0.188
포크볼	131	53	39.3%	0.5%	0.000
너클볼/기타	-	-	-	-	-

권광민 외야수 69

신장 187cm **체중** 97kg **생일** 1997-12-12 **투타** 좌투좌타 **지명** 22 한화 2차 5라운드 41순위

연봉 3,000 **학교** 서울청구초-홍은중-장충고

● 장충고 시절 올라운드 플레이어로 주목받으며 시카고 컵스의 지명을 받은 해외파 리턴 외야수다. 그러나 마이너리그, 호주리그, 독립리그를 거친 끝에 한화에 입단했다. 신인이지만 즉시전력감으로 쓰일 수 있다는 평가. 여전히 5툴 자원으로 평가받을지는 미지수. 오히려 자신만의 분야를 어필해야 1군에 자리를 찾을 수 있을지도.

기본기록

연도	경기	타석	타수	안타	2루타	3루타	홈런	타점	득점	볼넷	사구	삼진	도루	도루자	타율	출루율	장타율	OPS
2019																		
2020																		
2021																		
통산																		

상황별 기록

상황	타석	홈런	볼넷	삼진	타율	출루율	장타율	OPS
전반기								
후반기								
vs 좌								
vs 우								
주자있음								
주자없음								
득점권								
노아웃								
원아웃								
투아웃								

팀별 기록

구분	타석	홈런	볼넷	삼진	타율	출루율	장타율	OPS
KIA								
KT								
LG								
NC								
SSG								
두산								
롯데								
삼성								
키움								
한화								

김태연 외야수 25

신장 178cm **체중** 99kg **생일** 1997-06-10 **투타** 우투우타 **지명** 16 한화 2차 6라운드 59순위

연봉 0-3,200-5,600 **학교** 서울청구초-덕수중-야탑고

● 2021년 소집해제 후 바로 팀에 합류해 후반기 신데렐라로 떠올랐다. 타석은 많지 않았으나 장타 잠재력을 보여줬다. 주포지션 3루에서 경쟁하는 대신 2022년 외야수 전업을 택했다. '김태연의 외야수행이 성공한다면 지난해 외야 WAR이 10개 구단 중 유일하게 마이너스(-3.81)였던 한화 외야진의 힘이 강해질 수 있다.

기본기록

연도	경기	타석	타수	안타	2루타	3루타	홈런	타점	득점	볼넷	사구	삼진	도루	도루자	타율	출루율	장타율	OPS
2019	9	6	4	1	1	0	0	0	0	2	0	2	0	0	0.250	0.500	0.500	1.000
2020	0	0	0	0	0	0	0	0	0	0	0	0	0	0	-	-	-	-
2021	53	220	176	53	12	0	3	34	29	34	5	44	5	3	0.301	0.418	0.420	0.838
통산	98	278	227	60	14	0	4	38	37	40	5	65	5	4	0.264	0.379	0.379	0.758

상황별 기록

상황	타석	홈런	볼넷	삼진	타율	출루율	장타율	OPS
전반기	0	0	0	0	-	-	-	-
후반기	220	3	34	44	0.301	0.418	0.420	0.838
vs 좌	38	0	7	6	0.355	0.474	0.452	0.926
vs 우	153	3	21	35	0.248	0.366	0.368	0.734
주자있음	110	1	17	12	0.333	0.445	0.452	0.897
주자없음	110	2	17	32	0.272	0.391	0.391	0.782
득점권	80	1	13	9	0.322	0.438	0.458	0.896
노아웃	69	0	11	15	0.298	0.406	0.368	0.774
원아웃	71	1	10	15	0.278	0.394	0.370	0.764
투아웃	80	2	13	14	0.323	0.450	0.508	0.958

팀별 기록

구분	타석	홈런	볼넷	삼진	타율	출루율	장타율	OPS
KIA	30	1	5	8	0.304	0.433	0.522	0.955
KT	15	0	0	4	0.214	0.200	0.214	0.414
LG	25	0	5	9	0.100	0.280	0.150	0.430
NC	20	0	2	3	0.500	0.600	0.563	1.163
SSG	17	1	0	5	0.200	0.235	0.467	0.702
두산	30	1	5	6	0.320	0.433	0.560	0.993
롯데	32	0	9	3	0.227	0.438	0.273	0.711
삼성	25	0	4	4	0.500	0.600	0.600	1.200
키움	26	0	4	2	0.333	0.423	0.381	0.804

박정현 내야수 9

신장 183cm **체중** 85kg **생일** 2001-07-27 **투타** 우투우타 **지명** 20 한화 2차 8라운드 78순위

연봉 2,700-3,400-3,500 **학교** 부천북초-부천중-유신고

● 시즌 초반만 해도 그라운드 위에서 겁없는 플레이를 보여주는 선수로 수베로 감독에게 많은 칭찬을 받았다. 그러나 성적 부진에 스스로 위축되며 시즌 120타석 기회를 받은 뒤 후반기 1군 콜업을 받지 못했다. 기본적으로는 안정적인 수비력으로 백업 내야수로 쓰임새가 많다. 동생(kt 박영현)의 프로행은 동기부여의 기회로 삼을 수 있다.

기본기록

연도	경기	타석	타수	안타	2루타	3루타	홈런	타점	득점	볼넷	사구	삼진	도루	도루자	타율	출루율	장타율	OPS
2019	0	0	0	0	0	0	0	0	0	0	0	0	0	0	-	-	-	-
2020	30	64	61	17	3	0	1	9	6	3	0	17	0	0	0.279	0.313	0.377	0.690
2021	33	120	107	21	4	0	0	9	10	9	0	32	1	0	0.196	0.256	0.234	0.490
통산	63	184	168	38	7	0	1	18	16	12	0	49	1	0	0.226	0.276	0.286	0.562

상황별 기록

상황	타석	홈런	볼넷	삼진	타율	출루율	장타율	OPS
전반기	120	0	9	32	0.196	0.256	0.234	0.490
후반기	0	0	0	0	-	-	-	-
vs 좌	30	0	2	9	0.222	0.276	0.259	0.535
vs 우	77	0	6	21	0.203	0.263	0.246	0.509
주자있음	62	0	3	16	0.182	0.220	0.218	0.438
주자없음	58	0	6	16	0.212	0.293	0.250	0.543
득점권	39	0	2	11	0.182	0.222	0.242	0.464
노아웃	40	0	5	6	0.188	0.297	0.250	0.547
원아웃	45	0	3	17	0.122	0.178	0.122	0.300
투아웃	35	0	1	9	0.294	0.314	0.353	0.667

팀별 기록

구분	타석	홈런	볼넷	삼진	타율	출루율	장타율	OPS
KIA	7	0	0	4	0.143	0.143	0.143	0.286
KT	12	0	3	1	0.222	0.417	0.222	0.639
LG	17	0	1	6	0.000	0.063	0.000	0.063
NC	17	0	2	3	0.214	0.313	0.286	0.599
SSG	15	0	2	4	0.231	0.333	0.385	0.718
두산	8	0	0	3	0.250	0.250	0.250	0.500
롯데	13	0	0	2	0.333	0.333	0.333	0.666
삼성	14	0	1	5	0.154	0.214	0.231	0.445
키움	17	0	0	4	0.235	0.235	0.235	0.470

백용환 포수 44

신장 180cm **체중** 95kg **생일** 1989-03-20 **투타** 우투우타 **지명** 08 KIA 2차 5라운드 37순위

연봉 4,000-4,000-4,000 **학교** 서울영중초-양천중-장충고

● 2021년 7월 트레이드로 내야수 강경학과 유니폼을 맞바꿔 입었다. 트레이드 바로 다음날 선발출장할 만큼, 구단은 최재훈을 뒷받침해줄 포수로 기대하고 있다. 그러나 시즌 도루저지율(12%)은 안정적인 수비력을 위해 개선해야 할 점이다. 타격 역시 백업으로 활용하기에는 임팩트가 부족했다. 이해창과 백업 포수 자리를 놓고 경쟁한다.

기본기록

연도	경기	타석	타수	안타	2루타	3루타	홈런	타점	득점	볼넷	사구	삼진	도루	도루자	타율	출루율	장타율	OPS
2019	28	51	47	11	2	0	2	6	3	3	1	14	0	0	0.234	0.294	0.404	0.698
2020	52	107	91	20	4	0	5	10	12	15	0	29	0	0	0.220	0.330	0.429	0.759
2021	39	102	86	12	1	0	4	4	10	11	3	26	0	0	0.140	0.260	0.291	0.551
통산	386	857	747	152	27	0	29	83	80	90	6	230	5	3	0.203	0.292	0.356	0.648

상황별 기록

상황	타석	홈런	볼넷	삼진	타율	출루율	장타율	OPS
전반기	26	1	4	4	0.095	0.269	0.238	0.507
후반기	76	3	7	22	0.154	0.257	0.308	0.565
vs 좌	33	0	7	7	0.080	0.303	0.080	0.383
vs 우	53	3	3	18	0.174	0.255	0.391	0.646
주자있음	46	0	5	12	0.108	0.250	0.108	0.358
주자없음	56	4	6	14	0.163	0.268	0.429	0.697
득점권	23	0	5	7	0.059	0.304	0.059	0.363
노아웃	42	2	5	6	0.235	0.350	0.441	0.791
원아웃	31	2	2	8	0.071	0.161	0.286	0.447
투아웃	29	0	4	12	0.083	0.241	0.083	0.324

팀별 기록

구분	타석	홈런	볼넷	삼진	타율	출루율	장타율	OPS
KIA	4	0	0	0	0.000	0.000	0.000	0.000
KT	6	0	1	3	0.200	0.333	0.200	0.533
LG	18	0	3	5	0.071	0.278	0.071	0.349
NC	19	1	0	4	0.167	0.211	0.333	0.544
SSG	14	1	1	2	0.167	0.286	0.417	0.703
두산	11	0	2	5	0.125	0.300	0.125	0.425
롯데	6	0	0	1	0.167	0.167	0.333	0.500
삼성	11	1	2	3	0.222	0.364	0.556	0.920
키움	13	1	2	3	0.091	0.231	0.364	0.595

변우혁 내야수 68

신장 185cm **체중** 95kg **생일** 2000-03-18 **투타** 우투우타 **지명** 19 한화 1차

연봉 3,000-0-3,000 **학교** 일산초-현도중-북일고

● 상무 복무를 마치고 2021년 후반기 팀에 복귀했다. 2년 동안 살을 빼는 대신 근육량을 늘리면서, 구단이 원하는 거포 이미지를 만들었다. '이적생' 이성곤과 1루를 놓고 경쟁하는 가운데 무엇보다 타격 정확성을 높여야 한다는 과제를 안고 있다. 2021년 퓨처스에서는 5홈런 40삼진 17볼넷 타율 0.207을 기록했다.

기본기록

연도	경기	타석	타수	안타	2루타	3루타	홈런	타점	득점	볼넷	사구	삼진	도루	도루자	타율	출루율	장타율	OPS
2019	29	61	53	12	1	0	1	2	7	7	1	17	0	0	0.226	0.328	0.302	0.630
2020	0	0	0	0	0	0	0	0	0	0	0	0	0	0	-	-	-	-
2021	0	0	0	0	0	0	0	0	0	0	0	0	0	0	-	-	-	-
통산	29	61	53	12	1	0	1	2	7	7	1	17	0	0	0.226	0.328	0.302	0.630

상황별 기록

상황	타석	홈런	볼넷	삼진	타율	출루율	장타율	OPS
전반기	0	0	0	0	-	-	-	-
후반기	0	0	0	0	-	-	-	-
vs 좌	0	0	0	0	-	-	-	-
vs 우	0	0	0	0	-	-	-	-
주자있음	0	0	0	0	-	-	-	-
주자없음	0	0	0	0	-	-	-	-
득점권	0	0	0	0	-	-	-	-
노아웃	0	0	0	0	-	-	-	-
원아웃	0	0	0	0	-	-	-	-
투아웃	0	0	0	0	-	-	-	-

팀별 기록

구분	타석	홈런	볼넷	삼진	타율	출루율	장타율	OPS
KIA								
KT								
LG								
NC								
SSG								
두산								
롯데								
삼성								
키움								
한화								

송호정 내야수 4

신장 185cm **체중** 78kg **생일** 2002-03-10 **투타** 우투좌타 **지명** 21 한화 2차 2라운드 12순위
연봉 3,000-3,100 **학교** 수유초-자양중-서울고

2라운드 신인으로 9월 21일 LG전에서 데뷔전을 치렀다. 서울고에서는 키스톤 콤비를 맡아 뛰었다. 팀은 송호정의 빠른 발과 강한 어깨에서 나오는 넓은 수비 범위를 기대하고 있다. 1군에서 10경기에 나왔으나 안타 신고에는 실패했다. 10타수 8삼진이라는 결과는 작은 샘플임에도 고졸 신인에게 많은 의미와 과제를 안겼다.

기본기록

연도	경기	타석	타수	안타	2루타	3루타	홈런	타점	득점	볼넷	사구	삼진	도루	도루자	타율	출루율	장타율	OPS
2019	0	0	0	0	0	0	0	0	0	0	0	0	0	0	-	-	-	-
2020	0	0	0	0	0	0	0	0	0	0	0	0	0	0	-	-	-	-
2021	10	11	10	0	0	0	0	0	1	1	0	8	0	0	0.000	0.091	0.000	0.091
통산	10	11	10	0	0	0	0	0	1	1	0	8	0	0	0.000	0.091	0.000	0.091

상황별 기록

상황	타석	홈런	볼넷	삼진	타율	출루율	장타율	OPS
전반기	0	0	0	0	-	-	-	-
후반기	11	0	1	8	0.000	0.091	0.000	0.091
vs 좌	3	0	1	2	0.000	0.333	0.000	0.333
vs 우	6	0	0	4	0.000	0.000	0.000	0.000
주자있음	4	0	0	4	0.000	0.000	0.000	0.000
주자없음	7	0	1	4	0.000	0.143	0.000	0.143
득점권	1	0	0	1	0.000	0.000	0.000	0.000
노아웃	5	0	1	3	0.000	0.200	0.000	0.200
원아웃	0	0	0	0	-	-	-	-
투아웃	6	0	0	5	0.000	0.000	0.000	0.000

팀별 기록

구분	타석	홈런	볼넷	삼진	타율	출루율	장타율	OPS
KIA	3	0	0	3	0.000	0.000	0.000	0.000
KT	1	0	0	1	0.000	0.000	0.000	0.000
LG	3	0	1	2	0.000	0.333	0.000	0.333
SSG	3	0	0	1	0.000	0.000	0.000	0.000
두산	0	0	0	0	-	-	-	-
삼성	1	0	0	1	0.000	0.000	0.000	0.000

이성곤 내야수 10

신장 186cm **체중** 93kg **생일** 1992-03-25 **투타** 좌투좌타 **지명** 14 두산 2차 3라운드 32순위
연봉 3,500-5,400-6,400 **학교** 성동초-잠신중-경기고-연세대

2021년 6월 트레이드 후 워싱턴 타격코치와 함께 강하게 치는 공을 골라 치는 법을 익히면서 1군 출장기회도 많아졌다. 변우혁과 1루수 자리를 놓고 경쟁한다. 정해진 포지션이 생긴 만큼 조바심을 내려놓고 잠재력을 폭발시키는 것이 베스트 시나리오다. 아직은 기대주지만 한화는 어린 선수들을 좋아한다. 긴장을 놓칠 수 없는 포인트다.

기본기록

연도	경기	타석	타수	안타	2루타	3루타	홈런	타점	득점	볼넷	사구	삼진	도루	도루자	타율	출루율	장타율	OPS
2019	13	28	28	5	3	0	0	0	1	0	0	6	0	0	0.179	0.179	0.286	0.465
2020	62	154	139	39	7	0	5	18	16	11	0	38	2	0	0.281	0.329	0.439	0.768
2021	62	208	174	46	12	2	1	24	17	29	3	53	0	3	0.264	0.377	0.374	0.751
통산	154	422	370	96	23	2	6	42	37	43	3	110	2	3	0.259	0.339	0.381	0.720

상황별 기록

상황	타석	홈런	볼넷	삼진	타율	출루율	장타율	OPS
전반기	22	0	2	8	0.211	0.318	0.263	0.581
후반기	186	1	27	45	0.271	0.384	0.387	0.771
vs 좌	33	0	5	10	0.148	0.273	0.259	0.532
vs 우	138	1	21	31	0.274	0.401	0.381	0.782
주자있음	113	1	16	30	0.263	0.366	0.347	0.713
주자없음	95	0	13	23	0.266	0.389	0.405	0.794
득점권	67	0	12	18	0.241	0.373	0.259	0.632
노아웃	69	0	9	18	0.228	0.338	0.281	0.619
원아웃	70	1	8	18	0.262	0.357	0.410	0.767
투아웃	69	0	12	17	0.304	0.435	0.429	0.864

팀별 기록

구분	타석	홈런	볼넷	삼진	타율	출루율	장타율	OPS
KIA	44	0	11	7	0.355	0.545	0.516	1.061
KT	23	0	1	7	0.136	0.174	0.136	0.310
LG	24	0	6	3	0.222	0.417	0.444	0.861
NC	17	0	1	4	0.250	0.294	0.313	0.607
SSG	7	0	0	4	0.000	0.000	0.000	0.000
두산	33	0	4	11	0.286	0.375	0.321	0.696
롯데	24	1	3	10	0.250	0.375	0.400	0.775
삼성	21	0	2	4	0.368	0.429	0.579	1.008
키움	15	0	1	3	0.286	0.333	0.357	0.690

이원석 외야수 50

신장 177cm **체중** 70kg **생일** 1999-03-31 **투타** 우투우타 **지명** 18 한화 2차 4라운드 34순위

연봉 0-3,000-3,300 **학교** 화곡초-충암중-충암고

● 김태연에 가려졌지만 팀에서 기대하고 있는 군 복귀 자원이다. 2021년 6월 전역 후 올림픽 휴식기 청백전에서 수베로 감독에게 좋은 인상을 안겨줘 9월 확대 엔트리 때 1군에 등록됐다. 당장 1군 성적은 인상적이지 않았으나 발빠른 우타 외야수로 쓸모가 많을 것으로 보인다. 2022년 외야 한 자리를 놓고 경쟁할 자원이다.

기본기록

연도	경기	타석	타수	안타	2루타	3루타	홈런	타점	득점	볼넷	사구	삼진	도루	도루자	타율	출루율	장타율	OPS
2019	13	9	6	0	0	0	0	0	3	2	1	5	2	0	0.000	0.333	0.000	0.333
2020	0	0	0	0	0	0	0	0	0	0	0	0	0	0	-	-	-	-
2021	43	130	114	20	1	1	1	9	12	8	2	43	4	2	0.175	0.238	0.228	0.466
통산	56	139	120	20	1	1	1	9	15	10	3	48	6	2	0.167	0.244	0.217	0.461

상황별 기록

상황	타석	홈런	볼넷	삼진	타율	출루율	장타율	OPS
전반기	0	0	0	0	-	-	-	-
후반기	130	1	8	43	0.175	0.238	0.228	0.466
vs 좌	29	0	2	10	0.192	0.250	0.192	0.442
vs 우	85	1	5	26	0.162	0.220	0.230	0.450
주자있음	59	1	5	22	0.170	0.255	0.234	0.489
주자없음	71	0	3	21	0.179	0.225	0.224	0.449
득점권	31	0	4	10	0.217	0.310	0.217	0.527
노아웃	44	0	2	9	0.189	0.225	0.189	0.414
원아웃	44	1	2	16	0.200	0.250	0.325	0.575
투아웃	42	0	4	18	0.135	0.238	0.162	0.400

팀별 기록

구분	타석	홈런	볼넷	삼진	타율	출루율	장타율	OPS
KIA	22	0	1	5	0.105	0.190	0.105	0.295
KT	14	0	2	6	0.083	0.214	0.167	0.381
LG	16	0	0	5	0.063	0.063	0.063	0.126
NC	8	1	0	3	0.429	0.375	0.857	1.232
SSG	15	0	0	6	0.077	0.077	0.077	0.154
두산	15	0	3	5	0.091	0.267	0.091	0.358
롯데	12	0	0	4	0.455	0.500	0.455	0.955
삼성	19	0	1	5	0.222	0.263	0.333	0.596
키움	9	0	1	4	0.286	0.375	0.286	0.661

장운호 외야수 30

신장 183cm **체중** 85kg **생일** 1994-02-20 **투타** 우투우타 **지명** 13 한화 6라운드 56순위

연봉 3,800-3,500-5,350 **학교** 중대초-배명중-배재고

● 2021년 부진했던 한화 외야수 중에서도 가장 많은 경기, 타석수를 기록하며 경쟁에서 조금이나마 앞섰다. 그러나 처음으로 100경기를 넘기면서 후반기 타율이 1할대로 떨어졌다. 김태연의 외야 전업, 터크먼 영입으로 1년만에 외야가 찼다. 올해도 경쟁력을 갖추려면 높은 헛스윙 비율(12.4%)을 낮추고 타격 정확성을 키워야 한다.

기본기록

연도	경기	타석	타수	안타	2루타	3루타	홈런	타점	득점	볼넷	사구	삼진	도루	도루자	타율	출루율	장타율	OPS
2019	7	12	10	1	0	0	0	0	2	1	0	1	0	1	0.100	0.182	0.100	0.282
2020	24	29	27	4	1	0	1	4	5	2	0	9	0	0	0.148	0.207	0.296	0.503
2021	103	338	285	67	10	0	0	28	36	36	7	77	3	6	0.235	0.332	0.270	0.602
통산	277	696	596	142	21	1	4	62	75	55	16	146	9	11	0.238	0.318	0.297	0.615

상황별 기록

상황	타석	홈런	볼넷	삼진	타율	출루율	장타율	OPS
전반기	169	0	17	40	0.278	0.361	0.333	0.694
후반기	169	0	19	37	0.191	0.303	0.206	0.509
vs 좌	74	0	6	19	0.242	0.315	0.273	0.588
vs 우	221	0	27	48	0.224	0.335	0.257	0.592
주자있음	169	0	16	35	0.225	0.321	0.254	0.575
주자없음	169	0	20	42	0.245	0.343	0.286	0.629
득점권	103	0	11	21	0.265	0.360	0.301	0.661
노아웃	107	0	9	21	0.242	0.307	0.297	0.604
원아웃	121	0	8	31	0.213	0.275	0.222	0.497
투아웃	110	0	19	25	0.256	0.418	0.302	0.720

팀별 기록

구분	타석	홈런	볼넷	삼진	타율	출루율	장타율	OPS
KIA	33	0	11	6	0.286	0.545	0.333	0.878
KT	38	0	2	9	0.344	0.371	0.406	0.777
LG	34	0	3	11	0.267	0.333	0.333	0.666
NC	59	0	5	11	0.200	0.293	0.240	0.533
SSG	23	0	4	7	0.111	0.304	0.111	0.415
두산	35	0	1	9	0.219	0.286	0.250	0.536
롯데	33	0	5	8	0.143	0.273	0.143	0.416
삼성	40	0	2	9	0.216	0.256	0.243	0.499
키움	43	0	3	7	0.297	0.357	0.324	0.681

장지승 외야수 63

신장 185cm **체중** 90kg **생일** 1998-07-04 **투타** 우투우타 **지명** 21 한화 육성선수

연봉 3,000-3,200 **학교** 인천남동-동방중-동산고-성균관대

● 2021년 육성선수 출신으로 6월 정식선수로 등록되면서 1군에 발을 디딘 외야 거포 자원이다. 8월 17일 데뷔 첫 홈런으로 수베로 감독의 30승에 기여했다. 퓨처스에서는 45경기 7홈런 35타점 타율 0.294 장타율 0.519를 기록하며 가능성을 보였다. 2022년에는 1군에서 더 많은 기회를 얻을 것으로 보인다.

기본기록

연도	경기	타석	타수	안타	2루타	3루타	홈런	타점	득점	볼넷	사구	삼진	도루	도루자	타율	출루율	장타율	OPS
2019																		
2020																		
2021	24	72	61	11	1	0	1	5	7	7	1	24	2	0	0.180	0.271	0.246	0.517
통산	24	72	61	11	1	0	1	5	7	7	1	24	2	0	0.180	0.271	0.246	0.517

상황별 기록

상황	타석	홈런	볼넷	삼진	타율	출루율	장타율	OPS
전반기	27	0	3	10	0.143	0.280	0.143	0.423
후반기	45	1	4	14	0.200	0.267	0.300	0.567
vs 좌	32	1	4	10	0.214	0.313	0.357	0.670
vs 우	33	0	3	10	0.148	0.226	0.148	0.374
주자있음	34	0	4	13	0.222	0.313	0.259	0.572
주자없음	38	1	3	11	0.147	0.237	0.235	0.472
득점권	16	0	4	7	0.182	0.375	0.182	0.557
노아웃	24	0	1	9	0.150	0.227	0.150	0.377
원아웃	30	1	3	7	0.154	0.233	0.269	0.502
투아웃	18	0	3	8	0.267	0.389	0.333	0.722

팀별 기록

구분	타석	홈런	볼넷	삼진	타율	출루율	장타율	OPS
KIA	12	0	2	3	0.000	0.182	0.000	0.182
KT	9	0	0	2	0.222	0.222	0.333	0.555
LG	4	0	2	0	0.000	0.667	0.000	0.667
NC	7	0	1	1	0.333	0.429	0.333	0.762
SSG	9	0	1	2	0.250	0.333	0.250	0.583
두산	18	0	0	12	0.118	0.167	0.118	0.285
롯데	1	0	0	1	0.000	0.000	0.000	0.000
삼성	9	1	1	2	0.375	0.444	0.750	1.194
키움	3	0	0	1	0.000	0.000	0.000	0.000

터크먼 외야수 12

신장 188cm **체중** 95kg **생일** 1990-12-03 **투타** 좌투좌타 **지명** 21 한화 자유선발

연봉 $700,000 **학교** William Fremd(고)-Bradley(대)

● 요미우리 등 일본팀의 제안을 마다하고 한화행을 택했다. 마이너리그 8시즌 통산 49홈런 117도루 타율 0.301을 기록한 호타준족이다. 구단은 3할 타율-20홈런을 기대하고 있다. 2021년 겨울 한화는 FA 대신 외국인 시장에서 전문 외야수를 찾았다. 외국인 타자는 하나만 터져도 성공이다. 큰 약점이 없는 것도 장점이다.

기본기록

연도	경기	타석	타수	안타	2루타	3루타	홈런	타점	득점	볼넷	사구	삼진	도루	도루자	타율	출루율	장타율	OPS
2019																		
2020																		
2021																		
통산																		

상황별 기록

상황	타석	홈런	볼넷	삼진	타율	출루율	장타율	OPS
전반기	0	0	0	0	-	-	-	-
후반기	0	0	0	0	-	-	-	-
vs 좌	0	0	0	0	-	-	-	-
vs 우	0	0	0	0	-	-	-	-
주자있음	0	0	0	0	-	-	-	-
주자없음	0	0	0	0	-	-	-	-
득점권	0	0	0	0	-	-	-	-
노아웃	0	0	0	0	-	-	-	-
원아웃	0	0	0	0	-	-	-	-
투아웃	0	0	0	0	-	-	-	-

팀별 기록

구분	타석	홈런	볼넷	삼진	타율	출루율	장타율	OPS
KIA								
KT								
LG								
NC								
SSG								
두산								
롯데								
삼성								
키움								

김규연 투수 60

신장 183cm **체중** 83kg **생일** 2002-08-23 **투타** 우투우타 **지명** 21 한화 2차 8라운드 72순위

연봉 3,000-3,000 **학교** 수원영통-매향중-공주고

연도	경기	선발	승	패	세이브	홀드	이닝	안타	홈런	볼넷	사구	삼진	피안타율	WHIP	FIP	ERA	QS	BS
2019																		
2020																		
2021	0	0	0	0	0	0	0.0	0	0	0	0	0	-	-	-	-	0	0
통산	0	0	0	0	0	0	0.0	0	0	0	0	0	-	-	-	-	0	0

김기탁 투수 29

신장 182cm **체중** 82kg **생일** 1998-09-30 **투타** 좌투좌타 **지명** 17 한화 2차 8라운드 75순위

연봉 2,700-3,300-3,500 **학교** 분성초(장유리틀)-김해내동중-김해고

연도	경기	선발	승	패	세이브	홀드	이닝	안타	홈런	볼넷	사구	삼진	피안타율	WHIP	FIP	ERA	QS	BS
2019	0	0	0	0	0	0	0.0	0	0	0	0	0	-	-	-	-	0	0
2020	5	0	0	0	0	0	7.0	13	1	5	0	3	0.382	2.57	6.70	9.00	0	0
2021	19	0	0	0	0	4	12.1	14	0	7	1	12	0.298	1.70	3.33	5.84	0	1
통산	24	0	0	0	0	4	19.1	27	1	12	1	15	0.333	2.02	4.55	6.98	0	1

김이환 투수 45

신장 183cm **체중** 87kg **생일** 2000-09-15 **투타** 우투우타 **지명** 19 한화 2차 4라운드 33순위

연봉 3,700-4,100-3,500 **학교** 길원초(성북구유소년)-잠신중-신일고

연도	경기	선발	승	패	세이브	홀드	이닝	안타	홈런	볼넷	사구	삼진	피안타율	WHIP	FIP	ERA	QS	BS
2019	11	8	4	3	0	0	38.0	42	2	21	2	15	0.286	1.66	5.11	4.26	0	0
2020	17	15	2	7	0	0	64.2	75	9	44	4	41	0.293	1.84	6.32	6.82	2	0
2021	14	5	0	1	0	0	26.0	32	2	22	4	13	0.308	2.08	6.33	7.62	0	0
통산	42	28	6	11	0	0	128.2	149	13	87	10	69	0.294	1.83	5.97	6.23	2	0

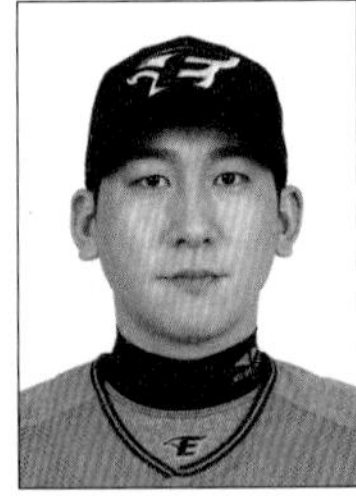

김재영 투수 19

신장 187cm **체중** 84kg **생일** 1993-07-22 **투타** 우투우타 **지명** 16 한화 2차 1라운드 2순위

연봉 0-5,500-5,500 **학교** 방배초-영동중-서울고-홍익대

연도	경기	선발	승	패	세이브	홀드	이닝	안타	홈런	볼넷	사구	삼진	피안타율	WHIP	FIP	ERA	QS	BS
2019	5	1	0	0	0	0	8.1	14	1	3	2	4	0.389	2.04	5.80	12.96	0	1
2020	0	0	0	0	0	0	0.0	0	0	0	0	0	-	-	-	-	0	0
2021	0	0	0	0	0	0	0.0	0	0	0	0	0	-	-	-	-	0	0
통산	65	39	11	11	0	1	216.1	269	27	67	29	115	0.315	1.55	5.67	5.74	13	2

남지민 투수 11

신장 181cm **체중** 95kg **생일** 2001-02-12 **투타** 우투우타 **지명** 20 한화 2차 1라운드 8순위

연봉 2,700-3,000-3,300 **학교** 양정초-개성중-부산정보고

연도	경기	선발	승	패	세이브	홀드	이닝	안타	홈런	볼넷	사구	삼진	피안타율	WHIP	FIP	ERA	QS	BS
2019	0	0	0	0	0	0	0.0	0	0	0	0	0	-	-	-	-	0	0
2020	0	0	0	0	0	0	0.0	0	0	0	0	0	-	-	-	-	0	0
2021	3	3	0	1	0	0	7.1	9	1	7	3	3	0.290	2.18	8.38	7.36	0	0
통산	3	3	0	1	0	0	7.1	9	1	7	3	3	0.290	2.18	8.38	7.36	0	0

박윤철 투수 51

신장 186cm **체중** 85kg **생일** 1996-03-23 **투타** 우투우타 **지명** 19 한화 2차 10라운드 93순위
연봉 3,200-0-3,200 **학교** 방배초-언북중-서울고-연세대

연도	경기	선발	승	패	세이브	홀드	이닝	안타	홈런	볼넷	사구	삼진	피안타율	WHIP	FIP	ERA	QS	BS
2019	15	3	0	1	0	0	30.0	22	4	30	3	21	0.198	1.73	7.04	5.10	0	0
2020	0	0	0	0	0	0	0.0	0	0	0	0	0	-	-	-	-	0	0
2021	0	0	0	0	0	0	0.0	0	0	0	0	0	-	-	-	-	0	0
통산	15	3	0	1	0	0	30.0	22	4	30	3	21	0.198	1.73	7.04	5.10	0	0

박준영 투수 31

신장 190cm **체중** 98kg **생일** 2003-03-02 **투타** 우투우타 **지명** 22 한화 2차 1라운드 1순위
연봉 3,000 **학교** 우암초-청주-세광중-세광고

연도	경기	선발	승	패	세이브	홀드	이닝	안타	홈런	볼넷	사구	삼진	피안타율	WHIP	FIP	ERA	QS	BS
2019																		
2020																		
2021																		
통산																		

송윤준 투수 56

신장 186cm **체중** 78kg **생일** 1992-07-16 **투타** 좌투좌타 **지명** 11 LG 4라운드 31순위
연봉 2,700-4,000-4,100 **학교** 남산초-공주중-북일고

연도	경기	선발	승	패	세이브	홀드	이닝	안타	홈런	볼넷	사구	삼진	피안타율	WHIP	FIP	ERA	QS	BS
2019	0	0	0	0	0	0	0.0	0	0	0	0	0	-	-	-	-	0	0
2020	26	0	0	0	0	1	23.0	23	1	13	1	16	0.258	1.57	4.56	4.30	0	0
2021	17	0	0	0	0	2	12.2	12	1	6	2	8	0.255	1.42	4.75	3.55	0	0
통산	44	0	0	0	0	3	36.2	37	2	19	3	25	0.262	1.53	4.54	4.17	0	0

신정락 투수 39

신장 177cm **체중** 78kg **생일** 1987-05-13 **투타** 우투우타 **지명** 10 LG 1라운드 1순위
연봉 12,000-8,000-5,400 **학교** 남산초-천안북중-북일고-고려대

연도	경기	선발	승	패	세이브	홀드	이닝	안타	홈런	볼넷	사구	삼진	피안타율	WHIP	FIP	ERA	QS	BS
2019	44	1	5	1	0	5	44.2	48	6	21	6	35	0.273	1.54	5.40	5.84	0	1
2020	16	0	0	1	0	0	12.0	15	2	7	2	14	0.313	1.83	5.64	9.00	0	0
2021	20	0	0	2	0	2	20.0	25	3	15	3	14	0.333	2.00	6.28	8.55	0	0
통산	269	30	21	25	10	27	404.1	426	37	161	55	341	0.275	1.45	4.58	5.43	1	5

신지후 투수 40

신장 198cm **체중** 105kg **생일** 2001-06-12 **투타** 우투우타 **지명** 20 한화 1차
연봉 2,700-3,000-3,100 **학교** 유천초-충남중-북일고

연도	경기	선발	승	패	세이브	홀드	이닝	안타	홈런	볼넷	사구	삼진	피안타율	WHIP	FIP	ERA	QS	BS
2019																		
2020	0	0	0	0	0	0	0.0	0	0	0	0	0	-	-	-	-	0	0
2021	2	0	0	0	0	0	0.1	0	0	1	0	0	0.000	3.00	12.33	0.00	0	0
통산	2	0	0	0	0	0	0.1	0	0	1	0	0	0.000	3.00	12.33	0.00	0	0

윤산흠 투수 32

신장 177cm **체중** 68kg **생일** 1999-05-15 **투타** 우투우타 **지명** 19 두산 육성선수

연봉 2,700-3,000-3,100 **학교** 광주화정초–진흥중–영선고

연도	경기	선발	승	패	세이브	홀드	이닝	안타	홈런	볼넷	사구	삼진	피안타율	WHIP	FIP	ERA	QS	BS
2019	0	0	0	0	0	0	0.0	0	0	0	0	0	-	-	-	-	0	0
2020	0	0	0	0	0	0	0.0	0	0	0	0	0	-	-	-	-	0	0
2021	5	0	0	0	0	0	3.0	7	0	2	2	2	0.467	3.00	6.00	6.00	0	0
통산	5	0	0	0	0	0	3.0	7	0	2	2	2	0.467	3.00	6.00	6.00	0	0

이승관 투수 48

신장 182cm **체중** 95kg **생일** 1999-12-01 **투타** 좌투좌타 **지명** 18 한화 2차 1라운드 4순위

연봉 0-3,000-3,100 **학교** 도신초–개군중–야탑고

연도	경기	선발	승	패	세이브	홀드	이닝	안타	홈런	볼넷	사구	삼진	피안타율	WHIP	FIP	ERA	QS	BS
2019	0	0	0	0	0	0	0.0	0	0	0	0	0	-	-	-	-	0	0
2020	0	0	0	0	0	0	0.0	0	0	0	0	0	-	-	-	-	0	0
2021	8	2	0	2	0	0	5.2	11	1	16	0	5	0.423	4.76	12.33	27.00	0	0
통산	8	2	0	2	0	0	5.2	11	1	16	0	5	0.423	4.76	12.33	27.00	0	0

이충호 투수 49

신장 182cm **체중** 81kg **생일** 1994-09-20 **투타** 좌투좌타 **지명** 13 한화 4라운드 38순위

연봉 2,900-3,000-3,200 **학교** 인헌초–선린중–충암고

연도	경기	선발	승	패	세이브	홀드	이닝	안타	홈런	볼넷	사구	삼진	피안타율	WHIP	FIP	ERA	QS	BS
2019	1	0	0	0	0	0	1.0	6	1	1	0	0	0.667	7.00	19.40	45.00	0	0
2020	0	0	0	0	0	0	0.0	0	0	0	0	0	-	-	-	-	0	0
2021	17	0	1	0	0	0	16.1	20	1	13	3	11	0.294	2.02	5.72	7.71	0	0
통산	39	0	2	1	0	1	28.2	47	5	26	6	19	0.367	2.55	7.78	11.30	0	0

임준섭 투수 54

신장 181cm **체중** 88kg **생일** 1989-07-16 **투타** 좌투좌타 **지명** 12 KIA 2라운드 15순위

연봉 8,800-5,800-4,000 **학교** 대연초–부산중–개성고–경성대

연도	경기	선발	승	패	세이브	홀드	이닝	안타	홈런	볼넷	사구	삼진	피안타율	WHIP	FIP	ERA	QS	BS
2019	34	6	1	3	0	1	49.1	56	1	28	1	26	0.284	1.70	4.38	4.20	1	0
2020	10	1	0	2	0	1	8.2	18	1	6	0	6	0.419	2.77	5.75	13.50	0	0
2021	13	0	0	0	0	0	10.2	19	1	8	4	11	0.373	2.53	5.86	10.97	0	0
통산	154	49	12	24	0	6	332.0	400	30	195	20	176	0.307	1.79	5.62	5.69	4	0

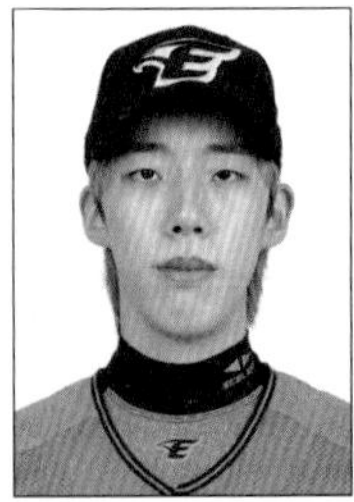

조은 투수 46

신장 186cm **체중** 80kg **생일** 2001-04-01 **투타** 우투우타 **지명** 21 한화 2차 3라운드 22순위

연봉 3,000-3,000 **학교** 대전신흥초(대전동구리틀)–한밭중–대전고

연도	경기	선발	승	패	세이브	홀드	이닝	안타	홈런	볼넷	사구	삼진	피안타율	WHIP	FIP	ERA	QS	BS
2019																		
2020																		
2021	0	0	0	0	0	0	0.0	0	0	0	0	0	-	-	-	-	0	0
통산	0	0	0	0	0	0	0.0	0	0	0	0	0	-	-	-	-	0	0

한승주 투수 59

신장 184cm **체중** 82kg **생일** 2001-03-17 **투타** 우투우타 **지명** 20 한화 2차 2라운드 18순위

연봉 2,700-3,000-3,000 **학교** 수영초-대천중-부산고

연도	경기	선발	승	패	세이브	홀드	이닝	안타	홈런	볼넷	사구	삼진	피안타율	WHIP	FIP	ERA	QS	BS
2019																		
2020	1	1	0	0	0	0	1.2	3	1	2	0	2	0.429	3.00	12.56	16.20	0	0
2021	0	0	0	0	0	0	0.0	0	0	0	0	0	-	-	-	-	0	0
통산	1	1	0	0	0	0	1.2	3	1	2	0	2	0.429	3.00	12.56	16.20	0	0

황영국 투수 58

신장 185cm **체중** 83kg **생일** 1995-12-26 **투타** 좌투좌타 **지명** 14 한화 1차

연봉 2,900-3,300-3,400 **학교** 우암초-청주중-청주고

연도	경기	선발	승	패	세이브	홀드	이닝	안타	홈런	볼넷	사구	삼진	피안타율	WHIP	FIP	ERA	QS	BS
2019	6	0	0	0	0	0	4.0	8	2	1	0	6	0.421	2.25	7.65	6.75	0	0
2020	21	0	0	0	0	4	19.1	29	3	14	2	17	0.345	2.22	6.14	10.24	0	1
2021	18	0	0	2	0	2	14.2	16	0	10	1	15	0.281	1.77	3.54	5.52	0	2
통산	46	0	0	2	0	6	39.0	55	5	26	3	38	0.335	2.08	5.34	8.08	0	3

강상원 외야수 14

신장 172cm **체중** 64kg **생일** 1997-05-05 **투타** 우투좌타 **지명** 16 한화 2차 10라운드 99순위

연봉 0-3,000-3,250 **학교** 온양온천초-온양중-북일고

연도	경기	타석	타수	안타	2루타	3루타	홈런	타점	득점	볼넷	사구	삼진	도루	도루자	타율	출루율	장타율	OPS
2019	0	0	0	0	0	0	0	0	0	0	0	0	0	0	-	-	-	-
2020	0	0	0	0	0	0	0	0	0	0	0	0	0	0	-	-	-	-
2021	35	49	37	4	0	0	0	2	7	9	1	11	3	0	0.108	0.298	0.108	0.406
통산	74	70	57	7	1	0	0	3	15	10	1	18	4	0	0.123	0.265	0.140	0.405

김현민 내야수 6

신장 183cm **체중** 82kg **생일** 2000-02-03 **투타** 우투우타 **지명** 19 한화 2차 5라운드 43순위

연봉 2,700-3,100-3,100 **학교** 양정초-개성중-경남고

연도	경기	타석	타수	안타	2루타	3루타	홈런	타점	득점	볼넷	사구	삼진	도루	도루자	타율	출루율	장타율	OPS
2019	0	0	0	0	0	0	0	0	0	0	0	0	0	0	-	-	-	-
2020	4	5	5	2	0	0	0	0	2	0	0	1	0	0	0.400	0.400	0.400	0.800
2021	5	12	12	1	0	0	0	0	0	0	0	4	0	0	0.083	0.083	0.083	0.166
통산	9	17	17	3	0	0	0	0	2	0	0	5	0	0	0.176	0.176	0.176	0.352

박상언 포수 42

신장 185cm **체중** 75kg **생일** 1997-03-03 **투타** 우투우타 **지명** 16 한화 2차 8라운드 79순위

연봉 2,700-3,200-3,200 **학교** 무원초-영남중-유신고

연도	경기	타석	타수	안타	2루타	3루타	홈런	타점	득점	볼넷	사구	삼진	도루	도루자	타율	출루율	장타율	OPS
2019	1	1	1	0	0	0	0	0	0	0	0	1	0	0	0.000	0.000	0.000	0.000
2020	38	47	46	10	3	0	0	2	4	0	1	16	0	0	0.217	0.234	0.283	0.517
2021	1	1	1	0	0	0	0	0	0	0	0	0	0	0	0.000	0.000	0.000	0.000
통산	44	53	50	10	3	0	0	2	5	2	1	18	0	0	0.200	0.245	0.260	0.505

유로결 외야수 33

신장 186cm **체중** 86kg **생일** 2000-05-30 **투타** 우투우타 **지명** 19 한화 2차 2라운드 13순위

연봉 3,200-3,200-3,300 **학교** 광주서석초-충장중-광주제일고

연도	경기	타석	타수	안타	2루타	3루타	홈런	타점	득점	볼넷	사구	삼진	도루	도루자	타율	출루율	장타율	OPS
2019	38	61	55	9	1	0	1	4	10	5	0	17	3	0	0.164	0.230	0.236	0.466
2020	30	46	42	7	1	0	0	0	3	4	0	18	0	1	0.167	0.239	0.190	0.429
2021	34	112	98	14	5	0	1	7	11	8	2	39	2	1	0.143	0.218	0.224	0.442
통산	102	219	195	30	7	0	2	11	24	17	2	74	5	2	0.154	0.226	0.221	0.447

유민 외야수 65

신장 187cm **체중** 92kg **생일** 2003-01-20 **투타** 우투우타 **지명** 22 한화 2차 3라운드 21순위

연봉 3,000 **학교** 역삼초-대치중-배명고

연도	경기	타석	타수	안타	2루타	3루타	홈런	타점	득점	볼넷	사구	삼진	도루	도루자	타율	출루율	장타율	OPS
2019																		
2020																		
2021																		
통산																		

이도윤 내야수 7

신장 173cm **체중** 71kg **생일** 1996-10-07 **투타** 우투좌타 **지명** 15 한화 2차 3라운드 24순위

연봉 3,000-3,200-3,400 **학교** 고명초-배재중-북일고

연도	경기	타석	타수	안타	2루타	3루타	홈런	타점	득점	볼넷	사구	삼진	도루	도루자	타율	출루율	장타율	OPS
2019	0	0	0	0	0	0	0	0	0	0	0	0	0	0	-	-	-	-
2020	14	25	24	5	1	0	0	1	3	1	0	6	0	0	0.208	0.240	0.250	0.490
2021	56	68	63	11	0	0	0	2	5	4	0	18	1	2	0.175	0.224	0.175	0.399
통산	72	94	88	16	1	0	0	3	9	5	0	24	1	2	0.182	0.226	0.193	0.419

이동훈 외야수 34

신장 178cm **체중** 72kg **생일** 1996-07-24 **투타** 좌투좌타 **지명** 16 한화 2차 2라운드 19순위

연봉 3,300-3,300-3,300 **학교** 본리초-경운중-상원고

연도	경기	타석	타수	안타	2루타	3루타	홈런	타점	득점	볼넷	사구	삼진	도루	도루자	타율	출루율	장타율	OPS
2019	14	31	31	9	1	0	0	4	3	0	0	8	3	0	0.290	0.290	0.323	0.613
2020	37	39	38	4	0	0	0	1	5	0	1	14	0	0	0.105	0.128	0.105	0.233
2021	33	62	53	10	1	0	0	2	8	3	2	12	2	2	0.189	0.259	0.208	0.467
통산	196	329	301	63	3	0	1	11	48	11	5	58	9	5	0.209	0.249	0.229	0.478

이해창 포수 27

신장 184cm **체중** 85kg **생일** 1987-05-11 **투타** 우투우타 **지명** 10 넥센 7라운드 50순위

연봉 5,500-6,000-6,000 **학교** 강남초-서울이수중-경기고-한양대

연도	경기	타석	타수	안타	2루타	3루타	홈런	타점	득점	볼넷	사구	삼진	도루	도루자	타율	출루율	장타율	OPS
2019	30	43	40	5	0	0	0	0	0	2	1	11	0	0	0.125	0.186	0.125	0.311
2020	70	135	119	32	5	0	3	17	11	9	4	23	0	2	0.269	0.336	0.387	0.723
2021	20	60	54	9	3	0	0	4	4	1	1	13	0	1	0.167	0.193	0.222	0.415
통산	424	964	873	198	33	0	28	112	83	49	14	218	2	12	0.227	0.276	0.361	0.637

임종찬 외야수 24

신장 184cm **체중** 85kg **생일** 2001-09-28 **투타** 우투좌타 **지명** 20 한화 2차 3라운드 28순위

연봉 2,700-3,600-3,600 **학교** 우암초-청주중-북일고

연도	경기	타석	타수	안타	2루타	3루타	홈런	타점	득점	볼넷	사구	삼진	도루	도루자	타율	출루율	장타율	OPS
2019																		
2020	52	119	108	25	5	0	1	12	5	9	1	38	0	1	0.231	0.297	0.306	0.603
2021	42	146	131	20	5	0	1	8	9	12	1	49	0	1	0.153	0.229	0.214	0.443
통산	94	265	239	45	10	0	2	20	14	21	2	87	0	2	0.188	0.260	0.255	0.515

장규현 포수 62

신장 183cm **체중** 96kg **생일** 2002-06-28 **투타** 우투좌타 **지명** 21 한화 2차 4라운드 32순위

연봉 3,000-3,200 **학교** 인천남-동인천중-인천고

연도	경기	타석	타수	안타	2루타	3루타	홈런	타점	득점	볼넷	사구	삼진	도루	도루자	타율	출루율	장타율	OPS
2019																		
2020																		
2021	7	12	12	3	1	0	0	1	0	0	0	4	0	0	0.250	0.250	0.333	0.583
통산	7	12	12	3	1	0	0	1	0	0	0	4	0	0	0.250	0.250	0.333	0.583

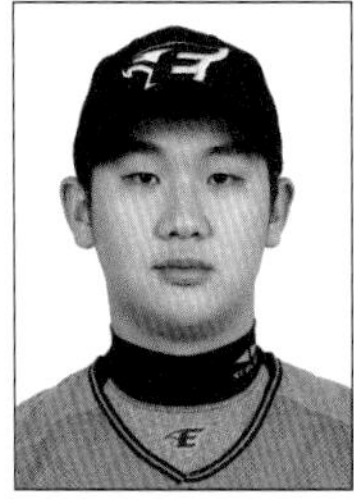

정민규 내야수 41

신장 183cm **체중** 95kg **생일** 2003-01-10 **투타** 우투우타 **지명** 21 한화 1차

연봉 3,000-3,100 **학교** 광일초(부산서구리틀)-경남중-부산고

연도	경기	타석	타수	안타	2루타	3루타	홈런	타점	득점	볼넷	사구	삼진	도루	도루자	타율	출루율	장타율	OPS
2019																		
2020																		
2021	6	17	16	2	1	0	0	0	1	1	0	6	0	0	0.125	0.176	0.188	0.364
통산	6	17	16	2	1	0	0	0	1	1	0	6	0	0	0.125	0.176	0.188	0.364

허관회 포수 26

신장 176cm **체중** 83kg **생일** 1999-02-12 **투타** 우투우타 **지명** 19 한화 2차 9라운드 83순위

연봉 2,700-3,100-3,370 **학교** 의정부-건대부중-경기고

연도	경기	타석	타수	안타	2루타	3루타	홈런	타점	득점	볼넷	사구	삼진	도루	도루자	타율	출루율	장타율	OPS
2019	0	0	0	0	0	0	0	0	0	0	0	0	0	0	-	-	-	-
2020	1	2	2	1	0	0	0	0	0	0	0	1	0	0	0.500	0.500	0.500	1.000
2021	28	79	63	12	0	0	0	2	4	13	1	22	0	0	0.190	0.329	0.190	0.519
통산	29	81	65	13	0	0	0	2	4	13	1	23	0	0	0.200	0.333	0.200	0.533

허인서 포수 64

신장 182cm **체중** 93kg **생일** 2003-07-11 **투타** 우투우타 **지명** 22 한화 2차 2라운드 11순위

연봉 3,000 **학교** 순천북초-여수중-효천고

연도	경기	타석	타수	안타	2루타	3루타	홈런	타점	득점	볼넷	사구	삼진	도루	도루자	타율	출루율	장타율	OPS
2019																		
2020																		
2021																		
통산																		

PLAYER LIST

육성선수

성명	포지션	등번호	생일	신장	체중	투타	최초입단연도	최초입단구단	연봉
김겸재	투수	103	1998.12.10	185	89	우우	2022	한화 이글스	3,000
문승진	투수	108	2002-04-02	185	91	우우	2021	한화 이글스	3,000
민승기	투수	01	2001-07-06	181	92	우우	2022	한화 이글스	3,000
신현수	투수	106	2003-06-16	184	90	좌좌	2022	한화 이글스	3,000
양경모	투수	102	2003-03-24	184	92	우우	2022	한화 이글스	3,000
이성민	투수	104	2002-09-28	191	92	우우	2022	한화 이글스	3,000
이재민	투수	105	1999-12-27	188	79	우우	2022	한화 이글스	3,000
이준기	투수	94	2002-05-19	181	84	우우	2021	한화 이글스	3,000
정이황	투수	67	2000-03-07	190	86	우우	2019	한화 이글스	3,000
최이경	투수	91	1996-03-12	175	91	좌좌	2020	한화 이글스	3,000
이성원	포수	98	1999-11-02	185	114	우우	2018	한화 이글스	3,000
전승우	포수	02	1999-11-05	178	93	우우	2022	한화 이글스	3,000
김민기	내야수	2	1999-06-12	172	74	우우	2018	한화 이글스	3,000
김인환	내야수	37	1994-01-28	186	88	우좌	2016	한화 이글스	3,200
노석진	내야수	107	2003-01-31	187	95	우좌	2022	한화 이글스	3,000
이상혁	내야수	04	2001-09-14	172	64	우좌	2022	한화 이글스	3,000
조현진	내야수	109	2002-09-10	182	73	우좌	2021	한화 이글스	3,000
최현준	내야수	03	1999-09-22	183	73	우우	2022	한화 이글스	3,000
김준석	외야수	06	2001-03-26	177	86	우좌	2022	한화 이글스	3,000
안창호	외야수	96	1999-07-07	173	80	우우	2021	한화 이글스	3,000
원혁재	외야수	95	1995-01-29	177	80	좌좌	2017	한화 이글스	3,000
유상빈	외야수	05	2000-05-09	181	82	좌좌	2022	한화 이글스	3,000
이종완	외야수	97	1998-02-24	170	70	우좌	2021	한화 이글스	3,000

군보류

성명	포지션	생일	신장	체중	투타	최초입단연도	최초입단구단	입대일	전역일
김진욱	투수	2000-01-13	176	79	우우	2018	한화 이글스	2021-07-22	2023-04-21
박상원	투수	1994-09-09	189	88	우우	2017	한화 이글스	2020-11-5	2022-08-04
박주홍	투수	1999-08-20	178	109	좌좌	2018	한화 이글스	2021-07-15	2023-04-14
배동현	투수	1998-03-16	183	83	우좌	2021	한화 이글스	2021-12-13	2023-06-12
오동욱	투수	2001-02-04	185	80	우우	2019	한화 이글스	2021-12-13	2023-06-12
장웅정	투수	1997-04-11	181	76	우우	2020	한화 이글스	2022-01-10	2023-07-09
조한민	내야수	2000-10-20	182	77	우우	2019	한화 이글스	2021-12-13	2023-06-12
장진혁	외야수	1993-09-30	184	83	우좌	2016	한화 이글스	2020-09-10	2022-06-09
최인호	외야수	2000-01-30	178	82	우좌	2020	한화 이글스	2021-12-13	2023-06-12

육성군보류

성명	포지션	생일	신장	체중	투타	최초입단연도	최초입단구단	입대일	전역일
김범준	투수	2000-09-30	175	83	우우	2020	한화 이글스	2020-12-28	2022-06-27
김현우	포수	2000-04-07	176	87	우우	2019	롯데 자이언츠	2020-12-15	2022-06-14
안진	포수	2002-11-26	183	90	우우	2021	한화 이글스	2021-11-08	2023-05-07

프로야구 스카우팅 리포트 2022

1판 1쇄 발행 | 2022년 3월14일
1판 2쇄 발행 | 2022년 3월21일

지은이 | 최훈, 고유라, 김여울, 이성훈, 이용균, 최민규

발행인 | 황민호
콘텐츠4사업본부장 | 박정훈
편집기획 | 김순란 강경양 한지은 김사라
마케팅 | 조안나 이유진 이나경
제작 | 심상운
디자인 | hyokyoung(hhkyoung@gmail.com)
발행처 | 대원씨아이㈜

주소 | 서울특별시 용산구 한강대로 15길 9-12
전화 | (02)2071-2018 팩스 | (02)797-1023
등록 | 제3-563호
등록일자 | 1992년 5월 11일

ISBN 979-11-6894-345-2 13690